앙리 푸앵카레(1854~1912) 호몰로지, 삼체문제, 푸앵카레 추측

에르빈 슈뢰딩거(1887~1961) 슈뢰딩거 방정식, 양자역학에 파동방정식 도입

월터 캐넌(1871~1945) 생물체 항상성 제창

▲하버드 대학교(메디컬 스쿨)
캐넌은 이 대학 의학부에서 공부하고 생리학교수로 재직했다.

◀《사람 몸의 지혜》(1932)는 근대생리학의 고전이다

▼연구실에서 캐넌
1898년 조영제를 투여하여 X선으로 위와 장운동의 관찰에 응용했다.

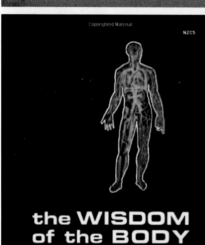

세계사상전집083

Jules Henri Poincaré/Erwin Schrödinger/Walter Bradford Cannon

SCIENCE ET MÉTHODE
WHAT IS LIFE?
THE WISDOM OF THE BODY

과학과 방법/생명이란 무엇인가?/사람 몸의 지혜

푸앵카레·슈뢰딩거·캐넌/조진남 옮김

Poincaré   Schrödinger   Cannon

동서문화사

과학과 방법/생명이란 무엇인가?/사람 몸의 지혜
차례

과학과 방법·생명이란 무엇인가·사람 몸의 지혜

Science et méthode

과학과 방법

푸앵카레

머리글

나는 여기에 직간접적인 과학적 방법론 문제에 관계되는 여러 연구를 모았다. 과학의 방법은 관측과 실험에 있다. 만약에 과학자에게 무한한 시간이 있다면 단지 '보라, 그리고 올바르게 보라'고 말하기만 하면 충분할 것이다. 그러나 과학자는 모든 것을 다 볼 정도의 시간, 하물며 그 전부를 올바르게 다 볼 만큼의 시간을 가지고 있지 않다. 또 서툴게 본다면 차라리 전혀 보지 않는 것이 낫다. 따라서 여기에 선택의 필요가 생기게 된다. 따라서 우선 어떻게 선택할 것인가, 그것을 아는 것이 첫 번째 문제가 된다. 이것은 역사가뿐만 아니라 물리학자에게도, 더 나아가서 수학자에게도 부과해야 할 문제로 이들 각 학자들을 인도할 원리 사이에는 비슷한 점이 없는 것도 아니다. 과학자들은 본능적으로 이들 원리에 따라서 간다. 따라서 수학의 장래가 어떻게 될 것인가도 이 원리를 고찰함으로써 예견할 수가 있다.

이러한 점들은 과학자가 실험하고 연구하는 것을 관찰하면 더 잘 이해할 수 있다. 우선 무엇보다도 발견의 심리적 구조, 특히 수학상의 발견의 심리적 구조를 알지 않으면 안 된다. 수학자의 연구 과정을 관찰한다면 특히 심리학자가 얻은 바가 적지 않을 것이다.

모든 것을 관찰에 의존하는 과학에서는 감각과 기계(器械)의 불비(不備)에 기인하는 오차를 고려하지 않으면 안 된다. 다행히 어떤 조건하에서 이 오차는 일부분 서로 상쇄해서 평균에서는 나타나지 않는다고 생각할 수가 있다. 이 상호상쇄는 우연에 의한 것이지만 도대체 우연이란 무엇인가? 이 우연이라고 하는 개념은 여기에서 정당한 근거를 부여하거나 더 나아가서 여기에 정의를 주는 일조차도 쉬운 일이 아니다. 더욱이 이상에서 말한 관측의 오차에 대해서 말한 것에 의하면 과학자는 이것 없이는 지낼 수 없음이 분명하다. 따라서 이렇게도 필요하고 이렇게도 포착하기 어려운 이 개념에 대해서 될 수 있는 대로 정확한 정의를 내릴 필요가 있다.

이상은 모든 과학을 통해서 적용되는 일반론이다. 예를 들어 수학상의 발견의 구조는 일반적인 발견의 구조와 특히 다른 점이 없다. 이에 이어 나는 개개의 과학에 특히 관계가 있는 문제를 다루어볼까 한다. 먼저 순수 수학으로부터 시작해 보기로 한다.

순수 수학에 관한 몇 개 장에서는 이제까지보다도 약간 추상적인 문제를 다루지 않으면 안 된다. 우선 먼저 공간개념에 대해 언급해 보기로 한다. 공간이 상대적이라는 것은 누구나 알고 있다. 아니 누구나 입에 올리는 일이지만 실제로는 마치 공간을 절대적인 것이라고 믿고 있는 사람들이 얼마나 많은가. 그러나 그들이 어떠한 모순에 빠져 있는가를 조금만 반성하면 바로 알 수 있는 문제이다.

교육에 관한 문제는 우선 그 자체가 중요한 일이지만 더 나아가서 두 번째 이유가 있다. 왜냐하면 태어난 그대로의 두뇌에 어떻게 하면 좀 더 새로운 개념을 철저히 주입할 수 있는가를 생각한다는 것은 바로 우리의 조상이 어떻게 해서 이러한 개념을 얻었는가, 따라서 그 개념의 참다운 기원은 무엇인가, 다시 말하면 그 참다운 성질은 무엇인가를 생각하는 것이기 때문이다. 학자를 만족시키는 정의가 아이들에게 조금도 이해가 되지 않는다는 것은 가장 흔히 볼 수 있는 일인데 이것은 왜 그런가? 아이들에게는 다른 정의를 주는 이유는 무엇인가? 이것은 내가 다음 장에서 다루는 문제로, 이에 대한 해답은 과학의 논리를 연구하는 철학자에게 유익한 반성에 대한 시사를 줄 것이라고 믿는다.

또 다른 한편에서, 수학을 형식 논리의 법칙으로 바꿀 수 있다고 믿는 수학자가 적지 않다. 이제까지 들어보지 못한 노력이 이 방면에서 시도되었다. 이것을 성취하기 위해서는 그들은 예를 들어 우리의 개념 발생의 역사적 순서도 전도시키는 일도 감히 두려워하지 않았고, 유한을 무한으로 설명하려고 시도하기까지 했다. 무심코 이 문제를 대하는 사람들에게는 여기에 사람을 속이는 환각(幻覺)이 숨어 있다는 것을 충분히 밝힐 수 있었다고 믿는다. 독자가 이 문제의 중대함을 이해하고 이를 위해 할애된 몇 페이지의 무미건조한 내용을 용서해 주실 것을 나는 바라는 바이다.

역학과 천문학에 관한 마지막 몇 장은 읽기 쉬울 것이다.

역학은 이제 철저한 혁명을 받으려 하고 있는 것처럼 보인다. 확고한 기초를 가진 것처럼 보인 개념도 대담한 혁신가의 공격의 표적이 되었다. 다만 혁신가라는 이유로 오늘 바로 그들에게 일리가 있다고 보는 것은 시기상조일 것이다. 그러나 그들의 생각을 말한다는 것은 매우 흥미 깊은 일로 내가 시도하려고 하는 것도 바로 이것이다. 나는 될 수 있는 대로 역사적 순서에 따랐다. 왜냐하면 이 새로운 사상은 그것이 어떻게 태어났는가를 모를 때에는 너무나도 놀라운 것으로 보일 염려가 있기 때문이다.

천문학은 우리를 위해 웅대한 광경을 전개하고 또 거대한 문제를 일으킨다. 여기에는 직접 실험적 방법을 응용한다는 것은 생각할 수도 없다. 우리의 실험실은 너무나도 작기 때문이다. 그러나 이 실험실에서 연구할 수 있는 현상으로부터의 추리는 천문학자의 지침이 될 수가 있다. 예를 들어 저 은하는 많은 태양의 집합이고 이들 태양의 운동은 언뜻 제멋대로인 것처럼 보인다. 그러나 이것을 기체운동론에 의해서 그 성질이 분명해진 기체 분자의 집합과 비교할 수는 없을까? 이와 같은 경로를 거쳐 마침내 물리학자의 방법이 천문학자를 보조할 수 있게 된다.

마지막으로 프랑스 측지학(測地學)의 발달사에 대해서 몇 마디 하고자 한다. 지구의 형상에 관해서 우리가 지금 알고 있는 몇 가지 개념을 얻기 위해 측지학자들이 얼마나 힘든 노력을 했는가, 얼마나 위험한 일을 자주 겪었는가를 나는 여기에 제시했다. 이것은 과연 방법 문제일까? 물론 그렇다. 왜냐하면 이 역사는 하나의 진지한 과학적 사업을 수행하기에는 얼마나 신중한 주의력으로 임해야 하는가, 또 새로 소수 단위 하나를 결정하기 위해서는 얼마나 많은 시간과 노고가 필요한 일인가를 가르쳐주기 때문이다.

제1편
학자와 과학

1 사실의 선택

톨스토이는 어느 책에선가, '과학을 위한 과학'이 왜 자신이 보기에 불합리한 개념인지 설명한다. "우리는 현상 '모두를' 알 수는 없다. 그 현상들의 수가 사실상 무한하기 때문이다. 그 무한한 현상들 중에 연구해야 할 것들을 선택해야만 하는데, 이때 이 선택을 호기심이라는 우리의 단순한 변덕에 맞춰 결정해도 되는 것인가. 실익이나 실제적 요구, 특히 도덕적인 요구에 맞추어 결정하는 것이 더 나은 것은 아닌가. 지구상에 있는 무당벌레의 수를 세는 것보다 더 가치 있는 일은 과연 없는가."

톨스토이에게 실익이라는 단어가, 실업가의 이익이나 요즘 사람들 대다수가 말하는 사업적 이익을 의미하지 않는다는 것은 확실하다. 그는 공업의 응용, 전기나 자동차 산업의 진기함 같은 것에는 거의 관심이 없을 뿐 아니라, 오히려 그런 것들을 도덕적 진보에 해가 되는 것으로 본다. 그에게 실익이란, 단지 더 나은 인간을 만들어줄 수 있는 어떤 것일 뿐이다.

나의 입장도 말할 필요가 있겠는데, 나로서는 그의 견해도, 또 다른 견해라 해도 과연 만족스러울지 알 수 없다. 나는 굶주리고 편협한 저 황금만능주의도, 고결하면서도 열악하여 오로지 왼쪽 뺨까지 대주기 바쁜 저 민주주의도 사양하고 싶다. 그런 상황의 지식인들은 호기심도 없이 살고, 극단주의에는 몸을 사리니, 병이 나서 죽는 것이 아니라 지루해서 죽을 것이 틀림없다. 하지만 이것은 취향의 문제일 뿐, 여기에서 논의하고자 하는 바는 아니다.

문제가 있다는 것에는 변함이 없으니 우리는 다시 그 문제에 맞닥뜨리게 된다. 만일 우리가 선택을 변덕이나 당장의 유용성에 따라 결정할 수밖에 없다면, 거기서는 과학을 위한 과학도, 이에 따라 과학 자체도 얻을 수 없다. 이것이 진실일까? 선택해야 한다는 점에서는 이론의 여지가 없다. 우리가 어떤 활동을 하건, 현상들은 우리의 활동보다 더 빨리 진행되어 따라잡기가 어려울 것이다.

학자가 하나의 현상을 발견하는 동안, 그의 몸속 1세제곱 밀리미터 안에서는 수십 억 가지 일이 일어난다. 자연현상을 과학에 얽어매려고 하는 것은 전체를 부분 속에 들여보내려는 것과 같을지도 모른다.

그러나 학자들은 현상들에는 단계가 있으며, 따라서 그 단계들 중에서 현명한 선택을 하는 것이 가능하다고 믿는다. 만약 그렇지 않다면 과학은 성립하지 않으리라. 그런데 과학이 엄연히 존재하는 것을 보면 그들이 옳다. 이것은 눈을 들어 공업적 성과물들을 보기만 해도 충분히 알 수 있는 사실이다. 공업적 성과물들은 수많은 실리적인 사람들에게 부를 가져다주었다. 하지만 만약 그런 실리적인 사람들만 세상에 있었다면, 그래서 실익에는 무관심한 열정적인 학자들이 그들을 앞서지 않았다면, 그런 공업적 성과는 없었을 것이다. 그 열정적인 학자들은 빈곤하게 죽어가더라도, 실익에 대해서는 생각해본 적도 없는 데다가 실리적인 사람들과는 달리 오히려 변덕이라는 행동지침을 갖고 있었던 사람들이다.

마흐(E. Mach)가 말한 것처럼 그 열정적인 학자들은 우리 같은 후배들에게 사고하는 수고를 덜게 해주었다. 당장에 응용하겠다는 관점에서 움직였다면 그들은 아무것도 남기지 못했을 것이다. 게다가 새로운 것이 필요한 상황에서는, 모든 것이 다시 시작되어야만 한다. 반면 대부분의 사람들은 사고하기를 즐기지 않는데, 그것이 어떻게 보면 유리한 것인지도 모른다. 왜냐하면 그들이 본능에 이끌려 적어도 당장의 목적이나 늘 같은 목적을 좇을 때는, 이성이 순수한 지성으로 안내하는 것보다 더 나을 때가 많기 때문이다. 그러나 본능, 이것은 습성이다. 여기에 사고를 수반하여 풍요롭게 만들지 않는다면, 인류는 벌이나 개미 이상으로 발전하지 못할 것이다. 따라서 사고를 즐기지 않는 사람들 대신 사고하는 것이 필요하다. 더구나 그들의 수가 많음에 따라, 우리의 사고 하나하나도 역시, 가능한 한 많은 경우에 소용이 되어야 한다. 이 때문에 법칙은 보편적일수록 귀중하다고 할 수 있다.

이로써 우리가 선택을 어떻게 해야 하는지가 드러난다. 우리가 가장 관심을 갖게 되는 현상들이란 여러 번 주어질 수 있는 일들이고, 그렇다면 그것은 되풀이될 가능성이 있는 일들이다. 그러한 현상들이 존재하는 세상에 태어났다는 것이 우리에게는 행운이다. 우리가 사는 세상에 화학원소가 60여 가지만 있는 것이 아니라 6백억 가지가 있다고 가정하고, 더욱이 그것들이 일반적인 것들과 희귀한 것들로 되어 있지 않고, 다 똑같이 분포해 있다고 상상해 보자. 그렇다면, 우리가 새로운 조약돌 하나를 주울 때마다 그것이 알 수 없는 물질로 되어 있을 확률이 높을 것이다. 따라서 다른 조약돌에 대해 무엇을 알고 있건, 그것들은 모두 이 조약돌에 관해선 아무런 도움이 되지 않을 것이다. 새로운 사물 앞에서, 우리는 막 태어난 아기와 같을 것이고, 그래서 아기처럼 우리의 변덕과 필요에 순응하는 것 말고는 할 수 있는 것이 아무것도 없을지도 모른다. 그런 세상에는 과학이 없을 것이다. 어쩌면 사고도, 더 나아가서는 생명조차 존재할 수 없을지도 모른다. 그런 상황에서는 자기보존의 본능이 진화할 수 없었을 테니 말이다. 다행스럽게도 우리의 세계는 그런 세계가 아니다. 하지만 익숙해져 버린 모든 행복이 그렇듯이, 이런 사실은 그 가치를 인정받지 못하고 있다. 개체들만 있고 종류가 없거나, 아들이 아버지에게 유전되어 닮게 태어나지 않는다면 생물학자 역시 완전히 당황할 수밖에 없을 것이다.

그러면 되풀이해서 일어날 가능성이 있는 현상이란 어떤 것일까? 우선적으로 말하자면 단순한 현상들이다. 확실한 것은, 복잡한 현상 속에는 수천 가지 상황이 우연에 의해 결합해 있으며, 일어날 확률이 극도로 낮은 우연이 아니고선 똑같은 결합이 다시 일어나지 않는다는 것이다. 그렇다면 단순한 현상들이라는 것이 과연 있을까? 만약 있다고 해도 그것을 어떻게 알아볼 수 있을까? 우리가 단순하다고 믿는 것의 내부에 엄청난 복잡함이 감추어져 있지 않다고 누가 말할 수 있을 것인가? 단지 우리는, 단순하게 보이는 현상들을 택해야 하며, 그것들은 서투른 우리의 눈에도 서로 다른 원소로 인지되는 것들이라고 말할 수 있을 뿐이다. 그렇다면 단순한 현상들은 실제로 단순한 것이거나, 아니면 단순해 보일 정도로 원소들이 긴밀하게 섞여 있는 것이거나 둘 가운데 하나일 것이다. 첫 번째 경우에, 원래 상태로든, 조화로운 복합성에 들어 있는 한 요소로든, 우리는 똑같은 단순한 현상을 다시 만날 가능성이 있다. 두 번째 경우, 그 긴밀한 혼합도 이질적인 결합보다는 다시 나타날 가능성이 더 많다. 우연은 엉킬 줄은 알아도 풀릴 줄은 모르기 때문이다. 그리고 여러 가지 다른 원소들이 그 안에서 뭔가가 구별되는 살 짜인 조직으로 되기 위해서는, 그것이 우연히 만들어지는 것이 아니라 의도적으로 만들어져야 하기 때문이다. 그러므로 무언가가 구별되는 하나의 결합은 다시 일어날 가능성이 아주 희박하다. 반대로, 언뜻 보기에도 비슷한 것끼리 섞인 것 같은 혼합은 여러 번 일어날 가능성이 많다. 이런 까닭에 실제로는 단순하지 않더라도 언뜻 단순한 것처럼 보이는 현상들은 우연에 의해 더 쉽게 나타나게 될 것이다.

과학자가 직관적으로 채택하는 방식이 타당한 방식이라는 것, 그것도 어쩌면 아주 많이 타당한 방식이라는 것이 여기에서 입증되고 있는데, 그것은 자주 나타나는 현상들은 단순하게 보인다는 것, 정확히 말하면 우리가 그것에 익숙하기에 단순하게 보이는 것이다.

하지만 단순한 현상이란 어디에 있을까? 과학자들은 이것을 무한대와 무한소의 양 극단에서 찾았다. 천문학자가 그것을 발견했다. 별들 간의 거리가 엄청나므로 그렇게 거대한데도 각 별들이 하나의 점으로만 보이며, 그 엄청난 거리로 인해 질적인 차이들이 사라져 버린다는 것, 또 모양과 성질을 갖는 물체보다는 하나의 점이 더 단순하다는 것이 그 이유였다. 물리학자는 반대로, 물체들을 무한개의 소립자로 자를 수 있다는 가정 아래 원소적인 현상을 탐구했다. 물체의 한 점에서 다른 점으로 옮겨 갈 때, 문제의 조건은 느리고 연속적인 변화를 겪지만, 이것이 소립자들 각각의 내부에서는 일정불변한 것으로 보일 수 있다는 것이다. 생물학자 역시 동물 전체보다 세포가 중요하다고 직관적으로 판단했는데, 결론적으로는 그들의 의견이 옳았다는 것이 인정되었다. 서로 가장 동떨어진 생물에 속한 세포들이라 해도, 그것들의 유사함을 식별할 줄 아는 사람의 눈에는, 그것들이 같은 생물에 속해 있는 것일 경우보다도 서로 더 비슷해 보이기 때문이다. 사회학자는 한층 복잡하다. 사회학자가 다루는 요소는 인간이므로, 그에게는 이 요소들이 너무도 다르고, 너무도 불안정하고, 너무도 변화무쌍하며, 한마디로 너무나 까다로운 대상인 것이다. 게다가 역사는 똑같은 반복을 되풀이하는 일도 없다. 그런데 어떻게 되풀이되는 쓸 만한 현상을 고를 것인가. 방법, 정확하게 말하면 현상들을 선택하는 것이고, 그러려면 우선 방법을 강구해야 하는데, 어떤 뾰족한 수도 나지 않으니 많은 생각을 하게 된다. 그래서 사회학 논문이 나올 때마다 새로운 방법이 제기되지만, 한편 그 새내기 박사는 그 방법을 적용하거나 드러내기를 몹시 조심한다. 이렇듯, 방법의 가짓수가 가장 많고, 얻어낼 수 있는 결과는 가장 적은 학문이 사회학이다.

　따라서 우선은 규칙적인 사실부터 시작하는 것이 타당하다. 그러나 규칙이
잘 만들어지면서부터, 즉 그 규칙에 의문의 여지가 없어지면서부터는, 그 규칙
에 완전히 부합하는 그 현상은 곧 가치가 떨어지고 만다. 거기서 더 이상은 어
떤 새로운 것도 얻을 수 없기 때문이다. 그래서 예외가 중요해진다. 이제는 유
사점 연구를 멈추고, 일단 차이에 몰두하게 되는 것이다. 이때 차이점들 중에서
도 가장 두드러진 것이 우선 채택되는데, 그 이유는 그것이 눈길을 끌뿐 아니
라 가장 소용이 되기 때문이다. 다음의 간단한 예가 이해를 더 쉽게 해줄 것이
다. 하나의 곡선을 규명하고자 거기에 있는 점들 가운데 몇 개를 관찰하는 경
우를 가정해 보도록 하자. 당장의 실익에만 몰두하는 실천가는 어떤 특별한 목
적을 위해 자신이 필요한 점들만을 관찰할 것이다. 그런데 이 점들은 곡선 위
에 아무렇게나 분포되어 있어서 어떤 부분에는 밀집해 있고, 다른 부분에서는
희박하며, 따라서 연속된 선으로 이을 수도 없고, 다른 응용에 이용할 수도 없
다. 과학자가 다른 방법으로 실행해본다. 그는 곡선 자체를 위한 곡선을 연구
하고자 함에 따라, 관찰할 점들을 일정하게 분포시키고, 그다음 몇 개를 식별
하게 된다. 그리고 이것들을 일정한 선으로 이은 다음, 완전한 곡선을 얻게 될
것이다. 하지만 이렇게 되기 위해 그는 어떻게 해야 할 것인가? 그가 곡선의 한
끝을 결정했다면, 그다음엔 이 끝점에서 아주 가까이에 남아 있으려 하지 않고
다른 끝으로 움직일 것이다. 양 끝점 다음으로 소용이 되는 점은 그 가운데에
있는 점이다. 그 뒤 이런 절차를 계속 되풀이하는 것이다.

　이와 같이 하나의 규칙이 만들어지면, 다음에는 그 규칙이 가장 적용될 것
같지 않은 경우를 우선 찾아야 한다. 거기에는 다른 이유들이 있는데, 바로 천
문학적 현상들에 대한 요구와 지질학적 과거에 대한 요구 때문이다. 공간을 아
주 멀리 뛰어넘거나 시간의 흐름을 오래전으로 거슬러 올라가면, 익숙하게 쓰
고 있던 우리의 규칙이 완전히 뒤집히는 것을 발견하게 된다. 그리고 이러한 커
다란 전복은 우리가 필연적으로 살고 활동해야 할 이 세상 한 구석의, 우리와
아주 가까운 곳에서 생길 수 있는 작은 변화들을 더 잘 보고, 더 잘 이해하도
록 도와줄 것이다. 우리는 우리와 전혀 관계가 없었던 먼 나라들을 여행했다는
것으로 이 구석을 훨씬 더 잘 알게 될 것이다.

그러나 우리가 목표로 하는 것은, 공통점과 차이점을 확인하기보다는, 겉으로 드러나는 불일치 아래 숨겨진 유사성을 되찾는 것이다. 몇몇 특별한 규칙들이 처음에는 맞지 않는 것처럼 보이지만, 더 자세히 살펴보면서 서로 비슷하다는 것을 일반적으로 확인하게 된다. 내용은 달라도, 형식으로나 부분적인 배열로는 비슷한 것이다. 이런 측면에서 검토할 때, 우리는 그 규칙을 확장된 것으로도, 또는 모든 것을 포용하는 경향이 있는 것으로도 볼 수 있다. 이렇게 하여 몇몇 현상들에 대한 가치가 만들어진다. 그 현상들이 하나의 통일체를 완성하고 나면, 그 통일체가 이제까지 알려진 다른 통일체들을 충실히 반영하고 있다는 사실이 드러날 것이다.

더 이상 역점을 두어 말하기는 곤란하지만, 여기서 언급한 몇 마디 말들은, 과학자가 자신이 관찰해야 하는 현상들을 무작위로 선택하는 것이 아니라는 것을 보여주기에 충분하다. 과학자는 톨스토이의 말처럼 무당벌레의 수를 세지는 않는다. 무당벌레가 아무리 중요하다 해도, 그 숫자는 늘 변화하는 대상이기 때문이다. 과학자는 많은 경험과 많은 사상을 간단한 글로 압축하려 한다. 물리학의 작은 책이 그토록 많은 이미 시도했던 경험과, 또 거기에다 1천 배나 되는, 결과를 예측할 수 있는 경험을 자기 것으로 간직하고 있음은 바로 이 때문이다.

그러나 우리는 문제의 한 측면을 본 것에 불과하다. 과학자는 실익이 있어서 자연을 연구하는 것이 아니다. 자연에서 희열을 느끼므로 그것을 연구하고, 또 자연이 아름답기 때문에 거기서 희열을 느낀다. 자연이 아름답지 않았더라면 자연은 애써서 알 만한 가치가 없었으리라. 또 인생도 살 만한 보람이 없으리라. 이 글에서 나는 감각으로 느끼는 아름다움, 곧 성질과 겉모양의 아름다움에 관해 말하려는 것이 아니다. 그것은 결코 이런 아름다움을 경멸해서가 아니라, 다만 과학과 아무 관련이 없어서일 뿐이다. 내가 말하고자 하는 바는 각 부분의 조화로운 배열에서 오는, 또 순수한 지성이 파악해낼 수 있는 한층 내면적인 아름다움이다. 이것은 감각을 기쁘게 하는 무지갯빛 환상에 형체를, 말하자면 골조를 부여하는 것으로서 이 기둥이 없으면 환상적인 아름다움은 언제나 불분명하고 허무하게 사라질 뿐, 불완전한 것에 불과하게 된다. 이에 반해 지적인 아름다움은 그것 자체로서 충분하다. 과학자는 이 아름다움 때문에,

어쩌면 인류의 미래 행복을 위해서라기보다는 오히려 이 아름다움 때문에, 길고 고통스러운 연구에 몸을 바치는 것이다.

따라서 이 특수한 아름다움을 추구하는 마음, 우주의 조화에 대한 감각이 우리로 하여금 이 조화에 공헌하는 데 가장 적합한 현상들을 선택하게 한다. 이것은 마치 화가가 모델의 얼굴 윤곽 중에서도, 초상화에 특징과 생명을 부여하고, 이것을 완전하게 할 선을 선택하는 것과 같다. 이런 직관적이고 뚜렷하게 드러나지는 않는 편애 때문에 과학자가 진리탐구에서 멀어져 나쁜 길로 빠지지나 않을까 걱정할 필요는 없다. 우리는 조화로운 세상을 꿈꾸겠지만, 실제 세상에는 얼마나 미치지 못하는가! 지금까지 가장 위대한 예술가였던 그리스인들이 구상한 천공(天空)은 우리가 아는 진짜 천공에 비하면 얼마나 초라한 것이었는지!

이러한 단순함 때문에, 또 장대함이 아름다우므로, 우리는 특히 단순한 현상들, 장대한 현상들을 즐겨 탐구하는 것이다. 천체의 웅대한 운행의 자취를 더듬고, 또는 장대한 한 종(種)과 마찬가지인 터무니없이 아주 작은 것을 현미경으로 조사하고, 또는 먼 옛날의 일이라는 사실만으로 우리의 마음을 끄는 과거의 흔적을 지질학적 시대에서 찾아내고 즐거워하는 것이다.

이렇게 우리는 아름다움을 추구하다 보면 결국 실익을 바라는 것과 똑같은 선택으로 끝난다는 것을 알았다. 마흐가 주장한 이후, 과학의 변함없는 경향이라고 일컬어지는, 사고의 절약, 노력의 절약이 실제적 이익임과 동시에 아름다움의 원천이 되는 것도 역시 이 때문이다. 우리가 아름답다고 칭찬하는 건축은, 그것을 건축한 이가 목적에 맞게 수단을 활용하여, 그 기둥이 에렉테움 신전의 우아한 여인상 기둥들처럼 그 무거움을 힘들이지 않고 가볍게 지탱하고 있는 그런 건축이다.

이러한 일치는 어디에서 오는 것일까? 그저 우리에게 아름답게 보이는 것은 우리의 지성에 가장 적합하고, 따라서 동시에 이 지성으로서 가장 다루기 좋은 도구라는 것일까? 아니면 여기에도 진화와 자연선택의 방식이 작용하고 있는 것일까? 그 진정한 이익과 가장 일치된 이상을 지닌 국민이 다른 국민을 무너뜨리고 그 자리를 차지한 것일까? 여하튼 그 결과를 고려하지 않고 단지 이상을 추구했다가 어떤 이는 멸망하고, 또 어떤 이는 제국을 얻었다. 우리는 그렇게 믿고 싶어 한다. 그리스인이 야만인을 정복하고, 그리스사상의 상속자인 유럽이 세계에 위세를 떨쳤다면, 그것은 야만인이 감각기관의 자극에 머무는, 요란한 색깔과 북의 소음을 즐긴 데 반해, 그리스인은 감각적 아름다움 속에 잠재된 지적 아름다움을 사랑했으므로, 또 이러한 지적 아름다움이야말로 지성을 확실하게 강화하는 것이었기 때문이다.

이런 승리가 톨스토이를 섬뜩하게 했겠지만, 그는 그것이 진정으로 유용할 수 있다는 것을 인정하고 싶지 않을 것이다. 그러나 그런 고유의 아름다움을 위해서 사심 없이 진리를 추구하는 것이야말로 건전함이며, 인간을 보다 향상시킬 수 있는 것이다. 때로는 실망스러운 일이 있다는 것도, 사상가가 자신이 발견했어야 하는 진실을 반드시 찾아내지는 않는다는 것도, 또는 인격이 뒤떨어진 학자가 있다는 것도 나는 잘 안다.

그렇다고 우리가 과학을 버리고 도덕만을 연구해야 한다고 말해야 할까?

도덕가들이 설교단에서 내려왔을 때, 어느 누가 그들에게 비난의 여지가 없을 것이라고 생각하겠는가?

2 수학의 미래

    수학의 미래를 내다보려면 수학의 지나간 역사와 현재의 상태를 연구하는 것이 참된 방법이다.

    이것은 우리 같은 수학자들에게는 전문적으로 수행해야 할 절차가 아닐까? 우리는 과거와 현재로부터 미래를 연역하는 하나의 수단인 외삽법(外揷法)[1]에 익숙하고, 그것의 가치 역시 잘 알기 때문에 앞으로 얻어지는 결과의 한계에 대해서 환상에 빠질 위험은 없다.

    전에는 불길한 예언을 하는 사람들이 있었다. 그들은 자주, "풀 수 있는 문제는 이미 다 풀렸다. 나머진 그저 이삭을 줍는 일뿐이다"라고 되풀이해서 말했다. 다행히도 과거의 예는 우리를 안도하게 한다. 사람들이 "모든 문제는 다 풀렸다. 적어도, 해답을 내놓을 수 있는 문제목록을 만들어 놓았다"고 믿었던 것이 지금까지 한두 번이 아니기 때문이다. 그 뒤로 '해(解)'라는 말의 의미는 확장되었고, 풀기 어려운 문제가 모든 문제 중에서도 가장 흥미로운 것이 되고, 또 전에는 생각지도 않았던 새로운 문제도 나타나기에 이르렀다. 그리스인에게 훌륭한 풀이란 자와 컴퍼스만을 필요로 하는 풀이였다. 아울러 근을 구함으로써 얻어지는 해(解)의 경우에서도, 나중에는 대수(代數)함수나 로그함수만 써서 구한 것까지도 좋은 해로 간주되기에 이른다. 이리하여 비관론자는 양쪽으로부터 끊임없는 포위를 당해 늘 물러설 수밖에 없었고, 이제는 완전히 자취가 사라졌다고 믿는다.

    그러므로 나의 의도는 비관론자와 싸우려는 게 아니다. 그들은 사라졌다. 우리는 수학이 앞으로도 계속해서 발전하리란 것을 안다. 다만 어떤 방면으로 발전할지가 문제이다. "모든 방면에서"라고 대답할 수 있겠는데, 그것은 어떤 면

---

1) 어떤 변역 안에서 몇 개의 변수값에 대한 함숫값이 알려져 있을 때, 이 변역 외의 변수값에 대한 함숫값을 추정하는 방법.

에서 참이다. 그러나 만약 그 말이 완전히 맞는 말이었다면 얼마간 두려운 일이 될 것이다. 풍부함은 예로부터 성가시고 귀찮은 일이었고, 그것의 축적물은 헤아릴 수 없이 많은 잡동사니들까지 만들어내어, 마치 무식한 사람이 알 수 없는 진리에 마주쳤을 때 같은 느낌을 준다.

역사가 또는 물리학자마저도 현상들 중에서 선택을 해야 한다. 우주의 아주 작은 일부에 불과한 학자의 두뇌로 우주 전체를 포용하는 것은 도저히 불가능하다. 따라서 자연이 제공하는 수많은 현상들 가운데서 일부는 버리고, 일부는 거두어야 한다. 하물며 수학에서도 마찬가지이다. 수학자 역시 모든 현상들을 깡그리 보존할 수는 없다. 심지어 그 현상들을 수학자 자신이 창조하는 것, 아니 그의 변덕이 창조하는 것이라고 해야 할 정도이다. 여러 요소를 모아 새로운 조합을 구석구석 구성하는 것은 바로 수학자이다. 수학자에게 기성의 것을 가져다주는 것은, 일반적으로는 자연이 아니다.

때로는 수학자가 물리학의 필요에 부응하기 위해 문제에 착수하는 경우도 있다. 물리학자 또는 기술자가 어떤 응용을 위해 수학자에게 수의 산출을 의뢰하는 경우도 없지는 않다. 그렇다고 우리 수학자가 단지 의뢰해 주기를 기다리는 것에만 그쳐서, 우리의 흥미를 위해 수학을 양성시키지 않고 단지 의뢰인의 기호에 부응하는 일에만 전전긍긍해야 하는 것일까? 수학이 자연연구자를 보조하는 것 말고는 다른 목적이 없다면, 이들 자연연구자들이 우리에게 의뢰해 주기만 기다려야 할 것이다. 이런 시각은 정당할까? 분명 그렇지 않다. 만약 수학이라는 이 정밀과학을 그것 자체를 위해 배양시키지 않았더라면 우리는 도구로서 도움이 되는 수학을 생각해내지 못해서, 정작 물리학자에게서 의뢰가 들어왔을 때도 무기력하게 아무것도 하지 못했을 것이다.

물리학자 역시 어떤 현상을 연구하는데 물질생활의 긴급한 요구 때문에 그 필요에 몰릴 때까지 기다렸다가 그때서야 착수하지는 않는다. 그들의 행동은 아주 옳다. 만약 18세기의 과학자가 전기에 대해서, 실제적 흥미는 없고, 단지 신기하기만 한 물질에 불과하다고 팽개쳐 두었더라면, 우리는 20세기에 전신이나 전기화학, 또는 전기광학을 구경하지 못했으리라. 물리학자는 선택에 맞닥뜨렸을 때, 단지 실제적 이익만을 표준으로 삼지는 않는다. 그렇다면 자연계의 현상들을 선택할 때, 과연 그들은 어떤 방침을 취할까? 나는 이것을 앞장에서 설명했다. 그들의 흥미를 끄는 것은 법칙발견의 단서가 될 수 있는 현상들이다. 즉, 다른 수많은 현상들과 비슷한 현상들, 외따로 있지 않고 다른 현상들과 긴밀한 단체를 구성하는 것처럼 보이는 현상들이다. 외따로 떨어져 있는 현상은 과학자뿐만 아니라 아마추어나 모든 이의 눈을 사로잡는다. 하지만 어떤 현상들이 서로 많이 비슷한데도 그 유사점이 감춰져 있을 때, 이것을 볼 줄 아는 것, 이것은 참된 물리학자만이 할 수 있는 일이다. 뉴턴의 사과 일화는 아마도 사실이 아니겠지만, 상징적 의미를 지니므로 이것이 사실이라고 간주하고 이야기를 진행하도록 하겠다. 뉴턴 이전에 수많은 사람들이 사과가 떨어지는 것을 보았음은 의심할 여지가 없다. 다만 아무도 거기서 어떤 결론도 이끌어내지 못했을 뿐이다. 이면에 뭔가가 잠재되어 있을 것 같은 현상들을 인식하는 것과 그것을 인식하면서 현상들을 선택할 수 있는 능력, 또는 가장 원초적인 현상 속에서 현상의 핵심을 감지해내는 능력이 없었더라면 그 현상들로부터 아무것도 탄생하지 않았을 것이다.

수학도 마찬가지다. 우리 주변에 있는 잡다한 요소로부터 수백 만 가지의 서로 다른 조합을 만들어낼 수 있는데, 그런 조합의 하나하나는 고립해 있는 한 아무런 가치가 없다. 우리는 그러한 조합을 만들어내기 위해 엄청난 수고를 자주 하는데, 그런 것은 중등교육의 과제로 알맞을지 몰라도 전혀 도움이 되지 않는 일이다. 다만 이 조합이 서로 비슷한 조합의 무리를 이루고, 우리가 그 유사성을 인정하는 순간이 온다면 사정은 달라진다. 그때 우리는 이미 하나의 현상 앞에 있는 것이 아니라 하나의 법칙 앞에 있는 것이다. 그런 순간이 왔을 때, 진정한 발견자가 되는 것은 끈기 있게 몇몇 조합을 만들어낸 노동자가 아니라, 현상과 현상 사이의 맥락을 뚜렷하게 찾아낸 사람이리라. 전자는 있는 그대로의 현상밖엔 보지 못했지만, 후자는 현상의 핵심을 감지해낸 것이다. 그 맥락을 확정하기 위해 단 하나의 새로운 단어를 발명하는 것만으로도 충분한 경우가 많다. 그 단어는 창조적인 것이었을 것이다. 이런 것은 과학의 역사에선 누구나 아는 예이다.

빈의 유명한 철학자 마흐는 마치 기계가 노력의 절약을 가져다주는 것처럼, 과학의 직분이 사고의 절약을 초래하는 데 있다고 했다. 꼭 들어맞는 말이다. 야만인은 손가락으로, 또는 자갈을 모아놓고 셈을 한다. 우리는 어린이에게 구구단을 가르침으로써 장차 수많은 자갈을 모아야 하는 수고를 덜어주고 있다. 누가 처음에 그랬는지, 또 돌멩이로 그랬는지 다른 방법이었는지도 모르겠지만, 그는 7의 6배는 42임을 알고 그 결과를 써두어야겠다는 착안을 했다. 우리가 처음부터 되풀이하지 않아도 되는 것은 그 때문이다. 자기가 좋아서 계산했을 뿐일지라도 그가 소비한 시간은 무익하지 않았다. 그의 연산은 단 2분 걸렸을 뿐이지만, 그 뒤로 10억 명의 사람들이 그 과정을 되풀이해야 했다면 모두 20억 분이 소요되었을 것이다.

하나의 현상이 중요한지 아닌지는 그것의 효율성, 다시 말하면 그것 때문에 우리가 절약할 수 있는 사고의 양의 크고 작음에 따라 잴 수가 있다.

물리학자에게 효율성이 큰 현상들이란 극히 일반적인 법칙에 속하는 사실이다. 왜냐하면 이런 사실은 많은 다른 사실을 예견할 수 있게 하기 때문이다. 수학도 이것과 다르지 않다. 내가 어떤 복잡한 계산에 매달려서 갖은 고생 끝에 어떤 결과에 이르렀다 치자. 거기에서 내가 만약, 그 결과와 비슷한 다른 계산 결과들을 예측해 내지도 못하고, 처음에 감수해야 했던 시행착오들을 피해가면서 그 결과들을 확실하게 도출해내지도 못했더라면, 나의 수고는 대가 없이 끝났을 것이다. 그런데 이와 반대로, 그런 시도의 결과로 앞에서 다루었던 문제가 매우 넓은 범위의 다른 문제와 깊은 유사성을 지녔다는 것이 밝혀졌다면, 그리고 그로 인해 서로 다른 점과 비슷한 점이 함께 밝혀졌다면, 한마디로 보편화의 가능성을 발견했다면 나는 시간을 허비하지 않았다고 말할 수 있다. 이로써 내가 얻는 것은 새로운 결과가 아니라 새로운 원리이다.

간단한 예로 대수의 공식을 들어보자. 마지막에 가서 문자를 숫자로 바꿔놓으면 일정한 형식에 속하는 수(數) 문제의 해(解)가 모두 나오고, 이 공식이 있음으로써 단 한 번의 대수계산을 하기만 해도 새로운 수 계산을 끊임없이 되풀이하는 수고를 아낄 수가 있다. 그러나 이것은 조잡한 한 예에 불과하다. 공식으로 나타낼 수는 없지만 가장 귀중한 가치를 지니는 유사성이 있음은 세상 사람들이 잘 아는 바이다.

만약 어떤 결과에 가치가 있다면 그것은 그 결과에 의해, 전부터 알고 있었지만, 그때까지는 뿔뿔이 흩어져 있어 아무 관계도 없는 것처럼 보였던 몇몇 요소들이 서로 이어져 있고, 전엔 무질서하던 외양에 어느새 질서가 잡혀 있을 때이다. 이로써 각 요소도, 또 그 요소가 전체 사이에서 차지하는 위치도 일목요연하게 파악할 수가 있게 된다. 이러한 새로운 현상은 단지 그것 자체로만 귀중한 것은 아니다. 이것이 있어야 서로 이어진 모든 사실에 비로소 가치가 생겨나는 것이다. 우리의 정신은 감각처럼 완전하지 않다. 복잡하기 짝이 없는 세계가 만약 그 이면에 조화를 감추고 있지 않았더라면, 우리의 정신은 그 복잡성에 휘둘려 마치 근시인 사람처럼 개개의 세부항목만 볼 뿐이고, 전체를 포용하는 능력이 없으므로 하나의 세목을 점검하고 다른 세목으로 옮겨가기도 전에 먼저의 세목을 망각하는 데서 벗어나지 못했을 것이다. 이런 복잡성에 질서를 가져와 우리 손으로 끝낼 수 있게 해주는 현상만이 우리의 주의를 끌 가치가 있는 유일한 현상이다.

수학자는 방법 및 결과의 아름다움을 매우 중요시하는데 이것은 단순한 호기심에서 오는 것이 아니다. 풀이가, 또는 증명이 우리에게 아름다운 느낌을 일으키는 것은 과연 무엇 때문일까? 그것은 서로 다른 부분 사이의 조화, 대칭, 균형 때문이다. 종합하면 질서를 가져오고 통일을 부여하는, 따라서 세부항목도, 전체도 모두 함께 또렷하게 간파되고 이해될 수 있게 하는 이것들이 모두 아름다운 느낌을 불러일으킨다. 이런 것이야말로 그 풀이나 방법의 효율성을 매우 크게 한다. 실제로 전체가 일목요연하게 보일수록 우리는 이것과 가까운 다른 대상과의 유사성을 더 잘 알게 되고, 따라서 보편화가 가능하다면 그것으로 미루어 다른 것을 알 기회도 더 많아진다. 아름다움은 또한, 우리가 보통 때는 서로 연결해서 생각하지 않았던 대상이 뜻밖에도 동시에 나타날 때, 그것을 의외로 여김으로써 생겨나는 경우도 없지 않다.

이 경우, 지금까지 몰랐던 맥락이 이로써 겉으로 드러나는 것이므로 이 아름다움은 범위가 넓다. 또 수단의 단순성과 주어진 문제의 복잡함을 대조하는 것만으로 아름다움이 생겨날 때도 그 적용 범위가 넓다. 우리는 이로써 이 대조가 어떻게 생겨나는지를 돌아보고, 또 더 많은 경우에 그 까닭이 단순한 우연이 아니라 생각지도 않던 법칙에 근거한다는 것을 알게 된다. 한마디로 말해서 수학의 아름다움은 우리가 발견한 해(解)와 우리의 정신이 요구하는 것 사이에, 무엇인지는 모르지만 어떤 적응이 이루어지고, 그로써 만족을 느끼는 것에 있다. 또한 이 적응이 있어야 그 풀이가 우리에게 소용이 될 수 있다. 따라서 이 미적 만족감은 사고의 절약과 관계가 있다. 에렉테움 신전의 비유가 또다시 떠오르지만 같은 비유를 너무 자주 쓰는 것은 삼가겠다.

같은 이유에서, 약간 긴 계산에 의해 어떤 단순하면서도 눈부신 결과를 얻었을 때라도, 예견할 수 있었던 것이나, 아니면 최소한 가장 특징적 윤곽들로 그 결과 전체를 보여주지 못했다면 우리는 만족하지 않는다. 왜일까? 우리가 알고자 하는 것을 모조리 가르쳐주는 것처럼 보이는데도 그 계산에 우리가 만족하지 못하는 것은 무엇 때문일까? 그것은 비슷한 경우에서 이 긴 계산이 다시 도움이 될 수는 없지만, 반대로 결과를 예측할 수 있는―가끔 직관이 반을 차지하는―추론에서는 도움이 되기 때문이다. 후자 같은 추론은 짧다. 따라서 그 모든 부분을 한 번에 볼 수가 있으므로 같은 성질의 문제가 생겼을 때, 추론의 어떤 부분을 바꾸어야 그 문제에 알맞을지도 즉각 알아낼 수가 있다. 아울러 이 추론은 이런 문제의 풀이가 단순한지 아닌지를 예측하게 하므로, 이것에 의해 적어도 계산할 만한 가치가 있는지 없는지를 알 수 있는 것이다.

수학자의 자유로운 독창성 대신에 어떠한 기계적 과정으로 시도해 보았자 그것이 쓸데없다는 것은 이로써 충분히 보여준 셈이다. 진정 가치 있는 결과를 얻으려면 열심히 계산만 해선 충분치 않다. 또는 사물에 질서를 부여하는 기계만 갖고선 불충분하다. 단순한 질서에 가치가 있는 것은 아니다. 예기치 않았던 질서야말로 중요하다. 기계는 있는 그대로의 현상은 처리할 수 있겠지만, 현상의 핵심에선 늘 벗어나기 마련이다.

지난 세기 중엽 이후로 수학자는 절대적인 정밀함에 이르려고 점점 골몰하고 있다. 아주 당연한 순서로서 그 경향은 앞으로도 차츰 세를 불릴 것이다. 정밀함만이 수학의 전부는 아니다. 그러나 정밀함이 없으면 수학은 아무런 가치도 없고, 엄밀하지 않은 증명은 무와 같다. 아무도 이 진리를 부정하는 이가 없으리라고 나는 믿는다. 그러나 이것을 그냥 글자 그대로 받아들인다면, 1820년 이전에는 수학은 없었다는 결론을 내릴 수밖에 없으리라. 이것은 분명 극단에 치우친 생각이다. 그 무렵 수학자는 지금 우리가 장황한 논의로 설명하는 이것을 쉽게 일축해 버렸다. 그렇다고 그들이 그것에 신경을 쓰지 않았다는 뜻은 아니다. 다만 그들은 너무 서두른 탓에 깊은 접촉 없이 지나쳐버린 것이다. 그 점을 상세하게 하려 했다면 그것을 명시할 만한 노력을 했어야 했다.

그러나 과연 이것을 그렇게 여러 차례 되풀이 명시할 필요가 있었을까? 특히 증명의 정밀함이란 것을 놓고 처음 고심했던 사람들은 우리가 규범으로 삼을 추론을 부여하기는 했다. 하지만 만약 증명이 장차 그 본보기 위에 세워져야만 한다면 수학의 개론은 무척이나 길어질 것이다. 길어지는 것을 두려워하는 것은 단지 서가를 복잡하게 하는 게 싫어서가 아니다. 증명에 있어서 조화가 얼마나 쓸모 있는 역할을 하는지는 앞에서 시간을 들여 설명한 바 있다. 증명이 길어짐에 따라 이 조화로운 느낌을 잃지는 않을지, 이것이 우려되는 것이다.

우리가 지향해야 할 것은 사고의 절약이므로 본떠야 할 본보기가 주어지는 것만으론 충분하지 않다. 앞으로 사람들이 이 본보기의 도움을 빌지 않고 끝낼 수 있고, 이미 사용한 추론을 다시 되풀이하는 일 없이 이것을 몇 줄로 줄일 수 있어야 한다. 더구나 이것은 어떤 경우엔 이미 성공을 거두고 있다. 그 예를 하나 들어보자. 서로 비슷한 일종의 추론의 틀이 곳곳에서 나타나기 시작했다. 엄밀함에선 흠잡을 데가 없지만, 단지 길었다. 어느 날, 누군가가 "수렴의 일치성"이란 말을 생각해내자, 단지 이 한마디 말이 지금까지의 추론을 소용없는 것으로 만들었다. 이 말로 추론들이 압축될 수 있었으므로 더 이상 되풀이될 필요가 없었던 것이다. 그러므로 곤경을 헤쳐 나가는 사람들은 우리에게 이중의 공헌을 한다. 필요할 때는 우선 그들의 방법에 따를 것을 가르치기는 하지만, 특히 그들이 우리에게 보탬이 되는 게 많은 것은, 많은 경우에 되도록 그들의 수고를 되풀이하지 않게 하면서도, 거기다 정밀함을 전혀 희생시키지 않아도 될 수 있게 한다는 점이다.

방금 하나의 예로서 수학에서 용어가 얼마나 중요한지를 살펴보았다. 그러나 이 밖에도 이런 예는 얼마든지 있다. 실제로 마흐가 말했듯이 용어를 잘 선택함으로써 사고가 얼마나 절약될 수 있는지는 거의 믿기 어려울 정도이다. 나는 어느 책에선가 수학이란 서로 다른 사항에 같은 명칭을 부여하는 기술이라고 말한 적이 있다. 이런 사항에는 내용은 다르지만 형식이 비슷하다는 것, 즉 같은 틀에 들어맞는다는 조건이 필요하다. 단어를 알맞게 골랐을 때, 기존의 어떤 대상에 대해 이루어진 모든 증명이 단박에 많은 새로운 대상에 대해서도 그대로 적용되는 것을 보면 놀라움을 금치 못한다. 그 용어 하나라도 바꿀 필요는 없다. 이름까지도 모두 똑같은 것을 쓸 수 있기 때문이다.

고어(古語)로 표현된 법칙이 포함되어 있는 예외라도, 단 하나의 용어선택만 잘하면 사라져버리는 경우를 자주 겪는다. 음수, 허수, 무한원점 등등 수많은 것들을 고안해낸 것도 그 때문이다. 더욱이 예외는 법칙을 감추므로 해롭다는 것을 우리는 잊어선 안 된다.

그러니, 이런 것이야말로 효율성이 큰 현상들을 식별하는 특징 가운데 하나이며, 그런 것들이 단어의 적합한 개량을 허용하는 현상들이다. 무질서한 사실은 때로는 전혀 흥미를 끌지도 않고, 수학에 어떠한 공헌도 초래하지 않지만, 이런 사실은 더욱 노련한 사고력을 지닌 사람이 그 사실이 나타내는 관계를 알아내고 이것을 한 단어로 나타낼 때 비로소 그 가치가 생겨난다.

또한 물리학자도 완전히 똑같은 작업을 한다. 그들은 에너지라는 말을 발명했다. 이 단어 때문에 예외는 모두 없어졌고, 법칙이 창조되었으며, 내용은 다르지만 형식이 비슷한 것에 같은 명칭이 부여되고, 이리하여 이 단어가 초래한 결과는 놀라우리만큼 풍부했다.

가장 효과적인 영향을 끼친 말 가운데서 나는 '군(群)'과 '불변식'이란 두 단어를 들고자 한다. 이것에 의해 우리는 많은 수학적 추론들의 진수를 알 수 있었다. 옛날 수학자가 군이라는 것을 의식하지 못한 채로 그것을 생각한 적이 몇 번이나 있었는지, 또는 그 추론들이 서로 멀리 떨어져 있다고 믿고 있었는데, 어떻게 갑자기 이유도 모른 채 서로 접근해 있다는 것을 알았는지, 이 두 단어는 우리에게 그런 것들을 보여주었다.

지금 생각하면 그들은 같은 군(群)을 생각했었다고 해야 하리라. 군에 있어서 그 내용은 거의 흥미롭지 않지만, 형식만큼은 중요하므로, 하나의 군을 알면 다른 모든 동형의 군을 알게 된다는 것을 이제 우리는 잘 안다. 군 또는 동형(同型)이란 말은 이 미묘한 규칙을 몇 개의 글자로 단축하고, 순식간에 모든 사람에게 친숙한 것으로 만들기 때문에, 이 두 단어로 하나의 군에서 다른 군으로 곧장 옮겨갈 수가 있고, 이로써 모든 사고의 노력을 아낄 수가 있는 것이다. 또한 군의 개념은 변환의 개념으로 이어진다. 우리가 새로운 변환의 발견에 크나큰 가치를 부여하는 것은 왜일까? 그것은 단 하나의 정리에서 열 내지 스물의 정리를 이끌어낼 수가 있기 때문이다. 마치 하나의 정수의 오른쪽에 0을 붙이는 것과 같은 가치를 지닌다.

지금까지 수학이 나아갈 방향을 정해온 것은 이상과 같다. 앞으로도 같은 것이 지배하리라고 믿어 의심치 않는다. 그러나 이 점에 대해선 나타나기 시작할 문제의 성질도 같은 관계에 있다. 우리는 우리의 목적이 무엇인지를 잊어선 안 된다. 내가 볼 때, 이 목적은 두 가지이다. 우리의 수학은 철학과도, 물리학과도 경계를 함께하고 있다. 우리가 노력하는 것은 이 두 이웃 때문이다. 우리는 지금까지 수학자가 2개의 서로 어긋난 방향으로 나아가는 것을 줄곧 보아 왔다. 앞으로도 또한 그러한 것을 볼 것이다.

수학은 자기 자신을 돌아보아야 한다. 자신을 돌아보는 것은 수학을 창조한 인간 정신을 돌아보는 것이고, 또한 수학은 정신이 외부 세계에 빚진 바가 가장 적은 창조물이므로 이런 반성은 더더욱 유익하다. 수학적인 어떤 사색, 예를 들면 공준(公準)[2]의 연구, 낯선 기하학의 연구, 특이한 성질을 지닌 함수의 연구 등을 목표로 하는 어떤 수학적인 사색이 유익한 것도 이 때문이다. 즉 가장 평범한 개념에서 멀어질수록, 따라서 자연과 응용으로부터 멀리 떨어질수록 이런 사색은 인간 정신이 외부 세계의 횡포로부터 차츰 벗어남에 따라 무엇을 얻어낼 수 있는지를 우리에게 보여주며, 따라서 인간 정신 본연의 모습을 속속들이 알게 하는 것이다.

그러나 우리가 주력을 기울여야 할 것은 이것과 반대 방향, 즉 자연의 측면이다.

그곳에서 우리는 물리학자 또는 기술자가 다음과 같이 말하는 것을 듣게 된다. "이 미분방정식을 적분해주시겠어요? 이러이러한 날짜까지 저러저러한 건축을 준공해야만 하는데, 그러려면 지금부터 1주일 안에 그게 필요합니다"라고. "그 방정식은 적분 가능한 범주에 들지 않습니다. 아시다시피 적분할 수 있는 방정식은 많지가 않습니다"라고 우리가 대답한다. "그건 압니다. 그러니까 당신들한테 해달라는 것 아닙니까?" 하고 그들은 말한다. 대개의 경우 서로 양해할 수 있으면 그것으로 끝난다. 실제로 기술자가 유한항으로 나타낸 적분을 필요로 하지는 않는다. 그는 적분함수의 일반적 성질을 알고자 하거나, 또는 단순

---

2) 유클리드의 〈기하학 원론〉의 공리 가운데 기하학적인 내용을 갖는 공리.

히 그 적분을 알면 거기서 쉽게 도출되는 어떤 숫자를 바란다. 통상 적분에 대해서는 모르지만, 기술자가 어떤 숫자를 어느 정도의 근삿값으로 필요로 하는지를 정확히 알면 적분 없이도 이 숫자를 산출할 수가 있다.

전엔 방정식의 해가 유한개의 주어진 함숫값을 써서 나타내어지지 않은 동안엔 그 방정식은 풀리지 않은 것으로 여겼다. 그러나 이런 것은 고작 백에 하나의 비율에 불과하다. 우리가 언제나 할 수 있는 것은, 아니 우리가 늘 노력해야 할 것은 말하자면 '질적'인 문제를 푸는 것, 다시 말하면 미지의 함수를 나타내는 곡선의 일반적 형태를 알려고 노력하는 것이다.

이제 이 문제의 '수량적'인 해를 구하는 것이 남아 있는데, 만약 미지함수를 유한계산으로 결정할 수 없을 때는 언제든지 이것을 수렴무한급수로 나타내고, 이로써 함수를 계산할 수가 있다. 이것을 진정한 풀이로 간주할 수 있을까? 뉴턴이 라이프니츠에게 다음과 같은 글자 수수께끼를 보냈다고 한다.

aaaaabbbeeeeii, etc.

물론 라이프니츠는 전혀 이해하지 못했다. 그렇지만 우리는 그 애너그램의 열쇠를 쥐고 있으므로 이것을 현대어로 번역할 때 "나는 모든 미분방정식을 풀 수 있다"는 뜻임을 안다. 게다가 뉴턴은 매우 운이 좋았거나 아니면 기괴한 망상에 빠진 것, 둘 가운데 하나라고 생각할 수밖에 없다. 그가 한 말의 뜻은 단지 제시된 방정식을 형식에 만족하는 멱급수로 (미정계수법을 써서) 만들 수 있다는 데 불과했던 것이다.

오늘날엔 이와 같은 풀이가 우리를 만족시키지 못한다. 그 이유는 두 가지이다. 즉 수렴이 너무나 완만하다는 것과 이어진 항이 어떤 법칙에도 따르지 않는다는 것 때문이다. 이에 반해 급수에선 수렴은 급속하지만(이것은 되도록 빨리 그 숫자를 얻기를 바라는 실천가 때문에), 더 나아가 우리는 항 사이의 법칙을 한눈에 볼 수 있으므로(이것은 이론가의 심미적 요구를 만족시키기 위해) 이 급수에 대해선 더 이상 아무것도 바랄 여지가 없는 것처럼 보인다.

그러나 이것으로 '대략적인' 해를 갖는 그런 문제는 이제 없어졌다. 그런 것은 문제가 수렴의 급속한 급수에 의해 풀리느냐 풀리지 않느냐, 또는 조화로운 법칙에 지배되는 급수에 의해 풀리느냐 아니냐에 따라, 그 풀리는 정도에 많고 적음이 있는 것에 불과한 것이다. 그렇지만 불완전한 풀이에서 출발하여 결국 가장 나은 풀이에 이르는 경우도 있다. 때로는 급수의 수렴이 너무나 완만해서 계산이 실행되지 못하고, 단지 문제의 가능성 증명의 성공에 그치는 경우도 없지는 않다.

이러면 기술자는 사람을 놀린다고 생각할 것이다. 그래서는 건축하기로 정한 날짜의 준공에 도움이 되지 않으므로 그렇게 생각하는 것도 당연하다. 기술자는 그것이 22세기의 기술자에게 도움이 될지 여부를 아는 따위엔 전혀 관심이 없다. 우리는 우리대로 사고방식이 달라서 동시대인을 위해 1시간의 수고를 덜어주는 것보다 우리의 자손에게 하루의 수고를 덜어주는 데서 훨씬 큰 행복을 느끼는 경우가 이따금 있다.

때로는 실험적이라고 해야 할 방법으로 더듬더듬 가다가 수렴도가 충분한 공식에 이르는 경우가 있다. "이 정도면 되지 않습니까?" 하고 기술자는 우리에게 말한다. 그러나 우리는 어떻게 해도 만족스럽지 않다. 우리는 그 수렴을 '미리' 알 수 있기를 바란다. 왜일까? 그것은 한 번 예측할 수 있다면, 그것을 다시 예측하는 것 역시 가능할 것이기 때문이다. 우리는 성공했다. 하지만 이것을 바라는 마음을 다시 갖지 않는다면 이 성공은 가치가 적다고 볼 수 있다.

수학의 발전에 따라 전체를 포괄하기란 점점 어려워지고 있다. 따라서 우리는 이것을 조각조각 떼어서 그 한 조각에 만족하려고, 한마디로 말하면 전문가가 되고자 노력한다. 만약 이런 방향으로 향하기를 지금껏 계속하고 있었다면 이것은 수학의 진보에 우려할 만한 장애가 될 것이다. 수학의 진보는 그러한 각 부분의 예기치 않은 접촉에 의해 이루어진다는 것을 앞에서 말했었다. 지나치게 전문가가 되는 것은 이 접촉을 방해하게 될 것이다. 우리는 하이델베르크나 로마에서 열리는 종교 회의 같은 그런 회의가 우리를 서로 소개하고, 이웃 영역에게 문을 열게 하고, 우리의 영역을 서로 비교하고, 그 작은 세계에서 몇 걸음 내딛게 하기를 바라야 한다. 이렇게 하면 이런 회의는 내가 지금 경고한 위험에 대한 최선의 구제책이 될 것이다.

그런데 지금까지 일반론을 너무 오래 이야기한 감이 없지 않다. 이제 각론으로 들어가 보도록 하자.

서로 모여서 수학을 이루는 각종 특수한 부문을 대강 둘러보기로 하자. 저마다 무엇을 했는지, 어느 쪽으로 나아가는지, 또 거기서 무엇을 기대할 수 있는지를 살펴보자. 앞에서 말한 견해가 옳다면, 그렇게 과학의 두 부문이 서로 닿았을 때, 내용이 서로 비슷하지 않음에도 불구하고 그 부문들의 형식이 비슷하다는 것을 알았을 때, 그리고 그 부문들이 서로의 틀을 본떠 결과적으로는 서로 다른 쪽에 이득을 주었을 때, 과거의 엄청난 진보가 탄생했음을 알게 될 것이다. 동시에 우리는 그러한 접촉 가운데서 미래의 진보를 내다보아야 한다.

수론(數論)

정수론의 진보는 대수학(代數學)이나 해석의 진보에 비해 매우 더뎠다. 그 까닭을 이해하기는 어렵지 않다. 죽 이어진 느낌이라는 귀중한 길잡이가 정수론 학자에게는 결여된 것이다. 그들에게 각각의 정수는 서로 동떨어져 있어서 말하자면 독자적 개성을 지닌다. 하나하나가 일종의 예외이다. 그래서 정수론은 다른 것에 비해 일반적 정리가 드물고, 실재하는 정리가 다른 것에 비해 깊이 감춰져 있어 오랫동안 연구자들의 눈에 띄지 않았던 것이다.

정수론이 대수학이나 해석학에 뒤져 있다면 앞으로 해야 할 일은, 이 둘을 본떠 그것들의 이점을 이용하려는 노력이다. 그러므로 수론학자는 대수학과의 유사성을 길잡이로 삼지 않으면 안 된다. 이러한 유사한 수는 매우 많은데 대부분의 경우 쓸 만한 정도로 세밀하게 연구되어 있지는 않다. 다만 적어도 아주 오래전부터 예상했었고, 우리가 그것을 감지하고 있었다는 것을 정수론과 대수학에서 쓰는 용어만으로 알 수가 있다. 즉 인간은 초월수에 대해서 말하고, 장차 이런 수들의 분류가 초월함수의 분류를 이미 본보기로 삼는다고 해석하고 있다. 그런데 그렇게 해석했을 때 함수의 분류에서 수의 분류로 어떻게 옮아갈 수 있을지 이것은 아직도 뚜렷하게 밝혀져 있지 않다. 하지만 만약에 밝혀졌다면 그것은 이미 완성된 것이므로 더 이상 미래의 사업은 아니라고 본다.

지금 떠오르는 첫 번째 예는 합동식의 이론이다. 여기서는 대수방정식 이론과 완전한 평행을 발견할 수 있다. 인간은 분명 대수곡선 이론과 2변수의 합동식 사이에 틀림없이 존재하는 이 평행을 완성하게 될 것이다. 그러나 몇 개의 변수가 든 합동식에 관한 문제가 풀리게 되면 이것은 부정(不定)해석의 많은 문제의 풀이를 향해 한걸음 나아간 것이 되리라고 본다.

대수학(代數學)

대수방정식론은 앞으로도 오랫동안 수학자의 관심을 끌 것이다. 이 문제에 착수할 수 있는 분야는 너무나 많으며, 종류 또한 다양하다.

모든 가능한 조합을 만드는 규칙을 우리에게 제공한다고 해서 대수학이 이미 완결되었다고 믿어선 곤란하다. 흥미로운 조합, 즉 특수한 조건을 만족하는 조합을 탐구하는 작업이 아직 남아 있는 것이다. 이로써 미지수가 정수가 아니라 다항식인 경우 등 일종의 부정해석이 나오리라 본다. 이 경우에는 어쩌면 임의계수의 다항식을 써서, 또는 정계수의 다항식을 써서 정수와의 유사성을 찾아가며, 대수학이 정수론에 본보기를 보이게 될 것이다.

기하학

기하학은 이미 대수학 또는 해석학 속에 들어 있는 것 말고는 어떤 것도 포함할 수 없는 것처럼 보인다. 곧 기하학적 사실이란 대수학적 또는 해석적 사실을 다르게 나타낸 것에 지나지 않은 것 같다. 그러므로 우리가 이렇게 한차례 둘러보고 난 뒤에는 기하학에 관해 특별히 할 말이 남아 있지 않다고 생각할지도 모른다. 이렇게 생각하는 것은 잘 만들어진 중요한 말조차도 말살하는 것이고, 사물을 표현하는 방법, 즉 사물을 총괄하는 방법이 사물 자체에 무엇을 더 추가하는지를 이해하지 못한 것이라고 보아야 한다.

첫째, 기하학적 고찰은 우리로 하여금 새로운 문제를 제기하게 한다. 그 문제는 만약 억지로 이름을 붙이려 하면 해석적 문제에 틀림이 없지만, 해석상의 견지에선 결코 제기되는 일이 없는 문제이다. 그러나 해석은 물리학의 요구를 만족시키기 위해 풀어야만 하는 문제에서 얻는 것이 있는 것과 마찬가지로 이런 문제에서도 얻는 것이 있다.

기하학의 큰 장점은 감각이 지성을 도와서 나아갈 길을 발견하게 한다는 점에 확실하게 있으며, 사람들은 대개 해석학의 문제를 기하학적 형태로 고치는 길을 택한다. 불행하게도 감각에 도움이 되는 범위는 그리 넓지 않으며, 우리가 전통적 3차원의 바깥으로 튀어나가려 하면 감각은 그 즉시 우리를 외면해버린다. 그렇다면 그 말은, 감각이 가두려는 것처럼 보이는 그 좁은 영역을 나와서 순수해석학 외에 그 이상은 생각하지도 말아야 하고, 3차원 이상의 기하학은 모두 공허하고 대상도 없다는 얘기일까? 우리보다 앞선 세대에서는 가장 위대한 수학의 거장도 "맞다"고 대답했겠지만, 우리는 이 개념에 이미 익숙하므로 하다못해 대학과정에서 이런 말을 해도 놀라는 반응은 전혀 일어나지 않게 되었다.

그러면 이러한 다차원기하학이 과연 어디에 도움이 될 수 있을까? 첫째, 매우 편리한 언어를 우리에게 제공하여 통상의 해석언어로는 장황한 문장으로 기술해야 할 것을 매우 간결한 용어로써 나타낼 수 있게 한다. 더욱이 이 언어는 우리로 하여금 비슷한 것을 같은 명칭으로 부르게 하고, 유사성을 강조하여 앞으로 잊지 않게도 해준다. 또 이로써 우리는 가시공간을 끊임없이 떠올릴 수 있으며, 너무나 위대해서 우리가 보지 못하는 그의 고차공간으로 향할 수가 있다. 이러한 가시공간은 원래 고차공간의 상(像)으로서는 불완전하지만, 그래도 상임엔 틀림이 없다. 이 경우 역시 앞의 예와 마찬가지로 복잡한 것을 이해하게 하는 것은 단순한 것과의 유사성이다.

이러한 3차원 이상의 기하학은 단순한 해석기하학이 아니며, 순수하게 수량적이지도 않고, 또 성질적인 것이어서 많은 흥미를 끄는 것도 바로 이 때문이다. '위치해석'이라고 일컫는 과학이 있는데 이것은 크기를 상관하지 않고 다양한 도형 요소의 위치관계 연구를 목적으로 한다. 이 기하학은 순수하게 성질적이며, 그 정리(定理)는 도형의 모양이 부정확하여 어린이가 아무렇게나 따라 그린 경우에도 참을 유지한다. 사람은 또한 3차원 이상의 위치해석을 만들 수도 있다. '위치해석'의 중요성이 매우 크긴 하지만, 이것을 꼭 힘주어 말하겠다는 것은 아니다. 이 학문의 주된 창조자의 한 사람인 리만(Riemann)이 위치해석에 의해 얻은 이익이 이것을 충분히 증명하기 때문이다. 우리는 더욱 고차적 공간에서의 위치해석을 완전하게 구축해야만 한다. 그럴 때, 인간은 진정한 초공간에 대해 비로소 눈을 뜸으로써 우리의 감각을 보조하는 능력을 지닌 하나의 수단을 갖추게 될 것이다.

만약 인간이 해석적 언어만을 말했다면 '위치해석'의 문제는 아마도 제기되지 않았을 것이다. 이렇게 말하는 것이 어쩌면 나의 오류일지 모른다. 왜냐하면 많은 해석학의 문제에서 이런 해결책이 필요하니까 '위치해석'의 문제도 제기되었을 것이기 때문이다. 다만 차츰 고립적이 되어 그것들 사이를 잇는 공통의 고리는 찾지 못했으리라 생각한다.

집합론(Cantorisme)

나는 앞에서 수학의 최초 원리로 끊임없이 거슬러 올라가는 작업이 얼마나 필요한지, 또 인간 정신을 연구하는 사람으로서 이것이 어떠한 이득이 되는지에 대해서 언급한 바 있다. 극히 최근의 수학 역사에서 매우 중대한 자리를 차지했던 두 가지 시도에 시사점을 준 것은 바로 이 필요성이었다. 이 두 가지 시도의 첫 번째가 바로 칸토어 정리로 그것이 수학에 끼친 공헌은 누구나 아는 바이다. 칸토어는 수학적 무한을 고찰하는 새로운 방법을 수학에 도입했다. 앞으로 7장에서 이것에 대해 다시 살펴볼 기회가 있을 것이다. 칸토어 정리의 특징 가운데 하나는, 점점 복잡한 구조를 쌓아올려 일반적인 것으로 나아가는 구성적 정의를 부여하지 않고 최고류(genus supremum)에서 출발하는 것이지만, 스콜라 철학자들처럼 '최근류와 종적(種的) 차이에 의해서(per genus proximum et differentiam specificam)'라고 정의하지는 않는다. 어떤 사람들, 이를테면 수학을 자주 자연과학에 견주는 사고방식을 지닌 에르미트(Hermite)가 때로 혐오감을 일으켰던 것은 바로 이 때문이다. 우리의 대다수에게 이런 편견은 사라졌지만, 이제 사람들은 엘레아(Elea)의 제논이나 메가라학파를 열광케 했으리라고 짐작되는 몇 가지 역설, 몇몇 외견상의 모순과 출동하기에 이르렀다. 그리하여 지금은 모든 사람들이 그것의 구제책을 찾기에 골몰하고 있다. 나로선―이렇게 생각하는 것은 나 하나뿐이 아니다―유한개의 단어로써 완전하게 정의할 수 있는 것 이외엔 수학에 도입해선 결코 안 된다고 생각한다. 어떠한 구제책을 채용하건 우리는 병리학적으로 매우 흥미로운 병증의 진료를 의뢰받은 의사와 같은 기쁨을 기대할 수 있다.

공준(公準)의 연구

한편, 지금까지 인간은 수학의 각종 이론의 기초를 이루는 것으로서 다소나마 감춰져 있던 공리와 공준을 열거하는 데 힘썼다. 힐베르트(Hilbert)가 얻은 결과는 상당한 갈채를 받았다. 언뜻 이 방면의 연구는 범위가 매우 좁아서 목록이 완성되었을 때는 할 일이 아무것도 남아 있지 않은 것처럼 보일 수도 있다. 더욱이 그런 날이 오는 것도 머지않았다. 그러나 모든 것이 다 열거된 뒤에도 모든 것을 분류하려면 여러 방법이 아직 더 있다고 본다. 훌륭한 도서관 사서는 자신이 할 일을 끊임없이 찾는 법이다. 그리고 어떠한 새로운 분류도 철학자에게 보탬이 될 것임에 틀림이 없다.

간단하게 살펴보는 것은 여기서 그치겠다. 이것을 완벽하게 해낼 생각은 꿈에도 없다. 이 예들로써 수학적 과학이 과거에 어떠한 기제에 의해 진보했는지, 앞으로 어떠한 방면으로 나아가야 하는지를 보이는 데는 충분하리라 생각한다.

3 수학상의 발견

　심리학자는 수학상의 발견이 어떻게 탄생하는지에 대해 강한 흥미를 갖는다. 이 정신작용에서 인간의 정신은 외부 세계에 빚진 바가 가장 적으며, 단지 그것 자체에 의해서만, 아니면 그것에 대해서만, 작용하거나 작용하는 것처럼 보이거나 한다. 따라서 수학적 사색의 과정을 연구함으로써 우리는 인간 정신에 있어서 가장 본질적인 것에 이르기를 바랄 수 있다.

　이것은 이미 오래전부터 세상 사람들이 모두 이해하는 바였고, 몇 달 전에 레장(Laisant), 페르(Fehr) 두 사람이 감수한 잡지 〈수학교육(L'Enseignement Mathématique)〉은 수학자들의 성격 및 연구방법에 대해 조사를 시도했다. 이 원고의 주요 쟁점들을 이미 정해 놓았는데 그 조사의 결과가 출판되어, 나는 내가 준비해 놓은 것들을 거의 이용할 수 없었다. 다만 거기 나온 증언의 대부분이 나의 결론을 뒷받침한다는 것을 언급해 두겠다. 완전히 일치한다고는 하지 않겠다. 왜냐하면 보통선거를 참조해 보아도 알 수 있듯이, 만장일치를 얻으리라고 자신하기란 불가능하기 때문이다.

　첫째, 우리로 하여금 경탄을 금치 못하게 하는 사실이 있다. 아니 오히려 우리는 다행히도 그런 사실에 익숙하기는 하지만, 만약 그렇지 않다면 이 사실은 우리를 경탄케 할 것이 틀림없다. 즉 수학을 이해하지 못하는 사람들이 있음은 어떤 이유에서일까? 만약 수학이 건전한 정신을 지닌 모든 사람들이 승인하는 논리법칙 이외엔 어떤 것도 필요로 하지 않는다면, 또는 수학의 증명이 정신병자가 아닌 이상엔 어느 누구도 부정할 수 없는 만인 공통의 원리 위에 기초를 둔 것이라면, 그런데도 수학에 전혀 맞지 않는 사람들이 이토록 많은 것은 대체 무슨 까닭일까?

　발견이라는 것은 누구나 반드시 할 수 있는 게 아니므로 그건 전혀 이상할 것이 없다. 모든 사람이 전에 배운 증명을 반드시 기억하지 못하는 것 역시 수

긍할 수 있다. 그렇지만 현재 설명을 듣고 있는 자리에서조차 수학적 추론을 완벽하게 이해하지 못한다는 것은 매우 놀라운 일이다. 그나마 갖은 고생 끝에 겨우 이해하는 사람들이 대다수를 차지한다. 이것은 의심할 여지가 없는 것이고, 중등학교 교사 경험이 있는 사람이면 내 말에 수긍이 갈 것이다.

그뿐만이 아니다. 수학에 오류가 생길 수 있는 것은 무엇 때문일까? 건실한 지성은 논리적 실수를 저지르지 않아야 한다. 그런데 매우 날카로운 분석능력을 지녔고, 평소 생겨나는 짧은 추리를 어려워하지 않는데도, 수학적 증명을 오류 없이 해낸다든지, 또는 되풀이할 능력이 없는 사람들이 있다. 더구나 수학적 증명이 비교적 길기는 하지만, 그것은 그들이 평소 그토록 쉽게 해내는 매우 비슷한 짧은 추리가 여러 번 거듭된 것에 불과한데도 말이다. 훌륭한 수학자조차도 실수를 하지 않는다는 보장이 없다는 것은 굳이 덧붙일 필요도 없다.

나는 이에 대한 답이 저절로 나온다고 생각한다. 여기 일련의 삼단논법이 있는데, 그중 앞의 결론은 뒤의 전제를 이루는 것으로 가정하자. 우리가 오류를 일으킬 위험이 있는 곳은 전제에서 결론으로 옮겨가는 길목이 아니다. 그러나 우리가 어떠한 명제와 삼단논법식 결론으로 처음 마주쳤을 때와, 삼단논법식 전제로서 다시 마주쳤을 때 사이에 이따금 긴 시간이 지나, 수많은 추론의 연쇄고리들이 풀려버렸을 경우가 있다. 따라서 도중에 그 명제를 잊는 경우도, 나아가서는 그 의미를 잊는 경우마저 생길 수 있다. 이리하여 하나의 명제를 약간 다른 명제로 바꾸거나, 또는 같은 말을 그대로 다 쓰면서 약간 다른 뜻을 부여하는 경우도 있을지 모른다. 그럴 때 우리는 오류에 빠질 위험이 있다.

수학자는 어떤 법칙을 반드시 써야만 하는 경우가 자주 있다. 처음에 그 규칙을 증명하려 착수할 때, 그 증명이 기억에 또렷이 남아 있는 동안에는 그는 그 의미와 한계를 완전하게 이해하고 있어서 그것을 바꿀 위험은 없다. 그러나 결국 수학자는 이 증명을 기억 속에 묻어두고 단지 기계적인 방법으로만 응용하게 된다. 그렇게 될 때, 만약 기억에 잘못이 생기면 그는 전혀 엉뚱한 적용방법을 쓸지도 모른다. 간단한 예를 들면, 곱셈의 구구단을 까먹은 탓에 이따금 계산에 오류가 생기는 것도 이와 같은 이유에서다.

이런 점에서 수학에 맞는 특별한 소질이란 매우 정확한 기억력, 또는 비범한 주의력뿐인 것이 된다. 즉 제시된 카드를 기억하는 트럼프 경기자, 또는 한 걸음 나아가서 엄청나게 많은 수를 고려하여 이것을 기억에 담아둘 수 있는 체스 선수의 능력과 비슷하단 얘기가 된다. 모든 수학의 대가는 동시에 체스의 명수여야 하고, 반대로 체스의 명인은 수학의 대가여야 한다. 또 수학의 대가는 마찬가지로 숫자 계산에 남보다 뛰어나야만 한다는 얘기가 된다. 물론 때로는 정말 그런 경우도 있다. 즉 가우스는 천재적 수학자였고, 동시에 매우 조숙하고 정확한 계산의 달인이었다.

그러나 여기엔 예외가 있거나 또는 오히려 내가 틀렸다고 할 수 있다. 왜냐하면 나는 그것들을 예외라고 부르지 않기 때문인데, 그렇지 않다면 예외가 규칙적인 적응보다 많아지고 만다. 반대로 가우스야말로 예외이다. 나로선 틀리지 않고 덧셈을 하는 것조차 절대적으로 불가능하다는 사실을 고백해야 하겠다. 마찬가지로 체스를 두는 것 역시 매우 서투르다. 그렇게 두면 이러이러한 위험에 빠진다는 것은 잘 안다. 그 밖에 어떤 이유로 피해야만 하는 수도 전체적으로 훑어야 하는데, 그러다 전에 주목했던 위험을 어느새 까먹고는 결국 처음에 떠올렸던 나쁜 수를 두게 된다.

한마디로 말해서 나의 기억력은 나쁘지는 않지만 체스의 달인이 되기엔 불충분하다는 얘기이다. 그렇다면 대개의 체스 명수라면 혀를 내두르고 말 난해한 수학적 추리에 있어서 기억이 나를 오류에 빠뜨리지 않는 것은 왜일까? 이것은 확실히 나의 기억력이 일반적 추리의 진행방식에 이끌리기 때문이다. 수학의 증명은 단순히 삼단논법의 병치만이 아니라 '어떤 일정한 순서로 배열된' 삼단논법이며, 각 요소의 순서는 그것의 요소인 삼단논법 자체보다 훨씬 중요하다. 만약 내가 이 순서에 대해 알고, 직감이란 것을 지니고 있어서 추론 전체를 단박에 알아낼 수 있다면 그 요소들 가운데 하나를 까먹을까 봐 걱정할 필요는 없을 것이다. 모든 요소는 그것들을 위해 설치된 틀 속에 들어가 있어서 내가 어떠한 기억력도 쓸 필요가 없을 것이다.

이와 같이 한 번 배운 추리를 되풀이하는 사이에 마치 자기도 이 발견을 할 수 있었을 것 같은 착각이 들 때가 있다. 이것은 많은 경우, 환각에 지나지 않지만, 이 경우에도 비록 나는 스스로 창조할 정도의 능력은 없지만 재발견을 하고 싶어서 거듭 되풀이하고 있는 것이다.

우리로 하여금 숨겨진 조화와 관계를 통찰하게 하는 수학적 질서에 대한 이 감각, 이 직감은 반드시 누구나 지니는 것이 아닌 것은 분명하다. 우리 가운데 어떤 사람들은 이 미묘하고도 정의하기 어려운 느낌도, 보통 사람들을 뛰어넘는 기억력과 주의력도 갖고 있지 않다. 그런 사람들은 약간 정도가 높은 수학을 전혀 이해하지 못할 것이다. 그런 사람들이 대다수를 차지한다. 그 밖에 이런 감각을 아주 약간 지니고는 있지만, 초유의 기억력과 엄청난 주의력을 갖춘 사람들이 있다. 그런 사람들은 세부항목을 일일이 외워 수학을 이해하고, 때로는 응용하는 방법을 터득하기도 하지만 스스로 발견하고 창조하는 경지에 이르지는 못한다. 마지막으로 내가 방금 기술한 그런 감각을 다소 높은 정도로 지닌 사람들도 있다. 이런 사람들은 특별히 기억력이 뛰어나지 않아도 수학을 이해할 뿐만 아니라 창조자가 될 수도 있고, 발견에 힘써서 직감력의 발달 정도에 따라 많든 적든 성공을 거둘 것이다.

그럼 수학적 발견이란 대체 무엇일까? 그것은 이미 알려진 수학적 사물을 가지고 새로운 조합을 만들어내는 게 아니다. 이것이라면 누구든지 할 수 있지만, 그렇게 만들어낼 수 있는 조합은 무한하며, 그것의 대다수는 전혀 흥미롭지 않을 것이다. 발견한다는 것은 곧, 쓸모없는 조합이 아닌 쓸모가 있는 조합을 만들어내는 것이다. 그런 유용한 조합은 그 수가 아주 적다. 발견이란 식별이고 선택이다.

나는 앞에서 이 발견을 어떻게 해야 하는지 설명했다. 연구할 가치가 있는 수학적 현상이란 마치 우리가 실험적 사실에 의해 물리학적 법칙을 알게 되는 것처럼, 다른 현상들과의 유사성에 의해 우리로 하여금 수학적 법칙을 알게 하는 힘을 지닌 그런 사실이다. 즉 오래전부터 알려져 있기는 하지만, 그것도 착오로 인해 서로 관계가 없는 것처럼 보이던 다른 사실들 사이의 맥락이 생각지도 않게 우리에게 계시되는 그런 사실을 말한다.

선택 가능한 조합 가운데 가장 생산적인 조합이, 몹시 동떨어진 몇몇 부문에서 온 요소로 이루어지는 경우가 이따금 있다. 이것은 될 수 있는 대로 서로 어울리지 않는 것을 모으면 충분히 발견할 수 있다는 뜻은 아니다. 그런 식으로 만들어지는 조합의 대다수는 전혀 쓸모가 없는데, 다만 그중에는 매우 드물기는 하지만 모든 조합 중에서 가장 적용범위가 풍부한 것이 존재한다.

발견이라는 것은 선택하는 것이라고 나는 말했었다. 하지만 이 선택이란 단어가 완전히 적합하다고 할 수는 없다. 이 단어는 매우 많은 본보기를 받아서 일일이 검사를 거쳐 골라내는 구매자를 떠올리게 한다. 발견의 경우, 이 본보기의 가짓수는 너무나 많아서 평생 해도 다 해내지 못할 것이다. 실제로는 이것과는 다르다. 즉 쓸모없는 조합은 발견자의 머릿속에 애초 떠오르지도 않는 것이다. 그의 의식세계에 등장하는 것은 진정 쓸모가 있는 조합과, 나중에 폐기하기는 해도 어쨌든 유용한 조합이라는 특질이 조금은 있는 것 같은 몇 개의 조합뿐이다. 2차 시험 감독관은 1차 시험에서 합격이 결정된 수험자만 테스트를 하는데, 발견자는 바로 2차 시험감독관 같은 것이라고 보면 된다.

그러나 지금까지 말한 것은, 수학자가 기술한 것을 조금만 되짚어가며 읽기만 하면 대번에 알 수 있는 것, 즉각 미루어 헤아릴 수 있는 것이었다.

여기서 한 걸음 더 나아가 수학자의 머릿속에서 일어나는 일을 관찰할 때가 되었다. 그러려면 나 자신의 기억을 되돌아보는 것이 가장 좋겠다. 다만 범위를 국한하여, 내가 푹스함수(fonction fuchsienne)에 관한 최초의 논문을 어떻게 쓰게 되었는지를 말할까 한다. 미리 독자의 양해를 구하겠다. 조금은 전문적인 용어를 쓸 수밖에 없지만, 그리 놀랄 필요는 없고, 그 단어의 뜻을 이해할 필요도 전혀 없다. 예를 들어 나는 이러이러한 상황에서 저러저러한 정리의 증명을 발견했다고 기술한다. 이 정리에는 독자 대부분이 모르는 낯선 이름이 붙어 있을 텐데 이것은 조금도 중요하지가 않다. 심리학자가 흥미를 갖는 것은 정리가 아니라 그 상황인 것처럼 말이다.

나는 내가 전부터 푹스함수라고 이름 붙였던 함수와 비슷한 함수는 존재할 수 없다는 것을 밝히려고 2주 내내 매달려 있었다. 그 무렵 나는 꽤나 무지했던 것이다. 몇 날 며칠을 책상 앞에 앉아, 한두 시간씩 시간을 들여 엄청나게 여러 번을 조합해 보았지만 어떤 결과에도 이르지 못했다. 어느 밤, 평상시와는 달리 블랙커피를 마셨기에 잠이 오지 않았다. 수많은 생각들이 밀려오고 서로 충돌했는데 그중에 2개가 서로 밀착하여, 말하자면 안정된 조합을 만들 것 같은 느낌이 왔다. 결국 아침이 되었을 때 푹스함수와 같은 종류의 함수가 하나 존재한다는 것을 밝혀냈다. 이것은 초(超)기하 급수에서 미분한 것이었다. 나는 결과를 쓰기만 하면 되었고 쓰는 데는 채 몇 시간도 걸리지 않았다.

이어 나는 그 함수를 2개의 급수로 나눈 값으로 나타내고자 했다. 이 생각은 완전히 의식적이고도 되새김을 거친 것이었다. 나는 타원함수에서 유추하여 생각을 진행했다. 그다음 만약 이런 급수가 존재한다면 그 성질은 어떤 것이어야 할지를 따진 결과, 내가 세타푹스급수(série thétafuchsienne)라 명명하게 된 급수를 어려움 없이 만들게 되었다.

이때 나는 그 무렵에 살던 캉(Caen)을 떠나 국립대학인 에콜 데 민느에서 계획한 지질학 장정에 참가했었다. 여행하느라 정신이 없어서 수학은 잊고 있었다. 쿠탕스에 도착하여, 모르긴 해도 아마 그 지역을 둘러보기 위해 승합마차를 탔던 것 같다. 마차의 발판에 발을 올린 순간, 푹스함수를 정의하는 데 썼던 변환은 비(非)유클리드기하학의 변환과 완전히 똑같다는 생각이 번쩍 머리를 스쳤다. 분명 그전까지는 그런 생각이 준비될 만한 생각을 전혀 하고 있지 않았었다. 마차에 앉은 뒤에는 하던 대화를 이어 가느라 시간이 없어서 검증을 해보지 못했지만, 깊은 확신이 섰다. 나는 캉으로 돌아오자마자 마음을 가라앉히고 느긋하게 결과를 검증했다.

이어 정수론 문제의 연구에 착수했는데 이렇다 하게 눈에 띄는 성과를 얻지 못했고, 또 그것이 지금까지 내가 하던 연구와 무슨 관계가 있으리라고는 전혀 생각지도 않았었다. 생각처럼 진행되지 않아 속을 끓이다 바닷가로 가서 며칠 보내기로 했다. 그러고는 전혀 다른 생각을 하며 보냈던 것이다. 그러던 어느 날, 벼랑 위를 산책하고 있노라니 부정(不定)3원2차형식의 수론적 변환은 비유클리드기하학의 변환과 같다는 생각이 언제나처럼 간결하고도 느닷없이, 또 직접적이고 확실하게 떠올랐다.

캉으로 돌아와서 이 결과를 다시 생각한 뒤, 거기서 얻을 수 있는 결론을 이끌어냈다. 2차식 형태의 예는 초(超)기하급수에 대응하는 군(群) 이외에도 푹스군이 존재한다는 것을 알게 해주었다. 나는 거기에 세타푹스급수 이론을 응용할 수 있다는 것을 알았고, 따라서 그때까지 초기하급수에서 미분한 것만 푹스함수라고 알고 있었는데 그것 말고도 푹스함수가 존재한다는 것을 알게 되었다. 당연히 이 함수 전체를 구성해 내고 싶었다. 나는 조직적인 공략을 시작했고, 난제들을 하나씩 지워 나갔다. 그럼에도 난공불락의 요새가 하나가 있었는데 그것만 제거하면 요새 주요부가 제거될 수 있는 것이었다. 처음엔 내 모든 노력들이 어려움만을 더욱 또렷이 느끼게 해 줄 뿐이었지만, 이것만 해도 이미 상당한 수확이라고 생각했다. 이상의 작업은 모두 완전하게 의식하고 한 일이 었다.

당시 나는 몽발레리앙(Mont-Valérian)으로 갔고, 거기서 병역에 복무해야 했다. 따라서 전과는 매우 성격이 다른 일을 하게 된 것이다. 어느 날, 큰길을 가로지르고 있는데 지금까지 내 앞을 가로막던 어려운 문제가 갑자기 해결되었다. 나는 그것을 곧장 깊이 연구하려 애쓰지 않고 복무를 끝낸 뒤에 다시 문제에 돌입했다. 모든 요소는 손에 쥐고 있었으므로 나는 단지 그것을 모아서 질서 있게 나열만 하면 되었다. 그러므로 단숨에 내리써서 논문을 마무리 지을 수가 있었다.

그런 예는 이것 하나로 그치고자 한다. 많은 것을 들어봤자 무익하다. 나의 다른 연구에 대해서도 똑같이 말할 수 있다. 또한 잡지 〈수학교육〉의 조사로 나타난 다른 수학자의 의견도 나의 의견에 확증을 줄 따름이다.

가장 주목할 만한 것은 하늘에서 계시를 받은 것처럼 생각이 갑자기 펼쳐진다는 것이고, 이것은 이에 앞서서 오랫동안 무의식이 활동했다는 것을 뚜렷이 나타낸다. 이러한 무의식적 활동이 수학적 발견에 지대한 공헌을 끼친다는 것은 이론의 여지가 없다고 본다. 이렇게까지 또렷하지는 않은 다른 경우에서도 그러한 자취를 찾아볼 수 있을 것이다. 즉 어떤 어려운 문제를 연구할 때, 처음 착수할 때는 전혀 효과가 오르지 않는 경우가 대부분이다. 그래서 잠깐 쉬었다가 새로운 마음으로 다시 책상 앞에 앉는다. 처음 30분 동안은 아무것도 얻지 못하지만, 이윽고 결정적인 생각이 갑자기 머릿속에 떠오른다. 이것은 잠깐 멈추고 쉬었으므로 두뇌가 에너지와 신선함을 회복하여 의식적 활동에 한층 효과를 높였기 때문이라고 할 수 있다. 아니 그보다는 쉬는 동안에 무의식이 끊임없이 활동하여, 방금 말한 경우와 완전히 똑같이, 그 작업의 결과가 나중에서야 수학자에게 나타난다고 보는 편이 한층 사실에 가까울 것이다. 다만 그 계시가 산책이라든지 여행 중에 나타나지 않고, 의식적인 활동 중에, 하지만 의식적 활동과는 무관하게 나타난다. 이 의식적 활동은 기껏해야 시동의 거는 역할을 하는 데 불과하다. 마치 시동축이, 쉬는 동안 이미 획득되어 무의식으로 남아 있던 결과물을 자극해 의식의 형태를 띠게 하는 것과 같다.

이러한 무의식적 활동의 조건에 대해 한마디 더 해둘 말이 있다. 그것은 이 무의식의 활동은 의식적 활동보다 한 발 앞서거나, 또는 다른 것의 뒤로 이어지는 경우에만 가능한 것이지 그렇지 않으면 발달하지 않는다는 것이다. 위에서 든 예로 알 수 있다시피, 아무래도 좋은 결과를 얻지 못할 것 같다고 확신하여, 언뜻 터무니없어 보이는 허송세월의 노력을 며칠 계속한 뒤가 아니면, 이런 갑작스러운 영감은 결코 일어나지 않는다. 그러므로 이런 노력은 쓸모가 없는 것이 아니라 무의식의 기계를 발동시켰던 것이고, 만약 이것이 없었더라면 그 기계는 작동하지 않았을 테니 어떤 것도 생산하지 않았을 게 분명하다.

영감이 있은 뒤에 의식 활동의 두 번째 단계가 있어야 하는 까닭은 이해하기가 더욱 쉽다. 이 영감의 결과를 운용하여 결과를 직접 이끌어내고, 그것을 정돈하여 증명을 써내려가야 하는데, 이때 특히 그 증명을 검증하는 과정이 필요한 것이다. 앞의 예에서 언급했던, 영감을 수반하며 절대적으로 확신이 서는 그 느낌은 착각이 아니었고, 또 많은 경우에 그렇다. 그러나 여기에 예외가 없다고 믿는 것은 경계해야 한다. 그 느낌이 자주 우리를 속이고, 더구나 느낌이 강렬하여 참이라고 생각하지만, 증명을 정비하려 할 때에야 비로소 그것이 참이 아니라는 것을 깨닫게 된다. 이런 현상을 관찰해 보았더니 특히 이른 아침 또는 한밤중에 잠자리에 있을 때, 반수면 상태에서 떠오른 생각들에 이런 경우가 많았다.

사실은 위와 같으며, 그 사실에서 필연적으로 다음과 같은 고찰이 생겨난다. 즉 앞의 결과에 따르면 무의식적 자아, 또는 이른바 잠재적 자아는 수학상의 발견에서 중요한 역할을 하게 되는데 이러한 잠재적 자아는 앞서 행했던 모든 것에서 나온다. 하지만 보통은 순수하게 자동적으로 발생하는 현상이라고 생각한다. 그러나 우리는 수학상의 작업은 단순한 기계적인 일이 아니라 아무리 완벽한 기계라 해도 기계에 맡겨둘 수는 없음을 보아 왔다. 단지 규칙을 응용한다든지 어떤 고정된 법칙에 따라 되도록 많은 조합을 만드는 그런 문제가 아니다. 그와 같이 하여 얻어지는 조합은 엄청나게 많으며, 단지 무익하고 번잡하기만 할 따름이다. 발견자의 진정한 작업은 뛰어난 선택을 하고, 무익한 조합을 제외하는 일, 또는 그런 조합을 만드느라 시간과 노력을 허비하지 않는 일이다. 이러한 선택을 이끄는 규칙은 매우 미묘하여 정확한 언어로써 나타내기란 거의 불가능하다. 언어적인 기술보다는 오히려 느낌이 와야 한다. 그런 조건에서

이 규칙을 기계적으로 적용할 수 있는 거름망을 상상해 보는 것은 어떨까?

여기서 다음과 같은 가설이 나온다. 즉 잠재적 자아는 의식적 자아에 비해 전혀 열등하지 않다는 것이다. 잠재적 자아는 순수하게 자동적이지도 않고, 식별력이 있고, 재치와 전략이 있고, 미묘하며, 선택을 하고 통찰력도 지녔다. 의식적 자아가 실패하는 경우에도 잠재적 자아가 성공을 거두는 것을 보면 그 통찰력이 훨씬 강하다는 것이 된다. 한마디로 말해서 잠재적 자아는 의식적 자아보다 뛰어나다는 것이 아닌가? 독자는 이 문제의 중요성을 충분히 이해했으리라 본다. 부트루(Boutroux)씨는 최근의 강연에서 이 문제가 전혀 다른 몇 개의 기회에 어떻게 나타나는지, 또 이것을 긍정하면 어떤 결론이 나올 수 있는지를 보였다.[1]

그가 이 문제에 대해서, 위에서 말하는, 저렇게 단정적으로 긍정하는 답을 받아들여야 하는 것일까? 나로선 혐오스럽다는 느낌 없이는 이것을 도저히 받아들일 수가 없음을 고백한다. 따라서 여기서 다시 사실을 점검하고, 다른 설명방법이 없을지 찾아보도록 하자.

꽤 긴 무의식적 활동 뒤에 어떤 계시처럼 갑자기 머릿속에 떠오르는 조합은 일반적으로 유용하게 열매를 맺는 풍성한 조합이라는 것이 확실하며, 또 그런 조합은 일단 선별을 거친 결과처럼 보인다. 여기서 잠재적 자아는 미묘한 직감에 의해 이들 조합의 유용성을 통찰하고, 그 밖의 것을 만들어내지 않았다고 결론 내릴 수 있을까? 아니면 다른 많은 조합을 만들어보긴 했지만, 별로 흥미가 없는 것이어서 무의식인 채로 그냥 끝나버렸을까?

두 번째의 관점을 취하면 잠재적 자아가 자동으로 작용한 결과, 모든 조합이 만들어지지만, 단지 흥미 있는 조합만이 의식의 범위로 들어온다는 얘기가 된다. 그러나 이래도 신비함을 잃지는 않는다. 무의식적 활동의 수천 가지 결과 가운데 어떤 것은 경계를 넘어서 들어오고, 어떤 것은 경계선 바깥에 머무는 까닭은 어디에 있을까? 그런 특권이 주어지는 것은 단순한 우연에 의해서일까? 분명 그렇지는 않다. 감각의 모든 자극 가운데 달리 원인이 없는 이상, 가장 강력한 것만이 우리의 주의를 끌 것이다. 나아가 일반적으로 특권 있는 무

---

1) 에밀 부트루(Emile Boutroux)의 저서 《과학과 종교(Science et Religion)》 313쪽 이하.

의식현상, 즉 의식적이 될 수 있는 현상이란 직접적이건 간접적이건 우리의 감수성을 가장 강하게 건드린다.

수학의 증명은 언뜻 지성하고만 관계가 있는 것처럼 보이는데 이것에 대해 감수성을 예로 들면 아마도 깜짝 놀랄지 모른다. 그러나 이것에 놀란다면 수학적 아름다움, 수와 형식의 조화로운 느낌, 기하학적 우아미를 잊는 것이다. 이것은 모든 진정한 수학자가 알고 있는 참된 심미적 감정이고, 진정한 감수성에 속한다.

그럼 이처럼 아름답고 우아한 특질에 공헌하고, 우리에게 어떤 심미적 감정을 일으키는 능력을 지닌 수학적 특질들에는 어떤 것들이 있을까? 그것은 조화롭게 배치된 요소로 이루어져 있으며, 우리의 정신이 세부에 철저하면서도 전체를 포용하려고 할 때 어떠한 노력도 필요치 않은 특질이다. 이 조화는 우리의 심미적 요구에 만족을 줄 뿐만 아니라 우리의 두뇌활동을 도와 이것을 지지하고 이끈다. 동시에 전체를 눈앞에 가지런하게 배열하여 수학적 법칙을 예감하게 한다. 그러나 위에서 말한 것처럼 우리의 주의를 끌 가치가 있고, 또 유용한 것일 수 있는 유일한 수학적 사실은 우리로 하여금 수학적 법칙을 깨닫게 하는 그런 사실이다. 따라서 우리는 다음과 같은 결론에 이른다. 즉, 쓸모 있는 조합이란 가장 뛰어나게 아름다운 조합이다. 바꿔 말하면 그의 특수한 감수성을 가장 잘 이끌어내는 조합이다. 이 감수성에 대해 수학자라면 누구나 알고 있지만, 문외한은 모르므로 곧잘 웃어넘기기도 한다.

그리하여 어떤 일이 벌어질까? 잠재적 자아가 맹목적으로 만든 엄청나게 많은 조합의 대부분은 흥미도 없고 실익도 없다. 때문에 심미적 감수성에도 작용을 미치지 못하며, 따라서 의식이 결코 알아채지 않게 된다. 조합 가운데 단 몇 개가 조화로우며, 따라서 유용하기도 아름답기도 하고, 수학자의 특수한 감수성을 작동시킬 수 있는 능력도 지니고 있다. 이 감수성이 일단 자극을 받으면 우리의 주의력은 그 조합을 향하게 되고, 그리하여 의식적이 될 기회가 주어지는 것이다.

이상은 하나의 가설에 불과하지만 다음과 같은 관찰에 의해 이것을 확인할 수가 있다. 즉 계시가 갑자기 수학자에게 떠올랐을 때, 많은 경우에는 그 계시가 그를 속이지 않지만, 앞에서 말한 것처럼 검증을 시도할 때는, 가끔은 오류를 드러내는 경우도 있다. 이것이 오류라는 것이 맞는다면, 수학적 아름다움에 대한 우리의 본능은 틀린 것이 된다.

그러므로 이렇게 특수한 심미적 감수성이야말로 미묘한 거름망의 역할을 하며, 이 감수성을 지니지 않은 사람이 진정한 발견자일 수 없다는 것은 이것으로도 충분히 이해할 수 있다.

그렇지만 이것으로 모든 난제가 소멸된 것은 아니다. 의식적 자아의 범위는 좁은 데다 잠재적 자아에 이르면 우리는 그 한계를 모를 정도이다. 우리가 잠재적 자아는 의식적 생물이 평생 해도 다 포용하지 못할 정도로 다양한 조합을 짧은 시간 안에 만들어낸다고 상상하기를 그리 망설이지 않는 것도 이 때문이다. 그러나 그 한계는 분명 존재한다. 잠재적 자아가 꿈도 꾸지 못할 정도로 많은 조합을 가능한 한 모두 만들어내는 경우가 과연 있을 수 있을까? 그럴 리는 없겠지만 불가피한 것으로도 보인다. 즉 만약 그런 조합 가운데 한 부분만 만들고, 게다가 무턱대고 만들기까지 한다면 우리가 선택해야 할 '바람직한' 조합이 그 안에 있을 기회는 아주 적어지기 때문이다.

어쩌면 그 설명은 효과 있는 무의식적 활동에 반드시 선행하는, 예비적이고 의식적인 활동 속에서 찾아야만 할 것이다. 서툰 비유를 용서하기 바란다. 장차 조합의 요소가 될 것을 에피쿠로스의 갈고리모양 원자와 같다고 잠깐 생각하자. 두뇌가 완전하게 멈춰 있을 때는 이 원자들은 움직이지 않는다. 말하자면 벽에 걸려 있는 것이다. 그러므로 이 완전한 정지가 무한히 계속되어 원자가 서로 만나는 일이 없고, 따라서 그동안 어떠한 조합도 생겨나지 않는 경우도 있을 수 있다.

한편으로는 외견상 멈춰 있더라도 무의식적으로 활동하는 동안엔 그 원자 가운데 어느 것은 벽에서 떨어져 운동 상태에 놓인다. 마치 몰려다니는 날벌레 떼처럼, 또는 더 학술적으로 비유하면 기체운동론에서 말하는 기체분자처럼 공간을 사방으로 돌아다닌다. 그러다 그들이 충돌하면 새로운 조합을 만들어낼 수 있는 것이다.

예비가 되는 의식적 활동은 어떤 역할을 하게 될까? 그 역할은 원자 몇 개를 동원하는 것, 벽에서 떼어서 발동시키는 데 있다. 이 요소를 모으려고 온갖 방법을 동원해도 만족스러운 집합을 얻지 못하므로 전혀 도움이 되지 않는다고 사람들은 생각한다. 그러나 우리의 의지에 의해 강제된 이 운동 뒤에 이 원자는 본디 정지 상태로는 되돌아가지 않는다. 어지러운 춤을 자유롭게 계속 추는 것이다. 한편 우리의 의지는 그 원자를 무턱대고 고르는 것이 아니라 일정한 목적을 추구하고 있는 것이다. 그러므로 동원된 원자들은 아무렇게나 모인 것들이 아니다. 당연히 거기서 찾는 해(解)를 기대해도 좋은 원자들이다. 동원된 원자는 충돌하거나, 또는 같은 원자끼리 서로 조합을 만들거나, 아니면 부동인 채로 다른 원자에게 충돌하여 그것과 조합을 만든다. 다시 독자의 용서를 구해야만 하는데 나의 비유는 몹시 서투르기는 해도 다른 방법으로는 나의 생각을 어떻게 이해시켜야 할지 모르겠다.

어쨌거나 만들어질 기회가 있는 조합 가운데 적어도 하나는 우리의 의지에 의해 자유롭게 선택된 원자를 그 요소로서 포함하지 않으면 안 된다. 그리고 우리가 앞에서 '바람직한 조합'이라고 했던 것은 이런 조합 가운데 하나임이 명백하다. 그것에 어쩌면 최초의 가설 속에 있었던 역설적인 것을 누그러뜨리는 하나의 방법이 있을 것이다.

또 하나의 관찰이 있다. 고정된 규칙의 응용에 불과한 것 같은 약간 긴 계산결과를 무의식적 활동이 모두 완성하여 제공하는 경우는 결코 없다. 잠재적 자아는 완전히 자동적이어서 어떤 의미에선 오로지 이런 종류의 기계적인 일에 특별히 적합하다고 믿을지도 모른다. 저녁에 곱셈의 인수를 생각하고, 아침에 깨어나 완성된 곱을 발견하기를 기대할 수 있다든지, 또는 대수적 계산, 예를 들면 검산을 언뜻 무의식적으로 해낼 수 있을 것처럼 보이지만 그런 일이 결코 없다는 것은 관찰이 증명하는 바이다. 무의식적 활동의 결과인 그의 계시에서 기대할 수 있는 것은 단지 그런 계산의 출발점일 뿐이다. 계산 자체에 이르면 이 계시결과를 검증하여 결론을 이끌어내야 하며, 이것은 계시 뒤에 이어지는 제2의 의식적 활동 시기에 행해져야만 하는 것이다. 이 계산 법칙은 엄격하고 복잡하여 규율, 주의력, 의지, 따라서 의식을 필요로 한다. 이에 반해 만약 단순히 규칙이 결여된 단순함에, 그리고 우연에서 생겨난 무질서에, 자유라고 이름 붙인 이 이름을 부여할 수 있다면, 잠재적 자아에는 그런 자유가 군림하는 것이다. 다만 이 무질서 자체가 예기치 않은 배합을 허용한다.

마지막으로 한마디 덧붙이겠다. 앞에서 나의 개인적 경험을 말할 때, 나도 모르게 잔뜩 흥분하여 일했던 하룻밤에 대해 말했었다. 그런 경우는 흔히 있는 일로서 내가 인용했던 경우처럼 어떤 물질적 흥분제에 의해 비정상적인 두뇌활동이 일어나는 상황은 필요치 않다. 그런 경우에는 우리 자신의 무의식적 활동을 지나치게 흥분한 의식이 일부분 지각한다. 그러나 그로 말미암아 그 본성은 바뀌는 일이 없으므로 우리 자신이 그 무의식적 활동의 경지를 향해 있는 것 같은 느낌에 이른다. 그리하여 두 개의 기제, 또는 두 개의 자아가 활동하는 방법을 가려내는 것이 무엇인지를 어렴풋하게나마 알 수가 있다. 그러나 그렇게 하여 얻은 나의 심리적 고찰은 내가 기술했던 견해에 대체로 확증을 부여할 필요가 있다.

물론 그것이 꼭 필요하다. 그 이유는, 그런 견해는 가설적이거니와 앞으로도 가설의 성격을 잃지 않기 때문이다. 이 문제는 매우 흥미로워서 독자에게 피력한 것을 뉘우치지 않는다.

4 우연

1

"인간이 어떻게 우연의 법칙을 감히 논할 수 있을까? 우연이란 곧 모든 법칙의 반대명제가 아닌가!" 이것은 베르트랑(Bertrand)이 그의 저서 《확률론(Calcul des probabilités)》의 머리말에서 한 말이다. 확률이란 개연성의 뜻으로서 확실성의 반대이다. 이에 대해 우리는 무지하므로 계산 역시 불가능한 것처럼 보인다. 여기에는 적어도 하나의 뚜렷한 모순이 있다. 이것에 대해서는 지금까지 이미 많은 논의가 있었다.

그러면 우선 우연이란 무엇인가? 옛날 사람들은 현상들을 두 가지로 나눠서 생각했다. 곧 확고부동한 조화의 법칙에 따르는 것처럼 보이는 현상과, 우연의 탓으로 여기는 현상이다. 후자는 모든 법칙에 거역하고, 따라서 이것의 예견을 허락하지 않는 것을 가리켰다. 각각의 영역에서 정확한 법칙은 모든 것을 결정하는 것이 아니라 단지 우연의 활동이 허용되는 한계를 긋는 것에 불과했다. 그런 개념에서는 이 우연이란 말이 정확한 의미, 객관적인 의미를 갖는다. 어떤 사람에게 우연인 것은 다른 사람에게도, 아니 나아가서는 신들에게도 우연이었다.

그러나 이제 우리는 그런 개념을 갖고 있지 않다. 우리는 절대적 결정론자가 되고 말았다. 자유의지의 권리를 보류하려는 사람들도 적어도 무기물계에선 결정론이 유감없이 지배하는 것을 인정한다. 아무리 미미한 현상이라도 원인 없이는 일어날 수 없다. 이를테면 자연법칙에 두루 무한한 지식을 지닌 전능한 두뇌가 있다면 모든 현상을 최초로 예견할 수가 있을 것이다. 그런 두뇌를 지닌 사람이 만약 있다면 우리는 그를 상대로 어떠한 내기도 할 수가 없다. 질 것이 뻔하기 때문이다.

실제로 이런 사람에게 우연이란 말은 의미가 없다. 아니 우연이란 것이 처음부터 존재하지 않는다고 할 것이다. 우연이 존재하는 것은 우리의 무능력과 무지 때문이다. 그러니 덜떨어진 우리 인간만 보더라도, 무지한 사람에게 우연인 것도 지식을 가진 사람에겐 더 이상 우연이 아니다. 우연이란 우리의 무지함을 재는 척도일 뿐이다. 우연한 현상이라는 것을 정의하자면, 우리가 그 법칙을 모르고 있는 현상이다.

그러나 이것은 과연 만족스러운 정의일까? 칼데아(Chaldée)의 유목민들(牧人)이 별이 움직이는 자취에 처음 주목했을 때, 그들은 아직은 천문학의 법칙을 몰랐다. 아니, 그들이 과연 별이 우연에 의해 운행한다는 말을 꿈에라도 하려 했을까? 현대 물리학자가 새로운 현상을 연구하다가 그 법칙을 화요일에 이르러 발견했다면 그는 그 현상을 월요일에는 우연이라고 말했을까? 뿐만 아니라 어떤 현상을 예언하는데 우리는 베르트랑이라는 우연법칙에 의지하는 경우가 자주 있지는 않은가? 예를 들면 기체운동론에선 기체분자의 속도가 불규칙적으로, 다시 말하면 우연에 의해 변화한다는 가설이 있었으므로 마리오트(Mariotte) 및 게이뤼삭(Gay Lussac)의 유명한 법칙이 나오게 되는 것이다. 만약 그 속도가 어떤 간단한 법칙에 지배를 받는다면, 분자가 '조직되어' 있는 것이라면, 또는 분자가 어떤 규율에 따른다면, 관측할 수 있는 법칙이 매우 복잡해지리라는 것은 모든 물리학자의 일치된 의견일 것이다. 우리가 결론을 내릴 수 있다면 그것은 우연 덕택이며, 다시 말하면 우리가 알지 못하는 덕분이다. 따라서 만약 우연이란 말이 단순히 완전히 무지하다는 말의 동의어에 불과하다면 그것은 무엇을 뜻할까? 그럼 다음과 같이 번역해야 할까?

"여러분은 제게 앞으로 일어날 현상을 예측해 달라고 합니다. 만약 불행히도 제가 그 현상의 법칙을 알고 있다면, 복잡한 계산 없이는 제대로 해내지 못할 것 같으니 대답해 드리기를 포기해야 될 것 같습니다. 하지만 제게 그 법칙들을 모르는 행운이 따른다면 즉시 대답해 드리겠습니다. 게다가 더욱 놀라운 사실은 제 대답이 정확할 것이라는 것입니다."

이 말에 따르면 우연이란, 원인을 알 수 없는 현상들로 우리의 무지에게 부여하는 명칭과는 다른 것이어야 한다. 우리는 확률론을 써서 미루어 알게 될 우연한 현상과, 우연하진 않지만 그것을 지배하는 법칙을 밝혀내지 못하는 만큼 어떤 말로도 규정할 수 없는 현상, 이 두 가지를 구별해야 한다. 그런데 우연한 현상 자체를 놓고 보면, 나중에 그 현상들이 더 자세히 밝혀진다 해도 확률론으로 얻은 정보들은 변함없이 참이라는 사실이 뚜렷하다.

생명보험회사의 사장은 각 피보험자가 언제 죽을지는 모른다. 오로지 확률론과 대수법칙에 기댈 뿐인데도 그가 실수하는 것이 아니라는 것은 주주에게 배당금을 지급하는 것을 보면 안다. 통찰력이 아주 뛰어나지만 또한 입도 아주 가벼운 의사가 와서, 이미 보험증서의 서명이 끝난 피보험자의 수명이 얼마나 남았는지 사장에게 보고하는 일이 있다 해도 그것 때문에 배당금이 사라지는 일은 없을 것이다. 그 의사는 사장의 무지를 없애기는 하지만, 배당에 대해선 어떠한 영향도 끼치지 못한다. 왜냐하면 배당은 분명히 무지의 산물이 아니기 때문이다.

2

우연의 정의를 더 잘 내리려면 모두가 우연이라고 인정하고, 확률론을 적용할 수 있는 것처럼 보이는 사실을 몇 가지 검증해야 한다. 그런 뒤, 그 공통된 특질이 무엇인지를 따져보기로 하자.

첫째, 균형이 불안정한 것을 예로 들어보자. 원뿔을 꼭짓점으로 세운다고 할 때 그것이 넘어진다는 것은 잘 알지만, 어느 방향으로 넘어질지는 모른다. 다만 우연만이 그것을 결정하는 것처럼 보인다. 원뿔이 완전하게 대칭이고, 그 축이 완전하게 수직이며, 나아가 중력 이외의 어떤 것도 작용하지 않는다면 결코 넘어지는 일은 없다. 그러나 대칭이 약간이라도 무너진 곳이 있으면 어느 쪽으로든 기울어진다. 그리고 아무리 조금이라도 일단 기울어지면 어느새 그 방향으로 쓰러지고 만다. 대칭이 완전하다 해도 매우 희미한 진동, 예를 들면 공기 한 자락의 흔들림에도 몇 도는 기울어진다. 이것만으로도 이미 원뿔이 넘어진다는 것과 넘어지는 방향, 즉 최초 기울기의 방향을 규정하는 데는 충분하다.

눈에 띄지 않을 정도로 아주 작은 원인이, 우리가 도저히 인정하지 않을 수 없는 중대한 결과를 가져올 때가 있다면, 그때 우리는 그 결과가 우연히 일어났다고 말한다. 우리가 자연의 법칙과 우주의 최초 순간의 상태를 정확히 안다면, 그다음 순간의 동일한 우주의 상태를 정확하게 예언할 수 있을 것이다. 그렇지만 설령 자연법칙에 비밀이 없다 해도 우리는 최초의 상태를 단지 '근사치로' 아는 수밖에 없다. 만약 그것으로 나중의 상태를 '똑같은 근사치로' 예견할 수 있다면 우리가 해야 하는 것은 그것으로 충분하며, 이때 우리는 그 현상을 예견했다거나 그 현상에는 어떠한 법칙이 지배되고 있다고 말한다. 그러나 언제나 그렇게 되는 것은 아니다. 처음 상태의 작은 차이가 마지막 현상에서 엄청나게 큰 차이를 낳는 경우도 있을 수 있다. 또 처음엔 작았던 오차가 나중에 막대한 오차가 되어 나타나기도 할 것이다. 이로써 예측은 불가능해지고, 여기서 우연현상이 생겨나는 것이다.

이번엔 위의 예와 거의 비슷한 예를 기상학에서 들어보자. 기상학자가 어느 정도 정확하게 날씨를 예보하는데 그토록 애를 먹는 까닭은 무엇일까? 강우, 폭풍우 등이 우연히 일어나는 것처럼 보이고, 따라서 많은 사람들이 날씨가 맑기를 아주 당연하게 기원하기도 하지만, 반면에 일식이나 월식이 일어나게 해달라고 기원하는 것은 우습다고 여기는 것은 왜일까? 일반적으로 우리는 대기가 불안정한 곳에서 커다란 폭풍이 일어난다는 것을 안다. 기상학자에겐 이 평형이 불안정하다는 것, 어딘가에서 회오리바람이 일어나려 한다는 것은 잘 알지만, 그게 어디서 생겨날지는 알지 못한다. 어떤 방향에서 10분의 1도만큼 왼쪽이나 오른쪽으로 빗나가면 회오리가 발생하는 위치가 바뀌고, 따라서 해를 입지 않고 지나갈 수 있는 지방이 그 맹위에 위협을 받게 된다. 만약 그 10분의 1도를 알고 있었더라면 회오리를 미리 알 수가 있었겠지만, 관측의 치밀성과 정확성이 충분치가 않으므로 마치 모든 것이 우연에 의해 일어나는 것 같은 느낌을 준다. 여기서도 관찰자가 느끼지 못하는 아주 작은 원인과, 때로는 가공할 천재지변이 되는 중대한 결과 사이에 앞에서와 똑같은 대조를 다시 보게 된다.

다른 예로 옮아가서 황도대 위의 작은 유성의 분포를 생각해 보자. 각 유성의 최초 경도가 무엇이었건 간에 평균운동이 다르므로, 또 매우 오랫동안 순환하고 있었으므로, 지금은 황도대를 따라 단지 우연에 의해 분포되어 있다고 해도 무방할 정도가 되었다. 태양과의 거리의 아주 근소한 차이, 또는 같은 얘기지만 그 평균운동의 미세한 차이가 현재의 경도 사이에 막대한 차이를 낳게 되었다. 하루의 평균운동에 있어서 1천분의 1초의 초과는 3년이면 무려 1초가 되고, 1만년 동안에는 1도가 되며, 3, 4백만 년 동안에는 원둘레 전체가 된다. 3,

4백만 년이라고는 해도 라플라스(Laplace)성운에서 소(小)유성이 분리된 뒤의 시간에 비하면 엄청나게 짧은 시간이다. 이것도 작은 원인에 큰 결과, 좀 더 자세히 말하면 원인에 있어선 작았던 차이가 결과에선 엄청나게 큰 차이를 보이는 한 예이다.

룰렛(roulette) 게임은 언뜻 생각해 보면 위의 예와는 한참 다른 것 같지만, 사실은 그리 다르지 않다. 원반을 100개의 부채꼴로 나누고, 빨강과 검정으로 번갈아 물들인 다음, 원반의 중심축 둘레를 따라 바늘을 돌게 한다고 가정하자. 바늘이 빨강 부채꼴 위에 멈추면 승리, 아니면 패배이다. 모든 것은 바늘에 가하는 최초의 힘에 달려 있다. 예를 들면 바늘이 10 또는 20회전한다 치고 처음에 세게 누르느냐 약하게 누르느냐에 따라 멈춤이 빨라지거나 느려진다. 최초의 누르는 힘이 1천분의 1 또는 2천분의 1만 달라도 바늘은 검정 부채꼴 위에 멈추거나, 또는 다음의 빨강 부채꼴 위에 멈춘다. 이것은 근육감각으로는 느끼지 못하며, 나아가 세밀한 기계로도 측량해내지 못하는 미세한 차이이기 때문이다. 따라서 지금 움직이게 한 바늘이 어떻게 움직일지는 예측할 수가 없다. 때문에 가슴을 두근거리며 모든 것을 우연에 맡기고 기다리는 것이다. 원인에서는 차이가 느껴지지 않을 정도로 미미하지만, 결과에 이르면 자신의 판돈 전체가 걸려 있으므로 당사자에겐 이보다 더 중대한 것은 없다.

3

이와 관련하여 주제와 약간은 거리가 먼 고찰을 할까 한다. 몇 년쯤 전에 어떤 철학자가 과거가 미래를 결정할 수 있지만 미래가 과거를 결정할 순 없다, 바꿔 말해서 현재의 지식으로 미래의 지식을 추리할 수는 있지만, 과거의 지식은 추리할 수 없다고 말한 적이 있다. 그 까닭은 하나의 원인에선 하나의 결과밖에 나오지 않지만, 같은 결과도 여러 가지 원인에서 생겨날 수 있기 때문이라는 것이었다. 과학자라면 아무도 이 결론에 동의할 수 없다는 것이 명백하다. 자연법칙은 전과 후 사건이 이어져 있으며, 그에 따라서 전 사건은 후 사건에 의해 규정되고 마찬가지로 후 사건도 전 사건에 의해 규정된다. 이 철학자로 하여금 오해를 일으키게 한 원인은 무엇이었을까? 물리현상은 비가역성을 가지고 있어서 한 방향으로만 작용하며, 세상은 균일한 상태를 향하여 나아간다는 것을 우리는 카르노(Carnot)의 정리에 의해 알고 있다. 온도가 다른 두 개의 물체가 같이 있으면 뜨거운 쪽에서 차가운 쪽으로 열이 옮겨간다. 따라서 온도가 같아진다는 것을 예견할 수 있다. 그렇지만 일단 온도가 같아진 뒤에, 그전의 상태를 물으면 뭐라고 대답할 것인가? 하나는 뜨겁고 하나는 차가웠다는 말은 할 수 있겠지만, 전에 뜨거웠던 것이 둘 가운데 어느 것인지는 알 수 없을 것이다.

더구나 실제로 온도는 결코 완전하게 똑같아지지 않는다. 다만 온도의 차이가 점진적으로 0에 가까워지는데 불과하다. 우리의 온도계로는 그 차이를 알아낼 수 없지만, 1천 배, 10만 배나 감도가 강한 온도계가 있으면 아주 작은 차이를, 즉 한쪽 물체가 다른 쪽보다 조금 더 뜨겁다는 것을 알게 될 것이다. 그것으로 한쪽이 이전에는 다른 쪽보다 뜨거웠다고 주장할 수가 있을 것이다.

이번엔 앞의 예에서 본 것과는 반대로, 원인에 큰 오차가 있고, 결과에서는 작은 차이가 있는 것이다. 플라마리옹(Flammarion)은 예전에 빛보다 빠른 속도로 지구를 떠나가는 관측자를 떠올린 적이 있었다. 이 관측자에겐 시간의 양상이 바뀐다. 역사의 순서는 뒤집혀 아우스터리츠 전투보다 워털루 전투가 먼저가 된다. 즉 이 관측자에겐 원인과 결과가 뒤바뀌는 것이다. 불안정한 평형은 더 이상 예외적이지 않으며, 보편적인 비가역성 때문에, 모든 것이 하나의 혼돈에서 생겨나고 불안정한 상태를 하고 있는 것처럼 보인다. 그가 볼 때 자연은 송두리째 우연에 맡겨져 있는 것처럼 보이는 것이다.

4

지금까지의 것과는 약간 다른 성격의 예를 들기로 하겠다. 우선 기체운동 이론부터 살펴보자. 기체를 가득 채운 용기 안은 어떻게 되리라고 상상하는가? 무수한 분자가 엄청난 속도로 종횡무진 날아다니고, 매 순간순간 용기 벽에 부딪거나 또는 분자끼리 서로 충돌하는데 그 충돌상태는 천차만별일 것이다. 여기서 가장 우리의 눈길을 끄는 것은, 원인이 작다는 것이 아니라 복잡하다는 것이다. 그럼에도 여기서도 역시 작다는 것이 중요한 역할을 한다. 즉 분자가 자기의 통로에서 오른쪽 또는 왼쪽으로 기체분자의 작용반경과 같은 정도로 아주 작은 각도만큼 옆으로 벗어나면, 그 분자는 충돌을 면하거나 아니면 다른 상태로 충돌한 탓에 충돌 뒤에 속도와 방향이 90도 또는 180도 달라질 것이다.

그뿐만이 아니다. 충돌 뒤에 분자의 방향을 정해진 각도만큼 휘게 하려면 충돌 전에 한없이 작은 각도만큼 틀어 놓는 것으로 충분하다는 점은 방금 살펴본 대로이다. 그렇다면 이제는 분자가 잇따라 두 번 충돌한다고 가정해보자. 1차 충돌 전에 두 번째 상태의 한없이 작은 각도만큼 틀어 놓는 것으로, 1차 충돌이 있는 뒤에 첫 번째 상태가 한없이 작은 각도로 휘고, 2차 충돌 뒤에는 정해진 각도가 되게 할 수 있다. 그런데 분자의 충돌은 단 두 번만이 아니라 1초 동안에 엄청나게 많이 일어난다. 그에 따라, 휨의 값이 1차 충돌에서 매우 큰 수 A를 곱한 만큼 증가했다면, n회 충돌한 뒤에는 A×을 곱한 만큼 증가할 것이다. 따라서 휨의 값은 매우 커진다. 이것은 단지 A가 커서가 아니라 지수인 n이 크기 때문이다. 다시 말하면 작은 원인이 큰 원인을 낳기 때문만이 아니라, 충돌이 매우 여러 차례여서, 즉 원인이 무척 복잡해서이기 때문인 것이다.

다음의 예를 보자. 소나기가 내릴 때, 빗방울의 분포가 우연에 의한 것처럼 보이는 것은 왜일까? 이것 또한 빗방울의 생성을 결정하는 원인이 복잡하기 때문이다. 대기 중에 흩어져 있는 이온이 오랫동안 기류가 흐르는 대로 변화무쌍하게 떠다니다가 아주 소규모의 회오리바람에 휘말려 마침내 최후의 분포상태는 최초의 분포상태와는 아무 관련도 없어진다. 이때 순식간에 온도가 내려가 증기가 응결하고, 각 이온은 빗방울의 중심이 된다. 빗방울의 분포가 어떠한지, 또는 각 포석 위에 몇 개의 빗방울이 떨어지는지를 알려면 이온의 최초상태만 갖고는 알 수 없다. 몇 백이나 되는 아주 작고 변덕스러운 기류의 영향을 계산할 필요가 있다.

몇 개의 먼지를 물속에 띄우는 것도 마찬가지다. 그릇 속에선 물이 흐르고 있지만 그 법칙을 알 수는 없다. 다만 매우 복잡하다는 것만은 안다. 조금 지나면 가루는 우연에 따라 분포된다. 다시 말하면 모두 그릇 속 곳곳에 있게 되는데 이것은 전적으로 그릇 속의 흐름이 복잡하기 때문이다. 만약 이 흐름이 어떤 단순한 법칙에 따르는 것이라면, 예를 들면 그릇이 회전체여서 흐름이 그릇의 축 주위를 원을 그리며 도는 것이라면 각 입자는 그 높이와 축에 이르는 거리를 처음 상태 그대로 유지할 뿐, 앞에서 말한 경우처럼은 되지 않을 것이다.

두 가지의 액체, 또는 미세한 분말을 섞는 경우를 관찰해도 같은 결과에 이르게 된다. 더 복잡한 예를 들면 카드를 섞을 때도 마찬가지다. 카드를 한 차례 움직일 때마다 카드는 하나의 순열에서 다른 순열로 옮겨간다(치환론에서 연구하는 순열과 같다). 그 결과 어떤 순열이 나타날까? 어느 하나의 순열(예를 들면 전에는 $\phi(n)$번째였던 카드를 n번째로 옮긴 것과 같은 순열)이 일어날 확률은 섞는 사람의 습관에 좌우되겠지만, 만약 그 사람이 아주 오랫동안 섞었다면 매우 많은 순열이 생기나 마지막 순서에서는 그야말로 우연만이 지배하게 된다. 곧 모든 가능한 순서들은 같은 개연성을 갖게 된다는 의미이다. 그런 결과가 생기는 것은 매우 많은 순서변화가 일어나기 때문에, 다시 말하면 이 현상의 복잡성에 기인하는 것이다.

마지막으로 오차론에 대해 한마디 할까 한다. 원인이 복잡하고 중첩되어 있으므로 가장 정밀한 도구로도 관측자의 주위에 쳐져 있는 올가미의 수를 세지 못할 정도이다. 관측자는 가장 큰 덫을 발견해내고 이것을 치우기 위해 골몰해야 한다. 큰 덫이란 규칙적으로 오차를 낳는 것인데, 설령 이런 것을 없앨 수 있다 해도 작은 것이 다시 잔뜩 남아 있고, 더구나 작으면서도 서로 모여 있으므로 위험한 결과를 가져오는 경우가 없지 않다. 우발적 오차가 생기는 것은 이런 까닭이며, 그 원인이 너무나 복잡하고 다채롭기 때문에 이것이 우연으로 돌려지는 것이다. 여기서도 또한 앞에 놓이는 것은 작은 원인뿐이지만, 그것들 하나하나는 작은 결과를 낳을 뿐이며, 엄청난 결과를 가져오는 것은 그런 작은 원인이 서로 만나기 때문에, 또 그 숫자가 몹시 많기 때문이다.

5

이제 세 번째 관점에서 생각해 보자. 이것은 지금까지 기술한 두 가지 관점만큼은 중요하지 않으므로 간단히 짚고 넘어가기로 한다. 하나의 사실을 예견하고자 그에 앞선 사실을 점검하는 경우, 우리는 그 이전의 상태를 조사하려 노력한다. 그러나 우주의 모든 부분을 섭렵하기란 불가능하므로 그 사실이 일어난 지점의 근방에서 일어나는 일, 또는 그 사실과 어떤 관계가 있는 것처럼 보이는 것을 아는 것만으로 만족한다. 조사를 무한정 펼칠 수는 없다. 따라서 선택방법을 알아야 한다. 그러나 첫눈에는 예정된 사실이 있다거나, 무슨 영향을 끼치리라고 절대 생각되지 않아, 완전한 이질체로 보고 관심 밖에 내버려 두지만, 그런 사실들이 예상과 달리 중요한 역할을 하는 경우가 있다.

한 남자가 볼일이 있어 길을 걷고 있다. 그의 볼일이 무엇인지 아는 사람은 그가 어떤 이유로 그 시각에 집을 나섰는지, 왜 그 거리를 지나는지를 알 것이다. 한편 지붕 위에는 지붕수리공이 일하고 있고, 그를 고용한 사람은 지붕수리공이 앞으로 할 일을 어느 정도까진 예상할 수 있다. 그러나 아래를 지나는 남자는 지붕수리공의 존재 따윈 거의 생각지 않는다. 또 지붕수리공도 그 사내에 대해 생각하지 않는다. 그들은 서로 아무 인연이 없는 두 세계에 속해 있는 것처럼 보인다. 그런데 지붕수리공이 기와를 떨어뜨리고, 밑을 지나던 남자가 맞아서 죽는다면, 사람들은 망설이지 않고 그것을 우연이라고 말한다.

우리의 미약함으로는 우주 전체를 포용하지 못하므로 우주를 몇 개의 조각으로 나눠야 한다. 되도록 인공적으로 만들지 않는다고 해도 때로는 그 조각들 두 개가 서로 작용하기도 한다. 그때, 그 상호작용의 결과는 우리에게 우연에 의한 것처럼 보인다.

이것은 우연을 해석하는 제3의 방식일까? 반드시 그렇지만도 않다. 대개의 경우 깊이 생각하면 결국은 첫 번째, 또는 두 번째의 방식으로 돌아오는 것이 보통이기 때문이다. 일반적으로 서로 인연이 없는 두 세계가 서로 작용할 때는 그 작용의 법칙이 반드시 매우 복잡한 것이어야 하며, 또 그 두 세계의 최초상황에 아주 미세한 변화라도 있었다면 이 작용은 일어나지 않아도 되었던 일이다. 이 남자가 1초만 늦게 지나가거나, 지붕수리공이 1초 일찍 기와를 떨어뜨린다는 아주 사소한 조건으로도 충분했던 것이다.

6

지금까지 여러 가지를 살펴보았는데 그것만으론 왜 우연이 법칙에 따르는지 아직 설명되지 않는다. '개개의 경우에서' 결과가 어떨지는 모르지만, 적어도 평균적으로 전체 결과가 '어떻게 될지'를 예견할 수 있으려면, 원인이 작다는 것만으로, 또는 원인이 복잡하다는 것만으로 충분할까? 이 문제에 답하려면 위에서 들었던 예들을 다시 생각해 보아야 한다.

우선 룰렛의 예부터 살펴보자. 바늘이 멈추는 지점은 최초의 운동량으로 결정된다는 것은 앞에서 말한 바와 같다. 이 운동량이 이런저런 값을 가질 확률은 얼마나 되겠는가? 이것에 대해서는 잘 모르겠지만, 그 확률이 연속분해에 의한 해석함수로 표현된다는 것은 부정하기 어렵다. 그렇다면 운동량이 a와 $a+\epsilon$ 사이가 될 확률은, 'ϵ의 크기가 매우 작다고 간주한다면', 운동량이 $a+\epsilon$와 $a+2\epsilon$ 사이에 포함될 확률과 거의 같아진다. 이것은 모든 해석함수에 공통된 성질이다. 즉 함숫값의 작은 변화는 변수의 작은 변화에 비례하는 것이다.

그러나 우리는 앞에서 누르는 방식을 아주 살짝만 바꾸어도 다른 색깔에 바늘이 멈추는 데는 충분하다고 가정하고 논했다. a에서 $a+\epsilon$의 사이면 빨강에서 멈추고, $a+\epsilon$에서 $a+2\epsilon$까지일 때는 검정에서 멈춘다면 각각의 빨강 부채꼴의 확률은 그다음 검정 부채꼴의 확률과 같다. 따라서 빨강 전체의 확률과 검정 전체의 확률은 같다는 얘기가 된다.

이 문제의 조건은 정해진 초기 운동량의 확률을 나타내는 해석함수가 된다. 그러나 여건이 무엇이건 이 정리가 참이 될 것임엔 변함이 없다. 그것이 모든 해석함수와 공통되는 성질을 따르기 때문이다. 이로써 우리는 이제 어떤 조건도 필요치 않게 된다.

룰렛에 대하여 위에서 말한 것은 소(小)유성의 예에도 고스란히 적용된다. 황도대는 거대한 룰렛 판이고, 조물주가 그 위에 아주 엄청난 개수의 작은 룰렛 공들을 던진 것인데, 그 공들에는 최초의 각기 다른 운동량이 있어서, 뭔지 모를 각기 다른 법칙들에 따라 그 값이 변화하는 것으로 이해할 수 있는 것이다. 앞에서와 완전히 같은 이유에 따라 현재 그 분포는 일정하여 이 법칙과는 관계가 없다. 이것으로 우리는, 원인에서의 작은 차이로도 아주 중대한 결과를 불러일으키는 경우, 현상이 왜 우연의 법칙을 따르는지 그 이유를 알게 된다. 이 작은 차이의 확률은 차이 자체에 비례한다고 간주할 수가 있다. 이것은 곧 그 차이가 작고, 또 연속함수의 소(小)증가분은 변수의 소증가분에 비례하기 때문이다.

전혀 다른 예로 옮겨가 보자. 이번의 예에선 주로 원인이 복잡한 경우가 문제가 된다. 1명의 경기자가 카드를 섞는다. 한 번 섞을 때마다 카드의 위치가 바뀌고, 바뀌는 방식도 가지가지다. 간단히 하기 위해 3장의 카드만 생각해 보자. 섞기 전에 1, 2, 3의 위치를 차지하고 있던 카드는 섞은 뒤에,

123, 231, 312, 321, 132, 213

의 위치가 될 수 있다.

이 6가지 가정 모두가 가능하며 그 확률을 각각,

$P_1, P_2, P_3, P_4, P_5, P_6$

이라 한다.

이 6개의 수를 더하면 1이 되는데, 그 외에는 아무것도 알 수 없다. 이 6개의 확률은 당연히 섞는 사람의 우리가 알 수 없는 습관에 의해 좌우되기 때문이다.

두 번째로 섞을 때, 또 계속해서 섞을 때, 똑같은 일이 같은 조건 아래 되풀이된다. 즉 예를 들면 P_4는 항상, 카드를 n번 섞고 $n+1$번째는 아직 섞기 전에 그 배열이 123이며, $n+1$회 섞은 뒤에는 321이 될 확률을 나타낸다는 의미이다. 섞는 사람의 습관은 언제나 같으므로 이것은 n이 몇이건 변함이 없다.

그러나 섞는 횟수가 매우 많을 경우, 최초로 섞기 전에 123의 배열이었던 카드가 마지막으로 섞은 뒤에는,

123, 231, 312, 321, 132, 213

중에 하나로 배열될 수 있는데 어떤 것이 되건 그 확률은 거의 같아서 1/6이 될 것이다. 우리는 $P_1, P_2, \cdots\cdots P_6$의 각각의 크기를 모르지만, 이것은 무엇이건 방금 이야기한 것과 같다. 섞는 횟수가 많으므로, 즉 원인이 복잡하기 때문에 같아진 것이다.

카드의 수가 3보다 많아도 결과는 같다. 그러나 3장이라도 그 증명은 쉽지 않으니 2개인 경우만을 증명하여 만족하도록 하자. 가정은,

12, 21

의 둘 뿐이고, 그 확률을 각각 P_1, P_2으로 나타내기로 한다. n회 섞어서 마지막으로 원래의 순서라면 1프랑을 따고, 뒤섞여 있으면 1프랑을 잃는다고 가정하자. 그렇다면 우리의 수학적 기대는

$(P_1-P_2)^n$이 된다.

P_1-P_2는 확실히 1보다 작다. 그러므로 n이 아주 크다면 우리의 기대는 0이 된다. 그러면 P_1, P_2의 값을 몰라도 승부가 공평하단 것은 분명하다.

그러나 예외가 있는데 P_1, P_2의 어느 하나가 1이고, 다른 것이 0일 때이다. '이 경우에 지금까지 말한 것이 적용되지 않는 이유는 우리가 처음부터 가정한 것

이 지나치게 단순하기 때문이다.'

지금까지 고찰한 것은 카드를 섞을 때는 물론이고, 무엇을 섞건, 예를 들면 분말을 섞을 때, 액체를 섞을 때, 나아가서는 기체운동론에서의 기체분자를 섞을 때에도 적용할 수 있다. 이 기체운동론으로 돌아와, 우선 잠깐은 기체분자가 서로 충돌하는 일이 없다고 가정하고, 단지 기체를 담은 용기의 벽에 충돌해야만 방향을 바꿀 수 있다고 생각하자. 그릇의 모양이 충분히 복잡하다면 분자의 분포, 속도의 분포는 곧 같아지겠지만, 그릇이 구의 형태거나 직육면체라면 그렇게 되지 않는다. 왜일까? 구일 때는 중심으로부터 임의의 분자궤적까지의 거리가 일정불변해지고, 직육면체일 때는 평행육면체의 면과 각각의 분자궤적이 이루는 각이 절댓값을 가질 것이기 때문이다.

그리하여 '지나치게 단순한' 조건이 무엇을 뜻하는지 알 수 있게 됐다. 즉 그것은 어떤 것을 그대로 지속하는 것, 불변식의 존재를 허용하는 것을 말한다. 문제로 제시된 미분방정식들이 너무나 간단해서 우연법칙을 적용할 수가 없는 것일까? 이 문제는 언뜻 정확한 의미가 없는 것처럼 보이지만, 이제 우리는 그것이 무엇을 뜻하는지 알고 있다. 뭔가를 그대로 보존한다면, 적분을 허용한다면 미분방정식은 너무나 단순하다고 해도 무방하다. 만약 최초의 조건 속에 뭔가 불변인 것이 있으면 마지막 상태도 그 최초의 상태와 연관될 수 있다는 것이 명백하다.

끝으로 오차론으로 넘어간다. 우발적 오차가 왜 일어나는지, 우리는 모른다. 그 이유는, 그 오차가 가우스법칙을 따를 것으로 안다는 것, 바로 그것을 모르기 때문이다. 이것은 역설인데, 위에서 말한 경우와 거의 똑같이 설명할 수가 있다. 단 한 가지만 알면 된다. 즉 오차가 무척 많이 생긴다는 것, 각 오차가 매우 작다는 것, 음수와 양수 모두 일률적으로 생긴다는 것이다. 각 오차의 확률곡선이 어떤지에 대해서는 전혀 모른다. 단지 그것을 대칭적이라고 짐작할 따름이다. 이로써 우리는 합성오차는 가우스법칙에 따른다는 것을 증명할 수 있다. 더구나 이 마지막 법칙은 우리가 모르는 각 법칙과 무관하다. 여기서도 역시 결과의 단순성은 여건이 복잡하다는 데서 생겨난다.

7

그러나 이런다고 역설이 정리되는 것은 아니다. 앞에서 플라마리옹이 가상했던, 빛보다 빠른 속도를 가진, 따라서 시간의 양상이 달라지는 사람에 대해 생각해본 적이 있었다. 나는 모든 현상이 그에겐 우연에 의한 것처럼 보일 것이라고 말했었다. 그것은 어떤 관점에선 참이지만 이 모든 현상들은 주어진 순간에 우연의 법칙에 들어맞게 분포되지 않을 것이다. 왜냐하면 우리가 현상을 보면서 조화롭게 일어나는 것이지, 원시적인 혼돈에서 생기는 것이 아니라고 생각하며, 우연에 의한 규칙이라고 바라보지 않는 것처럼, 현상은 그렇게 될 것이기 때문이다.

이것은 무슨 의미일까? 플라마리옹의 가상인물에게선 작은 원인이 큰 결과를 낳는 것을 볼 수 있다. 그런데 우리가 작은 원인에 의해 큰 결과가 생긴다고 생각하는 경우와 왜 다르게 진행될까? 이 경우에는 같은 추론이 적용될 수 없는 것일까?

이 추론으로 돌아가 보자. 원인에 있어서의 작은 차이에서 결과의 큰 차이가 생길 때, 그 결과가 우연의 법칙에 따라 분포되어 있음은 왜일까? 원인에서의 1밀리미터의 차이가 결과에선 1킬로미터의 차이를 낳는다 치자. 만약 결과가 짝수 번호를 가진 1킬로미터에 상당할 때, 내가 내기에서 이긴다 치면 내가 이길 확률은 1/2이다. 왜일까? 이기기 위해선 그 원인도 짝수 번호를 가진 1킬로미터에 가까워야 하기 때문이다. 한편 원인이 어떤 한계 사이에서 변동할 확률은 그 한계 사이의 거리가 매우 작은 한, 그 거리에 비례하는 것은 명백하다. 만약 이 가설을 인정하지 않는다면 확률을 연속함수로 나타낼 방법은 없어질 것이다.

큰 원인이 작은 결과를 낳을 때는 또한 어떻게 될까? 이 경우 우리는 그 현상이 우연히 일어났다고는 말하지 않는다. 그러나 가상인물이 볼 때는 반대로 우연히 일어났다고 할 것이다. 원인이 1킬로미터 다를 때, 결과가 1밀리미터 차이난다. 원인이 n킬로미터의 거리를 갖는 두 한계 사이에 포함될 확률은 역시 n에 비례하는 것일까? n킬로미터의 거리는 크므로 그렇게 상상할 이유는 전혀 없다. 그러나 결과가 n밀리미터의 거리를 갖는 한계 사이에 포함될 확률은 이것과 완전히 같다. 그러므로 역시 n에 정비례하지는 않게 된다. 더구나 n밀리미터라는 거리는 적어도 비례하지 않는다. 그렇다면 결과의 확률법칙을 연속곡선으로 나타낼 방법은 없다. 미리 말해두지만 이 곡선은 '해석적인' 의미에선 역시 연속일지도 모른다. 즉 가로좌표축의 무한소의 변화에 대해 세로좌표축에 무한소의 변화가 대응하는 것이다. 그러나 실제로는 가로좌표축의 아주 작은 변화에 대해 세로좌표축의 매우 작은 변화가 대응하지는 않는다. 따라서 그 곡선은 보통의 연필로는 그릴 수 없을 것이라는 것을 말하고자 한다.

그렇다면 어떤 결론을 내려야 할까? 가상인물에게는 원인의 확률('그의' 원인의 확률, 즉 우리에겐 결과의 확률)은 반드시 연속함수로 표현되어야 한다고 말할 권리가 없다. 그렇다면 우리는 어떻게 그 권리를 갖는 것일까? 그것은 방금 전까지 우리가 최초의 상태라고 불렀던 그 불안정한 평형의 상태 자체가 이전의 오랜 역사의 귀착점과 다름없기 때문이다. 그러한 역사의 흐름 속에서 복잡한 원인이 작용했고, 그것도 오랫동안 작용했다. 복잡한 원인들은 요소들의 혼합을 촉진시켜 적어도 작은 범위 안에서는 모든 것을 평균으로 만들어 버렸던 것이다. 각을 원으로 하고, 산을 평평하게 하고, 골짜기를 메웠다. 최초의 곡선이 아무리 변덕스럽고 불규칙한 것이었어도 이 복잡한 원인이 작용하여 곡선의 모양은 규칙적이 되고, 마침내는 연속곡선이 생겨난다. 우리가 안심하고 연속성을 인정할 수 있는 것은 이 때문이다.

가상인물에게는 위와 같은 이유가 없으므로 그런 결론을 내릴 수가 없다. 그에겐 복잡한 원인은 정제(整齊)와 평등을 초래하는 작용으로 보이지 않고 오히려 분화와 불평등을 낳기만 하는 것에 불과하다. 그는 같은 원시혼돈상태에서 세상이 차츰 복잡해지는 것을 본다. 그가 보는 변화는 그에게 예상 밖의 것이고, 또 예상 불가능한 것이리라. 그것들은 그에게 뭔지 모를 변덕에 의한 것으로 보이겠지만, 이 변덕은 우리의 우연과는 별개의 것임이 틀림없다. 우리의 우연에는 법칙이 있지만, 이 변덕은 어떠한 법칙도 거스르기 때문이다. 이 모든 점들은 더욱 자세한 설명을 필요로 한다. 그리고 어쩌면 우주의 비가역성을 더욱 잘 이해하는 데 보탬이 될 것이다.

8

우리는 우연을 정의하려 시도했다. 이런 문제를 생각해보자. 이렇게 우연을 정의할 수 있게까지 되었는데 과연 우연은 그와 같이 객관적 성질을 지녔을까?

이것은 당연히 생겨나는 의문이다. 나는 아주 작은 원인 또는 지극히 복잡한 원인에 대해 말했었다. 그러나 어떤 사람에게 몹시 작은 것도 다른 사람에겐 큰 경우는 있을 수 없을까? 또 어떤 사람에게 매우 복잡하게 보이는 것이 다른 사람에겐 단순하게 보이는 일은 과연 없는가? 나는 앞에서 미분방정식이 너무나 단순해져서 우연의 법칙이 적용되지 않는 것은 어떤 경우인지 정확하게 설명함으로써, 위의 문제에 대해 부분적으로나마 답을 했었다. 하지만 다른 견지에서 볼 수도 있으므로 잠깐 정밀하게 검토해보는 것도 좋겠다.

아주 작다는 말은 무엇을 나타내는가? 이것을 이해하려면 단지 위에서 말한 것을 생각해보면 된다. 확률이 거의 일정할 때, 하나의 차이와 하나의 구간은 그 구간의 한계 속에서는 아주 작다. 작은 구간에서 이 확률이 일정하다고 간주되는 것은 왜일까? 이것은 확률의 법칙이 연속곡선에 의해 나타내어지는 것을 승인했기 때문이다. 이 곡선은 단지 해석적으로 말하여 연속일 뿐만 아니라, 위에서 설명했던 것처럼 '실제로'도 연속이기 때문이다. 절대적으로 틈이 없을 뿐만 아니라 지나치게 날카롭거나 급격한 요철도 없어서이다.

그런 가정을 할 권리는 어디서 오는 것일까? 나는 이것을 앞에서 이미 모두 말했었다. 즉 태초 이래 지금까지 복잡한 원인들이 있었고, 그것들이 끊임없이 같은 방향으로 움직이며 세계를 한결같이 평균에 가까워지게 하되, 절대로 뒤로는 다시 돌아갈 수 없게 하기 때문이다. 서서히 튀어나온 부분을 깎고, 팬 곳을 메우는 것은 이 때문이다. 우리의 확률곡선이 이미 완만한 기복을 나타내기만 하는 것도 이것에 기인한다. 몇억 년 뒤에 똑같은 상태를 향해 한층 전진하고, 기복의 상태도 지금보다는 10배나 완만해졌다 치자. 즉 우리 곡선의 평균 곡률반경이 10배나 커진다 치자. 그러면 지금 우리의 곡선 위에서는 직선으로 간주할 수 없어서 아주 작게는 보이지 않는 길이도, 그런 시대가 되면 곡률이 10배나 작아져서 길이의 호를 직선으로 볼 수 있으므로, 지금까지와는 반대로 매우 작다고 하기에 이를 것이다.

그와 같이 매우 작다는 말은 상대적이다. 다만 개개의 인간에 대해 상대적이 아니라, 세계의 현재 상태에 대해 상대적이다. 세계가 더욱 똑같아졌을 때, 모든 것이 더욱 뒤섞여 갈 때, 이 말이 지닌 뜻은 바뀔 것이다. 그러나 그때 인류는 이미 생존하지 않으니, 다른 생물로 대체되어야 한다. 인류보다 훨씬 큰 생물일지, 아니면 한참 작은 생물일지는 논할 바가 못 된다. 어쨌든 우리의 표준은 모든 인류에 대해 참이며, 객관적 의의를 갖는 것이다.

그러면 한편으로, 매우 복잡하다는 말은 무엇을 뜻할까? 나는 이미 하나의 해답을 내놓았다. 그것에 대해선 이 단락의 첫머리에서 말한 바 있지만 답은 그것만이 아니다. 우리는 앞에서 복잡한 원인이 차츰 긴밀한 혼합을 일으킨다고 했었다. 그러나 시간이 얼마만큼 지나야 충분히 혼합되었다고 할 것인가? 언제쯤이면 충분히 복잡해질까? 언제가 되어야 카드를 충분히 섞었다고 할 수 있을까? 파랑과 하양 두 가지의 가루를 섞으면 마침내 그 혼합물의 색깔이 같아 보이는 시기가 오겠지만, 그렇게 보이는 것은 우리의 불완전한 감각 때문이다. 근시인 사람에겐 아직 똑같아 보이지 않아도, 멀리서 보아야 하는 원시에게는 똑같아 보일 것이다. 또는 누가 보아도 똑같아 보인다 해도, 기계를 쓰면 그 한계를 더욱 넓힐 수 있다. 기체운동론을 참이라 할 때, 언뜻 똑같아 보이는 기체는 사실은 무한한 복잡성을 감추고 있지만, 어떤 사람이라도 이것을 식별할 행운은 얻을 수 없다. 그렇다고 하더라도 브라운운동에 관한 구이(Gouy)의 주장을 채택하면, 현미경을 통해 비슷한 것을 볼 수도 있지 않을까?

이 새로운 기준도 먼저와 마찬가지로 상대적이다. 만약 객관적 성질이 있다고 한다면, 그것은 모든 인간이 거의 같은 감각을 지니고, 그 기계의 능력에는 한계가 있으며, 예외적인 경우에서만 기계가 쓰이기 때문이다.

9

정신과학, 특히 역사에서도 마찬가지이다. 역사가는 자기가 연구하는 시대의 사건 가운데서 선택하지 않으면 안 된다. 그는 자기가 가장 중요하다고 판단하는 것 말고는 말하지 않는다. 그러면 그는 이를테면 16세기의 가장 중요한 사건을 논하고, 마찬가지로 17세기에 대해서도 가장 두드러진 사건을 논하는데 그친다. 그리하여 만약 앞에서 벌어진 사건이 뒤에 벌어진 사건을 충분히 설명하고 있으면, 사람들은 뒤에 벌어진 사건이 역사의 법칙에 따랐다고 말한다. 그러나 17세기의 대사건이 어떤 역사에도 기록되지 않고 모든 사람들이 무시해버린 16세기의 보잘것없는 사건에 원인을 두고 있을 때, 사람들은 그 사건을 우연이라고 말한다. 그렇다면 이 우연이란 말은 자연과학에서와 같은 의미를 갖는다. 즉 작은 원인이 막대한 결과를 낳았음을 뜻하는 것이다.

가장 큰 우연은 곧 위인의 탄생이다. 서로 반응하여 천재를 낳을 운명을 지닌 신비스러운 요소를 내부에 함께 지닌 남녀 두 성의 생식세포가 서로 만난 것은 완전히 우연에 의할 수밖에 없다. 그런 요소가 드물고, 만나는 일은 더욱 희박하다는 것엔 누구나 동의할 것이다. 이런 요소를 지닌 정자를 그것이 지나는 길에서 벗어나게 하려면 사소한 원인이면 무엇이나 된다. 제 길을 10분의 1밀리미터만 벗어났더라도 나폴레옹은 태어나지 않았을 테고, 한 대륙의 운명은 바뀌게 된다. 우연의 참된 성질을 이해하게 하는 데 이보다 나은 예는 없다.

확률론을 정신과학에 응용하여 생겨난 역설에 대해 한마디 더 하고자 한다. 어떤 의회도 반대당 대의원을 포함하는 경우는 결코 없고, 있다고 해도 적어도 내기를 하여, 1수[1] 대 1백만 수를 걸어도 좋을 정도로 그런 일은 절대로 일어날 수 없다는 사실이 증명된 적이 있었다. 콩도르세는 현실적으로 오심이 일어날 수 없게 하려면 몇 명의 배심원이 있어야 하는지 계산하는 것에 골몰했다. 만약 그 계산 결과가 쓰였더라면, 반대당에 대의원이 한 명도 없을 것이라는 계산을 믿고 내기를 걸 때나 마찬가지로 실망을 경험했을 것이 분명하다.

그런 문제에는 우연의 법칙을 적용할 수 없다. 재판이 반드시 올바른 이성으로 결정되지 않는 만큼, 사람들은 브리드와예[2]의 방법을 더 믿는다. 어쩌면 콩도르세의 이론 체계로 오심을 막을 수도 있을 텐데 안타까운 일이다.

이것은 왜일까? 우리는 그 원인이 불명확하다는 이유 때문에 그런 성질의 사실을 우연으로 돌리는 경향이 있다. 그러나 이것은 진정한 우연이 아니다. 정말이지 우리로선 그 원인을 알 수 없는 데다 그것은 복잡하기까지 하다. 그러나 그 원인에 따라선 변하지 않고 그대로 있는 것도 있어, 원인이 정말로 복잡하다고는 할 수가 없다. 이것이 '지나치게 단순한' 원인들의 특징임을 앞에서 살펴보았었다. 인간이 모이면 그들은 무턱대고, 또는 서로 무관하게 결정하는 일은 하지 않는다. 서로 영향을 주고받는 것이다. 그리하여 다양한 원인들이 작용하기 시작하고, 사람들을 혼란스럽게 만들며 이리저리 끌고 다니지만, 깨뜨리

---

1) 프랑스의 옛 화폐 단위. 1수는 1상팀의 5분의 1에 해당함.
2) 주사위를 던져서 판결했다는 재판관.

지 못하는 것이 꼭 하나 있다. 그것은 다양한 원인들 자체가 가지고 있는 부화뇌동성이다. 그리고 바로 그것이 보존되는 것이다.

10

확률론을 정밀과학에 응용할 때 역시 많은 어려움이 따른다. 대수표에 있는 소수들과 π를 나타내는 소수들이 우연의 법칙에 따라 분포되는 것은 왜일까? 대수(對數)에 관해서는 이미 다른 곳에서 연구한 적이 있는데, 이 경우는 쉽게 해결할 수 있다. 즉 진수[3]에 작은 변화를 줄 때, 이에 따라 대수에 생기는 변화는 작지만, 대수의 소수 여섯 번째 자리에는 커다란 변화를 준다는 것이 분명하다. 우리는 늘 동일한 규준과 마주치는 것이다.

그러나 π에 대해선 더 많은 어려움이 따른다. 나는 지금 어떤 확실한 말도 할 수가 없다.

내가 손을 댄 문제가 해결되지 않은 상태에서 다른 문제에 접근하고자 한다면 이 밖에도 문제는 얼마든지 있을 것이다.

우리가 단순한 결과에 이르렀을 때, 이를테면 어림수를 얻었을 때, 우리는 그런 결과는 우연히 일어날 수 없다고 말한다. 그리고 우연이 아닌 원인을 찾아 설명하려고 한다. 또 실제로 1만 개의 수 가운데 우연에 의해 하나의 어림수, 예를 들면 1만이라는 수가 나올 확률은 아주 낮다. 1만에 대해 한 번의 기회밖에 없는 것이다. 그러나 다른 수가 아무것이나 나오더라도 1만에 대해 역시 한 번의 기회밖에 없다는 것은 같다. 더구나 우리는 이 결과에 대해 놀라지도 않지만, 또 이것을 우연으로 돌리기를 마다하지 않는다. 그 이유는 간단하다. 별로 놀라울 것이 없기 때문인 것이다.

그렇게 생각하는 것은 우리의 착각에 따른 것일까? 단지 그런 견해가 옳은 경우가 있는 것일까? 우리는 후자를 기대해야 한다. 그렇지 않으면 어떠한 과학도 불가능해지기 때문이다. 우리가 하나의 가설을 음미하려 할 때면 어떻게 하는가? 그 가설의 모든 결과를 확인할 수는 없는 노릇이다. 그 수는 무한히 많기 때문이다. 그중 몇 개를 확인하는 데 만족한다. 그리고 만약 성공을 거두

---

3) 로그 $\log_a x$에서 양수 x를 이르는 말. ≒역대수.

면 우리는 그 가설은 확증되었다고 선언한다. 그렇게 성공을 거둔 것은 우연으로 돌릴 수 없어서이다. 그런 사고는 근본적으로 늘 되풀이되는 같은 추론이다.

나는 여기서 그 사고가 옳음을 완전하게 증명할 수 없다. 너무나 많은 시간을 필요로 하기 때문이다. 다만 적어도 이렇게 말할 수는 있다. 단순한 원인이거나 또는 우리가 우연이라고 부르는 복잡한 원인이거나, 우리는 이 두 가설 앞에 있다고. 단순한 원인은 단순한 결과를 낳는다고 인정하는 것이 자연스럽다. 예를 들어 어림수 같은 그런 단순한 결과를 얻었다면, 1만 대 1의 기회밖에 주지 않는 우연에 의한 것이라고 하기보다 거의 확실하게 그 결과를 낳을 게 틀림없는 단순한 원인으로 돌리는 편이 한층 진실에 가까울 것 같다. 단순하지 않은 결과를 얻었을 때는 다르다. 확실히 우연에 의한 그런 결과를 낳는 경우는 역시 1만 중의 1의 기회밖에 없다. 그러나 이 경우, 단순한 원인이 그것을 낳게 하는 기회도 이것보다 많지는 않은 것이다.

제2편
수학적 추리

1 공간의 상대성

1

공허한 공간을 표상하기란 불가능하다. 변화하는 물체를 없앤 순수공간을 상상하려 애쓴다면 우리가 다다르는 표상은, 이를테면 강렬하게 채색된 면이 담채색 선으로 치환된 정도의 것에 지나지 않는다. 그런 방면으로 끝까지 밀고 나가면 모든 것은 사라져 허무하게 끝날 것이다. 어떤 것으로도 환원불가능한 공간의 상대성이 나오는 까닭이 여기에 있다.

누구든지 절대공간에 대해 말하는 사람이 있다면 그 사람은 의미 없는 말놀이를 하는 사람이다. 이 문제를 돌이켜 생각했던 모든 사람들이 예부터 선언해 온 진리인데도 우리는 이것을 너무나 쉽게 잊는다.

내가 파리의 한 지점, 예를 들면 팡테옹광장에 서서 "나는 내일 여기로 돌아올 것이다"라고 말한다. 누군가가 "공간의 동일한 점으로 돌아온다는 뜻입니까?" 하고 묻는다면, 아마도 나는 "그렇다"고 대답할 것이다. 그러나 나의 대답은 잘못되었다. 지구는 내일까지 팡테옹광장을 등에 업은 채로 움직여, 광장은 2백만 킬로미터 이상을 달려가게 되기 때문이다. 또 내가 말을 정밀하게 하려고 애를 써봤자 소득은 전혀 없다. 2백만 킬로미터란 지구가 태양에 대한 운동으로써 달린 거리이지만, 태양은 또한 은하에 대해 위치를 바꿀 것이고, 나아가 우리가 은하 자체의 속도는 모르지만 그 은하도 움직이고 있음엔 틀림없기 때문이다. 그리하여 팡테옹광장이 하루에 거리를 얼마만큼 바꾸는지는 우리로선 전혀 알 수가 없다. 또 영원히 알 까닭도 없을 것이다. 요컨대, 위에서 한 말을 이렇게 바꿔 말하고 싶다. "내일 나는 팡테옹의 돔과 박공지붕을 다시 볼 것이다." 팡테옹이 없으면 내가 한 말은 아무런 의미가 없고, 공간은 사라져버리게 될 것이다.

이것이 공간의 상대성원리를 가장 통속적인 형태로 나타낸 것인데, 델뵈프 (Delbeuf)가 특별히 역설했던 형태가 하나 더 있다. 즉 하룻밤 사이에 우주 전체의 크기가 1천 배로 커졌다고 상상해 보자. 유클리드기하학 제3권에서의 '유사성'과 같은 의미를 부여한다면 세계는 예전 모습 '그대로'이다. 다만, 지금까지 1미터의 길이였던 것이 1킬로미터가 되고, 1밀리미터였던 것은 1미터의 길이가 되기만 한 것이다. 내가 눕는 침대도, 나의 몸도 같은 비율로 커졌는데, 내가 이튿날 눈을 떴을 때, 그토록 놀라운 변화에 맞닥뜨린 나는 어떤 느낌을 경험했을까? 글쎄, 나는 아무것도 알아채지 못할 것이다. 이 대변혁은 아무리 정확하게 잰다 해도 어느 한 가지도 밝혀낼 수가 없다. 내가 쓰는 척도가 재려하는 물체와 완전히 같은 비율로 변화했기 때문이다. 사실 그런 변혁은 공간이 마치 절대적이기라도 한 것처럼 주장하는 사람들을 위해서만 존재하는 것이다. 내가 잠깐 그들과 같은 주장을 했던 것은, 그들의 견해에 모순이 들어 있음을 한층 분명하게 하기 위해서이다. 사실 공간은 상대적이기 때문에 아무 일도 일어나지 않았다. 우리가 아무것도 인정하지 않은 것은 그 때문이라는 편이 정당하다.

따라서 우리는 두 점 사이의 거리를 알 권리가 있을까? 아니, 없다. 그 거리에 아무리 절대적인 변화가 생겨도 다른 거리가 같은 비율로 변화한다면 우리는 그 변화를 인식할 수가 없기 때문이다. 방금 살펴본 바에 따르면 내가 "나는 내일 여기에 있을 것이다"고 했을 때, 그것은 "나는 내일 오늘 있었던 공간의 한 지점에 있을 것이다"라는 말이 아니라, "팡테옹에서 오늘과 똑같은 거리의 장소로 내일도 오겠다"는 의미였다. 그렇게 기술하는 것만으론 충분하지 않다. "내일도 오늘도 팡테옹과 나와의 거리는 내 키 치수의 배수가 되는 어떤 수와 같을 것이다"라고 해야 한다.

이것만으론 끝나지 않는다. 지금까지는 세계의 크기는 변해도 어쨌든 그 형태는 늘 본디의 형태와 비슷한 그대로라고 상상해 왔다. 우리는 여기서 더 내디딜 수가 있다. 현대 물리학자의 가장 놀라운 이론의 하나에 의해 우리는 그 기회를 얻었다. 로렌츠와 피츠제럴드에 따르면 지구의 운동과 함께 이끌려가는 물체는 모두 변형이 가해진다고 한다. 그러나 이 변형은 사실 매우 미약한 것에 불과하다. 즉 지구가 움직이는 방향과 평행인 수치들은 모두 그것의 1억분의 1만큼 줄어들고, 수직인 수치들은 변화하지 않는다는 것이다. 하지만 미약하다는 것은 그리 큰 문제는 아니다. 내가 이끌어내고자 하는 결론을 위해선 단지 그 변형이 존재한다는 것만으로 충분하다. 뿐만 아니라 나는 변형이 미약하다고 했는데 사실은 이에 대해 전혀 아는 바가 없다. 나 역시도, 마치 우리가 절대공간을 사유한다는 듯이 믿도록 만드는 그 집요한 환각에 사로잡혀 있던 것이다. 나는 태양 주위를 타원궤도로 도는 지구운동을 생각했고, 그 속도가 30킬로미터임을 인정했다. 하지만 지구의 진짜 속도는(여기서 절대속도는 아무 의미가 없고, 내가 의미하는 진짜 속도란 절대속도가 아니라 에테르에 대한 속도이다) 내가 알 바 아니다. 알 만한 수단이 전혀 없는 것이다. 진짜 속도는 어쩌면 10배, 100배 더 빠를 수도 있고, 그럴 때 변형은 100배, 1만 배로 커진다.

이 변형을 실제로 나타내는 게 과연 가능할까? 분명 불가능하다. 여기 한 변의 길이가 1미터인 정육면체가 있다. 이 정육면체는 지구의 변위에 따라 그 형태가 바뀌므로, 지구운동에 평행한 한 변은 전보다 작아지고, 다른 변들에는 변화가 없다. 1미터의 자로 이것을 확인하려 할 때, 우선 지구운동과 수직인 변들 가운데 하나를 재면 자가 딱 맞는 것을 볼 것이다. 사실 1미터 자와 변의 길이 모두 지구운동 방향과 수직이므로, 어느 한쪽도 달라지지 않는다. 이어 지구운동과 평행인 다른 변을 재려 한다. 그러려면 자를 먼저의 변에서 떼어 이번 변에 맞도록 돌려야 한다. 그러나 자가 방향을 바꾸어 지구운동과 평행이 되므로, 이번에도 역시 변형을 받은 결과, 변이 이미 1미터가 아님에도 자는 딱 맞는다. 달라진 것을 전혀 확인할 수가 없는 것이다.

어떠한 실험으로도 확인할 수 없다면 로렌츠—피츠제럴드의 가설이 무슨 도움이 되느냐고 사람들은 물을 것이다. 이것은 나의 기술방식이 불완전하기 때문이다. 나는 자로 재는 측정만을 말했지만, 광속도가 그 방향과 상관없이 일정하다고 가정하면, 빛이 지나는데 드는 시간으로 길이를 측정할 수도 있다. 로렌츠는 지구의 운동방향에 대해, 이에 수직방향일 때보다 광속도가 크다고 가정해도 같은 사실을 설명할 수 있었을 것이다. 그는 광속도는 어느 방향으로든 같고, 물체가 어떤 방향에선 다른 방향에서보다 작아진다고 가정하는 쪽을 택했다. 만약 광파의 표면이 물체와 같은 변형을 받는다면 우리가 로렌츠—피츠제럴드의 변형을 인정하는 일은 없었을 것이다.

어떤 경우든 절대적 크기가 문제가 되는 것이 아니라, 어떤 도구를 써서 크기를 재느냐가 문제이다. 이 도구는 자도 괜찮고, 또 빛이 통과한 거리도 괜찮다. 우리가 측정하는 것은 도구에 대한 그 크기의 비율에 불과하다. 만약 이 비율이 변한다면 변화한 것이 크기인지, 아니면 도구인지를 알 수 있는 어떠한 수단도 우리에겐 없다.

그러나 주목해야 할 것은, 이 변형 속에서 세계는 원래 상태로 남겨지지 않는다는 것이다. 정사각형은 직사각형 또는 평행사변형으로, 원은 타원으로, 구는 타원체가 되고 만다. 더구나 우리는 이 변화가 사실인지 아닌지도 알 도리가 없다.

우리는 분명 더 깊이 발을 내디딜 수가 있을 것이다. 특히 법칙이 간단한 로렌츠–피츠제럴드의 변형 대신에 전혀 임의의 변형을 상상할 수 있으리라 본다. 물체가 아무리 복잡한 법칙에 따라 변형해도 모든 물체가 예외 없이 똑같은 법칙에 따라 변형한다면 우리는 이것을 인식하지 못할 것이다. 모든 물체가 예외 없다고 할 때, 우리의 몸 자체 또는 각종 물체에서 발산하는 광선도 포함하는 것은 말할 필요도 없다.

만약 물체를 기괴한 모양으로 일그러뜨려 비추는 복잡한 형태의 거울 속 세계를 들여다본다면, 그 세계의 각 부분들이 가지는 상호비례는 변하지 않을 것이다. 그런데 사실상 실제의 두 물체가 인접해 있으면, 그것들의 상도 역시 인접해 있는 것으로 보인다. 요컨대 우리가 이 같은 거울 속을 들여다볼 때 변형을 잘 인식한다면, 그것은 실제 세계가 변형된 상 옆에 존속하기 때문이다. 그런데 설령 실제세계가 감춰져 있다 해도 도저히 감출 수 없는 것이 있다. 그것은 즉 우리 자신이다. 변형을 받지 않고 여전히 측정도구의 노릇에 열심인 우리의 몸, 우리의 팔다리는 언제까지나 보기를 멈출 수 없고, 적어도 느끼기를 멈출 수는 없다. 그러나 만약 우리의 몸 자체도 변형하여 거울 속에서 보이는 것처럼 똑같아진다면 이 도구 역시 힘을 잃어 변형은 확인할 수 없게 될 것이다.

여기 똑같은 두 세계가 있는데, 이것들은 서로를 비추는 상이라 하자. A세계의 각 대상 P에는 B세계에서 P의 상인 P′가 대응한다. 이 P′상의 좌표는 대상 P의 좌표의 일정 함수이다. 더구나 이 함수는 어떤 것이건 상관없다. 다만 그 함수를 일단 선택하면 언제까지나 이것을 쓰는 것으로 생각하자. P의 위치와 P′의 위치 사이에 일정한 관계가 있는데, 그 관계가 어떤 것인지는 전혀 문제가 되지 않는다. 다만 일정하기만 하면 된다.

그런데 이 두 세계를 분간하기란 불가능하다. 즉 한 세계와 주민의 관계는, 다른 세계와 주민의 관계와 같다. 이 두 세계가 서로 모르는 동안엔 언제까지나 그대로 지나칠 것이다. 우리가 A세계에 살고, 우리의 과학, 특히 기하학을 구축했다고 상상하자. B세계의 주민도 그동안에 하나의 과학을 구축하는데 그들의 세계는 우리의 세계 상(像)이므로 그들의 기하학 역시 우리의 기하학의 상이다. 아니 보다 정확히 말하면 두 기하학은 같다. 그러나 만약 어느 날 B세계를 향하여 우리가 창문을 연다면 우리는 그들에게 이렇게 말할 것이다.

"불쌍한 사람들이여, 너희는 기하학을 구축했다고 믿겠지만, 너희가 그렇게 부르는 것은 우리의 기하학의 기괴한 상에 지나지 않아. 너희의 직선은 휘어 있고, 너희의 원에는 요철이 있지. 너희의 구에는 변화가 심한 일그러짐이 있어."

하지만 그들도 역시 우리에게 똑같은 말을 하리라는 것, 또 우리와 그들 가운데 누가 옳은지는 결코 알 수 없다는 것을 우리는 꿈에도 생각지 않을 것이다.

공간의 상대성은 매우 넓은 뜻에서 해석되어야 한다는 것이 밝혀졌다. 공간은 사실 일정한 형태가 없고, 단지 그 안에 있는 사물만이 공간의 형태를 부여하는 것이다. 그러면 직선이라든가 거리를 가지고 있다는 그런 직접적인 직관을 어떻게 생각해야 할까? 우리가 거리 자체에 대해서 갖는 직관은 너무나 미미하며, 앞에서 말한 것처럼 하룻밤 사이에 거리가 1천 배로 늘어나도, 만약 다른 모든 거리가 똑같은 변화를 입었다면 우리는 그것을 인식하지 못하고 지나칠 정도이다. 더구나 하룻밤 사이에 B세계가 A세계로 바뀌어도 우리는 그것을 알 수 있는 어떠한 수단도 없다. 그럴 때 어제의 직선은 오늘은 직선이 아니게 되는데도, 우리는 이것을 전혀 알아채지 못하는 것이다.

공간의 어느 한 부분은, 공간 자체가 부여하는 언어의 절대적 의미로 말해서, 공간의 다른 한 부분과 같지 않다. 왜냐하면 설령 우리에게는 같다 해도 B세계의 주민에게는 같지 않기 때문이다. 그들은 우리가 그들의 의견을 부정하는 것과 마찬가지로 우리의 의견을 거부할 권리가 있는 것이다.

나는 다른 책에서 비(非)유클리드기하학과 기타 비슷한 기하학에 대해 어떠한 관념을 가져야 하는지, 또 그 견지에서 볼 때 위에서 말한 사실로부터 어떠한 결과가 생기는지를 언급한 적이 있다. 여기서 그것을 다시 논할 마음은 없다. 이제 조금 다른 견지에서 살펴볼까 한다.

2

만약 거리, 방향, 직선에 대한 이러한 직관, 간단히 말하면 공간에 대한 직관이 존재하지 않는다면, 우리가 그것을 갖는다고 믿는 것은 무엇에 기인할까? 만약 그것이 환각에 불과하다면 그 환각이 그토록 집요한 것은 무엇 때문일까? 조사해 보아야 할 문제이다. 앞에서 말한 것처럼 크기에 대한 직접적 직관은 존재하지 않는다. 우리가 이룰 수 있는 것은 우리의 측정도구에 대한 크기의 비율뿐이다. 그러므로 만약 그것을 잴 도구가 없다면 우리는 공간을 건설할 수 없었을 것이다. 우리가 모든 것을 연관시켜 본능적으로 쓰는 도구는 우리의 신체이다. 우리가 외부 세계의 사물의 위치를 정하는 것은 우리의 신체에 대해서 정하는 것이고, 우리가 표상할 수 있는 대상의 유일한 공간적 관계는 우리의 신체에 대한 관계이다. 말하자면 우리에게 좌표축의 역할을 하는 것은 우리의 몸이다.

예를 들면 a의 순간에 대상 A란 것이 시각에 의해 눈에 들어오고, 다른 b의 순간에 B라는 다른 대상이 청각 또는 촉각 같은 다른 감각에 의해 나타났다고 하자. 나는 그 대상 B가 대상 A와 같은 장소를 차지한다고 판정한다. 이 말의 의미는 무엇일까? 첫째, 그것은 이 두 대상이 서로 다른 두 순간에 있어서 절대공간의 같은 점을 차지한다는 뜻은 아니다. 이 절대공간이란 것은 설령 존재한다 해도 우리의 지각에는 들어오지 않는다. a와 b의 두 순간 사이에 태양계의 위치가 달라짐에도 불구하고, 우리는 그 변위를 알지 못하기 때문이다. 따라서 이 두 대상은 우리의 신체에 대해 같은 상대적 위치를 차지한다는 뜻이 된다.

그러나 이것은 또한 무엇을 뜻할까? 이 두 대상이 우리에게 주는 인상은, 대상 A는 시신경, 대상 B는 청신경이라는, 절대적으로 서로 다른 과정을 거쳐서 나타난 것이다. 성질적 견지에선 둘에게 어떠한 공통점도 없다. 우리가 이 두 대상으로부터 만들 수 있는 표상은 절대적으로 이질적이며, 서로 환원불가능하다. 다만 나는 대상 A에 이르려면 오른팔을 어떻게 뻗으면 되는지를 안다. 비록 뻗지 않는다 해도, 팔을 뻗을 때 수반하는 근(筋)감각 및 기타 비슷한 감각을 떠올리는 것 자체가 대상 A의 표상과 이어지는 것이다.

마찬가지로 나는 같은 일련의 근감각과 함께 오른팔을 똑같은 방법으로 앞으로 뻗음으로써 대상 B에 이를 수 있다는 것을 안다. 이 두 대상이 같은 위치를 차지한다는 것은 더 이상 말이 필요 없을 정도로 명백하다.

나는 또한 왼팔을 적당히 움직임으로써 마찬가지로 대상 A에 이를 수 있음을 알며, 그 운동에 수반하는 근감각을 표상한다. 대상 B도 역시 이와 동일한 근감각을 수반하는 왼팔의 운동에 의해서도 이를 수 있다.

이것은 매우 중요하다. 왜냐하면 대상 A나 대상 B가 위험한 존재가 될 수 있을 때, 그 위험을 방어할 수 있는 것은 위와 같은 방법이기 때문이다. 우리에게 가해질지도 모르는 일격 일격에 대해 자연은 우리 자신을 지키도록 하나 또는 몇 가지의 방어법을 동시에 부여해 주었다. 같은 방어법으로 몇 가지 타격에 응할 수도 있다. 예를 들면 오른팔의 같은 운동에 의해 a의 순간에는 대상 A에 대해, 또 b순간에는 대상 B에 대해 몸을 지킬 수 있음은 곧 이것 때문이다. 마찬가지로 같은 타격을 몇 가지 방법으로 막을 수도 있다. 예를 들면 대상 A에게는 오른팔의 일정한 운동에 의해서, 또는 왼팔의 일정 운동에 의해서도 전혀 다르지 않게 이를 수 있음은 위에서 말한 것과 같다.

이 모든 방어법은 단지 같은 타격을 피하게 하기 위해서일 뿐, 그 밖에는 서로 간에 전혀 공통점이 없다. 그것이 공간의 같은 점에서 끝나는 운동이라 할 때, 우리가 뜻하는 바는 이것을 가리키는 것이며, 이것을 제외하면 아무 뜻도 없는 것이다. 마찬가지로 우리가 공간의 같은 점을 차지한다고 말하는 대상도 같은 방어법으로 막을 수 있다는 것 말고는 전혀 공통점이 없다.

또는 무수한 통신선을 떠올린 다음, 그중에 어떤 것은 구심적으로, 나머지는 원심적으로 통한다고 상상해도 괜찮다. 구심력의 선들은 우리에게 외계에서 생기는 변화를 통보해주고, 원심력의 선들은 그것의 대책을 알려준다고 하자. 구심선 하나에 통신이 흐르면 이 흐름이 중계기에 작용하여 원심선 하나에 통신이 흐르도록 유발한다. 또 여러 재난에 같은 대책이 대응할 수 있는 경우, 여러 가지 구심선들이 같은 원심선에 작용할 수 있도록 배열된다. 같은 원리로 같은 재난이 여러 대책들로 복구될 수 있을 때는 늘, 하나의 구심선이 동시에

든, 번갈아서든 여러 원심선들에 작용하도록 배열되는 것이다.

이 모든 복잡한 연상체계, 말하자면 이 배전반이 우리가 가진 기하학의 모든 것이며, 이렇게 말해도 좋다면 우리의 기하학이 본능적으로 갖추고 있는 모든 것이다. 직선이나 거리에 대해 우리가 직관이 있는 것처럼 말하는 것은 이런 연상과 그것의 강제적 성질에 대해 우리가 갖는 의식이다.

이러한 강제적 성질이 어디서 오는지는 쉽게 이해할 수가 있다. 연상은 오래될수록 한층 파괴하기 힘든 것처럼 느껴진다. 따라서 이 연상의 대부분은 갓난아기에게서도 흔적을 찾아볼 수 있음을 생각하면 개인이 획득한 것이 아니라 종족이 획득한 것이 분명하다. 연상이 필요하면 할수록 자연선택은 한층 빠르게 이 획득물을 받아들여야 했던 것이다.

그러므로 연상 없이는 유기체의 방어가 불가능했을 것이므로, 위에서 말한 연상이 연상 중에서 가장 오래된 것임은 확실하다. 세포가 이미 단순한 나열에 그치지 않고 서로 도움을 주고받을 필요가 생기자, 이 도움이 길을 잘못 들지 않고 위험을 피할 수 있게 하기 위해서 앞에서 말한 기제와 비슷한 기제가 구성될 필요가 있었던 것이다.

개구리의 머리를 자르고 피부 위의 한 점에 식초 한 방울을 떨어뜨리면 개구리는 가장 가까운 다리로 식초를 닦아내려 노력한다. 그 다리도 잘라버리면 반대편 다리로 식초를 없앤다. 이것이 방금 말했던, 첫 번째 대책이 기능을 다하지 못할 때, 다른 방법으로 재난과 싸울 수 있게 하는 이중방어법이다. 공간이란 이 방어법의 다양성과 그 결과로 나오는 배치이다.

여기서 나타나는 것은 단지 신경조직의 가장 하등한 부분뿐이므로 이 공간적 연상의 최초 흔적을 찾아내려면 무의식의 밑바닥으로 얼마나 깊숙이 파내려가야 하는지 알 수 있다. 우리는 시간을 거슬러 그토록 오래전부터 연상되어 온 것을 분리해낸다. 이 저항은 얼마나 놀라운 것인가. 우리가 기하학적 진리를 증명한다고 하는 것은 이 저항 자체이며, 지금까지 줄곧 만족해 왔던 아주 오랜 익숙함이 무너지면서 확인하게 되는 혐오감과도 같다.

3

그렇게 해서 창조된 공간은 내 팔이 다다를 수 있는 범위를 벗어나지 않는 작은 공간에 불과하다. 이제 이 제한을 넓히려면 기억의 개입이 필요하다. 팔을 뻗으려고 아무리 노력해도 늘 내 능력의 범위 밖에 있는 점들이 있다고 하자. 만약 내가 산호충처럼 땅에 단단히 고정되어 오직 촉수만 뻗을 수 있다면 그런 점들은 모두 공간 바깥에 있는 것이 된다. 그것은 거기서 자리를 차지하고 있는 몸의 행동으로 확인할 수 있는 감각들로는 거기에 이르는 데 필요한 어떤 운동 관념도, 어떤 알맞은 방어도 연상되지 않기 때문이다. 이런 감각들은 공간적 성질을 전혀 지니지 않은 것처럼 보여서 우리는 그 위치를 한정하려고 시도하지도 않을 것이다.

그러나 우리는 하등동물처럼 땅에 붙어 있지 않다. 적이 너무 멀리 있다면 그것에게 다가가 충분히 가까워졌을 때 팔을 뻗을 수가 있다. 이것도 하나의 방어법인데, 단지 범위가 넓으며 한편으론 복잡하다. 우리가 만들어내는 방어의 표상 속에 다리의 운동에 의한 근(筋)감각의 표상, 팔의 최종 운동에 의한 근감각의 표상, 세반고리관 감각의 표상 따위가 들어가 있는 것이다. 또한 우리는 동시적 감각의 복합이 아니라, 일정한 순서에 따르는 계속적 감각의 복합을 표상해야 한다. 앞에서 기억의 개입이 필요하다고 한 것은 이것 때문이다.

또한 같은 점에 이르기 위해서는 먼저보다 도착지점에 한층 다가가서 팔을 조금이라도 더 뻗으려 노력할 것이다. 그 밖에도 다양한 방법이 있을 것이다. 따라서 같은 위험에 맞설 수 있는 방어법은 한 가지가 아니며, 몇 백의 방어법이 있는 것이 된다. 이런 모든 방어법이 전혀 공통점 없는 감각으로 이루어진다 해도, 우리는 공간의 같은 지점을 정의한 것으로 간주한다. 그런 방어법이 모두 같은 위험에 맞설 수 있고 그 모든 위험의 개념을 연상할 수 있기 때문이다. 같은 타격을 막을 가능성이야말로 다양한 방어법을 하나로 만드는 것이다. 그 말은, 같은 방법으로 막을 가능성이야말로 공간의 같은 지점에서 우리를 위협할 수 있는 그토록 다양한 자연의 타격을 하나로 만든다는 말과 같다. 이러한 이중의 결합으로 공간의 각 점이 개체성을 띨 수 있는 것이고, 그러므로 점의 개념에서는 이것을 제외하면 아무것도 없다.

앞의 절에서 고찰했던 '한정된 공간'이라고 일컬어야 할 공간은 내 몸과 이어진 좌표축에 관한 것이다. 몸은 움직이지 않고 팔다리만 이동하는 것이므로 이 축은 고정된 것이었다. 방금 새롭게 정의한, '확장된 공간'과 연관시켜야 할 축은 어떤 것일까? 우리는 신체의 어느 최초 위치에서 출발하여 그 점에 이르기에 적당한 일련의 운동에 의해 점을 정의한다. 그러므로 축은 신체의 최초 위치에 이어지는 것이다.

그러나 내가 최초 위치라고 부른 곳은 신체가 차례로 자리했던 모든 위치 가운데서 임의로 선택할 수가 있다. 만약 공간개념의 성립에, 계속되는 위치를 얼마간 무의식적으로 기억할 필요가 있다면 그 기억은 얼마간 과거로 거슬러 올라갈 수 있을 것이다. 그 결과, 공간의 정의 자체에 어떤 불확실함이 생기고, 바로 이 불확실성 속에 공간의 상대성이 형성된다.

이제 절대공간은 없어졌다. 다만 신체의 어느 최초 위치에 대한 상대공간이 존재할 따름이다. 하등동물처럼 땅에 고착되어, 한정된 공간밖에 모르는 의식적 존재에게도 역시 공간은 상대적이지만(공간은 신체에 대한 것이므로), 그 생물은 상대성을 의식하지 않는다. 왜냐하면 그 한정된 공간을 규정하는 축은 변하지 않기 때문이다! 그 생물이 붙어 있는 바위는 지구운동에 따라가므로 움직이지 않는다는 것은 확실하다. 따라서 우리에게 그 축은 매 순간 변화하지만, 그 생물에게는 변함이 없는 것이다. 우리는 어떤 때는 신체가 위치 A에 있을 때를 최초의 위치로 여겨 자신의 확장된 공간을 이것과 연관시키고, 또 어떤 때는 몇 순간 뒤에 신체가 차지하는 위치 B를 다시 멋대로 최초의 위치로 간주하여, 이것에 공간을 연관시키는 능력을 지니고 있다. 그렇다면 우리는 매 순간 무의식적으로 좌표를 바꾸고 있는 것이다. 우리가 지금 상상하고 있는 생물에겐 이 능력이 결여되어 있고, 그는 이동한 적이 없으므로 공간을 절대적이라고 믿을 것이다. 이 생물에게 좌표 체계는 매 순간 강요된다. 그리고 실제로는 어떻게 변화하든 그 생물에게는 그것이 늘 '유일한' 좌표 체계이므로 늘 갖게 보일 것이다. 그러나 우리처럼, 각 순간마다 몇 개의 좌표를 갖고 있어서 기억을 조금만 거슬러 올라가면 그 가운데서 마음껏 선택할 수 있는 생물에게는 그렇지 않다.

그뿐만이 아니다. 한정된 공간은 등질적이지 않다. 이 공간의 다양한 점들은, 어떤 점은 쉽게 닿을 수 있는 반면에 어떤 점은 최대의 노력을 기울여야 비로소 닿을 수 있으므로 등가(等價)라고 할 수는 없다. 그런데도 우리의 확장된 공간은 우리에게 등질적으로 보이고, 우리에게 모든 점들이 등가라고 말한다. 이것은 어떠한 의미일까?

만약 우리가 어떤 위치 A에서 출발한다면, 그 위치에서 근감각의 복합적 성질을 수반한 어떤 운동 M을 할 수 있다. 그러나 다른 위치 B에서 출발하여 같은 근감각을 수반하는 운동 M'를 할 수도 있을 것이다. 여기서 a를 최초의 위치 A에서의 신체의 어느 한 점, 예를 들면 오른손 집게손가락의 지점이라고 하고, b를 그 위치 A에서 출발하여 운동 M을 한 뒤의 같은 집게손가락이 있는 곳으로 하자. 이어 a'를 위치 B에서의 집게손가락이 있는 곳, b'를 위치 B에서 출발하여 운동 M'를 한 뒤의 집게손가락이 있는 곳이라 하자.

아뿔싸! 나는 공간에서의 두 점 a와 b의 관계는 a'와 b'의 관계와 같다고 말하는 것에 익숙하지만, 그것은 단지 운동 M과 M'가 같은 근감각을 수반한다는 것을 가리키는 데 불과한 것이다. 그리고 위치 A에서 위치 B로 옮겨가도 내 몸이 같은 운동능력을 가진다고 인식함으로써, 나는 임의의 점 b가 점 a에 대해서 갖는 관계와 같게, 점 a'에 대해 공간의 한 점이 존재한다는 것, 따라서 두 점 a와 a'가 등가라는 것을 아는 것이다. 공간의 등질성이란 바로 이것이다. 동시에 공간이 상대적인 것도 이 때문이다. 즉 공간을 축 A와 연관시키건, 축 B와 연관시키건 그 성질은 똑같기 때문이다. 그리하여 공간의 상대성과 그 등질성이란 완전히 같은 것임을 가리키게 된다.

만약에 지금 내가, 내게만 소용되는 것이 아니라 우주를 담을 수도 있는 거대한 공간으로 옮겨가고 싶다면 나는 상상력을 발휘하여 그곳에 이를 것이다. 몇 발짝이면 행성에 다다를 능력을 지닌 거인의 경험을 상상한다거나, 원한다면, 이런 행성들이 작은 공으로 바뀌어, 그 작은 공 위에 나라고 하는 난쟁이가 움직이고 있는 축소된 세계에서 내가 어떻게 느끼는지를 상상할 수도 있다. 그러나 개인적 용도로 미리 나의 한정된 공간과 확장된 공간을 만들어 놓아야 한다면 나로선 이 상상작용이 불가능할 것이다.

4

그런데 이런 공간들이 모두 3차원을 갖는 건 왜일까? 앞에서 말했던 '배전반'으로 돌아가 보자. 한쪽에는 일어날 수 있는 각종 위험 목록을 A_1, A_2 등으로 나타내고, 다른 쪽에는 각종 대책 목록을 만들어 B_1, B_2 등이라 부른다고 하자. 그다음엔 첫 번째 목록의 단자와 두 번째 목록의 단자 사이에 접속장치가 있어서, 예를 들어 위험 A_3를 알리는 경보기가 작동할 때 그것이 방어법 B_4에 해당하는 중계기를 작동시키거나 작동시킬 수 있게 된다고 하자.

앞에서 구심선과 원심선에 대해 말했는데, 그 모든 것이 단순한 비유가 아니라 신경조직을 기술한 것으로 보이지 않을까 걱정된다. 나의 본뜻은 그게 아니다. 그 까닭은 두세 가지가 있다. 첫째, 나는 내가 알지 못하는 신경조직의 구조에 대해 의견을 내놓을 용기가 없을뿐더러, 신경조직을 연구하는 사람은 신중히 준비하지 않고 의견을 기술해선 안 된다. 그다음엔, 내가 무능력하긴 하지만 이 모형도가 너무나 단순하다는 것만은 잘 알고 있기 때문이다. 마지막으로 나의 방어법 목록에는 몹시 복잡한 것도 실려 있기 때문인데, 그것은 위에서 말한 것처럼 확장된 공간의 경우에는 몇 발짝 나아간 뒤 팔의 운동으로 이어지는 것까지 가능하다. 그러므로 이것은 두 개의 실제 도선(導線) 간에 취하는 물리적 연락에 대한 것이 아니라 감각의 두 계열 사이의 심리적 결합에 대한 것이다.

예를 들면 A_1과 A_2가 모두 방어법 B_1에 결합되어 있는데, 만약 A_1이 방어법 B_2에도 마찬가지로 결합되어 있다면 일반적으로 A_2와 B_2도 결합되어 있을 것이다. 이 근본법칙이 일반적으로 올바르지 않다면 엄청난 혼란만 있을 뿐, 공간의 개념이나 기하학 같은 것은 존재하지 않을 것이다. 사실 우리가 공간의 점을 어떻게 정의했는가? 두 가지로 정의했었다. 즉 한쪽에는 같은 방어법 B에게서 연락을 받은 경보기 A의 그룹과, 다른 쪽에는 같은 경보기 A에게서 연락을 받은 B의 그룹의 방어법이었다. 만약 우리가 정한 법칙이 참이 아니라면 A_1와 A_2는 공히 B_1과 이어져 있으므로 같은 점에 대응한다고 해야 한다. 그러나 마찬가지로, A_1은 B_1에 이어져 있지만, A_2는 이어져 있지 않으므로, A_1과 A_2는 같은 점에 대응하지 않는다고 해야 한다. 이것은 모순일 것이다.

그러나 한편으로, 이 법칙이 엄밀하게, 그리고 늘 참이었다면 공간은 본디 모습과 완전히 달라졌을 것이다. 한쪽에는 경보기 A로, 다른 쪽에는 방어법 B로 확연히 구분되는 범주들이 엄청나게 많이 생기는 반면, 서로 완전히 구분되어 있을 것이다. 즉, 공간은 수없이 많겠지만, 개별적인 점으로 이루어져 있고, 불연속적일 것이다. 그래서 그 점들을 분류할 때 다른 방식으로 하지 않고 굳이 순서를 매길 이유도, 따라서 공간에 3차원이라고 차원을 부여할 이유도 없을 것이다.

그러나 사실은 그렇지가 않다. 이미 기하학에 대해 아는 사람들의 표현을 잠깐 사용해도 될지 모르겠다. 이것은 나를 이해해줬으면 하는 사람들에게 가장 적절한 것이므로 꼭 필요한 표현이다. 타격을 막고자 할 때, 나는 그 타격이 출발하는 지점에 이르려고 노력할 테지만, 사실은 그 지점에 가까이 가기만 해도 충분하다. 이때 만약 방어법 B_1에 대응하는 점이 A_1에 대응하는 점에도, A_2에 대응하는 점에도 모두 충분히 가깝다면, 방어법 B_1은 A_1에도 A_2에도 대응할 수가 있다. 그러나 다른 방어법 B_2가 있는데, 그에 대응하는 점은 A_1에 대응하는 점에는 가깝지만, A_2에 대응하는 점에는 충분히 가깝지 않다면, 방어법 B_2는 A_1에 대응할 수 있지만, A_2에는 대응하지 못하는 경우도 있을 수 있다.

기하학을 모르는 사람에게는 이 사실은 단순히 위에서 말한 법칙의 일부를 고침으로써 다음과 같이 번역하여 설명할 수 있다. 두 가지의 방어법 B_1과 B_2가 같은 경보 A_1 및 A_1과 같은 종류에 속하여 공간의 두 지점에 대응한다고 간주되는 매우 많은 경보와 결합되어 있다고 하자. 그러나 여기 경보 A_2가 있는데 B_2에는 결합될 수 있지만 B_1에는 결합되지 않고, 그 대신 B_3에 결합하고, 또 B_3은 A_1에는 결합되어 있지 않다고 하자. 그러면 우리는 다음과 같이 쓸 수 있다.

B_1, A_1, B_2, A_2, B_3, A_3, B_4, A_4, ……

여기서 각 항은 그것의 직전과 직후의 항에는 결합되어 있지만, 건너뛴 항과는 결합해 있지 않다고 하자.

덧붙일 것까지도 없지만, 계열의 각 항은 고립되어 있지 않다. 그 항과 같은 연락을 갖고, 공간의 같은 지점에 속한다고 간주할 수 있듯이, 매우 많은 다른 경보기나 방어법으로 이루어진 하나의 범주의 일부를 형성하고 있는 것이다. 따라서 그러한 근본법칙은 예외를 허용하면서도 거의 늘 참임을 잃지 않는다. 다만 이러한 예외의 결과로, 이들 범주가 완전하게 구획되어 있지 않고, 일부분 겹치거나 어느 정도까지 서로 침입하게 된다. 그래서 공간은 연속적이게 되는 것이다.

한편, 이들 범주의 배열순서는 더 이상 임의적이지 않으며, 앞에서 말했던 계열을 도입하면 B_2는 A_1과 A_2 사이에, 따라서 B_1과 B_2 사이에 배열해야 하는데 예를 들면 B_3과 B_4의 사이에 둘 수는 없다는 것을 알 수 있다.

따라서 공간의 점에 대응하는 우리의 범주들은 원래부터 그것의 배열이어야 하는 서열이 있고, 경험은 이 서열이 3중 분할표의 형식으로 나타낼 수 있음을 가르쳐준다. 공간이 3차원을 지니는 것은 이 때문이다.

5

이와 같이 3차원을 갖는 공간의 특질은 배전반의 성질, 말하자면 인간 지성의 내재적 성질이다. 다른 배전반을 얻으려면 그 연락의 어떤 것을, 다시 말하면 그 사고의 연상 중에서 어떤 것들을 파괴하면 되고, 그러면 공간이 쉽게 4차원을 갖게 될 수 있을 것이다.

그와 같은 결과에 경탄하는 사람들도 있을 것이다. 그들은 외부 세계가 그 결과에 뭔가 연관이 있어야만 한다고 생각하리라. 만약 차원의 수가 우리의 뜻대로 결정되는 것이라면, 우리의 세계에서 살고는 있지만 우리와는 성질이 달라서 공간을 3차원 이상이나 이하로 믿는 사고적 생물이 있을 수도 있다. 현재 드송(de Cyon) 씨는 일본의 생쥐는 반고리관이 2쌍밖에 없으므로 공간을 2차원인 줄 안다고 말하지 않는가! 그렇다면, 만약 그 사고적 생물에게 물리학을 만들 능력이 있다면, 그들은 2차원이나 4차원의 물리학을 만들 테고, 더구나 그 물리학은 같은 세계를 다른 언어로 기술한 것이므로 어떤 의미에선 우리의 물리학과 같다 해도 무방하지 않을까?

실제로 우리의 물리학을 5차원 기하학의 언어로 번역하는 것이 가능한 것처럼 보인다. 하지만 그 번역을 시도하는 것은 작은 이익을 위해 엄청난 시간을 낭비하는 것이다. 어느 정도 비슷하다고 인정되는 헤르츠 역학을 인용하는 것에 그치기로 하겠다. 그러나 그런 번역은 원문처럼 간결하지 않고, 늘 번역의 냄새를 풍긴다. 만약 필요하다면 다른 언어로도 가능하긴 하겠지만, 우리의 세계를 기술하기 위해서는 3차원의 언어가 가장 알맞을 것 같다.

뿐만 아니라 우리의 배전반이 만들어진 것은 우연이 아니다. 경보 A_i과 방어법 B_i과의 사이에 접속이 있는 것은 우리 지성의 내재적 속성이다. 그러나 이 접속이 있는 것은 왜일까? 그것은 방어법 B_i이 실제위험 A_i을 방어하는 방법을 터득하게 하기 때문이다. 그리고 이것이 우리의 외적 사실, 외부 세계의 속성이기 때문이다. 우리의 배전반이라는 것은 한 덩어리의 외부사실을 변역한 것에 지나지 않는다. 우리의 세계가 3차원이라면 그것은 배전반이 어떤 속성을 띠는 세계에 순응하기 때문이다. 그리고 이 속성들 가운데 중요한 점은, 자연적 고체들이 존재한다는 것이고, 그 자연적 고체들의 변위가, 우리가 불변하는 고체의 운동법칙이라고 이름 붙인 법칙을 따르는 것처럼 보이게 하는 것이다. 그러므로 3차원의 언어가 우리의 세계를 기술하는 것에 우리에게 허용된 가장 쉬운 언어라면, 우리는 그것에 놀라서는 안 된다. 이 언어는 우리의 배전반을 복사한 것이고, 또 그 배전반이 만들어진 것은 이 세상에서 살아갈 수 있기 위해서이다.

나는 위에서 우리의 세계에 서식하면서도, 그 배전반이 4차원이며, 그 결과 초공간에서 사고하는 사고적 생물을 상상할 수 있다고 했다. 그러나 그런 생물이 태어난다 해도 덮쳐오는 수천 가지 위험을 막고 생존을 이을 수 있을지 여부는 보장할 수 없다.

6

마지막으로 몇 마디 하고자 한다. 이른바 배전반으로 돌아가는 이 원시기하학의 조잡함과, 수학자가 하는 기하학의 무한한 정밀성 사이에는 뚜렷한 차이가 있다. 후자는 전자에게서 태어난 것이기는 하지만, 전자에게서만 태어나지는 않는다. 그러기 위해서는, 예컨대 군(群)의 개념 같은 수학상의 개념을 구성하는 우리의 능력으로 이것을 배양할 필요가 있었다. 그런 순수개념 속에서 앞의 몇 쪽에 걸쳐 그것이 성립한다는 것의 증명을 시도했던 공간, 즉 우리와 다른 고등동물에게 공통된 그 조잡한 공간에 가장 적합한 개념을 찾아낼 필요가 있었다.

어떤 기하학적 공준의 증거는, 앞에서 말한 것처럼 매우 오랜 습관을 버리는 데서 느끼는 우리의 혐오감이다. 그러나 이 습관이 본질적으로 애매한 구석이 있는 데 반해, 이들 공준은 매우 정밀하다. 우리가 사고하려는 순간부터, 우리는 한없이 정밀한 공준을 필요로 한다. 이것이 모순을 피하는 유일한 방법이기 때문이다. 그러나 모든 가능한 공준체계 가운데에는 선택하기가 꺼려지는 것들도 있는데, 이것은 그것들이 우리의 습관과 충분히 조화되지 않기 때문이다.

즉 우리의 습관이 아무리 애매하고, 아무리 탄력적이라고 해도 그 탄력성에는 한계가 있는 것이다.

기하학이 경험과학이 아니라 해도 경험과 관련하여 탄생한 과학이고, 그것이 연구하는 공간은 우리가 창조한 것이기는 하지만, 우리가 사는 세계에 알맞도록 창조한 것임을 알았다. 우리는 가장 편리한 공간을 선택했지만, 우리의 선택을 이끈 것은 경험이다. 그 선택이 무의식이었으므로 우리에게 공간은 강제된 것처럼 보인다. 어떤 사람들은 공간을 우리에게 강제한 것은 경험이라고 하고, 또 어떤 사람들은 우리는 모두 완성된 우리의 공간을 지니고 태어난다고 말한다. 이 두 의견 가운데 어떤 부분이 옳고, 어떤 부분이 오류인지 이상의 고찰에 의해 알게 되었다.

공간의 건설을 이룩한 이 점진적 학습 가운데에서 어떤 것이 개인에게 속하고, 어떤 것이 종(種)에 속하는지를 결정하기란 매우 어렵다. 만약 우리 가운데 한 사람이, 태어나자마자 곧장 다른 세계로 옮겨졌는데, 그 세계에선 모든 물체가, 예를 들어 비(非)유클리드적인 고체운동법칙에 따라 변위한다면, 그는 과거로부터 내려온 공간을 얼마나 내버리고 새로운 공간을 구축할 것인가!

종에 속하는 부분은 훨씬 우월하리라 본다. 그러나 만약, 우리의 그 조잡한 공간, 방금 말한 애매한 공간, 즉 고등동물의 공간이 종에 기인한 것이라 해도, 우리가 기하학의 무한히 정밀한 공간을 얻은 것은 개개인이 가진 무의식의 경험에서 온 것이 아닐까? 이것은 쉽게 이해하기 힘든 문제이다. 그러나 우리의 조상이 남기고 간 공간은 일종의 가소성을 지녔음을 나타내는 하나의 사실을 생각해 보자. 어떤 수렵인들은 굴절에 의해 물고기의 상이 떠올라 있는 것으로 보이는데도, 물 밑의 고기들을 잡는 방법을 터득한다. 더구나 그들은 그것을 본능적으로 하는 것이다. 즉 그들은 예전의 본능을 수정하는 방법을 터득한 것이다. 또는 괜찮다면, A_1, B_1의 연상이 경험에 의해 성공하지 않음을 알았으므로, 이를 대신하기 위해 A_1, B_2라는 다른 연상을 했다고 해도 지나친 말이 아니다.

2 수학상의 정의와 교육

1

이제 수학에서의 일반적 정의를 살펴보고자 한다. 적어도 이 장의 표제를 따라야 하겠으나 행동통일의 규칙이 명령하는 것처럼 이 제목 속에만 갇혀 있는 것은 나로선 불가능하다. 즉 이 문제를 다루는 이상, 이와 약간의 관계가 있는 다른 문제를 반드시 언급해야 한다. 그와 같이 때로는 오른쪽으로, 또 때로는 왼쪽으로 어쩔 수 없이 영역을 넘나들며 거닐어야 하기에, 독자의 용서를 구하고 싶다.

훌륭한 정의란 무엇일까? 철학자 또는 과학자에게는 그것은 정의할 수 있는 모든 대상에게, 그리고 그런 대상에게만 적용되는 정의, 논리법칙을 만족하는 정의이다. 그러나 교육에선 사정이 다르다. 훌륭한 정의란 학생이 이해하는 정의이다.

수학을 이해하려 들지 않는 사람이 그토록 많은 것은 어찌 된 일인가? 여기에 어떤 역리적인 것이 잠재되어 있지는 않은가? 과학이 논리의 기본원리들에만, 이를테면 모순율처럼, 말하자면 우리의 이해력의 골격을 만든 것임에도, 끊임없이 사고하지 않고는 검토할 방법을 알 수 없는 것들에만 매달리고 있다며, 그런 과학을 난해하게 보는 사람들이 있는 것은 어찌 된 일인가! 더구나 그런 사람들이 대다수를 차지한다는 것도! 그들이 발견을 못한다는 것은 차치하더라도, 설명을 해줘도 증명을 이해하지 못하고, 우리에겐 찬란하게 빛나는 것처럼 보이는 광명을 비춰줘도 눈뜬장님처럼 있는 것, 그것은 정말이지 놀라운 일이다.

더구나 그런 장님들이 결코 예외적인 인물들이 아니라는 점은 시험을 해본 경험이 별로 없는 사람이라도 쉽게 알 수 있다. 쉽게 이해하기는 어렵지만, 교육에 몸을 맡기려는 사람이라면 누구나 고민해야 하는 문제가 여기에 있다.

이해한다는 것은 무엇일까? 이 이야기는 모든 사람에게 같은 의미를 가질까? 한 정리의 증명을 이해한다 함은 그 증명의 형태를 짓는 각 삼단논법을 차례로 점검하고, 그것들 각각이 옳다는 것, 규칙에 맞는다는 것을 확인하는 작업일까? 마찬가지로 하나의 정의를 이해한다는 것은, 단순히 그것에 쓰인 모든 용어의 의미를 모두 알고 있음을 인정하고, 어떤 모순도 포함하지 않음을 확인하는 작업에 불과할까?

나는 어떤 사람들에게는 그렇다고 대답한다. 그들은 그렇게 확인하기를 마친 뒤에 "이해했다"고 말할 것이다. 반면, 최대다수의 사람들에게는 아니라고 대답한다. 거의 모든 사람들은 추구하는 바가 훨씬 더 많아서, 증명 속의 모든 삼단논법이 과연 옳은 것인가 하는 것만을 아는 데 그치지 않고, 왜 그 삼단논법이 다른 순서에 따르지 않고, 특별히 그런 순서로 배열되어 있는지를 알고 싶어 한다. 그러한 삼단논법은 끊임없이 지각하는 지성이 있어야만 이루어질 수 있는데도, 그것이 아무렇게나 생겨나는 것으로 알고 있는 만큼, 그들은 자신들이 이해했다고 믿지 않는 것이다.

어쩌면 그들 자신도 자기가 바라는 바를 제대로 이해하지 않은 채, 그들은 그 희망을 말로 나타내지도 못하는 것이리라. 다만 그들은 만족할 수 없을 때는 뭔가 모자란 것이 있음을 어렴풋하게 느낀다. 그럴 때, 어떻게 될까? 처음엔 눈앞의 증명을 인정하지만, 그 증명과 먼저의 증명 및 다음 증명을 잇는 끈이 너무나 가늘기 때문에 증명은 그들의 두뇌에 흔적을 남기지 않고 지나가 어느새 잊히고 만다. 한순간의 빛을 받고 순식간에 영원한 어둠으로 떨어지는 것이다. 더 심하게 말하자면, 그들은 이 짤막한 빛조차 보지 못한다. 왜냐하면 정리(定理)는 서로 의존하는 것인데도 그들은 필요한 정리를 잊고 있기 때문이다. 그리하여 그들은 수학을 이해하지 못하게 된다.

이것이 항상 교사의 잘못인 것은 아니다. 접속의 실마리를 찾기엔 학생의 지성이 너무나 더디고 둔하므로 이것을 찾고 발견하지 못하는 경우가 많다. 그러나 그들을 도우려면 우선 그들을 방해하는 것이 무엇인지부터 알아야 한다.

또 학생 중에는 이것이 어디에 도움이 될지를 끊임없이 의심하는 사람이 있다. 그들은 실무에서나 자연에서와 같이 자신들 주변에서 이러이러한 수학상 개념의 존재이유가 발견되지 않는 한, 그것을 이해하지 못한다. 어떤 말에 대해서도 그들은 감각적인 표상을 바란다. 정의(定義)는 이 표상을 불러일으켜야 하고, 각 증명의 단계에서 이 표상이 모습을 바꾸어 발전하는 것을 보아야만 납득한다. 그러한 조건 아래에서만 그들은 이해하고 기억한다. 그들은 줄곧 자기 능력을 과신하여, 추리에 귀를 기울이지 않고 외양을 본다. 그들은 이해했다고 믿지만 사실은 본 것에 불과하다.

2

얼마나 다양한 경향인가! 이것과 싸워야 할까? 아니면 이것을 이용해야 할까? 그리고 만약 이것과 싸우려고 한다면 그중에 어떤 것을 두둔해야 할까? 순수이론에 만족하는 것에 대해선 그들이 사물의 한 면만을 보고 있다고 말해줘야 할까? 또는 싸구려에 만족하지 않는 것에 대해선, 그들이 요구하는 것은 필요하지 않다고 해야 할까?

바꿔 말하면 우리는 젊은이를 강요하여 그 정신의 성질을 바꾸게 해야 할까? 그런 시도는 무익할 것이다. 우리는 우리에게 맡겨진 금속을 다른 것으로 변질시킬 수 있는 연금술사의 돌을 갖고 있지 않다. 우리가 할 수 있는 일은 단지 그 성질에 따라 가공을 하는 작업 이상은 불가능하다.

많은 어린이들은 수학자가 될 능력을 지니고 있지 않다. 하지만 그들에게도 수학을 가르치지 않으면 안 된다. 수학자 자신도 사실은 같은 틀로 만들어져 있지는 않다. 예를 들면 수학자는 바이어슈트라스(Weierstrass) 같은 논리가와 리만(Riemann) 같은 직관가의 두 종류의 두뇌가 있다는 것은 그들의 저서를 읽으면 즉각 구별할 수 있다. 우리 학생들에게서도 같은 차이가 있는 것이다. 어떤 사람은 이른바 '해석(解析)에 의해' 또 어떤 사람은 '기하(幾何)에 의해' 문제를 처리하려 한다.

이러한 행동양식을 변화시키려 해봤자 소용없다. 그리고 그렇게 하는 것이 과연 바람직한 일일까? 논리학자가 있었고, 직관가가 있어도 좋으며, 바이어슈트라스가 아무것도 쓰지 말았어야 했다든지, 리만이 태어나지 말았어야 했다고 감히 말하는 사람이 있으리라. 그렇다면 두뇌가 다양하다는 말에 우리는 말없이 참고 따라야 한다기보다는 오히려 이것을 기뻐해야만 하는 것이다.

이해한다는 말에는 여러 가지 뜻이 있으므로 어떤 사람들에겐 가장 이해되기 쉬운 정의도 모든 사람에게 적합한 정의라는 보장은 없다. 우리에게 어떤 이미지를 생성시키려고 애쓰는 정의들이 있는데, 그것은 말하자면, 공허한 형식의 조합에 불과하고, 추상적인 것이 모든 내용을 잠식해 버린, 완전하게 개념적인, 그러나 순수하게 개념적인 정의들이다.

예를 드는 작업이 필요한지 모르겠지만, 어쨌든 하나만 들어보기로 한다. 우선 분수의 정의가 그와 같은 경우의 극단적인 한 예를 제공한다. 초등학교에선 분수를 정의하기 위해 사과나 빵을 잘라본다. 물론 머릿속에서 자르는 것이지 실제로 자르는 것이 아니다. 나는 초등교육이 그런 예산 낭비를 허용하리라곤 생각지 않는다. 이에 반해 고등사범학교나 대학에선 "분수란 수평선에 의해 나누어진 두 개의 정수 집합이다"라고 한다. 이어 이 기호로 할 수 있는 연산을 규약에 의해 정의한다. 그런 연산의 규칙은 정수 계산과 같다는 것이 증명되었고, 마지막으로 이 규칙에 의해 분수에 분모를 곱함으로써 다시 분자를 얻는다는 것이 확인된다. 사과라든지 기타의 것을 분할한 덕분에 이미 오랫동안 분수에 익숙해지고, 그 정신은 엄격한 수학교육에 단련되어 바야흐로 순수이론적 정의를 바라게 된 청년들 앞이므로 그렇게 하는 것은 매우 적절하다. 그러나 만약 초심자에게 그런 정의를 내렸다가는 낭패를 볼 것이 뻔하다.

칭송을 받는 것이 당연하고, 아닌 게 아니라 몇 번인가 상도 받았던 힐베르트(Hilbert)의《기하학의 기초(Grundlagen der Geometrie)》라는 책에 나오는 정의 역시 그와 같다. 그 책은 처음부터 이렇게 시작한다. "점, 직선, 평면이라고 불리는 '것'들의 삼체계를 생각해 보자"고. 여기서 '것'이 무엇인지 우리는 전혀 모르며, 또 알 필요도 없다. 이것을 알려고 노력하는 것은 근심의 시작이라고도 할 수 있으리라. 우리가 알 권리가 있는 것이라고 하면 공리가 가르치는 바가 전부이다. 그 공리란 예를 들면 "서로 다른 두 점은 늘 하나의 직선을 결정한다"는 식의 것이고, 여기에 다음과 같은 주석이 붙는다. "결정한다는 말 대신에, 직선은 서로 다른 두 점을 지난다, 직선은 서로 다른 두 점을 잇는다, 또는 서로 다른 두 점은 직선 위에 있다고도 할 수 있다." 그와 같이 "직선 위에 있다"는 말이 "직선을 결정한다"는 말과 동의어로 간단히 정의된다. 이 말을 나는 매우 존중하지만 중학생에게는 추천할 수 없는 책이다. 예컨대 이것을 추천한다 해도 전혀 걱정할 것이 없다. 그들은 이 부분까지 읽고 이해할 수도 없을 테니까.

내가 든 예는 극단적인 것이고, 어떤 교사도 그렇게까지 할 생각은 꿈에도 않는다. 그러나 멀리 돌아가지 않아도 교사는 이미 같은 위험에 빠질 우려가 있다고 본다.

4학년 교실을 상상해 보자. 교사는 "원이란, 중심이라고 하는 내부의 한 점으로부터 같은 거리에 있는 평면 위 점의 궤적이다"라고 설명한다. 모범생은 공책에 이 말을 필기하고, 공부에 관심 없는 학생은 인형 얼굴을 그린다. 그러나 이해하지 못했다는 점에선 모두 똑같다. 그러면 교사는 분필을 들고 칠판에 원을 그린다. 학생은 "선생님은 왜 원이란 둥근 것이라고 진작 말하지 않았을까? 그랬더라면 이해했을 텐데" 하고 생각할 것이다. 의심할 바 없이 정당한 것은 교사이다. 학생이 내린 정의는 증명에 전혀 도움이 되지 않으며, 특히 자기가 갖고 있는 개념을 분석하는 유익한 습관을 부여할 수 없으므로 그런 정의는 어떠한 가치도 없다. 그러나 교사는 학생에게, 이해한다고 믿는 것도 사실은 그렇지 못하다는 것을 그들에게 보여주고, 그들을 지도하여 그들이 원래 가지고 있던 개념의 오류를 깨닫게 하고, 이것을 정화시켜 정확하게 하려는 욕구를 스스로 갖게 할 필요가 있다.

4

이러한 예들에 대해서는 나중에 다시 언급할 기회가 있을 것이다. 나는 다만 극심한 대조를 이루는 서로 반대되는 사고방식을 보이려 할 따름이다. 이 대조는 수학의 역사가 설명한다. 50년 전에 쓰인 책을 읽으면 거기 나오는 주장의 대부분은 엄밀함이 떨어지는 것처럼 보인다.

그 시대에는 연속함수가 서로 상쇄되지 않고는 부호를 바꿀 수 없다는 것이 용인되었다. 오늘날엔 그것을 증명한다. 보통의 계산법칙이 부진수(不盡數)에도 적용되는 경우도 용인되었지만, 오늘날에는 이 또한 증명하고 있다. 이 밖에 많은 것들, 때로는 거짓인 것들을 옛날에는 그대로 용인했던 것이다.

사람들은 직관을 믿었다. 그러나 직관은 우리에게 엄밀함을 주지는 않는다. 나아가서는 확실함조차 주지 않는다. 사람들은 이것을 차츰 깨닫기 시작했다.

직관은 예를 들면, 모든 곡선은 접선을 갖는다는 것, 바꿔 말해서 모든 연속함수는 도함수(導函數)[1]를 갖는다는 것을 우리에게 말해준다. 더구나 이것은 오류이다. 사람들이 확실성을 존중함과 동시에 직관이 활약하는 범위는 차츰 좁아져 갔다.

이러한 필연적 진화는 어떻게 이루어졌을까? 정의에 엄정함을 먼저 집어넣지 않으면 추론에서도 엄정함이 확립될 수 없다는 것이 밝혀지는 데에는 그리 오랜 시간이 걸리지 않았다.

수학자가 연구하는 대상들은 오랫동안 불완전하게 정의되고 있었다. 그 대상들을 직감이나 상상력으로 떠올려볼 수 있으므로 사람들은 그것들에 대해 알고 있다고 믿었다. 그러나 그들이 지닌 것은 단순히 얼기설기한 외형에 불과했고, 추론의 실마리가 될 수 있는 정확한 관념은 갖고 있지 않았었다.

논리학자가 자신의 노력을 바쳐야 했던 것은 이 점이었다. 무리수에 대해서도 마찬가지였다.

우리가 직관에 빚을 진 탓에 어렴풋하기만 했던 연속에 관한 관념은, 정수에 대한 복잡한 한 쌍의 부등식으로 해결되었다. 미적분학의 기초를 돌아볼 때, 우리 선조들을 두렵게 만들고 있던 그 모든 곤경은 그렇게 자취를 감춰버렸던 것이다.

오늘날 해석으로 남겨져 있는 것은 정수나 유한무한의 정수 체계가 등식과 부등식의 항목으로 서로 이어져 있다는 것뿐이다.

수학은 사람들이 말하는 것처럼 수론화되고 말았다.

5

사람들은 수학이 아무런 희생을 치르지 않고도 절대적인 정밀함에 이르렀다고 믿는 것일까? 결코 그렇지는 않다. 수학은 엄밀성에서 얻는 것이 있지만, 객관성에선 잃는 것이 있었다. 현실로부터 멀어짐에 따라 완전한 순수성을 획득한 것이다. 이전에는 장해물이 있었던 수학의 영토 안을 사람들은 이제 자유롭게 뛰어다닐 수 있지만, 그런 장해들이 완전히 사라진 것이 아니다. 다만 국

---

1) 함수 $y=f(x)$를 미분하여 얻은 함수 $f'(x)$를 말한다. 일반적으로 $f(x)$의 미계수 또는 미분계수라고도 한다.

경으로 옮겨진 것에 불과하기에, 실용 왕국으로 돌진하기 위해서 이 경계를 뛰어넘고자 한다면 이 장해를 새삼 정복하지 않으면 안 된다.

사람들은 뒤죽박죽인 요소에 의해 이루어진 어렴풋한 개념을 갖고 있었다. 그 요소의 어떤 것은 선험적이고, 다른 것은 적으나마 소화된 경험에서 온 것이었다. 사람들은 직관에 의해 그 주요한 성질을 알았다고 믿었던 것이다. 오늘날에는 선험적 요소만을 남기고 경험적 요소를 제외한다. 정의의 역할을 하는 것은 그 성질 가운데 하나이고, 다른 모든 성질은 엄밀한 추리에 의해 거기서 연역된다. 이것은 매우 바람직한 일이지만, 정의가 된 이 성질이 우리가 어렴풋한 직관적 개념을 이끌어낸 원천인, 우리가 경험에 의해 알 수 있는 현실적 대상에 속한다는 것을 증명하는 작업이 우리에겐 남아 있다. 이것을 증명하려면 경험에 호소하거나 또는 직관의 노력을 빌려야 한다. 만약 이것을 증명하지 못한다면 우리의 정리는 완전히 엄밀하기는 해도 완전하게 소용없는 것이 된다.

논리는 가끔 괴물을 낳는다. 지난 반세기 동안 한 떼의 기괴한 함수가 불쑥 나타나, 뭔가에 도움이 되는 정직한 함수들과 어떻게 하면 전혀 다른 함수가 될까 하고 애쓰는 것 같이 보였었다. 그런 함수는 더 이상 연속성을 지니지 않는다. 또는 다분히 연속성을 지녔으면서도 도함수를 지니지 않는다. 게다가 논리적 관점에서 보면 가장 일반적인 함수와는 다른 함수이고, 구한 적이 없는데도 만나게 되는 함수는 이제 특별한 경우 말고는 보이지 않는다. 그런 함수들에는 오로지 한 귀퉁이의 작은 자리만이 남겨져 있을 따름이다.

전엔 새로운 함수가 만들어지면 그것은 어떤 실용적인 목적을 이룩하기 위한 것이었다. 오늘날에는 사람들은 단지 선조의 잘못된 추론을 찾아내려고 만들어내며, 앞으로도 이것 말고는 얻을 것이 아무것도 없을 것이다.

만약 교사의 길잡이가 되는 것이 단지 논리뿐이라면 처음엔 가장 일반적인 함수, 즉 가장 기괴한 함수부터 시작해야 할 것이다. 초심자야말로 이 기형물의 수집과 악전고투하지 않으면 안 된다. 만약 그러지 않았다간 논리학자는 "여러분은 오로지 단계적으로밖에는 정밀함에 다가가지 못할 것이다"고 할 것이다.

어쩌면 그렇기도 할 것이다. 하지만 우리는 현실을 그렇게 가볍게 볼 수만은 없다. 내 말의 뜻은 단순히 감각세계의 현실만을 가리키는 것은 아니다. 그렇지만 이 감각세계의 현실이라고 해서 가치가 없는 것은 아니다. 여러분의 학생 가운데 십중팔구는 이 현실과 싸우기 위해 당신에게 무기를 달라고 요구하기 때문이다. 그런데 더욱 미묘한 현실이 있어 수학적 존재의 생명을 이루는데, 이것은 논리와는 별개의 것이다.

우리의 신체는 세포로 이루어져 있고, 세포는 원자로 이루어져 있다. 그렇다면 이 세포와 원자가 인체의 현실 전부를 이루는가? 그 세포의 배치 방식, 거기서 개체의 통일이 나오므로, 이 배치 방식 또한 하나의 현실, 나아가 흥미로운 현실이 아닐까?

코끼리를 현미경 말고 다른 방법으론 연구한 적이 없는 동식물연구가가 이 동물에 대해 충분히 안다고 믿겠는가?

수학도 마찬가지이다. 논리학자가 각각의 증명을 기본연산으로 풀었을 때, 그것이 모두 옳다 해도 그는 아직 모든 현실을 파악한 것은 아니다. 증명의 통일을 이루는 뭔지 모를 그것을 그는 완전히 놓치고 있다.

거장이 이룩한 건축을 바라볼 때, 만약 우리가 건축가의 설계를 이해하지 못한다면 석공의 결과물에 감탄한들 무슨 도움이 되겠는가? 그와 같이 전체를 조망하는 능력은 순수이론으론 길러지지 않는다. 이것은 직관에서 찾아야 한다.

연속함수의 개념을 예로 들어보자. 처음에 이것은 칠판 위에 분필로 그린 선의 감각적 상에 불과했다. 이 상은 조금씩 순화되고, 이것을 써서 최초의 상 전체의 특질을 재현하여 복잡한 부등식들을 만들어낸다. 모든 것이 준공되자, 마치 돔 천장을 건축한 뒤처럼 사람들은 '발판을 없애버렸다'. 이제 쓸모가 없어진 지지대, 즉 그가 만든 조잡한 표상은 사라지고, 논리학자의 시각으로 볼 때 결점이 없는 건축물만이 남는다. 더구나 교사가 최초의 상으로 돌아가서 잠깐이라도 발판을 재건해 보이지 않는다면, 학생들은 그런 모든 부등식이 어떤 변화로 그렇게 겹쳐서 조직되는지를 과연 추측이나 하겠는가? 정의는 논리적으로는 옳다. 하지만 학생에게 진짜 사실을 보여주지는 않을 것이다.

우리는 다시 뒤로 돌아가지 않으면 안 된다. 스스로를 완전하게 만족시킬 수 없음을 가르치기란 교사로선 힘든 일이다. 그러나 교사의 만족만이 교육의 유일한 목적은 아니다. 우선 학생의 정신상태가 어떤지, 또는 그것이 어떻게 되는 것이 바람직한지에 대해 깊이 생각해야만 한다.

동물학자에 따르면 동물 태아의 발달은 지질학적 시대에 있었던 그들 조상의 역사를 매우 짧은 시간에 되풀이한다고 한다. 정신의 발달에 대해서도 똑같이 말할 수 있을 것 같다. 교육자는 아동으로 하여금 선조들이 지나온 자취를 한층 빠르고도, 단계를 무너뜨리지 않으면서 다시 통과하게 해야 한다. 그러므로 우리는 과학의 역사를 첫 번째 지침으로 삼지 않으면 안 되는 것이다.

우리 선조들은 분수가 무엇인지, 또는 연속성이 뭔지, 곡면적이 무엇인지를 안다고 믿었었다. 사실은 그들이 몰랐음을 확인한 것은 우리다. 마찬가지로 우리의 학생도 수학을 진지하게 연구하기 시작할 때, 그것을 안다고 믿는다. 만약 아무런 준비 없이 그들에게, "아니, 너희는 그걸 몰라. 너희가 안다고 믿는 것을 너희는 사실 이해하고 있지 않아. 너희에게 또렷하게 보이는 것을 내가 증명해줘야겠다"라고 말하고, 그들에겐 결론보다 덜 명백해 보이는 전제를 바탕으로 증명을 해나간다면 그 불행한 아이들은 어떻게 생각할까? 그들은 수학이란 쓸데없이 치밀함을 강요한다고 여길 것이다. 그들은 수학을 싫어하게 되거나, 그게 아니면 경기를 즐기듯이 그것을 즐긴 나머지 그리스 궤변론자들의 정신과 비슷한 정신상태가 되기에 이를 것이다.

이에 반해 뒷날에 이르러서 학생의 정신상태가 수학적 추리에 익숙하고, 오랫동안 친숙해진 결과로 숙달되게 되면, 의문이 저절로 생겨날 것이고, 그때 비로소 여러분의 증명은 환영받기에 이를 것이다. 이 증명은 또한 새로운 의문을 낳고, 마치 우리의 선조에게 속속 문제가 발생했던 것과 마찬가지로, 그들에게도 평소 생각했던 문제가 앞다투어 일어날 것이다. 그리하여 그들은 마침내 완전한 정밀함을 얻지 않으면 만족하지 않게 될 것이다. 모든 것을 의심하는 것만으론 부족하다. 왜 의심스러운지를 아는 것이 필요하다.

8

수학자의 주된 목적은 어떤 정신능력을 발달시키기 위해서이며, 그중에서도 직관력은 결코 가볍게 보아선 안 된다. 수학의 세계가 현실세계와 접촉을 유지하는 것도 이에 따른 것이며, 순수 수학은 이것 없이 넘어갈 수 있다 해도, 상징과 현실을 구분하는 간극을 메우기 위해선 반드시 이것에 의존해야 한다. 실제적인 사람은 늘 이것을 필요로 하며, 더구나 순수 수학자 한 사람에 대해선 실천가가 100명쯤은 있어야 한다.

기술자는 완전한 수학교육을 받아야 하겠지만, 과연 그가 어떤 것을 할 때 수학교육이 도움이 될까? 사물의 갖가지 상(相)을 보기 위해, 또 그런 상을 재빠르게 보기 위해서이다. 그는 보잘것없는 것을 캐고 따질 여유가 없어서이다. 기술자는 그의 앞에 등장하는 복잡한 물질적 대상 속에서 우리가 그의 손에 쥐어준 수학의 도구들을 자유자재로 다룰 수 있는 지점을 재빠르게 찾아내야 한다. 만약 우리가 논리학자에 의해 벌어진 이 도구와 대상 사이의 깊은 골짜기를 그대로 둔다면 기술자는 과연 이것을 어떻게 찾아낼까?

9

장차 기술자가 될 사람 말고도, 그 수는 한층 적겠지만 교사가 될 학생이 있다. 그런 학생은 철저한 교육을 받아야 한다. 근본원리를 깊이, 그리고 정밀하게 아는 것은 그들의 선결요건이다. 그러나 이것은 그들이 직관력을 기르지 않아도 된다는 이유가 되지는 않는다. 왜냐하면 만약 그들이 수학을 그 한 면만으로 보는 데 그친다면 그들은 그것에 관해 잘못된 생각을 갖게 되어 자신이 지니지 않은 직관력을 학생에게 길러줄 수가 없기 때문이다.

순수 수학자에게도 이 능력은 필요하다. 증명하는 것은 논리를 하는 것이지만 발견하는 것은 직관으로 하는 것이다. 비판할 줄 아는 것은 좋다. 그러나 창조할 줄 아는 것은 더욱 좋다. 하나의 조합이 옳은지 그른지를 선택하는 방법을 모르면 어떻게 되겠는가! 논리는 "이러이러한 길을 가면 분명 장해에 부딪힐 우려는 없다"고 우리에게 가르치지만, 목적에 이르는 길이 무엇인지는 가르치지 않는다. 목적에 이르려면 목적을 멀리서 보아야 한다. 그리고 보는 방법을 가르치는 능력은 곧 직관이다. 이것이 없는 수학자는 문법에는 통달했지만 쓸

사상이 없는 저술가와 같다. 그런데 이 직관이 나타나자마자 쫓아내버리고, 거기서 이익을 이끌어내는 방법을 알기도 전에 이것을 무시하도록 배운다면 이 능력이 어떻게 발달하겠는가!

여기서 쓰기과제의 중요성에 대해 한마디 하고자 한다. 논술식 답안은 어떤 종류의 시험, 예를 들면 이공계 학교에서는 충분하다고 할 정도로는 중시되고 있지 않다. 이런 과제를 내면 그 과정을 매우 잘 알고, 잘 이해하고, 더구나 응용할 줄도 아는 매우 능력 있는 학생의 길을 막는다고들 한다. 그러나 방금 말한 것처럼 이해한다는 말에는 몇 가지 뜻이 있다. 그런 학생의 이해는 단지 첫 번째 의미에서일 뿐이며, 기술자가 되거나 수학자가 되기엔 그것으론 충분하지 않다는 것은 위에서 살펴본 바와 같다. 어차피 선택해야 한다면 완전하게 이해한 사람의 선택방법이 옳다고 본다.

10

그러나 올바르게 추리하는 기술 역시 수학교사가 반드시 함양해야 하는 중요한 능력이다. 나는 이것을 빼놓을 생각은 추호도 없다. 처음부터 이것이 고려되어야 한다. 나는 기하학이 정체 모를 저급한 측량술로 타락하는 것을 슬퍼하며, 독일의 몇몇 초등학교 교사(Oberlehrer)의 극단적 주장에 결코 찬성하지 않는다. 그러나 수학에도 앞에서 언급했던 장애들이 나타나지 않는 여러 부분에서는 학생들에게 올바른 추론을 연습시킬 기회가 얼마든지 있다. 일련의 긴 정리에는 첫눈에도, 말하자면 완전히 당연해 보일 정도의 절대적 논리가 깔려 있으며, 거기서 초대 수학자는 우리가 영원토록 본뜨고 찬미해야 할 모형을 제시하는 것이다.

기초원리를 말할 때는 지나친 정교함과 치밀함은 피해야 한다. 그렇게 하면 학생의 흥미를 떨어뜨릴 뿐만 아니라 아무 효과도 없다. 모든 증명이 불가능하다면 모든 것을 정의할 수도 없다. 늘 직관력에 기댈 필요가 있다. 직관에서 얻은 전제들을 올바르게 써서 제대로 추론하는 방법을 배우기만 한다면, 직관력을 좀 일찍 쓰건, 나중에 쓰건, 아니면 조금 덜 쓰건, 더 쓰건, 그것은 아무래도 좋다.

서로 어긋나는 많은 조건을 만족시킬 수 있을까? 특히 정의에 관한 것일 때, 이것이 가능할까? 논리의 준엄한 법칙도, 수학 전체에서의 새로운 개념의 위치를 이해하려 하는 우리의 바람도, 구체적으로 사고하려는 우리의 요구 같은 모든 것을 동시에 만족하는 간결한 표현을 과연 어떻게 찾아낼 수 있을까? 많은 경우 그러한 표현은 발견되지 않는다. 정의만을 말해선 충분하지 않은 것도 이 때문이다. 그것을 준비하고, 정당성을 밝히지 않으면 안 된다.

이것은 무슨 의미일까? 정의는 정의되는 대상의 존재를 주장한다. 그러므로 다들 모든 정의는 공리를 포함한다고 말하는데 여러분은 이것을 납득할 것이다. 따라서 정의는 그 용어에서나, 먼저 승인한 진리와 비교했을 때나, 모순되지 않는다는 것이 '증명'되지 않고는, 순이론적 관점에서 정당한 것으로 인정받지 못한다.

그러나 그것만으론 충분하지 않다. 정의는 규약 같은 형태로 기술되는데, 만약 이것을 '임의의' 규약처럼 강제하려 하면 대다수의 사람들은 이것에 반항할 것이다. 여러분이 수많은 질문에 대답한 뒤에야 그들은 비로소 납득할 것이다.

다만 많은 경우에 수학상의 정의는 리아르(Liard) 씨가 보인 것처럼 모두 단순한 개념으로 구성되어 있다. 그러나 달리 수천 가지 조합이 가능한데도 이 요소들이 특히 그런 방식으로 결합한 까닭은 무엇일까? 그것은 변덕에 기인한 것일까? 그렇다면 그 조합이 다른 모든 조합보다 존재의 권리가 월등한 이유는 뭘까? 이것은 어떤 필요에 따른 것일까? 어떻게 수학의 발달에 있어서 그것이 중요한 역할을 하게 되리라는 것이, 또 그것으로 우리의 추리와 계산이 단축되리라는 것이 예상되었을까? 자연에는 어떤 친근한 대상이, 말하자면 애매하고 대략적인 이미지가 있는 것일까?

그뿐만이 아니다. 만약 여러분이 이상의 모든 질문에 만족스러운 대답을 한다면, 우리는 이 신생아가 명명식을 받을 권리가 있다고 인정하겠지만, 이름의 선택 역시 임의는 아니다. 어떤 유추에 의해 유도되었는가 하는 것과, 또는 다른 것들에 비슷한 이름을 부여했을 경우에도 그것들이 내용만 다를 뿐 형식은 비슷하다는 것, 즉 성질이 서로 비슷하고, 말하자면 동시성이 있다는 것을 설명해야만 한다.

모든 경향을 만족시키려면 이상과 같은 노력을 해야만 한다. 정의를 진술한 것이 논리학자를 기쁘게 하기에 충분할 정도로 옳다면, 증명은 직관을 만족시킬 것이다. 그러나 그보다 더 좋은 방법이 있다. 되도록 진술보다 먼저 증명을 기술하며 진술을 준비하고, 몇 가지 특수한 예를 연구함으로써 일반적인 진실을 유도하는 것이다.

한마디 더 하겠다. 정의를 진술한 각 부분은 정의해야 할 대상과, 이것과 가까운 다른 대상들과의 구별이 목적이다. 정의는 정의되는 대상뿐만 아니라 이것과 구별해야 할 가까운 대상을 제시했을 때, 그 차이를 파악할 수 있게 하고, 정의를 진술하기에 즈음하여 이러이러하게 말한 것은 그 때문이라고 덧붙여 밝혔을 때, 비로소 이해되는 것이다.

그러나 이제 일반론과 작별하고 내가 지금까지 썼던 약간은 추상적인 원리가 산술, 기하, 해석, 역학에 어떻게 응용되는지를 점검할 때가 왔다.

12

산술

정수는 정의를 필요로 하지 않는다. 대신에 정수의 연산에 통상 정의가 부여된다. 학생은 이 정의를 암기하고 이것에 어떠한 의미도 부여하지 않는 것 같다. 여기엔 두 가지 이유가 있다. 학생이 아직 그것에 대해 어떤 욕구도 느끼지 않은 시기에 너무나 일찍 이 연산을 배우게 했기 때문이다. 또한 논리적 관점에서 보아도 이 정의는 만족스러운 것이 아니기 때문이다. 덧셈에는 훌륭한 정의란 발견되지 않을 것이다. 단순히 우리는 어딘가에서 멈춰 서지 않으면 안 되고, 모든 것을 정의하기란 불가능하기 때문이다. 덧셈이란 더하는 것이다, 라는 말은 덧셈을 정의하는 것이 아니다. 우리가 할 수 있는 일이라곤, 몇 가지 구체적인 예를 보여준 다음, 우리가 방금 한 연산을 덧셈이라 한다고 말하는 것 말고는 없다.

뺄셈에 대해선 사정이 다르다. 즉 덧셈의 역연산으로서 논리적으로 정의할 수 있는 것이다. 그러나 그렇게 시작해야만 할까? 이 경우도 역시 예에서 시작하여, 그 예에 의해 두 연산이 서로 역임을 나타내야만 한다. 정의는 그렇게 준비되고 근거부여가 되는 것이다.

곱셈에 대해서도 역시 같은 말을 할 수 있다. 특수한 하나의 문제를 들어서 이 문제는 서로 같은 개수의 수를 더함으로써 풀 수가 있음을 보인다. 이어 곱셈을 이용하면 결과에 더 빠르게 이른다는 것을 일깨운다. 이 연산 방법을 학생은 습관에 의해 이미 알고 있으며, 논리적 정의는 여기서 매우 자연스럽게 도출되어 나온다.

나눗셈은 곱셈의 역으로 정의한다. 그러나 분할의 개념부터 먼저 예를 들고, 거기서 곱셈에 의해 다시 나뉘는 수가 나온다는 것을 보여야 한다.

남는 것은 분수의 연산인데 어려움을 수반하는 것은 곱셈의 경우뿐이다. 가장 좋은 방법은 맨 먼저 비례의 이론을 설명하는 것이다. 논리적 정의는 오직 여기서만 도출된다. 그러나 그 이론의 초기에 마주치는 정의를 얻게 하려면 과거의 비례 문제에서 많은 예를 들고, 그 안에 분수의 재료를 넣도록 주의 깊게 준비해두어야 한다. 또는 학생이 이미 기하학을 배웠다면 그 기억에 호소한다든지, 또는 배우지 않았다면 직관에 직접 도움을 청함으로써―이것이야말로 장차 기하학을 배우는 준비가 된다―기하학적 도형에 의해 비례의 개념에 익숙해지게 하는 작업을 두려워해선 안 된다. 마지막으로 덧붙여둘 점은 분수의 곱셈을 정의한 뒤에는 곱셈은 교환, 결합, 배분법칙에 따른다는 것을 증명하고, 이 검증을 하는 까닭은 정의가 정당하다는 것을 보이기 위해서임을 알게 하여 정의를 내린 근거를 증명해야 한다는 것이다.

이런 모든 것들 속에 기하학적 도형이 어떠한 역할을 하는지 보았다. 이 역할은 철학의 측면이나, 수학의 역사에서 보아도 아주 당연한 근거를 갖는다. 만약 산술이 기하학과 전혀 섞이지 않고 순수한 채로 있다면 산술은 정수만을 아는데 그쳤을 것이다. 다른 것을 발명한 것은 기하학의 필요에 적합하게 하기 위해서였다.

기하학

기하학에선 맨 먼저 직선의 개념과 만난다. 직선은 정의할 수 있을까? 두 점을 잇는 가장 짧은 거리라는 잘 알려진 정의는 나를 거의 만족시키지 못한다. 나는 우선 자부터 들고 그 자가 정확한지부터 점검하도록 학생에게 가르치겠다. 이러한 검증이야말로 직선의 참된 정의이다. 직선이란 회전축이다. 다음엔 자를 미끄러뜨림으로써 이것의 검증을 보이고, 그리하여 직선의 가장 중요한 성질의 하나를 얻을 수 있다. 두 점을 잇는 최단거리라는 성질에 이르면 이것은 명확한 증명을 할 수 있는 정리지만, 그 증명은 중등교육에서 시도하기엔 지나치게 복잡하다. 미리 검증해 둔 자는 팽팽한 실과 맞는다는 것을 보이는 것이 좋다. 이와 비슷한 곤경에 처했을 때는 간단한 실험으로 해명을 하여, 공리의 숫자가 증가하는 것을 두려워해선 안 된다.

그러한 공리는 어떤 것이든 허용해야 하며, 또한 엄밀히 말해서 필요 이상으로 많은 공리를 인정한다 해도 그리 큰 해는 없다. 중요한 것은 일단 허용한 공리로 정확한 추리를 하는 방법을 배우는 것이다. 똑같은 작업을 되풀이하기 좋아했던, 아저씨란 예명의 사르시(Sarcey)[2]는 "극장에서 관객은 맨 처음 주어지는 모든 가정(假定)을 기꺼이 납득하지만, 일단 막이 오르고 나면 논리 위에서 한 발짝도 물러서지 않는다"고 몇 번이나 술회한다. 수학도 마찬가지이다.

원에 대해선 컴퍼스부터 시작한다. 학생은 그려진 선을 한눈에 알아볼 것이다. 컴퍼스의 다리 사이 거리는 불변이라는 것, 한쪽 끝은 고정되고 다른 쪽은 이동한다는 것을 주목케 하고, 그리하여 자연스럽게 논리적 정의에 이르는 것이다.

평면의 정의는 하나의 공리를 포함하는데, 이것을 모호하게 해선 곤란하다. 제도판에 대고 자를 이동시켜도, 또 3개의 자유도(自由度)를 잃지 않고 이동해도 자는 늘 판에 딱 붙어 떨어지지 않음을 주의시킨다. 원기둥이나 원뿔과 같이 직선을 얹기 위해서는 두 개의 자유도밖엔 허용할 수 없는 면과 비교한다. 이어 3개의 제도판을 갖고 우선 서로 겹친 채로 3개의 자유도 아래 미끄러뜨릴 수 있음을 보인다. 마지막으로 평면과 구면을 구별하기 위해 제3의 판에 겹칠 수 있는 두 개의 판은 서로 겹쳐짐을 보인다.

여러분은 아마도 이동하는 기구를 그처럼 끊임없이 쓰는 데 놀랄 것이다. 그러나 그때 기법도 없이 아무렇게나 하는 것이 아니다. 생각보다 철학적이다. 기하학은 철학자에겐 무엇일까? 그것은 한 그룹의 연구이다. 어떤 그룹일까? 고

---

2) 19세기 프랑스의 연극비평가.

체의 운동이다. 그렇다면 어떤 고체 물질들을 움직이지 않은 채로, 그 그룹을 어떻게 정의할 것인가?

우리는 기존의 정의를 고수하여 평행선을 '같은 평면상에서 아무리 연장해도 서로 만나지 않는 두 직선'이라고 해야 할까? 나는 아니라고 대답하겠다. 우선 그런 정의는 소극적이고, 경험에 의해 검정할 수 없으며, 따라서 직관의 직접 조건으로 간주할 수 없다. 또한 이것은 특히 그룹의 개념, 또는 내가 앞에서 말한 것처럼 기하학의 진정한 근원인 고체운동의 고찰과는 전혀 관계가 없기 때문이다. 우선 불변인 도형의 직선적 평행이동을 도형 위의 모든 점이 직선적 궤도를 갖는 운동으로 정의하고, 직각자를 자를 따라 미끄러뜨려 그러한 평행이동이 가능함을 보이는 것이 낫지 않을까? 이 실험적 검증을 공리로 설정하면, 여기서 평행의 개념 및 유클리드공준도 이끌어내기가 쉽다.

역학(力學)

속도 또는 가속도와 기타 운동학적 개념으로 돌아갈 필요는 없을 것 같다. 이것들은 도함수의 개념과 잇는 것이 현명한 방책이다.

이에 반해 힘과 질량의 동력학적 개념에 대해서는 잠깐 언급할까 한다.

마음에 걸리는 것이 하나 있다. 그것은 중등교육을 받은 청년들이, 그들이 배운 역학 법칙을 실제세계에 응용하기엔 너무나 멀리 떨어져 있다는 점이다. 이것은 단순히 그들이 응용할 능력이 없어서가 아니다. 그것을 생각조차 하지 않는 것이다. 그들에게 과학의 세계와 현실세계는 물 샐 틈도 없을 정도로 단단한 벽으로 가로막혀 있다. 십중팔구 학식도 있고 훌륭하게 차려입은 신사가 마차 안에 앉아, 작용 반작용의 원리에는 개의치 않고, 몸을 앞으로 내밀면서 자기가 마차가 앞으로 가는 것을 돕고 있다고 생각하는 것을 흔하게 볼 수 있다.

만약 학생의 정신상태를 분석한다면 위의 경우처럼 놀랄 정도는 아닐 것이다. 그들에게 힘의 참된 정의는 무엇일까? 나는 그들이 외우는 정의를 가리키는 것이 아니다. 그들의 오감 한 켠에 숨어서 거기서 오감 전체를 지휘하는 정의를 가리키는 것이다. 그 정의는 다음과 같다. 즉 힘은 우리가 그것을 이용하여 평행사변형을 만드는 화살표이다. 이 화살표는 상상 속의 존재로서 자연계에 존재하는 것과는 전혀 무관하다. 만약 그들에게 힘을 화살표로 나타내주기 전에 현실계의 힘을 바로 보여줬다면 그런 결과에 이르지 못했을 것이다.

힘을 어떻게 정의해야 할까? 논리적 정의에 마땅한 것이 없음은 다른 곳에서 충분히 보였다고 생각한다. 의인법적인 정의가 있는데, 곧 근육 노력의 감각이라고 할 수 있다. 하지만 이것은 너무나 뭉뚱그려진 표현이므로 거기서는 유용한 것을 전혀 이끌어낼 수가 없다.

나아가야 할 길은 다음과 같다. 우선 힘의 종류를 알게 하기 위해선 이것에 속하는 모든 종류를 계속해서 내놓아야 한다. 그 수는 매우 많고 또 다양하다. 유체(流體)가 그것을 담은 그릇의 벽에 미치는 압력도 있지만, 실의 장력, 용수철의 탄력, 물체의 모든 분자에 미치는 중력, 마찰력, 접촉한 두 개체 사이의 작용 반작용도 있다.

이상은 성질적 정의에 불과하다. 힘을 재는 방법을 배우지 않으면 안 된다. 그러려면 우선 평형을 깨뜨리지 않으면서 하나의 힘을 다른 힘으로 치환할 수 있음을 보여준다. 이 치환의 첫 번째 예는 천칭 및 보르다(Borda)의 이중저울에서 볼 수 있다. 이어 중량을 다른 중량으로 치환할 수 있을 뿐만 아니라 성질이 다른 힘으로 치환할 수 있음을 보여준다. 예를 들면 프로니(Prony)의 제동기는 중량을 마찰로 바꿀 수 있다.

이상의 모든 것에서 두 힘의 등가 개념이 탄생한다.

힘의 방향을 정의하지 않으면 안 된다. 만약 힘 F가 팽팽한 실에 의해 지금 생각하고 있는 물체에 가해진 다른 힘 F′와 값이 같고, F를 F′로 대신해도 전혀 평형이 깨지지 않는다면, 실이 부착된 점을 힘 F의 작용점, 또는 등가의 힘 F의 작용점이라 정의한다. 실의 방향은 힘 F′ 또는 등가의 힘 F의 방향이다.

이제 힘의 크기를 비교하는 것으로 옮겨가자. 만약 하나의 힘이 같은 방향의 두 힘으로 치환될 수 있다면 그 힘은 그것의 합과 같다. 이를테면 20그램의 추는 10그램의 추 두 개로 치환될 수 있음을 보여준다.

이러면 충분할까? 아직 충분하지 않다. 이제 우리는 같은 방향과 동일한 작용점을 갖는 두 힘의 세기를 비교하는 방법을 알지만, 방향이 다를 때도 비교하는 방법을 배워야 한다. 그러기 위해, 톱니바퀴를 통과하여 추에 의해 팽팽히 당겨져 있는 실을 상상해 보자. 이때 우리는 실 두 가닥의 장력은 같으며,

이것은 추의 장력과 같다고 말할 수 있다.

그리하여 우리는 정의를 얻었다. 이로써 우리가 가진 실 두 가닥의 장력을 비교하고, 앞에서 말한 정의를 이용하여 이 두 가닥의 실과 방향이 같은 임의의 두 힘을 비교할 수 있게 되었다. 실의 끝부분의 장력은 같은 추에 대해서는 톱니바퀴의 수나 배치가 어떠하든 동일함을 보이고, 이것이 모두 정당한 까닭을 밝혀야 한다. 또한 톱니바퀴에 마찰이 있다면 이상의 일들은 일어날 수 없음을 보여 정의를 보충해야 한다.

이러한 정의를 일단 획득한 뒤에는 작용점과 방향, 세기가 힘을 결정하기에 충분하다는 것, 이 3요소가 동일한 두 개의 힘은 값이 '항상' 같고, 평형에 있어서나 운동, 또는 어떠한 힘이 가해져도 '언제나' 서로 교환이 가능하다는 것을 보여야 한다.

같은 점을 지나는 두 개의 힘은 늘 단 하나의 힘으로 치환될 수 있다는 것, 그리고 물체가 멈춰 있거나 운동하거나, 또는 그것에 어떤 다른 힘이 작용해도 '그 합력은 동일하게 얻어진다'는 것을 보이지 않으면 안 된다.

마지막으로 우리가 정의한 그런 힘은, 작용과 반작용의 힘은 같다는 원리를 만족시킨다는 것을 보여야 한다.

이 모든 것들을 우리에게 가르치는 것은 실험뿐이다.

학생이 평소 경험하지 못하고서 수행하는 몇 가지 흔한 실험을 인용하여 그들 앞에 두세 가지 간단한 실험을 골라 해보면 충분할 것이다.

사람이 힘을 화살표로 표상할 수 있음은 이러한 우회로를 모두 지나온 뒤의 일이고, 또 나는 추론의 발전에 따라 가끔은 기호에서 현실로 돌아오기를 바란다. 예를 들어 힘의 평행사변형을 설명하려고 할 때에는, 3개의 실을 톱니바퀴에 걸고 추를 달아 팽팽하게 한 다음, 동일점을 잡아당기게 해서 평형을 이루게 한 장치로 어렵지 않게 할 수 있을 것이다.

힘을 알면 질량을 정의하기가 쉽다. 이때는 정의를 동력학에서 빌려야 한다. 이루어야 할 목적이 질량과 중량의 구별의 이해에 있으므로 달리 방법은 없다. 여기서도 또한 정의는 실험에 의해 준비되어야만 한다. 실제질량이 무엇인지를 보이기 위해 만들어진 것처럼 보이는 기계가 있다. 그것은 애트우드(Attwood)의 기계이다. 특히 중력가속도는 무거운 것이나 가벼운 것 모두에 동일하며, 위도와 함께 변하는 등 떨어지는 물체의 법칙에 주의를 환기해야 한다.

방금 말한 그런 모든 방법이 훨씬 전부터 중등학교에서 쓰였다면 나는 놀라기보단 차라리 기뻤을 것이다. 나는 우리나라 수학교육이 전체적으로 괜찮다는 것을 안다. 나는 그것이 뒤집어지기를 바라지는 않는다. 그렇게 되면 오히려 슬퍼할 것이다. 내가 바라는 것은 천천히 이뤄지면서 진보적인 개량뿐이다. 교육으로 하여금 일시적인 유행의 변덕스러운 돌풍에 의한 돌발적인 진동을 받게 해선 안 된다. 그런 폭풍 속에 있으면 이 높은 교육적 가치는 순식간에 가라앉을 것이다. 견실하고 훌륭한 논리는 끊임없이 그 기초를 이루지 않으면 안 된다. 예에 따른 정의는 늘 필요하지만, 그것은 논리적 정의의 준비이며, 그것을 대신해선 안 된다. 적어도 그런 정의는 참된 논리적 정의가 보다 높은 교육정도에 비로소 유효한 경우에만, 학생으로 하여금 논리적 정의를 원하도록 만드는 것이 되어야 한다.

지금 말한 것이 내가 다른 곳에 쓴 글의 폐기를 뜻하지 않는다는 것을 여러분이 잘 알아줄 것이라고 생각한다. 내가 오늘 주창하는 몇 가지 정의를 비판할 기회가 지금까지 몇 번인가 있었다. 그 비판은 모두 그대로 옳다. 그런 정의는 일시적인 것이어선 안 된다. 더구나 그런 비판이야말로 반드시 한 번은 통과해야 하는 곳이다.

3 수학과 논리

서론

수학이 특유의 원리에 호소하지 않고 논리만으로 환원할 수가 있을까? 어떤 사람들은 넘치는 열의와 신념으로 그것이 가능함을 증명하려 노력한다. 그들은 독특한 언어를 갖는데 그 언어에는 말의 마디나 구절이 없고 단지 기호만 있다. 이 언어는 그 길에 이른 사람이 아니면 이해하지 못하므로 문외한은 자칫 그들의 날카로운 주장 아래서 고개를 숙이게 될 것이다. 이 주장이 그토록 맹렬한 기세로 들이대는 이유가 있는지 없는지 자세히 검토해 보는 것도 그렇게 무익하지는 않으리라 생각한다.

그러나 문제의 성질을 제대로 이해하려면 역사적 세부항목에 걸쳐서, 특히 칸토어가 했던 작업의 특질을 돌아볼 필요가 있다.

무한이라는 개념이 수학에 들어온 것은 이미 오래전의 일인데, 그 무한이란 말은 철학자에 의해 '생성'이라고 불리던 것이었다. 수학적 무한이란 모든 한계를 뛰어넘어 증대할 가능성을 지니는 양(量)이란 것에 불과했다. 즉 모든 한계를 '초월한'이 아니라, 단지 '초월하려는' 존재라고밖에는 말할 수 없는, 어떤 변량(變量)을 가리킨 것이었다.

칸토어는 수학에 '실무한(實無限)', 다시 말하면 모든 한계를 뛰어넘으려는 가능성이 있을 뿐만 아니라 실제로 그것을 뛰어넘었다고 간주되는 양을 도입하려 했다. 그는 다음과 같은 문제를 생각해보았다. "공간에 존재하는 점의 수는 정수 전체보다 많을까? 평면상의 점의 수보다 공간 속의 점이 많을까?" 등과 같은 문제를 설정해 보았던 것이다.

그리하여 정수의 수, 공간의 점의 수 등은, 이른바 '초한기수(超限基數)'라 일컫는 것, 즉 보통의 어떤 기수보다 큰 기수를 만든다. 칸토어는 다시 이 초한기수의 상호 비교에 관심을 갖고, 또 무한히 많은 요소를 포함하는 집합의 요소를 적당한 순서로 배열하고, 이른바 초한서수(超限序數)라는 것도 생각했는데, 나는 이것에 대해선 많은 말을 하지 않겠다.

많은 수학자가 칸토어의 뒤를 좇아 같은 종류에 속하는 일련의 문제를 생각했다. 그들은 초한수를 연구한 끝에 마침내 유한수의 이론도 칸토어의 기수이론에 종속시키기에 이른다. 그들은 수론을 논리적으로 제대로 가르치려면 우선 초한기수의 일반성질을 확립한 다음에 그중 하나의 소그룹으로서 보통의 정수를 구별하여 논해야 한다고 보았다. 그러한 우회에 의해 이 소그룹에 속하는 모든 명제를 (다시 말하면 우리의 수론 및 대수학 전체를) 논리 이외에 이것과 무관한 어떠한 원리도 쓰지 않고, 증명할 수가 있다는 것이다.

이 방법이 모든 정상적인 심리에 어긋난 방법임은 자명하다. 인간의 정신은 수학을 건설할 때, 분명 그와 같은 과정을 거쳐 오지는 않았다. 그러므로 나는 그런 사람들도 중등교육에 이것을 도입하고 싶어하지는 않으리라고 생각한다. 그러나 이 방법은 어쨌거나 논리적일까, 아니 보다 알맞은 표현을 쓴다면 과연 이 방법은 올바를까? 의문의 여지가 남는다.

그럼에도 이 방법을 채용하는 수학자는 엄청나게 많다. 그들은 공식을 겹겹이 쌓아놓은 논문을 써놓고는 그로써 순수이론만을 대하게 되었다고 믿는다. 그런 논문에는 보통 수학책들에서처럼 공식이 설명적인 견해들과 번갈아가며 씌어 있는 것을 찾아볼 수가 없고, 설명 속에서 완전히 사라져 있다.

그들은 불행하게도 모순된 결과에 이르고 말았다. 이것이 이른바 '칸토어의 이율배반'인데, 이것에 대해선 나중에 다시 언급할 기회가 있을 것이다. 그들은 이 모순에도 좌절하지 않고, 이미 나타나기 시작한 모순을 없애기 위해 그들의 규칙에 수정을 가하는 데 힘썼다. 더구나 다른 모순이 새롭게 나타나지는 않으리라는 보장도 그들에겐 전혀 없었다.

이제 그러한 과장된 논설에 대해 결단을 내릴 때가 왔다. 나는 그들을 설복시키기를 바라지 않는데, 그들은 그런 분위기 속에서 너무 오랫동안 살아왔기 때문이다. 또 그들의 증명 하나를 깨뜨리면 그 증명은 보잘것없는 변경만을 추가한 뒤 틀림없이 다시 살아날 것이고, 그런 증명 가운데 어떤 것은 이미 몇 번인가 죽었다가 되살아난 것도 있을 정도이다. 마치 머리가 여럿 달렸는데 목을 자르면 머리가 다시 살아난다는 신화의 유명한 괴물 히드라와 같다. 헤라클레스에게는 그 히드라의 머리가 9개에서 많아봐야 11개뿐이었으므로 잘라낼 수 있었지만 지금의 경우엔 머리의 숫자가 너무나 많다. 영국에도, 독일에도, 이탈리아, 프랑스에도 차고 넘쳐서 제아무리 힘센 헤라클레스라도 포기할 게 틀림없다. 그러므로 나는 단지 공평한 관점에 서 있는, 밝은 지혜를 가진 사람에게만 옳고 그름을 호소하기로 하겠다.

1

수학적 추리에서 논리적 요소를 해방시켜 이것을 분리할 목적으로 순수 수학 및 수리철학에 관한 저술이 지난 몇 년 동안 다수 발표되었다. 쿠튀라 (Couturat) 씨는 《수학의 원리(Les Principes des Mathématiques)》라는 제목의 책에서 이러한 저서들을 분석하고 이것에 명쾌한 설명을 붙이고 있다.

그에 따르면 최근의 이러한 저서들, 특히 러셀과 페아노(Peano) 두 사람의 글은 라이프니츠와 칸트 사이에 꽤 오랫동안 불붙었던 논쟁에 결정적인 해결을 제시했다고 한다. 그들은 '선험적' 종합판단(칸트는 분석적으로 증명할 수 없으며, 자동률로 돌아갈 수도 없고, 또 경험적으로 확립할 수도 없는 판단을 이렇게 이름 붙였다)이란 것은 존재하지 않음을 보였다. 수학은 완전하게 논리로 환원되고, 직관에 맡길 여지가 전혀 없음을 주장했다고 한다.

결정적인 이 선언에 우리는 탄복할 수 있을 것인가! 나는 그렇게 믿지 않는다. 다음에서 그 이유를 언급하고자 한다.

2

새로운 수학에서 우리가 맨 처음 받는 인상은 순형식적 특징이다. 힐베르트는 말한다. "점, 직선 및 평면이라는 세 가지의 '것들'을 생각한다. 하나의 직선은 두 점에 의해 결정된다고 약속한다. 또 그 직선이 두 점에 의해 결정되는 대신에 그 직선은 두 점을 지난다, 또는 그 두 점은 그 직선 위에 있다고 해도 된다고 약속한다." 여기서 말하는 '것들'이란 무엇인지, 그것에 대해서 우리는 전혀 아는 바가 없을 뿐만 아니라, 또 그것을 알려고 시도해서도 안 된다. 우리에겐 그럴 필요가 없다. 점, 직선, 평면 어느 한 가지도 과거에 본 적이 없는 사람도 기하학을 연구할 수 있는 우리와 전혀 다를 바가 없다. '~을 지난다', '~의 위에 있다'는 따위의 말로써 우리는 어떠한 상도 떠올려선 안 된다. '~을 지난다'는 단순히 '결정된다'의 동의어이며, '~의 위에 있다'란 '결정한다'의 동의어에 불과한 것이다.

그런 식으로 하나의 정리를 증명하려면 그 정리가 무엇을 뜻하는지를 아는 것은 필요하지도 않거니와 또 전혀 소용이 없게 되었다. 이것은 잘 이해해 둘 필요가 있다. 스탠리 제본스가 고찰했던 '추리 피아노'를 통해 수학자를 대신하여 생각해 볼 수도 있다. 또 더 나은 것을 원한다면, 한쪽 끝에 공리를 넣으면 다른 쪽에선 정리가 생산되어 나오는 그런 기계를 상상해도 좋다. 시카고에는, 살아 있는 돼지가 들어가서 햄이나 소시지로 바뀌어서 나오는, 믿거나 말거나 하는 기계가 있다고 한다. 그런 기계와 마찬가지로 수학자는 자기가 하는 작업이 무엇인지를 이해할 필요는 없는 것이다.

힐베르트의 기하학이 형식적이라서 그를 비난하려는 것은 아니다. 그가 직접 설정했던 문제를 풀려면 그렇게 가는 것은 당연한 귀결이었다. 그는 기하학의 기초공리의 수를 최소한으로 줄이고, 이것을 완전히 열거하려 했던 것이다. 그런데 우리의 두뇌가 활약하는 추리, 직관에 의지할 여지가 있는 추리, 말하자면 살아 있는 추리 속에서는, 알지 못하는 사이에 섞여 들어오는 정리나 기본을 막기가 어렵다. 그러므로 힐베르트는 모든 기하학적 추리를 모조리 순수하게 기계적인 형식으로 고친 뒤가 아니면 그 목적을 이루고, 임무를 완수했다고 마음을 놓을 수가 없다.

힐베르트가 기하학에 대해서 했던 것과 똑같은 작업을 다른 어떤 사람들은 수론 및 해석에 대해서 하려고 했다. 이를테면 그들이 그 계획에 완전한 성공을 거두었다 해도, 칸트의 제자가 결국 침묵의 선고를 받아야만 하는 것일까? 그렇지는 않을 것 같다. 왜냐하면 수학적 사색은 공허한 형식으로 환원되면서, 훼손될 것이 분명하기 때문이다. 또한 모든 정리가 순수하게 분석적인 과정을 이용하여, 즉 유한개의 공리를 논리적으로 결합함으로써 연역된다는 것, 또는 그 공리들은 단순히 약속에 불과하다는 것을 증명할 수 있다 해도 철학자에게는 그 약속의 기원을 규명하고, 그 약속이 반대 약속보다 왜 우월하다고 단정했는지 그 이유를 탐색할 권리는 남아 있을 것이다.

아울러 공리에서 출발하여 정리에 이르는 추론을 논리적으로 정확히 하는 것, 우리가 몰두해야만 하는 것은 이것만이 아니다. 완벽한 논리의 규칙이 수학의 모든 것일까? 그건 마치 말을 움직일 줄 알면 체스 두는 법을 안다고 하는 것과 같다. 논리에 의해 주어진 재료를 조합하는 방식에는 여러 가지가 있고, 우리는 그중에서 어떤 것을 골라내야 한다. 진정한 수학자는 이 선택을 훌륭하게 해내지만, 이것은 어떤 정확한 직관에 의해, 다시 말하면 뭔지 모르지만 더욱 깊이 감춰져 있는 수학에 관한 어슴푸레한 지각에 의해 유도되고 있기 때문이다. 그리고 감춰진 이 수학이야말로 구축 가능한 건물에 가치를 부여하는 것이다.

이 직관의 기원을 찾는 것, 그것을 느낄 수는 있어도 말로는 나타내지 못하는 속 깊은 수학의 법칙을 규정하는 것, 이것은 논리가 전부라는 생각에만 매달렸던 철학자에게도 역시 절호의 연구과제일 것이다. 그러나 내가 채택하려는 관점은 이것이 아니다. 나는 문제를 그런 입장에서 생각하고 싶지 않다. 방금 말한 것처럼 직관은 수학상의 발견을 하는 사람에게는 필요하지만, 일단 창조되고 난 수학을 연구하는 데는 전혀 필요치 않은 것처럼 보인다. 그렇다면 일단 논리학의 원리를 승인하고 나면 모든 수학적 진리를, 직관에 다시 호소하지 않고—발견하는 것은 불문하고—증명할 수가 있다는 것은 과연 참일까? 내가 묻고 싶은 것은 이것뿐이다.

3

이 문제에 대해서 전에 나는 아니라고 대답했었다.[1] 최근의 많은 연구에 따라 이 답이 수정되어야만 하는 것일까? 내가 과거에 아니라고 대답한 것은 '수학적 귀납법의 원리'는 내가 볼 때, 수학자에게는 반드시 필요함과 동시에, 논리로 환원해선 안 된다고 판단했기 때문이다. 이 원리는 알다시피 다음과 같은 형태로 기술할 수가 있다.

"어떤 성질이 수 1에 대해서 참이라 한다. 그 성질이 n에 대해서도 참이라는 가정 아래에선 $n+1$에 대해서도 반드시 참임을 증명할 수 있는 경우, 그 성질은 모든 정수에 대해서도 참이다"라는 것이다. 나는 여기서 수학적 추론의 진수를

---

1) 《과학과 가설》 제1장 참조.

보았다. 사람들이 믿었던 것처럼 수학적 추론이 모두 이 원리의 응용으로 귀착된다고 말할 생각은 아니었다. 좀 더 자세히 들어가면, 수학적 추리에는 비슷비슷한 여러 가지 원리들이 응용되어 마찬가지로 본질적 특징을 나타내고 있음을 확인할 수 있을 것이다. 이런 종류의 원리 가운데 오직 완전 귀납법이 가장 단순한 것이며, 내가 이것을 표본으로 선택한 것은 그 때문이다.

많이 쓰이긴 했지만 완전 귀납법이라는 명칭은 타당하지 않다. 그러나 이 귀납법의 추론 방식을 보면 여전히 올바른 수학적 귀납법이다. 다만 확실성을 가진다는 것만이 보통 귀납법과 다른 점이다.

4. 정의와 공리

위에서 말한 원리가 존재한다는 것은 강경한 논리학자들에겐 하나의 난점인데, 그들은 어떻게 이것을 타개하겠다고 우기는 것일까? 완전 귀납법은 엄밀한 의미로는 공리가 아니다. 또 '선험적' 종합판단도 아니다. 그것은 다만 정수에 대한 정의일 뿐이다. 따라서 단순한 규약에 불과하다. 이런 관점을 논의하려면 정의와 공리 사이의 관계를 보다 자세히 검토해야 한다.

우선 수학적 정의에 관한 쿠튀라 씨의 논문을 참조하기로 하겠다. 이 논문은 파리의 고티에 빌라르사와 제네바의 게오르그사에서 동시에 발행된 잡지 〈수학교육〉에 발표된 것이다. 이 논문에는 '직접적인 정의와 공준에 의한 정의'의 두 가지로 구별되어 있다.

쿠튀라 씨는 말한다. "공준에 의한 정의는 단일개념에 적용되는 것이 아니라 개념의 체계에 적용된다. 공준에 의한 이 정의란 그 개념들을 결합할 때의 기초적 관계, 즉 이 관계를 사용하면 각 개념의 다른 모든 성질을 증명할 수 있는 것처럼 기초적 관계를 일일이 열거하는 것을 가리킨다. 이 기초적 관계가 즉 공준이다."

이 개념들 가운데 하나를 빼고, 나머지 전체에 미리 정의를 부여하면, 남은 하나의 개념은 이들 공준을 만족하는 대상일 것이라고 정의할 수 있다.

그와 같이 하여 증명하기 힘든 수학상의 어떤 공리는 사실 정의가 모습을 바꾼 것이 된다. 이 견해는 옳은 경우가 많으며, 나 같은 사람도 예를 들면 유클리드의 공준에 관해 이 관점을 용인했었다.

즉 기하학의 다른 공리만으로 거리를 완전하게 정의하기엔 충분치 않다. 그러므로 거리는 다른 공리를 만족하는 모든 크기 가운데 유클리드의 공준에 적합한 정의를 부여하는 것이 된다.

논리학자들은 완전 귀납법을 용인하긴 하지만, 내가 유클리드의 공준을 용인했던 것처럼 용인한다. 즉 그들은 이것을 단순히 변장한 정의에 불과한 것으로 보고 싶은 것이다.

그러나 그렇게 볼 권리를 가지려면 두 가지 조건을 만족시켜야 한다. 스튜어트 밀에 따르면 모든 정의는 공리를 포함한다. 즉 모든 정의는 정의되는 대상이 존재한다는 공리를 포함한다고 한다. 그렇다면 공리가 변장한 정의가 아니라, 오히려 정의야말로 변장한 공리인 것이 된다. 밀은 존재하는 언어를 물질적·경험적 의미로 해석했다. 즉 그가 말하고 싶었던 것은, 원을 정의한다고 할 때 자연계에 둥근 것이 존재한다는 사실이 단정 지어진다는 것이다.

그렇다면 그의 의견은 용인할 수가 없다. 수학은 물질적 대상의 존재와는 무관하다. 수학에 있어서 존재라는 말이 갖는 의미는 하나밖에 없다. 즉 모순이 없음을 나타내는 것이다. 이제 이렇게 정정하면 스튜어트 밀의 사상은 옳은 것이 된다. 즉 하나의 대상을 정의하는 것은, 그 정의에 모순이 들어 있지 않다고 주장하는 것이다.

그러므로 일련의 공준이 있고, 만약 그것에 모순이 없음이 증명된다면, 이로써 그곳에 나타나는 개념이 하나의 정의를 나타낸다고 볼 수가 있는데, 만약 이것의 증명이 불가능하다면 우리는 이것을 증명 없이 용인해야만 한다. 즉 그것은 하나의 공리가 된다. 그와 같이 공준에서 정의를 찾으려 하면 우리는 정의 속에서 다시 공리를 발견하게 된다.

하나의 정의에 모순이 들어 있지 않음을 나타내려면 대개의 경우, 사람들은 예증에 의해 그것을 보이려 한다. 즉 정의를 만족하는 대상의 한 예로 만들려 시도한다. 공준에 의한 정의의 예를 들면, A라는 개념을 정의하려는데 A란 몇 개의 어떤 공준이 적용되는 대상 전체를 가리킨다고 정의한다 치자. 만약 우리가 이 모든 공준이 어떤 대상 B에 대해 참임을 직접 증명할 수 있다면 이 정의에는 올바른 근거가 있다. 즉 B는 A의 한 '예'인 것이다. 모든 공준이 동시에 만족되는 경우가 있는 것이므로 우리는 안심하고 공준에 모순이 없다고 확신할 수가 있다.

그러나 예증에 의한 그런 직접적 증명은 반드시 가능하다는 보장이 없다.

그런 경우에 공준이 모순을 포함하지 않음을 확립하려면 그 공준을 전제로 거기서 연역할 수 있는 모든 명제를 고려하고, 그 명제 가운데 아무거나 두 개를 선택해도 서로 모순이 없음을 보여야 한다. 만약 그런 명제의 수가 한정되어 있다면 직접 검증할 수는 있지만, 그런 경우는 매우 희박한 데다 흥미도 떨어진다.

그런 명제의 수가 무한하다면 직접 검증은 이미 불가능하다. 다른 증명법에 따라야만 하는데, 그럴 때는 일반적으로 방금 살펴보았던 완전 귀납법의 도움을 빌려 증명하는 수밖에 없다.

우리는 지금 논리학자들을 만족시키게 되었던 조건들 가운데 하나를 설명했는데, '나중에 가서는 그들이 이 조건을 이행하지 않았다는 것을 보게 될 것이다.'

5

조건이 하나 더 있다. 우리가 정의를 부여하는 것은 그 정의를 이용하기 위해서이다.

그러므로 정의된 언어는 논의가 진행됨에 따라 몇 번쯤 등장하겠지만, 우리는 그 언어에 의해 표현되는 대상이 정의에 쓰인 공준을 만족한다고 단정할 권리가 과연 있을까? 만약 그 언어의 의미가 달라지지 않고, 우리가 암암리에 다른 의미를 덧붙이는 일이 없으면 그럴 권리가 있음은 자명하다. 하지만 그렇게 다른 의미가 부가되는 경우도 자주 있으며, 많은 경우 이것을 인정하기는 어렵다. 그러므로 그 말이 우리의 논의에 어떻게 도입되었는지, 또 그 정의가 들어온 문이 사실은 맨 처음에 기술한 정의 이외에 다른 정의를 끌어들이지는 않는지를 조사해보아야만 한다.

이 어려움은 수학을 응용하는 모든 방면에 나타난다. 수학상의 개념은 매우 순화된, 또 매우 엄격한 정의를 받아서 순수 수학자에겐 뒤늦게 의심할 구석은 없어졌다. 그러나 예를 들이 이것을 물리적 과학에 응용하려 할 때는, 다루어지는 것은 이미 이 순수개념이 아니라 대부분 대충 떠올린 영상에 불과한 그런

구체적 대상이다. 이 대상이 적어도 거의 비슷하게 정의를 만족한다는 것은 경험에 의해서만 확립되며, 이것은 이미 규약적 공준의 성질을 지니지 않은 하나의 새로운 진리를 밝혀낸 것이 된다.

그러나 순수 수학의 범위를 벗어나지 않더라도 우리는 역시 같은 곤경에 처하게 된다.

여러분이 수에 대해 정교하고 치밀한 정의를 내린다. 일단 그렇게 정의를 내리고 나면 여러분은 그것에 대해선 더 이상 시간을 소모하는 일이 없다. 왜냐하면 수가 뭔지 여러분이 안 것은, 사실 그 정의에 의해서가 아니라 이미 오래전부터 알고 있었던 것이기 때문이다. 그리하여 이후 수라는 말을 다시 기록할 때, 여러분은 이것에 최초로 알았을 때와 동일한 의미를 부여한다. 그 의미가 무엇인지, 또 이 두 마디 말이 같은 의미인지를 알려면 여러분이 수에 대해 어떻게 말하고, 이 두 마디에 이 말을 어떻게 도입하게 되었는지를 살펴야 한다. 이 문제를 다시 다룰 때가 있을 것이다. 지금은 더 이상 많은 말은 하지 않기로 한다.

여기에 하나의 말이 있고, 그것에 명백하게 A라는 정의를 내렸다 하자. 논의의 진행에 따라 우리는 이 말을 쓸 때, 암암리에 다른 정의를 상상하는 경우가 있다. 본디 이 두 정의가 같은 대상을 나타내는 경우도 있을 수는 있지만, 그렇다 해도 그 같다는 것은 하나의 새로운 진리이므로 증명하거나 아니면 독립된 공리로서 승인해야 한다.

'우리는 나중에 논리학자들이 첫 번째 조건과 마찬가지로 두 번째 조건도 완수하지 않았다는 것을 볼 것이다.'

6

수의 정의는 그 숫자가 너무나 많고, 또 종류도 다양하므로 정의를 내린 사람의 이름을 드는 것에 그치기로 한다. 그토록 많다는 것에 놀라지 말기 바란다. 그중 어느 하나가 만족스러웠다면 새로운 것을 다시 내놓는 일이 없었을 것이다. 이 문제를 다룰 정도의 철학자 모두가 계속해서 새로운 정의를 만들어야 한다고 믿었던 것은 앞서간 사람들의 정의에 만족할 수 없었기 때문이다. 또 만족하지 못한 것은 지금까지의 정의에서 논점선취의 오류를 발견했다고 믿었기 때문이다.

　나는 이 문제를 다룬 것을 읽을 때면 늘 깊은 불안을 느낀다. 논점선취의 오류에 빠질 것이라고 굳게 믿고는, 그것이 즉각 발견되지 않으면 주의력이 모자랐던 게 아닐까 걱정하는 것이다.

　어구를 기술하지 않고 정의를 부여하기란 불가능하다. 수사(數詞)를 쓰지 않고, 또는 적어도 약간의 말, 또는 복수의 말을 쓰지 않고 어구를 기술하기란 어렵다. 그렇게 되면 미끄러지기 쉬운 언덕 위에 있는 것과 마찬가지로 언제 논점선취의 오류에 빠질지 가늠할 수 없다.

　나는 이제 그 오류가 가장 교묘하게 감춰져 있는 정의만을 논할까 한다.

7. 파지그래피(La Pasigraphie)

　페아노 씨가 발명한, 기호에 따른 언어는 새로운 연구에 매우 중대한 역할을 한다. 매우 도움이 되는 것은 틀림이 없지만, 쿠튀라 씨는 그것의 중요성을 떠벌리고 있는 것 같다. 페아노 씨 자신도 놀랐을 것이 분명하다.

　이 언어의 중요한 요소는 '만약' '및' '또는' '그러므로' 같은 각종 접속사를 나타내는 대수(代數)적 기호이다. 그런 기호가 편리하다고는 할 수 있겠지만, 이것이 철학 전체를 혁신하는 운명이라면 다른 문제가 된다. '만약'이라는 말을 ɔ로 쓸 경우, '만약'이라는 말이 '만약'이라고 썼을 때 없었던 능력을 획득한다고는 인정하기 어렵다.

　페아노 씨의 이 발명은 처음엔 파지그래피(만국공동문자체계)라 불렀다. 즉 보통의 언어를 한마디도 쓰지 않고 수학의 논저를 쓰는 방법이라는 뜻이다. 이 명칭은 매우 정확하게 그것의 적용범위를 한정하고 있었다. 그 뒤, 사람들은 이것에 '기호논리학'이라는 명칭을 부여하여 격을 더욱 높여 놓았다. 이 말은 육군학교에서 대장의 기술, 즉 군대를 진군시키고 야영시키는 기술을 나타내는 데 쓰이는 것 같다. 그러나 여기서 혼동될 우려는 없다. 이 새로운 명칭이 논리학에 혁신을 일으킬 의도를 품고 있다는 것을 곧 알게 될테니 말이다.

　이 새로운 방법은 팔레르모 수학협회지 11호에 게재된 부랄리 포르티(Burali Forti) 씨의 〈초한수에 관한 문제(Una Questione sui numeri transfiniti)〉라는 논문에 나와 있다.

우선 이 논문은 매우 흥미로운 것임을 미리 말해둔다. 여기서 이것을 예로 드는 이유는 새로운 언어로 쓰인 논문 가운데 가장 중요한 것이기 때문이다. 행간에 기호를 이탈리아어로 번역한 것이 삽입되어 있으므로 초보자도 읽을 수 있다.

이 논문이 중요한 것은 초한수의 연구로 등장했고, 몇 년 전부터 수학자를 절망에 빠뜨렸던 이율배반 가운데 최초의 예를 제공했기 때문이다. 부랄리 포르티 씨에 따르면, 이 논문의 목적은 두 개의 초한서수 a는 b와 같지도 않고, b보다 크지도 않으며, 또 더 작지도 않다는 것이 가능한지의 여부를 보이기 위해서라고 한다.

독자는 마음을 놓아도 된다. 다음에 기술하는 고찰을 이해하기 위해 초한서수가 무엇인지 알 필요는 없다.

그러나 칸토어(Cantor)는 바로 이 두 개의 초한수 사이에는 두 개의 유한수 사이에서와 마찬가지로 서로 같은지, 아니면 갑이 을보다 크거나 작은지, 이 세 가지 이외의 관계가 없음을 이미 증명했던 것이다. 그러나 내가 여기서 하려는 말은 이 논문의 내용에 대해서가 아니다. 그것은 내가 이야기하려는 주제로부터 한참 멀어지게 한다. 나는 단지 그 형식만을 문제 삼으려 한다. 그 형식이 이 논문을 아주 엄밀하게 만들어 주는지, 또는 저자나 독자가 들여야 하는 노력을 보상해 주고 있는지, 나는 그것을 묻고 싶다.

우리는 먼저 부랄리 포르티 씨가 1이라는 수를 다음과 같이 정의하는 것을 볼 수 있다.

$$1 = iT' Ko(u, h)\varepsilon(u\varepsilon Un)$$

이 정의는 '1'이라는 말을 한 번도 들어본 적이 없는 사람에게라도 1이란 수의 개념을 부여하기에 매우 적절한 정의이다.

나는 페아노식 기법을 잘 이해하지 못하므로 감히 그것의 비평을 시도할 용기는 없다. 하지만 나는 이 정의가 논점선취의 오류를 포함하고 있지는 않을까 우려된다. 좌변에 1이라는 숫자가 있고, 우변에는 글자로 Un(1의 뜻)이라고 적혀 있는 것을 보기 때문이다.

어찌 되었건 부랄리 포르티 씨는 이 정의에서 출발하여 짧은 계산 뒤에 다음 방정식에 이른다.

(27) 1εNo

이것은 1이 숫자임을 나타내는 것이다.

지금 첫 번째 수의 정의를 다루고 있으므로, 여기서 쿠튀라 씨 역시 0과 1을 정의하고 있음을 상기해 두자.

"0이란 무엇인가? 그것은 영의 부류에 속하는 요소가 되는 수이다. 그렇다면 영의 부류란 무엇인가? 어떠한 요소도 포함하지 않는 부류이다."

기호 0을 '영'이라는 말을 써서 정의하고, 또다시 '영'을 '어떠한 ······도'라는 말을 써서 정의하는 것은 그야말로 언어의 풍부함을 남용하는 것이다. 그래서 쿠튀라 씨는 다음과 같이 씀으로써 자신의 정의에 완벽함을 기했다.

$$0 = \iota\Lambda : \varphi x =\!\!\!\!\!\!\!\bigwedge,\!\supset,\!\bigwedge=(x\varepsilon\varphi x)$$

이것을 말로 고치면, "0이란 결코 채워질 수 없는 어떤 조건을 만족하는 수이다"라는 문장이 된다.

그러나 '결코'라는 말은 '어떠한 경우에도'와 같은 뜻이므로, 그다지 진보했다고 생각되지 않는다.

쿠튀라 씨가 1이란 수에 내린 정의는 그나마 좀 낫다는 것을 서둘러 덧붙이겠다.

"그가 주장하는 것을 요약하면, 한 부류에서 아무것이나 둘을 비교해도 같은 요소들만 있는 그런 부류의 요소가 되는 수"라고 한다.

나는 위에서 1에 대한 정의가 그나마 좀 낫다고 했었는데, 그것은 1을 정의하는 데에 있어서 '하나'라는 말을 쓰지 않고 있다는 뜻에서이다. 그 대신 여기에는 '둘'이라는 단어가 쓰이고 있다. 그런데 만약 쿠튀라 씨에게 그 '둘'이 무엇이냐고 물었을 때, 그가 대답하면서 '하나'라는 말을 쓸 수밖에 없는 상황이 될까 봐 걱정된다.

8

부랄리 포르티 씨의 논문으로 돌아가자. 앞에서 그의 결론은 칸토어의 결론과는 정반대라고 했었다. 언젠가 나는 아다마르(Hadamard) 씨의 방문을 받고 담소하다가 이 모순을 언급한 적이 있었다.

내가 물었다. "부랄리 포르티의 추론이 완전무결한 것 같지 않아요?"

"아니요. 오히려 칸토어의 추론이야말로 항의할 여지가 전혀 없어요. 게다가 부랄리 포르티에게는 '모든' 서수의 집합에 관해 언급할 권리가 없었습니다."

"죄송한 말이지만 그에게는 그럴 권리가 있어요. 그가 어느 때고 $\Omega = T'(No, \varepsilon)$ 라고 제기할 수가 있기 때문이죠. 그렇게 하는 것을 누가 막을 수 있겠어요. 또한 Ω라고 명명했다 해서, 그 대상이 존재하지 않는다고 말할 수 있을까요?"

그건 쓸데없는 일이었다. 나는 그를 설복시키지 못했다. (그가 옳은 것이다. 그를 설복시켰더라면 오히려 큰일 날 뻔했다) 설복시키지 못한 것이 내가 페아노식 언어로 충분히 웅변하지 못해서였을까? 어쩌면 그럴지도 모른다. 다만 솔직히 말하건대 사실 나는 그렇게 생각하지 않았었다.

파지그래피라는 도구로도 이 의문은 풀리지 않았다. 이것은 무엇을 나타낼까? 1이 숫자임을 증명할 때 파지그래피는 충분하다. 그러나 곤란한 일이 닥쳤을 때, 모순을 해소해야 할 때 파지그래피는 소용이 없다는 얘기가 된다.

4 새로운 논리학

1. 러셀 논리학

자부심에 정당성의 근거를 부여하기 위해 논리학은 형태를 바꿔야만 했다. 우리는 새로운 논리학의 탄생을 보았는데, 그 가운데 가장 흥미로운 것은 러셀의 논리학이다. 형식논리학에 대해선 아리스토텔레스가 그것의 궁극에 달한 것으로 보이므로 새롭게 쓸 어떤 내용이 남아 있지 않을 것 같다. 그러나 러셀이 논리학으로 회귀하는 범위는 고전적 논리학의 범위에 비해 무한히 넓다. 그는 이 문제에 관해 독창적이고, 때로는 정당한 견해를 발표하는 방법을 발견했다.

첫째, 아리스토텔레스의 논리학이 우선은 부류의 논리학이었고, 주어와 술어의 관계를 출발점으로 삼은 데 반해, 러셀은 부류의 논리학을 명제의 논리학에 종속시킨다. 즉, "소크라테스는 사람이다.' 운운하는 고전적 삼단논법은 "만약 A가 참이라면 B는 참이다. 한편 B가 참이면 C는 참이다.' 등의 가언적 삼단논법을 대신하는 것이다. 이것은 매우 교묘한 사고방식이라는 생각이 든다. 즉 고전적 삼단논법은 가언적(假言的) 삼단논법으로 쉽게 귀착되지만, 이것을 거꾸로 한 변형에는 곤란이 뒤따르기 때문이다.

그뿐만이 아니다. 러셀의 명제논리학은 접속사 '만약, 및, 또는'과 부정어 '~가 아니다'를 조합하는 법칙의 연구이다. 이것은 옛 논리학의 뚜렷한 확장이다. 고전적 삼단논법의 성질은 어렵지 않게 가언적 삼단논법으로 확장될 수 있으므로 이 가언적 삼단논법의 형식에선 스콜라식 형식을 쉽게 찾아볼 수 있고, 고전적 논리학의 본질을 이루는 것을 다시 여기서 찾아볼 수가 있다. 그러나 삼단논법의 이론은 아직 접속사 '만약'과 부정사와의 동사론에 불과하다.

이것에 '및'과 '또는'의 두 접속사를 덧붙여서 러셀은 논리학에 새로운 경지를 개척한다. '및, 또는'이라는 기호는 기호 ×와 +와 같은 법칙, 다시 말하면 교환,

결합, 배분법칙을 따른다. 그리고 '및'은 논리상의 곱셈, '또는'은 논리상의 덧셈을 나타낸다. 이것 또한 매우 흥미롭다.

러셀은 어떠한 거짓 명제도, 참 거짓 모두 다른 모든 명제에 포함된다는 결론에 이르렀다. 러셀은 "처음에 이 결론은 역설적인 것처럼 보일 것이다"라고 말한다. 그러나 러셀의 견해가 어떻게 올바른지를 인정하기 위해선 형편없는 수학 학위논문의 첨삭지도를 해보면 충분하다. 즉 학위후보자가 엄청난 고생 끝에 내놓은 최초의 방정식이 오류인 경우가 자주 있다. 그러나 일단 그 방정식을 찾아내고 나서부터는, 가장 놀라운 결과를 쌓는 것은 그에겐 놀이나 마찬가지이고, 그 결과 속엔 정확한 결과가 있는 경우도 있다.

2

고전적 논리학에 비해 신논리학이 얼마나 풍부한지를 알 수 있다. 기호는 상승효과를 내어 다양한 조합이 만들어지고, 더구나 그 조합의 수는 '이제 유한 개(有限個)가 아니다'. 우리는 '논리학'이란 말의 의미에 그런 확장을 부여할 권리가 있을까? 이 문제를 연구하고 러셀에게 단순한 말싸움을 거는 것은 무익할 것이다. 그가 요구하는 대로 긍정하기로 하자. 그러나 전엔 고전적 의미의 논리학으로 환원할 수 없다고 밝히던 몇몇 진리가 앞의 논리학과는 전혀 별개인 새로운 의미의 논리학으로 환원할 수 있게 된다 해도 우리는 그리 놀라지 않는다.

우리는 수많은 새로운 개념을 도입했다. 그것들은 단순히 옛 개념의 조합은 아니었다. 러셀은 이 점을 놓치지 않았고, 명제의 논리학인 제1장의 서두뿐만 아니라, 부류와 관계의 논리학인 제2장, 제3장의 서두에서도 새로운 단어를 도입하면서 그 단어들을 정의할 수 없다고 밝히고 있다.

이뿐만이 아니다. 그는 증명할 수 없다고 밝히며 원리들을 도입한다. 그러나 증명되지 않는 이 원리야말로 직관에 호소하는 것, 즉 '선험적' 종합판단이다. 수학개론서들에 많건 적건 분명하게 씌어 있는 원리들과 마주칠 때, 우리는 그것들을 직관적인 것들로 바라본다. 이제 논리학이라는 단어의 의미가 넓어지고, 지금처럼 '논리학개론'이라는 제목의 책 속에서 이런 원리를 다룬다고 해서, 이 원리의 본성까지 변했겠는가! '본성은 변하지 않았다. 다만 장소가 바뀐 것

뿐이다.'

3

이런 원리들을 위장된 정의라고 볼 수 있을까? 그러려면 이 원리들이 모순을 포함하고 있지 않다는 것을 증명하는 방법이 반드시 있어야 한다. 즉 연역이 이어지는 대로 멀리까지 한참을 가도 결코 모순에 빠지는 일이 없는 것을 확인해야 한다.

다음과 같은 추론을 시도할 수도 있을 것이다. 즉, 모순이 들어 있지 않은 전제에 신논리학의 연산을 할 때, 그 결과도 역시 모순을 포함하지 않음을 증명할 수가 있다. 따라서 만약 n개의 연산을 한 뒤, 모순과 만나지 않았다면 $n+1$번째의 연산 뒤에도 모순과 만나는 일은 없을 것이다. 그러므로 모순이 '시작되는' 순간이 존재할 수 없다. 즉 우리가 결코 모순과 마주치지 않음을 나타낸다. 우리는 위와 같이 추론할 권리가 있을까? 아니, 그럴 권리는 없다. 그럴 권리는 수학적 귀납법으로 생기기 때문이다. '그런데 수학적 귀납법의 원리를 우리는 아직 모른다는 사실을 상기하도록 하자.'

따라서 우리는 이 공리들을 위장한 정의로 간주할 권리도 없다. 다만 한 가지 수단이 남아 있다. 즉 각 공리에 대해 새로운 직관작용을 인정해야만 하는 것이다. 또 내가 믿는 바로는 러셀, 쿠튀라의 사고방식도 바로 이것이라고 생각한다.

그리하여 신논리학, 즉 넓은 의미의 논리학의 기초를 형성하는, 정의해야 할 아홉 가지 개념과, 증명해야 할 스무 가지 명제들은 각각 (앞으로 두세 가지 더 늘어나리라고 생각하지만) 우리 직관의 새로운 독립적 작용을 예상하고 있는 것이다. 그리고 그것이 진정 확실한 '선험적' 종합판단이라고 말하지 못할 이유도 없다. 이 점에 관해서는 모든 사람의 의견이 일치하지만, 러셀은 이렇게 주장한다.

"내가 의구심을 갖는 것은, 일단 그 직관의 도움을 받은 뒤에는 직관작용은 끝날 것이라는 것, 더 이상 다른 직관작용도 없을 것이고, 어떠한 새로운 요소가 추가되지 않고도 수학 전체가 건설될 수 있으리라고 생각한다는 점이다."

4

쿠튀라는 이러한 신논리학은 수의 관념과는 완전히 독립적이라고 몇 번이나 되풀이한다. 나는 그의 저서에서 서수든 기수든 수형용사, 또는 '여러 개의' 같은 부정형용사가 몇 번쯤 들어 있는지를 장난삼아 세어보는 일은 하지 않겠다. 하지만 두세 가지의 예는 들고자 한다.

"'두' 개 또는 '여러' 개의 명제의 논리적 곱은⋯⋯."

"모든 명제는 참과 거짓이라는 단 '두' 개의 값을 가질 수 있을 뿐이다."

"'두' 관계의 관계적 곱은 관계이다."

"관계는 '두' 항 사이에서 생긴다."

이러한 장애는 때로는 피할 수도 있겠지만, 때로는 꼭 필요한 경우도 있다. 어떤 관계는 두 개의 항이 없으면 이해가 불가능하다. 관계에 대해 직관을 갖는 것은, 동시에 그 두 항의 직관을 갖지 않고는, 또 그 항이 두 개라는 것을 주지하지 않고는 불가능하다. 그 관계가 사고 가능한 것이기 위해서는 그것들이 두 개, 오직 두 개여야만 하기 때문이다.

5. 수론

이제 엄밀하게 말해서 정수론의 기초가 되는 쿠튀라의 서수론을 언급해야 할 시점이 되었다. 그는 페아노의 다섯 가지 공리를 서술하며 서두를 시작한다. 이 다섯 가지 공리는 페아노와 파도아(Padoa) 두 사람이 증명했듯이 독립된 공리들이다.

① 0은 정수이다.

② 0은 어떠한 정수 다음에도 오는 수가 아니다.

③ 정수 다음에는 정수가 온다.

여기에는 다음을 덧붙이는 것이 인정될 것이다.

"모든 정수는 다음에 오는 수를 갖는다."

④ 두 개의 정수는 다음에 오는 수가 같은 수이면 서로 같다.

다섯 번째 공리는 완전 귀납법의 원리이다.

쿠튀라는 이 공리들을 위장된 정의라고 보고 있다. 즉 이들은 0과 '다음에 오는 수', 또 정수의 가정을 통해 정의를 구성하고 있는 것이다.

그러나 공준에 의한 정의가 인정받기 위해서는 그 정의에 모순이 들어 있지 않다는 것을 밝힐 수 있어야만 한다.

이 정의가 모순이 없는 경우일까? 전혀 아니다.

이 증명은 '예'를 들어서 완결할 수가 없다. 정수의 일부분을, 예를 들어 최초의 세 수를 고를 수도 없고, 이 수들이 정의를 만족한다고 증명할 수도 없다.

만약 연속된 수 0, 1, 2를 택한다면 공리 ①, ②, ④, ⑤를 만족시킬 것은 분명하다. 그러나 공리 ③을 만족하려면 3이 정수여야만 하며, 따라서 연속된 수 0, 1, 2, 3이 공리를 만족해야 한다. 이 수들이 공리 ①, ②, ④, ⑤를 만족한다는 것은 검증할 수 있겠지만, 공리 ③은 또다시 정수일 것과 0, 1, 2, 3, 4가 공리를 만족할 것을 요구한다. 다음에도 계속 마찬가지이다.

그러므로 몇 개의 정수에 대해 이들 공리를 증명하려 한다면 모든 정수에 대해 증명하지 않고 넘어가는 건 불가능하다. 예를 들어서 증명하는 것은 단념해야 한다.

따라서 우리의 공리에서 나오는 여러 결과를 취하여 모순이 들어 있지 않은지를 살펴야만 한다. 만약 그 결과들이 수적으로 유한하면 쉬운 문제겠지만, 아쉽게도 무한하여, 수학 전체가 될 수도 있고, 최소한 정수론 전체가 될 수도 있다.

그럼 어떻게 해야 할까? 어쩔 수 없다면 앞의 3절에서 다뤘던 추론을 되풀이할 수도 있을 것이다.

그러나 이미 말한 것처럼 '이 추리는 완전 귀납법에 의한 추론이다.' 그리고 바로 이 완전 귀납법의 원리야말로 정당함을 증명하는 것을 다루는 것이 될 것이다.

6. 힐베르트 논리학

이제 하이델베르크에서 있었던 수학자 회의에서 힐베르트가 보고했던 그의 주요 저서에 대해 언급할 때가 왔다. 이것은 피에르 부트루가 프랑스어로 번역하여 잡지 〈수학교육〉에 실었고, 할스테드의 영어번역이 잡지 〈모니스트〉에 실렸다. 매우 심원한 사상이 엿보이는 이 저서에서 저자는 러셀과 비슷한 목적을 좇고 있는데, 그 선구자와 의견이 한참 동떨어진 점도 적지 않다.

힐베르트가 기존 형태의 논리학 원리에 대해서 '항상 하는 말이' 고스란히 러셀의 논리학에도 적용되는 것은 우리가 앞에서 살펴본 바이다. 러셀에겐 논리학이 정수론에 앞서며, 힐베르트에게 이 두 가지는 '동시적'이다. 앞으로 우리는 두 사람 사이에서 깊은 차이를 발견하게 된다. 그러나 우리는 그 차이가 겉으로 드러나는 것에 따라서 지적하기로 하고, 지금은 가장 중요한 부분을 본문 그대로 인용하여 힐베르트의 사상적 발전의 궤적을 한 걸음씩 따라가 보기로 한다.

"우선 1이라는 대상을 고찰하기로 하자." 여기서 주의해야 할 것은, 우리는 결코 수의 개념을 가정하고 있지 않다는 것이다. 말할 필요도 없이 여기서의 1은 단순히 기호에 불과하며, 그 의미를 아는 것에 대해선 어떠한 고려도 필요치 않다고 보기 때문이다. "이 대상을 두 번, 세 번, 또는 여러 번 되풀이해서 만들어지는 그룹은……." 그러나 이번만큼은 먼저와 같이 되지 않는다. '둘', '셋', 특히 '여럿'이라는 단어를 도입하는 것은 수의 개념을 도입하는 것이다. 그래서는 이제 곧 우리가 발견하게 될 정수에 대한 정의의 도래가 너무 늦어진다. 저자가 지혜로운 안목으로 이 논점선취의 오류를 처음부터 알아채지 못한 것은 아니었다. 그는 저서의 끝부분에서 흐지부지 덮어버리려는 '눈가림'을 강구하려고 애쓴다.

이어 힐베르트는 두 개의 단순한 대상 1과 =을 도입하여, 이 둘의 모든 조합, 또 그 조합들의 모든 조합 등을 고려한다. 이 두 기호의 보통 의미를 잊어선 안 되며, 또 그것에 어떠한 의미도 부여해선 안 된다는 것은 말할 필요도 없다. 이어 그는 이 조합을 실재하는 것과 실재하지 않는 것의 두 부류로 분류한다. 그밖의 점에 대해선 특별히 언급하지 않는 한, 이 분류는 완전한 임의이며, 긍정명제는 어떤 조합이 모두 실재 부류에 속함을 보이고, 부정명제는 어떤 조합이 모두 비실재의 부류에 속함을 보인다.

7

여기서 가장 중요한 차이점을 지적하고자 한다. 러셀에겐 그가 x로서 나타내려는 어떤 임의의 대상은 완전한 부정(不定)의 대상이고, 그것에 대해선 어떠한 가정도 덧붙이지 않는다. 힐베르트에게 이것은 기호 1과 =에 의해 만들어진 조합의 하나였다. 그는 이미 정의되어 있는 대상의 조합 이외의 것을 도입하는 것을 이해하지 못했다. 힐베르트는 그 사상을 매우 뚜렷한 필체로 기술하고 있으므로 나는 그가 쓴 내용을 생략하지 않고 여기에 '전문을' 그대로 옮겨야 한다고 생각한다. "공리 속에 (통상의 논리학에서 말하는 '임의의' 또는 '모든'을 대신하여) 나타나는 부정의 것은 오로지 그 이론의 현재 상태에 있어서 이미 우리가 얻은 대상 및 그 조합, 또는 우리가 도입하려는 대상 및 그 조합의 집합을 나타낸다. 그러므로 문제의 공리에서 몇 가지 명제를 연역할 때, 부정(不定)한 것에 대입할 권리가 있는 것은 오로지 이 대상의 조합뿐이다. 또한 우리가 기본적 대상의 수를 늘릴 때, 공리도 동시에 새로운 확장이 일어나며, 따라서 새삼스러운 시도를 하여, 필요에 따라서는 수정을 가해야만 한다는 것도 잊어선 안 된다."

러셀의 견해와의 대조는 뚜렷하다. 이 철학자는 x 대신에 이미 알려져 있는 대상에만 그치지 않고 다른 어떤 것도 대입하도록 허용한다. 러셀은 그러한 내포적 관점에 충실하다. 그는 실재의 일반관념에서 출발하여 이것에 끊임없이 제한을 덧붙이고 새로운 성질을 부가하여 이것을 계속해서 풍부하게 한다. 이와는 반대로 힐베르트는 이미 알려진 대상의 조합 말고 다른 가능한 실재를 인정하지 않는다. 따라서 (그 사상의 일면만을 본다면) 그는 외연적 관점을 취한다고 할 수 있겠다.

8

힐베르트 사상의 서술을 더듬어보자. 그는 두 개의 공리를 도입한다. 그리고 기호적 언어로 서술하고 있는데, 우리 같은 문외한의 언어로 그것의 의미는, 모든 양(量)은 그것 자체와 같다는 것, 그리고 두 개의 완전히 같은 양에는 어떠한 연산을 해도 똑같은 결과가 나온다는 것이다. 이렇게 서술할 때, 이 공리는 명백한데, 이것을 이와 같이 서술하는 것은 힐베르트의 사상을 배반하는 것이다. 그에 따르면 수학은 단지 순수 기호를 조합하면 되고, 참된 수학자는 그것의 의미를 고려하지 말고 추리해야만 한다. 그러므로 그의 공리는 문외한에게 있어서의 공리와 같지가 않다.

그는 지금까지 이것을 어떤 의미도 부여되지 않았던 =라는 기호의 공준에 의한 정의를 나타낸다고 보았다. 그러나 이 정의에 정당한 근거를 부여하려면 이 두 가지 공리에 어떠한 모순도 없음을 보여야만 한다.

때문에 힐베르트는 3절에서 다뤘던 추론을 쓰고 있는데, 그것이 완전 귀납법인 줄은 몰랐던 것 같다.

9

힐베르트가 쓴 논문의 결말은 완전한 수수께끼이므로 이것에 대해 깊이 논하는 것은 멈추기로 한다. 모순이 중첩되는 것이다. 저자는 자신이 저지른 선결문제요구의 허위를 어렴풋하게 알아채고 그 추리의 틈새를 호도하려 쓸데없이 노력하고 있다.

이것은 무엇을 의미하는가! '그것은, 정수의 정의가 모순을 내포하고 있지 않다는 것을 완전 귀납법의 공리로 증명하는 현장에서, 힐베르트가 러셀이나 쿠튀라가 그랬던 것처럼 몸을 슬쩍 빼고 있음을 드러내는 것이다. 난관이 너무나 컸기 때문이다.'

10. 기하학

쿠튀라는 기하학이 수학적 귀납법의 원리와는 무관한 학리의 큰 체계라고 말한다. 이것은 얼마쯤은 맞다. 전혀 관계가 없다고는 할 수 없지만, 관련되는 부분은 매우 적다. 힐베르트의 원리에 따라 확립된 할스테드(Halsted)의 《이론기하학(Rational Geometry)》(New York, John Wiley and Sons, 1904)을 참조하면 귀납법의 원리는 (나의 탐구방식이 잘못되었는지도 모르지만, 그렇지 않다면) 제114쪽에 이르러 처음 나타나는 것을 볼 수 있다.

그와 같이 고작 몇 년 전까지만 해도 논쟁의 여지없이 직관이 군림하는 영역으로 여겨지던 기하학은 오늘날에는 수학적 논리파가 승리를 차지할 것으로 보이는 영역이 되고 말았다. 힐베르트의 기하학적 업적의 중요성과, 그의 업적이 우리의 사상에 남기고 간 깊은 인상을 가늠하는 데 이보다 나은 것은 없을 것이다.

그러나 착각하면 안 된다. '요컨대 기하학의 기초정리는 무엇인가? 그것은 기하학의 공리가 모순을 포함하지 않는다는 것이며, 이것은 귀납법의 원리를 쓰

지 않고는 증명이 불가능하다.'

힐베르트는 본질적인 점을 어떻게 증명하고 있을까? 그것은 수학해석에 근거하여, 해석을 지나 수론에 의해, 더 나아가 수론을 통과한 뒤에는 귀납법 원리를 근거로 하고 있다.

만약 다른 증명법이 나온다 해도 역시 이 원리에 기초를 두어야 한다. 왜냐하면 서로 모순되지 않음을 증명하는 여러 공리들로부터 도출할 수 있는 결과는 그 수가 무한하기 때문이다.

11. 결론

나의 결론은 우선, '귀납법 원리는 정수를 위장시킨 정의처럼 보아서는 안 된다는 것이다.'

아래의 세 가지 진리를 보자. 즉,

• 완전 귀납법의 원리

• 유클리드 공준

• 인(燐)은 44도에서 융해한다는 물리법칙(르 로이가 인용한 것의 예에 따름)

이 세 가지 중에 첫 번째 것은 정수를, 두 번째 것은 직선을, 세 번째 것은 인(燐)을 위장시킨 정의라고 할 수 있다.

나는 두 번째에 대해선 인정하겠지만 다른 둘은 인정하지 않겠다. 언뜻 들으면 모순인 것 같지만 그 이유를 설명하고자 한다.

우선 정의는 모순을 포함하지 않는다는 것이 확립되었을 때만 받아들여질 수 있다는 것을 이미 살펴보았다. 따라서 같은 원리로 첫 번째 정의가 증명될 수 없다는 것을 보았다. 이에 반해 두 번째 정의에 대해선 힐베르트가 완전한 증명을 했음을 앞에서 지적해둔 바 있다.

세 번째 정의를 보자면, 그것이 모순을 포함하지 않는다는 것은 명백하다. 그러나 모순이 없다는 그 말이 과연, 이 세 번째 정의가, 정의되는 대상의 존재를 당연히 보증하고 있다는 의미도 될까? 우리가 이제 수학이 아니라 물리학을 생각하면, '존재'라는 말은 더 이상 동일한 의미를 지니지 않게 되어, 그 의미는 '모순이 없다는 것'이 아니라, '객관적 존재'가 된다.

이것이 내가 세 경우를 구별하는 첫 번째 이유이지만 아직도 다른 이유가 더 있다. 이 세 가지 개념들을 응용해야 하는데, 그 응용을 할 때 과연 이 개념들이 저 세 가지 공준으로 정의되는 것처럼 보일까?

귀납법 원리를 응용할 수 있는 경우는 수없이 많다. 예를 들면 앞에서 말했듯이 한 무리의 공리가 모순을 야기하지 않음을 증명하는 경우를 예로 들어보자. 그를 위해 이 공리들을 전제로 출발하여, 거기서 도출되는 하나의 추론식 계열을 생각하기로 한다.

n번째의 추론식을 마쳤을 때, 다시 하나의 추론식을 만들 수가 있다. 즉 이것이 $n+1$번째의 추론식이다. 그와 같이 n이라는 수는 계속된 조작의 계열을 세는데 쓰인다. 즉 뒤를 이어 계속되는 덧셈에 의해 얻어지는 수이다. 그러므로 n은 거기서 출발하여 '뒤를 이어 계속되는 뺄셈'으로 다시 1로 거슬러 올라갈 수도 있는 그런 수이다. 만약 $n=n-1$이었다면 뺄셈을 해도 늘 똑같은 숫자와 다시 만나므로 위와 같이 하기란 분명 불가능하다. 따라서 우리가 이 숫자 n을 생각하기 위해 다다른 지름길은 유한정수의 정의를 포함하며, 그것의 정의는 다음과 같다. 즉 '유한정수는 뒤를 이어 계속되는 덧셈으로 얻어지는 수이며, 또한 n과 $n-1$이 서로 같지 않은 수이다.'

그와 같이 해 놓고, 우리는 어떤 작업을 해야 할까? 만약 n번째의 추론식에 모순이 없다면, $n+1$번째에도 역시 모순이 없음을 보이고, 그리하여 모순은 결코 생겨나지 않는다는 결론을 내린다. 정수는 정의에 의해 그와 같은 추론이 정당한 숫자로 받아들여지므로, '나는 그렇게 결론을 내릴 권리가 있다'고 사람들은 말하리라. 그러나 그렇게 하는 것은 '정수는 반복논법을 적용할 수 있는 수이다'라는, 먼저와는 다른 정의를 가정하는 것이다. 즉, 이 경우에 '정수란, 만약 정수 순번의 추론식에 모순이 없고 당연히 다음 정수 순번의 추론식에도 모순이 없다는 결과를 수반한다면, 어떤 정수 순번의 추론식에도 어떠한 모순도 생겨나지 않는다고 말할 수 있는 그런 수이다'라는 것이 된다.

두 개의 정의는 서로 같지 않다. 둘은 의심할 바 없이 동치(同値)이지만, 그것은 '선험적' 종합판단에 의해 그러한 것이고, 순수 논리학적 방법에 의해서는 하나에서 다른 하나로 옮겨가기란 불가능하다. 따라서 첫 번째 정의를 가정하는 방도로써 정수를 도입한 뒤에는, 우리는 두 번째 정의를 채용할 권리가 없는 것이다.

이에 반해 직선에 대해선 어떨까? 나는 이미 몇 번이나 이것을 설명한 바 있다. 따라서 여기서 다시 되풀이하기가 망설여진다. 다만 나의 사상을 간단히 요약하기로 한다. 이번엔 앞의 경우에서처럼 서로 동치이면서 한쪽에서 다른 쪽으로 논리적으로 서로 환원될 수 없는 두 개의 정의가 아니다. 언어로 나타낼 수 있는 정의가 단 하나 있을 뿐이다. 우리는 언어로 기술할 수는 없지만, 우리가 감지할 수 있는 다른 하나의 정의가 있다고 보아야 한다. 그 이유는 우리가 직선이라는 것을 상상하고 있기 때문이다. 우선 우리는 그것을 기하학적 공간에서 상상할 수는 없고 다만 표상적 공간에서만 상상할 수 있다. 그렇다면 우리는 유클리드 공준을 만족하지 않고도, 앞에서와 같게 직선의 다른 성질을 지닌 모든 대상들을 표상할 수가 있다. 이 대상들이란 '비유클리드 직선'이며, 이것은 어떤 관점에선 의미 없는 일이 아니라, 어떤 구(球)에 직교(直交)하는 원(진정한 공간에 있어서의 진정한 원이다)이다. 만약 서로 똑같이 표상할 수 있는 대상 가운데 우리가 직선이라고 부르는 것이 전자(유클리드 직선)이고, 후자(비유클리드 직선)가 아니라면, 이것은 바로 정의에 의해 그렇게 정해진 것이다.

마지막 세 번째의 예, 즉 인(燐)의 정의에 대해, 참된 정의는 다음과 같다. "인이란 내가 이러이러한 플라스크 속에서 보는 물질의 한 조각이다."

<h2 style="text-align:center">12</h2>

일단 이 문제에 들어선 이상 한마디 더 하겠다. 인(燐)의 예에 대해 이렇게 말한 적이 있다.

"이 명제는 융해점에 관한 것을 제외하면, 인의 다른 모든 성질을 지니는 모든 물체들을 인과 마찬가지로 44도에서 융해한다는 뜻이므로, 검증 가능한 참의 물리법칙이다."

그러면 이런 대답이 돌아올 것이다.

"그렇지 않다. 이 법칙은 검증이 불가능하다. 왜냐하면 만약 인과 비슷한 두 가지 물체가 하나는 44도에서, 다른 하나는 50도에서 융해한다는 것이 검증된다면, 융해점 이외에 둘을 구별하는 어떤 미지의 성질이 분명히 존재한다고 늘 말할 수 있기 때문이다."

내가 하려는 말은 그런 의미가 아니다. 나는 다음과 같이 썼어야 하리라.

"이러이러한 유한개의 성질(즉 화학책에 실려 있는 융해점 이외의 인의 성질)을 지 닌 물체는 모두 44도에서 융해한다."

직선의 경우와 인의 경우의 차이를 한층 분명하게 하기 위하여 한 가지 더 주의해 두고자 한다. 직선은 자연 속에서 다소 불완전한 몇 개의 상을 지닌다. 주된 것은 광선과 고체의 회전축이다. 여기 광선은 (예를 들면 별이 음의 시차를 가짐을 보임으로써) 유클리드의 공준을 만족하지 않음이 확인되었다고 한다. 그 럴 때 어떻게 해야 할까? 직선은 빛의 진로라고 정의하고, 직선은 공준을 만족 하지 않는다고 결론을 내려야 하겠는가? 아니면 반대로 직선은 공준을 만족한 다고 정의하고, 광선은 직선적이지 않다고 결론을 내려야 하겠는가?

저 둘 가운데 어떤 정의를 채택하여 어떤 결론을 얻든 그것은 전적으로 우 리의 자유이다. 그러나 첫 번째 정의를 채택하는 것은 어리석은 짓이리라. 왜 냐하면 광선은 틀림없이 유클리드 공준뿐만 아니라 직선의 다른 성질도 단지 불완전하게 만족하는 데 그치며, 만약 유클리드 직선과 다르다면, 직선의 다 른 불완전한 상(像)인 고체의 회전축과도 다르다는 것은 먼저에 못지않기 때문 이다. 또 마지막으로 광선은 변화에서 벗어날 수 없으며, 어제 직선이었던 선도 만약 물리적 상태가 변화했다면 내일은 직선이 아닐 것이 분명하기 때문이다.

이제 인이 44도에서 융해하지 않고, 43도 9분에서 융해하는 것을 발견하게 되었다고 상상해 보자. 그렇다면 정의에 따라 인은 44도에서 융해하는 물체이 니까 우리가 앞에서 인이라 불렀던 물체는 진정한 인이 아니라고 결론을 내려 야 할까? 여기서도 역시 우리는 어떤 정의를 채택하면, 따라서 어떤 결론을 얻 건 자유이다. 그러나 첫 번째를 택하는 것은 잘못이다. 왜냐하면 그 융해점의 소수자리를 하나 결정할 때마다 물체의 이름을 바꾼다는 것은 불가능하기 때 문이다.

13

요컨대 러셀, 힐베르트 두 사람 모두 엄청난 노력을 했다. 둘 다 독창적이고 심원한, 때로는 매우 정당한 견해로 가득 찬 글을 썼다. 그 두 책은 우리에게 많은 반성거리를 제공하며, 배워야 할 점이 많다. 그 결과 가운데 몇 가지는, 아 니 많은 것들은 확고히 불후로 남을 만한 운명을 지니고 있다.

그러나 그들이 칸트와 라이프니츠의 논쟁을 결정적으로 종식시키고, 수학에 관한 칸트의 학설을 허물었다고 하는 것은 분명 잘못이다. 나는 이 두 사람이 스스로 자기들을 그렇게 생각했는지의 여부는 알지 못한다. 만약 그렇게 생각했다면 그들은 오류를 저지르는 것이다.

5 기호논리학파의 최근 노력

1

기호논리학파 사람들은 앞 장의 고찰에 해답을 내놓으려 시도했다. 때문에 그들은 수학적 논리학을 변형하기를 마다하지 않았고, 특히 러셀은 그의 최초 견해의 몇 가지 점에 수정을 가했다. 여기서는 논쟁의 세부까지는 들어가지 않기로 하고, 내가 가장 중요하다고 생각하는 다음 두 가지 문제를 살펴보고자한다. 즉 기호논리학의 법칙은 그것의 다산(多産)성과 확실성의 증명을 얻었을까? 또 완전 귀납법이 그 법칙에 의해, 어떠한 직관에 호소하지 않고 증명할 수있다는 것은 사실일까?

2. 기호논리학의 무오류성

기호논리학의 다산성에 대해 쿠튀라는 순진한 환상을 가졌던 것 같다. 그에따르면 기호논리학은 발견에 '장다리와 날개'를 제공한다고 한다. 그리고 그다음 페이지에선 "페아노가 《공식집(Formulaire)》 제1판을 낸 지 '10년이 지났다'"고밝히고 있는 것이다.

이 말대로 날개를 얻은 지 10년, 그런데도 아직 날개가 없는 것은 무슨 까닭일까!

나는 매우 훌륭한 업적을 남긴(예를 들면 평면 전체를 덮은 곡선과 같이) 페아노에 대해선 최대의 경의를 표하는 바이지만, 요컨대 그는 날개 없는 대다수의 수학자에 비해, 특별히 앞으로, 더 높게, 또 더 빠르게 나아간 것은 아니었다. 그는 다리만으로도 모든 것을 똑같이 훌륭하게 이룩해냈을 것이다.

나는 오히려 기호논리학에서 발견자에 대한 어떤 질곡을 볼 따름이다. 이것으로 어떤 간결함을 얻지는 못한다. 아니, 그뿐만이 아니다. 1이 수임을 증명하기 위해 27개의 방정식을 필요로 한다면 참의 정리를 증명하는 데에는 몇 개나 필요할까? 만약 화이트헤드 씨에 동조하여 개체 x와, x를 유일한 요소로 갖는 부류 ιx, 또 x를 유일한 요소로 갖는 부류가 유일한 요소인 부류 $\iota\iota x$의 셋으로 구별하기로 했다면, 이 구분이 아무리 쓸모 있다 한들 우리의 발걸음을 그리 경쾌하게 할 것 같지는 않다.

기호논리학은 우리에게 통상적인 것들끼리 모두 언어로 밝히고, 한 걸음씩 앞으로 나아가라고 강요한다. 어쩌면 그렇게 하는 것이 한층 확실하기는 하겠지만 더 빠르지는 않다.

여러분이 우리에게 주는 것은 날개가 아니다. 이리에게 매어주는 줄이다. 그렇게 생각하는 것만이 기호논리학을 합리화하는 길이다. 유가증권은 많은 이자를 가져다주지 않더라도 적어도 한집안의 아버지가 투자할 가치가 있는 것이어야 한다.

우리는 여러분의 법칙에 맹종해야만 하는 것일까? 만약 맹종하지 않는다면 그 법칙을 판별할 수 있는 것은 오로지 직관뿐일 것이다. 따라서 이 물음엔 그렇다고 대답해야만 하게 된다. 그렇지만 맹목적 신뢰는 오류 없는 권위 속에서만 가능하다. 따라서 여러분의 법칙은 분명히 오류가 없는 것이어야 한다.

나도 분명 오류를 저지르지만, 여러분이 나에게, 당신도 오류를 저지르지 않느냐고 말할 권리는 없다. 오류를 범하는 것은 우리에겐 불행이다. 매우 큰 불행이다. 그러나 여러분에게 그것은 죽음이다.

또 정수론의 무오류성이 과연 덧셈의 오류를 막을 수 있겠냐고 말하는 것도 그만두어야 한다. 계산의 규칙에는 잘못이 없지만, '이 규칙을 무너뜨린 것들'이 오류를 범하는 것이다. 그러나 그 계산을 다시 검증하면 어디서 규칙을 위반했는지 즉각 알 수 있다. 지금의 경우는 이것과 사정이 전혀 다르다. 기호논리학파 사람들은 그 규칙을 '적용하여' 모순에 빠진 것이다. 이 사실은 그들이 이 법칙을 고쳐서, "부류의 개념을 희생시키자"고 외치는 데서도 알 수 있다. 만약 오류가 없다면 이것을 왜 고치려 하겠는가!

"우리는 생겨날 수 있는 문제를 지금 이 자리에서 몽땅 해결할 의무는 없다"고 여러분은 말한다. 나는 여러분에게 그렇게까지 요구하지는 않는다. 만약 하나의 문제에 부딪혀 여러분이 '어떠한' 풀이도 내놓지 못한다면 우리는 아무 할 말이 없을 것이다. 그러나 반대로 여러분은 모순된 '두 개'의 풀이를 내놓는다.

따라서 적어도 그중 하나는 거짓이다. 즉 파탄을 일으키는 것은 바로 이것이다.

러셀은 이 모순들을 조화시키려고 시도한다. 그에 따르면 이것은 "부류 개념을 제한하여, 또는 희생까지 함으로써만" 비로소 가능하다고 말한다. 그리고 쿠튀라는 이 시도의 성공을 기대하고 이렇게 덧붙인다. "다른 사람들이 실패한 부분에서 기호논리학파가 성공을 거둔다면, 푸앵카레는 이 말을 떠올리고 기호논리학에 해결의 영광을 돌리고 싶어할 것이다."

그러나 그렇지 않다. 기호논리학은 존재하며, 이미 4판을 거듭한 기호학 법전도 있다. 오히려 기호논리학 자체를 이루는 것은 이 법전이라고 해야 하리라. 러셀은 모순된 두 개의 추리가, 아니면 적어도 그중 하나가 이 법전을 위반했음을 보이려는 것일까? 결코 그렇지는 않다. 그는 이 법칙을 바꾸고, 그중의 어떤 것을 폐지하려는 것이다. 만약 그가 성공한다면 나는 러셀의 직관에 명예를 부여하고, 그가 파괴한 페아노의 기호논리학에 명예를 부여하지는 않을 것이다.

3. 모순의 자유의지

나는 앞에서 기호논리학파 사람들이 채택하는 정수의 정의에 대하여 두 개의 주된 항의를 내놓았다. 첫 번째 항의에 대해 쿠튀라는 뭐라고 대답할까?

수학에서 '존재한다'는 말은 무엇을 뜻하는가? 그것은 모순이 없음을 뜻한다고 나는 앞에서 말했었다. 여기에 쿠튀라가 제기한 이의는 다음과 같다. "논리적 존재는 모순이 없다는 것과는 전혀 별개이다. 그것은 하나의 부류가 공허하지 않다는 사실에 있다. 몇 개의 a가 존재한다는 정의는 부류 a가 0이 아님을 긍정하는 것이다"라고 그는 말한다. 그리고 부류 a가 0이 아니란 것은, 의심할 바 없이 몇 개의 a가 존재한다고 주장하는 것이다. 그러나 만약 이 두 주장은 우리가 a를 볼 수 있거나, 또는 만질 수 있다는 의미일까—이것은 물리학자 또는 동식물연구가가 부여하는 의미이다—, 또는 하나의 a를 모순에 빠지는 일 없이 생각할 수 있다는 의미일까—이것은 논리학자 및 수학자가 부여하는 의미이다—, 그중 어떤 것이 아니라면 이 두 주장은 모두 의미가 없는 것이다.

쿠튀라에겐 모순이 없다는 말이 존재를 증명하는 것이 아니라, 존재한다는 말이 모순이 없음을 증명하는 것이다. 그러므로 한 부류의 존재를 확립하기 위해선 '예증'을 들어서 그 부류에 속하는 하나의 개체가 있음을 확립해야 한다. 그는 말한다.

"그러나 그 개체의 존재를 어떻게 증명할 것인가? 이 개체가 속하는 부류의 존재를 그 개체의 존재로부터 연역하기 위해선 그 개체의 존재를 확립할 필요가 있는 것은 아닌가? 하는 의문을 가질 수도 있다. 아니다, 그럴 필요는 없다. 이렇게 주장하면 모순처럼 들리겠지만, 개체의 존재는 결코 증명할 수 없다. 개체는 언제나 그것이 개체라고 하는 것으로만, 하나의 존재로 간주된다. 절대적으로 말하건대 개체가 존재한다는 것을 서술할 필요는 결코 없다. 단지 그것이 어느 부류 속에 존재한다는 것을 서술하면 된다."

쿠튀라는 자신의 주장을 모순적이라고 보는데, 분명 그 혼자만이 그렇게 보지는 않을 것이다. 그렇지만 그 주장은 의미가 있어야만 한다. 그의 주장이 의미하는 바는, 의심할 바 없이 전 세계에 단 하나인, 어떠한 제한도 가해지지 않은 개체의 존재라고 하는 것은 모순을 일으키지 않는다는 것이리라. 개체가 오직 하나인 이상 그것은 누구의 방해도 될 수 없음은 자명하다. 그러면 된다. 우리는 '절대적으로 말해서' 개체의 존재를 승인하기로 하자. 그러나 그렇게 하면 우리에겐 아무것도 되지 않는다. 여러분에겐 '부류 안에 있는' 개체의 존재를 증명하는 일이 남는다. 그러려면 이러이러한 개체가 이러이러한 부류에 속한다는 주장이 그것 자체로서도, 또 채택된 다른 공준과도 모순되지 않는다는 것을 반드시 증명해야 한다.

"따라서 모순되지 않는다는 것을 증명하지 않으면 정의는 가치가 없다고 주장하는 것은 터무니없고 부당한 요구이다." 쿠튀라의 이 말보다 더 단호하고, 거만하게 모순의 자유를 요구하기란 불가능할 것이다. 그는 또, "어쨌거나, '증거를 들어서 증명할 임무'는 이 원리들에 모순이 있다고 믿는 사람에게 있다"라고 말한다. 즉 반대의 증거가 나오기 전까지는 피고가 무죄라고 추정되는 것처럼 공준도 모순이 없다고 추정되는 것이다.

내가 이 강요에 따르지 않을 것임은 말할 필요도 없다. 그렇지만 여러분은 말한다. 당신이 우리에게 요구하는 증명은 불가능하다. 당신은 우리에게 이렇게 말한다. "나무에서 물고기가 나오기를 요구할 수는 없다." 미안하지만 그것은 여러분에겐 불가능하겠지만, 귀납법의 원리를 '선험적' 종합판단으로 인정하는 우리에겐 불가능하지 않다. 또 이 귀납법은 여러분에게나, 우리에게 모두 필요하다.

한 체계의 공준에 모순이 없음을 증명하기 위해서는 수학적 귀납법의 원리를 응용해야 한다. 이 추리방법은 어떠한 '기괴한' 점도 없을 뿐만 아니라, 이것이야말로 유일하게 올바른 방법이다. 과거 이 방법을 썼던 사람이 있다는 것은 '진실일 것 같지 않은' 일이 아니다. 그 '실례와 선례들'을 찾아내기란 어렵지 않다. 나는 지금 내 글에 두 군데를 인용했는데, 이것은 다시 힐베르트의 소책자에서 따온 것이다. 그런 말을 썼던 사람은 그 혼자만이 아닐 뿐더러, 그것을 이용하지 않은 사람은 잘못하고 있는 것이다. 내가 힐베르트를 비난한 까닭은 그가 이 원리의 도움을 받았다는 것 때문이 아니라(이 사람처럼 천성적인 수학자가, 증명을 해야 한다는 것과, 나아가 그렇게 하는 것만이 유일하게 가능한 증명이라는 것을 알지 못할 리가 없다), 그것이 회귀적 추론이라는 것을 모르고 이용한 점에 있다.

4. 두 번째 반론

나는 힐베르트의 논문에 나오는 수학적 논리파의 두 번째 오류를 지적했었다. 오늘날 힐베르트는 그 일파에서 파문을 당하여 쿠튀라는 이제 그를 기호논리학파로 간주하고 있지 않다. 그러므로 그는 기호논리학파의 정통에서도 같은 오류가 발견되었는지 여부를 나에게 물으려 한다. 그들의 책 가운데 내가 읽은 부분에선 그런 오류는 발견되지 않았다. 읽을 마음이 내키지 않았던 나머지 3백 쪽에서도 발견할 수 있을지 어떨지 나는 모른다.

다만 그들이 수학을 뭔가에 응용하고자 할 때, 그들은 어떻게든지 이 오류를 저지르게 될 것이다. 수학은 영원히 자신만을 생각할 뿐이지만, 그것이 유일한 목적은 아니다. 수학이 자연과 만나는 날, 관계가 탄생하는 때가 저절로 올 것이다. 그날에 이르면 단지 말뿐인 정의는 내다버려야 하며, 말에만 안주하는 것은 이제 용납되지 않을 것이다.

힐베르트의 예로 돌아가자. 문제는 역시 회귀적 추론과 한 체계의 공준에 모순이 있는지 여부를 아는 것이다. 쿠튀라는, 이것은 본디 자기하고 상관없는 일이라고 할 것이 뻔하지만, 그 사람처럼 모순의 자유를 강요하지 않는 사람들에겐 아마도 흥미를 끄는 점이 있을 것이다.

우리는 위와 같이 여러 차례 추리를 거듭해도 그 개수가 유한한 이상 모순에 빠지는 일이 없음을 증명하고자 한다. 그러려면 귀납법 원리를 응용해야만 한다. 여기서 유한한 수란, 정의에 의해 귀납법 원리가 적용된다고 인정되는 수라는 뜻으로 풀이해야 할 것인가! 분명 그렇지는 않다. 만약 그렇다면 우리는 엄청나게 복잡한 결과에 빠지게 될 것이다.

우리에게 한 체계의 공준을 둘 권리가 있기 위해서는, 그 공준 사이에 모순이 없음을 확고히 해야만 한다. 이것은 '대다수의' 학자가(쿠튀라의 최근의 논문을 읽기 전이었다면 '모든' 학자라고 썼을 것이다) 인정하는 진리이다. 이것은 어떤 의미일까? "'유한'수라는 '유한 개의' 명제를 만든 다음에도 모순을 만나지 않는다는 것은 분명히 해야 한다"는 의미일까? 여기서 이 유한수란 반복성을 지닌 모든 수이며, 따라서 만약 모순에 빠진다든지 하여 어느 하나의 성질이 결여되면 우리가 일치하여 문제의 그 수가 유한이 아니라고 '시인하게 될' 수이다.

또는 말을 바꿔서, "우리가 모순에 맞닥뜨리려는 바로 그 순간에 멈추는 것을 조건으로 하고, 모순과 만나지 않음을 확실히 해야만 한다"는 의미일까? 그런 명제는 서술하는 것만으로도 이미 오류로 보기에 충분하다.

이와 같이 힐베르트의 추리는 단순히 귀납법 원리를 예상할 뿐만 아니라, 이 원리가 단순한 정의로서가 아니라 '선험적' 종합판단으로서 우리에게 주어져 있음을 예상하는 것이다.

요약하면 다음과 같다.

'증명은 필요하다.'

'유일하게 가능한 증명은 반복에 의한 증명이다.'

'증명이 정당하려면 귀납법 원리를 인정하고, 이것을 정의로서가 아니라 종합적 판단으로 간주해야 한다.'

5. 칸토어학파의 이율배반

이제 러셀의 새 논문을 검토하려고 한다. 이 논문은 내가 이미 몇 번인가 언급한 직이 있었던, 칸토어의 이율배반이 야기한 몇 가지 난점을 정복할 목적으로 작성된 것이다. 칸토어는 무한대의 과학을 세울 수 있다고 믿었다. 그가 개척한 길을 다른 사람들이 가보았지만, 그들은 곧 알 수 없는 모순에 맞닥뜨렸다. 그런 이율배반은 이미 적지 않은데, 가장 유명한 것은 다음의 세 가지이다.

첫째, 부랄리 포르티(Burali Forti)가 제기한 이율배반

둘째, 체르멜로 쾨니히(Zermelo König)가 제기한 이율배반

셋째, 리샤르(Richard)가 제기한 이율배반

칸토어는, 서수(그가 도입한 새로운 개념의 초한서수이다)가 선상계열로 늘어놓아진다는 것, 다시 말하면 서로 다른 두 개의 서수 가운데 하나는 다른 하나보다 반드시 작다는 것을 증명했다. 부랄리 포르티는 그 반대를 증명한다. 그의 주장은 대략 다음과 같다. "실제로 모든 서수를 선상계열로 늘어놓을 수 있다면, 그 계열은 다른 모든 서수보다 큰 하나의 서수를 정의하는 것이다. 따라서 이 서열에 1을 더할 수가 있으므로 더 큰 하나의 서수를 얻을 수 있게 된다. 이것은 모순이다."

체르멜로 쾨니히가 제기한 이율배반은 조금 다른 성질을 띤다. 이것에 대해선 나중에 다시 다루겠다. 여기서는 리샤르가 제기한 이율배반을 살펴보도록 하자(1905년 6월 30일 자 〈과학 일반(Revue générale des Sciences)〉지). 유한개의 단어로써 정의할 수 있는 모든 소수를 생각해 보자. 그러한 소수는 집합 E를 만드는데, 이 집합이 가산집합임은 쉽게 알 수 있다. 가산집합이란 그 집합의 각종 소수에 1부터 무한에 이르기까지 '번호를 매길' 수 있다는 것을 가리킨다. 번호를 매긴 것으로서 N이라는 수를 다음과 같이 정의한다. 집합 E의 n번째 수의 소수자릿수 n이

0, 1, 2, 3, 4, 5, 6, 7, 8, 9,

일 때, N의 소수자릿수 n은,

1, 2, 3, 4, 5, 6, 7, 8, 1, 1,

이라고 한다.

보다시피 N은 E의 n번째 수와 같지 않다. 그리고 n은 임의이므로 N은 E에 속하지 않는다. 더구나 우리는 N을 유한개의 단어로 정의했으므로 N은 이 집합에 속하지 않으면 안 된다.

우리는 리샤르가 매우 교묘하게 그 역설에 설명을 부여한 점, 또 그 설명은

적당히 말을 바꾸면 비슷한 다른 역설로도 확장될 수 있다는 것을 나중에 볼 것이다. 러셀은 다음과 같이 매우 재미난 이율배반을 하나 더 내놓고 있다.

"'100개 이하의 단어가 들어간 문장으로 정의될 수 없는 가장 작은 정수'로는 어떤 것이 있을까?"

그런 수는 존재한다. 단어의 수는 무한하지 않으므로 그런 문장으로 정의될 수 있는 수는 확실히 유한개이다. 그러므로 그 나머지 수 가운데 다른 어떤 것보다 작은 수가 분명 있을 것이다.

그러나 다른 측면에서 보면 그런 수는 존재하지 않는다. 왜냐하면 그 정의에 모순이 들어 있기 때문이다. 지금 사실상 그런 수가 100개 이하의 단어가 들어간 문장으로 정의되고 있음을 알 수 있다. 그런데 정의에 따르면 그 수는 그런 문장으로는 정의될 수 없어야 하는 것이다.

6. 지그재그 이론과 무부류 이론

그런 모순에 맞닥뜨려 러셀은 어떤 태도를 취했을까. 내가 기술했던 이율배반을 분석하고 다시 몇 개의 예를 인용한 뒤, 이것에 에피메니데스를 연상시키는 듯한 형태를 부여하고는 망설임 없이 다음과 같은 결론을 내리고 있다.

"한 변수의 명제함수(즉 정의)는 반드시 하나의 부류를 결정하지는 않는다 (A propositional function of one variable does not always determine a class)." '명제함수 (Propositional function)' 또는 '규준(norm)'은 '비확정적(non predicative)'일 수 있다. 이것은, 비확정적인 명제가 비어 있는 부류, 즉 0의 부류를 결정한다는 의미는 아니다. 그리고 정의를 만족하여 부류의 요소일 수 있는 x의 값이 하나도 없다는 뜻이 아니다. 요소는 존재하지만 서로 결합하여 부류의 형태를 이룰 권리가 없다는 것이다.

그러나 이것은 아직 발단에 불과하다. 정의가 확정적인지 아닌지를 식별할 수 있어야 하는데, 이 문제를 풀기 위해 러셀은 다음 세 가지 설 가운데 어떤 것을 취해야 할지 망설이고 있다. 그 세 가지 설이란 다음과 같다.

A. 지그재그 이론(The zigzag theory)

B. 크기 제한 이론(The theory of limitation of size)

C. 무부류 이론(The no classes theory)

지그재그 이론에 따르면 "정의(명제함수)는 매우 간단한 경우에는 하나의 부류를 결정하며, 복잡하고 모호한 경우에 한해 부류를 결정하지 않는다." 그러면 하나의 정의가 수용될 수 있을 정도로 충분히 간단한지의 여부는 누가 결정할까? 이 문제에는 다음과 같이, 완전히 무능력함을 솔직하게 털어놓는 것 외에 답은 없다. "그러한 정의가 확정적인지 여부를 식별하는 규칙은 매우 복잡하며, 어떤 그럴듯한 이유를 붙여서 스스로 천거할 자격은 없다. 이 결점은 심혈을 기울여 또는 아직 지적되지 않은 구별을 이용함으로써 개량할 수 있을지도 모른다. 그러나 지금으로선 이 법칙을 발견하려 했던 나는 모순이 없다는 것 말고 다른 지도원리를 찾아내지는 못했다."

그러면 이 설은 몹시 모호한 것이 된다. 이 어둠 속에 희미한 빛이 한 줄기 있다. 그것은 지그재그라는 말이다. 러셀이 'zigzag giness'라고 부르는 그것은 어쩌면 에피메니데스 논법을 특징짓는, 그러한 특수한 성질인 듯하다.

크기 제한 이론에 따르면 부류는 범위가 너무 클 때, 존재의 권리를 잃는다고 한다. 어쩌면 그것은 무한이어도 무방하지만, 지나치게 무한으로 흘러선 안된다고 말한다.

그러나 우리는 여기서 같은 난관에 부딪친다. 부류는 정확히 어느 순간부터 과대해지기 시작하는 것일까? 물론 이 난관은 해결되지 못했고, 러셀은 세 번째 설로 옮아간다.

무부류 이론에 있어선, 부류라는 단어의 서술은 금지되고 대신에 각종 완곡하고도 에두른 표현을 쓰지 않으면 안 된다. 부류와, 부류의 부류만을 논하는 기호논리학파들에겐 어마어마한 변화이리라. 그들로서는 기호논리학을 모조리 바꾸어야만 하게 된다. 만약 기호논리학의 1쪽에서부터 부류에 관련된 명제를 하나도 남김없이 없앤다면, 그 1쪽이 어떠한 모습일지 상상할 수 있을까? 백지의 한가운데에 몇 개의 명제가 점점이 흩어져 있는 것에 불과할 것이다. 그야말로 '심연의 망망대해에서 헤엄치기(Apparent rari nantes in gurgite vasto)'[1]인 것이다.

어쨌든 러셀이 망설이는 점이 무엇인지, 그가 지금까지 채용했던 기초원리에 부여하려는 수정이 무엇인지 알았다. 그것은 정의가 지나치게 복잡한지 아닌지,

---

1) 베르길리우스의 작품에서 인용된 라틴어 속담. 용감 무식함을 빗대어 말할 때 쓰임.

또는 범위가 너무 크지는 않은지를 결정하기 위한 규준이 필요하게 되는데, 이 규준은 직관에 의해 비로소 정당한 근거를 부여할 수가 있다는 것이다.

궁극적으로 러셀이 향한 곳은 무부류 이론이다.

어쨌거나 기호논리학은 다시 만들어져야 한다. 그 가운데 얼마나 구제될 수 있을지는 알 수 없다. 여기서 문제가 되는 것은 칸토리즘과 기호논리학에 한정되어 있음은 덧붙일 것까지도 없다. 참된 수학, 뭔가에 도움이 되는 수학은 외부에서 거칠게 부는 폭풍에 개의치 않고 그 원리를 좇아 계속해서 발전할 수가 있으므로 의연하고, 결정적으로 또 결코 포기하지 않고 정의를 정복하기 위해 한 걸음씩 나아갈 것이다.

7. 참된 해결

그런 다양한 주장 가운데서 우리는 어떤 선택을 해야 할까? 내가 앞에서 다루었던 1905년 6월 30일 자 〈과학 일반〉지에 게재된 리샤르의 편지에 그 답이 들어 있다고 생각한다. 그는 이른바 리샤르가 제기한 이율배반을 서술한 뒤, 그것에 대한 설명을 덧붙이고 있다.

제5절에서 이 이율배반에 관해 다루었던 부분을 떠올려보자. E는 유한개의 단어로 정의될 수 있는 모든 수의 집합이다. 다만 '정의하면서 집합 E 자신의 개념을 도입하는 것은 허용되지 않는다'고 한다. 그렇다면 E의 정의는 순환논법을 포함하게 된다. E를 정의할 때, 집합 E 자신으로는 불가능하다.

한편, 우리는 유한개의 단어로 N을 정의했었다. 그러나 그때 집합 E의 개념을 근거로 했었다. N이 E에 속하지 않는 까닭은 여기에 있다.

리샤르가 택한 예에 따르면 결론이 완전한 명료성을 띠고 등장하는데, 그 명료성은 그의 편지 원문을 보면 더욱 커진다. 그러나 쉽게 확인할 수 있다시피 다른 이율배반에 대해서도 똑같은 설명을 적용할 수가 있다.

그리하여 '비확정적이라고 간주되어야만 하는 정의는 순환논법을 포함하는 정의가 되었다.' 앞에서 말한 몇 가지 예는 내가 말하는 그러한 의미를 충분히 보여준다. 러셀이 'zigzag giness'라고 부르는 것이 과연 그것일까? 나는 해결을 제시하지 않고 이 문제를 질문하겠다.

8. 귀납법 원리의 증명

이번엔 귀납법 원리에 대해서 주장되고 있는 증명들, 특히 화이트헤드의 증명과 부랄리 포르티의 증명을 검토해 보자.

우선 화이트헤드의 증명에 대해 살펴보기로 하고, 러셀이 최근의 논문에서 매우 적절하게 도입한 몇 가지 새로운 명칭을 이용하기로 하자.

0을 포함하여, 나아가 만약 n을 포함한다면 $n+1$도 포함하는 수의 부류는 모두 '반복부류'라고 부르기로 하자.

반복부류에 속하는 모든 수를 '귀납적 수'라고 하자.

부류 속에서 다른 어떤 부분들과도 같지 않은 주요 숫자를 '유한수'라고 하자.

앞에서 살펴본 바에 따르면 '모든' 반복부류라 함은, 그 정의 속에 귀납적 수의 개념은 들어가지 않는 모든 반복부류를 가리킨다고 해석해야 한다.

그것이 아니라면 이율배반을 야기한 이 순환논법에 다시 빠지게 된다.

그러나 화이트헤드는 이러한 주의를 게을리한 것이다.

따라서 화이트헤드의 추리에는 오류가 있으며 그것은 이율배반에서 유도했던 추리와 같다. 잘못된 결과를 내놓을 때 그 추리는 부당하지만 우연히 참의 결과로 유도되었을 경우에도 여전히 부당한 것임엔 변화가 없다.

순환논법을 포함하는 정의는 어떤 것도 정의하지 않는다. 우리의 정의에 어떠한 의미를 부여한다 해도 귀납적 수의 부류에 속하는 것으로서 적어도 0이 있다 해도 아무 도움이 되지 않는 것은 확실하다. 이 부류가 비어 있는지 여부를 아는 것이 문제는 아니다. 이것에 엄밀하게 경계를 지을 수 있는지 여부가 문제이다. '비확정적'인 부류는 비어 있는 부류는 아니다. 그 경계가 불확정한 부류인 것이다.

이러한 특수 항의가 모든 증명에 적용되는 일반적 정의를 무효로 만들지 않음은 덧붙여서 말할 필요도 없다.

9

부랄리 포르티는 〈유한부류(Le Classi finite)〉라는 제목의 논문에서 다른 증명을 내놓았는데, 그는 두 가지 공준을 가정할 필요에 몰렸다.

첫 번째 공준은, '어쨌든 적어도 하나의 무한부류가 존재할 것'이다.

두 번째 공준은 다음 식으로 나타낼 수 있다.

$u \varepsilon K \ (K - \iota \Lambda). \ \supset. \ u < v'u.$

첫 번째 공준이 이제부터 증명하려는 원리에 비해 더욱 또렷하다고는 할 수 없다. 두 번째 공준은 또렷하지 않은 정도가 아니다. 화이트헤드가 명시한 것처럼, 또 이 공준을 이해하기 쉬운 말로 나타냈더라면, 아무리 어린 학생이라도 힐끗 보기만 하고도 알 수 있을 정도로 잘못되어 있다. 왜냐하면 저 식의 의미는 '약간의 것으로 만들 수 있는 조합의 수는 그것 자체의 수보다 작다'는 것이기 때문이다.

10. 체르멜로의 공리

체르멜로는 그의 유명한 증명에서 다음 공리를 근거로 들고 있다.

"어떠한 집합에서도 (또는 집합의 집합에 속하는 각 집합에서도) 우리는 언제나 하나의 요소를 '무작위로' (그 집합의 집합이 무한히 많은 집합으로 이루어져 있더라도) 골라낼 수가 있다"는 것이다. 이 공리는 지금까지는 명백하게 기술되지 않고 암묵적으로 여러 차례 응용되어 왔는데, 이것이 일단 명시되고 나자 의문이 생기기에 이르렀다. 보렐(Borel)처럼 어떤 수학자는 이것을 단호하게 배척하고 어떤 사람들은 이것을 찬미한다. 최근에 발표한 그의 논문을 바탕으로 러셀이 이것에 대해 어떻게 생각했는지를 살펴보자.

분명하게 기술하고 있지는 않지만 그의 고찰은 시사하는 바가 매우 크다.

우선 훌륭한 한 예가 있다. 정수의 수와 같은 만큼의 신발이 있는데 그 '켤레마다' 1부터 무한대까지 번호를 매겼다 하자. 신발의 수는 몇 개일까? 신발의 수는 켤레의 수와 같을까? 각 켤레에 대해 만약 오른쪽 신발과 왼쪽 신발을 구별할 수 있다면 그 수는 같게 된다. 즉, n번째 켤레의 오른쪽 신발에는 번호 $2n-1$을, n번째 켤레의 왼쪽 신발에는 $2n$을 매기면 된다. 만약 오른쪽 신발이 왼쪽 신발과 같다면, 그것은 불가능하다. 앞에서와 같은 조작이 불가능해지기 때문이다. 다만 체르멜로의 공리를 승인하지 않을 때의 이야기이다. 만약 승인한다면 다시 먼저와 똑같아진다. 각 켤레에서 신발을 '무작위로' 집어내 이것을 오른쪽 신발로 간주할 수가 있기 때문이다.

11. 결론

분석논리학의 원리에 진정한 기초를 두는 증명은 명제의 연속으로 이루어질 것이다. 전제가 될 명제들은 동일판단 또는 정의일 것이며, 다른 명제들은 차츰 연역이 가능할 것이다. 각 명제와 그다음 명제를 잇는 연쇄는 즉각 확인할 수 있지만, 최초의 명제에서 어떻게 마지막 명제로 이를 수 있는지를 대번에 알아내기는 어렵다. 따라서 사람들은 걸핏하면 이 마지막 명제를 새로운 진리로 간주하려 한다. 그러나 만약 속속 등장하는 각종 어구를 그것의 정의로 치환하고, 이 조작을 되도록 빈틈없이 해낸다면 마지막에는 같은 판단만이 남게 되고, 모든 것은 근사한 중복어법으로 귀착될 것이다. 그렇다면 논리학은 직관에 의해 기르지 않으면 결국 어떤 결과도 맺지 못하고 끝나게 된다.

이것은 내가 앞에서 이미 말했던 것이다. 기호논리학파 사람들은 이것에 반대를 나타내고, 새로운 진리를 실제로 증명함으로써 그것을 확실하게 얻었다고 믿고 있다. 그들은 어떠한 기제에 근거한 것일까?

그들의 추리에 내가 방금 말한 절차를 응용해도, 즉 정의된 용어를 그 정의로 치환해도 그 추리가 보통의 추리처럼 동일판단으로 융화하지 않는 것은 왜일까? 그것은 이 절차가 그들의 추리에는 응용될 수 없기 때문이다. 이것은 왜일까? 그것은 그들의 정의는 비확정적이고, 위에서 지적한 것처럼 감춰진 순환논법을 지녔기 때문이다. 비확정적인 정의는 확정된 용어로의 치환이 불가능하다. 그런 조건 아래서는 '기호논리학이 더 이상 비생산적이지 않겠지만, 이제는 이율배반을 낳는 것이다.'

그런 비확정적인 정의를 낳은 까닭은 실무한(實無限)의 존재를 믿기 때문이다. 그 의미를 설명해 보자. 그런 정의에는 위에서 든 예에서 볼 수 있다시피 '모든'이라는 말이 등장한다. '모든'이란 말은 유한개의 대상에 관해서는 매우 명확한 의미를 갖는다. 대상의 수가 무한인 경우에서도 여전히 명확한 의미를 가지려면 실무한의 존재를 필요로 한다. 그렇다면 그러한 모든 대상은 그 정의에 앞서서 주어진 것으로는 볼 수 없게 되고, 따라서 만약 개념 N의 정의가 대상 A '전체'를 기초로 한다면, 대상 A 속에 개념 N 자체를 이용하지 않고는 정의가 불가능한 것이 있는 한, N의 정의는 순환논법에 의해 오점이 남는 경우도 있을 수 있다.

형식논리의 법칙은 단지 모든 가능한 분류의 성질을 나타내는 것에 불과하다. 그러나 그 법칙을 응용할 수 있으려면 그런 분류가 불변적이면서도, 추리 도중에 수정이 더해져서는 안 된다. 만약 유한개의 대상만을 분류한다면 그 분류를 변화 없이 해두는 것은 쉽다. 대상의 수가 '부정확'할 때는, 다시 말해서 예상치 않았던 새로운 것의 등장이 끊임없이 일어나는 경우에는 어쩔 수 없이 분류를 수정해야만 할 때가 있다. 이율배반의 위험이 있는 것은 그와 같은 사정에 의해서이다.

'실무한은 존재하지 않는다.' 칸토어학파는 이것을 망각하여 모순에 빠졌던 것이다. 칸토리즘(Cantorisme)이 공적을 이룬 것은 사실이지만, 그것은 그 용어가 명확하게 정의된 참의 문제에 응용되었을 때였다. 그때 사람들은 두려움 없이 앞으로 나아갈 수 있었던 것이다.

기호논리학파도 칸토어학파와 마찬가지로 이것을 망각하는 바람에 그들은 같은 난관에 부딪혔다. 그렇다면 그들이 그런 길로 나아간 것은 우연일까? 아니면 필연이었을까? 이것을 아는 것이 문제이다.

나로선 이 문제에 의문의 여지가 없다. 실무한에 대한 믿음은 러셀의 기호논리학에선 빼놓을 수 없는 것이다. 이것이야말로 그의 기호논리학과 힐베르트의 기호논리학을 진정으로 구별하는 것이다. 힐베르트는 칸토어의 이율배반을 피하기 위해 외연적 관점을 취한다. 러셀은 내포적 관점을 취한다. 따라서 그에겐 유(類)가 종(種)에 앞서고, '최상위부류(summum genus)'는 모든 것에 앞선다. 만약 '최상위부류'가 유한이라면 이것도 불편을 낳지는 않으리라. 그러나 이것이 만약 무한이라면 무한을 유한 앞에 두어야만 하게 된다. 즉, 무한을 실재로 간주해야만 하는 것이다.

더구나 무한부류만 있는 것은 아니다. 새로운 조건에 의해 개념을 제약하고, 유(類)가 종(種)으로 옮겨갈 때, 이 조건의 수 또한 무한이다. 왜냐하면 이 조건은 일반적으로, 현재 생각하는 것이 무한부류의 모든 대상과 이러이러한 관계에 있다고 서술하는 것이기 때문이다.

그러나 이것은 오래된 이야기이다. 러셀은 위험을 감지하고 고민에 빠져 있다. 그는 모든 것을 바꾸려 하고 있다. 또한 그는 지금까지 금지되어 있던 조작을 허용하는 새로운 원리를 도입하려는 것에만 그치지 않고, 그가 전엔 정당하다고 보았던 조작을 금지할 준비를 하고 있다. 그는 자기가 태워 없애버린 것을 다시 구가하는 것에 만족하지 않는다. 그보다 더 중대한 문제는 그가 과거에 흠모했던 바를 소각시키려 한다는 것이다. 그는 건물에 새로운 옹벽을 추가하는 것이 아니라, 그것의 토대를 뒤흔들고 있는 것이다.

예전의 기호논리학은 죽었다. 그리하여 이제는 지그재그 이론과 무부류 이론이 상속권을 다투기에 이르렀다. 새로운 것을 판명하기 위해선 그것의 존재를 기다려야 할 것 같다.

제3편
신역학

1 역학과 라듐(radium)

1. 들어가는 말

뉴턴 이후 물리학의 기초를 이루고, 전혀 흔들림이 없는 것처럼 보이던 역학의 일반원리들. 그것들도 이젠 폐기되거나 적어도 깊은 수정을 가해야 할 때가 온 것일까? 이것은 몇 년 전부터 많은 사람들이 문제 삼고 있던 것이다. 그들에 따르면 라듐의 발견은 지금까지 가장 확고한 것으로 믿었던 학설들을 뒤집어엎었다고 한다. 그것들은 한편으로는 금속의 변환은 불가능하다는 것이었고, 다른 한편으로는 역학의 기초적 공준들이었다. 그러한 새로운 주장들을 결정적으로 확립된 것으로 보고, 어제의 우상을 즉각 폄하하는 것은 어쩌면 너무나 성급할 수도 있다. 또 어쩌면 태도를 결정하기에 앞서서 더 많은 유력한 실험을 기다리는 것이 지당할 수도 있다. 그러나 이 새로운 학설과 그 학설을 지지하는 것, 즉 이미 매우 중요성을 띠기 시작한 그 논거를 아는 것은 오늘날 더욱 긴요한 일이다.

먼저 역학적 원리란 무엇인지 다음과 같이 간단히 상기해 보도록 하자.

A. 고립되어 외부의 힘을 받지 않는 질점의 운동은 직선등속이다. 이것은 관성의 원리이며 힘이 없으면 가속도가 없음을 나타낸다.

B. 동점(動點)의 가속도는, 그 점에 작용하는 모든 힘의 합력(合力)과 같은 방향을 갖는다. 그 크기는 이 합력을 동점의 '질량'이라 불리는 계수로 나눈 몫과 같다.

이렇게 정의된 동점의 질량은 상수이며 그 점이 갖는 속도와 무관하다. 힘이 그 속도와 평행이고 점의 운동을 단지 바르게 또는 느리게 하는데 불과한 때에도 또는 그와 반대로 속도에 수직으로 점의 운동을 오른쪽으로 또는 왼쪽으로 기울이게 하는 때에도, 즉 진로를 '구부릴' 때에도 질량에 변화는 없는 것이다.

C. 질점이 받는 모든 힘은 다른 질점의 작용에서 생겨난다. 그 힘은 이들 여러 점들의 상대적 위치와 속도에 의해서만 정해진다.

B 및 C의 두 원리를 조합하면 '상대성운동의 원리'가 나온다. 이것에 의해 질점계의 운동은 이것을 고정된 좌표축에 관하여 나타내도, 또는 직선등속운동을 하는 동(動)좌표축에 관하여 나타내도 그 법칙은 같으며, 따라서 절대운동과 그러한 동좌표축에 대한 상대운동을 구별하기란 불가능하다는 것이 된다.

D. 질점 A가 다른 질점 B에 작용할 때 B는 또한 A에 반작용한다. 그리고 이 두 작용은 크기가 서로 같고 방향이 반대인 두 힘이다. 이것은 '작용과 반작용의 원리' 또는 줄여서 말하면 '반작용의 원리'이다.

가장 일반적인 물리학적 현상인 천문학적 관측은 지금까지 이러한 원리들에 완전불변의 매우 정밀한 확증을 부여했던 것처럼 보인다. 사람들은 이제 그것을 사실로 받아들이지만, 그것은 지금까지는 속도가 작은 경우만 다루었기 때문이다. 예를 들면, 행성 가운데 가장 빠른 수성조차도 거의 1초에 100킬로미터에도 이르지 못한다. 만약 1천 배의 속도로 달린다면 이 별의 운행이 과연 지금과 다름이 없겠느냐는 것이다. 여기서 알 수 있다시피 우려하기엔 아직 이르다. 자동차의 제조가 제아무리 진보된다 한들, 우리가 과거의 역학원리를 기계에 응용하기를 그만두어야 할 시기는, 아직까지는 먼 미래에나 올 것이다.

그렇다면 수성의 속도보다 1천 배나 빠른 속도, 예를 들면 광속의 10분의 1, 3분의 1의 속도, 또는 광속에 가까운 속도는 어떻게 실현되게 되었을까? 그것은 음극선 및 라듐방사선의 도움에 의해 얻어진 것이었다.

라듐이 세 가지의 선을 방사한다는 것은 이미 알려진 바이며, 이것을 각각 그리스문자로 α, β, γ로 나타낸다. 앞으로 특별한 지장이 없는 한, 음극선과 서로 유사한 β선에 관하여 논하기로 한다.

음극선을 발견한 뒤로 두 가지 주장이 나오고 있다. 이 현상을 크룩스(Crookes)는 분자의 실제 돌진에 따른 것으로 보고, 헤르츠(Hertz)는 에테르의 특수한 파동으로 보고 있다. 이것은 1세기 전, 빛에 관하여 물리학자를 두 파로 나뉘게 만든 논쟁이 다시 일어난 것이다. 크룩스는 빛에 대해선 폐기된 발사설을 다시 채택하고, 헤르츠는 파동설을 고수했다. 사실은 크룩스의 설이 올바른 것처럼 보인다.

음극선은 우선 음의 전하를 띠는 것이 확인되었다. 즉, 자기장 및 전기장에 의해 진로가 구부러지고, 그것의 기울기는 강력한 전하를 띠고 고속으로 움직이는 방사체와 같은 전기장 내지 자장이 작용한 경우와 같다. 이 두 기울기는 첫째로 속도, 두 번째는 전하와 질량의 비율에 의해 정해진다. 이 질량과 전하는 모두 절대적 값을 알 수는 없는, 단지 그 비율을 알 수 있을 따름이다. 속도는 그대로 두고 전하와 질량을 동시에 2배로 하면, 이 방사체를 기울이려는 힘은 분명 2배가 되겠지만, 그 질량이 마찬가지로 2배가 되므로 관측으로 나타나는 가속도와 기울기에는 변화가 없다. 그러므로 두 개의 기울기를 관찰하면 두 개의 미지수를 정할 수 있는 두 개의 방정식이 나온다. 속도는 1초에 1만 내지 3만 킬로미터임을 알지만, 전하와 질량의 비율에 이르면 매우 커진다. 전기 분해에서의 수소이온의 전하와 질량의 비율에 비하면 음극선의 방사체는 전해질 속 동질량의 수소가 지니는 전기의 거의 1천 배의 전기를 띠는 것을 알 수 있다.

이러한 견해에 확실한 근거를 부여하기 위해선 속도를 직접 측정하고, 위와 같이 하여 계산된 속도와 비교해 보아야만 한다. J.J. 톰슨이 전에 했던 실험에 따르면 속도는 지금보다 100배나 더 작다는 결과가 나왔는데, 그 실험에는 어떤 오류 원인이 있었다. 비헤르트(Wiechert)는 헤르츠의 진동을 이용한 어떤 장치에 의해 이 문제를 다시 연구해 보았다. 그 결과, 적어도 크기에 있어선 앞의 이론과 일치한다는 것을 발견했다. 이 실험을 다시 시도했더라면 매우 흥미로운 것이었으리라. 어쨌든 파동설은 그런 사실 전체를 설명하기엔 무력한 것처럼 보인다.

라듐의 β선에 대해 똑같은 계산을 할 때는 10만, 20만 킬로미터 또는 그 이상이라는 실로 엄청난 속도가 주어졌다. 그런 속도는 우리가 아는 모든 속도를 초과하는 엄청난 것이다. 빛은 확실히 예로부터 알려져 있다시피 1초에 30만 킬로미터를 달리는데, 이것은 물질을 운반하지 않는다. 이에 반해 만약 음극선에 대한 방출이론을 채택한다면, 실제로 문제의 속도로 움직이는 물질분자가 있는 것이 된다. 그러므로 역학의 보통 법칙이 이것에도 역시 적용되는지의 여부를 연구하는 것이 바람직하다.

2. 종질량과 횡질량

전류가 감응현상, 특히 '자기감응'을 일으키는 것은 이미 알려진 바이다. 전류가 강해질 때는 자기감응의 동전력이 나타나 전류에 반항하려 하고, 반대로 전류가 약해질 때는 자기감응의 동전력은 전류를 지속시키려 노력한다. 그러므로 자기감응은, 역학에서 물질의 관성이 모든 속도변화를 막으려는 것과 마찬가지로 전류의 세기에 일어나는 모든 변화를 막으려 한다. '자기감응은 하나의 관성이다.' 모든 것은 전류 주위의 에테르를 움직이게 하지 않고는 일어나지 않으며, 따라서 그 에테르의 관성은 전류의 세기를 일정하게 유지하려고 노력한다는 견해를 낳는다. 전류가 생기게 하려면 이 관성을 이겨내야만 하며, 또한 이것을 멈추는 데에도 역시 이것을 극복하지 않으면 안 된다.

음극선은 음전하를 띤 채 빗발치는 탄환이라고 할 수 있으며, 전류와 같은 것으로 간주할 수 있다. 원래 이 전류에선, 물질이 움직이지 않고 전기가 물질 속을 돌아 흐르는 경우는 없으며, 적어도 이 점에서는 보통의 전류와 다르다. 음극선의 경우는 대류전류이며, 전기가 물질적인 전파물을 타고 그 물질의 운동에 의해 운반되는 것이다. 그러나 롤랜드(Rowland)는 이 대류전류도 전도전류와 똑같은 자기적 효과를 낳는다는 것을 증명했다. 그것은 또한 같은 감응효과를 낳을 것이 틀림없다. 만약 그렇지 않다면 에너지 보존법칙은 무너질 것이다. 크레미우(Crémieu) 및 펜더(Pender)는 모종의 방법을 써서 이 감응적 효과를 '직접' 밝혀냈다.

음극선 입자의 속도가 바뀌려 할 때는 이것에 감응하는 전류의 세기도 마찬가지로 변화하여 그 변화에 반항하는 자기감응 효과가 나타나기 시작한다. 그러므로 그런 입자는 우선 고유한 관성과, 같은 효과를 낳는 자기감응에 의한 외관상의 관성이라는 이중의 관성을 지녀야 한다. 따라서 그것의 실제질량과 전자적(電磁的) 기원의 가설적 질량으로 이루어진 외관상의 총질량을 지니게 된다. 계산에 따르면 이 가설적 질량은 속도와 함께 변화하며, 또한 자기감응의 관성력은 방사체의 속도가 증감할 때, 나아가 방향이 바뀔 때에 따라 같지 않음을 볼 수 있다. 따라서 외관상의 총관성력에 대해서도 똑같이 말할 수 있다.

그러므로 외관상의 총질량은, 입자에 작용하는 실제 힘이 속도에 평행하여 운동을 가속시키려 할 때와, 속도에 수직이어서 그 방향을 바꾸려 할 때는 서로 같지 않다. 따라서 '종(縱)의 총질량'과, '횡(橫)의 총질량'을 구별해야만 한다. 또한 이 두 가지 총질량은 속도에 따라 변화한다. 이것이 아브라함(Abraham)의 이론적 연구결과이다.

앞 단락에서 말했던 측정으로 이 두 가지 기울기를 측정함으로써 우리는 무엇을 결정할 수 있을까? 그것은 한편으론 속도이고 다른 한편으론 전하의 '횡의 총질량'에 대한 비율이다. 그런 상태에서 이 총질량 가운데 어떤 부분이 실제질량이고, 어느 부분이 전자적 가설적 질량인지를 어떻게 정할 수 있을까? 만약 우리가 본디의 의미에서의 음극선만을 가졌다면 그것을 정하기란 꿈도 꾸지 못할 일이리라. 그러나 다행히도 우리에겐 라듐방사선이 있고, 앞에서 말한 것처럼 이것은 음극선에 비해 뛰어나게 빠르다. 이 방사선은 전체가 똑같지 않으며, 전기장 또는 자장의 작용을 받을 때 보이는 움직임도 똑같지가 않다. 전기적 기울기는 자기적 기울기의 함수임을 알 수 있으며, 전자기장의 작용을 받은 라듐방사선을 감광판에 받아서 이 두 기울기 사이의 관계를 나타내는 곡선을 사진으로 찍을 수가 있다. 이것은 카우프만(Kaufmann)이 시도한 것으로서 그는 이것을 이용하여 속도와 전하 대 외관상의 총질량의 비율(이 비율을 앞으로 ε로 나타내기로 한다)과의 관계를 연역했다.

몇 종류의 방사선이 있고 저마다 고유의 일정 속도, 일정한 전하, 일정한 질량을 지닌다고 상상할 수도 있을 것이다. 그러나 이 가설은 사실에 가깝다고 할 수 없다. 왜냐하면 동일질량의 입자 모두가 늘 같은 속도를 갖는다는 것을 어떤 근거로 말할 수 있겠는가? 그보단 차라리 '실제' 질량 및 전하는 모든 방사체에 대해 일정하며, 단지 다른 것은 속도뿐이라고 보는 것이 한층 자연스럽다. 비율 ε가 속도의 함수인 것은 질량이 속도와 함께 변화하기 때문은 아니다. 다만 전자적 가설적 질량이 속도에 따라 달라지므로 질량은 그것과 무관하게 일정하기는 하지만, 외관상의 총질량은 속도에 따라 변화하게 된다. 더구나 관측할 수 있는 것은 이 총질량뿐이다.

아브라함의 계산에 의해 우리는 '가설적' 질량이 속도의 함수로서 변화할 때의 법칙을 알 수가 있다. 또 카우프만의 실험은 '총'질량 변화의 법칙을 우리에게 가르쳐준다. 그러므로 이 두 법칙의 비교에 의해 실제 질량과 '총'질량의 비율을 정할 수가 있을 것이다.

이상이 그 비율을 정하기 위해 카우프만이 쓴 방법이다. 결과는 매우 놀랍다. '실제질량은 0'인 것이다.

그리고 매우 예상 밖의 사상이 탄생하기에 이르렀다. 즉 단지 음극선 입자에 대해서만 증명되었던 사항이 모든 물체로 확장된 것이다. "우리가 질량이라고 부르는 것은 단지 외관일 뿐이다. 모든 관성은 전자적 기원을 갖는다. 그러나 그럴 때, 질량은 더 이상 일정하지 않고 속도와 함께 증가한다. 즉, 매초 1천 킬로미터까지의 속도에서는 거의 일정하지만 그 이상이 되면 점점 증가하여, 광속에 이르면 질량이 무한대가 된다. 횡질량은 종질량과 더 이상 같지 않으며 다만 속도가 매우 커질 때에만 거의 같다. 역학의 원리 B는 더 이상 참이 아니게 된다."

3. 카날선

우리가 지금까지 다다른 점만으론 이 결론은 너무 성급한 감이 없지 않다. 즉 물질의 방사물에 불과하며, 어쩌면 진정한 물질이 아닌 것 같은 그런 가벼운 입자에 대해서만 확립된 것을 물질 전체에 과연 적용할 수 있을 것인가? 그러나 이 문제에 들어가기 전에 다른 종류의 광선에 대해 알아볼 필요가 있다. 즉 골드슈타인(Goldstein)의 '카날선(Kanalstrahlen)'에 대해 기술하고자 한다. 음극은 음전하를 띤 음극선과 동시에 양전하를 띤 카날선도 방출한다. 일반적으로 이 카날선은 음극에서 반발하지 않고 음극 근처에 멈춰서 연노랑 띠를 이루는데, 이것을 인식하기란 그리 쉽지 않다. 그러나 음극에 구멍을 내고 또 이 음극에서 관을 거의 완벽하게 막는다면 카날선은 음극 뒤에서 음극선과 반대 방향으로 퍼지므로 연구가 가능하게 된다. 이와 같은 방법으로 카날선이 양전하를 띠고 있다는 것을 밝혀내고, 미약하나마 음극선에서처럼 자기와 전기의 편차도 존재한다는 것을 알 수 있었다.

라듐은 카날선과 비슷한, 흡수되기가 매우 쉬운 방사선을 내놓는다. 이것은 α선이라고 한다.

음극선과 마찬가지로 두 개의 기울기를 측정하여 속도와 비율 ε를 구할 수가 있다. 음극선과 똑같이 일정한 결과가 나오지는 않지만, 어쨌든 속도 및 비율 ε는 전자에 비해 작다. 양(陽)입자는 음(陰)입자에 비해 전하가 적다. 또는 더욱 자연스러운 사고를 취하여 전하는 같고 그 부호가 반대라고 가정하면 양입자는 음입자보다 훨씬 커지게 된다. 하나는 양전기를 띠고 다른 하나는 음전기를 띤 이 입자에는 '전자'라는 이름이 붙었다.

4. 로렌츠(Lorentz) 이론

전자는 이들 방사선 가운데서 매우 큰 속도를 지니고 우리에게 모습을 나타내는데, 그러면서도 그 존재가 나타나는 것은 단지 이들 방사선 속에만 한정되지는 않는다. 다음에서 우리는 전자가 다양한 역할을 하는 것을 보게 되는데, 광학전기학상의 주요 현상에 설명을 부여하는 것은 바로 이 전자이다. 내가 이제 한마디로 말하려는 이 뚜렷한 종합은 로렌츠에 의해 이루어졌다.

물질은 전체가 커다란 전하를 띤 전자로 이루어져 있다. 그런데 그것이 중성으로 보이는 것은, 서로 반대의 전자부호를 띠고 있어서 전하가 상쇄되기 때문이다. 예를 들면 하나의 태양계 같은 것이 있고, 하나의 커다란 양전자 주위를 음전자라는 수많은 작은 행성들이, 전자를 띠는 양전기에 의해 서로 잡아당겨진 채, 에워싸고 있다고 상상할 수 있다. 이 행성들의 음전하는 태양의 양전하와 중화하여 모든 전하의 대수의 합은 0이 되는 것이다.

이 전자들은 모두 에테르 속을 떠다닌다. 에테르는 어딜 가나 같으며, 에테르 속에 교란이 일어나면 진공상태에서의 빛이나 헤르츠진동과 같은 법칙에 따라 전파된다. 전자와 에테르 이외엔 아무것도 없다. 광파가 전자가 많이 모여 있는 에테르의 일부를 통과하면, 그 전자는 에테르 교란의 영향을 받아 운동을 시작하고 이어 에테르에 반작용을 끼친다. 굴절, 분산, 중(重)굴절, 흡수는 그와 같이 설명할 수 있다. 마찬가지로 전자가 어떤 이유로 운동을 시작하면 그 주위의 에테르를 교란시켜 광파를 생성시킨다. 이것으로 백열체가 빛을 내는 것을 설명할 수 있다.

어떤 종류의 물체, 예를 들면 금속에는 부동전자 이외에 동(動)전자가 있다. 이것은 그 금속체에서 뛰쳐나와 부동전자 사이를 오간다. 동전자는 금속과 외계의 진공과의 경계면이나 공기와의 경계면, 또는 다른 비금속체와의 경계면을 돌파하는 것은 허용되지 않지만, 그 밖의 것에 대해선 완전히 자유롭다. 이 경우 동전자는 금속체의 내부에서, 마치 기체분자가 기체운동론에 따라 그릇 내부에서 움직이는 것과 같은 양상을 보인다. 그러나 전위차의 영향으로, 음성의 동전자는 한쪽으로 향하려 하고 양성의 동전자는 다른 쪽으로 향하려 한다. 바로 이런 현상이 전류를 만드는 것이고 '이런 현상 때문에 그런 물체들이 도체인 것이다.' 다른 한편으론, 만약 기체운동론과 같은 시각을 허용한다면, 전자의 속도는 온도가 높아짐에 따라 차츰 커진다. 이 동전자 하나가 금속체의 표면에 부딪치면 이 표면은 돌파하지 못하므로, 전자는 마치 가장자리에 부딪친 당구공처럼 반사각으로 튀어 올라 속도에 급격한 변화가 온다. 그러나 전자가 방향을 바꿀 때는 나중에 보는 것처럼 광파의 근원이 된다. 뜨거워진 금속이 흰빛을 내는 것은 이것 때문이다.

전매질이나 투명체 같은 다른 물체에서 동전자는 이보다 훨씬 작은 자유도를 갖는다. 그럴 때 동전자는 고정전자의 견인을 받아 그것에 묶인 것 같은 상태를 지속하고, 고정전자에서 멀어질수록 그 인력이 점차 커져서 뒤로 되돌아가려는 경향을 띤다. 따라서 동전자는 고정전자에서 조금밖에는 멀어질 수가 없다. 또한 전과는 달리 자유롭게 왕래하지도 못하고 다만 평균위치의 주위를 진동하는데 그친다. 물체의 도체가 아닌 그런 것도 이런 이유에 근거한다. 또한 그런 물체는 대개 투명체이고 또 빛을 굴절시키는데, 이것은 빛의 진동이 진동 가능한 동전자에게 전달되어 그 결과 교란이 일어나기 때문이다.

여기서 계산의 세부항목을 들 수는 없다. 다만 이 이론은 지금까지 알려진 모든 사실에 설명을 부여하며, 또한 새로이 제만(Zeemann)효과 같은 사실을 예견하게 했다.

5. 역학상의 귀결
이제 우리는 두 가지 가설을 생각할 수가 있다.

첫째, 양전자는 그것의 전자(電磁)적인 가설적 질량보다 훨씬 큰 실제질량을 지니며, 다만 음전자만이 실제질량을 지니지 않는다. 이 음양의 두 전자 이외에 단지 실제질량만을 갖는 중성전자를 가정할 수도 있다. 이 경우에는 역학에는 영향을 주지 않으면서 그 법칙에 손을 댈 필요는 없다. 실제질량은 불변이고, 다만 운동이 자기감응에 의해 교란되는데 이것은 전부터 알려져 있던 사실이다. 게다가 이 교란은 실제질량을 지니지 않은 진정한 물질이 아니므로, 음전자의 경우를 제외하면 거의 무시해도 지장이 없다.

둘째, 그러나 이것과는 다른 견해도 있다. 즉 중성전자는 없으며, 양전자는 음전자와 마찬가지로 실제질량을 갖지 않는다고 상상할 수 있다. 그러나 그렇게 하면 실제질량은 소멸해버리므로 '질량'이란 말은 아무 의미도 없게 되는데, 그렇다면 전자적 가설적 질량을 나타내는 것이라고 해야 한다. 이 경우에는 질량은 이미 일정하지 않게 되고, 횡의 질량은 종의 질량과 같지 않아 역학의 원리는 뒤집히게 될 것이다.

한마디 더 설명을 덧붙이고자 한다. 앞에서 말한 것처럼 같은 전하에 대해서는 양전자의 '총'질량은 음전자의 '총'질량에 비해 훨씬 크다. 이 차이가 생기는 까닭은 양전자가 가설적 질량 외에 엄청난 질량을 지니기 때문이라고 보는 것은 자연스럽다. 그렇게 생각하면 첫 번째 가설에 이른다. 그렇지만 질량은 한쪽과 마찬가지로 다른 한쪽도 0일 것이라는 가정과, 다만 양전자는 음전자보다 훨씬 작으므로 그것의 가설적 질량이 훨씬 크다는 가정이 가능하다. 방금 훨씬 작다고 했다. 사실 이 가설 속에서 관성의 출처는 절대적으로 전자이고, 관성은 에테르의 관성으로 범위를 좁힐 수 있다. 전자는 그것 자체로선 아무것도 아니다. 단지 에테르 속의 공백들이고, 그 주위를 에테르가 움직이고 있는데 불과하다. 이 공백들이 적으면 적을수록 그만큼 에테르가 많으며, 따라서 그만큼 에테르의 관성이 커지는 것이다.

두 가설 가운데 어느 것을 채택할지는 어떻게 결정해야 할까? 카우프만이 β선에서 했던 것처럼 카날선에 조작을 가해야만 할까? 그것은 불가능하다. 카날선의 속도는 너무나 미약하다. 그렇다면 우리는 각자의 기질에 따라 보수주의자는 하나의 설을 택하고, 새로운 것을 좋아하는 사람은 다른 설을 택하는 식으로 결정해야 할까? 그래도 괜찮을 것이다. 그러나 혁신가의 주장을 제대로 이해하려면 다른 고찰도 고려해야만 한다.

2 역학과 광학

1. 광행차

브래들리(Bradley)가 발견한 광행차(光行差) 현상이 어떤 것인지는 알려져 있다. 즉, 별을 떠난 빛이 망원경을 통과하려면 약간의 시간을 필요로 하는데, 이 시간 중에 망원경은 지구의 운동에 따라 위치를 바꾼다. 따라서 망원경을 별의 진짜 방향으로 향하게 하면, 별의 모습은 빛이 대물렌즈에 이르렀을 때 렌즈 속 십자선의 교점과 일치할 것이다. 더구나 그 교점은 빛이 렌즈 속 십자선의 평면에 이르렀을 때는 이미 먼저와 같은 점에 있지 않다. 그러므로 상을 선의 교점으로 되돌리려면 어쩔 수 없이 망원경의 조준을 어긋나게 하는 수밖에 없다. 그리하여 천문학자는 망원경을 빛의 절대속도의 방향, 다시 말하면 별의 진짜 위치로 향하는 게 아니라, 지구에 대한 빛의 상대속도 방향, 바꿔 말하면 이른바 별의 가시위치(可視位置)로 향하게 하는 결과가 나온다.

빛의 속도는 알려져 있으므로 지구의 '절대'속도를 계산하는 방법이 있다고 생각할지도 모르는데(이 '절대'라는 말에 대해선 다시 설명하겠다), 사실은 결코 그렇지 않다. 관측하는 별의 가시위치를 알고는 있지만, 진짜 위치는 모른다. 즉 광속의 크기를 알 뿐이지 방향은 알지 못하는 것이다.

그러므로 만약 지구의 절대속도가 직선등속(直線等速)이라면 광행차 현상을 결코 생각해내지 못했을 것이다. 그러나 실제로 이 속도는 불변이 아니며, 직선등속인 태양계의 속도와, 태양에 대한 지구의 속도라는 두 부분으로 이루어지고, 그중 후자는 시간에 따라 변화한다. 만약 태양계의 속도, 즉 불변인 부분만이 존재한다면 관측되는 방향은 일정불변이어야 한다. 그렇게 관측되는 위치를 별의 '평균' 가시위치라고 한다.

여기서 지구속도의 두 부분을 함께 고려하면 실제의 가시위치를 얻을 수 있는데, 이 가시위치는 평균 가시위치의 주위에 작은 타원을 그린다. 우리가 관측하는 것은 이 타원이다.

매우 작은 양을 무시한다면 이 타원의 크기는 태양에 대한 지구속도와 광속의 비율에 의해서만 정해지고, 따라서 태양에 대한 지구의 상대운동하고만 관계가 있음을 알 수 있다.

그러나 거기까지만! 이 결과는 정밀한 결과가 아니다. 단지 근사적인 것에 그친다. 근사한 정도를 더욱 진전시키면 타원의 크기는 지구의 절대속도와 관계가 있음을 알 수 있다. 각 별에 대해 그 타원의 장축을 비교하면, 이론상으론 이 절대속도를 결정하는 수단을 얻을 수 있을 것이다.

어쩌면 이것은 생각만큼 까다로운 일은 아닐 것이다. 왜냐하면 이것은 절대진공에 대한 속도의 문제가 아니라, 에테르에 대한 속도의 문제이며, 이 에테르는 '정의에 의해' 절대적으로 멈춰 있다고 간주하기 때문이다.

그렇지만 이 방법은 사실 순수하게 이론적이다. 즉 광행차는 매우 작으며, 광행차의 타원이 변화할 수 있는 범위는 더욱 작고, 만약 광행차를 첫 번째 무한소로 간주하면 그 범위는 두 번째 무한소로 간주해야만 한다. 즉 거의 1초의 1천 분의 1 정도이며, 현재의 기계로는 절대로 측정이 불가능하기 때문이다. 방금 말한 이론이 폐기되어야만 하는 이유, 또는 비록 현재의 기계가 1만 배나 정밀해졌다 해도 이 절대속도를 결정하지 못하는 이유는 뒤에 가면 결국 알게 될 것이다!

이 밖의 방법을 생각할 수도 있을 테고, 또 실제로 생각한 사람이 없는 것도 아니다. 광속은 공기 중과 물속에서 서로 같지 않다. 따라서 하나는 주변을 공기로 채운 망원경, 다른 하나는 물로 채운 망원경을 각각 통과시킨 별의 두 가시위치를 비교할 수는 없을까? 실험결과는 부정적이었다. 즉 반사 및 굴곡의 외견상 법칙은 지구운동에 의한 변화를 입지 않은 것이다. 이 현상은 두 가지로 설명할 수가 있다.

첫째, 에테르는 멈춰 있지 않으며 운동물체와 함께 운동하는 것으로 상상할 수 있다. 그럴 때는 굴절현상이 지구운동에 의해 변화하지 않아도 놀랄 일이 못된다. 프리즘도, 망원경도, 에테르도 모두 같은 병진운동을 하여 함께 움직이기 때문이다. 광행차에 대해선 별과 별 사이의 공간에 멈춰 있는 에테르와, 지구와 함께 운동하는 에테르와의 경계면에서 생기는 하나의 굴절로 설명할 수 있다. 운동체의 전기역학에 관한 '헤르츠 이론'은 에테르가 함께 운동한다는 이 가설에 기초를 두고 있다.

둘째, 이에 반해 프레넬(Fresnel)은, 에테르는 진공상태에선 절대적으로 멈춰 있고, 공기 중에선 공기의 속도가 어떠하건 거의 절대적으로 멈춰 있으며, 광선을 굴절시키는 매질과는 운동을 일부분 함께한다고 가정한다. 로렌츠는 이 이론에 더욱 만족스러운 형태를 부여했다. 그에 따르면 에테르는 멈춰져 있고 전자만이 운동한다. 에테르만이 문제인 진공상태에선, 거의 에테르만이 문제인 공기 중에선 이 수반운동은 전혀 없거나 거의 없다. 광선을 굴절시키는 매질 속에선 두 가지의 진동, 즉 에테르의 진동과 에테르의 동요에 의해 움직이기 시작한 전자의 진동에 의해 교란이 생기는데, 파동은 그런 매질 속에선 일부분 운동을 함께하게 된다.

이 두 가설 가운데 어느 것을 택할지를 결정하려면 피조(Fizeau)의 실험이 필요하다. 이것은 간섭무늬를 측정함으로써 멈춰진 공기 중, 또는 운동하는 공기 중에서의 광속의 비교 및 멈춰진 물속, 또는 움직이는 물속에서의 광속을 비교한 것이다. 이 실험에 의해 일부분 운동을 함께 한다는 프레넬의 가설이 확증되었다. 이 실험은 마이켈슨(Michelson)이 다시 진행했는데 역시 같은 결과를 얻었다. '그러므로 헤르츠의 이론은 폐기되어야만 한다.'

2. 상대성원리

그러나 만약 에테르가 지구운동을 이끌지 않는다면 지구의 절대속도, 아니 그보다는 부동의 에테르에 대한 속도를 광학적 현상의 힘을 빌려 밝혀내는 작업이 과연 가능할까? 실험이 내놓은 답은 부정적이었다. 더구나 할 수 있는 온갖 실험방법을 동원했음에도 답은 부정적이었다. 어떤 방법을 쓰건 우리가 간파할 수 있는 것은 단지 상대속도, 즉 어떤 물체의 다른 물체에 대한 속도뿐이다. 실제로, 광원과 관측장치가 지구상에 있고 지구와 함께 운동하는 경우에, 그 장치를 지구의 공전방향에 대해 어떤 방향으로 놓든 실험결과는 늘 똑같았다. 광행차(光行差)가 생기는 것은 광원인 별이 관측자에 대해 운동하고 있기 때문인 것이다.

위에서 든 가설은 '만약 광행차의 제곱 정도의 아주 작은 양을 무시하면', 이러한 일반적 결과에 대해 완전한 설명을 할 수 있다. 그 설명은 로렌츠가 도입한 현지시간의 개념에 기초를 둔 것인데, 이 개념에 대해 해설하고자 한다. 두 명의 관측자가 빛의 신호를 이용하여 시계를 맞추려 시도하며, 한 사람은 A에 다른 한 사람은 B에 있다고 하자. B는 그 시계가 일정한 시각을 나타내었을 때 A를 향해 신호를 보내고, A는 신호를 인지한 순간 시계를 그 시각에 맞추기로 한다. 단지 그 방법에만 머무른다면 빛은 B에서 A에 이르는 데 걸리는 시간 t를 필요로 하며, 따라서 A의 시계는 B의 시계보다 t시간만큼 늦으므로 여기서 규칙적 오차가 생긴다. 이 오차를 수정하기는 쉽다. 단지 신호를 교대로 내보내면 된다. 즉, 다음엔 A가 B에게 신호를 보내야 하는데, 그렇게 시계를 새로 맞춘 뒤에는 B의 시계가 A의 것보다 t시간만큼 늦게 된다. 그리하여 이 두 조정의 평균을 구하면 될 것이다.

그러나 이 방법은 빛이 A에서 B에 다다를 때와, B에서 A로 돌아갈 때 걸리는 시간은 같다고 예상하고 있다. 이것은 만약 관측자가 멈춰 있을 때는 옳을지 모르지만, 만약 두 사람 다 병진운동으로 움직이고 있을 때는 더 이상 통용되지 않는다. 예를 들면 A는 B에서 오는 빛을 향해 나아가고, B는 A에서 오는 빛으로부터 멀어지는 것과 같기 때문이다. 그러므로 만약 관측자가 공통된 병진운동을 하고, 더구나 당사자들이 이것을 알아채지 못할 때는 그 조정은 불완전하며, 시계는 같은 시각을 가리키지 않게 된다. 각각 그 시계가 있는 위치에서 통용되는 '현지시간'을 나타내는 것이다.

만약 멈춰 있는 에테르가 늘 같은 속도의 광신호만을 전달하고, 그 밖의 방법에 의한 신호는 관측자와 같은 병진운동을 하는 매질에 의해 전달된다면, 이 두 관측자는 이상의 논리를 인정할 어떠한 수단도 지니지 않게 된다. 각자가 관측하는 현상은 앞서거나, 더디기 때문에 병진운동이 존재하지 않는 경우와 똑같은 시각에 일어나지 않는다. 그러나 정확하지 않은 시계로 관측하는 것이므로 사람은 그것을 모르며, 외견상으로 다른 점은 전혀 없을 것이다.

위에서 얻은 결론은, 광행차의 제곱을 무시하는 한 상쇄를 설명하기가 쉽다는 것인데, 이 제곱을 고려해야 된다고 여기기까지 오랫동안 정밀한 실험이 이뤄지지 않았다. 그러나 결국 마이켈슨은 전보다 훨씬 미묘한 방법을 생각해 낸다. 그는 거울에 반사된 뒤 서로 다른 길로 가는 광선을 간섭시켜 보았다. 그것이 가는 길은 거의 모두 1미터에 가깝고, 간섭무늬는 1킬로미터의 1천분의 1의 차를 감지하는 것과 같았으므로 더 이상 광행차의 제곱을 무시할 수는 없었던 것이다. '그럼에도 얻어낸 결과는 역시 부정적이었다.' 그래서 이 이론은 보충할 필요가 있게 되었다. 그리고 그것은 '로렌츠와 피츠제럴드의 가설'에 의해 완성된다.

위의 두 물리학자는 병진운동을 하는 모든 물체는 그 운동의 방향에 있어 수축을 받으며, 한쪽의 병진운동에 수직인 길이는 변화가 일어나지 않는다고 상상했다. 이 수축은 모든 물체에 대해 같으며, 나아가 지구속도 정도의 속도에 대해서는 거의 2억분의 1 정도로 아주 미약한 것이다. 우리의 관측기는 비록 지금보다 훨씬 정밀했다 해도 이 수축을 간파하는 것은 불가능했을 것이다. 우리가 쓰는 척도는 측정되는 대상과 같은 수축을 받기 때문이다. 물체를 따라 척도를 지구가 운동하는 방향으로 향했을 때, 그 물체가 척도에 딱 맞는다면, 다른 방향에서도 물체의 척도에 딱 맞을 것이 틀림없다. 방향이 바뀜과 동시에 물체도, 척도도, 길이가 변화함에도 불구하고 역시 변화가 없다. 이것은 물체와 척도의 어떤 것에 대해서도 변화의 비율이 같다는 이유에 근거한다. 그러나 만약 길이를 측정할 때 척도로 하지 않고 빛이 그 길이를 통과하는 시간으로 잰다면 사정은 달라진다. 마이켈슨의 방법은 바로 이것이었다.

멈춰 있을 때 구 모양의 물체는, 운동할 때는 회전타원체의 형태를 띠게 된다. 그러나 관측자 자신도, 관측 목표가 되는 모든 물체도 같은 변형이 일어나므로 관측자는 그 물체가 늘 구라고 믿을 것이다. 이에 반해 엄밀히 구 모양을 고수하는 광파면(光波面)은 긴 타원체로 보일 것이다.

이때 어떤 일이 일어날까? 관측자와 광원이 모두 병진운동을 한다고 상상하자. 광원에서 나온 광파면은 광원의 순차적인 위치를 중심으로 하는 구가 된다. 이곳 중심에서 광원의 현재 위치에 이르는 거리는 빛이 떠난 뒤로 지금까지 걸린 시간, 즉 구의 반지름에 비례한다. 그러므로 이러한 구들은 모두 광원의 현재위치 S에 관하여 서로 비슷한 위치에 있다. 그러나 수축 때문에 관측자에겐 구들이 모두 긴 타원체로 보인다. 이 타원체는 모두 S점에 관하여 서로 비슷한 위치에 있다. 이러한 모든 타원체의 이심률(離心率)은 같으며, 지구의 속도에 의해서만 정해진다. 우리는 수축의 법칙을 '점 S가 타원체의 자오(子午)절단면의 초점에 오도록' 선택하기로 한다.

이때 상쇄는 빈틈이 없어 마이켈슨의 실험은 이로써 설명된다.

나는 앞에서 보통의 이론에 의할 때, 우리의 기계가 1천 배나 정밀하다면 광행차의 관측에 의해 지구의 절대속도를 알 수 있다고 했었다. 이 결론은 수정하지 않으면 안 된다. 절대속도의 영향에 의해 관측되는 각도는 변화가 생기는데 각도 측정에 쓰이는 눈금을 표시한 원은 병진운동에 의해 변형되어 타원이 된다. 측정된 각도에 오차가 생기는 것은 이 결과이며, '제2의 오차가 정확히 제1의 오차를 상쇄하는 것이다.'

로렌츠와 피츠제럴드의 이 가설은 언뜻 매우 특이한 시각처럼 보인다. 현재로서 이 가설의 변호를 위해 우리가 할 수 있는 전부는, 이 가설이 빛이 시간을 지나는 데 걸리는 시간으로 길이를 측정한 경우의 마이켈슨의 실험결과를 즉각적으로 해석한 것에 불과하다고 말해 주는 것이다.

어쨌든 상대성원리는 자연계의 일반법칙이고, 상상할 수 있는 어떠한 수단을 쓰더라도 상대속도 말고는 아무것도 밝혀낼 수 없다는 인상에서 벗어나기 어렵다. 내가 상대속도라고 한 것은 에테르에 대한 물체의 속도뿐만 아니라, 물체 서로 간에 대한 속도도 의미한다. 다양한 실험결과가 잘 부합하므로 사람들은 이 상대성원리에, 예를 들면 동치의 원리에 필적하는 가치를 부여하려는 유혹을 느끼게 되었다. 어쨌거나 이 견해에서 어떤 결론이 유도되는지를 살펴보고 이어 그 결론을 실험에 의해 검증하는 것은 마땅하다.

3. 반작용의 원리

"작용과 반작용은 서로 같다"는 원리는 로렌츠의 이론에선 어떻게 되는지, 이것부터 살펴보기로 하자. 여기 하나의 전자 A가 있는데 어떤 원인에 의해 운동을 시작하여 에테르에 교란을 일으켰다고 한다. 약간의 시간을 거쳐 이 교란은 다른 전자 B에 이르고, B는 그것 때문에 평형의 위치에서 흔들린다. 위와 같은 사정 아래서 작용과 반작용의 균등은 있을 수 없다. 물질은 전파로 조합되어 있으니, 적어도 우리가 에테르는 생각하지 않고 '오직 관측되고 있는' 전자만을 생각하기로 한다면 말이다.

즉 전자 B를 움직이게 한 것은 전자 A인데, 이때 전자 B가 전자 A에게 반작용을 미친다 해도 그 반작용이 본디의 작용과 같을 수는 없으며, 전자 B는 교란의 전파에 드는 어떤 시간 뒤에 비로소 운동을 시작하므로 그 반작용은 어떤 경우에도 결코 본디의 작용과 함께 일어나지 않는다. 이 문제를 한층 정확한 계산으로 풀어보면 다음과 같은 결과에 이른다. 헤르츠의 진동자를 포물면 거울의 초점에 놓고, 기계적으로 고정시킨 것을 상상해보자. 이 진동자는 전자파를 내는데, 거울은 그 전자파를 모두 똑같은 방향으로 반사한다. 따라서 진동자는 일정한 방향으로 에너지를 복사하게 된다. 더구나 계산에 따르면 마치 탄환을 발사한 대포처럼 '진동자는 후퇴하려는 모양을 띤다.' 대포의 경우에 후퇴는 작용과 반작용의 균등 때문에 저절로 생기는 결과이고, 대포는 탄환에 작용하여 그 탄환에서 반작용을 받으므로 후퇴하는 것이다.

그러나 진동자의 경우에는 이것과 사정이 다르다. 발사된 것은 물질적인 탄환이 아니라 에너지이고, 에너지는 질량을 갖지 않는다. 즉 상대가 되는 것이 없다. 진동자 대신 단지 광선을 오직 한 방향에 집중하는, 반사기가 달린 램프를 상상해도 좋을 것이다.

진동자 또는 램프에서 나온 에너지가 물체에 부딪히면 그 물체는 마치 진짜 포탄이 명중했을 때처럼 기계적으로 미는 압력을 받는다. 그리고 만약 도중에 에너지를 잃지 않고, 또 그 물체가 그 에너지를 모두 흡수한다면 이 압력은 진동자 또는 램프의 후퇴와 같을 것이다. 이것은 틀림이 없다. 따라서 이 경우에도 작용과 반작용은 상쇄한다고 말하려고 할 것이다. 그러나 이 상쇄는 비록 그것이 완전하더라도 반드시 시간의 경과 뒤에 일어난다. 만약 빛이 광원을 떠난 뒤에 천체 사이의 공간을 떠다니다 물체에 부딪히지 않으면 이 상쇄는 결코 일어나지 않는다. 또 충돌하더라도 그 물체가 완전히 흡수성을 띤 물체가 아니면 상쇄는 불완전하다.

그런 기계적인 작용은 너무 작아서 측정할 수 없을까, 아니면 실험에 의해 파악할 수 있을 것인가? 그 작용은 '맥스웰—바르톨리(Maxwell–Bartholi) 압력'에 의한 작용이다. 맥스웰은 정전기학 및 자기학에 관한 계산으로 이 압력을 미리 알았고, 바르톨리는 열역학적 고찰에 의해 같은 결과에 이르렀었다.

'혜성의 꼬리'를 설명하는 데에도 위와 같은 방법을 쓴다. 작은 입자가 혜성의 핵에서 떨어져 나와 태양광선에 부딪치면, 광선은 태양에서 온 포탄의 비처럼 입자를 밀쳐낸다. 입자의 질량은 매우 작으므로 밀어내는 힘은 뉴턴의 만유인력을 이겨내 입자는 태양에서 먼 쪽으로 흘러가 꼬리모양을 만들게 되는 것이다.

이것을 실험에 의해 직접적으로 검증하기는 쉽지 않았다. 최초의 시도는 '방사계측기(radiométre, 라디오미터)'를 만드는 것으로 끝이 났다. 그러나 이 장치는 이론과는 '반대 방향으로 회전했다.' 이 장치의 회전이 무엇 때문인지는 나중에 찾아내는데, 그 원인은 전혀 엉뚱한 것이었다. 한쪽은 진공을 매우 완벽하게 하고 다른 한쪽은 방사계측기 날개의 한쪽 면을 검지 않게 해놓고, 한쪽 면에 광선다발을 향하게 하여 결국 성공을 거두었다. 방사계측기의 효과 및 기타의 교란적 원인은 면밀한 주의에 의해 배제되었고, 아주 경미하기는 하지만 이론과 일치하는 것처럼 보이는 기울기를 얻을 수 있었다.

맥스웰―바르톨리 압력과 같은 효과는 위에서 말한 헤르츠 이론에 의해서도, 또한 로렌츠 이론에 의해서도 예측할 수 있는데 여기에 하나의 차이점이 있다. 예컨대 빛의 형태를 띤 에너지가 광원으로부터 투명한 매질을 지나 임의의 물체를 향해 가는 경우를 상상해 보자. 맥스웰―바르톨리 압력은 단지 출발할 때의 광원과, 도착할 때 빛을 받는 물체에만 작용하는 것이 아니라 그것이 통과하는 투명한 매질을 이루는 물질에도 작용한다. 이 매질의 새로운 부분에 광파가 닿는 순간, 그 압력은 그곳에 분포되어 있는 물질을 앞으로 밀어내고, 광파가 그 부분을 떠날 때는 그것을 뒤로 밀어낸다. 그렇게 하여 반동 때문에 광원의 후퇴는 광원과 접촉하는 투명한 매질이 나아가는 것이 되며, 조금 지나 그 동일 물질의 후퇴는, 반동 때문에 그보다 조금 전의 투명한 매질의 전진이 된다.

다만, 이 경우의 상쇄는 완전할 것인가! 투명한 매질에 대한 맥스웰―바르톨리 압력의 작용은 광원에 대한 반작용과 같은가, 아니면 그 매질이 무엇이건 똑같을 것인가! 또는 매질의 굴절성이 약해짐에 따라, 매질이 희박해짐에 따라 이 작용은 작아지고, 진공 속에선 0에 가까울 것인가! 만약 헤르츠의 이론을 받아들여 물질이 에테르에 기계적으로 고착되어 있다고 간주하고, 따라서 에테르가 완전하게 매질에 수반된다면, 첫 번째 물음에는 그렇다고 답하고, 두 번째 물음에는 아니라고 대답해야 할 것이다.

그와 같이 하면 가장 굴절성이 약한 매질 속에서도, 공기 중에서도, 또는 행성 사이의 진공 속에서조차도, 아무리 희박하더라도 그 물질이 남아 있기만 하면 작용반작용 균등의 원리가 요구하는 것처럼 완전한 상쇄가 이루어지게 된다. 이에 반해 로렌츠의 이론을 채택한다면 상쇄는 늘 불완전하여 공기 중에선 알아보기 힘든 정도가 되고, 진공 속에선 0이 된다.

그러나 우리는 앞에서 피조(Fizeau)의 실험은 헤르츠 이론이 유지되는 것을 허용하지 않음을 보았다. 그러므로 우리는 로렌츠의 이론을 채택하고, 따라서 '반작용의 원리를 포기해야 한다.'

4. 상대성원리로부터의 귀결

우리는 앞에서 상대성원리를 자연의 일반적 법칙으로 간주하도록 촉구하는 몇 가지 이유를 살펴보았다. 이 원리를 결정적으로 증명했다고 간주하면 어떤 결과에 이르게 되는지 생각해 보기로 하자.

첫째, 우리는 모든 물체는 병진운동의 방향으로 수축을 받는다는 로렌츠 피츠제럴드의 가설을 어쩔 수 없이 일반화해야 한다. 특히 우리는 이 가설을 전자 자체로도 확장해야만 한다. 아브라함은 이 전자는 구의 형태이며, 형태가 바뀌는 일은 없다고 했다. 우리는 이 전자가 멈춰 있을 때는 구이지만, 운동할 때는 로렌츠의 수축을 받아서 기울어진 타원체의 모양이라는 것을 인정해야만 한다.

전자의 그러한 변형은 역학적 성질에 영향을 끼친다. 사실 앞에서도 언급했듯이 전기를 띤 전자의 변위는 곧 하나의 대류전류이고, 음전자를 놓고 볼 때 외면적 관성은 오로지 그 전류의 자기감응에 원인을 두고 있지만, 양전자에 있어서는 전체가 자기감응에 원인을 두고 있는지의 여부를 아직은 모른다. 한편 속도의 크기에 따라 좌우되는, 전자의 이러한 변형은 표면의 전기분포에 변화를 가져오고, 따라서 전자가 생기는 대류전류의 세기, 또는 그 전류의 자기감응이 속도의 함수로 변화할 때의 법칙에도 변화가 일어난다.

이로써 상쇄는 완전해지고 상대성원리가 요구하는 것과 일치한다. 다만 다음 두 가지 조건 아래에서만이다.

첫째, 양전자는 실제질량이 없이 단지 전자적 가설적 질량만을 갖거나, 예컨대 실제질량이 존재한다 해도, 그것은 일정불변이 아니라 가설적 질량과 같은 법칙에 따라 속도와 함께 변화할 것.

둘째, 모든 힘은 전자적 기원에서 나올 것, 적어도 전자적 기원의 힘과 같은 법칙에 따라 속도와 함께 변화할 것.

이러한 주목할 만한 종합을 해낸 것은 역시 로렌츠이다. 잠깐 멈춰서 앞으로 어떤 결과가 나오는지를 살펴보기로 하자. 첫째, 그곳엔 이미 물질은 없다. 양전자는 실제질량을 갖지 않는, 적어도 일정불변의 질량을 갖지 않기 때문이다. 그러므로 질량이 일정하다는 것에 기초를 두는 현재 우리의 역학원리는 수정을 필요로 한다.

다음으로 지금까지 알려진 모든 힘, 특히 중력에 대해 전자적 설명을 시도해야만 한다. 적어도 중력의 법칙은 중력이 속도에 의해 전자적 힘과 같도록 변화된다고 수정해야만 한다. 나중에 이 점을 다시 논할 때가 있을 것이다.

언뜻 보면 지금까지 기술한 것 모두가 약간 부자연스러운 느낌을 준다. 특히 전자의 변형은 몹시 가설적으로 보인다. 그러나 표현방식을 바꾸어서 이 변형의 가설을 추론의 근거로 삼지 않을 수도 있다. 전자를 물질적인 점처럼 생각하고, 상대성원리에 어긋나지 않게 하려면 그 질량은 속도의 함수로서 어떻게 변화하는지 물어보자. 또는 상대성원리를 무너뜨리지 않고, 또 속도가 매우 미약할 때는 보통의 법칙이 되게 하려면 전기장 또는 자장의 영향 아래선 가속도는 어떠해야 하는지를 탐구해 보도록 하자. 우리는 질량의 변화나 가속도의 변화가, '마치' 전자가 로렌츠의 변형을 받은 것과 마찬가지로 일어나야 한다는 것을 발견하게 된다.

5. 카우프만의 실험

이로써 우리는 두 가지 이론 앞에 서게 되었다. 즉, 하나는 전자는 변형될 수 없다는 아브라함의 이론이다. 다른 이론에선 전자는 로렌츠의 변형을 받는다고 한다. 어느 경우든 전자의 질량은 속도와 함께 증대하고, 그 속도가 광속과 같아지면 결국 무한대가 되는데, 그 변화의 법칙이 같지는 않다. 그러므로 카우프만이 질량변화의 법칙을 밝히기 위해 썼던 방법은 이 두 가지 이론 가운데 어느 것이 옳은지를 결정하는 실험적 수단을 우리에게 제공하는 것처럼 보인다.

불행히도 그의 최초의 실험은 이것을 충분히 결정할 만큼 정밀하지 않았으므로 그는 더욱 신중한 주의를 기울여 다시 세심하게 측정했다. 이 새로운 형태의 실험은 '아브라함의 이론이 옳다는 근거를 제공했다.' 따라서 상대성원리는, 사람들이 그것에 부여하려 했던 정밀한 가치를 지니지 않게 되었다. 또한 양전자도 음전자처럼 질량이 없다고 믿어야 할 어떠한 이유도 없게 되었다.

그러나 이 결론을 결정적으로 채택하기 전에 적어도 돌아볼 필요는 있다. 이 문제는 매우 중요하므로 카우프만의 실험이 다른 실험가에 의해 다시 이루어지기를 바란다. 불행히도 이 실험은 매우 미묘해서 카우프만에게 지지 않을 정도로 숙달된 물리학자가 아니면 훌륭하게 이룩해내지 못할 것이다. 그의 실험에는 온갖 세심한 주의가 기울여져 있어 어떤 항의를 내놓을 여지도 없는 것이다.

그러나 나의 주의를 끄는 점이 한 가지 있다. 그것은 정전기장(靜電氣場)의 측정인데 모든 것은 이 측정에 달려 있다. 이 전기장은 축전기의 두 전극 사이에 생겨나게 한 것으로서 이 극판 사이에는 완전한 절연을 위해 극도로 완전한 진공을 만들어야만 했다. 그리하여 두 극판의 전위차를 측정하고, 그 차를 극판의 거리로 나누어 장의 세기를 얻었다. 이것은 장이 일정하다고 예상한 것인데 과연 맞을까? 하나의 극판, 예를 들면 음극판 근처에서 전위가 급격하게 내려가는 경우는 있을 수 없을까? 금속과 진공이 접촉하는 곳에 전위차가 존재할 수 있거니와 그 차가 정(正)과 부(負) 모두에 같지 않은 경우도 있을 수 있다. 나로 하여금 그렇게 믿게 하는 것은 수은과 진공 사이에서의 전기판적 효과이다. 그럴 확률이 아무리 작아도 이것은 고려해야 할 것 같다.

6. 관성의 원리

새로운 역학에서도 관성의 원리는 여전히 옳다. 즉 '고립된' 전자는 직선등속운동을 하는 것이다. 어쨌든 일반적으론 이것을 승인하는 데 일치하고 있다. 그러나 린데만(Lindemann)은 그런 견해에 맞서고 있다. 나는 이 논쟁에 끼어들고 싶지 않다. 이 논쟁은 매우 복잡하므로 여기서 다룰 수는 없다. 어쨌든 린데만의 항의를 막으려면 이 이론에 보잘것없는 수정을 가하는 것으로 충분하다.

유체 속에 있는 물체가 운동에 즈음하여 두드러진 저항을 받는 것은 다 아는 바인데, 이것은 유체에 점성이 있기 때문이다. 점성이 전혀 없는 이상적 유체 속에선 물체는 그 뒤쪽에 유체로 된 뱃고물, 즉 일종의 배가 지나간 자취를 남긴다. 출발할 때는 단순히 물체를 움직이기만 하는 것이 아니라 그 물체의 자취가 남은 유체를 움직여야 하므로 상당한 노력을 필요로 한다. 그러나 일단 운동이 시작되면 물체가 나아감에 따라 유체의 모든 운동에너지는 전혀 커지지 않고 단지 유체의 교란을 수반하는 데 불과하므로, 운동은 저항 없이 언제까지나 이어진다. 따라서 모든 것은 마치 물체의 관성이 커진 것 같은 양상을 띤다. 에테르 속을 나아가는 전자의 움직임도 이와 같다. 즉 그 주위에선 에테르가 움직이지만, 이 교란은 물체의 운동에 수반하여 일어난다. 따라서 관측자가 전자와 함께 움직인다면 그 전자에 수반하는 전자기장(電子氣場)은 불변인 것처럼 보이고, 전자의 속도가 변화하려 하지 않으면 변화는 일어나지 않는다. 그러므로 전자를 운동하게 하려면 전자기장의 에너지를 만들어야 하므로 노력이 든다. 이에 반해 일단 운동이 시작되면 그것을 지속하는 데는 어떤 노력도 필요치 않다. 창조된 에너지는 단지 자취처럼 전자의 뒤를 따라다니기만 하면 되기 때문이다. 그러므로 이 에너지는 유체의 동요가 완전유체 속에 들어 있는 물체의 관성을 커지게 하는 것과 마찬가지로 단지 전자의 관성을 커지게 할 수 있을 따름이다. 음전자는 이런 관성 이외에는 관성이 없다.

로렌츠의 가설에서 운동에너지는 결국 에테르의 에너지인데, 이것은 v^2에 정비례하지 않는다. v가 매우 작을 때는 운동에너지는 v^2에 거의 정비례하고 운동량은 v에 거의 정비례하며, 두 질량은 거의 일정하여 서로 같다. 그러나 '속도가 광속에 근접함에 따라 운동에너지, 운동량, 두 가지 질량은 모든 한계를 극복하고 늘어난다.'

아브라함의 가설에선 표현이 이보다 약간 복잡하긴 하지만, 중요한 점에 대해선 방금 기술한 것들과 거의 들어맞는다.

그와 같이 질량, 운동량, 운동에너지는 속도가 광속과 같아질 때 무한대가 된다. 따라서 '어떤 물체도 광속보다 큰 속도로는 어떠한 수단에 의해서도 다다를 수 없다'는 결과에 이른다. 또 실제로 속도가 높아짐에 따라 질량이 커지므로 그것의 관성은 모든 새로운 속도의 증가를 계속 막으려 하기 마련이다.

그렇게 하면 여기서 하나의 의문이 생긴다. 즉 상대성원리를 허용하면, 운동하고 있는 관측자는 자기의 운동을 인식할 어떠한 수단도 갖지 않는다. 그러므로 만약 어떠한 물체도 절대운동에 있어서 광속을 넘어설 수는 없지만, 또 어느 정도 이것에 근접할 수 있다면 그 물체를 관측하는 사람에 대한 상대운동에 대해서도 똑같이 말할 수 있어야 한다. 따라서 다음과 같은 추리를 할 우려가 있다. 즉, 관측자는 20만 킬로미터의 속도에 이를 수 있다, 또는 물체도 관측자에 대한 상대운동에 있어서 같은 속도에 이를 수 있다. 그리하여 물체의 절대속도는 40만 킬로미터가 되는데, 이것은 광속을 뛰어넘는 숫자이므로 불가능하다. 이것은 외관상의 것에 불과하다. 로렌츠의 현지시간 산정법을 참작하면 그런 것은 사라질 것이다.

7. 가속도파

전자가 운동할 때는 주위에 있는 에테르에 교란을 일으킨다. 그 운동이 만약 직선등속이라면 이 교란은 앞 장에서 말했던 배가 지나간 자국 같은 것이 된다. 그러나 운동이 곡선 또는 부등속이라면 더 이상 같다고 할 수가 없다. 이 때는 교란은 랑주뱅(Langevin)이 '속도파', '가속도파'라는 명칭을 부여한 다른 두 가지 교란이 겹친 것으로 간주할 수 있다.

속도파란 등속운동에서 생기는 자취이다.

가속도파는 광파와 매우 유사한 교란으로서, 전자가 가속도를 받는 순간에 생겨나고, 광속과 같은 속도를 가진 구형(球形)의 파로 잇달아 전파된다.

따라서 다음 결과가 된다. 즉 직선등속운동에선 에너지는 모두 보존되지만, 가속도가 일어나면 에너지에 손실이 생긴다. 그 에너지는 광파의 형태를 띠고 흩어져 에테르를 지나 무한히 멀리 사라진다.

그러나 이 가속도파의 영향, 특히 그것에 대응하는 에너지의 손실은 많은 경우 무시할 수가 있다. 즉 통상의 역학 또는 천체운동뿐만 아니라 라듐 방사선도—속도는 매우 크지만 가속도가 크지 않으므로—무시할 수 있다. 이 경우에 힘은 가속도와 질량의 합과 같다. 다만 이 질량은 위에서 말한 법칙에 의해 속도와 함께 변화한다. 따라서 통상의 역학을 응용하는 데 그쳐도 무방하다.

이때, 운동은 '준정상적'이라고 한다.

가속도가 큰 경우에는 사정이 다르다. 그런 경우의 주요한 것은 다음과 같다.

첫째, 백열된 기체에서 어떤 전자는 매우 진동수가 큰 진동을 한다. 그 변위는 매우 작고 속도는 유한하지만, 가속도는 매우 크다. 그때, 에너지는 에테르로 전달된다. 이 기체가 전자진동과 같은 주기의 빛을 내뿜는 것도 이 때문이다. 둘째, 반대로 기체가 빛을 받을 때, 이 전자는 큰 가속도에 의해 움직임을 받아 빛을 흡수한다. 셋째, 헤르츠 방전기 안에서 금속체를 순환하는 전자는 방전하는 순간에 급격한 가속도를 받고, 이어 진동수가 큰 진동을 시작한다. 따라서 에너지의 일부가 헤르츠파의 형태로 방사되는 결과를 낳는다. 넷째, 백열하는 금속에서 그 금속 속에 갇혀 있는 전자는 커다란 속도를 얻어서 금속표면에 닿는데 이것을 돌파하지 못하므로 반사되고, 그리하여 엄청난 가속도를 받는다. 금속이 빛을 발하는 것은 이 때문인데, 이것은 이미 제1장 4절에서 설명한 바 있다. 검은 물체일 때의 빛의 방사법칙도 이 가설로 완전하고도 자세하게 설명된다. 다섯째, 마지막으로 음극선이 음극을 때릴 때, 이 선을 구성하는 매우 큰 속도의 음전자는 급격히 멈춰진다. 그리하여 얻은 가속도의 결과, 에테르에 파동을 일으킨다. 어떤 물리학자에 따르면 X선의 기원은 여기에 있으며, 이것은 파장이 매우 짧은 광선이라고 한다.

3 신역학과 천문학

1. 중력

질량을 정의하는 방법엔 두 가지가 있다. 하나는 힘을 가속도로 나눈 몫을 가지고 정의하는 것인데, 이것은 물체가 갖는 관성의 척도로서의 질량에 대한 참된 정의이다. 다른 하나는 물체가 뉴턴의 만유인력법칙에 의해 외부에 있는 물체에 작용하는 인력을 가지고 정의한다. 따라서 우리는 관성계수로서의 질량과, 인력계수로서의 질량을 구별해야 한다. 뉴턴의 만유인력법칙에 따르면 이 두 계수는 엄밀하게 비례한다고 한다. 그러나 이것은 단지 역학의 일반원리를 적용할 수 있는 속도에 대한 증명에 불과하다. 이미 우리는 관성계수로서의 질량이 속도와 함께 증대하는 것을 보았다. 우리는 인력계수로서의 질량도 속도와 함께 마찬가지로 증대하여 엄연히 관성계수에 비례한다고 결론을 내려야 할까? 아니면 이와는 반대로 인력계수는 일정불변이라고 결론지어야 할까? 이 문제에 대해 우리는 판정을 내릴 어떠한 수단도 지니고 있지 않다.

한편, 만약 인력계수가 속도에 따라 바뀐다면, 서로 잡아끄는 두 물체의 속도가 일반적으로 같지 않은 만큼, 이 계수는 두 속도에 따라 어떻게 변화할 것인가?

이것에 대해선 가설을 두는 수밖에 없는데, 당연히 그 가설 가운데 상대성원리와 양립하는 것이 어떤 것인지를 찾게 된다. 가설의 수는 매우 많다. 내가 여기서 말하고자 하는 것은 로렌츠의 가설로 이에 대해 간단히 기술할까 한다.

우선 멈춰 있는 전자를 생각해 보자. 부호가 같은 두 전자는 서로 밀쳐내고, 부호가 다른 전자는 서로 잡아끈다. 통상의 이론에 따르면 이러한 상호작용은 전하에 비례한다. 그러므로 만약 두 양전자 A와 A′, 두 개의 음전자 B와 B′, 합쳐서 4개의 전자가 있고, 그 전자의 전하가 절댓값이 모두 같을 때, A가 A′에 미치는 배척력은, 같은 거리일 때는 B가 B′에 미치는 배척력과 같고, 나아가 A가 B′에게 미치는 인력, 또는 A′가 B에게 미치는 인력은 같을 것이다. 따라서 만약 A와 B, 또는 A′와 B′가 각각 서로의 거리가 매우 짧다고 하고, A+B의 계(係)가 A′+B′의 계에 미치는 작용을 검증한다면, 두 개의 배척력과 인력은 서로 상쇄되어 작용은 0이 될 것이다.

한편, 물질분자는 전자가 순환하고 있는 태양계와 같다고 보아야 한다. 거기서 전자들은 어떤 것은 양의 전기를 띠고, 어떤 것은 음의 전기를 띠게 되어, '모든 전하의 대수의 합은 0이 된다.' 그러므로 물질분자는 방금 말한 A+B와 같다고 볼 수 있고, 따라서 두 분자 서로 간의 모든 전기작용은 0이 되어야 한다.

그러나 실험에 따르면 그런 분자는 뉴턴이 말하는 중력의 결과로, 서로 잡아끄는 현상을 보인다. 이로써 두 가설을 설정할 수가 있다. 즉 중력은 정전기적 인력과 전혀 무관하며, 완전히 다른 원인에 의하고, 단지 이것과 겹친 것에 불과하다고 상상할 수 있다. 또는 인력은 전하에 비례하지 않고, 전하+1이 전하―1에 미치는 인력은, 두 개의 전하+1의 상호 배척력, 또는 두 개의 전하―1의 상호 배척력보다 크다고 할 수 있다.

바꿔 말하면 양전자에 의해 생기는 전기장과 음전자를 만드는 전기장은 서로 겹쳐도 별개인 채로 있다는 것이다. 양전자는 양전자가 만든 전기장보다 음전자가 만든 전기장에게 한층 민감하며, 음전자에 대해선 반발한다고 한다. 이 가설은 정전기학을 약간 복잡하게 만드는데, 그것에 중력을 포용하게 한다. 이 것은 요컨대 프랭클린의 가설이었다.

그럼 만약 전자가 운동하고 있었다면 어떻게 될까? 양전자는 에테르에 교란을 일으켜 여기에 전기장과 자기장을 만들어낸다. 음전자에 대해서도 마찬가지이다. 다음으로 전자는 양이든 음이든 이들 다양한 장(場)의 작용에 의해 기계적 충격을 받는다. 통상의 이론에선 양전자의 운동에 기초한 전자기장은 절대전하와 같고 부호가 다른 두 전자에는 부호가 다른 작용을 끼친다. 따라서 어떠한 불합리함도 없이, 양전자의 운동에 기초한 장(場)과 음전자의 운동에 기초한 장을 구별하지 않는 것이 가능하고, 두 장의 대수의 합, 즉 합성된 장을 생각할 수 있다.

이에 반해 새로운 이론에선 양전자에 기초한 전자기장이 양전자에 끼치는 작용은 통상의 법칙에 따라 이루어지며, 또 음전자에 바탕한 전자기장이 음전자에 끼치는 작용에 대해서도 마찬가지이다. 이제 양전자에 기초한 장이 음전자에 끼치는 작용(또는 그 반대)을 생각해 보기로 하자. 이 작용은 역시 같은 법칙에 따르는데, 단지 계수가 다르다. 각 전자는 부호가 같은 전자에 의해 생겨난 장보다 부호가 다른 전자에 의해 생겨난 장에 대해 한층 민감하다.

이상이 로렌츠의 가설인데 이것은 속도가 낮을 때는 프랭클린의 가설로 귀착된다. 그러므로 그런 낮은 속도에 대해서는 뉴턴의 만유인력법칙이 설명된다. 그리고 중력이 전자적 기원의 힘으로 돌아가는 만큼, 여기에는 로렌츠의 일반이론이 적용되며, 따라서 상대성원리는 무너뜨리지 않게 된다.

뉴턴의 만유인력법칙은 속도가 클 때는 더 이상 적용되지 않으며, 운동전기에 대해서 정전기학의 법칙을 수정해야 하는 것과 아주 똑같이, 운동체에 대해서도 뉴턴의 만유인력법칙이 수정되어야 한다는 것이 밝혀졌다.

전자적 교란이 광속에 의해 전파된다는 것은 알려져 있다. 그렇다면, 중력이 라플라스의 계산에 의해 적어도 빛보다 1천만 배나 빠르게 전파되고, 따라서 전자적 기원을 가질 수 없다는 것을 생각했을 때는, 앞에서 말한 이론과 부합하지 않는 듯하다. 라플라스의 결과는 잘 알려져 있기는 하지만, 그 의미는 일반적으로 이해하기가 쉽지 않다. 라플라스는 만약 중력의 전파가 순간적이 아니라면 그 전파속도는 마치 광행차 현상에서 빛에 대해서 일어나는 것처럼 끌려가는 물체의 속도와 결합하여 실제의 힘은 두 물체를 잇는 선의 방향을 향하지 않고, 그 직선과 작은 각도를 이룬다고 가정했다. 이것은 매우 특수한 가설이었고, 그 근거도 확실치 않으며, 어쨌든 로렌츠의 가설과는 전혀 다르다. 라플라스의 결과는 로렌츠 이론에 반하여 아무것도 증명하지 않는다.

2. 천문학상 관측과의 비교

위에서 말한 이론은 천문학상의 관측과 합치할까? 이 이론을 받아들인다면 행성운동의 에너지는 가속도파의 영향을 받아 끊임없이 산란된다. 따라서 그러한 천체는 마치 저항하는 매질 속을 운동하는 것처럼 그 평균운동은 끊임없는 가속도를 받는 결과가 될 것이다. 그러나 이 영향은 아주 경미하므로 아무리 정확하게 관측한다 해도 그것을 간파하기란 도저히 불가능하다. 천체의 가속도는 비교적 경미하므로 가속도파의 영향을 무시해도 상관없고, 운동은 준정상적이라고 간주할 수 있다. 가속도파의 영향이 계속해서 축적되는 것은 사실이지만, 이 축적은 매우 완만하므로 그것을 감지할 정도가 되려면 몇 천 년의 관측을 필요로 할 것이다.

그러므로 운동은 준정상적이라고 보고, 다음 세 가지 가설 아래 계산해 보도록 하자.

A. 아브라함의 가설(불변형 전자)을 받아들이고, 뉴턴의 만유인력법칙을 이전의 형태 그대로 보존해 둔다.

B. 전자의 변형에 관한 로렌츠의 가설을 인정하고, 이전의 뉴턴의 만유인력법칙은 그대로 놔둔다.

C. 전자에 관한 로렌츠의 가설을 인정하고, 뉴턴의 만유인력법칙에는 앞에서 했던 것처럼 수정을 가하여 상대성원리와 양립하게 한다.

행성 중에선 수성이 가장 속도가 빠르다. 따라서 이 영향이 가장 두드러진 것도 수성의 운동이다. 티스랑(Tisserand)은 베버(Weber)의 법칙을 받아들여 그와 비슷한 계산을 한 적이 있었다. 베버는, 전자(그 무렵엔 이런 명칭은 아직 붙어 있지 않았지만)는 그것을 잇는 직선의 연장선 방향으로 서로 인력과 척력이 작용하며, 그 인력과 척력은 거리뿐만 아니라 거리의 1차, 2차 도함수, 따라서 속도 및 가속도와도 관계한다고 가정하고 정전기학적 현상과 동전기학적 현상을 동시에 설명하려 시도한 적이 있다. 베버의 이 법칙은 오늘날 세력을 얻고 있는 법칙과는 크게 다르기는 하지만, 그럼에도 어떤 종류의 유사성을 지닌다.

티스랑은, 만약 뉴턴의 만유인력이 베버의 법칙에 따라 작용한다면 그 결과로 수성이 태양에 가까워지는 지점은 100년에 14초의 각도 변화가 생긴다는 것, 그 변화의 방향은 '전에 관측되기는 했지만 설명되어 있지 않았던 변화와 같은 방향이라는 것', 다만 이 각도 변화는 38초이므로 그보다는 작다는 것을 발견했다.

가설 A, B, C로 돌아가서 먼저 고정된 중심에 이끌리는 한 행성의 운동을 연구하기로 하자. 이 경우에는 가설 B와 가설 C의 구별은 불가능하다. 인력의 중심이 고정되어 있을 때 그것이 만드는 역장(力場)은 순수한 정전기장이고, 인력은 뉴턴의 만유인력법칙과 같은 쿨롱(Coulomb)의 법칙에 따라 거리의 제곱에 반비례하기 때문이다.

이것에 새로운 정의를 부여하면 운동에너지의 방정식이 성립한다. 마찬가지로 면적의 방정식도 이것에 대응하는 다른 방정식으로 대체할 수 있다. 운동량의 능률은 불변이기는 하지만, 운동량에는 신역학에 의한 정의를 부여해야만 한다.

유일하게 감지되는 영향은 100년 주기로 일어나는 근일점운동뿐일 것이다. 로렌츠 이론에 따르면 이 운동에 대해선 베버의 법칙이 부여한 결과의 2분의 1, 아브라함의 이론에 따르면 그것의 5분의 2를 발견할 수 있다.

여기 두 운동체가 공통 인력중심의 주위에서 인력의 작용을 받고 있다고 상상해도 이 영향은 거의 달라지지 않으며, 다만 계산이 약간 복잡해질 뿐이다. 수성의 근일점운동은 로렌츠이론에선 7초, 아브라함이론에선 5.8초가 될 것이다.

또한 이 영향은 n을 별의 평균운동, a를 그 궤도의 반지름으로 하면, $n^2 \times a^2$에 비례한다. 그러므로 행성에 대해선 케플러(Kepler)의 법칙에 따라 영향은 a^5에 반비례하여 변화한다. 따라서 수성 이외의 행성에 대해선 감지할 수가 없는 것이다.

달에 관해서도 똑같이 감지하기란 불가능하다. 비록 n은 크더라도 a가 매우 작기 때문이다. 요컨대 수성의 경우에 비해 금성에 대한 이 영향은 5배 작고, 달에 대해선 6백 배 작아진다. 금성과 지구에 관해선 근일점운동을(그 운동의 같은 각속도에 대해) 천문학적 관측으로 발견하기가 훨씬 어려울 것이다. 궤도의 이심률이 수성에 비해 매우 작기 때문이다.

요약하면 다음과 같다. '천문학적 관측에서 감지할 수 있는 유일한 영향은 수성의 근일점운동뿐이며, 이것은 과거에 관측되기는 했지만 설명되지 않은 채로 있었던 근일점운동과 같은 방향에서 일어나는데, 다만 그것에 비해 현저하게 미약하다.'

이것은 신역학에 부합하는 논거라고 간주할 수는 없다. 수성의 근점각도의 대부분에 대해 반드시 다른 설명방법을 찾아야만 하기 때문이다. 그렇다고 이 것을 신역학에 반대하는 논거로 간주하기란 더더욱 어렵다.

3. 르사주(Lesage)의 이론

이러한 고찰들을, 만유인력을 설명하기 위해 오래전부터 나와 있었던 이론과 대조해 보는 것은 당연하다. 행성 사이의 공간에, 여러 방향으로 매우 빠른 속도로, 아주 미세한 입자가 떠다닌다고 가정하자. 공간 속에 고립해 있는 물체는 이 입자의 충돌이 모든 방향으로 똑같이 분포해 있으므로 겉보기엔 그 충돌로 어떠한 영향도 받지 않는다. 그러나 만약 A, B 두 물체가 마주하고 있는데, 물체 B가 A의 차폐물 역할을 하여 물체 B가 없으면 A에 부딪쳤을 미립자들 가운데 일부를 가로막는다고 하자. 그러므로 B와 반대 방향에서 A가 입는 충돌은 반동이 없게 되거나, 또는 불완전한 상쇄에 그쳐 A는 B쪽으로 밀린다.

르사주의 이론은 이상과 같다. 먼저 통상적 역학의 관점에서 이것을 논의해 보자. 이 이론에서 가정하는 충돌은 어떤 식으로 일어날까? 완전탄성체의 법칙에 의해서일까? 아니면 비탄성체의 법칙에 의해서일까? 또는 그 중간법칙일까? 르사주의 입자는 완전탄성체와 같은 움직임을 보이지 못한다. 만약 가능하다면 B에 의해 차단되는 입자에는 B에서 튀어나온 다른 입자로, 계산에 따르면 완전한 상쇄가 이루어지므로 영향은 전혀 없게 된다.

그러므로 충돌은 입자의 에너지를 잃게 해야만 한다. 그리고 그 에너지는 열의 형태를 이뤄 재현되어야 할 것이다. 그러나 그렇게 해서 생긴 열량은 얼마일까? 인력이 물체들을 통과하여 작용하는 것을 보면, 우리는 지구를 생각할 때, 이를테면 공간을 가득 메운 차폐물이 있는 것처럼 생각할 것이 아니라, 아주 미세한 구상(球狀)분자들이 수도 없이 많이 모여 차폐물을 형성하는 것으로, 그래서 그 미세분자들이 저마다 작은 차폐물 역할을 하고, 그러면서도 그것들 사이사이로 르사주의 미립자가 자유롭게 떠돌 수 있는 것으로 생각해야 한다. 그와 같이 지구는 단순히 공간을 가득 메운 차폐물이 아닐뿐더러 그렇다고 거름망 같은 것도 아닌데, 이는 비어 있는 곳이 채워진 곳보다 훨씬 많은 공간을 차지하고 있기 때문이다. 이것을 이해하고자 한다면, 인력이 지구를 횡단할 때 많아도 1천만분의 1보다 약해지지 않음을 라플라스가 증명한 것과, 그 증명이 흠잡을 데가 전혀 없다는 것을 상기하자. 즉 인력이 그것이 통과하는 물체에 의해 흡수된다면, 인력은 이미 질량에 비례하지 않으며, 큰 물체에 대해선 통과시켜야 할 두께가 커지므로 인력은 작은 물체에 대한 것보다 '상대적으로' 약해진다. 그러므로 지구에 대한 태양의 인력은 달에 대한 태양의 인력보다 '상대적으로' 약하며, 그 결과 달의 운동에는 매우 또렷한 불균등이 생겨난다. 따라서 르사주이론을 채택한다면 지구를 구성하는 구상분자의 총표면은 많아도 지구 전체표면의 1천만 분의 1을 넘지 않는다는 결론을 내려야 한다.

다윈(Darwin)은 입자에 탄성이 전혀 없다고 가정하지 않으면 르사주이론은 뉴턴의 만유인력법칙에 정확히 맞지 않음을 증명했다. 그리하여 지구가 거리 1만큼 떨어진 질량 1에 작용하는 인력은, 동시에 지구를 구성하는 구상분자의 총표면 S와 입자의 속도 v, 입자의 형태를 이루는 매질의 밀도 ρ의 제곱근에 비례하며, 생겨나는 열량은 S와 밀도 ρ 및 v의 제곱에 비례하게 된다.

그러나 그와 같은 매질 속에서는 운동하는 물체가 받는 저항을 고려해야 한다. 실제 운동을 하면 반드시 어떤 충돌을 향해 나아가는 한편, 반대 방향의 충돌로부터 멀어지는 방향으로 나아가야만 하므로 정지상태에서 실현되던 상쇄는 더 이상 성립하지 않는다. 계산에 따르면 저항은 S, ρ, v에 비례한다. 한편 천체가 마치 어떠한 저항도 받지 않는 것처럼 운동한다는 것으로 알려져 있는데, 정밀한 관측을 하면 매질의 저항한계를 결정할 수 있다.

이 저항이 Sρv에 비례하고, 인력은 Sρv에 비례하므로 저항인력의 제곱에 대한 비는 곱 Sv에 반비례함을 알 수 있다.

따라서 곱 Sv의 하한이 나온다. 우리는 이미(인력이 통과하는 물체에게 흡수되는 양에 의해) S의 상한을 알고 있다. 그러므로 속도 v의 하한을 얻고, 속도 v는 적어도 광속의 24.10^{17}배와 같아져야만 하게 된다.

여기서 ρ와 발생되는 열량을 이끌어낼 수가 있다. 이 열량은 1초에 온도를 10^{26}도 상승시키기에 충분한 것이며, 지구는 주어진 시간 내에 태양이 같은 시간에 방출하는 열의 10^{20}배를 받게 되는 것이다. 태양이 지구로 보내는 열이 아니라 모든 방향으로 복사하는 열의 10^{20}배라는 말은 차마 할 수가 없다.

지구가 이런 상태를 오래 견디지 못한다는 것은 명백하다.

다윈의 견해와 달리, 0이라는 것만 빼면 불완전한 탄성체인 르사주의 미립자를 적용한 경우라도, 위와 비슷하게 황당무계한 결과에 이르게 된다. 실제로 이 입자의 운동에너지 전체는 열로 바뀌지 않는데, 생겨난 인력도 마찬가지로 적어지며, 따라서 인력의 발생에 관여하는 것은 운동에너지의 열로 바뀐 부분

뿐이며, 결국 같은 얘기로 귀착된다. 비리엘(Viriel)의 정리를 적당히 쓰면 이것을 이해할 수 있을 것이다.

르사주의 이론을 변형할 수도 있다. 입자를 없애 버리고, 공간의 모든 점에서 나온 광파가 에테르 속을 가로세로로 달리고 있다고 상상하자. 물체가 광파를 받을 때, 광파가 그 물체에 맥스웰—바르톨리압력에 의해 기계적 작용을 받는 것은 물질로 이루어진 탄환의 충격을 받았을 때와 같다. 그러므로 문제의 광파는 르사주 미립자의 역할에 힘쓸 수가 있다. 이것은 톰마시나(Tommasina) 등이 인정하는 설이다.

그럼에도 난점을 피한 것은 아니다. 전파속도는 광속과 같을 수 없으며, 따라서 인간은 매질의 저항에 대해 허용해선 안 되는 숫자를 어쩔 수 없이 부여할 수밖에 없다. 게다가 만약 빛이 모두 반사된다면 완전탄성입자 가설의 경우와 마찬가지로 그 영향은 0이다. 인력이 있으려면 빛은 일부분 흡수되어야만 하는데, 이렇게 되면 열이 발생한다. 계산은 통상의 르사주이론과 본질적으로 다르지 않으며, 결과는 역시 황당무계함을 벗어나지 않는다.

한편 인력은 그것이 통과하는 물체에 흡수되지 않거나 또는 거의 흡수되지 않지만 우리가 아는 빛에는 관여하지 않는다. 뉴턴의 만유인력을 만드는 빛은 통상의 빛과는 뚜렷이 다르며, 예를 들면 파장이 매우 짧아야만 한다. 만약 우리 눈이 이 빛을 감지할 수 있다면, 천공 전체는 태양보다 한층 밝게 보이고, 따라서 태양은 검게 떠올라 보이게 될 것이다. 그렇지 않으면 태양은 우리를 잡아당기지 않고 오히려 배척하게 되기 때문이다. 이상의 모든 이유에 의해 인력의 설명이 되는 빛은 통상의 빛보다 뢴트겐의 X선과 훨씬 비슷한 것이어야 한다.

더구나 X선으론 아직 충분하지 않다. 아무리 투과성이 많아 보인다 해도 X선이 지구 전체를 통과하기란 불가능하다. 그러므로 통상의 X선보다 투과성이 훨씬 큰 X'선을 상상해야 한다. 또한 이 X'선의 에너지의 일부는 소멸하지 않으면 안 된다. 그렇지 않으면 인력은 없는 것이 되기 때문이다. 만약 X'선이 열로 변화한다면 막대한 열량이 되므로, 열로 변화한다는 가정이 바람직하지 않다면 X''라고 해야 할 제2차의 선이 되어 각 방향으로 복사되어, X''선은 X'선보다 훨씬 투과성이 많음을 인정해야 한다. 그렇게 하지 않으면 X''선이 다시 인력현상을 방해하게 될 것이다.

르사주이론을 살리고 싶다면 우리는 이와 같이 복잡한 가설을 채택할 수밖에 없다.

그러나 위에서 말한 것은 모두 통상의 역학법칙을 가정하고 있다. 신역학을 인정한다면 사정은 호전될까? 상대성원리를 유지할 수 있을 것인가? 우선 르사주이론에 본디 형태를 부여하여 공간을 물질입자가 가로세로로 달리고 있다고 상상하자. 만약 이 입자가 완전탄성체였다면 그것의 충돌법칙은 상대성원리에 알맞지만, 그럴 때는 그 영향이 0이 된다는 것을 우리는 안다. 그러므로 이 입자가 탄성적이지 않다고 가정해야 하는데, 그렇게 할 때는 상대성원리와 양립하는 충돌법칙을 상상하기 어렵다. 게다가 우리는 역시 주목할 만한 열의 발생과 매우 미세한 매질의 저항을 발견하는 것이다.

입자를 없애고 맥스웰—바르톨리압력의 가설로 다시 돌아가도 이 난관은 여전히 줄지 않는다. 이것은 로렌츠가 1900년 4월 25일 암스테르담 과학학사원에서 발표한 논문에서 시도한 바이다.

음파가 에테르 속을 모든 방향으로 교착해 있고, 그 안에 한 계열의 전자가 들어 있다고 가정하자. 전자 하나가 음파 하나를 맞고 진동을 시작한다. 이 진동은 빛의 진동과 주기가 같은데, 만약 전자가 입사(入射)에너지의 일부를 흡수한다면 위상의 차가 있을지 모른다. 사실 전자가 에너지를 흡수한다면 그것은 전자를 '잡아끄는' 것이 에테르의 진동이기 때문이다. 따라서 전자는 에테르보다 느려야 한다. 운동하는 전자는 대류전류와 동일시할 수 있다. 따라서 모든 자장은, 특히 빛의 교란 자체에 기초한 자장은 전자에 기계적 작용을 미쳐야 한다. 이 작용은 매우 미약하고, 게다가 한 주기마다 부호를 바꾸고, 또 만약 전자의 진동과 에테르의 진동에 위상차가 있으면 평균작용은 0이 아니다. 평균작용은 그 차에 비례하며, 따라서 전자가 흡수하는 에너지에 비례한다.

여기서 세부적인 계산에 들어갈 수는 없다. 다만 마지막 결과로서 두 개의 임의의 전자 사이 인력은 거리의 제곱에 반비례하고, 두 전자가 흡수하는 에너지에 정비례한다는 것만 말해두고자 한다.

그러므로 빛의 흡수 없이는 인력은 없다. 열의 발생 없이 인력은 없게 되는 것이다. 로렌츠로 하여금 르사주—맥스웰—바르톨리 이론과 근본적으로 다르지 않은 이 이론을 폐기하도록 결심하게 한 것은 이것 때문이다. 만약 끝까지 계산을 추진했더라면 그는 더 많이 놀랐을 것이다. 즉, 그는 지구의 온도가 매초 10^{13}도씩 올라간다는 것을 발견했을 것이다.

4. 결론

나는 이들 새로운 학설에 관하여 간단하나마 되도록 완전한 개념을 부여하려 노력했다. 그리고 새로운 학설들이 어떻게 해서 탄생했는지를 설명하기 위해 고민했다. 그렇게 하지 않았다면 독자는 그 학설들의 대담성에 놀랐을 것이 틀림없기 때문이다. 새 이론은 아직 증명되지 않았다. 뿐만 아니라 이 이론들은 단순히 어떤 개연성들 위에 서 있고, 단지 그 개연성이 매우 크므로 이 이론을 경시할 수가 없을 뿐이다.

새로운 실험은 우리가 그것에 대해 결국 어떻게 생각해야 하는지를 가르쳐 줄 것이다. 문제의 핵심은 카우프만의 실험과 이것을 검증하기 위해 시도할 수 있는 실험과 관련된 것이다.

마지막으로 하나의 희망을 덧붙이고자 한다. 앞으로 몇 년쯤 지나 이 이론들이 새로운 시련을 거쳐 승리를 거두었다고 상상해보자. 그렇게 될 때, 우리나라의 중등교육은 크나큰 위기에 부딪칠 것이다. 어떤 교사들은 새로운 이론을 받아들이기를 바랄 것이다. 신기한 것은 그만큼 매력적이고, 또 진보되지 않았다는 인상을 주는 것은 그만큼 괴로운 일이다! 적어도 학생들에게 그 개요라도 보여주고자 하는 것이고, 그들에게 통상적인 역학을 가르치기에 앞서서, 이 역학은 한물갔다, 기껏해야 라플라스 같은 어리석은 사람에게만 도움이 되었다고 말할 것이다. 그러므로 학생들은 통상적인 역학과 친해지지 않게 될 것이다.

통상적인 역학이 근사적인 것에 불과하다고 학생에게 알리는 것은 바른 일일까? 그렇긴 하다. 다만, 더 나중의 일이다. 즉, 학생들이 역학의 진수에 철저하고, 단지 이 역학에 의해서만 사고하는 습관을 체득하고, 이것을 잊을 위험이 없어졌을 때, 그때 비로소 그 한계를 가르쳐도 무방할 것이다.

학생들의 일상생활에 나타나는 것은 이 통상적인 역학이다. 그들이 언젠가 응용하게 될 것은 단지 이 역학뿐이다. 자동차 제조가 아무리 장족의 발전을 이루어도 우리의 차가 통상적인 역학이 통용되지 않을 정도의 속도에 이르는 일은 결코 없을 것이다. 새로운 역학은 사치품에 불과하다. 필요를 저해할 우려가 이미 없어진 때가 아니라면 사치를 생각해선 안 된다.

제4편
천문학

1 은하와 기체이론

내가 전개하고자 하는 고찰은 지금까지 천문학자의 주의를 끈 적이 거의 없었다. 켈빈 경(Kelvin)의 훌륭한 고찰을 제외하면 인용할 만한 것은 거의 없을 정도이다. 경의 아이디어는 새로운 연구분야를 개척하기는 했지만, 아직 후세 사람들의 연구를 기다리고 있는 처지이다. 나 역시 어떠한 독창적인 결과를 발표하려는 것은 아니다. 내가 할 수 있는 것은, 현재 나와 있기는 하지만 오늘날에 이르기까지 아무도 이해하려고 해본 적이 없는 몇 가지 문제에 개념을 부여하는 것이 전부이다.

근세의 대다수 물리학자가 기체의 구조를 어떻게 보고 있는지는 두루 알려져 있는 바이다. 즉 기체는 빠른 속도를 지니고 어떤 방향으로든 날아다니는 무수한 분자로 형성되어 있다. 어쩌면 이 분자는 멀리 떨어져 있어도 서로 작용하겠지만, 이 작용은 거리와 함께 매우 급격히 줄어들기 때문에 기체의 진로는 거의 직선이라고 간주해도 무방하다. 그것이 직선이 아닐 때는 단지 두 분자가 서로 충분히 접근해 있을 때뿐이며, 이 경우에는 기체끼리의 인력 또는 척력이 진로를 오른쪽으로 또는 왼쪽으로 바꾸게 한다. 이것이 우리가 때때로 충돌이라고 부르는 것인데, 이 충돌이란 말은 일상적으로 쓰이는 의미로 해석해선 안된다. 두 분자는 서로 접촉할 필요가 없으며, 서로의 인력을 감지할 수 있는 정도로 접근하기만 하면 충분하다. 분자가 받는 기울기의 법칙은 실제 충돌이 있을 때와 같다.

이러한 수많은 먼지 같은 것의 무질서한 충돌은 해석할 수 없는 혼돈을 낳을 뿐이어서 해석학자도 팔짱을 끼고 뒤로 물러설 수밖에 없는 것처럼 보인다. 그러나 대수법칙이라는, 우연에 관한 지고의 법칙이 우리를 돕는다. 이도저도 아닌 무질서에 맞닥뜨려 우리가 절망할 수밖에 없지만, 이 극단적인 무질서는 이러한 통계법칙에 의해 하나의 평균질서를 재건해 우리의 정신이 다시 활약할 여지를 준다. 기체운동론을 형성하는 것은 곧 이 평균질서의 연구이다. 이 이론에 따르면 분자의 속도는 모든 방향에 똑같이 분포하며, 속도의 크기는 개별 분자에 따라 변화가 있기는 하지만 변화 자체는 맥스웰의 법칙이라고 하는 하나의 법칙에 지배되고 있음을 알 수 있다. 이 법칙은 어떤 속도를 지니는 분자의 수가 엄청나다는 것을 우리에게 가르쳐준다. 기체가 이 법칙에서 멀어질 때는 분자끼리의 충돌이 그 속도의 크기와 방향을 바꾸어, 순식간에 원상태로 회복하게 하려는 경향을 띠는 것이다. 물리학자들은 이것을 기반으로 기체의 실험적 성질, 예를 들면 매리어트의 법칙을 설명하는 것에 공을 들여 상당한 성공을 거두었다.

이제 고찰의 방향을 은하로 향하기로 한다. 우리는 여기서도 수많은 먼지 같은 것을 보게 되는데, 단지 전과는 달리 이 먼지 입자들은 원자가 아니라 별이다. 이 입자들 역시 엄청난 속도로 운동하며, 서로 떨어져 있어도 서로 간에 작용을 한다. 이 작용은 거리가 멀 때는 약하므로 진로가 직선이다. 그것은 때로는 서로 근접하여, 예를 들면 목성을 아주 가깝게 지나쳤던 혜성처럼 진로에서 벗어나는 경우도 있을 수 있다. 한마디로 거인이 볼 때는 우리의 항성들도, 마치 우리에게 원자가 그러한 것처럼 은하는 단지 기체의 기포에 불과할 것이라는 얘기이다.

켈빈 경을 이끈 사고는 이러한 것이었다. 이 비교에서 우리는 무엇을 이끌어낼 수 있을까? 이것은 어느 정도까지 정확할까? 이것이 지금 우리가 연구하려는 것이다. 그러나 결정적인 결론에 이르기에 앞서 나는 기체운동론은 천문학자에게 하나의 모형을 제공한다는 것, 이 모형을 맹목적으로 따라서는 안 되지만, 여기서 도움이 될 만한 영감을 얻을 수 있다는 것을 예상할 수 있다. 지금까지 천체역학은 단지 단일 태양계 또는 어떤 이중 태양계를 대상으로 삼을 뿐이었다. 은하가 나타내는 집합이나 성단, 분해성의 성운 앞에선 천체역학은 거기서 단지 혼돈만을 볼 뿐 손을 떼고 말았다. 그러나 은하는 기체보다 복잡하지 않다. 또, 확률론에 바탕을 둔 통계적 방법은 기체에서와 마찬가지로 은하에도 응용할 수 있다. 먼저 이 두 경우의 비슷한 점과 서로 다른 점을 아는 것이 중요하다.

켈빈 경은 이 방법으로 은하의 크기를 정하려고 노력했다. 그러려면 망원경으로 보이는 별을 세어야 하는데, 보이는 별 뒤에 우리의 눈에는 보이지 않는 다른 별이 없다는 보장이 없다. 따라서 그런 식으로 측정하는 것은 은하의 크기가 아니라 우리가 가진 기계의 유효범위일 것이다. 새로운 이론은 우리에게 다른 수단을 제공해 준다. 즉 우리는 우리와 가장 가까운 별의 운동을 알고, 그 속도의 크기와 방향의 개요를 알 수 있다. 위에서 말한 방법이 옳다면 이 속도는 맥스웰법칙에 따라야만 하며, 평균값은 말하자면 이 가상적 기체의 온도에 대응한다는 것을 알려줄 것이다. 그런데 이 온도는 기체 입자의 크기에 좌우된다. 뉴턴의 만유인력법칙에 따라 원소들이 서로를 잡아당긴다면, 진공 속에 방치된 한 무리의 기체는 실제로 어떤 양상을 보이게 될까? 모양은 구(球)이 겠지만, 중력에 의해 밀도는 중심으로 가까이 갈수록 차츰 커지고, 압력 역시 중심을 향해 이끌리는 주변부의 중량 때문에 표면에서 중심으로 갈수록 커질 것이다. 마지막으로 온도도 중심을 향해 점차 커지는, 즉 온도와 압력이 마치 대기층과 마찬가지로 단열법칙의 지배를 받는다. 표면의 압력은 0이고, 절대온도도, 다시 말하면 분자속도도 역시 똑같이 말할 수 있다.

여기서 의문이 하나 생긴다. 단열법칙에 대해 방금 말했는데, 이 법칙은 기체의 두 비열(比熱)의 비에 좌우되므로 모든 기체에 대해 같지는 않다. 공기나 비슷한 기체에 대해 이 비는 1.42지만, 은하와 동일시되는 기체는 공기일까? 분명 공기는 아니다. 은하는 수은증기, 아르곤, 헬륨 같은 단원자분자로 간주하지 않으면 안 된다. 다시 말하면 그 비열의 비는 1.66과 같다고 정의해야 할 것이다. 그런데 사실 이 분자들 가운데 하나는, 예를 들면 태양계처럼 될 것이다. 하지만 행성들은 매우 사소한 존재일 뿐이어서 계산에 들어가는 것은 태양만이다. 그런 식으로 우리의 분자 역시 단원자라고 해야 할 것이다. 또 태양이 두 개인 경우를 예로 든다 해도, 이것에 근접하는 다른 별의 작용은 두 개의 태양 각각의 상대적 궤도에 영향을 끼칠 정도로 다가오기 전에 이미 그 힘을 나타내어 이중 태양계의 병진운동 방향을 바꾸게 한다. 한마디로 이중 태양은 불가분의 원자와 같은 것이다.

그렇지만 이 기체구 중심의 압력은, 따라서 이 점에 있어서의 온도는 구가 커짐에 따라 점점 커진다. 이것은 압력이 전체의 상층의 중량과 함께 커지기 때문이다. 우리는 은하의 중심 가까이에 있다고 상상할 수 있다. 따라서 우리는 별의 고유한 평균속도를 관측하여 기체구의 중심온도에 상당한다는 것을 알며, 따라서 구의 반지름을 정할 수 있을 것이다.

다음과 같은 고찰에 의해 위의 결과를 대강 알 수 있다. 가설을 더욱 간단히 하여 은하가 구의 형태이고, 질량은 균등하게 분포되어 있다고 하자. 그 결과, 별은 동심타원형을 그리게 된다. 만약 표면 온도가 0이라고 가정한다면 운동에너지의 방정식으로 중심의 속도를 계산할 수가 있다. 그와 같이 하여 속도는 구의 반지름과 밀도의 제곱근에 비례함을 알 수 있다. 만약 이 구의 질량이 태양의 질량이고, 반지름이 지구궤도의 반지름이라면 속도는 (쉽게 알 수 있다시피) 궤도상의 지구속도가 될 것이다. 그러나 이러한 가정의 경우, 태양의 질량은 1백만 배의 반지름 안에 분포되어야만 한다(이 반지름은 가장 가까운 별의 거리이다). 따라서 밀도는 10^{18}로 작아진다. 그러나 속도의 크기는 같으므로 반지름은 곱절, 즉 가장 가까운 별의 거리의 1천 배가 되고, 그 결과 은하 안에는 거의 10억 개의 별이 있다는 얘기가 된다.

그러나 여러분은 이 가설이 사실에서 너무나 멀리 동떨어져 있다고 할 것이다. 즉 은하는 구의 형태가 아니다(이것에 대해선 나중에 재론할 기회가 있다). 또 기체운동론은 등질의 구의 가설과 양립하지 않는다. 그러나 기체이론에 따라 정확한 계산을 하여 다른 결과를 얻을 수도 있겠지만, 그 크기의 순서에는 변함이 없다. 그런 문제에 대해선 주어진 자료가 부정확하므로 우리가 겨냥하는 목표는 오직 크기의 순서에 관한 것이다.

여기서 맨 먼저 주의해야 할 것이 있다. 내가 근사적 계산에 의해 구한 켈빈 경의 결과는 관측가가 망원경으로 이룩해낸 평가와 거의 일치한다. 따라서 우리는 은하의 대부분의 비밀을 간파했다고 결론 내려야만 할 것이다. 더구나 이로써 한 가지 문제를 더 해결할 수가 있다. 우리에게 별이 보이는 것은 그 별이 빛나기 때문인데, 별과 별 사이에 있으면서 오랫동안 존재를 인정받지 못하고 있는, 빛나지 않는 별이 있지는 않을까? 그러나 이 경우에 켈빈 경의 방법으로 얻는 것은 빛나지 않는 별을 포함한 별 전체의 수이다. 그 숫자가 망원경으로 얻은 결과에 필적하므로 암흑 물질은 없다. 어쨌든 빛나는 물질만큼은 없다는 얘기가 된다.

논의를 진전시키기에 앞서 우리는 문제를 다른 측면에서 생각해 보아야 한다. 위와 같은 구조를 가진 은하는 과연 본디 의미에서의 기체에 비유할 수 있을까? 크룩스(Crookes)가 물질의 네 번째 상태라는 개념을 도입한 것은 다 아는 바인데, 그에 따르면 기체가 지나치게 희박해지면 더 이상 진정한 기체가 아니라, 그가 말하는 발광물질이 된다는 것이다. 은하의 밀도가 작은 것을 고려할 때, 은하를 기체물질에 비유할 것인가, 아니면 발광물질에 비유해야 하는가? 이것에 해답을 주는 것은 이른바 자유행로라는 고찰일 것이다.

기체분자의 진로는 되풀이되는 충돌에 알맞은 매우 작은 호(弧)에 의해 접합된 직선으로 이루어졌다고 간주할 수 있다. 이러한 각 선분의 길이가 이른바 자유행로이다. 그것의 길이는 말할 것도 없이 모든 선분, 모든 분자에 대해 똑같이 않지만 우리는 그 평균을 얻을 수가 있다. 이것이 이른바 평균행로이고, 이것은 기체의 밀도가 작아짐에 따라 차츰 증대한다. 물질은 그것의 평균행로가 기체를 녹인 그릇의 크기보다 커지고, 따라서 분자가 서로 충돌하지 않고 그릇 전체를 날아다닐 수 있는 상황에 이르면 발광물질이 되며, 그렇지 않은 경우에는 역시 원래의 기체 상태 그대로 이어지는 것이다. 그 결과, 같은 유체도 작은 그릇 속에선 발광물질이 되고, 큰 그릇 속에선 기체가 되는 경우가 가능하다. 크룩스 관(管)에서 관을 크게 할수록 진공도를 강하게 해야만 하는 것도 어쩌면 이 때문일 것이다.

은하에 대해선 어떻게 될까? 은하는 밀도가 매우 작지만 그 크기가 매우 큰 한 덩이의 기체이다. 별 하나가 다른 별과 충돌하지 않고, 다시 말하면 진로가 바뀌는 일이 없도록 다른 별에 충분히 근접하지 않고, 은하를 횡단할 기회가 있을 것인가? 또 충분히 근접한다는 것은 어떤 의미일까? 이것은 당연히 어느 정도까지 임의이긴 하지만, 이것을 태양과 해왕성과의 거리라고 생각하기로 하자. 이것은 약 10도의 기울기를 나타낼 것이다. 따라서 우리의 별들은 각각 이 반경의 보호구에 의해 둘러싸인 것으로 상상하기로 하고, 이 구들 사이에 한 줄기 직선을 긋는 것은 가능할까? 은하의 별의 평균거리에 있어서 이러한 구의 반경은 거의 1초의 10분의 1 각도에 들어가고, 별의 수는 10억이다. 천구 위에 반경이 10분의 1초인 매우 작은 원을 10억 개쯤 늘어놓았다 치고, 과연 그런 원이 천구를 몇 겹으로 뒤덮을 수가 있을까? 도저히 그런 일은 없다. 겨우 그것의 1만 6천분의 1을 덮을 수 있는데 불과하다. 그리하여 은하는 기체물질에 비유할 것이 아니라 크룩스의 발광물질에 비유해야 하게 되었다. 그러나 다행히 우리가 앞에서 얻은 결과는 결코 정밀한 결과가 아니므로, 이것을 눈에 띌 정도로 수정할 필요는 없다.

그러나 다시 한 가지 난관이 있다. 즉 은하는 구의 형태가 아님에도 불구하고 공간 속에 고립한 기체가 평형의 위치에서 취하는 형태가 구이므로 우리는 지금까지 은하를 구인 것처럼 생각해 왔다. 대신에 지금까지 기술한 것이 더욱 잘 부합하는 구 모양의 성단이 존재한다. 허셸(Herschel)은 이미 주목할 만한 외관을 설명하려 노력했던 것이다. 그는 성단의 별은 일정하게 분포하며, 따라서 성단은 하나의 등질의 구라고 생각했다. 그렇게 생각하면 모든 별은 타원을 그리고, 그 궤도를 한 바퀴 도는 시간은 같으며, 따라서 1주기 뒤에는 성단은 원형으로 돌아와 형태가 안정적이라는 얘기가 된다. 불행히도 성단은 등질이 아닌 것처럼 보인다. 즉 관측에 따르면 중심부가 밀집해 있는 것이다. 예컨대, 등질이라 해도 중심의 두께가 가장 두터우므로 역시 밀집해 있는 것처럼 보이겠지만, 만약 등질이라면 그렇게까지는 밀집해 있지 않을 것이다. 그러므로 하나의 성단은 오히려 단열적 평형상태에 있고, 평형상태의 기체가 취하는 구 모양의 형태와 비교할 수 있다.

그러나 여러분은 말할 것이다. 그런 성단은 은하의 일부를 이루며, 따라서 은하에 비하면 훨씬 작다, 그 밀도는 크겠지만 발광물질과 얼마간 비슷할 것이라고. 더구나 기체는 분자가 무수한 충돌을 거친 뒤가 아니면 단열적 평형에 이르지 못한다고. 이것엔 얼마간 조정의 수단이 있을 것이다. 성단의 별은 그 속도가 표면에 이를 때 정확히 0이 될 만큼의 에너지를 갖는다고 가정하면, 별은 충돌하는 일 없이 성단을 가로지를 수 있어도 표면에 이르거나 되돌아와서 다시 횡단을 시작하고, 몇 번쯤 횡단을 거듭한 뒤에는 결국 충돌에 의해 방향을 바꾸게 된다. 그런 상태에선 우리가 생각하는 물질을 기체로 간주할 수 있을 것이다. 만약 우연히 성단 가운데 이보다 속도가 큰 별이 있다면 벌써 오래 전에 성단을 뛰쳐나가 영원히 돌아오지 않을 것이다. 이상의 모든 이유에 의해 이미 알려져 있는 성단을 연구하고, 그 밀도에 관한 법칙을 터득하여 그것이 기체의 단열법칙인지 아닌지를 아는 것은 매우 흥미로운 일일 것이다.

다시 은하의 문제로 돌아가기로 하자. 은하는 구의 모양이 아니라 편평한 원반으로 보아야 한다. 그렇게 생각할 때, 표면을 속도 없이 출발한 질량이 원반의 중심 가까이의 표면에서 나왔는지, 아니면 원반 가장자리 부근의 표면에서 나왔는지에 따라 중심에 이를 때의 속도가 달라진다. 후자의 속도가 뚜렷하게 클 것이다.

지금까지 우리는 별의 고유속도, 즉 우리가 관측하는 속도는 그러한 질량이 당연히 이르러야 하는 속도에 비례할 수 있는 것이어야 한다고 가정해 왔다. 여기서 한 가지 난점이 생긴다. 앞에서 은하의 크기 값을 제시해 놓았는데 이것은 관측에 의한 고유속도에서 연역한 것으로서 이 고유속도는 지구공전의 속도와 크기가 같다. 그러나 그런 방법으로 측정한 크기는 어떤 것일까? 원반의 두께일까? 반경일까? 그러한 것들임엔 틀림이 없다. 그러나 그렇게 하면 두께 자체, 또는 반경 자체에 대해선 우리는 무슨 말을 할 수 있을까? 계산을 하기엔 자료가 모자란다. 나는 고유운동의 자세한 논의를 기초로 하여 적어도 해답에 가까운 계산을 할 수 있음을 독자에게 잠깐 보이는 선에서 그치기로 하겠다.

그리하여 우리는 두 가지 가설 앞에 서게 되었다. 그 하나는 대부분이 은하 표현에 평행한 별의 속도는 모든 방향에 일정하게 분포되어 있다는 것이다. 만약 그렇다면 고유운동의 관측에 따라 은하에 평행인 만큼 속도가 특히 빠르다는 것이 밝혀져야 한다. 이 견지에서 조직적 연구가 이루어진 예를 아직 들어본 적이 없다. 따라서 이것은 앞으로의 결정을 기다려야만 한다. 한편으론 그런 평형은 단지 일시적인 것일 수밖에 없다는 것이다. 왜냐하면 충돌의 결과로 분자, 즉 천체는 시간이 흐름에 따라 점차 은하의 수직 방향으로 엄청난 속도를 얻어 결국엔 그 평면에서 벗어나고, 따라서 은하계는 고립된 기체단의 유일한 평형상태인 구가 되는 경향을 띠기 때문이다.

다른 하나의 가설은, 은하계 전체가 공통적으로 회전운동을 하며, 은하가 지구처럼, 또는 목성처럼 다른 모든 회전체와 마찬가지로 편평하다는 것은 이 이유에서라는 것이다. 다만 편평한 정도가 뚜렷하므로 회전운동은 급속해야만 한다. 급속하다는 것엔 의심의 여지가 없지만, 이 경우에 급속하다는 말의 의미에 대해 알아둘 필요가 있다. 즉 은하의 밀도는 태양의 밀도에 비해 10^{25}배나 작고, 따라서 태양에 비해 10^{25}배나 작은 회전속도도 편평하다고 할 정도로 같아야 한다. 지구에 비해 10^{12}배나 느린 속도는, 말하자면 1세기에 130초의 각도로 움직인다 해도, 그것은 매우 빠른 회전운동으로서 안정된 평형이 불가능해질 정도인 것이다.

이 가설에 따르면 관측할 수 있는 고유운동은 일정하게 분포되어 있는 것처럼 보이며, 그 은하계를 구성하고 있는 행성들이 은하평면에 평행하다는 것이 그것에 더할 나위 없이 우월한 조건이 된다. 이 고유운동은 우리 역시 이 회전계의 일부를 이루므로 회전운동 자체에 대해선 우리에게 가르쳐주는 바가 전혀 없다. 만약 소용돌이 모양 성운이 우리은하와는 인연이 없는 다른 은하라면, 그것은 이 회전운동에 휩쓸리지 않으므로 우리는 그 고유운동을 연구할 수 있을 것이다. 실제로 그런 성운의 거리는 엄청나게 멀며, 만약 그 크기가 은하와 같고, 시반경(視伴經)이 예컨대 20초라면 거리는 은하반지름의 1만 배가 된다.

그러나 우리가 알고자 하는 것은 은하계의 병진운동이 아니라 회전운동이다. 따라서 지금의 결과는 우리에게 기여하는 바가 전혀 없다. 항성은 그 거리가 매우 먼데도 불구하고 그것의 시운동에 의해 우리가 지구의 자전을 알 수가 있다. 불행히도 은하가 할 수 있는 회전운동은 비록 상대적으로 급속하다 해도 절대적 견지에서 보면 매우 느리며, 성운에 대한 망원경의 시점도 그리 정확하지 않다. 따라서 뭔가를 알아내려면 수천 년 동안의 관측을 실시해야 하는 것이다.

어쨌든 이 두 번째 가설 아래에서 은하의 형상은 최종적인 평형의 형태를 띠게 된다.

나는 이 두 번째 가설의 비교가치에 관해 더 이상 논하지 않겠다. 여기 세 번째 가설이 있으며 어쩌면 이것이 더욱 진실에 가까울 수도 있기 때문이다. 비분해성 성운이 오리온성운 같은 불규칙성운, 행성상 고리성운, 소용돌이모양 성운처럼 몇 가지 종류로 구별할 수 있음은 알려진 바이다. 앞의 두 가지 스펙트럼은 이미 결정되었는데 그것은 불연속 스펙트럼이었다. 따라서 그런 성운은 그다지 이루어져 있지 않고, 또 천공상에서의 그것의 분포는 은하에 딸려 있는 것처럼 보인다. 그러므로 그런 성운은 은하에 근접하는 경향을 띠든, 또는 멀어지는 경향을 띠든 여하튼 은하계통의 일부를 이룬다. 이에 반해 소용돌이모양 성운은 일반적으로 은하와는 독립된 것으로 여겨지며, 은하와 마찬가지로 한 무리의 별들로 이루어져 있어 우리은하에서 멀리 떨어진 다른 은하로 인식되어 있다. 스트라토노프(Stratonoff)의 최근 연구 결과, 은하 자체도 소용돌이모양을 한 하나의 성운으로 간주하려는 분위기가 생겼다. 내가 말하려는 세 번째 가설은 곧 이것이다.

소용돌이모양 성운은 매우 기이한 외관을 띠며, 너무나도 규칙적이고, 항구적이어서 도저히 우연으로 돌릴 수가 없을 정도인데 이것은 어떻게 설명해야 할까? 우선 형태에 주목하자면 그것이 회전하는 것은 쉽게 관측되며, 회전방향도 알 수가 있다. 모든 소용돌이의 반경은 같은 방향으로 휘어져 있는데, 분명 이것은 날개가 축보다 나중에 돌기 때문으로, 이 축이 회전방향을 결정한다. 그뿐만이 아니다. 그런 성운이, 멈춰져 있는 기체와, 또 일제히 적용되는 회전운동의 지배력 아래에서 상대적 평형을 유지하는 기체와도 동일시할 수 없음은 명백하다. 따라서 그런 성운은 내부 흐름의 지배를 받아 영구운동을 하는 기체에 비유해야 한다.

예를 들면 중심핵의 회전이 너무나 급속(내가 이 단어에 부여하는 의미를 독자는 알리라 생각한다)하여 안정된 평형을 유지하지 못한다고 상상하자. 그럴 때는 적도에선 원심력이 인력을 이기므로 별들은 적도에서 벗어나 바깥을 향해 흐르는 형태를 띤다. 그러나 그 회전능률은 일정하고, 더구나 움직이는 범위가 커지므로 멀어짐에 따라 각속도가 줄어든다. 날개가 뒤처진 것처럼 보이는 것은 이 때문이다.

이런 관점에서 보면 진정한 영구운동이란 없는 것이 되고, 중심핵은 끊임없이 물질을 잃고, 그 물질은 다시는 돌아오지 않으므로 핵은 차츰 속이 비어 버리는 것이다.

그러나 우리는 가설을 수정하여 다음과 같이 할 수가 있다. 즉 별은 멀어짐에 따라 차츰 그 속도를 잃다가 결국은 멈춘다. 이때 인력이 다시 작용하기 시작하여 핵 쪽으로 되돌린다. 그리하여 여기서 구심적인 흐름이 생긴다. 만약 전투진형의 부대가 선회운동을 하는 것에 비유하면, 구심적 흐름은 제1열이고, 원심적 흐름은 제2열에 있다고 가정하지 않으면 안 된다. 원심력 합은 이 성단의 내층에서 외층에 작용하는 인력에 의해 상쇄되어야 하기 때문이다.

또는 일정 시간을 지나면 일정하게 고정된 상대기 확립되기 시작한다. 이 무리가 구부러지면 날개가 축에 미치는 인력은 축의 속도를 줄이려 하고, 축이 날개에 미치는 인력은 날개의 진전을 앞당기려 하므로 날개는 더 이상 축에 뒤처지지 않게 된다. 그렇게 하여 결국 모든 반경은 일정한 속도로 회전하기에 이른다. 그리고 핵의 회전은 반경의 회전보다 급속하다고 가정할 수가 있다.

한 가지 의문이 남는다. 이 구심, 원심이 좀 더 넓게 산란하지 않고 반경에 밀집하는 것은 왜일까? 그 반경의 분포가 규칙적인 까닭은 무엇일까? 성단이 밀집하는 것은 이미 존재하는 성단이 핵으로부터 그것의 부근에 생기는 별에 미치는 인력의 작용 때문이다. 이런 원인에 의해 불균등이 생기는 그 순간부터 불균등은 점점 강해지려는 경향을 보인다.

반경의 분포가 규칙적인 것은 왜일까? 이 문제는 더욱 미묘하다. 회전은 없다고 가정하고, 모든 별이 직교하는 두 개의 평면상에 있으며, 그것의 분포가 이 두 평면에 대해 대칭이라고 상상하자. 대칭이므로 이 평면으로부터 별이 벗어날 이유도, 또 대칭이 변화를 받을 이유도 없다. 따라서 외형적으로는 평형을 이룬 모습이겠지만, 그것은 '불안정한 평형'일 것이다.

이에 반해 만약 회전이 있다면, 서로 마찬가지로 90도로 교차하고, 4개의 구부러진 길로 이루어져 있는, 앞에서와 비슷한 평형상태를 얻을 수 있을 것이다. 만약 회전속도가 충분히 빠르다면 이 평형은 안정될 수 있을 것이다.

나는 더 이상 세밀하게 말할 능력이 없다. 나로선 이 소용돌이 모양이 어쩌면 중력법칙과 기체이론의 고찰들을 되짚어 보는 통계적 고찰들 이외에 어떤 것도 개입되지 않은 형태로 설명될 그런 날이 언젠가는 오리란 것을 독자에게 미리 보여줄 수 있다면 그것으로 충분하다.

내부 흐름에 대해 방금 말한 것은 고유운동 전체를 조직적으로 연구하는 일의 흥미로움을 보여준다. 백년이란 시간이 흐른 뒤, 천문지도의 제2판이 제작되어 현재 우리가 만든 제1판과 비교할 때, 사람들은 이 연구에 착수할 수 있을 것이다.

마무리에 즈음하여 나는 한 가지 문제에 대해, 즉 은하 또는 성운의 나이에 대해 잠깐 고찰하고자 한다. 우리가 위에서 얻었다고 믿는 결과가 확증을 얻기에 이른다면, 우리는 이 문제의 개요를 파악할 수가 있을 것이다. 기체에 의해 모형이 주어지는 이런 종류의 통계적 평형은 엄청나게 많은 횟수의 충돌 뒤에 비로소 확립되며, 만약 그 충돌이 드문 경우에는 매우 긴 시간이 흐르면 이 평형은 얻을 수 없다. 만약 실제 은하(또는 적어도 그 일부인 성단)나 성운이 이 평형에 다다른다면 그것은 매우 나이가 들었다는 증거이고, 우리는 그 연령의 하한을 낼 수가 있을 것이다. 또 우리는 그 상한도 낼 수가 있다. 이 평형은 종국적인 것이 아니라 언제까지나 이어질 수 있기 때문이다. 소용돌이모양 성운은 영구운동을 하는 기체와 동일시할 수 있지만, 운동하는 기체는 점성을 띠며, 결국 그 속도는 소멸하고 만다. 그런 경우에 해당하여 점성을 갖는 것은 (이것은 분자의 충돌 횟수에 따라 정해진다) 극도로 약하며, 따라서 현재상태가 엄청나게 긴 시간동안 이어지겠지만, 그것이 언제까지나 이어지는 것은 아니다. 따라서 우리은하는 영원히 탄생할 수도, 또 무한히 나이들 수도 없을 것이다.

그뿐만이 아니다. 대기를 고찰해 보자. 표면의 온도는 무한히 낮으며, 분자속도는 0에 가깝다. 그러나 문제가 되는 것은 평균속도에 불과하다. 충돌 결과, 분자 하나가 (드문 것은 확실하다) 엄청난 속도를 얻어 대기로부터 뛰쳐나가려 한다. 일단 방출되면 다시는 돌아오지 않는다. 따라서 대기는 그와 같이 매우 서서히 공허해지는 것이다. 은하 역시 같은 기체에 의해 때때로 하나의 별을 잃으므로 이것에 의해서도 역시 그 존속기의 한계가 정해진다.

이 방법에 의해 은하의 나이를 계산한다면 엄청난 숫자가 얻어진다는 것이 확실하다. 그러나 한 가지 문제가 있다. 어떤 물리학자는 다른 고찰을 기초로, 항성은 영원한 존재가 아니기에 약 5천만 년의 수명밖엔 없다고 산정하고 있다. 우리가 얻은 최소한은 이보다 훨씬 크다. 은하의 진화는 물질이 아직 빛을 발하지 않던 시기부터 시작되었다고 믿어야 할까? 그런데 은하를 구성하는 별은 그토록 짧은 기간의 성년기에 어떻게 전체가 같은 때에 다다랐을까? 또는 모든 별은 속속 성년기에 다다를 것이고, 우리에게 보이는 별은 이미 빛을 잃은 별 또는 햇빛을 내는 다른 별에 비하면 아주 소수에 불과한 것일까? 그러나 앞에서 말한 것처럼 암흑의 물질은 다량으로는 존재할 수 없다. 이것과 방금 말한 것은 과연 어떻게 조화될 수 있을 것인가? 두 가지 가설 가운데 어떤 것을 폐기해야 할까? 나는 문제점을 지적하는 선에서 그칠 뿐, 이것을 해결하기를 바라지는 않는다. 그러므로 이번 장은 커다란 의문부호로 끝맺을까 한다. 비록 해결이 매우 먼 나중의 일이라 해도 문제를 제기하는 것은 의미가 있으리라 본다.

2 프랑스 측지학

지구의 형상과 크기를 아는 것이 우리에게 얼마나 중대한 일인지는 세상 사람들 모두가 아는 바이다. 그러나 우리가 도달하려 노력하는 정밀성이 어느 정도인지를 알면 그중에는 꽤 놀라는 사람들도 있을 것이다. 이것은 쓸모없는 사치일까? 측지학자가 그걸 위해 들이는 노력은 어디에 도움이 되는 것일까?

이 문제를 국회의원에게 내놓는다면, "우리는 측지학을 가장 유용한 과학의 하나라고 믿지 않을 수 없다. 왜냐하면 과학 가운데서도 국비가 드는 가장 중대한 일이기 때문이다"라고 대답할지도 모른다고 상상해 본다. 나는 여기서 이보다는 약간 정밀한 답의 제시를 시도할까 한다.

군사적 사업이든, 평화적 사업이든 기술적인 대사업은 오랫동안의 연구를 거치는 사이 수많은 시행착오와 계산착오, 쓸모없는 비용지출을 필요로 한다. 그런 연구는 훌륭한 지도에 기초를 두지 않으면 수행할 수 없다. 그러나 만약 확고한 골격에 의지하지 않고 방만하게 지도를 제작하려 한다면 지도는 아무런 가치도 없는 공상에 불과할 것이다. 마치 인체에서 뼈대를 빼낸 뒤, 그것을 똑바로 세우려는 것과 다름없다.

여기서 우리에게 골격을 제공하는 것은 곧 측지학적 측량이다. 따라서 측지학 없이는 좋은 지도란 없으며, 좋은 지도가 없다면 대토목사업도 없는 것이다.

이상의 이유는 거액의 비용이 무의미하지 않음을 증명하고도 남으리라 본다. 그러나 이것은 실제적인 사람을 설득하기에 걸맞은 이유에 불과하다. 여기서 역설(力說)을 필요로 하는 것은 그런 이유에 대해서가 아니다. 더욱 고상한, 요컨대 더욱 중대한 이유가 있기 때문다.

따라서 우리는 문제를 다음과 같이 변형하기로 한다. 측지학은 우리가 자연을 더욱 깊이 아는 데 도움이 될 것인가? 측지학에 의해 우리는 통일과 조화를 이해하기에 이를 것인가? 실제로 동떨어져 있는 사실은 대개 가치가 없다. 과학의 승리는 이것이 새로운 승리의 밑받침이 되는 것이 아니면 아무런 가치도 없다.

그러므로 만약 지구상에 작은 융기가 발견되었다 해도 이 발견은 그것 자체로선 그리 흥미를 끌지 않는다. 이에 반해 그 융기의 원인을 탐구함으로써 새로운 비밀이 밝혀지리라고 기대할 수 있다면 이것은 귀중한 발견이 될 것이다.

실제로 18세기에 모페르튀(Maupertuis)나 라 콩다민(La Condamine)이 변화무쌍한 풍토에 도전했던 것도 단지 지구의 형상을 알기 위해서가 아니라 우주계 전체의 문제 때문이었다.

만약 지구가 편평하다면 뉴턴이 승리를 거두고, 그와 동시에 인력의 학설도, 근세 천체역학 전체도 개가를 올려야 한다.

더구나 뉴턴학파가 승리를 거둔 뒤 1세기 반이 흐른 오늘날, 측지학은 더 이상 우리에게 가르칠 것이 없다고 보아야 할까?

지구 내부에 무엇이 있는지는 아직 알지 못한다. 수직 갱도와 지질조사로 우리는 1 또는 2킬로미터 두께의 층을 밝혀냈다. 즉 전체 질량의 1천분의 1을 알아낸 것이다. 그러나 그 밑에는 무엇이 있을까?

쥘 베른(Jules Verne)의 공상에 의한 여행기담 가운데 우리를 가장 미지의 세계로 인도하는 것은 지구중심으로의 여행일 것이다.

그러나 깊숙이 있는 암석에 우리는 애당초 가볼 수가 없고, 또 이 암석은 그 인력을 멀리까지 미쳐 진자를 작용하게 하고, 또 지구의 형상을 변화시킨다. 따라서 측지학은 말하자면 원격계량을 통해 암석의 분포에 관한 지식을 제공하는 것이다. 그와 같이 하여 쥘 베른의 상상에만 그쳤던 신비경을 우리는 실제로 볼 수가 있는 것이다.

이것은 헛된 꿈이 아니다. 페이(Faye)는 각종 측정결과를 비교하여 놀랄만한 결과를 얻었다. 즉 대양 밑 바닥 깊은 곳에는 밀도가 매우 큰 암석이 있는 반면에 대륙 밑은 비어 있으리라는 것이다.

새로운 관측에 의해 아마도 이 결론의 세부항목은 수정이 이루어지기는 할 것이다.

내가 존경하는 선배로서 그는 모든 경우에 있어서, 어떠한 방면으로 연구해야 하는지, 또 지구의 내부구조를 알려는 마음으로 불타는 지질학자와, 지구의 과거와 기원에 천착하려는 사상가들도 측지학자가 무엇을 가르쳐줄 수 있을지를 보여주었다.

그런데 내가 이번 장에 '프랑스 측지학'이라는 제목을 단 것은 왜일까? 그것은 어느 나라든 이 과학은 다른 모든 과학보다 훨씬 민족적 색채를 띠기 때문이다. 또 그 이유는 해석하기 어렵지 않다.

과학에 경쟁은 매우 필요하다. 과학상의 경쟁은 늘, 또는 적어도 거의 언제나 예절을 존중한다. 어쨌든 경쟁은 늘 유익하기 마련이므로 필요하다.

그러면 그렇게 기나긴 노력과 수많은 협력자를 필요로 하는 사업에서 개인은 당연히 자취를 감출 것이다. 아무도 "이것은 나의 업적이다"라고 할 권리는 없다. 따라서 경쟁을 낳는 것은 개인끼리가 아니라 국민과 국민 사이에서다.

그리하여 우리는 프랑스가 어떠한 공헌을 했는지를 연구해야 하는 지위에 왔다. 우리는 이 공헌을 자랑할 권리가 있다고 나는 믿는다.

18세기 무렵 지구는 인력법칙이 주장하는 것처럼 편평하다고 믿는 뉴턴학파와, 부정확한 측정에 속아서 지구는 납작하고 길다고 믿는 카시니(Cassini) 사이에 긴 논쟁이 야기되었다. 이 문제에 판정을 내릴 수 있는 것은 오직 직접측정뿐이었다. 그 무렵 거대사업이라고 할 만한 이 사업에 착수한 것은 프랑스의 과학학사원이었다.

모페르튀와 클레로(Clairaut)가 극권에서의 자오선 1도를 측정하는 사이, 부게(Bouguer)와 라 콩다민은 그 무렵 에스파냐 영토에 속하고, 오늘날에는 에콰도르공화국이 된 안데스의 산들로 향했던 것이다.

우리 프랑스 파견원들은 엄청난 고생을 했다. 오늘날처럼 여행이 쉽지 않은 시절이었다.

물론 모페르튀가 활동한 곳이 사람이 살지 않는 지역은 아니었다. 그는 라플란드 여자들 사이에서 달콤한 기쁨을 느끼기까지 했다. 그런 것은 진짜로 북극을 탐험했던 사람들은 알지 못하는 것이었다. 그 지방은 현재, 여름마다 여행가와 젊은 영국인 부인들이 쾌적한 기선을 타고 수없이 찾아드는 지방이지만, 그 무렵에는 쿡여행사가 없었다. 따라서 모페르튀이는 북극탐험을 했다고 진지하게 믿었던 것이다.

어쩌면 그가 전혀 틀렸던 것은 아니다. 오늘날 러시아인이나 스웨덴인은 진짜 빙산이 나타나는 지역인 스피츠베르크에서 비슷한 측정에 종사하고 있다. 그러나 그들은 전에는 전혀 없었을 그런 설비를 갖추고 있으며, 시대의 차이는 위도의 차와 상쇄되고도 남는다.

아카키아 박사(Docteur Akakia)[1]의 손톱이 모페르튀의 이름에 매우 심각한 흠집을 내게 되었다. 신하인 그가 불행히도 그 무렵 정신세계의 왕이었던 볼테르의 심사를 뒤틀리게 했던 것이다. 그는 처음엔 도를 넘은 칭찬을 받았다. 그러나 왕들의 총애는 총애를 잃는 것과 똑같이 위험하다. 내일이 되면 무서운 것으로 변하기 때문이다. 볼테르 자신도 이런 경험을 한 적이 있었다.

볼테르는 모페르튀를, '내 사랑하는 사색의 주인, 극권의 제후, 세계와 카시니(Cassini)를 압도한 친애하는 인물', 나아가서는 극도의 아첨이라고 할 '아이작 모페르튀'[2]라는 이름으로 불렀었다. "내가 귀하와 동급에 두는 것은 오직 프러시아의 왕뿐이다. 그와 일치하지 않는 것은 측량학자라는 점뿐이다"라고도 썼었다. 그러나 어느새 상황은 돌변하여, 예전처럼 신화 속 아르고섬의 영웅들처럼 그를 신격화하거나, 그의 업적을 음미하도록 올림푸스산에서 신들의 조언을 내려달라고 비는 대신, 그를 정신병자 수용소에 묶어 놓기에 이르렀다. 또 예전처럼 정신이 숭고하다고 하는 대신, 그가 독선적으로 오만하며, 학식은 매우 얕고 우스꽝스러운 인물이라고 하기에 이르렀다.

나는 이 영웅적이고 우스꽝스러운 논쟁을 얘기하려는 게 아니다. 단지 볼테르의 시구 두 줄에 대해 고찰하려 한다.《중용설(Discours sur la modération)》(찬사와 비평 사이의 중용에 대한 것이 아니다)에서 이 시인은 다음과 같이 썼다.

Vous avez confirmé dans des lieux Pleins d'ennui
Ce que Newton connut sans sortir de chez lui.
(뉴턴이 자기 집을 떠나지 않고도 알았던 것을,
그대는 쓸쓸한 나라에 가서 확인했으니.)

이 두 마디(최초의 과장된 찬사에 이어 이것이 나온다)는 잘못되어도 한참 잘못

---

1) 볼테르(Voltaire)가 모페르튀를 조롱하기 위해 지은 책의 주인공.
2) 아이작은 뉴턴의 이름.

된 것으로서, 볼테르가 매우 훌륭한 식견을 갖추고 있었기에 그를 이해하지 못한 것이 분명하다.

그 무렵 세상 사람들은 오직 완성 가능한 발견만을 존중했었다.

오늘날에는 세인들이 경시하는 것은 오히려 이론 쪽인데 이것은 과학의 목적을 잊은 것으로 보아야 한다.

자연은 변덕에 지배되는 것일까? 아니면 조화가 군림하는 곳일까? 여기에 문제가 있다. 과학이 아름답고, 따라서 그것이 길러낼 가치가 있는 것은 과학에 의해 우리에게 이러한 조화가 계시될 때이다. 그러나 만약 이론과 실험의 일치에서 나온 것이 아니라면 이 계시는 애초 어디서 오는 것일까? 그러므로 이 일치가 있는지 없는지를 연구하는 것이 우리의 목적이다. 따라서 우리가 서로 비교해야 할 이 둘은 없어서는 안 된다는 점에선 우열이 없다. 하나를 위해 다른 것을 무시하는 것은 무의미하다. 따로 떼어놓고 본다면 이론은 공허하며, 실험은 근시안이 될 것이다. 둘 다 쓸모없고 흥미 없는 것이 되고 말리라.

따라서 모페르튀는 그런 명예를 얻을 권리가 당연히 있다. 본디 그의 명예는 신과 다름없는 광채를 받은 뉴턴의 명예에는 비할 수 없다. 또한 그의 협력자인 클레로의 명예에도 미치지 못할 것이다. 하지만 그를 경멸하는 것은 온당치 못하다. 그가 이룩한 사업은 필요했기 때문이다. 프랑스가 17세기에는 영국에 뒤졌음에도 불구하고 다음 세기에 그토록 멋지게 복수할 수 있었던 것은 단지 클레로, 달랑베르, 라플라스 같은 사람들 때문만은 아니다. 모페르튀와 라 콩다민 같은 사람들의 오랫동안의 인내도 역시 공헌한 바가 크다.

우리는 측지학의 제2의 영웅기라고 불러야 할 시대에 와 있다. 프랑스 내부는 갈기갈기 찢어져 있었다. 유럽 전체가 프랑스를 향해 일제히 무기를 들고 있었다. 그런 절대적인 난국은 프랑스의 모든 힘을 빼앗아가 버렸을 게 틀림없다고 생각될 것이다. 그러나 결코 그런 일은 없었으며, 프랑스에는 과학을 위해 쓸 힘이 아직 남아 있었다. 그 무렵 사람들은 감히 어떠한 사업도 마다하지 않았다. 그들은 신념의 사람들이었던 것이다.

들랑브르(Delambre)와 메솅(Méchain)은 됭케르크(Dunkerque)에서 바르셀로나에까지 이르는 호를 측정하는 일을 위임받았다. 이때는 라플란드(Lapland)에도 페루에도 가지 않았다. 적의 함대가 길을 막고 있었던 것이다. 그러나 탐험의 거리는 가깝지만 시절이 좋지 않았으므로 장애와 위험은 앞 시대와 마찬가지로 컸었다.

프랑스에서 들랑브르는 의심 많은 마을 당국자의 악의와 싸워야만 했다. 종루는 아주 멀리서도 보이고 정확히 조준을 할 수 있으므로, 그것이 종종 측지학자의 표지 역할을 한다는 것은 알려져 있다. 그러나 들랑브르가 여행했던 지방에는 종루 따위는 없었다. 어느 총독인지는 모르지만 그가 그 지방을 통과하며 과격 공화당원의 초라한 집을 거만하게 내려다보는 종루를 몽땅 무너뜨리고 의기양양해 있었던 것이다.

그래서 나무 첨탑을 세우고, 보이기 쉽게 하려고 흰 천으로 가려놓았다. 백색 천! 이것은 매우 쉽지 않은 일이었다. 겨우 조용해진 우리의 산 위에 증오스런 반혁명의 깃발을 감히 내거는 적이 과연 누구인가! 그래서 흰 천의 양쪽 끝에 파랑과 빨강의 가장자리를 다는 수밖에 없었던 것이다.

메셍은 에스파냐에서 작업했다. 의견은 달랐지만, 들랑브르 못지않았다. 에스파냐의 지방 주민들은 적의를 감추고 있었다. 종루가 없지는 않았다. 그러나 그 불가사의한, 어쩌면 악마의 것인지도 모르는 기계를 종루에 들이대게 하는 것은 신의 권위를 모독하는 짓이 아닌가! 혁명당은 에스파냐와 동맹을 맺지는 않았지만, 그들은 이단의 혐의가 있는 동맹자였다.

"그들은 끊임없이 목을 자르겠다고 위협했다"고 메셍은 적고 있다. 다행히 사제의 알선과, 주교의 교서에 의해 흉포한 에스파냐인은 위협에만 그쳤던 것이다.

몇 년 뒤 메셍은 에스파냐에 제2차 원정을 갔다. 그는 바르셀로나의 자오선을 발레아(Baléares) 제도까지 연장하려 했다. 멀리 떨어진 섬의 높은 산꼭대기에 세운 표지를 관측하고 커다란 해협을 삼각측량하려 시도한 것은 이것이 효시였다. 이 계량에는 신중한 준비가 있었는데도 실패로 끝났다. 이 프랑스 학자는 온갖 종류의 난관에 부딪혔다. 그는 그것을 편지에서 원통한 듯 한탄하고 있다. "지옥, 지옥에서 지상으로 토해낸 온갖 책무와 고통, 폭풍우, 전쟁, 흑사병, 흉악한 음모, 그런 것들이 나를 향해 소용돌이쳐 온다." 얼마간 과장은 있겠지만 그는 그렇게 쓰고 있다.

사실은 이러했다. 그가 그 동행자에게서 얻은 것은 호의가 아니라 거만한 고집이었다. 또 사고가 많이 일어나 작업의 진행을 더디게 했다. 흑사병은 대단치 않았지만, 흑사병에 대한 공포심은 엄청났다. 군도의 각 섬들은 이웃해 있는 섬을 흑사병 전염지역으로 의심했다. 메셍은 몇 주일을 허비하고, 가지고 있는 모든 서류에 식초를 뿌린다는 조건 아래 겨우 상륙허가를 받는다. 이것이 그 무렵 살균법이었던 것이다.

한창 일하던 도중에 병에 걸린 그는 귀환을 요구했지만 얼마 지나지 않아 죽고 말았다.

이 미완성의 사업을 다시 실행하여 훌륭한 결과에 이르게 하는 명예를 얻은 것은 아라고(Arago)와 비오(Biot)였다.

에스파냐 정부의 후원과 몇몇 주교의 보호, 그리고 특히 유명한 산적 두목의 보호 덕분에 작업은 꽤 빠르게 진행되었다. 작업이 멋지게 끝나고, 비오가 프랑스로 돌아오자 폭풍이 일어났다.

마침 에스파냐 전역이 무기를 들고 프랑스에 맞서 제 나라의 독립을 지키려던 때였다. 저 외국인이 왜 산에 올라가 신호를 하는 것일까? 분명 프랑스 군대를 부르려는 것이다. 민중의 손에서 벗어나려면 아라고는 포로가 되는 수밖에 없었다. 감옥에서 위로가 되었던 것이라고는 에스파냐의 신문지상에 자신의 처형 기사를 읽은 것이다. 그 무렵 신문은 때로는 성급한 보도를 하는 경우가 있었다. 그는 자기가 남자답게, 또 그리스도교인다운 죽음을 맞이했다는 보도를 읽고 그나마 마음을 놓았던 것이다.

감옥도 더 이상 안전하지 않자, 도망쳐서 알제(Alger)로 가는 수밖에 없었다. 여기서 알제의 배를 타고 마르세유로 향했다. 이 배는 에스파냐의 개인 포경선에게 나포되고, 여기서 아르고는 에스파냐로 다시 송환되어 이 감옥에서 저 감옥으로 옮겨져, 들끓는 벼룩으로 고생하며 매우 비참한 상태에 빠졌다.

단지 백성이나 방문객으로만 처리되었더라면 알제의 주권자도 넘어갔을 것이다. 그러나 배에는 이 아프리카 군주가 나폴레옹에게 선물로 보내는 사자 두 마리가 실려 있었다. 그것은 전쟁을 하겠다는 위협의 의미였던 것이다.

배와 포로는 풀려났다. 배에는 천문학자가 있었으므로 방향을 잘못 찾을 리는 없었지만, 이 천문학자가 뱃멀미를 한 바람에 마르세유로 향할 예정이던 알제의 선원들은 배를 부지(Bougie)에 대고 말았다. 여기서 아라고는 이어지는 수많은 위험과 싸우고, 걸어서 카빌랴(Kabylie)를 가로질러 알제에 닿았다. 오랫동안 아프리카에 억류되어 징역의 위협을 받기도 했지만, 결국 그는 프랑스로 돌아올 수가 있었다. 옷 속에 감추고 있었던 그 관측도, 또 놀랍게도 그의 기계역시 아무 탈 없이 모험을 견뎌냈다.

지금까지 프랑스는 단지 1위를 차지하고 있었던 것이 아니라 오직 홀로 자리를 압도하고 있었다. 그로부터 이어지는 몇 년의 세월 동안 우리가 결코 활동하지 않았던 것은 아니다. 우리의 참모본부 지도가 좋은 예이다. 하지만 새로운 관측법과 계산법은 특히 독일 및 영국으로부터 우리나라로 전해졌다. 프랑스가 다시 그 지위를 회복한 것은 지금으로부터 겨우 약 40년 전 일이다.

프랑스가 이 지위를 얻은 것은 박학한 무관 페리에(Perrier) 장군의 공에 의해서이다. 그는 실로 대단한 사업이라고 해야 할 에스파냐와 아프리카의 연결을 시도하여 성공을 거두었다. 지중해 양안의 4개의 산꼭대기에 관측점이 설치되었다. 몇 개월 내내 대기가 맑아지기를 기다렸다. 결국 해상 3백 킬로미터를 지나온 한 줄기 미세한 빛이 보였다. 작업은 성공을 거둔 것이다.

오늘날에는 더욱 대담한 계획이 이루어졌다. 니스 근방의 산에서 코르시카로 신호를 보내는 것이다. 이것은 측지학적 측정 때문이 아니라 빛의 속도를 측정하기 위해서이다. 거리는 2백 킬로미터에 불과하지만, 광선은 코르시카에 놓인 거울에 반사되어 왕복해야 한다. 따라서 정확히 출발점으로 돌아올 것을 요구하므로 광선은 도중에 길을 잃어선 안 된다.

그 뒤 프랑스 측지학 활동은 여전히 걸음을 늦추지 않았다. 이제 예전 같은 놀라운 이야기는 없지만 완성된 학술상의 업적은 막대하다. 프랑스의 해외 영토도 본국과 마찬가지로 정밀하게 측정된 삼각형으로 덮여 있다.

우리의 요구는 차츰 엄격해졌고, 우리 선조들이 찬탄했던 것도 오늘날에는 우리의 뜻을 충족시키기에 부족하게 되었다. 그러나 차츰 높은 정밀성을 요구함에 따라 난관은 두드러지게 증대하고 있다. 우리는 올가미에 둘러싸여 생각지도 않던 수백 가지 오차의 원인에 도전해야 한다. 따라서 결점 없는 기계를 속속 만들어낼 필요가 있다.

이 점에 대해서도 역시 프랑스를 능가하는 나라는 없었다. 우리의 측저(測底),

측각(測角)장치는 아주 만족스러운 수준이다. 디포르주 대령의 진자 이야기도 해야겠다. 이것을 쓰면 유례가 없는 정밀함으로 중력을 결정할 수 있다.

프랑스 측지학의 장래는 이제 바소(Bassot) 장군이 이끄는 육군육지측량부의 손안에 있다. 이것은 무엇보다 경하할 일이다. 측지학적 사업을 성취하려면 과학적 재능만으론 충분치 않다. 여러 기후풍토 아래서 오랫동안 고생을 참고 견딜 각오가 있어야만 한다. 수장이 되는 사람은 협력자를 복종케 하고, 토착민 조수에게 복종을 강요할 능력이 있어야 한다. 이것은 말할 것도 없이 군대가 지니는 특색이다. 또 우리 군대는 그러한 용감성과 함께 늘 과학과 보조를 맞춰 왔음은 모두가 아는 바이다.

덧붙이고 싶은 말은, 군대조직이 가장 필요로 하는 것은 행동의 통일을 확보하는 것이다. 학자들은 멀리 떨어져 있어도 서로 협력해야만 하는데도, 각자 독립을 바라고 모든 명예를 홀로 독차지하려는 데 급급하여, 그들이 경쟁적으로 내세우는 주장을 서로 조정하기란 매우 어렵다. 과거의 측지학자들 사이에선 누누이 논의가 생겨났고, 그중에는 반향이 길게 이어진 것도 있었다. 학사원은 오랫동안 부게와 라 콩다민의 논쟁으로 시끄러웠다. 나는 군인에겐 편협함이 없다고 주장하려는 게 아니다. 다만 규율이 자부심을 아주 강력하게 억누르고 있다는 것이다.

몇몇 외국정부가 우리나라의 장교에게 육지 측량부를 조직하도록 의뢰해 왔다. 즉 이것은 외국에서 프랑스 과학의 영향이 쇠퇴하지 않은 하나의 증거이다.

우리의 수로기사들도 역시 이 공통사업에 명예로운 공헌을 하고 있다. 우리 해안, 우리나라 식민지의 측도 및 조류의 연구는 그들에게 광대한 연구거리를 제공한다. 나는 마지막으로 랄르망(Lallemand)이 정교하고도 치밀한 방법으로 이루어낸 프랑스의 일반 수준측량을 언급하려 한다.

그런 사람들이 있는 한 우리는 장래를 안심해도 된다. 그들에게 일거리가 부족한 일은 없을 것이다. 그 밖에도 우리의 식민지에는 탐험이 아직 이루어지지 않은 드넓은 지역이 펼쳐져 있다. 그뿐만이 아니다. 국제측지학협회는 과거 라 콩다민이 측량했던 키토[3]의 호(弧)를 새롭게 측정할 필요를 인식했다. 이 작업

---

3) 에콰도르의 수도.

을 위탁받은 것은 프랑스이다. 곧 프랑스가 그에 대한 모든 권리를 갖는다는 뜻이다. 이는 우리의 선조가 남미의 코르디예라스산맥을 과학적으로 정복했기 때문이다. 또 이의를 제기당하는 일 없이 우리의 정부는 이 권리를 행사하도록 결정했던 것이다.

모랭(Maurain), 라콩브의 두 대위가 최초로 시찰을 했다. 그들이 힘겹게 횡단하고, 험준한 산을 넘으면서 그토록 빠르게 사명을 완수한 것은 크나큰 찬사를 받을 만하다. 때문에 그들은 에콰도르공화국의 대통령 알파로 장군의 칭찬을 받고, '철의 인간(los hombres de hierro)'이란 별명을 부여받았다.

마지막 파견대는 이어 부르주아(Bourgeois) 중령(그 무렵 소령)의 지휘 아래 떠났다. 얻어낸 결과는 우리가 품었던 기대에 어긋나지 않았다. 그러나 우리의 장교들은 기후풍토에 의한 뜻밖의 역경에 맞닥뜨렸다. 그들 가운데 하나가 표지가 쉽게 보이지 않는 바람에 인식을 잘못하여, 구름과 눈에 갇혀 4천 미터의 고도에 몇 달 동안 갇혀 있었던 것도 한두 번이 아니었다. 그러나 그런 일은 완성을 늦추거나 비용을 늘였을 뿐이고, 그들의 굳은 인내와 용기 덕분에 측정의 정밀성에는 어떠한 지장도 없었다.

총괄

　이상의 글에서 내가 설명하고자 한 것은, 학자가 자기의 호기심 앞에 나타나는 수많은 사실 가운데서 선택을 하기 위해서는 어떤 방침으로 밀고 나가야 하는가에 대해서였다. 즉, 선택에는 반드시 희생이 따르기 마련인데, 이는 학자의 능력에 한계가 있으므로 어쩔 수 없이 선택을 해야만 하기 때문이다. 처음엔 해결해야 하는 문제의 성질을 분명히 하고, 다른 한편으론 해결의 주요 수단인 인간 정신의 성질을 더욱 깊이 이해하려는 시도를 하여, 먼저 일반적 고찰에 의해 설명했다. 이어서 예를 들어 이를 설명했다. 나는 그 예를 무한정 많이 들지는 않았다. 나 자신도 역시 선택해야만 했던 것이며, 당연히 내가 가장 깊게 연구했던 문제를 선택했다. 만약 나 이외에 다른 사람이었다면 그는 물론 다른 예를 선택했을 것이다. 그러나 이것은 큰 문제는 아니다. 나는 그들도 역시 똑같은 결론에 이를 것이 틀림없다고 믿기 때문이다.

　사실에는 일정한 단계가 있고, 어떤 사실은 가치가 덜하며, 그 사실 이외엔 우리에게 가르쳐 주는 바가 전혀 없는 것이 있다. 그런 사실을 확인한 학자는 단지 하나의 사실을 배웠을 뿐 새로운 사실을 예견할 능력을 증대시킨 것은 아니다. 그와 같은 사실은 한 번 나타나겠지만 그러면서도 다시 되풀이될 운명을 지니지는 않았다고 생각한다.

　한편 효율성이 큰 사실이 있고, 그것은 각각 우리에게 하나의 새로운 법칙을 가르쳐준다. 그리고 선택을 해야만 하는 이상 학자가 전념해야 할 사실은 바로 그런 사실이어야만 한다.

　본디 그러한 분류는 상대적이고, 우리 정신의 무능함에 달려 있다. 효율성이 작은 사실이란 서로 겹쳐진 사정, 즉 우리가 그 모든 것을 판별할 수 없을 정도로 많거나, 또는 다양한 사정이 두드러지게 영향을 끼치고 있는, 그런 복잡한 사실이 분명하다. 그러나 나는 오히려 효율성이 작은 사실이란, 우리의 정신능력으론 그것의 복잡한 사정에 도저히 미치지 못하므로 우리가 복잡하다고 판단하는 사실이라고 생각한다. 어쩌면 우리보다 한층 박식한, 한층 예민한 정신은 다른 판정을 내릴 것이다. 그러나 이것은 중요하지 않다. 우리가 쓸 수 있는 것은 그런 뛰어난 정신이 아닌, 그냥 우리의 정신이기 때문이다.

효율성이 큰 사실이란 우리가 단순하다고 판정하는 사실이다. 즉 실제로 단순한 사실이라면 단지 소수의 일정한 사정에 영향을 끼칠 따름이고, 또 단순해 보이는 외양을 지닌 사실이라면 이것을 좌우하는 다양한 사정들은 우연의 법칙을 따르므로 서로 소거되기 때문이다. 가장 많이 나타나는 것은 이 두 번째의 경우이며, 그게 무엇인지를 우리가 좀 더 자세하게 음미해야만 했던 것도 바로 이런 이유에서다. 우연의 법칙이 적용되는 사실은 이 법칙을 적용하지 못하는, 특이하고 복잡한 문제에 맞닥뜨리면 의기소침해하기만 하는 학자도 더욱 다가가기 쉬운 문제가 된다.

우리는 그런 고찰은 단지 물리학뿐만 아니라 수학에도 적용될 수 있음을 보았다. 설명방법은 물리학자와 수학자가 서로 다르지만, 발견하는 방법은 매우 비슷하다. 어떤 경우든 그 방법은 사실로부터 법칙으로 거슬러 올라가는 것과, 법칙으로 이끄는 능력을 지닌 사실을 탐구하는 데에 있다.

이 점을 뚜렷이 하기 위하여 나는 수학자의 정신활동 양상을 세 가지 형태로 구분했었다. 발견하고 창조하는 수학자의 정신, 또 우리의 먼 조상에게, 또는 종잡을 수 없는 우리의 유년시절에 우리를 위해 공간의 본능적 개념을 건설해 준 무의식적 기하학자의 정신, 나아가서는 수학의 최초 원리를 가르치고, 기초 정의를 이해시키려 노력하는 중등학교 교사의 청년을 대하는 정신, 이 세 가지에 대해 기술했었다. 어떤 경우든 직관과 보편화의 정신이 활약하는 것을 우리는 살펴보았다. 이러한 직관과 보편화의 정신이 없다면—감히 다음과 같은 말을 써도 된다면—위와 같은 수학자의 세 가지 단계는 비슷한 정도로 무기력한 것이 될 것이 분명하다.

또한 증명 자체에 대해서도 논리가 전부는 아니다. 진정한 수학적 추리는 흔들림 없이 귀납법이었고, 물리학적 귀납법이란 많은 점에서 다르기는 하지만, 역시 이것과 같게 특수성에서 보편성으로 나아간다. 이 순서를 뒤집고, 수학적 귀납법을 논리의 법칙으로 되돌리려 했던 모든 노력은, 문외한에겐 낯선 용어를 써서 터무니없는 호도를 시도했지만 실패로 끝났다.

물리학에서 가져온 예는 효율성이 큰 사실의 각종 다양한 경우를 우리에게 보여주었다. 라듐방사선에 관한 카우프만의 실험은 동시에 역학, 광학 및 천문학에 혁명을 일으켰다. 왜일까? 이러한 과학들의 발전에 따라 과학이 서로 이어져 있다는 유대관계에 대한 인식이 한층 뚜렷해지고 그때 보편 과학이 들고 있는 카드의, 하나의 전반적인 그림이 나왔기 때문이다. 몇몇 과학에는 공통의 사실이 있으며, 이것은 모든 방향으로 나뉘어 흐르는 물줄기의 공통된 발원지와도 같아서, 4개의 서로 다른 분지를 적시는 강이 시작되는 생 고타르(Saint Gothard)산에 비유할 수 있다.

그리하여 이 분지들이 서로 동떨어져 있어서 경계를 넘기 힘들다고 보았던 우리 선배들과는 달리, 우리는 한층 커다란 식별력으로 사실을 선택할 수가 있는 것이다.

선택해야만 하는 것은 늘 단순한 사실인데, 그런 단순한 사실 중에서도 우리는 방금 말한 생 고타르산과 같은 위치를 차지하는 사실을 선별해 내지 않으면 안 된다.

또한 과학과 과학 사이에 직접적 관계가 없을 때도 유사성에 의해 서로가 빛을 볼 수 있다. 기체의 법칙을 연구할 때, 사람들은 효율성이 큰 사실에 매달리고 있음을 알고 있었다. 그러나 그 효율성을 그것의 진정한 가치보다 낮게 매기고 있었다. 왜냐하면 기체는 어떤 관점에선 은하의 상(像)이지만, 오로지 물리학자에게만 흥미가 있는 것처럼 보였기 때문이다. 하지만 그러한 사실이 거기에 거의 기대를 걸지 않았던 천문학에 마침내 새로운 지평을 열게 했다.

마지막으로 측지학자가 엄청난 고생 끝에 건설한 표지에 조준하기 위하여 망원경의 방향을 아주 조금 변경해야 한다는 것을 알았을 때, 이것은 매우 작은 사실이긴 하지만 효율성이 크다. 이 사실은 지각의 작은 융기의 존재를 알려 줄 뿐만 아니라(이 작은 융기는 그것 자체로선 전혀 관심을 끌지 않는다), 이것에 의해 지구 내부의 물질배치를 지시하고, 따라서 지구의 과거, 미래, 그리고 발달 법칙을 알게 하기 때문이다.

What is life?
생명이란 무엇인가?
슈뢰딩거

자유로운 인간이 죽음만큼 소홀하게 생각하는 것은 없다.
자유인의 예지(叡智)는 죽음이 아니라 삶을 생각하기 위해 존재한다

스피노자 '윤리학' 제4부 제67항

머리말

본디 과학자들은 어느 일정한 문제에 대해서는 철저한 지식을 완전히 몸에 지니고 있다 여겨진다. 따라서 과학자는 자기가 충분히 통달하지 않는 문제에 대해서는 글을 쓰지 않으리라 세상에서는 생각한다. 이 같은 일은 과학자가 범해서는 안 될 규율로 통용된다. 이번에는 나로 하여금 이러한 신분을 파기하고 그 족쇄로부터 자유롭게 해 주기를 원하는 바이다. 이에 대한 나의 변명은 다음과 같다.

우리는 모든 것을 포괄하는 통일적인 지식을 구하려고 하는 열망을 조상으로부터 이어받아 왔다. 학문의 최고의 전당에 주어진 종합대학(university)이라는 명칭은 고대로부터 여러 세기를 통해서 그 종합적인 모습이야말로 충분한 신뢰를 부여할 수 있는 유일한 것이었음을 우리 마음에 새겨야 한다. 그러나 지난 100여 년 동안에 학문의 다양한 분화는 그 넓이나 그 깊이에서 더욱더 확대되어 우리는 묘한 모순에 맞닥뜨리게 되었다. 우리는 이제까지 알려져 왔던 일을 한데 묶어서 하나의 전일적(全一的)인 것으로 만들 만한 믿을 수 있는 소재가 지금 막 획득되기 시작하고 있다는 것을 분명히 느낀다. 그런데 다른 한편으로는 단 한 사람의 두뇌가 학문 전체 속에서 하나의 전문 영역 이상의 것을 충분히 지배한다는 것은 거의 불가능한 일이 되고 말았다.

이 모순을 타개하기 위해서는 (우리의 참다운 목적이 영원히 상실되지 않도록 하기 위해서는) 우리 가운데 누군가가 여러 가지 사실이나 이론을 종합하는 일에 과감하게 손댐을 말고는 달리 길이 없다고 생각한다. 비록 그 사실이나 이론의 약간에 대해서는 불완전하게밖에 알지 못해도 또 비웃음의 대상이 되는 위험을 무릅쓰고라도 그렇게 할 수밖에 없다고 생각한다.

나의 변명을 이쯤으로 해 두겠다.

언어에 관한 곤란은 얕잡아볼 수 없다. 모국어라고 하는 것은 몸에 딱 맞는

옷과 같은 것으로 만약에 그것을 바로 쓸 수가 없고, 다른 것을 대신 입어야 할 때는 그 누구도 평안한 심정을 느낄 수가 없다. 나는 잉크스터 박사(더블린 트리니티 칼리지), 패드레이그 브러운 박사(메이누스 세인트 패트릭스 칼리지), 그리고 마지막으로 (그렇다고 소홀히 하는 것은 아니지만) S.C. 로버트 씨에게 감사드린다. 이 세 분은 새로운 옷을 나의 몸에 맞추어 주기 위해 매우 수고를 하셨을 뿐만 아니라 내가 나의 옛 옷을 벗어던지는 것을 자주 싫어했으므로 더 고생하셨다. 만약에 나의 옛날의 모습이 세 친구의 노력에도 불구하고 부자연스럽게 남아 있다고 한다면 그 책임은 나에게 있지 그분들에게 있는 것은 아니다.

많은 소절(小節)의 제목은 원래가 난외(欄外)의 요약이라는 생각으로 붙인 것이므로 각 장의 본문은 계속해서 읽어 주기 바란다.

도판 ⅠⅢ ⅣⅤ(이 번역서에서는 제5도 (A) (B), 제8도, 제9도)의 사진은 C.D. 더린튼 박사 및 엔데버지(誌)(Imperial Chemical Industries Ltd) 편집자의 호의로 가능했다. 각 사진 아래에 원본 그림 설명을 그대로 싣고 있는데 그 상세한 점은 이 책과는 관계가 없음을 밝힌다.

1944년 9월
더블린에서
엘빈 슈뢰딩거

1 주제에 대한 고전물리학자의 접근

나는 생각한다. 그러므로 존재한다.

—데카르트

탐구의 일반적인 특성과 목적

이 작은 책은 한 이론물리학자가 4백 명쯤의 청중에게 행한 일련의 강연에서 비롯된 것이다. 주제가 어려울 뿐만 아니라 물리학자의 가장 강력한 도구인 수학적 연역법은 거의 쓰지 않더라도 대중적이지는 않으리라고 경고했음에도 강연이 진행되는 동안 청중은 거의 줄어들지 않았다. 수학적 연역법을 쓰지 않은 이유는 주제가 수학의 도움 없이 설명할 수 있을 정도로 간단하기 때문이 아니라 청중이 수학을 완전히 이해하길 바라는 것이 너무 무리한 요구인 탓이다. 적어도 외형상 대중적이라는 인상을 주게 된 또 다른 이유는 생물학과 물리학을 넘나드는 근본적인 생각을 물리학자와 생물학자 모두에게 분명히 전달하려는 강연의 의도 덕분이었다.

여러 가지 문제를 다루게 될 테지만 전체적인 구상은 단지 한 가지 개념을 독자에게 전달하려는 것이다. 즉 방대하고 중요한 주제에 대해 작은 주석을 다는 것이다. 따라서 주제를 제대로 전달하기 위해 미리 짤막하게 계획의 윤곽을 보여 주는 것이 좋을지도 모르겠다.

방대하고 중요하며 매우 많이 논의된 문제는 다음과 같다. 살아 있는 유기체(생명체)라는 공간적 울타리 안에서 일어나는 시공간상 속의 사건들을 물리학과 화학으로 어떻게 설명할 수 있을까?

이 작은 책이 설명하고 확립하려는 대답은 다음과 같이 요약할 수 있다. 현재의 물리학이나 화학이 그러한 사건들을 분명히 설명할 수 없다고 해서 앞으로 이들 과학이 그 문제들을 해명할 것이라는 사실을 결코 의심할 수 없다는 점이다.

통계물리학. 구조의 근본적인 차이

만약 과거에 이룩할 수 없었던 것이 미래에는 가능하리라는 희망을 북돋기만 하는 것이라면 위의 요약은 그저 대수롭지 않은 이야기일 것이다. 그러나 거기에는 훨씬 더 적극적인 의미가 있다. 즉 오늘날에 이르기까지 물리학과 화학이 무능했던 이유를 자세히 설명할 수 있다는 자신감의 표현이다.

최근 30~40년 동안 생물학자들, 특히 유전학자들의 천재적인 업적 덕택으로 우리는 유기체의 물질구조와 기능에 대해 충분히 알게 되었으며, 오늘날의 물리학과 화학이 살아 있는 유기체라는 시공간에서 일어나는 여러 현상들을 설명할 수 없다는 사실을, 그리고 왜 설명할 수 없는지에 대해서도 말할 수 있게 되었다.

유기체의 가장 핵심적인 부분에서의 원자배열과 이 배열들의 상호작용은 물리학자와 화학자들이 지금까지 실험적이고 이론적인 연구의 대상으로 삼았던 원자배열과는 근본적으로 다르다. 그렇지만 내가 방금 근본적이라고 말했던 차이는 물리와 화학법칙이 전적으로 통계적이라는 지식이 뼛속까지 스며 있는 나 같은 물리학자를 뺀 이들에게는 매우 하찮은 것으로 여겨질 것이다.[1] 왜냐하면 살아 있는 유기체에서 핵심적인 부분의 구조가 물리학자와 화학자가 실험실에서 손발을 움직이거나 책상 앞에서 머리를 굴리며 지금까지 다루었던 물질의 구조와 완전히 다르다는 생각은 바로 통계적인 관점에서 비롯되었기 때문이다. 그렇게 발견된 법칙과 규칙성이 거기에 토대를 두는 구조를 나타내지 않는 시스템의 행동에 곧장 적용한다는 것은 거의 생각할 수 없는 일이다.

내가 방금 쓴 것 같은 추상적인 용어로 설명한 '통계적인 구조'의 특이성에 대해 물리학자가 아닌 사람이 이해하는 것은 말할 것도 없고 그 타당성을 평가하는 것조차 거의 기대하기 어렵다. 내 주장에 활기와 색채를 주기 위해, 나중에 보다 더 자세히 설명할 이야기를 미리 해 보자. 살아 있는 세포의 가장 핵심 부분인 염색체 섬유는 '비주기적인 결정'이라고 말할 수 있다. 물리학에서는

---

1) 이러한 주장은 지금으로서는 너무 막연하게 보일지 모른다. 여기에 대한 논의는 이 책의 7장으로 미루기로 한다.

여태까지 '주기적인 결정'만을 다루어 왔다. 물리학자의 겸손한 정신에게도 주기적인 결정은 매우 흥미로우면서도 까다로운 대상이다. 그것은 무생물적 자연이 갖고 있는 가장 매혹적이고 복잡한 물질구조 가운데 하나로서 물리학자의 머리를 당혹스럽게 한다. 그렇지만 비주기적인 결정체와 비교해 보면 주기적인 결정체는 오히려 단순하고 재미도 없다. 그 두 가지가 나타내는 구조상 차이는 규칙적인 주기로 같은 무늬가 계속 되풀이되는 평범한 벽지와 따분한 되풀이 없이 정교하며 조화롭고 의미 있는 도안을 보이는 대가의 걸작, 말하자면 라파엘 융단과의 차이와 비슷하다.

주기적 결정을 가장 복잡한 연구대상 가운데 하나라고 말할 때 나는 마음속에 정통 물리학자를 떠올렸다. 사실 내 생각으로는 더욱더 복잡한 분자들을 연구하는 유기화학이 생명을 담고 있는 물질인 비주기적 결정에 훨씬 더 가까이 가 있다. 그러므로 유기화학자가 이미 생명의 문제에 크고 중요한 기여를 한 반면, 물리학자는 거의 한 일이 없다는 말은 매우 타당한 것이다.

주제에 대한 착실한 물리학자의 접근

우리가 고찰하려는 것의 일반적인 개념 또는 궁극적인 목표를 간략하게 이야기했으므로 탐구의 진행방향을 언급하려고 한다.

우선 '유기체에 대한 착실한 물리학자의 개념'이라고 부를 만한 것을, 즉 물리학 특히 그것의 통계적 토대를 공부한 뒤 유기체의 행동과 기능에 대해 숙고하여 단순하고 뚜렷하며 겸허한 물리학적 관점에서 생명의 문제에 자신이 어떤 기여를 할 수 있을 것인지 양심적으로 자문해 보는 물리학자에게 떠오를 만한 생각들을 살펴볼 것이다.

마침내 그 물리학자는 기여하게 될 것이다. 첫 번째 단계는 물리학자의 이론적 예상과 생물학적 사실들을 비교하는 것이리라. 그리고 그의 개념이 전체적으로는 아주 이치에 맞지만 그러면서도 꽤 수정해야 할 것이라는 생각이 떠오르게 될 것이다. 이런 방식으로 우리는 올바른 관점에 점점 다가가게 될 것이다.

이 점에서 내가 옳다고 해도 내 접근방식이 문제해결에 진정으로 가장 최선이며 간결한 것인지는 나 자신도 알 수 없다. 그러나 그것이 내가 취한 방식이었고 '착실한 물리학자'도 나 자신이었다. 그리고 그러한 문제를 해결하는 데 있어서 나 자신의 굽어 있는 길보다 더 좋고 뚜렷한 길을 찾아낼 수 없었다.

원자는 왜 그렇게 작은가?

'착실한 물리학자의 개념'을 발전시키는 데 한 가지 좋은 방법은 기묘하고 우스꽝스럽다고도 할 질문에서부터 시작하는 것이다. 원자는 왜 그렇게 작을까? 먼저 원자들이 매우 작다는 것을 확실히 하자. 일상생활에서 우리가 쓰는 작은 물체들은 저마다 굉장히 많은 수의 원자를 포함하고 있다. 이러한 사실을 청중에게 쉽게 이해시키기 위해 많은 보기가 고안되었지만 어느 것도 켈빈 경이 썼던 다음의 보기보다는 인상적이지 않다. 컵에 들어 있는 물분자를 모두 표지한다고 가정하자. 그 컵의 물을 바다에 붓고 잘 저어서 표지한 물분자가 7대양에 골고루 퍼지도록 한다고 해 보자. 그리고 나서 여러분이 어느 바다에서든 물을 한 컵 뜬다면 그 안에서 표지한 물분자를 적어도 100개쯤은 발견하게 될 것이다.[2]

원자의 실제 크기[3]는 노란 가시광선 파장의 1/5000~1/2000이다. 노란 가시광선 파장은 현미경 아래에서 식별할 수 있는 가장 작은 알갱이의 크기와 대체적으로 일치하므로 이러한 비교는 의미가 있다. 방금 말한 작은 알갱이 속에도 수십억 개의 원자가 들어 있다.

그러면 원자는 왜 그토록 작은가?

분명히 이 질문은 의도를 명확히 드러내지 않고 있다. 왜냐하면 우리의 관심이 실제로는 원자의 크기에 있는 것이 아니기 때문이다. 우리는 유기체, 특히 우리 자신의 몸과 크기가 비슷한 유기체 크기에 관심이 있다. 야드나 미터와 같

---

2) 물론 정확히 100개를 발견하지는 않을 것이다(설사 100이라는 숫자가 정확한 계산값이라고 할지라도). 여러분은 88개나 95개 또는 107개나 112개를 발견할지도 모른다. 그러나 50개와 같이 적은 수나 150개와 같이 많은 수를 발견하기는 쉽지 않을 것이다. '편차' 또는 '변동'은 100의 제곱근, 즉 10 정도가 될 것으로 예상된다. 통계학자들은 여러분이 100 ± 10개를 발견할 것이라고 설명한다. 이러한 것은 당분간 무시해도 된다. 하지만 나중에 통계에 관한 $\sqrt{n}$ 법칙의 예를 말할 때 다시 언급하게 될 것이다.

3) 현재까지 알려진 대로는 원자에는 분명한 경계가 없다. 그러므로 원자의 크기는 정확하게 정의된 개념이 아니다. 그러나 우리는 원자의 크기를 고체나 액체상태에서 두 개의 원자 중심 사이의 거리로 볼 수 있다. 물론 기체상태에서는 이것이 적용될 수 없는데 정상압력과 온도 아래에서 그 거리가 대략 10배가량 되기 때문이다.

은 일상적인 길이 단위에 비교해 볼 때 원자는 정말로 작다. 원자물리학에서는 옹스트롬(Å) 단위를 쓴다. 1옹스트롬은 1센티미터의 1억 분의 1 또는 십진법으로 나타내어 0.0000000001미터이다. 그런데 원자의 지름은 1에서 2옹스트롬 사이이다. 일상적 단위는(그 단위를 기준으로 보면 원자는 매우 작다) 우리 몸의 크기와 밀접한 관련이 있다. 야드라는 단위는 영국 왕의 유머에 의해 생겼다는 이야기가 있다. 신하들이 어떤 단위를 채택할지 왕에게 물었을 때 그는 자기 팔을 양옆으로 뻗은 다음, 다음과 같이 말했다고 한다. "가슴 한가운데에서 손끝까지의 길이로 하라. 그것이면 충분하리라." 사실이든 아니든 이 이야기는 우리의 목적에 중요하다. 왕은 자기 몸을 중심으로 한 길이 말고는 매우 불편하리라는 것을 알았으므로 자연스럽게 신체와 비교될 만한 길이를 제시했을 것이다. 옹스트롬 단위를 편애하는 경향이 있는 물리학자라도 자기 새 옷을 만드는 데 650억 옹스트롬의 트위드 옷감이 필요하리라는 표현보다 6.5야드가 들겠다는 말을 더 좋아할 것이다.

간단히 말해 우리의 진정한 관심은 우리 몸과 원자 크기의 비율이다. 또한 원자의 크기는 독립적인 존재로서 마땅히 우선성을 부여받는다. 그러므로 다음과 같이 고쳐 물어야 할 것이다. 우리 몸은 원자에 비해 왜 그렇게 클까?

우리 몸의 실질적인 부분을 이루고 있으며, 상대적 크기로 볼 때 매우 작은 수많은 원자로 구성되어 있는 모든 감각기관은 너무 둔해서 원자 한 개의 충격으로는 아무런 영향을 받지 않는다는 사실에 대해 물리학이나 화학을 공부하는 많은 명석한 학생들이 서글퍼할지도 모른다는 것을 나는 상상해 볼 수 있다. 우리는 개개의 원자를 보거나 듣거나 만질 수 없다. 원자에 관한 우리의 가설은 둔한 감각기관이 받아들이는 자료와는 여러 면에서 다르며 직접적인 검증의 시험대에 올려놓을 수도 없다.

우리의 감각기관은 꼭 그렇게 둔해야 하는가? 고유한 이유가 있는 것일까? 어떤 기본 원리에 근거하여 이 사실을 설명함으로써 다른 가능성들이 자연법칙과 양립할 수 없음을 확인하고 이해할 수 있을까?

이것은 물리학자가 완전히 해명할 수 있는 성질의 문제이다. 위의 모든 질문에 대한 나의 대답은 모두 긍정적이다.

유기체의 작용은 물리법칙을 정확히 따른다

만약 그렇지 않고 우리가 매우 민감한 유기체여서 한 개 또는 몇 개의 원자까지도 감각기관이 인지할 수 있다면 도대체 우리 삶은 어떻게 될까! 한 가지만 말한다면 그러한 유기체는 정돈된 사고체계를 발달시킬 수 없으리라는 점이다. 따라서 긴 역사적 과정을 거쳐 원자에 대한 개념마저 이룰 수 없게 될 것이다.

뇌와 감각체계를 뺀 다른 기관들의 기능에도 틀림없이 적용될 것이다. 하지만 우리 자신과 관련해서 우리가 가장 큰 관심을 두는 유일한 사실은 우리가 느끼고 생각하고 인지한다는 것이다. 사고와 감각에 관여하는 생리학적 과정에 비해 다른 여러 가지 기능은 보조적 역할을 한다. 순수하게 객관적인 생물학적 관점에서는 그렇지 않겠지만 적어도 인간적인 관점에서는 그렇다. 더욱이 탐구를 위해 주관적인 현상을 동반하는 과정을 선택할 때 비록 동반 관계의 특성에 대해 무지하지만 우리의 목적 달성에는 도움이 될 것이다. 내 견해로는 동반 관계의 본성이 자연과학의 범위를 넘어서고, 인간이 가진 전체 지식의 범위를 넘어서는 것이다.

우리는 다음과 같은 문제에 마주치게 된다. 왜 뇌와 같은 기관과 그것에 연결되는 감각계는 그 물리적 상태의 변화가 고도로 발달된 사고와 밀접하게 관련되기 위해서는 반드시 엄청나게 많은 수의 원자로 구성되어야 하는가? 왜 뇌 전체나 환경과 직접 상호작용하는 말초부분들은, 외부에서 오는 개개 원자의 충격을 감지하고 반응할 만큼의 정교함과 민감함을 생각과 동시에 할 수 없는 것일까?

그 이유로는 다음과 같은 것을 들 수 있다. 우리가 사고라고 부르는 것은 첫째 그 자체가 질서정연한 것이고 둘째 어느 정도 질서를 가진 인식이나 경험과 같은 것에만 적용할 수 있을 뿐이기 때문이다. 여기에서 두 가지 결과가 생긴다. 첫째로, 나의 뇌와 사고 사이의 관계와 같이 사고와 밀접한 관련을 갖는 물리적 조직체는 질서가 매우 잘 잡힌 것이어야 한다. 그리고 이와 같은 사실은 뇌 속에서 일어나는 사건은 엄격한 물리법칙을 적어도 매우 정확하게 따라야 한다는 것을 뜻한다. 둘째로, 물리적으로 잘 조직된 체계에 외부 물체들이 가하는 충격의 효과는 앞서 말한 대로 인식과 사고의 경험이라는 현상을 일으킨다.

그러므로 우리 몸이라는 체계와 외부 물체 사이의 물리적 상호작용은 대개 스스로 어느 정도의 물리적 질서를 가지고 있어야 한다. 다시 말하자면 어느 정도 정확성을 가지고 엄격한 물리법칙을 따라야 하는 것이다.

물리법칙들은 원자통계학에 의존하고 있으므로 근사적일 뿐이다

그러면 왜 적당한 수의 원자로 구성되어 있고 하나 또는 몇 개 원자의 자극에도 민감한 유기체의 경우에는 이 모든 것이 실현될 수 없는 것일까?

우리가 알다시피 모든 원자가 완전히 무질서한 열운동을 하기 때문이다. 즉 원자들이 질서 있게 행동하지 않으며, 적은 수의 원자 사이에서 일어나는 사건들은 어떤 예측가능한 법칙에 따라 이루어지지 않는다. 통계법칙은 엄청나게 많은 수의 원자가 상호작용하는 경우에만 적용되며, 관련된 원자의 수가 증가함에 따라 이에 비례하여 이들 집합체의 행동은 더욱 정확하게 통계법칙을 따르게 된다. 이러한 방식을 통해 사건들은 질서를 갖는다. 유기체의 생명에 중요한 역할을 한다고 알려진 모든 물리·화학법칙은 이러한 통계적인 법칙이다. 생각해 볼 법한 다른 종류의 법칙성과 질서는 원자의 끊임없는 열운동에 의해 어지러워지고 쓸모없는 것이 되어버린다.

법칙의 정확도는 관련된 원자들의 많은 개수에 의존한다
―첫 번째 보기 : 상자성(常磁性)

이에 대한 이해를 돕기 위한 몇 가지 보기를 살펴보자. 이 보기들은 수천 가지의 보기 가운데에서 무작위로 뽑았다고 할 수 있다. 이 사실을 처음 접하는 독자에게는 가장 좋은 예가 아니다. 아마 이 보기들은 생물학에서 유기체는 세포로 이루어져 있다는 사실이나 천문학에서의 뉴턴법칙, 수학에서의 1, 2, 3, 4, 5……라는 수열같이 현대물리학과 화학에서도 가장 기본적인 것이다. 이 분야에 완전히 초보적인 독자는 다음 몇 쪽을 읽고서 이 주제에 대해 완전히 이해하리라고 기대해서는 안 된다. 이 주제는 루트비히 볼츠만과 윌라드 깁스와 같은 유명한 이름과 관계가 있고 교과서에서는 '통계열역학'이라는 이름으로 다루고 있다.

만약 여러분이 긴 원통모양의 수정관에 산소를 채우고 그 관을 자기장 속에

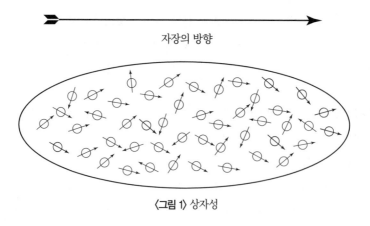

<그림 1> 상자성

넣으면 기체가 자기화되는 것을 발견할 수 있을 것이다.[4] 산소가 자기화되는 것은 산소분자 자체가 작은 자석과 같아서 나침반의 바늘처럼 자기장에 대해 평행하게 방향을 잡으려 하기 때문이다. 그러나 모든 산소분자가 평행하게 있다고 생각해서는 안 된다. 왜냐하면 자기장의 세기가 두 배가 되면 산소에 생기는 자기화도 두 배가 된다. 이 비례 관계는 매우 높은 자기장에서도 유지된다.

이것은 순수한 통계법칙에 대해 매우 좋은 보기이다. 자기장이 만들어내는 이러한 방향성은 무작위한 방향성을 만들어내는 열운동에 의해 끊임없이 방해를 받는다. 결과적으로 생기는 효과는 자기쌍극자축과 자기장의 방향 사이의 각이 둔각보다 예각이 되는 일이 더 많다. 개개의 원자는 그 방향을 계속 바꾸지만 워낙 원자의 수가 많으므로 평균하여 보면 자기장의 크기에 비례하는 정도로 자기장 방향으로 배열하려 하는 것이다. 이러한 훌륭한 설명은 프랑스 물리학자 랑주뱅의 발상이었다. 이것은 다음과 같은 방법으로 확인해 볼 수 있다. 만약 관찰되는 자기화가 정말 모든 분자를 제 방향과 평행이 되게 하려는 자기장과, 무질서하게 배열하려는 열운동이라는 서로 어긋나는 힘의 경쟁으로 생긴 것이라면, 자기장을 강화시키지 않고 열운동을 줄여, 즉 온도를 낮출 때 자기화의 정도가 증가되어야 한다. 이는 실험으로 확인되었다. 실험에 따르면 자기화 정도는 절대온도에 반비례하며, 정량적으로도 '큐리의 법칙'이라

---

4) 기체를 보기로 든 것은 고체나 액체보다 단순하기 때문이다. 기체의 경우에는 자기화가 극도로 미약하게 일어나지만 이론적 고찰에 영향을 미치지는 않는다.

는 이론에 꼭 들어맞는다. 오늘날에는 최신장비를 이용하여 온도를 극도로 낮춰 열운동을 줄임으로써 자기장의 배열유도 효과로 기체분자는 '완전 자기화'와 크게 다르지 않은 현상을 나타내게 된다. 이 경우에는 자기장의 세기를 두 배로 해도 자기화는 두 배가 되지는 않는다. 도리어 자기장이 점점 더 증가할 경우 자기화가 늘어나는 정도가 무뎌지면서 '포화상태'에 이를 것이다. 이 예상 역시 실험에 의해 정량적으로 확인되었다.

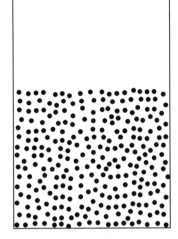

〈그림 2〉 가라앉는 안개

이러한 현상은 전적으로 관측가능한 자기화를 만드는 데 상호작용한 수많은 분자에 의해 일어난다는 것을 명심해야 한다. 분자의 개수가 적다면, 자기화는 결코 일정하지 않았을 것이고 대신 매순간마다 매우 불규칙하게 변동하므로 열운동과 자기장 사이의 경쟁의 결과 변화하는 모습을 볼 수 있었을 것이다.

두 번째 보기: 브라운 운동과 확산

만약 밀폐된 유리병의 아랫부분을 아주 작은 물방울들로 이루어진 안개로 채운다면, 여러분은 안개의 맨 윗부분이 공기의 점성도와 물방울의 크기와 비중에 의해 결정된 속도로 가라앉는 것을 보게 될 것이다. 그러나 현미경으로 물방울 하나하나를 들여다보면, 일정한 속도로 하강하는 것이 아니라 이른

〈그림 3〉 가라앉는 작은 물방울이 나타내는 브라운 운동

바 브라운 운동이라는 매우 불규칙한 운동을 하고 있음을 관찰하게 될 것이다. 이 브라운 운동은 평균적으로 볼 때에만 일정한 속도로 가라앉는 양상을 보이게 된다. 이들 물방울이 원자는 아니다. 그러나 이것들은 아주 작고 가벼우

므로 표면을 계속해서 때리는 분자의 충격에도 민감하다. 이 물방울들 하나하나는 그러한 충격을 받아 정해진 방향 없이 떠돌아다닐 뿐이고, 평균적으로만 중력의 영향을 받고 있다. 만약 우리의 감각이 불과 분자 몇 개의 충격에도 민감하게 반응한다면 우리가 얼마나 재미있고 무질서한 경험을 하게 될 것인지를 이 보기에서 알 수 있다. 박테리아와 그 같은 유기체들은 크기가 매우 작아 이 현상의 영향을 많이 받는다. 이들의 운동은 주위 매질의 열적 변화에 의해 결정된다. 그것들 스스로 결정하고 선택할 여지는 없다. 만약 그것들이 그 나름의 운동성을 가지고 있다면 한 곳에서 다른 곳으로 옮겨갈 수도 있을 것이다. 그러나 열운동이 험한 바다 위의 작은 배같이 흔들어 댈 것이기 때문이다.

브라운 운동과 매우 비슷한 것으로 확산현상이 있다. 물이 차 있는 용기에 과망간산칼륨을 〈그림 4〉에서처럼 고르지 않게 용해시킨다고 상상해 보자. 이때 그림에서 점은 용해된 물질(과망간산칼륨) 입자를 나타낸다. 이 농도는 왼쪽에서 오른쪽으로 갈수록 묽어지는 모습이다. 만약 이 시스템을 그냥 놓아두면 '확산'이라고 하는 느린 과정이 일어나서 과망간산칼륨은 왼쪽에서 오른쪽으로, 즉 농도가 높은 곳에서 낮은 데로 퍼져 결국에는 용기 속 물 전체에 골고루 퍼지게 된다.

비교적 간단하고 특별히 흥미롭지는 않은 이 과정에서 주목할 것은, 과망간산칼륨 입자들이, 활동 여지가 더 많은 지역으로 인구가 분산되는 것처럼 밀집된 지역에서 희박한 장소로 움직이려는 경향이나 힘이 있는 것은 결코 아니라는 점이다. 그러한 종류의 의지나 경향은 과망간산칼륨 입자에는 없다. 모든 입자가 거의 독립적으로 운동을 하며 그것들끼리 만나서 충돌하는 경우도 거의 없다. 밀집된 지역에 있든지 빈터에 있든지 모든 입자는 물분자의 충격에 의해 계속 떠돌아다니고 예측할 수 없는 방향으로 옮겨 간다. 어떤 때는 농도가 높은 쪽으로, 어떤 때는 농도가 낮은 쪽을 향해, 또 어떤 때는 전혀 다른 쪽으로 움직인다. 이러한 종류의 운동은 '걷겠다는' 욕구로 가득한 사람이 눈을 가린 채 넓은 곳에서 아무런 방향의 지표 없이 계속 길을 바꾸면서 걷는 운동과 흔히 비교되곤 한다.

모든 과망간산칼륨 입자들이 똑같이 행하는 이러한 '무작위 걷기'의 결과 농도가 낮은 곳으로의 일정한 흐름이 일어나 결국에는 분포가 균등해진다는 사

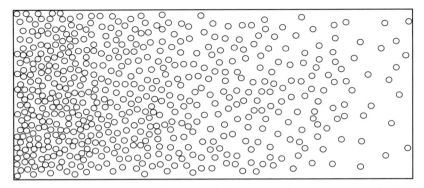

〈그림 4〉 농도가 고르지 않은 용액에서 일어나는 확산. 용질이 왼쪽에서 오른쪽으로 옮겨 가고 있다.

실이 처음에는 혼란스럽게 여겨질 것이다. 그러나 처음뿐이다. 〈그림 4〉에서 대략 균일한 농도를 가지는 지점들을 이어 만든 얇은 층을 떠올려 보자. 어느 순간 어떤 층에 들어 있는 과망간산칼륨 분자들은 무작위 걷기에 의해 똑같은 확률로 오른쪽이나 왼쪽으로 움직일 것이다. 그러나 여기에서 더 정확히 살펴보면, 이웃하는 두 층의 경계가 되는 평면을 통해서는 왼쪽의 분자가 더 많이 통과할 것이다. 왜냐하면 왼쪽면에서 더 많은 분자가 무작위 걷기에 참가하고 있기 때문이다. 이것이 지속되는 한 왼쪽에서 오른쪽으로의 일정한 흐름이 있게 되고 결국 분포가 균등해진다.

　이러한 논의를 수학적 언어로 정확하게 나타낸 것이 다음과 같은 편미분방정식 형태의 확산법칙이다.

$$\frac{\partial \rho}{\partial t} = D\nabla^2 \rho$$

　이 식의 뜻을 일상어로 풀어 이야기하면 그리 복잡하지는 않다.[5] 그렇더라도 그러한 설명을 덧붙임으로써 독자들을 괴롭히지는 않겠다. 여기에서 '수학적으로 정확한' 법칙이라고 말한 까닭은 그 법칙의 물리학적 정확성을 의문시해야 할 필요가 있음을 강조하기 위해서이다. 이 법칙은 순전히 확률에 기초를 두고 있으므로 근사적일 뿐이다. 이 법칙이 매우 좋은 근사라면, 그것은 단지 그 현

5) 심심풀이 : 임의의 점에서의 농도는 상대적인 과잉(또는 부족)에 비례하는 속도로 감소한다. 열전도의 법칙은 농도가 온도로 대치될 뿐 나머지는 확산법칙과 정확하게 같은 형태를 취한다.

상을 나타내는 데 관여하는 분자의 수가 많기 때문이다. 그 수가 적을수록 매우 불규칙한 편차는 더 커지리라고 생각해야 한다. 그리고 좋은 조건에서 그러한 편차를 관찰할 수 있다.

세 번째 보기: 정확한 측정의 한계

마지막 보기는 두 번째 것과 매우 비슷하지만 특별히 관심을 끄는 것이다. 물리학자들은 길고 가는 섬유에 매달려 평형상태에 있는 가벼운 물체를 이용하여 미약한 힘을 측정한다. 전기력이나 자기력 또는 중력을 가하여 물체가 수직축을 중심으로 돌면서 평형상태를 벗어나는 정도를 측정하는 것이다. 물론 측정하는 힘에 따라 물체를 적절히 선택해야 한다. 흔히 쓰이는 기구인 '비틀림저울'의 정확도를 높이기 위한 연구에서 흥미로운 한계에 부닥치게 되었다. 더욱더 작은 힘에 민감하게 반응하는 저울을 만들기 위해 더 가볍고 가늘고 긴 섬유를 선택하는 과정에서 한계에 이르게 되었던 것이다. 물체가 매우 민감하게 반응하여 주변 분자들의 열운동 때문에 불규칙한 '춤'을 추게 될 때가 그 한계였다. 두 번째 보기의 물방울의 움직임처럼 매달린 물체는 평형 위치를 중심으로 계속 불규칙하게 춤을 췄다. 이러한 운동이 저울로 얻을 수 있는 측정값 정확도의 절대적인 한계를 결정하지는 않지만, 실제적인 면에서는 이것이 한계를 좌우하게 된다. 통제하거나 예측할 수 없는 열운동의 효과는 측정하려는 힘과 경쟁하여 평형위치로부터의 개개 이탈을 관찰하는 것은 의미가 없다. 따라서 그 저울에서 브라운 운동의 효과를 없애기 위해 여러 차례 측정해야 한다. 나는 이 보기가 우리의 주제를 탐구하는 데 있어서 특별히 도움이 된다고 생각한다. 왜냐하면 결국 우리의 감각기관도 하나의 측정기구이기 때문이다. 감각기관이 너무 예민하면 쓸모없어지는 이유를 이것을 통해 잘 알 수 있다.

$\sqrt{n}$ 규칙

보기를 드는 것은 당분간 그만두도록 하자. 다만 유기체 안에서나 환경의 상호작용에 관련된 물리나 화학법칙들 가운데에서 내가 보기로 선택할 수 없는 법칙이란 하나도 없다는 것을 덧붙이고 싶다. 구체적인 내용은 조금 더 복잡할지 모르지만 요점은 늘 같으므로 이야기만 지루해질 것이다.

그러나 모든 물리법칙에서 예측되는 부정확도에 관한 매우 중요한 정량적 명제, 이른바 $\sqrt{n}$ 법칙에 대한 설명은 덧붙이려 한다. 우선 간단한 보기를 들어 설명하고 그다음에 일반화할 것이다. 내가 특정 압력과 온도 조건에서 어떤 기체가 특정 밀도를 가진다고 하면서, 그 조건에서 특정 부피 속에 n개의 기체분자가 들어 있기 때문이라고 근거를 댄다면, 여러분은 내 말을 검증할 경우 $\sqrt{n}$만큼의 오차가 확인되리라 믿어도 된다. 여기에서 n이 100이라면 오차가 10, 따라서 상대오차는 10%일 것이다. 그러나 만약 n이 1,000,000이라면 오차는 1000, 따라서 상대오차는 0.1%일 것이다. 대략적으로 말해서 이러한 통계법칙은 매우 일반적이다. 물리법칙과 물리화학법칙은 $1/n$ 크기 이내의 상대오차 범위 안에서 부정확하다. 여기에서 n은 그러한 법칙이 성립되도록 참여하는 분자의 수를 나타낸다. 어떤 추론이나 특수한 실험에서는 공간이나 시간 또는 양쪽 모두가 법칙의 타당성을 보장하는 데 있어서 중요한 구실을 하기도 한다. 위의 보기에서도 여러분은 한 유기체가 비교적 크기가 커야만 유기체의 생명현상과 외부 세계와의 상호작용에 대해 정확한 법칙의 혜택을 누릴 수 있음을 알게 될 것이다. 왜냐하면 유기체의 크기가 너무 작으면 함께 움직이는 입자들의 수도 너무 적어서 '법칙'이 매우 부정확해지기 때문이다. 제곱근은 특히 요구 조건이 급박하다. 왜냐하면 1,000,000이 꽤나 큰 수이지만, 1/1000의 오차는 매우 좋은 정확도라고 할 수 없다. 그 정도로는 '자연의 법칙'이라는 지위를 주장할 수 없을 것이다.

2 유전 메커니즘

존재는 영원하나니, 우주를 아름답게 수놓는 생명의 보물들을 법칙들이
지키고 있기 때문이다.

—괴테

고전물리학자의 예측은 사소하지도 옳지도 않다

이렇게 하여 우리는 다음과 같은 결론에 이르게 되었다. 하나의 유기체와 그
것이 겪는 여러 생물학적인 과정은 다수 원자 구조를 가져야 하고, 우연적인
'단일 원자' 사건이 큰 의미를 갖지 못하도록 보호되어야 한다는 것이다. 말하
자면 유기체가 신비스러울 정도로 규칙적이고 질서정연한 일을 하기 위해서는
물리법칙에 매우 정확하게 따라야 한다. '착실한 물리학자'는 말한다. 생물학적
으로 보아서 선험적으로, 즉 순전히 물리학적인 관점으로부터 얻은 이러한 결
론이 실제 생물학적 사실들에 부합하는가?

얼핏 생각하면 이 결론은 별것도 아닌 것처럼 생각하기 쉽다. 30년 전(1910년
대)의 생물학자라면, 어떤 연사가 대중강연에서 통계물리가 다른 경우처럼 유
기체에서도 중요하다고 강조하는 것은 타당하기는 하지만 사실 그 말은 자못
진부한 것이라고 말했을지 모른다. 그것은 당연히 고등생물 몸체뿐만 아니라
그것을 구성하고 있는 개개 세포도 온갖 종류의 원자를 수도 없이 많이 가지
고 있기 때문이다. 그리고 세포 안에서 일어나든 또는 환경과의 상호작용과정
에서 일어나든 우리가 관찰하는 모든 생리학적 현상은 엄청나게 많은 단일 원
자의 과정이 참여하는 것으로 보인다(또는 30년 전에는 그렇게 보였다). 그러므로
생리학적 과정과 관련되는 모든 물리학과 물리화학의 중요 법칙들은 '수가 대
단히 커야 한다'는 통계물리학의 매우 엄격한 요구를($\sqrt{n}$ 규칙을 얘기하며 설명
한 요구) 채울 만큼 충분히 많은 단일 원자와 단일 원자적 과정을 포함하고 있

는 것처럼 보인다.

오늘날 우리는 이 견해가 잘못된 것임을 알고 있다. 지금부터 검토하는 바와 같이 매우 작은, 정확한 통계법칙에 따르기 힘들 만큼 아주 작은 원자집단이 살아 있는 유기체 안에서 일어나는 매우 질서 있고 규칙성이 있는 여러 사건에서 중요한 역할을 수행한다. 이들 원자집단은 발달과정 동안 유기체가 얻는 관찰 가능한 큰 규모의 여러 가지 특성을 조절하며 유기체 기능의 중요한 특징을 결정한다. 그리고 모든 부분에서 이렇게 매우 엄격하고 정확한 생물학적 법칙이 나타난다.

이제 생물학 특히 유전학의 현황에 대해 간략히 요약하는 것으로 시작해보고자 한다. 다른 말로 하면 내 전공이 아닌 분야가 요즈음 지적으로 어떤 상태에 있는지 요약하려고 하는 것이다. 도움을 청할 수도 없으니 내 요약이 수박 겉핥기식이라는 것에 대해 특히 생물학자들에게 미리 사과한다. 또한 여러분에게 잘 알려진 몇몇 개념을 다소 교조적으로 설명하더라도 양해해 주기 바란다. 전례 없이 뛰어난 발상으로 오랫동안 멋지게 진행되어 온 교배실험에서 얻은 증거들과, 또 한편으로는 더욱 현대적인 현미경으로 직접 세포를 관찰하면서 얻은 여러 가지 실험적인 증거들을 제대로 정리할 능력을 가련한 이 이론물리 학자에게서 기대할 수는 없을 것이다.

유전 암호문(염색체)

생물학자들이 '4차원적 패턴(pattern)'이라고 나타내는 것에 대해 나는 유기체의 '패턴'이라는 말을 쓸 것이다. 이것은 성체나 어떤 특별한 발달 시기에 있는 유기체의 구조와 기능뿐만 아니라 수정란에서부터 생식할 수 있는 성숙 단계까지 개체 발생의 모든 과정을 말한다. 지금은 이 모든 4차원적 패턴 전체가 한 개의 세포, 곧 수정란의 구조에 의해 결정된다고 알려져 있다. 더욱이 핵심적인 결정은 그 세포의 작은 부분, 곧 세포핵의 구조에 의한 것이라고 알고 있다. '휴지 상태'의 일반세포에서 이 세포핵은 핵심적인 결정은 염색질[1]의 그물처럼 보인다. 그러나 매우 중요한 세포분열(유사분열과 감수분열) 과정에서 핵은 염

---

1) '색깔을 띠는 물질'이라는 뜻이다. 즉 현미경 기술에서 쓰이는 염색 과정에서 색을 띠게 된다는 것이다.

색체라는 미립자들로 이루어져 있음을 볼 수 있다. 이 미립자는 대개 섬유나 막대기 같은 모양이고 8개나 12개 또는 사람의 경우는 48개이다. 그러나 이 숫자들은 2×4, 2×6, ……2×24, ……같이 썼어야 올바르다. 생물학자들의 관례에 따르자면 두 벌이라고 표현했어야 한다. 왜냐하면 각각의 염색체들은 크기와 형태로 뚜렷이 구별되고 분간될 수 있지만, 한 세포 속의 두 벌은 서로 거의 같기 때문이다. 잠시 뒤에 말하겠지만 한 벌은 어머니(난자)로부터 오고 한 벌은 아버지(정자)에게서 온다. 개체의 발달과 성숙단계에서 나타나는 기능의 패턴 모두를 하나의 암호문 형태로 간직하고 있는 것이 바로 이들 염색체이다. 완전한 염색체 한 벌에는 이러한 작용을 하는 모든 암호문이 들어 있다. 그래서 일반적으로 수정란에는 두 부의 암호문이 들어 있는데 이것이 개체발달의 맨 처음 단계를 규정한다.

염색체라는 구조를 암호문이라고 부르는 것은 다음과 같은 뜻이다. 한때 라플라스가 생각하던 천리안적 지성, 즉 모든 인과관계를 곧바로 알 수 있는 이 지성은 염색체 구조만 보고서도 조건만 알맞게 갖추어지면 수정란이 검은 수탉이나 점박이 암탉, 파리나 옥수수, 철쭉, 딱정벌레, 생쥐 또는 여인이 될 것인지 알 수 있을 것이라는 뜻이다. 한마디 덧붙일 것은 수정란들의 모습이 흔히 매우 비슷하다는 점이다. 그리고 조류와 파충류의 커다란 수정란처럼 모습이 비슷하지 않은 경우라도 그것은 염색체 구조의 차이보다 공급되는 영양물질이 차이 나기 때문에 그러하다.

그러나 암호문이라는 말은 의미가 너무 제한적이다. 염색체 구조는 암호문인 동시에 그것들이 내포하고 있는 발달을 발현시키는 도구가 된다. 염색체들은 법전이면서 행정력이다. 또는 건축가의 설계도이면서 건설업자의 솜씨이다.

세포분열에 의한 성장(유사분열)

염색체는 개체발생[2]에서 무엇을 할까? 세포분열이 되풀이되면서 유기체가 자라게 된다. 이러한 세포분열을 우리는 유사분열(有絲分裂)이라고 한다. 우리 몸을 구성하고 있는 세포의 수가 엄청나게 많다는 사실을 생각해 볼 때, 유사

---

2) 개체발생은 개체가 살아 있는 동안 일어나는 발생을 의미하는데 지질학상의 기간 동안 종(種)이 발달하는 '계통발생'과 대비된다.

분열은 생각하는 바와 달리 그렇게 자주 일어나는 사건은 아니다.

처음에는 성장이 빠르다. 수정란은 2개의 '딸세포'로 분열하고 다음 단계는 4개, 그다음에는 8, 16, 32, 64······개의 딸세포들이 생겨난다. 세포분열의 빈도는 성장하는 신체의 모든 부분에서 정확하게 똑같이 일어나지는 않는다. 그 결과 이들 수열의 규칙성이 깨지게 될 것이다. 그러나 2배수로 빠르게 증가한다는 사실로부터 판단해 볼 때 간단한 계산을 통해 사람의 경우 평균 50번이나 60번 정도의 세포분열만으로도 성인에게 있는 개수 만큼의(또는 일생 동안 일어나는 세포의 교체까지 고려해서 필요하다고 여겨지는 개수의 10배 만큼의) 세포들[3]을 충분히 만들 수 있다. 그러므로 지금 내 몸을 이루고 있는 세포들은 과거에 나였던 수정란의 50대나 60대 '후손'일 뿐이다.

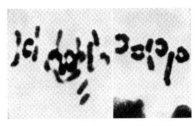

〈그림 5-1〉 자주달개비과 두 개의 화분모세포 염색체. 오른쪽은 초산오르세인으로 고정염색한 세포 6개. 왼쪽은 자외선으로 촬영한 세포 가운데 12개.

〈그림 5-2〉 흑백합과 일종(Fritillaria pudica)의 꽃가루 저온처리로 탈색한 염색체. 색이 엷은 곳은 활동하지 않는 부분.

유사분열 과정에서 모든 염색체는 복제된다

염색체들은 세포가 유사분열을 할 때 어떻게 되는가? 두 벌 다, 곧 두 부의 암호문들이 모두 복제된다. 이 과정은 현미경을 이용하여 광범위하게 연구되었으며 매우 흥미진진한 것이지만 너무 복잡해서 여기에서 상세히 말할 수는 없다. 분명한 점은 두 '딸세포' 각각이 모세포의 염색체와 정확히 같은 완전한 두 벌의 염색체를 물려받는다는 것이다. 그래서 한 개체의 모든 세포는 염색체에 관해서 정확히 똑같은 것이다.[4]

3) 아주 대략적으로 말해 100조 내지 1000조 개이다.(역주 : 현재는 60조 개쯤으로 추산하고 있다.)
4) 이 짧은 요약에서 모자이크형과 같은 예외적인 것을 고려하지 않더라도 생물학자들이 나를 너그러이 용서해 줄 걸로 생각한다.

우리가 비록 염색체에 대해 잘 모르더라도, 염색체는 어떻게든 유기체의 기능에 적절한 것임에 틀림없고 모든 세포는 덜 중요한 세포일지라도 암호문을 두 벌 가지고 있어야 한다고 생각할 수밖에 없다. 얼마 전에 신문에서 다음과 같은 기사를 본 적이 있다. 아프리카 군사 작전에서 몽고메리 장군은 모든 장병에게 자기의 계획 모두를 꼼꼼하게 알려주었다는 것이다. 이것이 진실이라면 (그의 부대의 높은 지적 수준과 신뢰도를 생각할 때 가능할 수 있을 것이다) 대응되는 사실이 문자 그대로 진실인 우리의 주제와 매우 비슷한 사례이다. 가장 놀라운 사실은 유사분열 동안 줄곧 염색체의 두 벌 구조(배수체 구조)가 유지된다는 것이다. 배수체 구조의 유지가 유전 메커니즘의 뚜렷이 드러나는 특징이라는 사실은 이 법칙에서 벗어나는 유일한 경우인, 이제 논의하려고 하는 감수분열에서 가장 잘 나타난다.

감수분열과 수정(배우자 합체)

개체발달이 시작되자마자 곧 어떤 세포들은 나중에 이른바 생식세포 곧 정자세포나 난자세포를 생산하기 위해 따로 유지된다. 이 생식세포들은 성숙된 개체에서 생식을 하는 데 필요하다. 유지된다는 것은 이것들이 다른 목적에는 쓰이지 않을 뿐만 아니라 유사분열도 별로 하지 않는다는 것을 뜻한다. 개체가 성숙하여 수정이 일어나기 바로 전에 이렇게 따로 유지된 세포들이 감수분열을 일으켜 생식세포들이 생겨난다. 감수분열에서는 모세포 염색체 두 벌이 단순히 한 벌(반수체 구조)씩으로 갈라져서 그 각각이 생식세포인 2개의 딸세포 즉 배우자 속으로 들어간다. 다른 말로 하면 감수분열에서는 유사분열 때와는 달리 염색체의 복제가 생기지 않고 염색체 수가 유지되므로 모든 배우자는 단지 절반만 받게 된다. 즉 암호문 두 부가 아니라 한 부만 전달된다. 인간의 경우는 2×24=48개가 아니라 24개가 각각의 배우자(생식세포)로 옮겨진다.(현재는 인간의 염색체가 23쌍임이 밝혀져 2×23=46으로 알려져 있다. 따라서 23개의 염색체가 배우자에 부여된다.)

한 벌의 염색체만 가지고 있는 세포를 '반수체(haploid)'라고 부른다. 그러므로 배우자는 반수체이고 보통의 체세포는 '이배체'이다. 모든 체세포가 세 벌, 네 벌……, 일반적으로 말하면 염색체를 여러 벌 더 가지는 개체가 가끔 생기는데

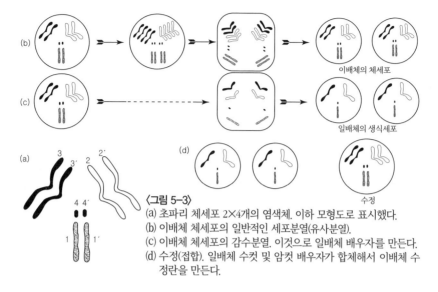

〈그림 5-3〉
(a) 초파리 체세포 2×4개의 염색체. 이하 모형도로 표시했다.
(b) 이배체 체세포의 일반적인 세포분열(유사분열).
(c) 이배체 체세포의 감수분열. 이것으로 일배체 배우자를 만든다.
(d) 수정(접합). 일배체 수컷 및 암컷 배우자가 합체해서 이배체 수정란을 만든다.

그러한 세포들을 각각 삼배체, 사배체……, 다배체라고 부른다.

수정이 일어날 때 반수체 세포들인 남성 배우자(정자)와 여성 배우자(난자)는 결합하여 수정란을 만드는데 이때 이배체가 된다. 이 염색체 두 벌 가운데 한 벌은 어머니로부터 다른 한 벌은 아버지에게서 오는 것이다.

반수체 구조를 갖는 개체

한 가지 점에서 수정이 필요하겠다. 우리 목적에 필수적이지는 않지만 실제적으로 '패턴'에 대한 거의 완전한 암호문이 염색체 한 벌 속에 있기 때문에 꽤나 관심을 끈다.

감수분열을 하는 것들 가운데에서, 감수분열 뒤에 곧 수정이 일어나지 않고 배우자인 반수체 세포가 여러 차례 유사분열을 하면서 완전한 반수체 개체를 이루게 되는 경우도 있다. 수벌은 여왕벌의 반수체 난자로부터 수정되지 않은 채 생기는데 이를 처녀생식 또는 단위생식이라고 한다. 수벌에게는 아버지가 없! 그리고 수벌의 모든 체세포는 반수체이다. 원한다면 수벌을 커다란 정자라고 불러도 좋을 것이다. 또한 모든 사람이 알고 있는 바와 같이 수벌이 실제로 일생 동안 하는 유일한 일도 정자가 하는 일과 같다. 그러나 이것은 별스럽지 않은 보기이다. 왜냐하면 이러한 것이 아주 특이한 것은 아니기 때문이다.

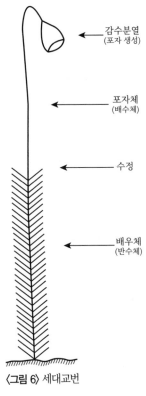

감수분열
(포자 생성)

포자체
(배우체)

수정

배우체
(반수체)

〈그림 6〉세대교번

식물들 가운데 몇몇 과(科)는 감수분열에 의해 생긴 포자라고 부르는 반수체 배우자가 땅에 떨어져서, 씨와 마찬가지로 크기에 있어서 이배체 식물과 비교될 만한 반수체 식물로 자란다. 〈그림 6〉는 우리들이 숲에서 흔히 볼 수 있는 이끼를 단순하게 그린 것이다. 잎이 달린 아랫부분이 배우체라 불리는 반수체 식물이다. 배우체는 반수체 부분의 맨 위에서 성기관과 배우자가 만들어진다. 이 배우자는 양성 수정을 통해 이배체를 만든다. 꼭대기에 꼬투리가 달린 밋밋한 줄기가 그것이다. 그리고 꼭대기에 있는 꼬투리 안에서 감수분열에 의해 포자를 만들기 때문에 이 부분을 포자체라고 부른다. 꼬투리가 열릴 때 포자가 땅에 떨어져 다시 잎이 있는 줄기로 발달하는 과정을 되풀이하는데 이런 과정을 적절하게 세대교번이라고 부른다. 원한다면 사람과 동물에서의 일생도 마찬가지로 생각해 볼 수 있다. 그러나 그 경우 '배우체'는 대개 수명이 매우 짧고 단세포인 정자나 난자일 것이다. 우리의 몸은 포자체에 해당한다. 우리의 '포자들'은 감수분열에 의해 생산된 생식세포들이다.

감수분열이 갖는 중요한 의미

개체의 번식 과정에서 사실상 중요하고 결정적인 사건은 수정이 아니라 감수분열이다. 한 벌의 염색체는 아버지로부터, 또 한 벌은 어머니로부터 물려받는다. 여기엔 우연도 운명도 간섭할 수 없다. 모든 남자[5]는 어머니로부터 유전적 성향의 반을 물려받고, 나머지 반은 아버지로부터 이어받는다. 흔히 한 가지 유전적 소질이 더 우세한 것처럼 보이는 것은 나중에 논의하게 될 다른 이유들 때문이다(물론 성별 자체도 우세하게 보이는 것의 가장 간단한 보기이다).

---

5) 물론 모든 여자도 마찬가지이다. 복잡함을 피하기 위해 이 요약에서는 매우 재미있는 분야인 성별 결정과 색맹 같은 반성유전적 특성은 생략했다.

그러나 유전형질의 기원을 찾아 할아버지, 할머니까지 거슬러 올라갈 때는 사정이 달라진다. 내가 아버지로부터 받은 염색체, 특히 그것들 가운데 하나인 5번 염색체에 집중해 보자. 이 5번 염색체는 내 아버지가 할아버지로부터 받은 5번 염색체 또는 할머니로부터 받은 5번 염색체의 충실한 복제본이다. 1886년 11월 감수분열이 내 아버지의 몸에서 일어나 며칠 뒤에 나를 잉태하게 된 정자를 생산했을 때 50 : 50의 확률로 어느 쪽인지가 결정되었다. 이것과 똑같은 이야기를 1, 2, 3……, 24번 염색체에 대해 할 수 있고, 어머니 쪽 염색체들에 대해서도 같게 적용할 수 있다. 더욱이 이들 48가지 문제는 완전히 독립적으로 결정된다. 아버지 쪽의 5번 염색체는 할아버지인 요제프 슈뢰딩거로부터 물려받은 것이라고 하더라도, 7번 염색체가 요제프 슈뢰딩거에게서 왔을 확률은 그의 아내가 된 보그너 집안의 마리에게 왔을 확률과 똑같다.

교차. 유전적 특성의 위치

앞에서 어떤 한 가지 염색체가 할아버지로부터 또는 할머니로부터 한 덩어리로서 온다고, 달리 표현하면 개개의 염색체가 분할되지 않은 채 전달된다고 암암리에 가정하거나 또는 분명하게 설명했다. 그러나 사실은 그렇지 않다. 또는 늘 그런 것은 아니다. 조부모의 유전형질이 섞이는 것에 대해 순전한 우연은 더 넓은 역할을 갖는다. 아버지의 몸에 있는 한 염색체가 감수분열을 하면서 나뉘기 전에, 2개의 '상동' 염색체가 서로 가깝게 접촉하게 되고 그동안 〈그림 7〉에 보이는 바와 같이 어떤 부분들은 때때로 교환된다. '교차'라고 하는 이 과정에 의해 한 염색체의 다른 부분에 있던 두 가지 특성은 손자 때에 와서 분리되어, 손자는 한 염색체에 할아버지와 할머니로부터 물려받은 특성을 함께 가지게 된다. 교차현상은 매우 드물거나 매우 흔하지도 않으며, 어떤 특성이 염색체 내 어디에 있는지를 알 수 있게 해준다. 설명을 충분히 하기 위해서는 다음 장에 나올 '이형접합'이나 '우성'과 같은 새로운 개념을 도입해야 한다. 그러나 그렇게 하면 이 작은 책

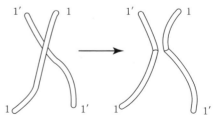

〈그림 7〉 교차 현상. 왼쪽 : 2개의 '동질적' 염색체가 서로 가깝게 접촉함. 오른쪽 : 염색체가 부분적으로 교환된 뒤 분리함.

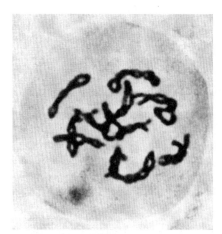

〈그림 8〉 백합의 일종(Fritillaria chitralensis) 화분모세포의 12개 염색체. 고리가 교차하는 부분은 상대와 교환이 이루어지는 위치를 나타낸다.

〈그림 9〉 초파리(Drosophila melanogaster) 침샘세포의 정지핵. 유전자는 8번의 증식을 거친다. 따라서 각 유전자는 256개이고, 평판형을 이루고 있다. 커다란 유전자일수록 더 짙게 염색된다.(커다란 침샘세포는 염색체가 2배가 되어도 세포분열을 하지 않아 그대로 염색체가 증식을 거듭하는 데서 생겨난다.)

의 범위를 넘을 것이므로 우선은 핵심만 지적하고자 한다.

교차현상이 없다면 같은 염색체에 있는 두 가지 특성은 늘 함께 전달될 것이다. 한 가지 특성을 물려받는다면 다른 특성도 반드시 받을 것이다. 그러나 두 가지 특성이 저마다 다른 염색체에 있을 경우에는 두 특성은 50 : 50의 확률에 따라 분리되거나 늘 분리될 것이다. 두 가지 특성이 같은 조상의 상동염색체 각각에서 나올 때, 두 특성은 결코 함께 전달될 수 없으므로 반드시 분리된다.

이러한 규칙과 확률은 교차에 의해 깨어진다. 이러한 일이 일어날 가능성은 적절히 고안된 광범위한 교배실험에서 자손에 나타나는 특성의 구성비율을 주의 깊게 관찰함으로써 확인할 수 있다. 통계자료를 분석할 때, 같은 염색체에 있는 두 가지 특성이 서로 가까이 있을수록 그들 사이의 '연계'가 덜 깨어진다는 작업가설을 받아들인다. 왜냐하면 두 특성이 가까이 있으면 그 사이에 교환점이 존재할 가능성이 적은 반면 염색체의 양끝 가까이에 있으면 교차현상이 일어날 때 분리되기 때문이다

(같은 조상에서 온 동질적 염색체들에 있는 특성들의 재결합에도 똑같은 사실이 적용된다). 이런 방식으로 '연계에 대한 통계 자료'를 분석함으로써 각각의 염색체에

있는 '특성 지도'를 얻을 수 있을 것이다.

이러한 예상은 충분히 입증되었다. 검증이 완전히 이뤄진 실험에서(주로 초파리에서 행해졌다), 시험한 특성들은 염색체 수만큼(초파리는 4개) 별개의 집단으로 분리되었는데 그것들 사이에는 연계가 없었다. 각각의 집단 안에서 개개 특성의 위치에 대해 직선적인 지도를 그릴 수 있었는데, 그 지도를 보아 한 집단에 속한 두 특성 사이의 연계 정도를 정량적으로 판단할 수 있었다. 그 결과 특성이 염색체의 어디에 있으며, 염색체의 막대 모양이 시사하는 바와 같이 그 위치 분포 또한 직선 모양임은 거의 의심할 여지가 없다.

물론 이렇게 그려진 유전 메커니즘의 모습은 공허하고 생동감이 없으며 소박하기조차 하다. 왜냐하면 특성이라는 낱말이 정확히 무엇을 뜻하는지를 언급하지 않았기 때문이다. 근본적으로 '전체'라는 하나의 단위인 유기체의 패턴을 몇 개의 구별된 '특성들'로 분해하는 것은 부적절하고 불가능한 것 같다. 사실 우리가 어떤 특정한 경우에 언급하는 것은, 한 쌍의 조상이 어떤 뚜렷한 점에서 달랐고(이를테면 한 사람은 파란 눈을, 다른 사람은 갈색 눈이었다는 것), 자손은 그 점에서 이 조상 아니면 저 조상을 따르게 된다는 것이다. 우리가 염색체에서 찾는 것은 이러한 차이를 나타내는 자리이다(전문용어로 이 자리를 '유전자 자리'라고 하며 이것을 이루고 있는 가설적인 물질구조를 '유전자'라고 부른다). 언어적으로나 논리적으로나 모순으로 보이는데도 불구하고, 특성 자체보다 특성의 차이가 참으로 근본적인 개념이라고 생각한다.

다음 장에서 돌연변이에 대해 언급하겠지만, 특성의 차이는 실제로 개별적이다. 지금까지 이야기한 딱딱한 구조도가 더욱 생기와 색조를 얻게 될 것이다.

유전자의 최대 크기

우리는 방금 유전적 특성을 간직하는 가설적인 물질에 대해 '유전자'라는 낱말을 썼다. 이제 우리의 탐구에 매우 적절한 두 가지 점에 대해 강조해야 한다. 첫째는 그러한 물질의 크기, 더 타당하게는 최대 크기이다. 다른 말로 하면 우리가 얼마나 작은 부피까지 그 자리를 추적할 수 있을까? 두 번째 문제는 패턴의 영속성으로부터 추론되는 유전자의 영속성에 관한 것이다.

물질의 크기에 대해서는 완전히 독립적인 두 가지 평가방법이 있다. 그 가운데 하나는 교배실험으로 얻게 되는 유전적 증거에 의한 것이고, 다른 하나는 직접 현미경으로 관찰하여 얻는 세포학적 증거에 의한 것이다. 첫 번째 방법은 원리상 매우 간단하다. 앞에 설명한 것과 같이, (이를테면 초파리의) 어느 염색체에 여러 가지 특성들이 있음을 확인한 뒤에, 염색체의 길이를 특성들의 개수로 나누고 염색체의 단면적을 곱해주기만 하면 유전자의 크기를 구할 수 있다. 교차 현상에 의해 가끔 분리되는 특성들만 다른 것으로 생각하면 되는데 그러한 특성들이 미시적이든 또는 분자 수준이든 같은 구조에서 생길 리가 없다. 한편 유전학적 분석에 의해 자리가 확인되는 특성의 수는 계속 늘어나고 있으므로, 이러한 방법은 단지 크기의 최댓값만을 알려주고 있다.

다른 방법은 현미경을 이용한 관찰에 기초하지만 실제로는 매우 간접적이다. 초파리의 어떤 세포들, 즉 침샘세포들은 어떤 이유로 매우 커져 있는데 그 세포의 염색체도 마찬가지이다. 여러분은 그 염색체들 속에서 섬유질을 가로지르는 어두운 띠가 밀집되어 있는 패턴을 볼 수 있다. 달링턴은 이 띠의 개수가(그의 연구에 따르면 2,000) 교배실험에 의해 염색체에 있다고 밝혀진 유전자의 수보다 꽤 많지만 대략 비슷하다는 데에 주목했다. 그는 이들 띠를 실제적인 유전자라고 (또는 유전자의 경계라고) 간주하려는 경향이 있다. 달링턴은 보통 크기의 세포에서 측정된 염색체의 길이를 그가 생각한 2,000으로 나누어서 한 유전자의 부피가 한 변이 300Å인 정육면체와 같음을 발견했다. 추산이 정밀하지 못함을 감안한다면 이 값은 첫 번째 방법으로 얻은 것과 같다고 간주해도 좋을 것이다.

작은 숫자들

내가 이야기하는 모든 사실과 통계물리학의 관련성, 또는 통계물리학을 살아 있는 세포에 적용하는 데 대한 본격적인 논의는 나중에 이뤄질 것이다. 그러나 지금은 300Å이란 액체나 고체상태에서 원자가 100개에서 150개가 들어가는 거리 정도일 따름이라는 사실에 논의의 초점을 맞추고자 한다. 따라서 한 개의 유전자는 기껏 백만 내지 몇 백만 개의 원자를 포함할 뿐이다. 통계물리학 관점에서 보면 이 숫자는 ($\sqrt{n}$ 규칙을 떠올리자면) 아주 작아서 질서정연하고 규칙적인 행동을 나타낼 수 없다.

비록 모든 원자가 기체나 액체 방울에서와 똑같은 역할을 수행한다고 할지라도 이 숫자는 너무 작다. 그리고 유전자는 순수한 액체 방울 같은 것이 아니라는 점도 매우 확실하다. 그것은 아마 큰 단백질분자일 것이며(이것은 뒤에 핵산으로 밝혀졌다) 이 단백질 분자 속에서 모든 원자, 모든 라디칼, 모든 헤테로 고리는 개별적인 원자, 라디칼, 고리들이 수행하는 역할과는 다른 역할을 수행한다. 어쨌든 이것이 홀데인과 달링턴과 같은 선도적인 유전학자들의 의견이다. 그리고 우리는 곧 이러한 사실을 거의 입증할 수 있을 정도로 발달한 몇 가지 유전학적 실험에 관해 언급해야 할 것이다.

영속성

이제 관련이 매우 깊은 두 번째 문제로 방향을 돌려보자. 유전적 특성들은 얼마나 영속적이며, 그리고 그러한 영속적 특성을 간직하고 있는 물질구조는 어떻게 생각할 수 있을까?

이 문제에 대한 해답은 특별한 조사 없이도 얻을 수 있다. 우리가 유전적 특성에 대해 이야기하고 있다는 이 사실 자체가 영속성은 거의 절대적이라는 점을 인정한다는 것을 잘 보여준다. 부모로부터 자식에게 전해지는 것들이 매부리코, 짧은 손가락, 류머티즘에 잘 걸리는 성향, 혈우병, 이색성 색맹 같은 이런저런 특성만이 아니라는 사실을 우리는 잊어서는 안 된다. 이러한 특성들은 유전법칙을 연구하기 위해 편의대로 우리가 선택한 것일지도 모른다. 그러나 결합하여 한 개의 수정란을 만드는 두 세포핵 속에 있는 물질구조에 의해 전달되고 만들어지는 개체의 가시적이고 뚜렷한 성질들, 즉 '표현형'의 전체(4차원적인) 패턴으로서 몇만 년은 몰라도 수백 년의 몇 세대 사이에는 큰 변화 없이 유전된다. 이것은 매우 놀라운 일로서 이보다 놀라운 것은 단 하나뿐이다. 그 놀라운 것들은 서로 긴밀하게 연계되어 있지만 서로 다른 차원에 속해 있다. 내가 이야기하고 있는 것은, 우리의 존재 전반이 이런 종류의 놀라운 상호작용에 전적으로 기초하고 있으면서 동시에 바로 그러한 사실에 대해 대단히 많은 지식을 얻을 능력을 가지고 있다는 점이다. 나는 그러한 지식이 첫 번째 놀라움에 대해 거의 완전히 이해하는 수준까지 발전하리라고 생각한다. 그러나 두 번째 놀라움은 인간이 이해할 수 있는 울타리 바깥에 있을 것이다.

3 돌연변이

> 그리고 파도에 흔들리듯 떠다니는 것들을 끝없는 사색으로 붙잡으라.
>
> ―괴테

'도약적인' 돌연변이들―자연선택의 활동무대

유전자 구조에 요구되는 영속성의 증거로 조금 전에 제시했던 일반적인 사실들은 아마도 너무 익숙해서 인상적이거나 설득력 있는 것으로 여겨지지 않을지도 모른다. '예외가 규칙을 증명한다'라는 속담이 여기서는 실제 진실이다. 자식과 부모가 닮았다는 사실에 예외가 없다면, 우리에게 자세한 유전 메커니즘을 알려주는 그 모든 멋진 실험들뿐만 아니라 자연선택과 적자생존으로 여러 가지 종을 만들어낸 자연의 커다란 실험도 없을 것이다.

다시 나는 생물학자가 아님을 알리고 양해를 구하며, 우리의 주제와 관련 있는 사실들을 보여주는 출발점으로서 방금 이야기한 문제를 택하고자 한다.

오늘날 우리는, 가장 동질적인 집단에서조차 일어날 수밖에 없는 작고 연속적이며 우연한 변이들을 자연선택이 작용 가능한 대상으로 생각했던 것이 잘못이라는 사실을 분명히 알고 있다. 그러한 변이는 유전되지 않는다는 것이 밝혀졌다. 이 사실은 매우 중요하므로 짧게나마 예를 들어 설명하는 것이 좋겠다. 만약 여러분이 단일품종의 보리를 구하여 이삭 하나하나에 달린 꺼끄러기의 길이를 측정하여 그 결과를 도식화하면 〈그림 10〉에 보이는 것과 같은 종 모양의 곡선을 얻을 것이다. 이 그림에서 세로축은 일정한 길이의 꺼끄러기를 가진 이삭의 개수이며, 가로축은 꺼끄러기의 길이이다. 중간 길이의 것이 가장 많고 양쪽 끝으로 갈수록 점점 빈도가 줄어든다. 〈그림 10〉에 검게 칠해진 부분의 평균보다 확실히 큰 꺼끄러기를 가진 이삭 줄을 뽑아낸다. 밭에 뿌릴 경우 다시 수확할 수 있을 만큼 충분해야 한다. 이렇게 다시 수확한 이삭 하나하나에 대해 꺼끄러기의 길이를 측정하여 조금 전과 같은 방법으로 그림을 그릴 경우, 다윈은 막대 꼭대기를 이은 곡선이 오른쪽으로 옮겨 가리라고 예상할 것이다. 곧 그는 인위적인 선택에 의해 꺼끄러기의 평균 길이를 늘이는 일이 가능하다고 예상할 것이다. 하지만 정말로 순수교배한 단일 품종의 보리를 썼다면 그런 일은 생기지 않는다. 이런 식으로 선택된 보리에서 얻은 새 통계곡선은 처음 것과 같다. 아주 짧은

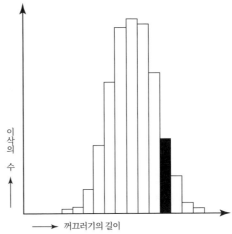

〈그림 10〉 순종 보리 이삭의 꺼끄러기 길이에 대한 계측값. 검은 칠을 한 집단을 파종하기 위해 선택한다 (이 값들은 실제 실험과 측정을 통해 얻은 것은 아니며 단지 설명을 위해 예시한 것이다).

꺼끄러기를 가진 이삭을 파종했어도 결과는 마찬가지이다. 선택은 아무런 효과도 나타내지 않는다. 왜냐하면 작고 연속적인 변이는 유전되지 않기 때문이다. 그런 변이는 우연적이며 유전물질의 구조에 기초를 두고 있지 않는 것이 틀림없다. 그러나 40년쯤 전에 네덜란드의 드브리스는 완전히 순종인 가계의 자손들에서도 아주 적은 수의 개체에서, 이를테면 몇만 개 가운데 두세 개 꼴로 작지만 '도약적인' 변화를 나타내는 것을 발견했다. '도약적'이라는 표현은 변화가 매우 크다는 사실을 뜻하는 말이 아니라 변화하지 않은 것과 변화한 것 사이에 중간형이 없다고 할 정도로 불연속적이라는 것을 뜻한다. 드브리스는 이러한 현상을 돌연변이라고 불렀다. 중요한 사실은 불연속성이다. 이것은 물리학자로 하여금 바로 이웃하는 에너지 준위 사이에는 중간 준위가 없다는 양자물리학 이론을 떠올리게 한다. 물리학자는 드브리스의 돌연변이설을 비유적으로 생물학의 양자론이라고 부르고 싶을 것이다. 우리는 나중에 이것이 비유 이상의 의미가 있다는 것을 알게 될 것이다. 돌연변이는 실제로 유전자 분자 내에 '양자도약'이 일어나서 생긴다. 그러나 드브리스가 1902년에 처음으로 자기의 발견을 발표했을 때 양자론은 거우 두 살이었다. 물리학과 생물학 사이의 밀접한 관련성을 발견하는 데 또 한 세대가 걸렸다는 것은 놀랄 일이 아니다!

돌연변이는 정말로 번식한다. 즉 완전하게 유전된다.

돌연변이는 변화하지 않은 본디의 특성들과 똑같이 완전하게 유전된다. 앞에서 예를 들었던 보리에 대해 다시 생각해 보면, 몇몇 이삭은 〈그림 10〉에서 보여준 변이의 범위를 꽤 벗어나는 꺼끄러기를 가질 수도 있다. 꺼끄러기가 전혀 없는 경우도 있을 수 있겠다. 이것이 드브리스 돌연변이의 한 가지 예이며 그것은 교배를 통해 완전히 유전될 것이다. 즉 모든 후손이 똑같이 꺼끄러기가 없게 될 것이다.

따라서 돌연변이는 분명히 유전보배(즉 유전자)의 변화에 의한 것이며, 유전물질의 어떤 변화에 의해 생기는지를 설명해야 한다. 실제로 유전 메커니즘을 알려준 중요한 교배실험 대부분이 미리 고안된 계획에 따라 돌연변이된 것과 안 된 것 또는 다르게 돌연변이된 개체들을 교배시켜 얻은 후손들을 주의 깊게 분석하는 것이다. 한편 돌연변이는 실제로 유전되므로 부적절한 것은 없어지고 적자만이 살아남아서 다윈이 기술한 것과 같이 자연선택이 작동하고 여러 종이 만들어지는 적절한 방법이 된다. 다윈의 이론에서 '사소한 우연적 변이'를 '돌연변이'로 바꾸면 된다(양자론이 '연속적인 에너지 이동'을 '양자 도약'으로 바꾼 것과 마찬가지로). 내가 대부분의 생물학자가 가진 관점[1]을 올바르게 이해하고 있다면 나머지 모든 점에서는 다윈이론에 수정을 가할 필요가 없겠다.

위치 측정. 열성과 우성

이제 돌연변이에 대한 그 밖의 몇 가지 근본적인 사실과 개념을 재검토해 보자. 이것들이 어떤 실험적 증거로부터 어떻게 유래했는지 일일이 직접 살펴보지 않고 약간 독단적인 방식으로 검토할 것이다.

우리는 분명히 관찰할 수 있는 돌연변이가 염색체의 일정 영역에 변화가 생겨 일어난다고 예상해야 한다. 그리고 실제로도 그렇다. 상동염색체와 짝을 이

---

1) 돌연변이가 유용하고 유리한 방향으로 잘 일어나는 경향이 있어서 자연선택에 도움이 되는 것은 아닌가 하는 문제에 대해 지금까지 많은 토론이 있었다. 이 문제에 대한 내 개인적 관점은 중요하지 않다. 그러나 방향성을 가진 돌연변이가 있으리라는 점은 앞으로의 논의에서 무시될 것이라는 사실은 말할 필요가 있다. 더욱이 실제 선택과 유전 메커니즘에서 아무리 중요하다고 해도 '스위치 유전자'와 '다윈유전자'의 상호작용에 대해 이곳에서 언급할 수는 없다.

루는 '유전자 자리'에 변화가 생기는 것이 아니고 한 염색체에만 변화가 생겨 돌연변이가 일어난다는 것을 우리는 분명히 알고 있다. 〈그림 11〉은 이러한 사실을 도식적으로 보여주고 있다. X표는 돌연변이가 일어난 위치를 나타낸다. 단지 한 염색체만 변했다는 사실은 돌연변이가 일어난 개체(흔히 돌연변이체라고 한다)를 그렇지 않은 개체와 교배했을 때 밝혀진다. 왜냐하면 자손의 정확히 반은 돌연변이 특성을 나타내고 나머지 반은 정상적인 특성을 나타내기 때문이다. 〈그림 12〉에 매우 도식적으로 나타낸 것과 같이, 이것은 돌연변이체가 감수분열을 할 때 두 염색체가 분리되는 결과

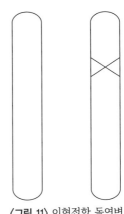

〈그림 11〉 이형접합 돌연변이체. X표는 돌연변이가 일어난 유전자를 가리킨다.

로 나타나는 것이라고 생각된다. 이 그림은 '가계도'인데 3세대에 걸친 모든 개체를 단순히 한 쌍의 염색체들로 나타내고 있다. 만약 돌연변이체의 염색체 둘 다에 변화가 생겼다면 모든 자식들이 부모와 달리 같은 (혼합된) 유전적 특성을 가지게 될 것이다. 그러나 이 영역에서 행해지는 실험이 방금 말했던 것처럼 간단하지는 않다.

두 번째 중요한 사실, 즉 돌연변이들이 흔히 잠재적이라는 사실 때문에 일이 복잡해진다. 이것은 무슨 뜻인가?

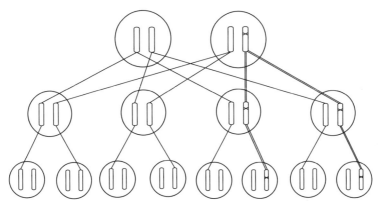

〈그림 12〉 돌연변이의 유전. 한 줄로 된 선은 정상 염색체가 후손에 전해지는 것을 나타내며 두 줄로 된 선은 돌연변이 염색체의 전달 경로이다. 제2세대의 배우자는 이 가계도에 나타내지 않았다. 그 배우자들은 돌연변이 염색체가 없다고 가정했다.

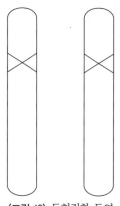

〈그림 13〉 동형접합 돌연변이. 이형접합 돌연변이체(그림 11)의 자가수정, 또는 똑같은 돌연변이체 두 개의 교배시 자손의 1/4에서 나타난다.

돌연변이체에서는 유전 암호문의 두 복사판이 더 이상 똑같지 않다. 이 돌연변이체는 염색체의 같은 장소에 2개의 서로 다른 암호문을 가지고 있다. 원본은 '정통적'이고 돌연변이체는 '이단적'이라고 간주하는 것은 솔깃해지는 표현이기는 하지만 완전히 잘못된 것이라고 지적하고 싶다. 원리적으로 둘 다 똑같은 권리를 갖고 있는 것으로 간주해야 한다. 왜냐하면 정상적인 특성들도 과거에 일어났던 돌연변이에서 유래했기 때문이다. 실제로 일어나는 일은 개체의 '패턴'이 두 암호문 복제본 가운데 한 가지를 따르는데, 그것은 정상이나 돌연변이 어느 한쪽을 따르는 것이다. 패턴이 따르는 것을 우성이라 부르고, 따르지 않는 것은 열성이라고 한다. 다시 말해 돌연변이는 패턴을 변화시키는 데에 당장 효과적인지 아닌지에 따라 우성 또는 열성이라 불리게 된다.

열성 돌연변이는 우성 돌연변이보다 더 자주 일어나고 매우 중요하지만, 처음부터 발현형질로 나타나지는 않는다. 열성 돌연변이가 패턴을 바꾸기 위해서는 염색체 쌍 모두에 있어야 한다(〈그림 13〉 참고). 2개의 같은 열성 돌연변이체가 서로 교배하든지 또는 열성 돌연변이체가 자가교배하든지 해야 이러한 개체가 생길 수 있다. 자가교배는 자웅동주 식물들에서 자연발생적으로 일어나기도 한다. 쉽게 생각해 보면 이러한 경우 자손의 1/4이 돌연변이 패턴을 보일 것임을 알 수 있다.

몇몇 전문용어의 도입

논의를 명료하게 하기 위해 여기에서 전문용어 몇 가지에 대해 설명하고자 한다. 본디의 것이든 돌연변이의 것이든 내가 '암호문의 복사판'이라고 불렀던 것의 전문용어는 '대립유전자'이다. 〈그림 11〉에서 보인 바와 같이 두 복사판이 다를 때 그 개체를 그 위치(유전자 자리)에 관련하여 이형접합체라고 부른다. 돌연변이가 일어나지 않은 개체나 〈그림 13〉에서와 같이 두 복사판이 같을 때는 동형접합체라고 부른다. 따라서 열성 대립유전자는 동형접합체일 때만 패턴에 영향을 미치고 우성 대립유전자는 동형이든 이형접합체이든 같은 패턴을 발현시킨다.

유색은 흔히 무색(또는 흰색)에 대해 우성이다. 그러므로 예를 들면 완두콩은, 문제되는 두 염색체 모두에 '흰색 열성 대립유전자'가 있을 때 즉 '흰색 동형접합체'일 때만 흰 꽃을 피울 것이다. 이 특성은 유전되며, 모든 자손은 흰 꽃을 피울 것이다. 그러나 염색체 하나에 '빨간색 우성 대립유전자'가 있으면(다른 쪽은 흰색 대립유전자를 가진 이형접합체) 빨간 꽃을 피울 것이다. 두 염색체 다 '빨간색 대립유전자(동형접합체)'를 가졌을 경우에도 모두 빨간 꽃을 피울 것이다. 이때 두 경우의 차이점은 자손들에서나 나타날 것이다. 이형접합체는 하얀색 자손들을 어느 정도 만들어내고 동형접합체의 빨간색 동형접합체는 빨간색 자손들만 만들어낼 것이다.

두 개체가 유전적 특징은 다르면서 겉모양이 완전히 같다는 사실은 매우 중요한 것으로서 정확한 구별이 필요하다. 유전학자들은 이들 개체가 가진 '표현형'은 같지만 '유전자형'은 다르다고 말한다. 그러므로 앞 단락의 내용은 다음과 같이 간략하지만 매우 전문적인 표현으로 요약할 수 있다.

열성 대립유전자는 유전자형이 동형접합일 때만 표현형의 발현에 영향을 미친다.

때때로 이와 같은 전문적인 표현들을 쓸 것이다. 그러나 필요한 경우에는 그 뜻을 비전문적인 용어로 설명하려고 한다.

근친교배의 해로운 효과

열성 돌연변이들은 이형접합인 한 당연히 자연선택이 일어날 수 있는 작업 터전이 되지 못한다. 흔히 그렇듯이 해로운 돌연변이일지라도 잠재해 있는 까닭에 없어지지 않는다. 그러므로 바람직하지 않은 돌연변이들이 꽤 축적되더라도 당장에는 해를 끼치지 않을 수 있다. 그러나 물론 이것들은 자손의 절반에게 전달된다. 이러한 사실은 양질의 몸체를 얻는 것이 당면 관심사인 인간, 가축, 가금 또는 다른 종들과 관련하여 중요하게 적용된다. 〈그림 12〉에서, 어떤 남성(구체적인 예를 들자면 나 자신)이 해로운 열성 돌연변이를 이형접합으로 가지고 있어 겉으로 발현되지 않는다고 가정한다. 그리고 내 아내는 그러한 돌연변이가 없다고 하자. 그러한 경우 아이들의 절반(두 번째 줄) 역시 이형접합으로 돌연변이를 가지게 될 것이다. 이들이 다시 돌연변이가 일어나지 않은 배우자들(도표에서는 혼란스러움과 복잡함을 피하기 위해 생략했다)과 결혼해서 아기를 낳으면, 평균적으로 우리 손자들의 1/4은 마찬가지 방식으로 영향을 받게 될 것이다. 만약 똑같은 돌연변이 유전자를 가진 개체들끼리 교배하지 않는 한 해악의 위험이 나타나지 않을 것은 분명하다. 쉽게 알 수 있는 바와 같이 돌연변이 개체들끼리 교배를 하면 자손의 1/4은 동형접합체로 개체에 해로운 특성이 발현하게 될 것이다. 자가수정(자웅동주 식물에서나 가능한) 다음으로 그러한 해악이 나타날 가능성이 높은 것은 내 딸과 아들이 서로 결혼할 경우이다. 내 아들과 딸 각각에 돌연변이가 숨어 있을 가능성과 없을 가능성은 같은 1/2 확률이므로, 해로운 돌연변이가 발현할 수 있게 된다. 이 근친결합의 1/4은 위험하다. 그러므로 근친결혼으로 얻은 아이에게서 해로운 효과가 일어날 가능성은 1 : 16(1/4×1/4)이다.

같은 방식으로 서로 사촌 사이인 내 손자와 손녀가 결합해서 얻은 아이들에 대한 위험인자는 1 : 64가 된다. 이 정도라면 가능성이 높지 않아 보인다. 그래서인지 실제로 사촌 간의 결합은 용인되는 편이다. 그러나 지금까지 우리는 조상배우자, 즉 나와 내 아내 가운데 어느 한쪽만 잠재적 돌연변이를 가졌을 때 생기는 결과를 분석했다는 사실을 잊어서는 안 된다. 사실은 배우자 각각이 이러한 종류의 잠재적 돌연변이를 하나 이상 가지고 있을 가능성이 상당히 높다. 만일 여러분에게 잠재 돌연변이가 있는 것이 확실하다면 여러분의 사촌 여덟 명 가운데 하나는 똑같은 돌연변이를 지니고 있으리라 예상해야 한다. 식물과 동물들에게 행한 여러 가지 실험을 보면 매우 해로운 돌연변이는 비교적 드물지만 그래도 하찮은 것들은 많아서, 근친교배할 경우 그 조합으로 자손이 열등해지는 것으로 보인다. 우리는 라케다이몬(스파르타) 사람들이 타이게토스산맥에서 썼던 것과 같은 거친 방식으로 더 이상 '실패작'들을 없애려고 하지 않으므로(스파르타에서는 아기가 기형이거나 허약하면 타이게토스산맥 부근에 내다 버렸다), 적자에 대한 자연선택이 크게 줄어든, 아니 오히려 반대가 되어 버린 요즘 인간사회의 경우에는 근친교배에 대해 특히 진지한 관점을 가져야 한다. 원시적인 상태에서 전쟁이 생물학적으로 적합한 부족을 살아남게 하는 긍정적인 효과를 가졌다는 것을 고려하더라도, 모든 나라의 건강한 젊은이들을 대량 학살(제2차 세계대전에서의 대량살상을 말하는 것임)하는 최근의 반(反) 자연선택적 효과를 좋게 평가할 수는 없다.

보편적이고 역사적인 언급

열성 대립유전자가 이형접합으로 존재할 때는 우성 대립유전자에 의해 완전히 압도당하여 눈에 드러나는 효과를 전혀 나타내지 못한다는 사실은 놀라운 것이다. 적어도 이러한 사실에 몇 가지 예외가 있다는 점은 말해 둘 필요가 있다. 동형접합체인 흰색 금어초가 마찬가지로 동형접합체인 심홍색 금어초와 교배하여 생기는 1대 자손은 모두 중간 색깔을 나타낸다. 즉 예상했던 심홍색이 아니고 분홍색을 띠게 된다. 두 대립유전자가 동시에 영향을 미치는 훨씬 더 중요한 보기는 혈액형에서 찾아볼 수 있다. 그러나 여기에서 그 문제를 깊이 다룰 수는 없다. 열성이라 하더라도 정도의 차이가 있어서 '표현형'을 조사하기 위해 쓴 실험의 정밀도에 따라 개념이 달라진다는 사실이 언젠가 밝혀진다고 해도 결코 놀라운 일이 아니다.

여기서 유전학의 초기 역사에 대해 이야기해 보도록 하자. 부모의 특성이 세대를 따라 전해지는 것에 대한 법칙, 즉 유전학 이론의 중추 특히 열성과 우성의 차이에 대한 중요한 이론의 뼈대는 이제 세계적으로 유명한 아우구스티누스 교단의 대수도원장이었던 그레고르 멘델(1822~84)에게서 비롯되었다. 멘델은 돌연변이와 염색체에 대해서는 아무것도 몰랐다. 그는 브륀(브르노)에 있는 수도원 정원에서 완두콩을 가지고 여러 가지 실험을 했다. 멘델은 여러 종류의 완두콩을 길렀고 교배시켰으며 1 2, 3……세대 자손들을 꾸준히 관찰했다. 그가 이미 자연적으로 돌연변이가 일어난 완두콩을 가지고 실험했다고 말할 수 있겠다. 그는 1866년에 자신의 실험결과를 Naturforschender Verein in Brünn에 발표했다. 아무도 대수도원장의 취미에 별다른 관심을 쏟지 않았고 확실히 누구도 그의 발견이 20세기에서 완전히 새로운, 매우 흥미로운 과학분야의 지침이 되리라고는 생각지 못했다. 그의 논문은 곧 잊혀졌다가 1900년에야 코렌스(베를린), 드브리스(암스테르담)와 체르마크(비엔나)에 의해 동시에 그리고 독립적으로 발견되었다.

돌연변이가 드문 사건이어야 할 필요성

지금까지 더 많이 일어날지도 모르는 해로운 돌연변이들에 우리는 관심을 집중시켰다. 그러나 우리는 이로운 돌연변이도 생길 수 있음을 언급해야 한다. 만약 자연발생적 돌연변이가 종이 발전하는 과정의 작은 걸음이라면, 우리는 결국 자동적으로 없어지기는 하지만 해악이 일어나 돌연변이가 없어질 위험부담을 안은 채 그러한 변화들이 마구잡이로 시험대에 올려진다는 느낌을 갖게 된다. 여기서 한 가지 매우 중요한 점이 부각된다. 자연선택 과정에 적합한 재료가 되려면 돌연변이는 드문 사건이어야 하고, 실제로 그러하다. 만약 그것이 자주 일어나서 같은 개체에서 여러 가지 돌연변이가 일어날 확률이 높다면, 대개 해로운 돌연변이가 이로운 것보다 우세하게 되어 자연선택에 의해 개선되기는커녕 멈춰진 상태로 있거나 멸종하게 될 것이다. 따라서 유전자가 매우 영속적이기 때문에 생기는 매우 보수적인 경향은 필수적이다. 대규모 생산공장에서 이와 비슷한 점을 발견할 수 있다. 작업과정에 더 나은 방법을 개발하기 위해서는 충분히 증명되지 않았더라도 기술혁신을 시도해야 한다. 그러나 기술혁신이 생산력을 증가시켰는지 감소시켰는지를 확실히 입증하기 위해서는, 공정의 나머지 부분들은 일정하게 유지하면서 한 번에 하나씩 시도하는 것이 필수적이다.

X선에 의해 생기는 돌연변이

이제 우리는 일련의 교묘한 유전학 연구업적을 검토해야 한다. 거기서 우리 연구와 가장 밀접한 특성들이 드러날 것이다. 자손에서 돌연변이가 일어나는 비율, 이른바 돌연변이율은 부모들에게 X선이나 감마선을 쪼이면 자연 돌연변이율의 몇 배나 늘어난다. 이러한 방식으로 생긴 돌연변이들은 빈도가 높다는 것을 빼고는 자연적으로 일어나는 것과 다르지 않다. 우리는 어떠한 '자연적인' 돌연변이도 방사선(X선)에 의해 일어날 수 있다는 인상을 받는다. 초파리 실험을 해보면 수많은 특이한 돌연변이가 어마어마한 배양 조직에서 되풀이해서 자발적으로 일어난다. 앞서 2장의 '교차. 유전적 특성의 위치'에서 기술한 바와 같이 그러한 돌연변이는 염색체의 특정한 위치에 자리를 잡고 있으며 특수한 이름이 붙여졌다. 더불어 '다중 대립유전자'라는 것까지도 알려졌다. 이것은 염색체 암호의 특정 위치와 관련하여 돌연변이가 일어나지 않은 정상적인 복사판 말고도 2개 이상의 복사판이 있는 경우이다. 이는 두 개만이 아니라 세 개 이상의 선택지가 있음을 뜻한다. 이 가운데 둘이 한 쌍의 상동염색체에 각각 동시에 자리할 때 두 대립유전자는 서로 우성-열성 관계를 가지게 된다.

X선에 의해 생기는 돌연변이에 대한 실험은 모든 특수한 '전이', 이를테면 정상 개체에서 특수한 돌연변이로의 전이 또는 그 반대 방향으로의 전이가 각각 'x선 계수'를 갖는다는 인상을 준다. X선 계수란 부모가 자식을 얻기 전에 단위량의 X선을 쪼였을 때, 돌연변이가 생긴 백분율(%)을 가리킨다.

제1 법칙–돌연변이는 단일사건이다

더욱이 돌연변이가 유발되는 비율에 관한 법칙들은 매우 간단하면서 매우 계몽적이다. 나는 여기에서 1934년 Biological Reviews 9권에 실린 티모피예프의 논문을 참조했다. 그 논문은 아주 세밀하게 저자 자신의 훌륭한 연구에 관해 언급하고 있다. 제1 법칙은 다음과 같다.

(1) 돌연변이의 증가량은 정확히 X선 조사량(照射量)에 비례하므로, 누구든지 증가계수에 대해 이야기할 수 있다.

우리는 간단한 비례관계에 너무 익숙해 있어서 이 단순한 법칙으로부터 얻을 수 있는 폭넓은 결과들을 과소평가하기 쉽다. 이것들을 제대로 이해하기 위해, 예를 들어 상품 값이 늘 그 양에 비례하지는 않는다는 사실을 떠올리도록 하자. 당신이 평소에 오렌지를 여섯 개씩 사는 데에 대해 가게주인이 깊은 인상을 가지고 있어서, 어느 날 당신이 열두 개를 사기로 결정한다면 그 가게주인은 여섯 개 값의 두 배보다 적게 받을지도 모른다. 오렌지가 모자랄 때는 그 반대가 될 수도 있을 것이다. 지금 우리의 예에서, 처음의 조사량 절반은 이를테면 1,000명의 자손 가운데 하나를 돌연변이로 만들고, 다른 자손에게는 돌연변이 소인이나 그에 대한 면역 등 아무것도 영향을 미치지 않았다고 결론을 내리게 된다. 그렇지 않다면 조사량의 나머지 절반을 조사했을 때 다시 1,000 가운데 한 명에만 돌연변이가 일어나게 되지는 않을 것이다. 이렇듯 돌연변이는 축적효과에 의한 것이 아니어서 적은 양의 조사가 되풀이되더라도 효과가 서로 더해지지 않는다. 돌연변이는 방사선이 조사될 때 어떤 염색체 하나에 일어나는 단일사건에 의해 생긴다. 그것은 어떤 종류의 사건일까?

제2 법칙—사건의 국소성

앞의 질문은 제2 법칙으로 답할 수 있다.

(2) 만약 여러분이 약한 X선에서부터 매우 강한 감마선에 이르는 넓은 범위 안에서 방사선의 질(파장)을 변화시키더라도, γ-단위로 측정한 조사량이 같다면 그 계수는 일정하다.

즉 부모들이 방사선에 노출되는 경우, 같은 장소에 같은 시간 동안 놓아둔 적절한 표준물질의 단위부피당 생성되는 이온의 전체량을 기준으로 측정된 조사량이 같다면 계수가 일정하게 유지된다는 것이다.

흔히 표준물질로 공기를 선택하는데, 공기는 편리할 뿐만 아니라 그 원소의 원자량이 유기체 조직을 이루는 원소들의 원자량과 같기 때문이다. 조직에서의 이온화 또는 관련된 과정(들뜸)의 정도에 대한 최솟값[2]은 간단히 공기 중의 이온화 양에 조직의 상대적 밀도를 곱해서 얻는다. 돌연변이를 일으키는 단일사건은 생식세포의 '임계'부피 안에서 일어나는 이온화(또는 그와 비슷한 과정)라는 사실은 뚜렷하며, 이것은 더 결정적인 연구를 통해 확인되었다. 그러면 그 임계부피의 크기는 얼마나 되는가? 관찰된 돌연변이율로부터 다음과 같은 방법으로 계산할 수 있다. 만약 cm³당 5만 개의 이온이 방사선에 노출되지 않은 임의의 배우자에 대해 1:1000의 확률로 돌연변이를 일으킨다면, 임계부피 즉 이온화에 의해 돌연변이가 생기는 부피는 1cm³의 1/50,000의 1/1,000이다. 즉 1cm³ 5천만 분의 1이다. 이러한 숫자는 예시를 위해 쓰였을 뿐 정확하지 않다. 실제 추정치에서 우리는 델브뤼크, 티모피예프 그리고 치머의 공동논문에 있는 델브뤼크의 생각과 방법을 따르고자 한다. 이것은 또 다음 두 장에서 설명할 이론의 주요근거가 될 것이다. 델브뤼크는 거기에서 임계부피가 평균 원자거리×10³쯤 된다는 결론에 이르렀는데 이것은 원자가 천 개쯤 포함되는 정도의 부피이다. 가장 간단하게 해석하자면, 염색체의 어떤 특정 위치로부터 '10원자거리' 이내인 곳에 이온화(또는 들뜸)가 일어날 때 돌연변이가 만들어질 확률이 생겨난

---

2) 최솟값을 계산하는 것은 이온화 측정에 관찰되지 않고 돌연변이를 일으키는 데 관여하는 과정이 있을지도 모르기 때문이다.

다는 것이다. 우리는 이제 이 점에 대해 더 자세히 논의할 것이다.

티모피예프의 논문은 물론 우리의 현재 탐구와는 아무런 관련이 없지만 여기서 언급하지 않을 수 없는 실질적인 조언을 포함하고 있다. 현대인들은 X선에 노출되는 경우가 많다. 화상, 암, 불임 따위의 직접적인 위험들이 잘 알려져 있고, 따라서 특히 X선을 정규적으로 다루어야 하는 의사와 간호사와 방사선 기사들을 보호하기 위해 납 차폐물, 납이 있는 앞치마 등이 공급되고 있다. 내가 말하고자 하는 요점은 각 개체에 대한 이렇게 긴급한 위험요소들을 성공적으로 막는다고 하더라도, 앞서 근친교배의 해로운 결과들에 대해 이야기할 때 거론한 그의 열성 돌연변이들이 생식세포에서 작지만 해로운 돌연변이들로 나타나 간접적인 위험이 될 수 있다는 것이다. 비록 조금 어수룩한 견해이지만 과감하게 말하면, 할머니가 X선을 다루는 간호사로 오랫동안 일했을 경우 사촌들 사이의 결혼이 낳을 위험성은 당연히 늘어난다. 어떤 개인들을 걱정시키려고 이러한 말을 하는 것은 아니다. 그러나 인류가 바람직하지 않고 원치 않는 잠재적 돌연변이들로 점점 오염될지도 모른다는 사실은 사회적으로 커다란 관심사임에 틀림없을 것이다.

4 양자역학적 증거

그리고 그대 영혼은 불꽃이 되어 하늘 높이 이미······.

—괴테

고전물리학으로 설명할 수 없는 영속성

물리학자들이 기억하는 바와 같이, 30여 년 전에 결정의 격자구조를 자세히 밝히는 데 쓰였던 X선을 이용한 매우 정교한 도구의 도움을 받아, 생물학자와 물리학자들은 협력하여 개체의 거시적인 특성을 결정하는 미시적 구조인 유전자의 크기에 대한 최댓값을 줄이는 데 성공했다. 즉 유전자는 앞의 2장 '유전자의 최대 크기'에서 언급했던 것보다 훨씬 작은 크기라는 사실을 확인하게 된 것이다. 우리는 이제 다음과 같은 질문에 맞닥뜨리게 된다. 천 개도 되지 않거나 더 적은 수의 원자를 가진 듯한 유전자 구조가 거의 기적이라고 할 수 있는 영속성을 가진 채 매우 규칙적이고 법칙적인 작용을 나타내는 사실을 통계물리학적 관점으로 어떻게 설명할 수 있을까?

정말 놀라운 상황을 다시 한 번 예를 들어 설명함으로써 문제의 핵심에 접근해 보도록 하자. 합스부르크 왕가의 여러 사람들은 특이하게도 아랫입술의 모양이 별났다('합스부르크 입술'). 그것의 유전적 특성은 왕가의 후원 아래 비엔나 제국 학술원이 주의 깊게 연구하여 그들 왕족의 초상화와 함께 발표되었다. 합스부르크 입술의 유전적 특성은 정상적인 입술 형태에 대립하는 멘델법칙적인 '대립유전자' 때문임이 밝혀졌다. 16세기 합스부르크 왕족과 19세기에 살았던 그 후손의 초상화를 보면 우리는 별 어려움 없이 다음과 같이 가정할 수 있다. 즉 비정상적인 모습을 나타내는 물질적 유전자 구조가 몇 세기에 걸쳐 한 세대에서 그다음 세대로 전달되었는데 그 사이에 일어났던 모든 세포분열에서 충실히 재생산되었다. 더욱이 그러한 특성에 관계된 유전자구조에 포함되어 있는 원자의 수는 X선으로 확인한 원자들의 수와 같은 정도일 것이다. 유전자는 300년이라는 짧지 않은 세월 동안 체온 약 98°F(36.7℃)에서 유지되었다. 여러 세기 동안 열운동이라는 무질서한 경향에도 불구하고 유전자 구조가 변형되지 않은 채 유지된 것을 어떻게 이해해야 할까?

19세기 말에 살았던 물리학자가 자신이 설명할 수 있고 진정으로 이해하고 있던 자연법칙에만 의거한다면 이러한 질문에 대답하지 못했을 것이다. 어쩌면 그는 통계학적 조건을 잠시 생각한 뒤에 대답했을 것이다(곧 보게 되다시피 올바른 대답이다). 분자들만이 그러한 물질구조를 이룰 수 있다. 그 무렵 이미 화학은 원자들로 구성된 존재에 대해, 그리고 그러한 구조의 안정성이 때때로 매우 높다는 사실에 대해 광범위한 지식을 갖고 있었다. 그러나 그러한 지식은 순전히 경험적이었다. 분자의 본질에 대해서는 이해하지 못했다. 분자를 특정 모양으로 유지하는 원자들 사이의 강력한 상호결합은 완전히 수수께끼였다. 조금 전에 언급했던 19세기 물리학자의 대답은 실제로 옳다. 그러나 생물학적 안정성이라는 수수께끼를 마찬가지로 수수께끼 같은 화학적 안정성으로 설명하는 한 그 가치는 제한적이다. 겉으로 비슷한 두 가지 현상이 같은 원리에 근거하고 있다는 주장은 원리 자체가 확인되지 않는 한 불확실한 것일 수밖에 없다.

양자론으로 설명할 수 있다

앞의 질문에 대해 양자론은 답을 줄 수 있다. 오늘날의 지식으로 볼 때 유전 메커니즘은 양자론의 기초에 밀접하게 관련되어 있다. 아니 바로 양자론의 토대 위에 서 있다. 이러한 이론은 1900년에 막스 플랑크가 발견한 것이다. 현대 유전학은 드브리스와 코렌스와 체르마크가 멘델의 논문을 재발견하고(1900) 드브리스가 돌연변이에 관한 논문을 발표한 해(1901~03)에서 기원을 찾을 수 있다. 이렇듯 두 대이론의 탄생시기가 거의 일치한다. 둘 다 어느 정도 성숙한 다음에야 서로의 관련성이 드러난 것은 그리 놀랄 일이 아니다. 양자론 쪽에서는, 1926~1927년에 하이틀러와 런던에 의해 화학 결합 양자론의 일반 원리들이 처음으로 설명될 때까지 4반세기 이상 걸렸다. 하이틀러-런던 이론은 최근에 발달한 양자론의 가장 정교하고 복잡한 개념들을('양자역학' 또는 '파동역학') 포함한다. 미적분학을 쓰지 않고 그것을 설명한다는 것은 거의 불가능하거나 적어도 이 책만 한 책자가 따로 필요할 것이다. 그러나 다행히도 이와 관련된 모든 연구가 이미 행해져서 우리의 생각을 또렷하게 해주었으므로 지금 가장 중요한 주제를 다루기 위해 '양자도약'과 돌연변이 사이의 관계를 직접적으로 나타내는 것이 가능할 것 같다. 이것이 바로 여기에서 우리가 시도하려고 하는 것이다.

양자론-불연속적인 상태-양자도약

양자론의 크나큰 공헌은 자연이라는 책 속에서, 연속성을 제외한 것들은 모두 불합리하다는 과거의 관점을 벗어나, 불연속성이라는 특징을 발견했다는 점이다.

이러한 종류의 첫 번째 경우는 에너지와 관련이 있다. 거시적으로 볼 때 물체의 에너지는 끊임없이 변화한다. 예를 들면 흔들리도록 놓아둔 진자는 공기 저항에 의해 점점 속도가 느려진다. 이상하게도 원자 수준의 미시적 체계에서는 그와 달리 행동한다고 인정하는 것이 필요하다. 여기에서 그 이유를 언급할 수 없기는 하지만 우리는 미시적 체계가 바로 그 자체의 성질 때문에 단지 어떤 불연속적인 에너지량, 이른바 특이한 에너지준위만을 가질 수 있다고 가정해야 한다. 그런 체계가 한 상태에서 다른 상태로 전이하는 것은 자못 신비로운 사건으로서 흔히 '양자도약'이라고 부른다.

그러나 에너지가 체계의 유일한 특징은 아니다. 다시 진자 즉, 천장에서부터 줄에 매달린 무거운 공이 다양한 종류의 운동을 수행하는 모습을 생각해 보자. 우리는 진자가 남북이나 동서 또는 어느 다른 방향, 또는 원이나 타원형으로 흔들리게 만들 수 있다. 풀무로 공을 부드럽게 날려보냄으로써 공은 한 가지 운동상태에서 다른 상태로 연속적으로 전이할 수 있다.

소규모 체계에서는 이러한 특징들이 대개 불연속적으로 변한다(여기에서 자세한 점까지 설명할 수는 없다). 에너지의 경우와 같이 이들 특성이나 상태가 '양자화'되어 있는 것이다. 그러한 결과는 다음과 같다. 전자라는 보호막을 포함해서 많은 원자핵이 서로 가까이 접근해서 '한 체계'를 이룰 때 이것들은 그 성질상 우리가 생각하는 대로 임의적인 배열을 가질 수 없다. 그것들은 매우 수가 많으나 특성 때문에 불연속적인 '상태들' 가운데서만 원자배열을 선택할 수 있다.[1] 우리는 대개 이것들을 준위 또는 에너지 준위라고 부른다. 에너지가 이들 체계가 나타내는 특징 중에 매우 뚜렷한 것이기 때문이다. 그러나 특성을 완전하게 나타내기 위해서는 에너지 말고도 많은 것을 표현해야 한다는 사실을 알아야 한다. 사실 상태란 모든 입자들의 배열을 뜻한다고 생각하는 것이 옳다. 이러한 원자배열들 가운데 한 가지에서 다른 것으로 전이하는 것이 양자 도약이다. 만약 나중 것이 에너지가 더 크다면('더 높은 준위라면'), 전이가 가능하기 위해서는 적어도 두 에너지의 차이만큼 외부에서 에너지를 공급받아야 한다. 에너지 준위가 낮은 상태로 가는 경우에는 그만큼의 잉여에너지를 방사선의 형태로 방출하면서 자발적으로 일어나게 된다.

분자들

원자들의 집합이 이루는 불연속적인 상태들 가운데에는, 반드시 그럴 필요가 있는 것은 아니지만 원자핵들이 서로 가까이 접근함을 뜻하는 최소 준위가 있을지도 모른다. 그러한 상태에 있는 원자들은 분자를 이룬다. 여기에서 강조하는 것은 그 분자가 반드시 어느 정도 안정성을 갖는다는 점이다. 만약 한 단계 높은 다음 준위까지 끌어올리는 데 필요한 차이만큼의 최소 에너지를 바깥에서 공급해주지 않으면, 그 원자 배열은 변할 수 없다. 그러므로 잘 정의된 양인 이러한 준위 차이에 의해 분자의 안정도가 정량적으로 결정된다. 이런 사실이 양자론의 기초, 즉 에너지 준위의 불연속성과 얼마나 밀접하게 관련되어 있는지 잘 알 수 있을 것이다.

이러한 생각이 화학적인 사실로서 철저히 검토되었다는 점을 독자 여러분은 받아들여 주기를 바란다. 그리고 화학적 원잣값이라는 기본적 사실과 분자구조에 관한 여러 세세한 사실, 분자들 사이의 결합에너지, 다양한 온도에서 분자의 안정성 등에 대해서도 성공적으로 설명됐다는 점도 받아들이기를 바란다. 나는 앞에서 말했던 것과 같이 여기에서 하이틀러-런던 이론을 자세히 검토할 수 없다는 점을 다시 말하고 있는 것이다.

---

1) 나는 여기에서 보통 대중적이며 우리의 현재 목적에 걸맞은 방식을 택하고 있다. 그러나 이 설명으로 계속 오류를 저지르는 사람이 있을까 봐 걱정스럽다. 진실은 체계의 상태에 관련해서 때때로 불확정적인 특성을 포함하므로 훨씬 더 복잡하다.

분자의 안정성은 온도에 따라 달라진다

이제 우리가 가지고 있는 생물학적 의문, 즉 온도가 달라질 때 분자의 안정성은 어떻게 되는가 하는 매우 흥미로운 점을 검토해야 한다. 우선 원자체계가 에너지가 가장 낮은 상태에 있다고 생각하자. 물리학자라면 그것을 절대영도에 있는 분자라고 할 것이다. 한 단계 높은 상태나 에너지 준위로 끌어올리기 위해서는 필요한 양만큼 에너지를 공급해야만 한다. 에너지를 공급하는 방법으로 가장 간단한 것은 분자를 '가열'하는 것이다. 여러분은 그 분자를 온도가 더 높은 환경('열탕')으로 옮겨서 다른 체계 속의 원자와 분자들이 여러분의 분자와 충돌하도록 한다. 열운동이 매우 불규칙하다는 것을 생각한다면, 다음 상태나 준위로 '끌어올리기'가 확실하고 곧바로 일어나는 온도를 뚜렷이 말할 수는 없다. 다만 절대영도가 아닌 다른 온도에서 끌어올리기가 일어날 확률은 얼마이고 열탕의 온도가 높아짐에 따라 증가한다고는 할 수 있다. 이 확률을 나타내는 가장 좋은 방법은 끌어올리기가 일어날 때까지 여러분이 기다린 평균 시간, 즉 '기대시간'을 나타내는 것이다.

폴라니와 위그너의 연구에 따르면 기대시간은 대개 두 에너지 크기의 비에 의해 결정된다. 이때 하나는 끌어올리기에 필요한 에너지의 차이이고(W라고 쓰기로 하자), 다른 하나는 문제시되는 온도에서 열운동의 세기를 나타내는 에너지를 말한다(T는 절대온도, kT는 그때의 특성 에너지를 표현하는 데 쓰자).[2] 이것은 끌어올리기 에너지가 평균 열에너지보다 클수록, 즉 $W : kT$ 비율이 클수록 끌어올리기가 일어날 확률이 줄어들고 기대시간이 길어진다는 것을 뜻한다. 놀라운 것은 $W : kT$가 비교적 작게 변하더라도 기대시간은 꽤 많이 바뀐다는 사실이다. 델브뤼크의 예를 들어 보면 W가 kT의 30배인 경우 기대시간은 1/10초로 매우 짧다. 그러나 W가 kT가 50배가 되면 기대시간은 16개월로 늘어나고 W가 kT의 60배인 경우에는 무려 3만 년이 된다!

잠깐 수학적으로 이야기해 보자

수학에 관심이 있는 독자들을 위해, 온도와 에너지 준위의 사소한 변화에

---

2) k는 잘 알려진 상수로서 볼츠만 상수라고 불린다. $3/2kT$는 온도 T에서 기체원자가 갖는 평균 운동에너지이다.

따라 기대시간이 매우 민감하게 변화하는 이유를 수학적 언어로 표현하고 종류가 비슷한 물리적 견해를 몇 가지 덧붙이는 편이 나을 것 같다. 민감한 변화는 기대시간 t가 다음과 같이 W/kT 비에 지수함수적으로 의존하기 때문이다.

$$t = \tau e^{W/kT}$$

τ는 10^{-13}초나 10^{-14}초의 크기를 갖는 작은 상수이다. 이러한 지수함수는 결코 우연적인 것이 아니다. 그것은 열역학 통계이론에 여러 차례 나타나는 함수이다. 즉 열역학의 중추를 이루는 함수이다. 그 함수는 W만큼 큰 에너지량이 어떤 체계의 특별한 부분에 모인다는 것이 얼마나 힘든 일인지 보여준다. W가 '평균에너지' kT의 여러 배가 필요할 때 이 가능성은 엄청나게 줄어든다.

실제적으로 위에서 든 보기와 같이 W가 kT의 30배가 되는 일이란 매우 드물다. 그렇지만 기대시간이 매우 길어지지 않는 것은 (우리의 예에서 1/10초) 상수 τ가 작기 때문이다. 이 상수는 물리학적 의미를 가진다. 이 상수는 계속하여 일어나는 진동 주기와 비슷한 크기이다. 대략적으로 이야기하자면 이 상수는 필요로 하는 양 W가 '매 진동마다' 되풀이하여, 즉 일 초 동안 10^{13}번이나 10^{14}번 집중될 가능성(가능성은 작지만)을 뜻한다는 것이다.

첫 번째 수정

분자의 안정성에 대한 이론을 전개하면서 우리는 다음과 같은 것을 암암리에 가정했다. 우리가 '끌어올리기'라고 불렀던 양자도약에 의해 분자는 완전한 분해까지는 아니더라도 같은 원자들이 다른 배열로 늘어서게 되어 근본적으로 다른 것으로 바뀌게 된다. 즉 화학자들이 말하는 이성질체로 바뀌게 된다는 것이다(생물학에 비유하면 배열의 이러한 변화는 같은 '유전자 자리'에 있는 '대립유전자'로 표현되고 양자도약은 돌연변이로 나타내질 것이다).

이러한 가정을 타당하게 하려면, 이해를 돕기 위해 내가 의도적으로 단순화했던 이야기에서 두 가지 점을 고쳐야 한다. 앞에서 말했던 것에서 여러분은 다음과 같이 생각할지도 모른다. 즉 가장 낮은 에너지 상태의 원자들 집단만이 분자를 구성하고 한 단계 높은 다음 상태는 '다른 어떤 것'이 되어 버린다고 생각하기 쉽다. 그런데 사실은 결코 그렇지 않다. 실제로 가장 낮은 준위 뒤로는 전체 원자배열에 별 뚜렷한 변화가 없지만, 앞에서 언급한 것같이 원자들 사이의 작은 진동에 대응하는 일련의 준위가 있다. 그것들 역시 '양자화'되어 있지만 한 준위에서 다음 준위 사이 간격이 비교적 작다. 그러므로 '열탕'의 입자들이 충돌은 아주 낮은 온도에서 이미 원자들을 진동시켜 체계를 그런 준위로 놓기에 충분할 것이다. 만약 분자가 크다면 여러분은 이러한 진동을 고진동수 음파로 이해해도 된다. 이 진동은 분자에게 아무 해도 입히지 않는다.

결국 첫 번째 수정은 그렇게 심각한 것은 아니다. 우리는 준위도표에서 '진동미세구조'를 무시해야 한다. '한 단계 높은 다음 준위'라는 용어는 원자배열의 적절한 변화에 대응하는 가까운 다음 준위를 의미하는 것이라고 이해해야한다.

두 번째 수정

두 번째 수정은 설명하기가 훨씬 더 어렵다. 이것은 다른 준위들로 구성된 준위도표 가운데에서 중요하면서도 매우 복잡한 특성과 관련이 있기 때문이다. 두 준위 사이의 자유로운 전이는 필요한 에너지 공급 외의 문제로도 방해받을지도 모른다. 실제로 높은 준위에서 낮은 상태의 전이조차 지장을 받을지모른다.

경험적인 사실에서 시작하자. 똑같은 원자들의 모임이지만 분자를 이루는데 한 가지 이상의 방법으로 결합할 수 있다는 것은 화학자에게 잘 알려진 사실이다. 그러한 분자들을, 즉 구성원자는 같지만 원자들 사이의 결합방식이 다른 분자들을 이성질체라고 부른다(이성질체(isomeric)라는 낱말 자체도 '같은 구성성분으로 이루어진' 물체라는 뜻이다). 이성질체가 생기는 것도 예외적이거나 우연한 현상이 아니고 법칙에 따른 것이다. 분자가 크면 클수록 더 많은 종류의 이성질체가 가능해진다. 〈그림 14〉는 가장 간단한 보기 가운데 하나인 두 종류의 프로필알코올을 보여준다. 두 종류의 프로필알코올은 양쪽 모두 탄소원자(C) 3개, 수소원자(H) 8개, 산소원자(O) 1개로 구성된다.[3] 산소는 수소와 탄

---

3) 강연에서는 C, H, O를 각각 검은색, 하얀색, 빨간색의 공으로 나타낸 모형으로 보여 주었다. 실제 분자와의 유사성이 〈그림 14〉보다 낮지 않으므로 여기에서는 그 모형을 쓰지 않았다.

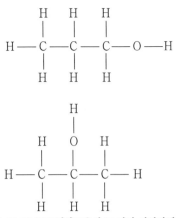

〈그림 14〉 프로필알코올의 두 가지 이성질체

소 사이 어디든지 끼어들 수 있지만 그림에서 보여준 두 경우일 때만 서로 다른 물질이 된다. 실제로도 그러한 두 가지 이성질체가 존재한다. 그 두 이성질체는 물리학적·화학적 성질이 모두 뚜렷이 다르다. 또한 에너지도 다르다. 이것들은 '다른 준위'를 대변한다.

놀라운 사실은 두 분자 모두 매우 안정한 상태로 있고, 둘 다 '가장 낮은 준위'에 있는 것같이 행동한다는 점이다. 두 이성질체 사이에는 어떤 자발적인 전이도 없다.

그 이유는 두 가지 원자배열이 바로 이웃해 있지 않아서이다. 두 이성질체보다 에너지가 큰 중간 원자배열을 넘어야만 전이가 일어날 수 있다. 한마디로 말해서 산소를 한 위치에서 빠져나와 다른 곳에 끼어야 한다. 매우 큰 에너지를 갖는 원자배열을 통하지 않고는 그렇게 할 수 있을 것 같지 않다. 이러한 상황은 〈그림 15〉에서와 같이 도식적으로 나타내 보일 수 있다. 여기에서 1과 2는 두 가지 이성질체를 나타내고, 3은 둘 사이의 '문턱'이며 2개의 화살표 선은 '끌어올리기', 즉 상태 1에서 상태 2로 또는 상태 2에서 상태 1로 전이가 일어나기 위해 각각 필요로 하는 에너지를 나타낸다.

이제 두 번째 수정에 대해 말할 수 있다. 이러한 이성질체 사이의 전이 같은 것이 바로 우리가 생물학 분야에서 흥미를 갖게 되는 유일한 전이이다. 그리고 이것이 우리가 앞 단락 '분자의 안정성은 온도에 따라 달라진다'에서 '안전성'을 설명할 때 마음속에 두고 있던 것이다. 우리가 말하는 '양자도약'은 비교적 안

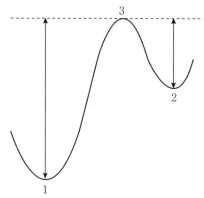

<그림 15> 이성질체 준위 (1) 과 (2) 사이의 에너지 문턱 (3). 화살표 선은 이성질체 사이에 전이(상태 변화)가 일어나기 위한 최소에너지를 나타낸다.

정된 한 가지 분자구조에서 다른 분자구조로의 전이이다. 전이에 필요한 에너지 공급(W로 표시되는 양)은 두 준위 차이가 아니고 처음 준위에서 문턱까지의 차이이다(〈그림 15〉의 화살표 선을 보라).

처음 상태와 마지막 상태 사이에 아무런 에너지 문턱도 끼어 있지 않은 전이는 거의 관심의 대상이 되지 못하는데 우리가 생각하고 있는 생물학 분야에서만이 아니다. 그러한 전이는 실제로 분자의 화학적 안정에는 아무런 기여도 하지 못한다. 왜 그럴까? 그것들은 지속적인 효과를 가지고 있지 않으므로 인지할 수 없는 상태인 것이다. 그런 현상이 생기더라도 본디 상태로 돌아가는 것을 방해하는 것이 없으므로 거의 즉각적으로 처음 상태로 되돌아가기 때문이다.

5 델브뤼크 모델에 대한 논의와 검증

빛이 자기 자신과 어둠을 드러내듯이 진리는 진리와 허위를 판별하는 기준
이다.

—스피노자, 《윤리학》, 2부 명제 43

유전물질의 일반적 성질

앞에서 언급한 사실들로부터 다음과 같은 우리 질문에 대해 매우 간단하게
대답할 수 있다. 비교적 적은 수의 원자로 구성된 분자 구조들이 끊임없이 열
운동에 노출되면서도 어떻게 열운동의 방해 작용을 오랜 기간 동안 견디어낼
수 있을까? 우리는 유전자 구조를 원자들의 배열이 달라짐으로써 이성질체 분
자가 만들어지는, 불연속적인 변화만을 할 수 있는 커다란 분자라고 가정할 것이
다. 원자들의 재배열은 유전자의 좁은 영역에만 영향을 미치며, 수많은 재배
열이 유전자 하나에서 가능할지도 모른다. 이성질체들로부터 실제 배열을 분리
시키는 에너지 문턱은 그러한 전환이 드물게 일어날 정도로 매우 높아야 한다
(원자의 평균 열에너지에 비교해서). 이러한 일을 우리는 자발적 돌연변이(자연돌연
변이)와 같게 볼 것이다.

이 장의 뒷부분은 주로 독일 물리학자인 델브뤼크가 제시한 유전자와 돌연
변이의 일반적인 특성을, 실제 유전적 사실들과 상세히 비교·검토하는 데 할애
할 것이다. 그러기 전에 그 이론의 근거와 일반적 성질에 대해 잠시 언급하는
것이 적당하리라 생각된다.

이론의 특이성

가장 깊은 뿌리까지 파고들어 이론의 근거를 양자역학에서 찾으려는 노력이
생물학적 문제 해결에 절대로 필수적인 것이었을까? 아마도 유전자가 분자라

고 하는 추측은 오늘날 이미 상식이라고 감히 말할 수 있을 것이다. 양자역학에 친숙하든 그렇지 않든 동의하지 않는 생물학자는 거의 없을 것이다. 4장 '고전물리학으로 설명할 수 없는 영속성'에서 우리는 유전현상에서 관찰되는 영속성에 대해 이성적으로 설명하는 역할을 오직 양자론 이전의 물리학자에게만 맡기려고 했다. 이성질체 현상, 문턱에너지, 이성질체 전이의 확률을 결정하는 데 있어서의 $W : kT$ 비율의 중요한 역할에 대한 고려사항들은 양자론에 의지하지 않고 순전히 경험적인 토대에 의해서도 도입할 수 있다. 이 작은 책에서 문제점을 명백히 할 수도 없고 많은 독자를 피곤하게 할지도 모르는데 왜 나는 이토록 강력하게 양자역학적 관점을 고집할까?

양자역학은 자연계에서 실제로 발견되는 모든 종류의 원자집합체를 근본원리에서 설명하는 최초의 이론이다. 하이틀러–런던 결합은 양자역학 이론의 특수한 한 측면인데 화학결합을 설명할 목적으로 고안된 것은 아니다. 이 결합이론은 매우 자립적이며, 매우 흥미롭고 헷갈리는 방식으로 완전히 다른 고려사항에서 우리가 인정할 수밖에 없게 한다. 그것은 관찰된 화학적 사실들과 정확히 일치한다고 증명되었다. 앞으로 양자론이 더 발달하더라도 '그러한 이론이 다시 나올 리 없다'라고 내가 똑똑히 말하는 게 당연할 정도로 아주 유일한 것이다.

결과적으로 우리는 유전물질이 분자라는 설명 말고 다른 대안이 있을 수 없다고 마음놓고 단언해도 좋다. 물리학적 측면에서 유전의 영속성을 설명할 수 있는 다른 가능성은 전혀 없다. 만약 델브뤼크의 가설이 틀린 것이라면 우리는 더 시도하는 것을 포기해야만 한다. 이것이 내가 언급하고 싶은 첫 번째 요점이다.

전통적인 몇 가지 오해

그러나 다음과 같이 질문할지도 모른다. 원자들로 구성된 구조 가운데 분자 말고는 영속적인 성질을 가진 것이 정말 없을까? 예를 들어 몇천 년 동안 무덤에 묻혀 있었던 금화는 그 위에 찍힌 초상화의 특징을 보존하지 않았는가? 동전이 무수히 많은 원자로 구성된 것은 사실이지만, 확실히 이 경우 우리는 형태의 단순한 모양의 보존을 큰 수의 통계치에 기인하는 것으로 생각지는 않는다.

똑같은 견해가 바위 속에 끼어 있는 아름다운 결정들에게도 적용된다. 그 결정들은 지질학적 연대라는 매우 오랜 세월 동안 변화하지 않은 채 거기에 있었음이 틀림없을 것이기 때문이다.

이렇게 해서 내가 설명하려고 하는 두 번째 요점에 이르렀다. 분자, 고체, 결정은 실제적으로 다른 것은 아니다. 오늘날의 지식에 비추어 볼 때 이것들은 사실상 같다. 그런데 불행하게도 학교 교육은 여러 해 동안 구식이 되어버렸고 실제 상황의 이해를 가로막는 전통적인 관점을 고집하고 있다.

실제로 우리가 학교에서 분자에 대해 배웠던 것은, 분자가 액체나 기체상태보다 고체상태에 더 가깝다는 개념을 주지 못한다. 반대로 우리는 학교에서 분자가 보존되는 융해나 기화 같은 물리적 변화와(예를 들면 알코올은 고체이든 액체나 기체이든 늘 같은 분자 C_2H_6O로 구성된다) 알코올의 연소 같은 화학적 변화를 주의 깊게 구별하도록 배워 왔다.

$$C_2H_6O + 3O_2 = 2CO_2 + 3H_2O$$

(여기에서 알코올 분자 하나와 산소 분자 3개는 탄산가스 분자 2개와 물 분자 3개를 만들기 위해 재배열된다)

결정에 대해서는 다음과 같이 배웠다. 결정은 3차원적으로 되풀이되는 격자를 이루고, 격자에서 알코올이나 유기 화합물 대부분의 경우와 같이 단일분자의 구조는 때때로 구별될 수도 있다. 하지만 다른 결정들, 예를 들면 암염(NaCl) 같은 결정에서는 모든 Na원자는 Cl원자 6개에 의해 둘러싸여 있거나 그 반대로도 되어 있어서 어떤 쌍을 분자로 간주하느냐는 대개 임의적이므로 NaCl 분자들의 경계를 분명하게 확정지을 수 없다는 것이다.

최종적으로 고체는 결정일 수도 있고 아닐 수도 있으며, 결정이 아닐 때는 '비결정(非結晶)'이라고 부른다고 배웠다.

물질의 다른 '상태들'

지금 나는 이러한 모든 설명과 구분이 아주 틀렸다고 말하려는 것이 아니다. 실질적인 목적을 위해 이것들은 때로 유용하다. 그러나 물질구조의 진정한 면에서는 그 경계가 전혀 다른 방식으로 그어져야 한다. 근본적인 경계는 다음의 '방정식' 사이에 있다.

분자 = 고체 = 결정
기체 = 액체 = 비결정

우리는 이러한 방정식을 간략하게 설명해야 한다. 이른바 비결정 고체는 참된 비결정도 아니고 참된 고체도 아니다. '비결정' 목탄섬유에서 기본적인 흑연 결정의 구조가 X선에 의해 밝혀졌다. 따라서 숯(목탄)은 고체이며 또한 결정이다. 결정구조를 발견하지 못하는 경우에는 그 물질을 '점성'(내부 마찰)이 매우 높은 액체로 간주해야 한다. 그러한 물질은 잘 정의된 녹는점과 융해열이 없으므로 진정한 고체라고 할 수 없다. 가열하면 그것은 점점 부드러워져서 결국에는 불연속적인 성질을 나타내지 않고 액체화된다(나는 제1차 세계대전 말 비엔나에서 커피 대신에 아스팔트 같은 물질을 지급받았던 것을 기억한다. 그것은 작은 벽돌처럼 너무 딱딱했으므로 부수기 위해서는 끌이나 자귀를 써야 했다. 부서진 면은 부드럽고 조개껍데기 같은 균열을 보였다. 그렇지만 시간이 지나면 액체 같은 특성이 나타나서 며칠 동안 그릇에 놓아두자 그릇 밑바닥에 고여 굳었다).

기체와 액체상태의 연속성은 잘 알려져 있다. 이른바 임계점을 우회하여 가면 불연속성 없이 어떤 기체도 액화시킬 수 있다. 그러나 우리는 여기에서 그것에 대해 더 이상 자세히 언급하지는 않을 것이다.

정말로 중요한 구분

우리는 앞의 등식에서 어떤 분자가 고체이면 결정으로도 간주해야 한다는 중요한 점을 제외하고는 모든 것을 정당화했다.

그렇게 해야 하는 이유는 분자를 형성하는 원자들이 많든 적든 그 사이의 결합력은 참된 고체, 즉 결정을 이루는 수많은 원자들 사이의 결합력과 정확히 똑같기 때문이다. 분자는 구조의 견고함이 결정과 똑같다. 우리가 유전자의 영속성을 설명하기 위해 의지하는 것이 바로 이 견고함이라는 사실을 기억하라!

물질구조에서 정말로 중요한 구분은 원자들이 '견고한' 하이틀러–런던 힘들에 의해 결합하느냐 아니냐 하는 점이다. 고체와 분자는 모두 하이틀러–런던 힘들에 의해 결합되어 있다. 그러나 예를 들면 수은 기체와 같이 단원자기체에서는 그렇지 않다. 분자들의 집합인 기체에서는 그 분자들 속에 있는 원자들이 이러한 방식으로 결합되어 있다.

비주기적인 고체

크기가 작은 분자는 '고체의 싹'이라 부를 수 있다. 그러한 작은 싹으로부터 시작하여 더 큰 집합체를 만드는 방법에는 두 가지가 있는 것 같다. 한 가지는 세 방향으로 되풀이해서 같은 구조를 되풀이하는 비교적 단조로운 방식이다. 그것은 결정이 성장할 때 쓰이는 방식이다. 일단 주기성이 확립되면 집합체의 크기는 뚜렷한 한계가 없다. 다른 방식은 따분한 단순반복 없이 더욱더 확장된 집합체를 만드는 것이다. 이것은 더욱 복잡해지는 유기분자의 방식이다. 유기분자에서는 그것을 구성하는 모든 원자와 모든 원자 모임이 나름대로의 개별적인 구실을 맡는다. 주기적 구조에서와 같이 다른 것들과 완전히 똑같은 역할을 하는 것이 아니다. 그것은 비주기적 결정 또는 고체라고 부르는데 아마 매우 적절한 표현일 것이다. 그리고 우리는 그에 따라 다음과 같은 가설을 세운다. 유전자, 아마도 염색체 섬유 전체[1]가 비주기적인 고체이다.

미세 암호문에 압축된 다양한 내용

수정란의 핵과 같이 그렇게 작은 물질 속에 어떻게 유기체의 발달에 관한 비밀이 담겨 있는 정교한 암호문이 들어 있을까 하는 의문이 자주 제기되어왔다. 자신의 질서를 영구히 유지시킬 수 있는 힘을 충분히 지닌 원자들의 질서정연한 집합체는 여러 가지 '이성질체' 배열을 가능하게 하는, 유일한 물질구조인 것 같다. 한편 이러한 물질구조는 좁은 공간 속에서 복잡한 '결정론'적 체계를 구체화시킬 수 있을 만큼 충분히 크다. 사실 그러한 구조 속에 있는 원자는 거의 무한대라 할 만한 다양한 배열을 만들기 위해서 엄청나게 많을 필요는 없다.

---

[1] 염색체 섬유가 매우 유연하다는 말은 타당하지 않다. 가는 구리선도 유연하다고 할 수 있으니 말이다.

이해를 돕기 위해 모스 부호를 생각해 보자. 점과 선이라는 두 가지 다른 기호를 4개까지 한 묶음으로 질서정연한 조합을 만들면 30개의 다른 부호가 생긴다. 만약 여러분이 점과 선 말고 제3의 기호를 도입한다면 10개까지 한 묶음으로 해서 조합을 만들어도 88,572개의 다른 '문자'를 얻을 수 있을 것이다. 그리고 기호를 5개 쓴다면 25개의 조합으로 무려 372, 529, 029, 846, 191, 405개의 부호를 얻게 될 것이다.

모스 부호는 구성성분이 다를 수 있어서 (예를 들면 ·——과 ··——) 이성질체 현상에 대한 좋은 비유가 되지 못하므로 비교가 부적절하다고 이의를 제기할지도 모른다. 이러한 결점을 보완하기 위해, 세 번째 보기에서처럼 정확히 25개 기호의 조합만을, 그리고 다섯 가지 기호들을 각각 정확히 5개 갖는 5점, 5선 등의 조합만을 채택하기로 하자. 대충 계산하면 조합의 수는 62,330,000,000,000이 된다. 여기에서 9개의 0은 내가 쉬운 계산을 위해 생략한 숫자를 나타내고 있다.

물론 실제로 원자집단의 '모든' 배열이 존재가능한 분자를 가리키는 것은 결코 아니다. 더욱이 유전 암호문 자체가 발달을 관장하는 작동인자이므로 그것은 임의적으로 선택한 유전 암호문의 문제가 아니다. 그러나 한편으로 보기에서 택한 개수 25는 여전히 매우 작은 것임은 틀림이 없다. 또한 우리는 일차원적으로 놓여 있는 단순한 배열들만을 상정했다.

여기에서 우리가 말하고자 하는 바는 다음과 같다. 즉 유전자의 분자 이론에서 미세 암호문은 매우 복잡하고 특수한 발달계획에 정확하게 대응하며 또 그러한 계획이 작동하도록 하는 수단을 어쨌든 포함하고 있어야 한다는 것은 더 이상 불가능하지 않다는 사실이다.

사실들과의 비교: 안정도 및 돌연변이의 불연속성

마침내 우리의 이론과 생물학적 사실들을 비교할 차례가 되었다. 분명한 첫 번째 질문은 앞에서 이야기했던 이론이 정말로 우리가 관찰한 고도의 영속성을 설명할 수 있는가 하는 것이다. 평균 열에너지 kT의 몇 배나 되는 문턱 에너지값은 과연 타당한가, 그것은 보통의 화학에서 알려진 범위 이내인가? 이러한 질문은 시시하다. 실험결과들을 모아 놓은 표를 검토하지 않고도 그렇다고 대답할 수 있다. 화학자가 주어진 온도에서 물질 분자를 분리하려면 그 물질 분자가 그 온도에서 적어도 몇 분 동안은 존재해야 한다(이것은 너그럽게 이야기한 것이다. 대개 훨씬 더 오랫동안 존재해야 한다). 그러므로 화학자가 대하는 문턱 에너지값은 사실상 생물학자가 대하게 될 영속성의 정도를 설명하는 데 필요한 것과 정확히 같은 크기일 수밖에 없다. 왜냐하면 4장의 '잠깐 수학적으로 이야기해보자'에서 했던 논의를 상기해 볼 때 문턱 에너지값이 특정 값에서 두 배까지 변할 때 물질 분자의 수명은 몇 분의 1초에서 몇만 년에 이르는 엄청난 변화를 하기 때문이다.

앞으로도 참조하기 위해 구체적인 숫자로 이야기해 보자. 앞의 4장에서 예로 들었던 W/kT 값은 30, 50, 60이었는데 이때 그 물질 분자의 수명은 각각 1/10초, 16개월, 3만 년이었으며 이것들은 실온에서 각각 0.9, 1.5, 1.8 전자볼트의 문턱 에너지값에 대응한다. 우리는 '전자볼트' 단위를 설명해야 한다. 이 단위는 가시화할 수 있는 것이므로 물리학자에게는 제법 편리하다. 예를 들어 1.8 전자볼트는 약 2볼트의 전압에 의해 가속화된 전자가 충돌에 의한 전이를 겨우 일으킬 만한 에너지를 얻는다는 것을 뜻한다(일상적인 것으로 비교하자면, 손전등에 쓰이는 건전지는 3볼트짜리이다).

이러한 고찰에서 진동에너지의 우연한 변동에 의해 분자의 어떤 부분에서 일어나는 원자배열의 이성질체 전이는 사실 자연돌연변이라고 해석될 정도로 충분히 드문 사건임을 알 수 있다. 그러므로 우리는 양자역학의 바로 그러한 원리들로부터 처음에 드브리스의 관심을 끌었던 돌연변이에 관한 가장 놀라운 사실, 즉 돌연변이는 '도약' 변이이고 중간형을 만들지 않는다는 사실을 설명할 수 있다.

자연선택된 유전자의 안정성

모든 종류의 이온화 방사선에 의해 자연돌연변이율이 증가한다는 사실이 발견되었으므로 자연돌연변이율이 땅과 공기의 방사능과 우주복사선에 의해 결정된다고 생각할지도 모른다. 그러나 X선 실험결과를 정량적으로 검토해보면 '자연방사능'이란 너무 약해서 자연돌연변이를 일으키는 데 있어서 작은 부분만을 차지한다는 사실이 알려졌다.

드물게 일어나는 자연돌연변이가 열운동의 우연한 변동에 의해 생기는 것임을 설명해야 한다고 하더라도, 자연이 돌연변이 현상을 드물게 하기 위해 필요한 만큼 문턱 에너지값을 적당히 선택하는 데에 성공했다고 깜짝 놀라서는 안 된다. 왜냐하면 이 책의 앞부분에서 우리는 빈번한 돌연변이가 진화에 해롭다고 결론을 내렸기 때문이다. 돌연변이에 의해 유전자 구조가 불안정해진 개체의 자손들은 '극단적인' 돌연변이를 일으켜 오랫동안 살아남지 못할 것이다. 종(種)들은 불안정한 돌연변이로부터 벗어나 결국 자연선택에 의해 안정된 유전자들을 모으게 될 것이다.

돌연변이체의 이따금 낮은 안정성

그러나 우리의 교배실험에서 생기는 돌연변이체들과, 그리고 그 자손들에 대해 연구하기 위해 우리가 선택하는 돌연변이체들이 모두 높은 안정성을 보일 것이라고 기대할 근거는 없다. 왜냐하면 그것들은 돌연변이 가능성이 너무 높으므로 자연에서 '시험'되지 않았거나 시험되었다 하더라도 '거절'당했을 것이기 때문이다. 어쨌든 우리는 실제로 이들 돌연변이체 가운데 어떤 것은 정상적인 '자연' 유전자들보다 돌연변이 가능성이 더 높다는 사실에 결코 놀라서는 안 된다.

불안정한 유전자는 안정된 유전자보다 온도의 영향을 덜 받는다

이 명제는 다음과 같은 우리의 돌연변이율 공식을 검증하도록 해 준다(t는 문턱에너지가 W인 돌연변이에 대한 기대시간이다).

$$t = \tau e^{W/kT}$$

우리는 묻는다. t는 온도에 따라 어떻게 변할까? 어렵지 않게 앞의 식으로부터 온도 $T+10$에서와 온도 T에서의 t값의 비를 얻을 수 있다.

$$\frac{tT+10}{tT} = e^{-10W/kT^2}$$

우변의 지수가 음의 값이므로 그 비는 당연히 1보다 작은 값이 된다. 온도를 올리면 기대시간은 줄어들고 돌연변이율은 높아진다. 실험 곤충이 견딜 수 있는 범위의 온도에서 이 공식이 검증될 수 있는데, 실제로 초파리 실험을 통해 검증되었다. 언뜻 보아서 결과는 놀라운 것이었다. 돌연변이의 가능성이 '낮은' 자연 유전자에서는 돌연변이율이 뚜렷이 증가했지만, 이미 돌연변이가 일어나 돌연변이 가능성이 비교적 '높은' 유전자에서는 돌연변이율이 증가하지 않거나 증가하더라도 자연의 유전자에 비해서는 훨씬 적게 증가했다. 이것은 바로 우리의 두 가지 식을 비교할 때 예상할 수 있는 결과이다. 첫 번째 공식에 의하면 WkT가 클수록 t가 커져 유전자를 안정되게 하는데, 두 번째 공식에 따르면 WkT가 커질수록 둘 사이의 비가 작아진다. 즉 온도가 오름에 따라 돌연변이율이 매우 증가하게 된다(비의 실제값은 1/2과 1/5 사이에 있는 것 같다. 그 역수인 2와 5는 보통의 화학반응에서 우리가 반트호프 계수라고 부르는 것이다).

X선은 어떻게 돌연변이를 일으키는가?

이제 관심을 X선에 의한 돌연변이율로 돌려 보자. 우리는 이미 교배실험으로부터 다음과 같은 두 가지 점을 추론했다. 첫째, X선 조사량과 돌연변이율의 비로부터 얻은 결론으로서, 어떤 단일사건이 돌연변이를 일으킬 수 있다는 점이다. 둘째, 돌연변이율은 이온화밀도의 누적값에 의해 결정되며 파장과는 무관하다는 사실에서 얻은 결론으로서, 이러한 단일 사건이 특정한 돌연변이를 만들기 위해서는 (10원자거리)³의 부피 안에서 이온화나 그와 비슷한 과정이 일어나야 한다. 우리의 이론에 따르면 문턱을 넘어서는 에너지는 분명히 그러한 폭발적인 과정, 즉 이온화나 들뜸에 의해 공급되어야 한다. 이온화과정 하나에서 소비되는 에너지(X선 자체에 의한 것이 아니라 X선이 만든 2차 전자에 의해 쓰이는 에너지)는 비교적 엄청나게 큰 양인 30전자볼트이므로 나는 그것을 폭발적인 과정이라고 부른다. 에너지는 전자가 방출된 곳 둘레에서 열운동을 엄청나게 증가시키게 되고 거기에서부터 '열파동' 즉 원자들의 강력한 진동파 형태로 퍼져나가게 된다. 편견이 없는 물리학자라면 약간 더 좁은 작용범위를 예측할지도 모르지만, 이 열파동이 약 10원자거리의 평균 '작용범위'에서 1 또는 2 전자볼트의 문턱에너지를 공급할 수 있다는 점은 불가능한 것이 아니다. 많은 경우 그러한 폭발의 효과는 질서정연한 이성질체의 전이로 나타나지 않고 염색체에 병변을 일으킬 것이다. 그리고 이러한 병변은, 교묘한 교차에 의해 병변 없는 배우자의 것이 없어지고 병적인 배우자의 것으로 대치될 때 치명적일 수 있다. 이러한 모든 사실은 완전히 예측할 수 있고 관측되는 것과 정확히 일치한다.

X선의 효율은 자발적인 돌연변이율에는 좌우되지 않는다

몇 가지 다른 특성은 이론으로부터 예측할 수는 없지만 이론을 통해 쉽게 이해할 수는 있다. 예를 들어, 불안정한 돌연변이체는 안정한 것보다 X선에 의한 돌연변이율이 평균적으로 더 높지는 않다. 그리고 이제 30전자볼트의 에너지를 공급하는 폭발을 다룰 때 여러분은 필요로 하는 문턱에너지가 조금 더 크거나 작은 것, 예컨대 1전자볼트와 1.3전자볼트에 따라 커다란 차이가 생길 것이라고는 예측하지 않을 것이다.

가역적인 돌연변이들

몇몇 경우에 전이가 양쪽 방향으로 일어난다는 사실, 즉 '자연' 유전자로부터 특수한 돌연변이체로 그리고 그 돌연변이체로부터 다시 자연 유전자 방향으로 진행된다는 사실이 연구되었다. 그러한 경우에 자연변이율은 때로는 거의 같고, 때로는 매우 다르다. 처음에 연구자들은 당황한다. 왜냐하면 넘어야 할 문턱이 두 경우에 같은 것처럼 보이기 때문이다. 그러나 시작하는 원자 배열의 에너지 준위로부터 문턱까지의 차이가 측정되어야 하는데, 그것은 자연과 돌연변이 유전자 사이에 다를 수 있다.

종합적으로 나는 델브뤼크의 '모델'은 여러 가지 검증을 매우 잘 견디어내었고 따라서 앞으로의 논의에 그 모델을 쓰는 것은 정당하다고 생각한다.

6 질서와 무질서 그리고 엔트로피

정신이 생각하는 것을 신체가 결정할 수 없고, 신체가 움직이거나 쉬거나
또는 다른 어떤 일(그런 것이 있다면)을 하는 것을 정신이 결정할 수도 없다.
— 스피노자, 《윤리학》 3부 명제 2

델브뤼크 모델로부터 얻은 일반적이며 뚜렷한 결론

5장의 '미세 암호문에 압축된 다양한 내용'에서 내가 설명하려고 했던 구절,
즉 유전자의 분자 이론에서 미세 암호문이 성장발달에 관여하는 고도로 복잡
하고 특수한 계획과 일대일로 대응하며 그 계획이 작동하도록 하는 수단을 포
함해야 한다는 구절을 생각해 보자. 그때의 설명은 매우 그럴듯했지만 어떻게
유전자의 미세 암호문이 그러한 일을 할 수 있을까? 우리는 어떻게 '이해가능
함'을 진정한 이해로 전환시킬 수 있을까?

델브뤼크의 분자모델에는 유전물질이 작동하는 방식에 대해서는 어떤 암시
도 없는 것 같다. 사실 나는 가까운 장래에 물리학으로부터 이 문제에 대한 자
세한 정보가 얻어지리라고 바라지는 않는다. 오늘날 생리학과 유전학의 안내를
받으면서 생화학에 의해 진보가 진행되고 있으며 앞으로도 그러하리라고 나는
굳게 믿는다.

앞에서 이야기했던 것과 같은 구조에 대한 일반적인 서술로부터는 유전 메
커니즘의 기능에 대한 자세한 정보를 얻을 수 없다. 이것은 분명한 사실이다.
그러나 아주 이상하게도 그것으로부터 얻을 수 있는 일반적인 결론은 하나뿐
이며, 고백하건대 그것이 내가 이 책을 쓰게 된 유일한 동기가 되었다. 유전물질
에 대한 델브뤼크의 일반적인 모델로부터, 생명을 가진 물질은 지금까지 확립
된 '물리법칙들'에서 벗어나지 않으면서 동시에 어태껏 알려지지 않은 '다른 물
리법칙들'도 포함할 가능성이 있다는 견해가 도출된다. 이러한 '다른 물리법칙

들'은 제대로 밝혀지게 되면 알려진 법칙들만큼 이 학문의 주요한 부분을 형성하게 될 것이다.

질서에 바탕을 둔 질서

이것은 여러 가지 점에서 잘못된 개념과 관계되는, 꽤 미묘한 사고방식이다. 나는 이 책의 나머지 부분을 할애하여 이 점을 분명히 하려고 한다. 세련되지는 않지만 그렇다고 전적으로 잘못된 것도 아닌, 예비적인 직관을 다음과 같은 생각에서 발견할 수 있을 것이다. 우리가 잘 알듯이 여러 가지 물리법칙은 통계적 법칙[1]이라는 것을 1장에서 설명했다. 이러한 법칙은 사물이 무질서로 전환되는 자연적 경향과 관련이 많다.

그러나 유전물질의 높은 영속성과 미세한 크기를 조화시키기 위해서 우리는 분자, 사실은 양자론이라는 마법지팡이의 보호 아래 고도로 분화된 질서 있는 걸작품이어야 하는 매우 큰 분자의 개념을 도입해서 무질서의 경향을 피해야만 했다. 우연의 법칙은 이러한 '도입'에 의해 무효가 되지는 않지만 그것의 결과는 달라진다. 물리학자는 고전 물리학의 법칙들이 양자론에 의해 특히 낮은 온도에서 수정된다는 사실에 친숙하다. 이러한 것의 예는 매우 많다. 생명은 이 가운데 특히 유별난 예인 것 같다. 생명은 질서가 무질서로 전환하는 경향에만 근거하는 것이 아니라 계속 유지되고 있는 질서에도 부분적으로 근거하는 물질의 질서정연하고 규칙적인 현상인 것 같다.

다음과 같이 말할 때 물리학자들에게, 아니 오직 그들에게만 내 관점을 보다 더 분명히 할 수 있을 것이다. 살아 있는 유기체란 온도가 절대영도에 접근하여 분자적 무질서가 사라지게 될 때 나머지 모든 체계가 그렇듯이 그 현상의 일부분이(열역학적인 것이 아니라) 순수하게 기계적인 원리에 따르는 거대 체계인 것 같다.

물리학자가 아닌 사람은 결코 무시할 수 없을 만큼 정밀한 것이라고 간주하는 여러 가지 일반적인 물리법칙이 사실상 무질서로 전환하는 물질의 통계적 경향에 근거한다는 사실을 받아들이기 어려울 것이다. 나는 1장에서 몇 가

---

1) 물리법칙들에 대하여 완전히 일반적으로 이렇게 말하는 것은 논란의 여지가 있다. 이 점에 대해서는 7장에서 논의할 것이다.

지 예를 들었다. 이러한 사실과 관계 있는 일반적 원리는 유명한 열역학 제2법칙(엔트로피 원리)과 또 그만큼 유명한 그 법칙의 통계적 토대이다. 나는 이 장에서, 살아 있는 유기체에서 나타나는 거시규모 작용과 엔트로피 원리와의 관계에 대해 개략적으로 기술하려고 한다. 염색체와 유전 등에 관해 알려져 있는 사실은 잠시 잊도록 하자.

살아 있는 물질은 평형으로의 쇠퇴를 피한다

생명의 특징은 무엇인가? 어떤 경우에 물질이 살아 있다고 말할 수 있을까? 물질은 어떤 경우에 '무엇을 하고', 움직이고, 환경과 물질을 교환하는 등의 일을 할 때, 그리고 비슷한 상황과 조건에서 무생물체가 견뎌내리라 기대할 수 있는 기간보다 더 오랫동안 견뎌낼 때, 우리는 그 물질이 살아 있다고 한다. 살아 있지 않은 체계를 분리하거나 또는 일정한 환경에 놓아두면 여러 종류의 마찰 때문에 그 체계에 나타나던 모든 운동은 대개 곧 멈추게 된다. 전기나 화학 포텐셜의 차이는 없어지게 되고, 화합물을 만드는 경향이 있는 물질들은 화학 반응을 일으켜 그것을 이루게 되며, 온도는 열전도에 의해 균등해진다. 그런 다음 체계 전체는 변화가 없는 불활성 물질덩어리로 바뀌어 버린다. 아무런 관찰 가능한 사건도 생기지 않는 영원의 상태에 이르는 것이다. 물리학자들은 이것을 열역학적 평형상태 또는 '최대 엔트로피' 상태라고 부른다.

실제로 무생물체는 보통 매우 빠르게 이러한 상태에 이른다. 그러나 그 상태는 흔히 이론적으로 아직 절대적 평형이 아니며 진정한 뜻의 최대 엔트로피 상태도 아니다. 일단 그러한 상태가 된 다음 최종적으로 완전한 평형이 되는 과정은 매우 느리다. 몇 시간, 몇 년, 몇 세기, 어쩌면 그 이상이 걸릴 수도 있다. 그 과정이 비교적 빠른 경우를 예로 들어보겠다. 유리잔 하나에 순수한 물을 채우고 다른 유리잔에는 설탕물을 채워서 일정한 온도의 밀폐 상태에 함께 놓아 두면, 처음에는 아무 일도 일어나지 않는 것처럼 보이고 완전한 평형상태에 있다는 느낌이 든다. 그러나 하루 이틀 지나면 순수한 물은 증기압이 더 높으므로 천천히 증발하여 양이 줄어든다. 이때 설탕물은 넘쳐흐른다. 순수한 물이 완전히 증발한 뒤에야 설탕은 밀폐 공간 속에 있는 모든 물에 골고루 퍼지게 된다.

이렇게 극도로 느린 식으로 궁극적인 평형상태에 이르는 것은 생명으로 간주되는 것의 성질이 아니므로 우리는 여기에서 그런 것은 무시하기로 하자. 나는 다만 내 생각이 틀렸다는 비난을 받지 않기 위해 그러한 것들을 언급했을 따름이다.

생명은 '음(陰)의 엔트로피'를 먹고 산다

유기체가 그토록 수수께끼처럼 보이는 까닭은 그것이 '평형'이라는 불활성 상태로 빠르게 변하는 현상에서 벗어나 있기 때문이다. 그래서 인간이 체계적인 사고를 하게 된 초기부터 비물리적이고 초자연적인 어떤 특수한 힘(生氣, 活力)이 유기체에 작용한다고 생각했고, 어떤 사람들은 아직도 그러한 주장을 하고 있다. 살아 있는 유기체는 어떻게 그런 현상에서 벗어나 있는 것일까? 분명한 답은 먹고, 마시고, 숨쉬며, 식물의 경우에는 동화작용을 하고 있기 때문이다. 전문적인 용어로 말한다면 대사를 하기 때문이다. 대사(metabolism)의 어원인 그리스어 '메타발레인($\mu\varepsilon\tau\alpha\beta\dot{\alpha}\lambda\lambda\varepsilon\iota\nu$)'은 '교환'이나 '변화'를 뜻한다. 무엇을 교환한다는 것일까? 원래 바탕에 깔린 개념은 틀림없이 재료의 교환이다(대사의 독일어 'Stoffwechsel'도 재료의 교환을 뜻한다). 하지만 재료의 교환이 핵심이라는 것은 터무니없다. 질소, 산소, 황 등의 원자도 어떤 다른 것만큼 좋다. 그러면 이것들을 교환해서 어떤 이득을 얻을 수 있을까? 과거 얼마 동안은 우리가 에너지를 먹고 산다는 말에 우리의 호기심은 별 이의 없이 채워질 수 있었다. 여러분은 어떤 선진국(나는 그것이 독일인지 미국인지 아니면 두 나라 다인지 생각이 나지 않는다) 식당의 차림판에 요리마다 가격 이외에 에너지양도 표시된 것을 본 적이 있을 것이다. 더 말할 필요 없이 문자 그대로 이것은 터무니없다. 왜냐하면 성장한 유기체, 즉 어른의 에너지함량은 그 사람 몸의 물질량처럼 변화하지 않기 때문이다. 확실히 어떤 칼로리도 다른 칼로리만큼의 가치가 있으므로 단순한 교환이 어떻게 도움을 줄지 알 수 없다.

그러면 음식에 포함된 어떤 귀중한 것이 우리를 죽음에서 벗어나게 해 주는 걸까? 거기에 대해서는 쉽게 답할 수 있다. 한마디로 말해 자연에서 진행되는 모든 일은(과정이든 사건이든 아니면 사고라고 하든 그것은 여러분이 원하는 대로 부르면 될 것이다) 그러한 일이 진행되고 있는 세계의 부분에서 엔트로피가 증가하는 현상을 동반한다. 따라서 살아 있는 유기체는 계속해서 자체 내의 엔트로피를 증가시켜(어떤 사람은 양(陽)의 엔트로피를 만든다고 말할지 모른다) 죽음을 뜻하는 최대 엔트로피의 위험한 상태로 다가가는 경향을 나타내게 된다. 그러므로 유기체는 환경으로부터 계속하여 음의 엔트로피를 얻어야 죽음에서 멀리 벗어나 살아 있을 수 있다. 음의 엔트로피는 우리가 곧 보게 되는 바와 같이 매우 긍정적인 의미를 가진다. 유기체가 먹고사는 것은 음의 엔트로피이다. 또는 덜 역설적으로 말해 대사작용의 핵심은 유기체가 살아가는 동안 생성할 수밖에 없는 모든 엔트로피로부터 스스로를 자유롭게 하는 데 성공하는 것이다.

엔트로피는 무엇인가?

엔트로피는 무엇일까? 그것은 막연하거나 추상적인 개념이 아니고 막대기의 길이, 신체 어느 부분의 온도, 결정의 융해열 또는 물질의 비열과 같이 측정가능한 물리량이라는 사실을 우선 강조하고자 한다. 절대영도에서(대략 —273°) 모든 물질의 엔트로피는 영(0)이다. 여러분이 어떤 물질을 여러 단계의 느린 가역적 과정에 따라 조금씩 다른 상태로 변화시킬 때 (그렇게 해서 물질의 물리적 또는 화학적 성질이 바뀌거나, 또는 다른 물리적 화학적 성질을 가지는 2개 이상의 부분으로 갈라진다고 하더라도 상관없다) 엔트로피는 매 단계마다 여러분이 공급해야 했던 열을 그때마다의 절대온도로 나누고(공급 열/절대온도) 그것들을 모두 더해서 얻은 양만큼 증가한다. 예를 들어 여러분이 고체를 녹일 때 엔트로피는 융해열을 녹는점 온도로 나눈 양만큼 증가한다. 여러분은 이것으로부터 엔트로피의 단위는, 칼로리가 열의 단위이고 센티미터가 길이의 단위인 것과 같이 cal/℃라는 사실을 알 수 있다.

엔트로피의 통계적 의미

나는 일반인들이 엔트로피에 대해 가지고 있는 애매하고 신비스러운 생각으로부터 그 개념을 분명히 하기 위해 방금과 같은 전문적인 정의를 언급했다. 볼츠만과 깁스가 통계물리학적 방법으로 행한 연구로 밝혀진 점, 즉 엔트로피가 질서와 무질서의 통계학적 개념과 관련하여 가지는 의미는 여기에서 우리에게 훨씬 더 중요하다. 이것 역시 정확한 정량적인 관계인데 다음과 같이 표현된다.

$$엔트로피 = k \log D$$

여기서 k는 볼츠만 상수(=3.2983×10^{-24}cal/℃)이고 D는 의문시되고 있는 물체의 원자적 무질서의 정량적인 측정값이다. D라는 이 양을 간단한 비전문적인 용어로 정확하게 설명하는 것은 거의 불가능하다. 이것이 가리키는 무질서란 부분적으로는 열운동의 무질서이고, 부분적으로는 산뜻하게 분리되는 대신에 위에서 인용한 설탕과 물분자의 예와 같이 다른 종류의 원자들이나 분자들이 멋대로 섞일 때의 무질서이다. 볼츠만 공식은 설탕과 물의 예에 의해 잘 예시된다. 어떤 공간에 있는 모든 물 위로 설탕이 점점 '퍼짐'에 따라 무질서도 D가 증가하며(D의 로그값은 D와 함께 증가하기 때문에) 따라서 엔트로피도 증가한다. 그리고 열을 공급하면 늘 열운동이 증가한다. 즉 열을 공급하면 D가 증가하고 그에 따라 결국 엔트로피가 증가한다는 사실도 매우 분명한 일이다. 여러분은 결정을 녹일 때 이러한 현상을 특히 분명하게 볼 수 있다. 왜냐하면 가해진 열에 의해 분자나 원자들의 정돈되고 영속적인 배열이 파괴되고 결정격자가 계속적으로 변해 무작위한 상태로 배열되기 때문이다.

분리된 체계나 균질한 환경에 있는 체계는(여기에서 우리는 균질한 환경을 우리가 생각하고 있는 체계의 한 부분으로 생각하려고 한다) 그 자체 내의 엔트로피가 증가하여 제법 빠르게 최대 엔트로피의 불활성상태로 접근한다. 우리는 이제 우리가 인위적으로 방해하지 않는 한 물질이 무질서 상태로 가는 이러한 자연적 경향을 근본적인 물리법칙이라고 인정한다(도서관의 책이나 서류뭉치 또는 책상 위의 원고가 보이는 경향도 이와 같다. 이 경우 불규칙한 열운동과 비슷한 것은 책, 서류, 원고들을 원래의 제자리로 되돌려놓지 않고 그냥 내팽개쳐 두는 것이다).

유기체는 환경으로부터 '질서'를 얻어 내어 유지된다

열역학적 평형, 즉 죽음으로의 이행을 늦추는 살아 있는 유기체의 신비하고도 뛰어난 재능을 통계이론적으로는 어떻게 나타낼 수 있을까? 우리는 앞에서 다음과 같이 말했다. "생명은 음의 엔트로피를 먹고 산다." 다시 말해 음의 엔트로피의 흐름을 자신에게 끌어당겨서, 살아가느라고 만든 엔트로피의 증가를 상쇄하여 비교적 낮은 엔트로피 수준에서 일정하게 자신을 유지하는 것이다.

D가 무질서의 측정값이라면 역수인 $1/D$는 질서의 직접적인 측정값으로 간주할 수 있다. $1/D$의 로그는 D의 로그의 음(−)의 값이므로 우리는 볼츠만 공식을 다음과 같이 쓸 수 있다.

$$-(엔트로피) = k \log (1/D)$$

그러므로 '음의 엔트로피'라는 거북한 표현은 더 좋은 것으로 대치할 수 있다. 음의 기호와 함께 쓰인 엔트로피는 그 자체가 질서의 측정값이다. 따라서 유기체가 비교적 높은 질서도 수준(비교적 낮은 엔트로피 수준)에서 자기 자신을 일정하게 유지하는 방법은 진정 환경에서 질서정연함을 계속 흡입하는 것이다. 이러한 식으로 결론을 내리면 처음의 인상보다는 덜 역설적인 느낌이 든다. 오히려 너무 당연한 결론이라는 점 때문에 비난받을 수 있을 것이다. 고등동물의 경우, 그것들이 먹고 사는 질서정연함의 종류, 즉 음식물로 이용되는 다소 복잡한 유기화합물 속의 매우 잘 정리된 물질상태에 대해 우리는 충분히 알고 있다. 고등동물은 음식물인 유기화합물 속에 들어 있는 질서를 이용한 뒤 매우 대사된(분해된) 형태로 그것을 (자연계에) 되돌려준다. 그러나 완전히 분해된 상태로 되돌려주는 것은 아니다. 따라서 식물이 그것을 이용할 수 있다(물론 식물은 태양빛으로부터 가장 강력한 음의 엔트로피 공급을 받는다).

6장에 대해 덧붙이는 말

음의 엔트로피에 대한 견해에 대해 동료 물리학자들은 의심과 반대를 표명했다. 만약 나 혼자만 그러한 개념에 만족한 것이라면 나는 차라리 자유에너지에 대해 논의를 했을 것이다. 이러한 경우 물론 자유에너지가 더 친숙한 개념이다. 그러나 고도로 전문적인 용어, 즉 자유에너지는 언어학적으로 에너지에 너무 가까워서 평범한 독자로서는 이 둘 사이의 차이를 느낄 수 없었을 것이다. 독자는 적절하지 않게 '자유'라는 말을 다소 장식적인 별칭으로 여길 것이다. 실제로는 그와 달리 그 개념은 매우 복잡하여 볼츠만의 질서-무질서 원리에 대한 관련은 엔트로피나 '음의 기호를 가진 엔트로피'보다 이해하기가 더 어렵다. 그리고 '음의 기호를 가진 엔트로피'라는 개념과 용어는 내 발명품이 아니다. 우연하게도 그것은 볼츠만의 원래 논의가 시작되었던 개념과 정확히 같다.

그러나 시몬은 나에게 다음과 같이 매우 타당한 지적을 했다. 내가 말했던 간단한 열역학적 개념으로는 우리가 숯이나 다이아몬드 펄프보다 좀 더 복잡한 유기화합물과 같이 질서도가 매우 높은 물질을 먹고 살아야 하는 이유를 설명할 수 없다는 것이다. 그의 지적이 옳다. 그러나 나는 연소되지 않은 숯이나 다이아몬드 조각 역시 그것들을 연소하는 데 필요한 산소와 마찬가지로 질서도가 매우 높은 상태에 있다는 것을 평범한 독자에게 설명해야 한다. 이것은 물리학자라면 잘 이해하고 있는 사실이다. 이 점에 대한 증거는 다음과 같다. 숯의 연소반응이 일어나게 되면 열이 많이 생길 것이다. 열이 주변환경으로 배출되어 체계는 반응에 의해 생긴 상당량의 엔트로피 증가를 처리하고 그 결과 대략적으로 엔트로피가 반응 전과 같은 상태에 이른다.

그렇지만 우리는 그러한 반응에서 생긴 탄산가스를 먹고 살 수는 없다. 그리고 실제로 우리가 먹는 음식에 들어 있는 에너지의 양이 중요하다고 시몬이 나에게 지적해준 것은 매우 옳다. 내가 에너지를 표시하고 있는 차림표를 비웃은 것은 부적절했다. 신체운동을 할 때 쓰이는 기계적 에너지뿐만 아니라 계속하여 환경으로 방출되는 열을 대치하기 위해서도 에너지가 필요하다. 그리고 우리의 몸에서 열이 방출되는 현상은 우연한 것이 아니고 필수적인 것이다. 왜냐하면 바로 그런 현상이 우리의 일상생활 과정에서 계속 생산되는 잉여 엔트로피를 처리하는 방식이기 때문이다. 이러한 논리는 온혈동물의 체온이 (냉혈동물보다) 더 높으므로 온혈동물은 엔트로피를 더 빠른 속도로 없앨 수 있는 이점이 있어서 더 격렬한 생활과정을 영위할 수 있다는 사실을 시사하는 것처럼 보인다. 이러한 주장에 얼마나 많은 진실이 들어 있는지 나로서는 확신할 수 없다(그러나 이 점에 대해서 책임이 있는 것은 시몬이 아니라 나 자신이다). 어떤 사람은 이러한 사실에 대해 다음과 같이 반대할지도 모른다. 많은 온혈동물은 한편으로 털과 깃털이 있어서 열 손실이 빠르게 일어나지 않는다는 것이다. 그래서 내가 있으리라고 믿는, 체온과 '생활의 격렬함' 사이의 평행현상은 앞서 5장에서 언급했던 다음과 같은 반트호프 법칙을 이용하여 좀 더 직접적으로 설명해야 할 것 같다. 이 법칙에 따르면, 높은 온도는 생명현상에 관련 있는 화학 반응 속도를 증가시킨다(이것이 실제로 그렇다는 사실은 주위환경의 온도를 취하는 변온동물에서 실험적으로 확인되었다).

7 생명은 물리법칙들에 근거하는가?

어떤 사람이 결코 자기모순을 범하지 않는다는 것은 틀림없이 그가 사실은
아무 말도 하지 않기 때문이다.

—미겔 데 우나무노

유기체에서 예상되는 새로운 법칙들

이 마지막 장에서 내가 분명히 하고 싶은 것은, 간단히 말해서 생명체의 구
조에 대해 알고 있는 모든 사실로부터 우리는 생명체가 보통의 물리법칙으로
설명할 수 없는 방식으로 작동하고 있는지 알아낼 준비가 되어 있어야 한다
는 점이다. 그리고 그러한 것이 살아 있는 유기체 안에서 개개 원자들의 행동
을 규정하는 어떤 '새로운 힘' 등이 있기 때문이 아니라, 우리가 지금까지 물리
학 실험실에서 검증했던 것과는 구조가 다르기 때문인지도 알아낼 준비가 되
어 있어야 한다. 있는 그대로 말하자면, 열기관에만 익숙한 기술자가 전기모터
의 구조를 검토한 뒤 그가 아직 이해하지 못한 원리들을 좇아 그 모터가 작동
하는 방식을 알아내려 하는 태도와 마찬가지일 것이다. 그 기술자는 열기관의
솥에서 익숙하게 보던 구리가 모터에서는 코일에 감긴 길고 긴 선 모양으로 쓰
였다는 사실을 발견한다. 손잡이와 막대기 그리고 증기실린더에서 철은 여기에
서 구리선 코일의 내부를 채우고 있다. 그 기술자는 똑같은 자연법칙에 따르는
똑같은 구리와 철이라고 확신할 것이다. 그리고 그는 그 점에서 옳다. 또 그는
구조에 차이가 있으므로 전혀 다른 방식으로 작동하는 것이라고 생각할 것이
다. 보일러와 증기는 없더라도 스위치를 켬으로써만 돌기 때문에 유령이 전기모
터를 작동한다고 생각할 것이다.

생물학적 상황의 재검토

유기체의 생활환에서 전개되는 여러 일들은 우리가 무생물체에서 보는 어떤 사건도 견줄 수 없을 만큼 경탄할 규칙성과 질서정연함을 보여준다. 우리는 그런 현상이 각 세포에서 매우 작은 부분에 지나지 않는, 최상으로 잘 정돈된 원자 집단에 의해 조절되는 사실을 알고 있다. 더욱이 돌연변이 메커니즘에 대해 우리가 세웠던 관점으로부터, 우리는 생식세포의 '지배적인 원자들' 집단 안에서 단지 몇 개의 원자들에만 변화가 일어나도 유기체가 가지고 있는 큰 규모의 유전형질들에 뚜렷한 변화가 생긴다고 결론을 내릴 수 있다.

이러한 사실들은 현대 과학이 밝혀낸 가장 흥미로운 것이다. 우리는 결국 그것들을 전혀 받아들일 수 없다고 간주할 수는 없다는 사실을 밝히려는 것이다. 유기체가 '질서의 흐름'을 자신에게 집중시켜서 원자적 무질서로 빠지지 않는 — 달리 말하면 적절한 환경으로부터 '질서를 빨아들이는' — 놀라운 재능은 '비주기적인 고체' 즉 염색체 분자의 존재와 연관되는 것 같다. 염색체 분자는 의심할 여지없이 모든 원자와 라디칼이 그 분자 속에서 수행하는 개개의 역할을 통해 우리가 아는 것 가운데에서 가장 잘 정돈된 원자집합체이다. 비주기적 고체는 보통의 주기적 결정보다 훨씬 더 잘 정돈되어 있다.

간략히 말하자면 우리는 존재하고 있는 질서가 그 질서 자체를 유지하며 또 질서정연한 사건들을 만들어내는 현상을 목격하고 있는 것이다. 우리는 비록 이것이 그럴듯하다는 것을 입증하기 위해 틀림없이 유기체들의 사회조직과 활동에 관련된 다른 사건들에 관련된 경험에 의존하게 되지만, 어쨌든 이것은 그럴듯하게 들린다. 그리고 거기에는 악순환 비슷한 것이 있는 듯이 엿보이기도 한다.

물리학적 상황의 요약

생물학적 상황이 어떨지라도, 되풀이해서 강조하고자 하는 점은 물리학자에게 그 상황은 그럴듯하지도 않을 뿐만 아니라 전례도 없는 일이므로 가장 흥미롭다는 것이다. 보통 사람의 믿음과는 달리 물리법칙에 의해 지배되는 사건들의 경과가 규칙적인 것은 그 물질의 구조가 원자들로 잘 정돈되었기 때문이 결코 아니다. 만약 주기적 결정에서나 많은 수의 같은 분자로 구성된 액체나 기체에서와 같이 원자들의 배열이 매우 여러 번 되풀이되지 않는다면 그러한 규칙적인 경과는 불가능하다.

시험관에서 매우 복잡한 분자를 다룰 때조차도 화학자는 늘 매우 많은 수의 같은 분자들과 마주치게 된다. 그의 법칙은 그 분자들에 적용된다. 예를 들면 그는 여러분에게 어떤 반응이 시작되어 1분이 지나면 분자들의 절반이 반응을 일으키고 2분 뒤에는 3/4이 반응을 일으킬 것이라고 말할지도 모른다. 그러나 그 화학자는 어떤 특정한 분자가 반응을 할지 또는 그대로 가만히 있을지를 예측할 수는 없다. 그것은 순전히 우연의 문제이다.

이것은 순전히 이론적인 추측이 아니다. 우리가 원자들의 작은 집단 또는 개개 원자의 운명을 결코 관찰할 수 없다는 뜻도 아니다. 때때로 우리는 그러한 것을 관찰한다. 그러나 그럴 때마다 우리는 완전히 불규칙적인 원자들이 함께 참여하여 평균적으로 규칙성을 내놓는 것을 발견한다. 우리는 1장에서 다음과 같은 보기를 다뤘다. 액체에 떠 있는 작은 입자의 브라운 운동은 완전히 불규칙하다. 그러나 만약 비슷한 입자들이 많이 있으면 그것들은 각각 불규칙한 운동을 함으로써 확산이라는 규칙적인 현상을 일으킨다.

개개 방사성 원자가 붕괴하는 현상은 관찰이 가능하다(원자는 그때 형광 스크린에 가시적인 섬광을 일으키는 투사물을 방출한다). 그러나 여러분에게 방사성 원자 하나가 주어졌을 때 그 원자의 수명을 예상하기란 건강한 참새의 수명에 비해서도 훨씬 불확실할 것이다. 정말 원자의 수명에 대해서는 더 이상 어떤 것도 이야기할 수 없다. 그것이 살아 있는 한(몇천 년이 될지도 모른다) 다음 1초 동안 붕괴할 확률은 작든지 크든지 같은 정도이다. 이렇듯 개개의 운명에 대한 예측은 명백히 불가능할지라도 같은 종류의 방사성 원자가 많이 있는 경우에 붕괴하는 양상은 정확히 지수함수 법칙을 따른다.

뚜렷한 대조

생물학적으로 우리는 이와는 완전히 다른 상황에 맞닥뜨린다. 생물체에서는 한 복사본에만 존재하는 개개 원자모임이 가장 미묘한 법칙에 따라 서로 잘 조화되고 환경과도 잘 조화가 된 질서정연한 사건을 만들어낸다. 나는 방금 한 복사본에만 존재한다고 말했는데 그것은 우리가 난자와 단세포 유기체의 예를 알고 있기 때문이다. 고등생물의 경우 다음 단계로 넘어갈 때 복사본들은 복제가 된다. 이것은 사실이다. 그러면 어느 정도로 늘어날까? 성장이 끝난 포유동물에서 10^{14} 정도라고 나는 알고 있다. 그것은 얼마나 되는 것일까! 그것은 고작 공기 $1in^3$에 들어 있는 분자 수의 100만분의 1일뿐이다. 이것들이 응결한다면 단지 작은 액체방울 하나를 이룰 정도이다. 그러면 이것들이 실제로 어떻게 분포하는지를 알아보자. 모든 세포에는 복사본이 하나씩만 있다(이배체의 경우에는 두 개). 우리는 각각의 세포에서 이 작은 중앙사무소가 가지고 있는 힘을 알고 있으므로, 그것들이 모든 세포와 공유하는 암호문 덕택에 서로 매우 쉽게 교신하는 온몸에 퍼져 있는 지방정부라고 비유할 수 있지 않을까?

공상적인 서술은 과학적이라기보다는 시적인 표현일 것이다. 그러나 여기에서 물리학의 '확률 메커니즘'과 전혀 다른 '메커니즘'에 의해 이끌려서 규칙적이고 법칙적으로 펼쳐지는 사건들에 직면하고 있다는 사실을 인식하기 위해 우리에게 필요한 것은 시적인 상상력이 아니라 명백하고 착실한 과학적 사고이다. 모든 세포에서 지침이 되는 원리는 하나(때로는 둘)에 있는 단일한 원자집합체에 구체화되어 있다는 것은 분명히 관찰된 사실이며, 그 사실이 전형적인 질서를 보여주는 여러 사건을 만들어낸다. 작지만 고도로 조직화된 원자집단이 이러한 방식으로 행동한다는 것은 놀라운 것으로 보든지 아니면 자못 당연한 것으로 보든지 그러한 상황은 예견되지 않은 것이며, 생명체 말고 다른 것에서는 알려져 있지 않은 것이다. 물리학자와 화학자는 무생물체를 연구하면서 이런 방식으로 해석해야 하는 현상을 본 적이 없다. 그러한 사례가 없었으므로 우리의 이론은 그것을 설명할 수 없다. 우리에게 장막의 뒤를 볼 수 있게 해주고 원자와 분자의 무질서로부터 정확한 물리법칙을 따르는 위대한 질서를 볼 수 있게 해주었기 때문에 우리는 통계물리학을 매우 자랑스럽게 생각했다. 다시 말해 엔트로피 증가라는 가장 중요하고 가장 일반적이며 모든 것을 포괄하는 법칙을 임시가정하지 않더라도 이해 가능하도록 해 주었으므로 우리는 통계이론을 자랑스럽게 생각했던 것이다. 그러나 통계물리학은 살아 있는 유기체 속에서 소수의 원자들이 내어 놓는 뛰어난 질서에 대해 설명하지 못한다.

질서정연함을 만드는 두 가지 방법

생명현상이 전개될 때 우리가 만나게 되는 질서는 다른 근원에서 생긴다. 질서정연한 사건들이 생길 수 있는 메커니즘에는 두 가지가 있는 듯하다. 즉 '무질서로부터 질서'를 만드는 '통계 메커니즘'과 '질서로부터 질서'를 만드는 새로운 메커니즘이다. 편견 없는 마음에는 두 번째 원리가 더 간단하고 더 그럴듯하게 보인다. 의심의 여지가 없다. 바로 그 점이 물리학자들이 '무질서로부터 질서' 원리에 빠지게 된 사실에 대해 오히려 자랑스럽게 생각하는 이유이다. '무질서로부터 질서' 원리는 자연계에서 실제로 나타나고 있으며, 이 원리만이 자연계 사건들의 경향, 비가역성을 비롯한 보편적 특징들을 설명할 수 있다. 그러나 우리는 여기서 유도되고 도출된 '물리법칙들'이 생명체의 행동을 올바르게 설명하기에 충분하리라고 기대할 수는 없다. 왜냐하면 생명체의 가장 뚜렷한 특징은 '질서로부터 질서' 원리에 많이 근거하고 있는 것처럼 보이기 때문이다. 여러분은 두 개의 전혀 다른 메커니즘에 의해 똑같은 유형의 법칙이 생겨나리라고는 기대하지 않을 것이다. 여러분은 여러분이 가진 열쇠로 옆집의 문도 열 수 있으리라고 바라지 않을 것이다.

따라서 우리는 보통의 물리법칙들로 생명을 설명하는 것이 어렵다 하여 낙담해서는 안 된다. 왜냐하면 그러한 어려움은 우리가 생명체의 구조에 관해 얻었던 지식으로부터 예견되는 바이기 때문이다. 우리는 생명체에 있는 새로운 유형의 물리법칙을 발견할 준비를 해야 한다. 또는 우리가 그것을 초물리적이라고는 하지 않을지라도 비물리적 법칙이라고 불러야 하지 않을까?

새로운 원리가 물리학에 이질적인 것은 아니다

아니다. 나는 그것을 초물리적이거나 비물리적인 것이라고 생각하지 않는다. 그 원리는 순수하게 물리적인 것이다. 그 원리는 바로 양자론의 원리일 뿐이다. 이것을 설명하기 위해서는 앞에서 주장했던 것, 즉 모든 물리법칙은 통계학에 토대를 두고 있다는 사실을 수정함은 말할 것도 없고 정확하게 하는 작업을 포함해서 좀 길게 이야기해야 한다. 내가 되풀이했던 이러한 주장은 모순을 일으킬 수밖에 없었다. 왜냐하면 거기에서는 뚜렷한 특징들이 '질서로부터 질서' 원리에 직접적이고 뚜렷하게 근거하고 있고 통계학이나 분자의 무질서와는 관련 없는 것처럼 보이는 현상들이 있기 때문이다.

태양계의 질서, 즉 행성들의 운동은 거의 끝없이 언제까지나 이어진다. 지금 이 순간의 별자리는 피라미드가 지어지던 시대 어느 순간의 별자리와 직접 닿는다. 그것은 거꾸로 거슬러 올라갈 수도 있으며 그 역도 가능하다. 과거의 일식들이 생겼던 시대를 계산한 결과 역사적 기록들과 거의 일치한다는 사실이 밝혀졌고, 어떤 경우에는 이러한 계산으로 지금까지 인정되던 연대기가 바로잡아지기까지 했다. 이러한 계산들은 어떤 통계학도 담고 있지 않으며 오로지 뉴턴의 만유인력법칙에만 근거하고 있다.

좋은 시계의 규칙적인 운동이나 어떤 비슷한 장치도 통계학과 관련되어 있지 않은 것 같다. 간단히 말해 순전히 역학적인 모든 사건은 분명히 그리고 직접적으로 '질서로부터 질서' 원리를 따르는 것 같다. 그리고 우리가 '역학적'이라고 말할 때, 이 용어는 넓은 뜻으로 받아들여져야 한다. 여러분이 아는 바와 같이 매우 유용한 시계는 발전소에서 보내는 전기 펄스의 규칙적 전송에 근거한다.

나는 플랑크가 쓴 〈동역학적인 유형의 법칙과 통계학적인 유형의 법칙〉이라는 제목의 흥미로운 작은 논문을 기억한다. 그 두 법칙의 차이는 정확히 우리가 여기에서 '질서로부터 질서'와 '무질서로부터 질서'라고 이름 붙인 것 사이의 차이이다. 그 논문의 목적은 대규모 사건들을 조절하는 흥미로운 '통계학적인' 유형의 법칙이 소규모 사건들을, 즉 개개 원자들과 분자들의 상호작용을 지배한다고 여겨지는 '동역학적인' 유형의 법칙들로부터 나옴을 보여주는 것이다. 플랑크는 '동역학적인' 유형의 법칙을 행성이나 시계 등의 운동과 같이 규모가 큰 역학적 현상을 예로 들어 설명했다.

우리가 매우 진지하게 생명을 이해하는 데 참된 단서가 된다고 지적했던 '새로운' 원리 즉 '질서로부터 질서' 원리는 물리학에 결코 새로운 것이 아닌 것으로 보일 것이다. 플랑크의 태도는 새 원리의 우선권을 옹호하기까지 한다. 생명의 이해에 대한 단서는 순수한 기계적 장치, 즉 플랑크 논문에서 말하는 '시계 작업'에 근거하고 있다라는 우스운 결론에 우리가 이르는 것처럼 보인다. 하지만 그러한 결론은 우스꽝스러운 것이 아니고 내 생각으로는 완전히 틀린 것도 아니다. 독자들은 이 말을 잘 새겨들어야 할 것이다.

시계의 운동

실제로 시계의 운동을 세밀하게 분석해 보자. 시계의 운동은 결코 순수하게 역학적인 현상은 아니다. 순수하게 역학적인 시계는 용수철도 태엽도 필요로 하지 않을 것이다. 한번 운동하도록 해 놓으면 이 시계는 영원히 작동할 것이다. 실제의 시계는 용수철이 없으면 진자가 몇 번 흔들리고는 멈춘다. 추의 역학에 너지가 열로 바뀌기 때문이다. 이것은 한없이 복잡한 원자과정이다. 물리학자들이 이에 대해 가지고 있는 일반적 개념은 역과정이 완전히 불가능하지는 않다는 것이다. 톱니바퀴와 주변 환경이 열에너지를 잃으면서 용수철 없는 시계가 갑자기 움직이기 시작할지도 모른다. 이때 물리학자는 시계가 브라운 운동에 의해 예외적으로 강하고 알맞은 충격을 경험하고 있다고 말해야 할 것이다. 우리는 매우 예민한 비틀림저울(전위계 또는 전류계)에서 그러한 종류의 일들이 줄곧 일어나는 것을 2장에서 보았다. 물론 시계의 경우에는 그러한 일이 도무지 일어날 것 같지 않다.

시계의 운동을 플랑크의 표현으로 하자면 동역학적 유형의 법칙에 따르는 것으로 해석할지 아니면 통계학적 유형의 법칙적 사건으로 해석할 것인지는 우리의 태도에 달려 있다. 시계운동을 동역학적 현상으로 생각하는 경우에 우리는 열운동에 의한 조그마한 방해들을 이겨내며 비교적 약한 용수철로 보장될 수 있는 규칙적인 진행에 주의를 집중한다. 그 결과 우리는 열운동에 의한 방해를 무시할지도 모른다. 그러나 만약 용수철 없는 시계가 마찰에 의해 점점 느려진다는 사실을 기억한다면 우리는 시계의 운동을 통계학적 현상으로만 이해할 수 있다는 것을 알게 된다.

시계에서 마찰과 열이 미치는 효과가 실제로 아무리 적을지라도 이것들을 무시하지 않는 통계학적 태도가 더 근본적이고 중요하다. 이 점은 용수철에 의해 작동하는 시계의 규칙적 운동을 설명할 때조차도 그러하다. 왜냐하면 구동장치가 정말로 그 과정의 통계학적 성질을 배제한다고는 생각할 수 없기 때문이다. 진정한 물리적 개념은 규칙적으로 가는 시계조차도 갑자기 그 운동을 거꾸로 하고 태엽을 감으며(환경이 열을 잃는) 용수철을 다시 감을 가능성을 포함한다. 이러한 일이 일어날 가능성은 구동장치 없는 시계에 브라운 충격을 주는 것보다 '여전히 조금 적을' 뿐이다.

시계장치의 운동은 결국 통계학적인 것

이제 상황을 재검토해 보자. 우리가 방금 분석했던 '간단한' 경우는 여러 다른 것들, 즉 일반적인 분자 통계학에서 벗어나는 듯이 보이는 모든 것들을 대표한다. 가상적인 것이 아니라 실제의 물리적 물질로 구성된 시계장치는 진정한 '시계운동'을 하지 않는다. 우연한 요소가 다소 줄어들지 모르고, 시계가 갑자기 잘못될 가능성이 매우 적을지 모르지만 그러한 가능성은 배경에 늘 남아있게 된다. 천체의 운동에서도 비가역적인 마찰과 열의 효과가 없는 것은 아니다. 지구의 자전은 조수의 마찰에 의해 점점 줄어들고 달은 지구에서 점점 멀어진다. 지구가 조류의 영향을 전혀 받지 않는 완전히 단단한 회전구라면 이러한 일은 일어나지 않을 것이다.

그럼에도 '물리적인 실제의 시계운동'은 '질서로부터 질서'의 특성을 눈에 띄도록 매우 뚜렷하게 보여준다는 사실은 남아 있다. '질서로부터 질서'라는 특성은 물리학자가 유기체에서 만나게 되었을 때 흥분했던 그러한 유형이다. 위에서 들었던 두 가지 예는 결국 어떤 공통점을 가지고 있는 것 같다. 그 공통점은 무엇이고 유기체의 예를 결국 신기하고 전례 없는 것으로 만드는 뚜렷한 차이점은 무엇인지에 대해서 밝혀야 할 것이다.

네른스트 정리

물리적 체계, 즉 모든 종류의 원자집합체는 언제 (플랑크의 표현으로 하자면) '동역학적 법칙' 또는 '시계 운동의 특성'을 나타낼까? 이 문제에 대해 양자론은 '절대온도 영도'라는 매우 짤막한 해답을 준다. 절대영도로 접근함에 따라 분자적 무질서는 물리적 사건에 대해 아무런 영향도 나타내지 않게 된다. 그런데 이러한 사실은 이론에 의해 발견된 것이 아니라 넓은 범위의 다양한 온도에서 화학반응들을 주의 깊게 관찰하여 실제로는 이를 수 없는 절대영도의 결과를 외삽법으로 추론하여 알려진 것이다. 이것이 네른스트의 유명한 '열정리'인데 때때로 '열역학 제3 법칙'이라는 자랑스러운 이름으로 불리고 있다(결코 지나친 표현은 아니다. 열역학 제1 법칙은 에너지 보존 원리, 제2 법칙은 엔트로피 원리이다).

양자론은 네른스트의 경험적 법칙에 합리적인 토대를 제공한다. 그리고 또한 '동역학적' 행동에 가까운 현상을 보이기 위해서는 체계가 절대영도에 얼마나 가까이 접근해야 하는지를 셈할 수 있게 해준다. 어떤 구체적인 경우에 온도가 얼마까지 내려가야 실질적으로 영도에 버금가는 것이라고 할 수 있을까?

이제 여러분은 이것이 언제나 매우 낮은 온도라고 생각해서는 안 된다. 사실상 네른스트의 발견은 많은 화학반응의 경우 실온에서도 엔트로피가 놀라울 정도로 미미한 역할만을 한다는 사실로부터 유도된 것이다(나는 엔트로피란 분자적 무질서의 직접적인 측정값, 즉 그 로그값에 비례한다는 것을 재차 말하고자 한다).

추시계는 실제적으로 절대영도에 있다

추시계는 어떠한가? 추시계의 경우, 실온은 실제적으로 절대영도에 해당한다. 그러한 사실이 추시계가 '동역학적'으로 작동하는 이유이다. 여러분이 그 시계를 냉각시키더라도(냉각된 기름을 이용했을 경우, 모든 기름찌꺼기를 없애면) 시계는 원래대로 계속 작동할 것이다. 그러나 시계를 실온 이상으로 가열한다면 작동을 멈출 것이다. 왜냐하면 시계가 결국에는 녹아 버릴 것이기 때문이다.

시계와 유기체와의 관계

이것은 매우 시시한 것처럼 보이지만 중요한 부분을 언급하고 있다고 생각한다. 시계는 '동역학적'으로 기능할 수 있는데, 그 이유는 보통 온도에서 열운동의 무질서한 경향을 피할 수 있을 만큼 강력한 런던-하이틀러 힘에 의해 모양을 유지하는 고체들로 만들어져 있기 때문이다. 이제 시계와 유기체 사이의 비슷한 점을 밝히기 위해서는 다음과 같은 몇 마디 말만 더 필요할 뿐이라고 생각한다. 유기체 역시 열운동의 무질서에서 멀리 떨어져 있는 유전물질을 형성하는 '비주기적 결정'이라는 고체에 근거한다는 것이다. 여러분은 내가 염색체 섬유를 '유기적 기계의 톱니'라고 부른다고 비난하지 않으면 좋겠다. 적어도 비유의 근거가 된 심오한 물리이론들을 언급하지 않은 상태에서는 말이다. 왜냐하면 참으로 둘, 즉 시계와 유기체 사이의 근본적인 차이를 상기하고 생명체에서 기발하고 전례 없는 형용구어를 정당화하기 위해서는 덜 수사적일 필요가 있기 때문이다.

나는 생명체의 가장 뚜렷한 특성을 다음과 같이 말하고자 한다. 첫째, 다세포 유기체에서 톱니바퀴들이 진기하고 흥미로운 분포를 하고 있다는 점이다.

나는 그 점에 대해 이 장의 '뚜렷한 대조'에서 다소 시적인 서술을 했다. 둘째, 개개 톱니는 인간의 조잡한 작품이 아니고 신이 양자역학의 법칙을 따라 이룩한 가장 멋진 걸작이라는 사실이다.

에필로그
결정론과 자유의지에 대해서

순수하게 과학적 관점에서 우리의 문제를 설명하느라고 어려움을 겪었으니, 철학적 문제에 대한 내 주관적일 수밖에 없는 자신의 견해를 덧붙일 수 있도록 허락해 주기 바란다.

앞에서 살펴본 증거에 의하면 생명체의 몸속에서 일어나며 또한 그 마음의 활동, 즉 자의식적이거나 또는 마음의 다른 작용에 해당하는 시공간적 사건들은 그것들의 복잡한 구조와 물리화학에서 받아들여진 통계학적 설명 등을 고려할 때 엄격하게 결정론적이지는 않지만 어쨌든 통계학적으로 결정론적이다. 어떤 사람들의 주장과는 달리 나는 '양자론적 불확정성'은 아마도 감수분열, 자연 돌연변이 그리고 X선에 의한 돌연변이 등과 같은 사건들에서 순전히 우연적인 특성을 높이는 것(이 사실은 분명하며, 잘 알려져 있다) 말고는 생물학적으로 적절한 역할을 전혀 하고 있지 못하다고 물리학자에게 강조하고자 한다.

논의를 위해 살아 있는 존재는 통계 결정론적이라는 것을 전제하도록 하자. '자기자신을 순수한 기계라고 선언하는 것'에 대해 잘 알려진 불쾌한 느낌이 없다면 편견 없는 생물학자는 누구나 동의하리라고 믿는다. 그것이 불쾌한 것은 직접적인 자기성찰에 의해 확인되는 자유의지에 모순되는 것으로 여겨지기 때문이다.

그러나 직접적인 경험은 아무리 다양하고 서로 괴리되는 것일지라도 논리적으로 서로 모순될 수는 없다. 그러므로 우리는 과연 아래의 두 전제로부터 정확하고 모순 없는 결론을 얻을 수 있는지 알아보도록 하자.

(1) 내 몸은 순수한 기계로서 자연의 법칙에 따라 기능한다.

(2) 그렇지만 나는 논쟁의 여지 없이 뚜렷하고 직접적인 경험을 통해 효과를

예상할 수 있는 운동을 수행하고 있다는 사실을 안다. 그 효과는 운명적일지도 또 매우 중요한 것일지도 모르며 그럴 경우 나 자신이 그 효과에 대해 전적으로 책임을 느끼고 또 가져야 한다.

내가 생각하기에 이런 두 가지 사실로부터 가능한 추론은 나는 자연의 법칙에 따라 '원자들의 운동'을 조절하는 사람이라는 것이다. 여기에서 '나'는 가장 넓은 뜻으로의 나, 즉 '나'에 대해 스스로 이야기했거나 느꼈던 모든 의식의 주체로서의 나이다. 어떤(다른 문화권 사람들에게는 한때 또는 지금도 여전히 중요한 의미가 있는) 생각을 제한하고 유별난 것으로 생각하는 문화적 환경에서, 이러한 결론에 이르는 것은 과감한 행위이다. 기독교적 표현으로 '고로 내가 전능하신 하느님이다'라고 말하는 것은 신에 대한 불경이고 미친 짓이다. 그러나 당분간 이러한 함축은 무시하고 앞의 추론이 생물학자가 단번에 신과 영생불멸을 증명하기 위해 이를 수 있는 가장 최선의 것이 아닌지를 고려하도록 하자.

그 결론은 그 자체가 새로운 것은 아니다. 내가 아는 한에서도 가장 초기의 기록은 2,500년 이상 거슬러 올라간다. 인도 사상에서는 초기의 위대한 우파니샤드로부터 '아트만＝브라만'이라는 인식, 즉 개인 자아는 모든 곳에 있고 모든 것을 포용하는 영원한 자아와 같다는 인식은 결코 불경스러운 것이 아니다. 도리어 세상 사물에 대한 가장 깊은 통찰력의 진수를 나타내는 것이라고 여겨졌다. 베단타 학자들은 이러한 사상을 입으로 발음하는 것을 배운 뒤에는 실제로 이 위대한 지혜를 자기 마음속에 동화시키려고 노력했다.

그리고 몇 세기 동안 신비주의자들은 각자 독립적으로 그러나 이상기체 속의 입자들처럼 서로 완전히 조화를 이루면서 "나는 신이 되었다"라는 문장으로 요약할 수 있는 이야기로 저마다 자기 인생의 독특한 경험을 서술했다.

이러한 사상을 가지고 있던 쇼펜하우어 등의 철학자만이 아니라 서로의 눈을 들여다볼 때 생각과 느낌이 문자 그대로 하나가—그저 비슷하거나 같은 종류의 것이 아니라—되는 것을 실감하는 진정한 연인들이 존재해 왔음에도 불구하고 이러한 사상은 서양 관념론에서는 이방인으로 머물러 있었다. 사랑에 빠진 사람들은 대개 감정적으로 너무 심취되어 또렷한 사고에 몰입하지 않기 마련인데 이런 점에서 그들은 신비주의자와 매우 비슷하다.

여기에 대해 몇 마디 더 언급하도록 하자. 의식은 결코 다중적으로 경험되는 것이 아니다. 그것은 오로지 한 가지로만 경험된다. 두 사람(인격)이 교체되어 나타나는 의식분열이나 이중인격과 같은 병적인 상태에서도 두 가지가 결코 동시에 나타나지는 않는다. 꿈을 꾸는 동안에 우리는 동시에 여러 사람의 역할을 맡게 되지만 무차별적으로 그러지는 않는다. 우리는 그 여러 사람 가운데 하나일 뿐이다. 우리는 꿈에 나오는 여러 인물 가운데 한사람이 되어 행동하고 말하며, 흔히 또 다른 사람의 대답이나 반응을 열성적으로 기다린다. 그러면서 그 다른 사람들의 말과 행동을 부풀리는 것이 바로 우리라는 사실을 자각하지 못한다.

우파니샤드 작가들이 그토록 단호하게 반대하던 복수(複數)의 개념은 도대체 어떻게 생겨나는가? 의식은 그 스스로가, 한정된 공간을 차지하는 물질의 물리적 상태, 즉 신체와 긴밀하게 이어져 있으며 또 그것에 의존해 있다는 사실을 알아차린다(사춘기, 노화기, 노망기 등 신체의 발달과 성숙에 따른 정신의 변화를 생각해 보라. 또는 발열, 중독, 마취, 뇌병변 등이 정신상태에 미치는 효과에 대해 고려해 보라). 자, 이렇게 되면 한 사람에서도 신체가 여러 개 존재하는 셈이 된다. 이에 따라 의식 또는 정신도 여러 개가 있을 수 있다는 가설은 매우 그럴듯해 보인다. 서양철학자의 대부분은 물론이고 아마도 단순하고 평범한 사람이면 누구나 이러한 생각을 받아들여 왔을 것이다.

그러한 사상에 따라 신체의 수만큼 영혼도 많다는 생각이 생겼고, 그 영혼들이 신체처럼 소멸할 운명인지 아니면 영생불멸하며 스스로 존재할 수 있는 것인지 하는 질문이 던져졌다. 그러나 영혼이 소멸한다는 생각은 마음에 들지 않고, 반면에 영생불멸한다는 것은 솔직히 말해 '복수 가설'의 근거가 되는 사실들을 잊어 버리고 무시하고 또는 부정하고 있다. 훨씬 더 어리석은 질문도 생겨났다. 동물에게도 영혼이 있는가? 여성 또는 남성만이 영혼을 갖는 것은 아닌가 하는 질문마저도 생겨났다.

이런 결과들은 서양의 모든 공식적인 종교 교의에 공통적인 복수 가설에 대해 잠정적으로나마 의심을 품게 한다. 교의가 가르치는 커다란 미신들은 거부하면서도 영혼의 복수성에 대한 어리석은 생각을 유지하고, 영혼이 몸과 함께 소멸한다고 하여 그 생각을 '구제'한다면 터무니없는 짓이 되지 않을지?

여기에서 가능한 대안은 그저 의식은 한 가지로 경험되며 그것의 복수형에 대해서는 알려져 있지 않다는 직접적인 경험을 견지하는 것뿐이다. 다시 말해 오직 한 가지만이 있을 뿐, 여럿 있는 것처럼 보이는 것은 속임수(인도 말로 '마야')에 의해 생기는 한 가지 사물의 다른 측면일 따름이라는 것이다. 그와 같은 착각은 거울이 많은 전시장에서 경험할 수 있다. 가우리샹카르 봉우리와 에베레스트 봉우리가 다른 골짜기에서 보이는 같은 봉우리인 것도 마찬가지이다.

　물론 우리가 그러한 단순한 인식을 받아들이는 것을 가로막는 정교한 유령 이야기들이 우리 마음 깊숙이 박혀 있다. 예를 들어 내 집 창문 밖에 나무가 한 그루 있지만 내가 보는 것은 실제 나무가 아니라는 이야기가 있다. 비교적 간단한 첫머리만 밝혀진 어떤 교묘한 방법에 의해, 실제로 거기에 있는 나무는 자기 이미지를 내 의식에 던져 넣는데, 그것이 바로 내가 지각하는 것이 된다. 여러분이 내 곁에 서서 같은 나무를 본다면 나무는 당신 영혼에도 자신의 이미지를 던져 넣으려고 할 것이다. 나는 내 나무를 보고 여러분은 여러분의 나무(뚜렷하게 내 것과 닮은)를 본다. 그리고 나무 자체가 어떤 것인지는 우리는 알 수 없다. 이 터무니없는 생각에 대해서는 칸트의 책임이 크다. 의식을 단일한 것으로 간주한다면, 분명히 한 그루의 나무만 존재하며 이미지에 관한 모든 이야기는 유령 이야기인 것이다. 그렇지만 우리 각자는, 자기 자신의 모든 경험과 기억을 통해 개성적인 단위, 다른 누구와도 구별되는 하나의 단위를 이루고 있다는 명확한 생각을 가지고 있다. 우리 각자는 그것을 '나'라고 부른다.

　그러면 대체 이 '나'는 무엇인가?

　그것을 세밀하게 분석하면, 여러분은 그것이 경험과 기억이라는 개개 자료의 모임, 다시 말해 그러한 자료들을 모아 놓은 캔버스일 뿐이라는 사실을 알게 될 것이라고 생각한다. 그리고 여러분은 철저히 자기성찰을 함으로써 '나'의 진정한 뜻은 새로운 자료들이 쌓이는 바탕이라는 점을 알게 될 것이다. 여러분은 먼 곳으로 이사를 가서 그동안 사귀던 친구들 모두를 못 보게 되고 거의 잊게 될지도 모른다. 그곳에서 여러분은 새로운 친구들을 사귀게 되고 옛날 친구들과 그랬던 것처럼 그들과 더불어 진지하게 살아갈 것이다. 새로운 삶을 사는 동안, 옛날을 돌이켜 생각하는 것의 의미는 점점 퇴색해갈 것이다. 여러분은 남의 일처럼 '나였던 젊은이'에 대해 3인칭으로 이야기하게 될 것이며, 도리어 읽고 있는 소설의 주인공이 아마도 여러분 가슴에 더 가까이 있어서 확실히 더 강렬하게 살아 있고 더 익숙해져 있을 것이다. 그렇지만 인생에는 단절이 없다. 삶 속의 죽음이란 없는 것이다. 숙련된 최면술사가 여러분의 어렸을 때와 젊은 시절의 기억을 모두 덮어버리는 데 성공한다고 하더라도, 여러분은 그가 '여러분'을 죽였다고 여기지 않을 것이다. 어떤 경우에도 애도해야 할 개인적 존재의 소실은 없다. 언제까지나 없을 것이다.

에필로그에 대해 덧붙이는 말

여기에서 취한 관점은 헉슬리가 최근에 매우 적절하게 《영원의 철학》이라고 불렀던 것과 비슷하다. 헉슬리의 근사한 책(런던, Chatto and Windus, 1946)은 사물의 상태뿐만 아니라 그것이 왜 그렇게 이해하기 힘들고 그렇게 쉽게 반대에 부딪치는지를 설명하는 데 매우 적절하다.

The wisdom of the body

사람 몸의 지혜

캐넌

서문

근 30년간 내가 몸담아 온 생리학 연구는 끊임없이 이어진 듯한 느낌이다.

내가 풋내기 의대생 때 한 최초 연구는 연하(嚥下)에 관한 것이었다. 나는 정말 자연스럽게 위의 운동을 관찰하게 됐고, 다시 장운동 관찰로 나아가 그것들의 활동에 영향을 끼치는 조건을 살피게 되었다.

소화관에 관한 10년간의 연구를 담아낸 《소화의 기계적 요인》이란 책은 소화 작용의 신경지배와 감정적인 조건이 얼마나 그것에 영향을 미치는가라는 문제에서 끝을 맺는다.

그 뒤, 감정적인 흥분이 부신 분비에 끼치는 영향이나 그에 따라 몸에 일어나는 변화의 의미에 관한 일련의 실험을 했는데, 그것들은 감정이 소화에 어떠한 영향을 미치는가에 대해 살펴본 초기의 관찰로부터 출발한다.

이러한 연구는 《통증, 허기, 공포, 분노 시 신체적 변화》라는 책에 모조리 정리하여 발표했다.

이것으로 자율신경계에 대한 흥미가 샘솟았다―특히 이러한 흥미는 《외상성 쇼크》라는 책에 기술한 제1차 세계대전 중의 연구에서 촉진되었다.

이 책 속에는 한걸음 진전된 생각이 규명되어 있다. 그것은 주로 자율신경계와 생리학적인 작용의 자기조절작용과의 관계에 관한 것이다. 이 관계는 시간이 지나 비로소 밝혀졌다. 사실, 생물의 몸에 안정성을 유발하는 자율신경계의 작용에 관해 이룬 연구는 적지 않으며, 조절작용을 하는 구조와 자율신경계의 관계가 확실히 이해되기 훨씬 전에, 이미 논문으로 출판되었다.

오래 전부터 우리는 안정 상태를 유지하는 데다, 자율신경계가 맡아서 하는 역할에 대한 연구를 하고 있었지만 그 사실을 알아차리지 못했던 것이다!

나중에야 이미 발견된 사실이 새로운 의미를 갖기 시작했다. 그 결과, 이전에 한 몇몇 작업은 이 문제에 대한 설명에 알맞다는 걸 알았으며, 그 내용은 이하의 본문에 포함시켰다.

이 책의 주요 내용은 1929년에 전문적인 학술 논문인 《생리학적 항상성의 기구》라는 제목으로 〈생리학 총설(Physiological Review)〉 잡지에 발표했다.

또한 1930년에 케임브리지 대학의 리너커 기념 강연에서 자율신경계와 몸의 안정 상태의 관계에 대한 개요를 언급했다. 이렇듯 두 번의 기회에 밝힌 생각은 1930년 겨울 소르본 대학에서 한 일련의 강연에서 훨씬 확장되었다. 이 책에서는 그러한 생각들을 일반 독자들이 알기 쉽게 서술했다.

왜냐하면 그로 인해 생물학자 이외의 사람들에게도 관심을 자아낼 것이기 때문이다. 그러나 나는 이 논문이 생물학자나 연구자들에게도 시사하는 바가 크기를 바라며, 앞으로의 연구에서 필요로 하는 우리 지식의 많은 공백 부분을 기회가 닿을 때마다 지적해 두었다.

1923년 런던 단과대학의 고(故) E.H. 스탈링 교수는 왕립 의과대학에서 하비 추도 기념 강연을 했다. 그는 생물학적 문제 해결에 실험적인 방법이 매우 의미 있음을 강조하고, 그것을 실제로 보여준 윌리엄 하비의 공적을 높이 평가했다.

그리고 그는 하비의 '실험에 의거하여 자연의 비밀을 구명하고 파헤치는 것'이란 가르침에 따라서 밝혀낸 신체의 경이롭고 아름다운 조정 작용에 대해 웅변으로 찬미하며 말한 것이다.

그의 추도 강연에는 '사람 몸의 지혜'라는 제목이 달렸다. 스탈링 교수는 사람 몸의 지혜를 이해해야만 '병이나 고통을 자유자재로 다루고 인류에 지워진 무거운 짐에서 구원될 것'이라 말했다.

나 자신이 믿는 부분도 스탈링 교수의 그것과 같다. 이제부터 내가 기술하는 사실이나 설명은 스탈링 교수의 견해를 구체적으로 증명하게 되므로 나는 그의 추도 강연의 표제를 이 책의 제목으로 선정했다.

보스턴에서 1932년
월터. B. 캐넌

머리말

불안정한 개방계로서의 생명

우리 몸은 매우 불안정한 물질로 이루어져 있다. 아주 정묘(精妙)한 방법이 아니고선 측정할 수도 없는 희미한 에너지의 물결이 우리 신경에 전해져 작용한다. 그러한 에너지 물결이 근육에 이르면, 아주 작은 변화에도 미묘하게 반응하는 물질이 마치 도화선을 통해 발화하는 폭약처럼 강력한 운동을 일으킨다. 우리 감각기관은 믿기지 않을 만큼 작은 자극에도 반응한다. 최근에 와서야 가까스로 우리 청각기관 감도에 근접한 성능을 가진 기계가 만들어졌다.

코의 감각표면은 무게로 따지면 공기의 천만분의 1의 바닐린[1]이나, 1리터(약 1쿼트)의 공기 중에 2천 3백만분의 1밀리그램 포함된 메르캅탄[2]을 느낄 수 있다. 시각에 대해 말하자면, 눈이 1조(兆)분의 5에르그[3]의 에너지로 감지한다는 증거가 있다. 베일리스에 따르면 이는 가장 빠른 사진 건판을 감광시키는 데 필요한 에너지의 3천분의 1이라 한다.

몸의 구조가 불안정한 것은 조건이 바뀌었을 때의 재빠른 변화에 따라서도 나타난다.

이를테면, 뇌혈관을 흐르는 혈액이 한순간 멈추면, 뇌 일부의 작용도 멈춰 정신이 아득해지거나 의식을 잃는 것은 누구나 다 아는 사실이다. 이를테면 뇌에 혈액 공급이 7, 8분 동안 완전히 멈추게 되면 지적활동에 필요한 세포는 심하게 파괴되고, 더 이상은 회복이 불가능해진다고 한다.

---

1) 바닐라라 불리는 식물에 포함된 물질로 향료로서 향수나 식품에 쓰인다.
2) 유황을 함유한 화합물로 마늘처럼 악취가 남.
3) 에르그는 에너지 단위. 식품에서 자주 쓰이는 칼로리(큰칼로리–kcal)로 바꾸면 약 2천억 분의 1 칼로리에 해당함.

실제로 우리를 구성하는 물질이 너무나 불안정하다는 것은 왜 물에 빠지거나 가스중독 또는 감전이 되면 곧바로 죽음에 이르게 되는가에 대한 이유다.

이러한 사고 뒤에 사체를 조사해 보면 정상적인 활동이 흔적도 없이 사라진다는 것을 충분히 설명한다. 얼핏 봐서 알 만한 상해는 발견하지 못한다. 보기에 정상적이고 자연적인 형태를 한 이 인체에, 다시금 생명을 깨울 수 있지 않을까라는 감상적인 희망이 부풀어 오를지 모른다. 그러나 인체의 소재에는 미묘한 변화가 생기고, 이러한 조건하에선 아무리 애써도 그것이 다시 생명 과정에 복귀하는 것은 불가능하다.

우리 몸의 구조가 매우 불안정인 것, 아주 작은 외력의 변화에도 반응하는 것, 그리고 아주 적합한 환경조건을 잃었을 때 그 분해가 신속하게 시작된다는 것을 헤아린다면 그것이 몇십 년에 걸쳐 꾸준히 존재하는 것은 거의 기적 같은 일이라는 생각이 든다.

이런 놀라움은 몸이 외계와 자유롭게 교환하는 개방적인 계(系)이며, 구조는 영구적인 것이 아닌 늘 소모되어 파괴되고, 수복의 과정을 통해 끊임없이 고쳐나간다는 것을 알게 될 때 더욱 강해진다.

자연치유력

생물이 자신의 몸을 늘 일정 상태로 유지하는 능력은 오랫동안 생물학자들에게 강한 인상을 남겨왔다. 몸에 갖춰진 자연의 힘(자연치유력)으로 질병이 낫는다는 생각은 일찍이 히포크라테스[4]가 품었던 것이었는데, 이런 생각에는 생물의 정상적인 상태가 교란되었을 때 곧바로 작용하여, 정상적인 상태로 되돌리려는 많은 힘이 있다는 것을 말한다. 이 같은 생물의 자동적인 구조에 대해서는 최근 생리학자들이 쓴 책 속에도 자세히 기록되어 있다.

독일 생리학자 플뤼거는 생물이 그 몸을 일정 상태로 유지하는 조절작용을 갖고 있음을 인정하고 다음과 같은 말을 남겼다.

'살아 있는 것의 모든 요구의 원인은 그 요구의 충족의 원인이기도 하다.'

마찬가지로 벨기에 생리학자, 레온 프레데릭은 1885년 자신에 찬 말투로 다

---

4) 기원전 460~377. 그리스의 철학자. 의학·생물학의 시조.

음과 같이 말했다.

'성가신 상황에 부닥치면, 그 일 자체가 그런 곤란한 상황을 모면하려고 보상하려는 작용을 이끌어낸다. 생물이란 그런 존재다. 고등한 생물일수록 그런 조절작용은 보다 많게, 보다 완전하게, 보다 복잡하게 되어 있다. 그러한 작용은 주변의 바람직하지 못한 영향이나 변화로부터 생물의 몸을 완전하게 해방시켜 주는 데 도움이 된다.'

또한 1900년 프랑스의 생리학자, 샤를 리셰는 이런 놀라운 현상을 강조하며 다음과 같이 말했다.

'생물은 안정적인 것이다. 생물은 자신을 둘러싼 거대하고 잇따르는 불리한 힘에 의해 파괴되고, 분리되며 또한 붕괴되지 않도록 질서정연해야만 한다. 얼핏 모순된 것 같지만 생물은 자극에 민감하게 반응하고, 외부로부터의 자극에 따라 자신의 몸을 변화시킨다. 그리고 그런 반응을 주어진 자극에 적용시키는 능력을 가짐으로 인해 비로소 그 안정성을 유지한다. 어떤 의미에서 생물은 변화할 수 있으므로 안정적인 것이다.―어느 정도의 불안정성은 개체의 참된 안정성을 위한 필요조건이다.'

그런데 이러한 경우에 놀랄만한 현상이 있다는 것이다. 더할 나위 없는 불안정으로 변하기 쉬운 특징을 가진 재료로 만들어진 생물은 어떻게든 그 항상성을 유지, 당연히 생물에 심각한 악영향을 끼치리라 여기는 상황 속에 불변성을 유지하며, 안정을 보전하는 방법을 습득한다.

사람은 섭씨 115도에서 128도(화씨 239도에서 257도)의 건조한 고열에 노출되어도 체온은 평열보다 높아지지 않는다. 한편, 극지방에 사는 포유류는 영하 35도의 한랭에 노출되어도 체온이 눈에 띄는 변화를 보이지 않는다.

더욱이 공기가 매우 건조한 지역의 주민들은 그들의 체액이 빼앗기는 것을 막기 위해 거의 통양(痛癢)을 느끼지 않는다. 또한 탐험이 성행하는 요즘, 등산을 하거나 비행기에 탑승한 인간이 큰 폭으로 산소압이 감소한 공기 중에 있어도 산소부족에 따른 위험한 영향은 보이지 않는다.

외계의 변화에 따라 일어나는 변화에 대한 저항성만이 적응하고 안정화를 초래하는 구조의 증거는 아니다. 몸의 내부에서 생긴 부조화에 대한 저항성도 존재한다.

이를테면, 20분간 근육을 심하게 움직여 발생하는 열은 엄청날 것이다. 그런데 이 열이 바로 발산되어 식지 않는다면 몸 단백질의 어느 부분이 삶은 달걀처럼 딱딱하게 굳어버릴 것이다. 또한 계속해서 격한 운동을 진행하다 보면 다량의 젖산(시큼해진 우유의 산)이 근육 안에 생성되어 다른 요소가 나타나 막지 않으면, 혈중 모든 알칼리는 단시간 내에 중화되어 버릴 것이다.

간단히 말해, 충분한 준비를 갖춘 생물의 몸—이를테면 포유동물—은 외계의 위험한 상황이나 그에 못지 않은 체내의 위험 가능성에 맞닥뜨려 살아가며 비교적 적은 장해로 그치게 하고 그 기능을 지속하는 것이다.

몸에서의 항상성 유지(homeostasis)

이상, 우리 몸을 만들고 있는 불안정한 소재가 어찌 되었건 안정성을 유지하는 방법 습득에 대해 말했다. 뒤에서 알게 되겠지만 이 '습득한다'는 말의 쓰임은 부적절하지 않다. 외계의 조건이 크게 변해도, 안정적인 상태를 유지하는 과정의 완성은 유달리 고등동물에게만 특별히 은혜로워서가 아닌, 단계적 진화의 결과다.

지구상에 동물이 나타난 아득히 먼 옛날에는 환경의 힘에 맞서 자신을 지키고자, 틀림없이 많은 방법들이 시도됐을 것이다. 생물은 그 안전성을 뒤엎고 파괴하는 힘을 가진 요인에 맞닥뜨려 안정성을 유지하는 여러 방법을 시험하며 많은 변화에 풍부한 경험을 쌓아왔다. 생물의 구조가 점차 복잡해지고 또한 미묘하게 균형을 유지하게 되면서 보다 효과적인 안정을 유지하는 구조의 필요성이 더욱 불가결해졌다.

하등동물은 보다 고등 진화한 동물에게서 보이는 안정을 유지하는 방법을 완성하지 못했으므로 행동이 제한되고 생존경쟁에서 뒤처지게 된다.

예를 들어, 대표적인 양서류인 개구리는 몸에 물기가 멋대로 증발하는 것을 막을 만한 방법도 없고, 체온을 효과적으로 조절하지도 못한다. 그러므로 개구리는 자기가 머무는 물웅덩이를 벗어나면 어느새 바싹 말라버리고, 날이 추워지면 진흙탕 깊숙한 곳에 기어들어가 활동을 멈춘 가수(假睡)상황에서 겨울을 보내야만 한다.

양서류보다 조금 진화한 파충류는 수분을 급속도로 잃지 않게 하는 구조를 갖추었으므로, 행동반경을 물웅덩이나 작은 하천 부근에 제한을 두지 않는다. 사실, 바싹 말라 건조해지는 사막에서 주인 행세를 하는 모습도 볼 수 있다.

그러나 파충류도 양서류와 마찬가지로 '냉혈' 동물이다. 즉, 체온은 주변 온도와 거의 비슷하고, 겨울 동안에는 활발한 활동을 멈춰야 한다. 오직, 조류나 포유류와 같은 고등 척추동물만이 추위에 따른 활동 제한에서 벗어나 1년 내내 어떠한 기후에서도 활동할 수 있는 것이다.

몸속에서 유지되는 항상적인 상태는 평형상태라 불러도 될지 모른다. 그러나 이 용어는 이미 알려진 힘이 평형을 유지하는 비교적 간단한 물리화학적인 상태, 즉, 폐쇄계에 쓰여 꽤 정확한 의미를 갖게 되었다.

생체 가운데에서 안정된 상태의 주요한 부분을 유지하여 작용하는 상호 관련된 생리학적인 작용은 무척이나 까다롭고, 또한 독특한 것이기에—그 가운데에는 뇌, 신경, 심장, 폐, 신장, 비장이 포함되고, 모두 협동하여 그 작용을 영위하고 있다—나는 이러한 상태에 대해 항상상태(homeostasis)라는 특별 용어 사용을 제안해 왔다.

이 용어는 고정되어 움직이지 않는 것, 정체한 상태를 뜻하는 것이 아니다. 그것은 어떤 상태—변화는 하지만 상대적으로 정상적인 상태—를 뜻하는 것이다.

고도로 진화한 동물이 이 내부의 상태를 일정한 안정 상태(즉, 항상상태)로 유지하기 위해 이용하는 방법은, 안정된 상태를 확립하여 조절하고 지배하기 위한 어떤 일반적인 원리를 보이고 있어, 불안한 변동에 고통받는 다른 조직—사회적, 산업적인 것일지라도—에서 보면 도움이 될지 모른다.

비교 연구해 보면, 모든 복잡한 조직인 계(系)가 많든 적든 효과적이고 자동적인 보상기구를 가지며, 조직에 변형이 생겼을 때 기능이 멈추거나 그 부분이 급속하게 분해하는 것을 막고 있다는 것이 반드시 밝혀질 것이다. 그리고 복잡한 생물에서 이용되는 이러한 자동적인 보상방법을 충분히 조사하다 보면, 아직 유효하게 작용하지 않거나 불충분한 작용만 하는 방법을 개량하여, 완전한 것으로 만들기 위한 실마리를 얻을 수 있을 것으로 본다.

현재, 이 제안이 막연하고 불명확하다는 것은 어쩔 도리가 없다. 이상, 이런 말들을 여기서 하는 것은 독자가 앞으로 우리 몸의 안정성을 보증하는 구조에 대한 자세하고 구체적인 설명에 들어갔을 때, 그 진실이 가리키는 성질이 대체로 유용하다는 것을 깨닫게 될 것이라 생각하기 때문이다.

*

나는 다음 장에서, 가장 먼저 안정성의 기본적인 조건이라 여기는 사실에 대해 생각해 보고, 그다음에 정상적인 상태가 무너졌을 때, 그것을 회복하도록 작용하는 여러 생리학적인 구조에 대해 생각해 볼 참이다. 이러한 구조를 생각하는 동안에, 점점 우리의 자연적인 활동에 필요한 여러 현상이나 물질 공급을 조절하고 지배하는 일반적인 구조가 더욱 친숙해질 것이다.

신경계는 크게 두 갈래로 나뉜다. 하나는 외계에서 작용, 우리 주위 세계에서 활발하게 작용하는 것이고, 다른 하나는 내부에서 작용, 생물의 몸속에 안정되고 정상적인 상태를 유지하는 데 돕는 것을 살펴보도록 하자.

생물학이나 과학일반에 대해 간단하고 전문적인 지식을 갖춘 사람이라면 누구나 확실히 이해할 수 있는 말로 생리학적인 요인이나 현상에 대해 적어볼 생각이다.

1 몸을 채우는 액질(液質)

생명 환경으로서의 물

보통 우리 스스로를 공기 중에 사는 동물이라 말한다. 그러나 잠시 돌이켜 생각해 보면 우리 몸 주위를 둘러싼 공기에서 하나의 생명 없는 변화를 받아 들이기 힘든 물질 층으로 막혀 있다는 흥미로운 사실이 나타날 것이다.

피부 표면은 건조한 비늘 같은 것으로 덮여 있고(물론, 때로는 땀으로 촉촉해지는 경우도 있지만), 눈 표면이나 코나 입 내부는 염분이 함유된 물에 젖어 있다. 살아가는 우리 모든 것, 우리의 근육, 분비기관, 뇌, 신경, 그 밖의 것들을 만드는 무수한 아주 작은 생명의 단위, 즉, 세포는 이 생명 없는 물질의 외피 안에서 살아간다. 또한 상호 접하는 장소는 별도로 하고, 세포는 액체와 맞닿아 있다.

몸의 생명 단위는 물속에 있다. 달리 말해 첨가된 염류, 단백질이나 콜로이드 물질이 진해진 물속 거주인인 셈이다. 이 물로 되어 있는 주위 환경, 몸을 가득 채운 액질 Fluid matrix의 의미를 이해하기 위해서 우리는 액질이 완수하는 역할과 방법에 대해 조사해 보아야 할 것이다.

강바닥 바위에 붙어 있는 간단한 생물을 살펴보면, 흐르는 물이 생존에 필요한 먹을거리와 산소를 나르고 노폐물과 함께 사라져 간다. 이처럼 단세포 생물은 물이 풍부한 환경에서만 살아갈 수 있다. 물이 마르면 단세포 생물은 말라 죽던가 휴면상태에 들어간다.

우리 몸을 구성하는 무수한 세포들에서도 비슷한 조건들이 존재한다. 각각 세포는 흐르는 냇물의 단세포 생물과 똑같은 요구를 가진다. 하지만 우리 몸의 세포는 먹을거리, 물, 산소를 멀리 떨어진 큰 환경에서 직접 손에 넣어 활동의 결과로 생긴 노폐물을 방출하는 복을 타고나지 못했다. 그래서 몸속을 순환하는 흐름—혈액과 림프액의 흐름—을 발달시켜, 필요한 것을 얻고, 불필요한 것은 버리는 편의를 도모한다.

　이 두 흐름이 협동하여 몸의 축축한 표면에서 먹을거리, 물, 산소를 날라 몸 가장자리에 위치한 세포에까지 필요한 것을 가져다준다. 반대로 이런 세포에서 활동 결과로 생긴 버려야 할 불필요한 노폐물을 폐나 신장 속의 축축한 표면에 가져간다.

　혈액이나 림프액의 흐름은 서로 연락하는데, 마치 냇물이 습지로 흘러 들어가 그곳에 괴인 물과 연락하는 듯한 형상이다. 혈액은 혈관이라는 정해진 통로를 따라 흐르고, 림프액이나 조직액은 혈관 밖에 있는 몸 조직의 모든 공간을 채우는데, 결국엔 혈액과 마찬가지로 자신의 도관(導管)으로 모여 천천히 한 곳에서 다른 곳으로 옮겨 간다.

　이러한 액체의 성질과 끊임없이 액체를 움직여 늘 신선, 균질하게 유지하고 체내의 세포를 에워싼 환경을 세포에 알맞게 하는 구조에 대해 자세히 조사해 보자.

혈액과 림프액

　우리 체중의 약 6%를 차지하는 혈액은 참으로 놀랄 만한 액체이다. 혈액에는 막대한 수의 적혈구[1] 및 작고 스스로 운동할 수 있는 많은 백혈구가 포함되어 있는데, 이들 모두 염류, 당, 단백성 물질의 진한 수용액 즉, 혈장 속에서 떠돈다.

　적혈구는 폐 속에서 매우 빠르게, 사실상 용량 가득 산소를 거두어들여 산소를 필요로 하는 세포가 있는 곳에 전부 혹은 일부를 방출하는 몸속에서 없어서는 안 될 중요한 역할을 맡고 있다.

　이렇듯 세포에서 폐로 돌아올 때에 적혈구는 활동 성과로 생긴 노폐물 가운데 하나인 이산화탄소를 나르는 일에도 참여한다. 이산화탄소는 열을 만들어낼 때 산화작용의 결과로 생기는 것으로, 산화작용은 생체의 기능 중에서 역학적인 일에서 빠질 수 없는 것이다.

　스스로 운동하는 백혈구는 체내의 반응성이 모자란 이물이나 침입한 세균

---

1) 정상적인 사람 혈액에는 1세제곱 밀리미터당 5백만 개의 적혈구를 포함.

을 없애고 몸을 지키는 역할을 맡고 있다. 만일, 이물이나 세균을 쌓아 둔 채 내버려 둔다면 흐름이 좋지 못해 더럽고 불결해질 것이다.

혈장은 혈액의 절반 이상의 공간을 차지하고, 창자에서 소화 작용의 마지막 과정에 만들어지는 모든 종류의 영양물을 운반하는 컨베이어이다. 이러한 영양물은 산소와 마찬가지로 생물의 몸 전체로 운반되어, 모든 세포(제 아무리 깊이 외진 세포라도)에 적절히 다니며 영양을 공급한다. 필요 없는 영양물은 몸의 특정 기관으로 운반되어 나중을 대비해 비축된다.

혈장의 또 다른 기능은 몸 전체에 이르는 세포에서, 몸의 기능이 작용하여 발생한 이산화탄소 이외의 노폐물을 날라 없애고, 신장에 닿으면 그곳에서 몸 밖으로 배출시킨다.

또한 혈장은 상처 난 부분에 닿으면 체액에서 젤리 상태로 변하는—응혈 또는 응고한다—놀라운 능력을 갖고 있다. 예컨대, 혈관이 상처를 입거나 끊어지면 찢긴 상처에서 혈액을 잃을 우려가 발생하는데, 이때 혈장의 젤리화, 즉 응고가 일어 상처에 마개를 만들어 벌어진 상처를 막아버린다. 만일 이런 작용이 없다면 생명을 위협하는 심각한 출혈을 일으킬 것이다.

림프액이 혈액과 다른 주된 요인은 혈구를 포함하지 않으며, 단백질의 함량도 혈장만큼 많지 않다는 점이다. 그러나 백혈구를 갖고 있으며, 당과 염류도 함유하고 있다. 또한 응고도 가능하지만 림프액 응고는 보통 혈액이 응고하여 생긴 젤리 상태보다도 말랑하다.

림프액 또는 조직액은 혈관과 조직세포 사이에 퍼져 있어, 세포와 흐르는 혈액의 사이에 서로 교환되는 물질은 모두 림프액을 통과한다. 즉, 림프액은 그러한 교환의 직접적인 중재자인 것이다.

혈액과 림프액의 차이점은 누구든 피부에 가벼운 상처를 입었을 때, 눈으로 직접 목격했을 것이다. 우연히 뭔가에 부딪치거나, 끼었을 때에 피부 겉면에만 상처가 나면 림프액이 가득 찬 '물집'이 생긴다. 피부 안쪽 부분에 상처가 나면 혈관이 파괴되어 흘러나온 혈액이 '피가 고인 물집'을 만든다.

심장
혈액과 림프액 양은 한정되어 있으므로 몸의 한쪽 구석에만 계속 머물러 있

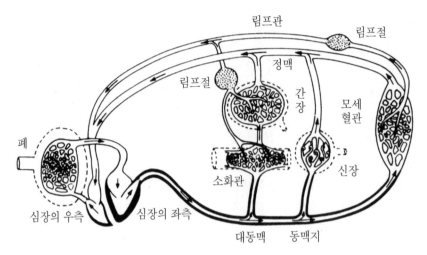

림프관

림프절

정맥

림프절

간장

모세혈관

폐

심장의 우측   심장의 좌측

소화관

신장

대동맥   동맥지

〈그림 1〉 순환계와 림프계 모식도

좌심실은 동맥에서 혈액을 밀어내, 모세혈관으로 운반한다. 정맥혈은 모세혈관에 모여, 정맥을 통해 우심실로 되돌아온다. 그곳에서 혈액은 폐로 밀려나가, 좌심실로 되돌아온다. 조직액(림프액)은 모세혈관 벽에서 배어 나와, 림프관에 모이고, 심장 부근에서 정맥에 돌아온다.

는 세포와 물질 교환을 하는 표면 사이에서, 끊임없이 운반 역할을 다하려면 되풀이해서 쓰는 것뿐이다. 즉, 순환해야 한다는 뜻이다(〈그림 1〉 참조).

혈액은 심장―그 본체는 좌우로 나뉘어 두 개의 실(室)을 갖는, 힘찬 중공(中空) 근육이다―의 수축 또는 '고동'에 의해 혈관 속을 흐르게 된다. 두 개의 실에는 각각 튼튼한 막 모양의 판이 출구와 입구에 달려 있다.

심장근육은 1회 수축하면, 다음에 다시 수축하여 고동치기 전까지 잠시 쉬는 구조로 되어 있다. 때문에 심장은 1분간에 60회 내지 그 이상의 속도로 맥박이 뛰는데, 한 번에 엄청난 혈액을 흘려보내는 활동을 꾸준히 하나, 70년 혹은 그 이상의 시간이 지나도 피로한 기색을 전혀 찾아볼 수 없다.

수축할 때마다 연이어 일어나는 휴지기에, 입구 판에서 혈액이 빈 심실로―우심실에서는 몸에서 멀리 떨어진 모든 부분에서 혈액이, 그리고 좌심실에서는 폐에서 혈액이―흘러들어간다. 다음에 심장 근육이 수축해 안쪽 혈액을 단단히 죄면, 이 판이 닫혀 역류가 일어나는 것을 막는다.

내부의 압력이 높아져 끝내 출구의 판이 눌려 열리면, 혈액은 밖으로 이어진 혈관으로―우심실에서는 폐로 향하는 혈관에, 좌심실에서는 굵고 큰 몸의 혈관 본관으로—열린 판을 통해 밀려간다. 그 뒤 심장이 이완해, 심실 내부의 압력이 외부의 혈관 압력보다 낮아지면 출구판은 닫힌다. 이렇게 해서 심장은 비게 되고, 미리 입구 판 부근에 고여 있는 혈액으로 다시 채울 준비를 한다.

심장에서 나와 있는 혈관은 울창하게 우거진 나무에 자잘하게 갈라진 가지와 같다. 중심에 있는 큰 줄기가 대동맥이다. 줄기보다는 얇지만 두꺼운 가지가 팔이나 다리를 향해, 또는 머리, 배의 장기, 이를테면 위나 장, 간장이나 비장, 신장으로 뻗어 있다. 이렇게 뻗어나간 각각의 큰 가지는 그물코처럼 수없이 갈라지고 점점 가는 잔가지가 되어 몸 전체에 퍼진다.

심장에서 나와 있는 혈관은 동맥으로 알려져 있고, 자잘한 가지로 나뉜 혈관 계통은 동맥수(動脈樹 : arterial tree)라 한다. 동맥은 비교적 두껍고 탄력 있는 벽을 가지며 고리처럼 생긴 근육 층이 있어, 용적은 신축자재하게 변화한다.

심장이 혈액을 동맥수로 흘려보내면, 이미 안에 가득 찬 혈액을 따라 불룩한 물결이 생긴다. 이 물결은 몸 겉의 지맥(支脈)이면 어디든—손목의 엄지손가락 부들기, 귀 앞쪽 관자놀이, 다리 안쪽 복사뼈 뒤편—맥박이 뛰는 것을 느낄 수 있다.

혈액이 순환한다는 것은 여러 물질을 공급해야 할 곳이나 불필요해진 것을 버릴 수 있는 곳에서 멀리 떨어진 세포의 편의를 도모하기 위함임을 잊어서는 안 된다. 틀림없이 이 일은 혈액이 흐르는 혈관 벽을 통해 이뤄져야 한다. 동맥의 벽은 너무 두꺼워서 물질이 드나들 수 없다. 물질 교환은 '모세혈관'의 벽을 통해 이뤄진다.

모세혈관은 매우 작고 가는 관으로, 벽이 얇아 물에 녹아 있는 산소나 이산화탄소와 같은 기체, 염류, 당이 쉽게 통과할 수 있다.

모세혈관은 직경 약 4천분의 1인치[2]로, 가는 그물코처럼 몸 구석구석의 세포층이나 세포 덩어리 사이에 촘촘히 박혀 있다. 바늘로 살짝 찔러보면, 피가 안 나는 곳이 없다고 할 정도다.

이 자잘한 그물코에 동맥수의 가장 가는 잔가지인 소동맥이 혈액을 붓는다. 그리고 혈액은 이 그물코에서 또 하나의 나무(樹), 즉 정맥의 나무에 모인다.

---

2) 약 천분의 6밀리미터. 즉 6미크론.

소정맥(소동맥에 해당)에서 혈액은 차츰 두껍고 단단한 벽을 한 정맥에서 정맥으로 흐르고, 결국엔 줄기가 되는 상대정맥과 하대정맥에 도달, 몸 여기저기서 모여든 혈액이 이곳에서 심장 우심실로 흘러들어간다.

몸의 어떤 부분, 특히 복부에서는 정맥이 다시금 갈려 재차 모세혈관의 그물망을 만들고, 거기서 다시 다음 정맥으로 혈액을 흘려보낸다. 예컨대, 복부의 소화관이나 췌장 및 비장에서의 혈액은 '문정맥'으로 들어가 간장으로 흘러들어간다. 간장에 흘러든 혈액은 모세혈관으로 들어가 그곳을 통과해야 비로소 간정맥에 들어가 심장으로 직접 이동한다(〈그림 1〉 참조).

동맥과 정맥으로 된 하나의 계통이 폐의 모세혈관과 심장을 잇고 있다(〈그림 1〉 참조). 다른 곳도 마찬가지지만 폐 속을 순환하는 혈액이 하는 일에서 기본적으로 중요한 점이, 모세혈관을 통과하는 것임을 간과해서는 안 된다. 모세혈관이 있는 곳에서만 필요한 물질 교환이 이뤄진다. 순환계의 다른 모든 부분은 이 모세혈관의 부분적 흐름을 유지하기 위해 존재하며, 모세혈관이 있는 곳의 혈액은 세포에 보탬이 되는 것이다.

림프액의 순환

림프액은 혈장 일부가 모세혈관의 벽에서 걸러져 생긴 것이다. 몸의 어떤 부분, 이를테면 간장에서 모세혈관은 '투과성'이 매우 풍부해 늘 림프액이 걸러지는데, 다른 부분, 예컨대 손발에선 운동할 때에만 이런 일이 일어난다. 이런 상태에서는 림프액이 운반되는 속도보다 새롭게 만들어지는 속도가 빠르므로, 그 부분은 눈에 띄게 커진다.

림프액은 전혀 다른 두 가지 방법으로 혈액에 되돌아온다. 기관 활동이 멈춰 그로 인해 모세혈관의 투과 압력이 내려가면, 림프액의 주된 물 성분은 모세혈관의 벽을 통해 어느 정도 되돌아온다. 한편, 림프액은 고스란히 매우 얇은 벽으로 구분된 특정 도관 계통, 이른바 '림프관' 안에 들어가 관을 따라 심장 부근의 큰 정맥에 닿고 그곳에서 혈액으로 흘러들어간다(〈그림 1〉 참조).

두꺼운 림프관은 정맥과 같은 판—그릇과 같은 형태의 주머니로 관 내부에 붙어 있다—을 가지며, 심장과 역방향으로 흐르지 않게 막혀 있다. 그로 인해, 아무리 작은 압력이 림프관에 가해져도, 그때마다 안에 있는 림프액은 출구

쪽으로 밀며 나아가게 된다.

림프관 도중에는 절이나 샘이 있는데, 이것들은 체처럼 거르는 역할을 하며, 조직 틈에 들어간 박테리아처럼 작은 입자를 저지, 몸의 다른 곳에 퍼지는 것을 막는다. 이렇게 몸을 지킬 때에는 이들 림프절은 커지며, 말랑하게 부푼 멍울로 만져진다.

혈액 순환

혈액이 모세혈관으로 가는 도중에 통과해야 하는, 자잘한 갈래로 나뉜 소동맥은 마찰에 의한 상당한 저항이 생긴다. 심장이 고동쳐 그 내용물을 밀어 내보낼 때, 심장 근육은 이러한 저항에 거스를 뿐만 아니라 모세혈관의 그물코와 정맥을 통과시키는 데 필요한 압력을 생성해야 한다. 심장에서 새로운 혈액이 옮겨질 때마다, 불어난 혈액에 따라 탄력이 큰 동맥은 늘어나 부풀어, 심장 근육이 닫힌 출구판(〈그림 1〉 참조)의 안쪽에서 쉬고, 또한 혈액으로 가득 차 있는 동안에, 늘어난 동맥벽 탄성의 반동으로 혈액을 앞으로 끊임없이 밀어낸다.

측정해 보면, 동맥 속 혈액은 꽤 높은 압력 하에 이동한다. 청년기에 심장 내용물을 방출했을 때, 즉, 수축기에서는 약 120㎜Hg(수은주밀리미터), 물기둥으로 치면 대체로 5피트(약 150센티미터) 압력에 상당하고, 다음 방출을 시작하기 직전, 즉, 이완기에는 대체로 80밀리미터의 압력이다. 모세혈관에서 이 압력은 약 25밀리미터(약 12인치 물기둥)로 떨어지고, 정맥을 흘러감에 따라 더 떨어져, 심장 우심실로 들어갈 즈음엔 최저가 된다.

일정 시간 내에 심장, 폐, 동맥, 모세혈관, 정맥을 각각 통과하는 혈액 양은 확실히 같아야 한다. 그렇지 않으면 순환은 오래 이어지지 않는다. 모든 모세혈관 단면적의 합은 대동맥이나 심장으로 향하는 대정맥 단면적보다도 훨씬 크므로, 혈액이 모세혈관에서 흐르는 속도는 두꺼운 동맥이나 정맥줄기를 흐르는 것보다 훨씬 느리다. 이처럼 모세혈관 부분을 천천히 흐르는 것은, 그곳에서 혈액과 조직과의 사이에 생기는 중요한 물질 교환에 충분한 시간을 주려는 것이다.

곧 설명하겠지만, 다급히 필요한 세포에 순환하는 혈액 공급량은 운동 정도에 따라 크게 변화해야만 한다. 이 조절은 주로 심장과 혈관의 신경 지배를 사이에 두고 이뤄지고 있다.

미주신경(〈그림 17〉 참조)은 보통, 지속적으로 혹은 '긴장성'으로 억제하여, 심장이 뛰는 속도가 빨라지는 것을 막는데, 이 신경이 흥분하여 작용이 강해지면, 심장은 더 천천히 고동친다. 심장은 교감신경의 작용으로 빨리 뛰게 되는데, 미주신경의 긴장이 적어져도 같아진다는 점이 흥미롭다.

혈관, 특히 소동맥 역시 교감신경이나 다른 신경의 지배하에 있고, 이들 신경은 혈관 벽의 근육을 수축하거나 이완시켜, 몸의 어떤 부분으로의 혈액이 흘러가는 것을 제한하고, 그 밖에 필요한 부분에 다량으로 골고루 미치는 작용을 한다. 실제로 특별한 조건에 따라 대량의 혈액을 몸의 일부에서 다른 부분으로 옮길 수 있다.

항상성과 안정성이 유지되도록 교감신경이 작용하고, 몸속의 상태를 가감하여, 조절하는 많은 실례가 앞으로 나올 것이다. 이 구조의 일반적 구성에 대해서는 그러한 작용을 전체적으로 눈여겨 살펴본 뒤, 논의는 추후(제15장)에 다시 생각해 보는 게 좋을 듯싶다. 독자가 이러한 구조의 큰 특징에 대해 아직 익숙하지 않아, 관련된 말 중에 잘 모르겠다 싶으면, 언제든 제15장을 펼쳐 읽어보길 바란다.

몸의 내적 환경

몸 안팎에서 일어나는 불리한 조건에 노출되었을 때 보이는, 생물 몸의 안정성을 실례로 설명하기 위해 이제까지 언급한 사실에서, 어떻게 하면 안정성을 얻을 수 있는가라는 의문이 생긴다.

몸속에 안정된 상태를 만들어내고 유지하는 데 아주 중요한 기능을 하는 몸의 내적환경, 즉 우리 몸을 채우는 액질 Fluid matrix이란 것을 가장 먼저 채택한 건 위대한 프랑스 생리학자, 클로드 베르나르[3]였다. 이미 1859년부터 1860년에 걸친 베르나르의 강의에서 복잡한 생물에는 두 개의 환경—하나는 무생물과 같은 것으로, 생물 전체를 둘러싼 일반적인 환경이고, 다른 하나는 몸을 이루는 요소로 가장 적당한 생존조건을 부여하는 몸 내부에 있는 환경—이

---

3) 1813~1878. 실험의학·일반생리학의 창시자.

있음을 지적했다.

처음에 그는 혈액의 혈장이 유일한 내적환경이라 믿었다. 후에 '내적환경'을 이루는 것으로서 혈장과 림프액에 대해 언급한다. 마지막에 그는 생명현상에 관한 논문 중에 '생체를 순환하는 액체의 전체성에 대해서'로서 이 문제를 언급하고 있다.

혈액과 세포의 틈을 채우는 림프액이, 생체의 살아 있는 세포에 적절히 바람직한 주위 환경을 만든다고 평가한 것은, 우리가 생리현상을 이해하기 위해 부여된 베르나르의 눈부신 공헌이다.

일찍이 그는 '내적환경'이 외계와 접하는 표면에서 멀리 떨어진 깊숙한 조직에 숨겨논 세포에 영양분을 나르고, 배출된 노폐물을 옮겨 없애는 매개물일 뿐만 아니라, 그 생태를 놀라울 정도로 꾸준한 유지 작용의 영향 하에 있음을 지적하고 있다. 항성성이 유지되면 그만큼 생물의 몸이 외계의 변동에서 해방된다는 것을 확실히 깨달은 것이다.

'내적환경의 부동성이야말로, 자유롭고 독립된 생존 조건이고, 생명을 유지하기에 필요한 기구 모두가 아무리 변이가 많다한들 단 하나의 목적을 갖는다. 즉, 내부 환경에 생존을 위한 조건을 일정하게 유지하는 것이다'라고 그는 서술했다. J.S. 홀데인[4]의 의견에 따르면 '이토록 함축적인 의미가 가득한 말이 생리학자의 입을 통해 나온 적은 일찍이 없었다'는 것이다.

외계에서 가해진 여러 제한에서 생물 해방의 중요성을 유난히 강조한 베르나르는, 생물에 일정하게 유지되어야 하고 꼭 필요한 요소로서 물, 산소, 체온 및 영양물의 보급(염류, 지방, 당 등을 포함)을 들었다.

안정을 유지하기에 필요한 요인을 온전히 열거하기에 우리 지식은 아직 불충분할 것이며, 이제까지 알아왔던 것들의 분류도 상호 관련에서 쓸모없을지 모른다. 확실히 우리는 그런 수많은 요인을 알고 있다. 그러나 그것을 엄밀히 분류하는 것은 그 중요성이나 지배하는 원리에 대한 의론으로서 본질적이지 않다.

근육의 운동이나 샘의 분비, 그 밖의 활동을 할 때에 나오는 에너지원으로

---

4) 1860~1936. 영국 생리학자. 호흡생리학으로 뛰어난 업적을 남김. 철학적 저술로도 알려짐.

서, 혹은 성장이나 수복에 필요한 에너지원으로 공급되어야만 하는 물질—예컨대, 포도당, 단백질[5] 및 지방과 같은 것—이 있다는 것은 분명하다. 산소도 그러하고, 물이나 무기염류도 마찬가지다. 더욱이 갑상선이나 뇌하수체에서 분비되어 몸속에서 지속적으로 널리 작용하는 '내분비' 호르몬도 있다.

또 다른 예로는 녹아 있는 물질의 농도나 온도, 몸속을 채운 액질 속의 산과 알칼리의 상대적인 양처럼, 세포의 활동에 깊이 영향을 끼칠 만한 본질적인 환경 조건도 있다.

이상 예시한 개개의 요인은, 고등 생명을 구성하는 살아 있는 세포에 있어서 내부 환경에서는 비교적 일정하게 유지된 상태이다. 변동하는 것은 틀림없지만, 보통 그러한 변동은 좁은 범위로 제한되어 있다. 만일 이 범위를 넘어서는 일이 일어나면, 뒤에서 구체적인 예시에 대해 말할 기회가 여러 차례 있겠지만, 그 결과는 매우 중대하다.

평균적인 생태에서 심하게 벗어난 변동이 일어나고, 세포의 기능을 망가트리며, 생물의 존재를 위협하는 위험한 상태에 빠지는 일은 매우 드물다. 그런 극단적인 일이 일어나기 전에, 교란된 상태를 평소 위치로 되돌리려는 작용이 자동적으로 작용하기 시작한다.

다음 장에서는 이 자동조절의 작용이 몸을 채우고 있는 액질에 항상성을 유지하기 위해 어떠한 기능을 하는지 살펴보자. 이러한 설명에 들어가기에 앞서, 세포의 생명에서 근본적으로 꼭 필요한 조건, 즉, 몸을 채우고 있는 액질 유지와 유효한 이용이 확실히 실행되게 하는 몇 가지 요인 작용을 다뤄보고자 한다.

---

5) 고기나 달걀흰자에서 볼 수 있는 질소를 함유한 물질.

2 혈액과 림프액을 양호한 상태로 유지하는 몸의 자위기구

출혈과 혈액의 응고

몸이 위험한 상태에 빠졌을 때, 몸을 채우는 액질이 줄어드는 것을 막고, 가능하면 도움이 되도록 작용하는 구조에 대해 알아보고 있는데, 우선 혈액만을 주목해 살펴보자. 왜냐하면 림프액은 그런 점에서 2차적인 것으로 여기기 때문이다.

영양분과 노폐물 모두 나르고 그 밖의 여러 기능을 맡아, 살아 있는 세포에 가장 적당한 생존조건을 보증하여 순환하는 환경으로서의 혈액이 그 작용을 이어가려면 출혈이라는 위험한 상황에서 언제라도 지혈될 준비가 되어 있어야 한다. 예컨대 '혈우병환자'(혈액이 응고하지 않거나, 응고하더라도 굉장히 느림)가 이를 뽑는 간단한 수술을 받더라도, 많은 출혈을 일으킨다는 것은 실제로 이를 뒷받침하는 사실 증명이다.

찢어진 상처 부위를 봉합하는 젤리 상태의 혈액 마개는 생물에게 있어 기본적인 가치를 갖는데, 지금 여기서 그러한 마개가 만들어지는 복잡한 변화에 대해 말할 생각은 없다. 또한 상처 난 혈관이 부분적으로 수축하여, 심각한 출혈 가능성을 줄이고, 상처를 봉합하기 쉽게 하는 것 역시 특별히 내세워 말하고 싶지 않다.

이런 종류의 국부적인 작용은 잘 알려져 있지만, 우리가 문제 삼고 있는 더 큰 범위의 생리학적인 반응과는 관계가 없다. 출혈 중에 일어나는 조절적인 현상으로 항상성 유지라는 문제에 얽힌 재미있는 사실은, 출혈이 진행됨에 따라 혈액이 응고하는 속도가 빨라진다는 것이다.

몸에서 혈액이 빠지면 그에 따라 응고 속도가 빨라지는 현상은 일찍이 인정되었다. 18세기 후반, 휴슨은 동물이 출혈로 죽을 경우, 미지막에 흘러나온 혈액은 처음 흘러나온 혈액보다 빠르게 응고한다는 것을 깨달았다. 또한 백년 뒤

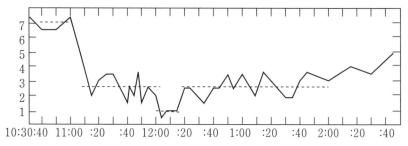

〈그림 2〉 혈액 응고시간 단축을 나타낸 실험 기록

10시 59분에 출혈(전혈량의 13%)시키고, 11시 59분에 두 번째 출혈을 일으켰다. 이 그림과 다음 그림의 점선은 그 시간 내의 평균치를 가리킨다.

에 콘하임은 동물의 혈액을 조금씩 뽑아 죽게 한 수많은 실험을 통해, 마지막에 뽑은 혈액은 대부분 순간적으로 응고해 버렸다고 보고했다.

하버드 생리학 연구실의 그레이와 란트의 관찰은 이 보고를 확인하고 확장했다. 〈그림 2〉에 나타난 것처럼 전형적인 실험에서 출혈이 일어나기 전의 응고시간은, 자기장치[1]로 측정해 보니 평균적으로 약 7분이었다. 그 뒤 전혈량의 약 13%가 될 만큼의 혈액을 뽑은(물론 동물은 마취함) 결과, 응고시간이 2분 30초로 줄어든 점에 주의하길 바란다. 거기서 10%의 혈액을 더 뽑았더니 약 1분이 되어 버렸다. 그 뒤 한동안 2분 30초 상태가 이어지다 차츰 처음 7분으로 되돌아갔다.

거듭 진행된 관찰에서, 예컨대 혈액의 순환을 동물의 몸 상체로 제한을 두자, 혈액에 따라 일어나는 응고시간에 이러한 단축이 일어나지 않는다는 것을 알게 되었다. 〈그림 3〉의 굵고 긴 직선은 가슴 아래 대동맥과 하대정맥을 묶은 동안에 지나간 시간을 나타내고 있다. 그림을 보고 분명해진 것처럼, 조치를 취한 직후, 전혈량의 5%로 추정되는 혈액을 내보내도 응고 속도는 빨라지지 않는다.—오히려 응고에 필요한 시간은 몇 분 길어졌다.

이 결과는 벨기에 생리학자 놀프가 말한 것으로, 즉, 순환하는 혈액이 간장으로 가지 않게 하면, 방출해도 응고시간은 짧아지지 않는다는 사실과 일치한다.

---

1) 이 방법은 《통증, 허기, 공포, 분노 시 신체적 변화》(1929년)의 책 135쪽에 기록되어 있음.

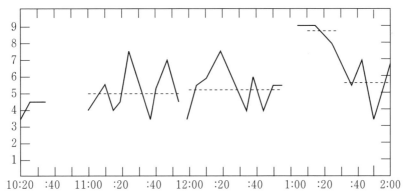

〈그림 3〉 혈액 순환을 횡격막에서 윗부분으로 제한한 경우, 응고시간의 단축이 일어나지 않는 걸 보여주는 실험 기록. 10시 40분에서 10시 58분까지 20여분 동안, 대동맥과 하대정맥을 횡격막 바로 위에서 묶는 수술을 했다. 11시 58분에 전 혈액량의 5%를 뽑고, 12시 58분에 다시 5%를 뽑았다. 어느 경우에나 동시에 호흡이 약해졌다.

일본, 중국, 벨기에, 영국 및 미국의 수많은 연구자들이 미량의 아드레날린[2]을 주사하자, 혈액 응고시간이 현저히 줄어드는 것을 발견했다.

1914년, 멘덴홀과 나는 교감신경계의 내장신경〈그림 35〉 참조)을 자극해 부신에 아드레닌[3]을 방출시키면 응고시간 단축이라는 현상이 일어나는 것을 실험적으로 증명했다. 〈그림 4〉는 자극 직후의 혈액이 반복해서 빠르게 응고되는 걸 나타낸다.

자극을 준 부위의 부신을 사전에 없애면 그러한 일이 일어나지 않는다. 더욱이 순환하는 혈액이 복부로 들어가지 않으면 주사한 아드레날린도 작용을 보이지 않아, 응고시간은 줄어들지 않는다. 따라서 응고시간을 줄이는 생리적인 기구로서 혈류 속에 아드레닌이 주입되는 것과 그 아드레닌이 어떤 복부 기관, 어쩌면 간장에 그런 작용을 끼치는 것이 필요하지 않을까 하는 생각이 든다.

출혈이 생겨 동맥 혈압이 떨어지면 교감신경계가 활동을 시작한다. 톨레도와 샤브롤은 이러한 상태에서 부신수질이 자극받아 아드레닌이 분비되는 것을 증명했다. 다시 말해 출혈로 인해 생긴 상황은 실제로 출혈에 따라 일어나

---

2) 신장 바로 위에 있는 부신 가운데 부분, 즉 수질(髓質)에서 생기는 생리학적 작용을 가진 물질.

3) '아드레닌'은 부신수질에서 분비되는 물질로, '아드레날린'은 부신에서 추출한 물질의 상품명이다. 현재, 아드레닌이란 용어는 거의 쓰이지 않는다. 이 책의 아드레닌은 아드레날린과 거의 같다고 봐도 된다.

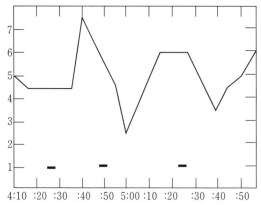

는 빠른 응혈을 아주 효과적이고도 자연스러운 방식으로 이끄는 것이다.

하지만 그레이와 란트의 실험을 미루어 보면, 비록 부신을 제거했다 하더라도 출혈에 따라 급속히 응혈이 일어날 수 있을 거란 생각이 든다. 이는 필시 혈액 공급이 불충분해진 간장 세포에 대한 직접적인 작용의 결과일 것이다. 왜냐하

〈그림 4〉 좌측 부신을 제거하고 나서, 4시 25분부터 28분까지, 3분 동안, 좌측 내장신경을 자극한 결과. 게다가 우측 부신은 남겨둔 채로, 우측 내장신경에 4분 49분부터 51분까지, 5시 23분부터 25분까지 자극을 주었다.

면 간장 세포가 특히 산소 부족에 민감하다는 것을 보여 주는 증거가 존재하기 때문이다.

그러나 부신이 없어도 출혈 결과, 응고시간이 줄어들 수 있다는 사실에서 보통 상태에서 일어나는 이 현상에 교감신경―부신계가 완수하는 역할이 중요하지 않다고는 할 수 없다. 몸속에서 일어나는 여러 작용은 상호 관련해 구성되어 있고, 그중에는 서로 보충하는 구조가 있다는 걸 나타내는 많은 예들을 앞으로 보게 될 것이다.

보통의 과정에서는 출혈이 교감신경―부신계를 자극하여 자동적으로 나오는 혈액을 재빠르게 응고시킬 것이다. 요컨대 몸이 갖춘 지혈작용, 응혈현상은 출혈로 인해 효과가 높아진다―많은 피를 흘리면 그에 따라 응고도 빨라진다―고 여긴다. 이와 같이 생물의 몸은, 가장 필요한 요소 가운데 하나, 몸의 모든 곳에 살아 있는 세포가 존재하기 위해 꼭 필요한 순환 혈액을 잃지 않게 지키고 있다.

혈액의 예비 알칼리분

그러나 세포가 계속 살아가기 위해서는 단지 혈액을 잃지 않게 하는 것만으로는 충분치 않다. 예컨대 혈액은 몸이 살아 있는 부분에 산소―외계에서 주

어지는 것 전체 중에서도 가장 절실하게 끊임없이 필요로 하는 물질―를 옮기기에 충분한 속도로 흘러야 한다. 예컨대, 산소가 세포에 충분히 공급되지 않으면 세포활동(이를테면 근세포의 수축)에서 직접 생성된 휘발하기 힘든 산(이를테면 젖산)은 산화되지 않아 혈액에서 쉽게 폐로 옮겨져 내보내야 하는 휘발성 탄산으로 바뀌지 않는다.

세포에 젖산이 쌓이면, 바로 주변 액체로 퍼져 간다. 혈액 속에서 젖산은 알칼리인 중탄산나트륨과 화합하여 젖산나트륨과 탄산이 되고, 탄산은 잘 알려진 방법으로 폐에서 배출된다. 이 변화에 대한 자세한 사항은 뒤(제11장)에서 검토하기로 하자.

여기서 말해두고 싶은 것은, 단지 중탄산나트륨(혈액 속의 '예비 알칼리분')이 젖산나트륨이 됨에 따라, 예비 알칼리분이 줄어든다는 것, 더욱이 조직으로 가야 할 산소의 공급이 불충분하므로, 끊임없이 생성되는 불휘발성 산이 산화되지 않는 걸 알 수 있는 기준으로 이러한 알칼리분 감소를 이용할 수 있다는 것이다.

나와 맥킨 카텔이 제1차 대전 중에 디용에서 한 실험에서 밝혀낸 것은, 하강 중인 동맥 혈압에는 어떤 한계치가 있고, 혈압이 그 수치에 이르면 일정시간 내에 흐르는 혈액 양이 불충분해지기 시작하는 징후가 나타난다는 것이다.

혈액 속의 예비 알칼리분은 혈장을 일정량의 이산화탄소에 접촉시켜, 혈장 속에 포함된 가스양을 측정할 수 있다.

〈그림 5〉에서처럼, 동맥의 혈압이 1시간 동안에 약 120mmHg에서 80으로 떨어져도 예비 알칼리분에는 아무런 변화도 일어나지 않는다. 그러나 같은 시간 내에 70, 60 또는 50mmHg로 떨어지면 혈액 속 중탄산나트륨은 차츰 큰 영향을 받아 그 양은 줄기 시작한다.

앞서 말한 요점의 해석만을 따르면, 하강하는 동맥 혈압의 한계치는 대체로 80mmHg이다. 혈압이 그 이하로 떨어지면 꾸준히 활동해야 하는 기관이 정상적인 산화작용을 영위하기 위해 필요한 혈류량을 유지할 수 없게 된다.

부상당한 사람에 대한 관찰기록은 지금 말한 실험과 같다는 걸 설명한다. 〈그림 6〉에서는 프레이저, 후버, 그리고 내가 1917년에 베뒨에서 연구한 43명의 실제 환자에 대한 관찰 결과가 나타나 있다. 이것은 심장 수축기의 혈압을 토

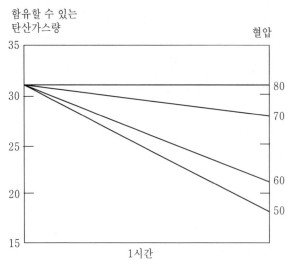

함유할 수 있는
탄산가스량

혈압

〈그림 5〉 혈압이 80mmHg 이하가 되면 예비 알칼리양은 점차 크게 줄어든다(혈액 속에 함유할 수 있는 이산화탄소량으로 측정했다). 예컨대 60mmHg로 떨어져 1시간이 지나면, 용량은 31에서 18.5%로 내려간다.

대로 그렸다.

그림에 나타나 있듯이, 심장 수축기의 혈압이 80mmHg 이하가 될 때까지 사람 혈액의 예비 알칼리분이 정상치 이하로 떨어지는 경우는 매우 드물다. 또한 혈압이 한계치보다 낮아짐에 따라, 예비 알칼리양의 저하도 커지는데 이는 디용에서 한 실험 결과와 거의 일치한다.

혈압이 한계치 이하가 되면 활동하는 기관의 요구를 채울 만한 양의 혈액 공급이 실제로 불가능하다는 설명이 여러 관찰에서 확인되고 있다.

마크 월더와 스탈링은 혈압을 잠시나마 80에서 90mmHg로 유지하면 몸의 다른 부분과의 연락을 끊은 심장 수축은 곧바로 약해지는 것을 발견했다. 또한 영국과 미국의 많은 연구자들이 밝힌 사실에 따르면, 오랫동안 저혈압을 유지하여 교감신경계 중에서 소동맥 근육을 지배하는 부분(혈관운동신경)이 손상되면 반사작용이 전혀 일어나지 않게 된다는 것이다.

〈그림 7〉은 1918년에 디용에서 한 실험에서 얻은 기록을 그대로 옮긴 것이다. 심장 주변에 가한 압력을 조절하여(동물은 마취함), 동맥 혈압을 임의의 수치로 변화시켜, 그 상태를 유지하도록 한다. 혈압은 60mmHg로 한 시간 동안 유지했다. 심장에 가한 압력을 느슨하게 하면 곧바로 동맥 혈압은 처음 수치에 가깝게 회복한다. 혈압을 몇 시간이나 낮은 수치로 잡아두면, 혈관운동신경계 조절력의 탄력성이 사라져, 3시간 뒤에는 더 이상 처음 수치로 회복하지 못하게 되어 버렸다.

신경세포가 아주 부분적인 빈혈에 대해서조차 유난히 민감하다는 것을 미루어 보인 유혈량이 적어진 것이 얼마나 쉽게 유해 작용을 끼치는지 충분히 납득이 갈 것이다.

혈압이 한계치 이상으로 유지되지 못하면 꾸준히 활동하는 기관에 산소 결핍이 일어난다는 설명을 입증한 것은 나의 공동연구자 가운데 한 사람인 조셉 아웁의 관찰을 통해서다.

그는 저혈압에서 실험적인 쇼크를 주어

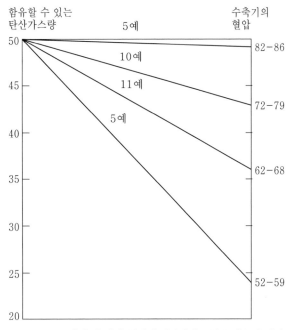

〈그림 6〉 쇼크와 출혈 시에, 혈장의 이산화탄소 함유 가능한 양과 수축기 혈압과의 관계, 부상당한 31명을 통해 관찰했다.

그 기초대사량(즉, 표준 상태에 일어나는 생체의 산화작용의 전량)을 측정했다. 중 정도의 쇼크(예를 들면, 수축기 압력으로 약 70mmHg)를 준 여덟 개의 예에서 평균 18.5%의 저하가 보였고, 심각한 쇼크(대체로 60mmHg 정도의 혈압)를 준 여덟 개의 실례에서는 33%의 감소를 보였다. 또한 아웁은 혈압을 인위적으로 약 60mmHg로 유지해 두고, 기초대사량이 대략 30% 감소하는 것을 실질적으로 증명했다. 이 말은 바꿔 말해, 대사량 저하는 혈류 감소로 인해 일어나는 것이지 쇼크를 일으키기 위해 쓰인 조치에 의한 것이 아니라는 것이다.

출혈에 따른 생리적 변화

이상, 지금까지 나는 순환하는 혈액이 컨베이어로써 가장 절실하고 중요한 일—몸의 최소한의 요구를 채우도록 산소를 나르는 일—을 하지 못할 때의 예를 나름 구체적으로 언급했다. 하지만 이는, 그런 사태가 벌어져 바람직하지 못한 결과가 생기는 것을 피하기 위해서이고, 생물의 몸속에서 쓰이는 구조에

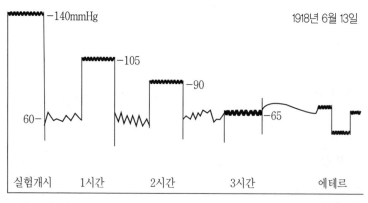

〈그림 7〉 지속적으로 1시간씩 혈압을 60mmHg로 유지해 두고, 5분간 방치하면 혈압은 점차 올라가지 않게 된다.

강한 인상을 남기고 싶었기 때문이다.

출혈을 하면 우선 가장 먼저 교감신경계가 작용하기 시작한다. 필처와 소르망은 1914년, 특수한 관찰이 가능하게끔 준비한 기관의 혈관이 출혈에 따라 수축하는 것을 보고, 앞서 말한 결론을 실험적으로 증명했다. 이 결과는 훗날 베이리스와 베인브리지가 확인하고 있다.

쇼크를 주는 도중에 차츰 혈압이 떨어질 때도 비슷한 현상이 일어난다. 나의 동료 가운데 한 사람인 맥킨 카텔이 한 여섯 번의 실험에서 얻은 수치의 평균을 그래프로 나타낸 것이 〈그림 8〉이다.

혈관의 수축을 조사하기 위해 그는 혈액의 관류(灌流)시간, 다시 말해, 표준 압력 하에서 생리식염수(0.9%의 식염수)의 일정량이 다리 소동맥을 통과하는데 필요한 시간을 기록했다.

예컨대, 혈관이 수축하면 식염수가 통과할 때의 저항은 커지고, 관류에 필요한 시간은 당연히 길어질 것이다. 사실, 혈압이 떨어짐에 따라 관류시간이 점차 길어지는 것에 주의하길 바란다(〈그림 8〉). 3시간째 마지막에는 60% 이상 늘어나 길어진다. 이 단계가 될 때까지는 혈압의 저하에 따라 뇌의 혈관운동중추가 작용하여, 말초부 소동맥의 수축을 일으킨다.

〈그림 9〉는 세계대전 중 디용에서 한 실험 기록으로, 말초부의 혈관 수축 효과를 그래프로 나타낸 것이다.

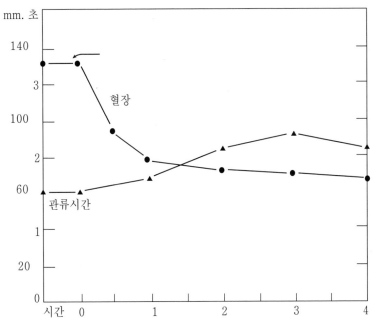

〈그림 8〉 관류(灌流)시간과 혈압의 관계를 나타내고 있다. 여섯 예의 실험 평균치를 나타낸다. 화살표는 근육에 상처를 입혀 쇼크를 일으킨 부분이다. 혈압이 떨어짐에 따라, 관류시간은 길어지고, 소동맥의 수축이 늘어난 걸 나타내고 있다.

2시 30분, 실험동물의 추정 전혈량의 20%를 방혈한다. 기록에 나타나듯 동맥 혈압은 급작스레 수직 하강했지만, 15분 만에 거의 정상 수치로 회복했다. 거기서 10%의 혈액을 더 뽑아내자 약 6분에 혈압은 다시 원상태로 돌아왔다. 이 회복이 조직 틈에서 림프액이 유입해 혈액의 부피가 늘어났기 때문이 아니라는 것은 혈액 조사로 밝혀졌다.―즉, 혈중 색소(헤모글로빈)가 묽어지지 않았다.

출혈과 그로 인해 생긴 혈압 저하의 결과로, 말초부의 혈관을 둘러싼 근육이 수축하는 것이기에, 〈그림 9〉에서 보이는 혈압 증가는 혈관계의 크기가 변화해 적어진 혈액에 따라 감소했기 때문이거나, 혹은 적어도 대체로 그 때문임에 틀림없다.

그리고 이 설명은 출혈이 진행될 때 발생하는 영향과도 일치한다. 새로 혈액을 10%만 뽑으면(〈그림 9〉에서 2시 59분에 해당), 적어진 혈액 부피에 맞게 혈관계

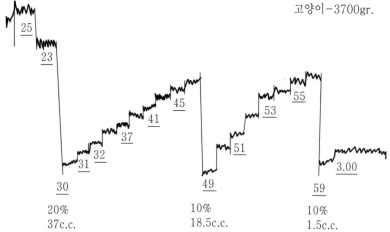

고양이 - 3700gr.

25
23
30
20%
37c.c.

31
32
37
41
45

49
10%
18.5c.c.

51
53
55

59
10%
1.5c.c.

3.00

〈그림 9〉 출혈 후, 혈압의 급속한 회복을 보여주는 실험기록. 이 회복은 내용에 따라 용적을 바꾸는 혈관 수축에 의한다. 30%의 혈액을 뽑은 뒤, 다시 10%의 혈액을 뽑자, 조절작용은 한계에 이른다(캐넌 《외상성 쇼크》에서. D. 애플톤 주식회사의 호의에 의함).

의 용적변화 능력은 한계를 넘어서므로 더 이상 혈압은 오르지 않는다.

출혈로 교감신경이 작용했을 때 보이는 또 다른 현상은 비장이 수축하여 작아지는 것이다. 영국의 생리학자 바크로프트[4]와 그의 협력자들의 연구에서 밝힌 것처럼 비장에는 많은 적혈구가 포함되어 있어, 혈액의 저수지라 할 수 있다. 심한 출혈이 생겨 빠져나간 혈액은 처음에 비장혈액에서 차츰 채워진다.

출혈 전후로 이 기관의 윤곽을 그려보면(〈그림 10〉 참조. 이것은 바크로프트의 논문에서 발췌한 것임), 비장이 얼마나 확연히 줄어드는지 잘 알 수 있다. 독자가 이 그림을 볼 때 비장의 길이와 폭, 동시에 두께를 갖는다는 것을 염두에 두고 생각하길 바란다.

한편, 이렇게 혈액순환 중에 보태진 진한 혈액은, 혈액을 잃었으므로 출혈 초기 단계에서 생길 것으로 보는 장해로부터 생물의 몸을 지키고, 만일 여기서 출혈이 멈추면 잃어버린 양은 충분히 채워진다.

그렇다면 이 공공의 컨베이어, 몸을 채우는 액질 중에서도 빠르게 이동할 수 있는 혈액이 도달해야 하는 통로에서 떨어져, 늘 혈액을 적당한 속도로 흐르

---

4) 1872~1947. 영국의 생리학자. 혈액이나 헤모글로빈 연구로 알려짐.

게끔 필요한 압력차가 사라졌을 때에 일어나는 여러 적응이나 조절 일체가 갖는 의의는 어디에 있는 것일까.

지금까지 기록했던 변화가 갖는 의미를 이해하기 위해서 가장 먼저 우리가 주의해야 할 것은 어떤 종류의 몸 구조—호흡이나 음식을 넘기는 운동을 관장하는 뇌나 심장, 횡격막—가 생존 유지에 꼭 필요하다는 사실이다.

매우 민감하게 영향을 받는 뇌나, 쉼 없이 활동하는 심장 근육 혈관

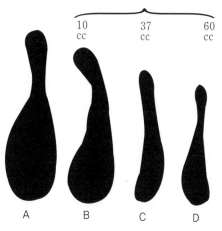

〈그림 10〉 고양이 비장 외관. A는 우레탄으로 마취한 것, B는 10ml의 혈액을 잃고 난 뒤, C는 47ml를 잃고 난 뒤, D는 108ml의 혈액을 잃고 사망한 것(기록은 바크로프트에 의함).

을 흐르는 혈액량이, 동맥 혈압에 의해 직접 좌우되고 있음을 말해주는 증거가 있다. 혈압이 한계치 이하로 떨어지면 이들 기관은 심하게 망가져, 회복불가능이 된다는 것은 이미 우리가 살펴본 것들이다. 혈관 수축은 몸의 일부에서 혈류를 적게 하려는 작용을 보이는데, 뇌나 심장 등의 혈관은 동맥 전반의 혈압이 높게 유지되는 한, 그러한 수축을 보이지 않는다. 따라서 가령 큰 출혈이 일어난대도, 말초부의 혈관—라우스와 기르딩에 따르면 특히, 피부, 지방조직, 골격근의 혈관이 수축하고, 비장이 줄어들어 혈액을 보충, 생체 생명을 좌우하는 기관으로의 혈액공급은 충분히 유지된다.

이처럼 자동적인 조절작용 활동에도 불구하고, 상호관련해 작용하는 구조의 어딘가에 적응 가능한 한계를 초과한 부담을 주어, 동맥전반의 압력이 한계치 이하로 떨어지면 그때서야 비로소, 슬프고 불행한 상해가 생기기 시작한다.

심한 출혈의 특징인 혈관의 수축에 따라 생기는 것은, 말초부분의 혈관을 흐르는 혈액량이 줄어드는 현상이다. 이러한 유혈량 감소와 출혈로 인해 응혈에 필요한 시간이 단축되는 현상은 더불어 작용하여 귀중한 혈액이 다량으로 빠져나가는 것을 막는다.

혈액을 잃어 위험해졌을 때, 교감신경-부신계를 출동시키는 신중한 파수병이라 할 만한 것은 목 위, 뇌 가까이의 혈관에 있는 예민한 신경말단일 것으로 짐작된다. 기관 양측에 있는 두 개의 굵은 동맥(경동맥)은 이곳에서 갈라지고, 내측의 지맥이 뇌혈관에 이른다. 갈라지는 부분에 있는 부푼 공 모양을 '경동맥동'이라 부르는데, 특히 많은 신경이 이곳에 모여 있다.

1910년에 프랑스 생리학자인 에든은 머리 부분의 동맥 혈압이 내려가면, 몸의 다른 곳의 혈관이 전반적으로 수축한다는 것을 밝혀냈다. 이 관찰은 보다 전에 포터와 프랫이 관찰한 사실, 이를테면 다리 혈관 혈압과 경동맥 혈관 혈압은 서로 반비례 관계에 있다는 사실과도 일치한다.

톨레도와 샤브롤 및 마르샹, 또 한편에선 앙네프와 스탈링이, 이 보고가 옳다는 것을 확인했다. 또한 보다 면밀한 실험을 통해, 머리 부분에서 생긴 저혈압이 경동맥동의 신경말단에 자극으로서 작용한다는 것을 증명한 이가 벨기에 생리학자 C. 헤이만스다.

이렇게 반사적인 반응이 유발되어 교감신경계가 작용한 결과, 몸속 광범위하게 혈관과 비장에서 수축이 일어나고, 부신수질에서 아드레닌이 방출된다. 우리가 이제까지 적응적인 현상으로, 상호 관련을 유지하고 작용하여 몸을 채우는 액질을 유효하게 쓸 수 있는 상태를 유지하고, 몸의 안전과 이익을 꾀한다고 믿어온 현상 모두, 혈액을 잃어 동맥 혈압이 떨어지면, 자동적으로 생기는 결과라고 설명할 수 있다.

출혈과 물

몸의 넓은 범위에 혈관수축이 일어나 출혈이 멎게 되는데, 이것은 어디까지나 임시변통에 지나지 않음을 염두에 두어야 한다. 확실히 뇌나 심장은 혈액을 공급받고 있고, 이는 무엇보다 가장 중요한 일이다. 그러나 몸 끝에서 혈관 수축이 일어나는 곳에 자리한 기관은 적당한 혈액을 공급받지 못한다. 이런 상태를 해결할 단 하나의 유효한 수단은, 혈액량을 늘려 수축하기 전 평소와 다름없이 혈관계를 충분히 채울 수 있게 하는 것이다.

모세혈관의 벽을 통해 조직 틈의 림프액에서 수분(또는 염류)이 혈류로 합류, 순환하는 혈액량은 어떤 한정된 범위에서 증가한다. 이 과정은 혈액을 잃어 모세혈관 내의 압력이 떨어지면 투과압[5])이 줄고, 또한 혈액이 보유한 물의 양은 림프액보다 적으므로, 림프액 속의 물은 혈액 쪽으로 확산하여 되돌아오는 경향 때문이라고 설명된다(이 상태를 다른 말로 나타내면 이렇다. 혈장 속에는 림프액보다 다량의 콜로이드 물질이 들어 있어, 혈액의 삼투압은 림프액보다 높다. 그 결과, 물과 염분이 림프액에서 혈장 쪽으로 옮겨 간다).

앞서 지적한대로 모세혈관 내의 압력이 내려가면, 지금 언급한 효과가 나타나기 시작한다. 이처럼 몸을 채우는 액질 가운데 재빨리 순환을 이어가는 부분, 다시 말해 혈액은 천천히 옮겨 가는 부분인 림프액에 원조를 구해, 차츰 그양은 원래대로 회복하지만, 동시에 몸에 많은 수분을 받아들인다. 적혈구 수가 이전으로 되돌아가기에는 꽤 오랜 시간이 걸린다.

말초부분의 림프액에서 물과 염분이 이동해 적어지거나 이들 부분이 필요로하는 물의 공급을 받지 못하게 되면, 다양하고 흥미로운 영향들이 나오는데, 그 가운데 하나가 갈증이라는 현상이다. 싸움 뒤에 심한 상처를 입고 출혈이나 쇼크 상태에 빠진 사람들 모두 찾는 것이 물이다. 불행히도 중상을 입은 사람은 마신 물을 체내에 보전하지 못하는 경우가 많다. 그러나 마신 물이 흡수될 때엔 놀랄 만큼의 많은 양을 필요로 할 것이다.

로버트슨과 버크가 보여준 사실에 따르면, 소화관을 통해 체내로 들어간 물은 줄어든 혈액량을 회복시키는 데 정맥이나 피하에 주사하는 생리식염수(0.9%의 식염수)보다 훨씬 효과적이다. 따라서 보통은 목 갈증이 몸에 수분이 모자란다는 것을 정확하고 예민하게 반영할 뿐만 아니라, 동시에 몸에 수분을 보급하기에 최선의 수단임을 나타내는 것이다.

＊

우리 몸 안팎에는 그 존재를 위협할 만한 조건들이 있다. 그 속에서 존재의 자유와 독립을 유지하기 위해 생명을 가진 각각의 부분이 잠겨 있는 액성 환경의 존재와 그 안전성의 필요성을 보여주는 실례에 대해 면밀히 살펴보았다.

몸을 채우는 액질을 잃을 위험이 닥쳤을 때에는 언제라도 그 위험을 늦추는

---

5) 모세혈관벽을 통해 수분을 림프액 속으로 밀어 내는 압력.

작용이 바로 활동하게끔, 우리 몸속에 수많은 장치가 마련되어 있다는 것은 이미 잘 알고 있다. 혈액이 몸에서 빠져나가면 빠져나간 만큼 혈액 응고는 촉진된다. 말초혈관이 수축하여 출혈이 될 만한 곳의 혈류가 감소할 뿐만 아니라, 생명 유지에 없어서는 안 될, 민감하게 영향 받기 쉬운 뇌나 심장과 같은 기관에서 혈액 보충이 끊임없이 이루어지도록 보증된다.

이러한 조절은 모두 저하된 혈압 자극으로 작용하는 교감신경계를 통해 자동적으로 실행된다. 몸속에서 일어나는 이러한 긴급처치로 끊임없이 조직 틈의 물과 염류에서 보급받고, 또한 목의 갈증이 생리학적인 기능을 발휘해 혈액량의 회복이 일어나는 것이다.

내부적인 환경의 항상성을 유지하기 위해 필요한 물질 보급을 하는 수단으로서 갈증 및 공복을 어떻게 설명할 수 있는지, 다음 장에서 알아보기로 하자.

3 물질 공급을 확보하기 위한 수단으로서의 갈증과 허기

소비와 저장

일찍이 갈증이나 허기의 생리학적 성질에 대해 《통증, 허기, 공포, 분노 시 신체적 변화》라는 제목의 책 속에서 자세히 언급한 적이 있다. 그러나 거기서 내가 강조한 것은 이러한 현상이 행동을 일으키는 동기, 다시 말해 '심리적인 유인(誘因)'이 존재한다는 점이었다. 물론, 근본적으로 갈증이나 허기 현상의 중요성은 몸이 그런 현상을 통해 기능을 유지할 때 없어서는 안 될 물질, 물이나 음식을 확실하게 얻기 때문이다. 이번 장에서는 그러한 입장에서 갈증과 허기 현상을 살펴보자.

물과 음식은 생물이 본질적으로 필요로 하며, 둘 다 끊임없이 몸속에서 소비된다는 것은 우리 모두 잘 아는 사실이다. 불휘발성의 노폐물은 늘 신장에서 몸 밖으로 배출된다. 음식으로 섭취된 물질이 조직 안에서 연소해 생긴 휘발성 노폐물은 숨을 내쉴 때마다 배출된다. 이 노폐물을 몸 밖으로 내보내기 위해 운반역할을 맡는 것이 물이다. 한편 물은 늘 호흡기나 피부표면에서 증발해 사라진다.

물이나 음식은 서서히 몸에서 사라지므로 끊임없이 세포에 필요한 공급을 지속하기 위해서는 이것들을 비축해 조금씩 꺼내는 것 말고는 방법이 없다. 물은 조직 틈이나 조직 세포 속에 비축된다. 음식은 잘 알려진 대로 지방 형태, 혹은 동물전분인 글리코겐, 또는 소량의 단백질로 간장 세포에 비축된다. 급히 필요해지면, 이들 저장물이 나와 이용된다. 그러나 이러한 저장물도 보충되어야 한다. 물과 음식 저장을 확실하게 유지하는 것, 그것이 무의식중에 자극이 되어 나타난 갈등과 허기의 역할이다.

갈증

먼저, 적당한 물 공급의 확보 수단으로서 갈증에 대해 알아보자.

갈증은 입과 목 안쪽, 특히 혀 밑과 입천장 안쪽 부분에 관계하는 감각—건조하고, 끈적이는 매우 불쾌한 느낌—이다. 입 안에서 수분이 증발하거나, 입안에 생기는 액체의 양이 줄면 보통 갈증 감각이 나타난다. 예컨대, 뜨겁고 건조한 공기의 호흡, 오랫동안 말을 하거나 노래를 부른다던지, 또는 마른 음식을 먹으면 목이 건조해져 무언가를 마시고 싶어진다. 무서운 일을 겪거나, 근심이 생겼을 때 역시 마찬가지로 입의 점막이 말라 심한 갈증을 느끼게 된다.

그러나 이러한 부분적인 조건 외에도 어떤 일반적인 몸 상태에서 목이 타기도 한다. 이를테면, 땀을 많이 흘리거나, 콜레라에 걸려 설사를 하거나, 당뇨로 신장에서 많은 양의 물이 빠져나가는 것처럼 병에 걸려 몸의 수분을 많이 잃게 되면 목이 심하게 마르게 된다. 또한 앞 장에서 언급한 대로 심한 출혈 뒤의 갈증 역시 사람을 고통스럽게 한다.

입이 부분적으로 건조하면 갈증이 생긴다는 것과 몸 전체에 물 부족 상태가 되면 목이 마른다는 사실에서 갈증 본체에 대한 두 개의 이론이 펼쳐진다. 어떤 실험가들은 갈증이 부분적인 신체 말초부분에서 일어나는 감각이라고 주장하는 반면, 다른 이들은 몸의 일반적인 상태에서 일어나는 감각이라 논하고 있다.

갈증의 원인이 되는 것은 몸 전체에 미치는 것이지, 원인이 되는 곳을 한정하는 것은 불가능하다. 이런 생각을 뒷받침하는 근거는, 주로 몸 전체에 영향을 주어 갈증이 멎을 만한, 갈증에 대한 일반적인 조치법으로 요구되고 있다. 예컨대, 물을 피하나 창자에 주사하면, 순식간에 갈증은 멎는다. 이렇게 체내에 들어온 물이 직접적으로 목을 축이지 않아도, 물에 대한 요구는 사라진다.

그러나 목이 타는 사람이 호소하는 따끔거리며 타들어가는 느낌이 목의 사실적 상태를 나타내는 것이지 막연한 전신적인 상태가 아니라는 것은 꼭 명심해야 할 핵심이다.

한편, 국부적으로 생기는 조건이 갈증의 원인임을 넌지시 암시하는 사실도 있다.

신장에서 많은 물이 배출되어, 심한 갈증으로 고통받는 사람의 입 안쪽 신경말단을 코카인으로 마비시키면, 갈증은 멎고 고통을 느끼지 않게 된다. 또한 물을 조금 머금고, 입 안을 행궈도 갈증은 멎을 것이다. 그리고 타액의 분비를 촉진하는 것— 이를테면, 레몬 한 조각—을 잠시 혀 위에 올려두는 것도 갈증이 줄어든다.

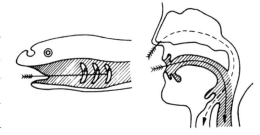

〈그림 11〉물고기와 인간의 머리 부분의 한가운데 단면도. 입에서 아가미로 물의 흐름 상황이, 공기 중에 사는 동물과 다르다는 것을 나타낸다. 후두부에는, 예로부터 물의 흐름(빗금부분)을, 공기의 흐름이 앞뒤로 가로지르는 것에 눈여겨보길 바란다(캐넌《허기와 갈증》,《실험심리학의 기초》에서. 클락 대학 출판부의 호의에 의함).

이들 방법 모두 몸에 물을 주지 않아도, 갈증의 고통은 완화되었다. 하지만 그렇다고 해서 부분적으로 생긴 건조 상태와 몸 전체에 일어난 수분 부족 사이의 연관성에 납득이 갈 설명을 달 수 있다는 뜻은 아니다. 우리가 알고 싶은 것은 국소적인 조건인 입 안의 갈증이 어떻게 몸 전체의 물 부족을 자동적으로 반영하고, 그것을 충족하도록 자동적으로 이끌어낼 수 있느냐라는 점이다.

몸이 물을 필요로 할 때 입이 마르도록 작용하는 구조를 확실히 찾아야 한다. 이 구조를 가지고 있을 거라 짐작되는 존재는 당연히, 끊임없이 빠르게 물을 잃지만, 정상적인 상태를 유지하기 위해 늘 새로운 물을 보급해야 하는 동물뿐이다.

그렇다면 이 단서를 찬찬히 찾아보자. 그리고 그것이 어떤 결과를 낳을지 살펴보자.

만약, 물고기처럼 물속에 살면서 축축한 표피로 감싸여, 물이 입으로 들어가 아가미로 나오는 동물은 아마도 목이 마르는 일은 없을 것이다. 반면 공기에 둘러싸인 동물은 공기에 닿아 건조한 표피를 가진다. 그리고 이러한 동물은 〈그림 11〉에 나타난 것처럼 입을 통과한 물의 흐름 대신에, 코를 통하는 공기의 흐름이 있으며, 오래 전부터 생물의 물 흐름을 횡단하고 있다.

코와 기관에는 많은 샘(腺)이 있어 습기를 전해주는데, 공기의 흐름과 물의 흐름이 교차하는 부분에서 이러한 샘은 조금밖에 보이지 않는다. 따라서 한참 동안 말을 하고, 노래 부르고, 담배를 피워 공기가 코가 아닌 입으로 들어가면 그 부분이 마르고, 끈적이며 건조한 느낌이 드는데, 앞서 언급한 대로 이것이 보통 갈증으로 느껴진다.

그러나 목이 늘 건조하고 끈적이는 느낌이 나지 않는 건 왜일까? 또 몸에 물이 모자랄 때만 그러한 감각이 생기는 것은 대체 무엇 때문일까? 더욱이 수중 동물과 육상 동물을 비교해 보면 육상 동물에만 입안에 특별한 샘을 가진다는—고등한 것에서 침샘이 그렇다—것을 알 수 있다.

이러한 사실에서 짐작되는 것은, 몸에 수분이 모자라면 여러 조직과 동시에 침샘에 대한 수분 보충이 줄고, 거기에 바람직하지 못한 영향이 나타날 것이라는 점이다. 또한 침샘은 그 기능을 하기 위해, 즉, 대부분이 물인 분비액을 흘려보내기 위한 다량의 물을 필요로 한다는 점에서 다른 기관, 가령, 근육과는 완전히 다르다는 것, 게다가 침샘은 몸속에서 특별한 위치를 차지하고, 분비물을 만들기 위해 필요한 수분이 사라져 분비가 멈추면, 목과 입이 말라 갈증이라는 감각을 일으킬 것이라는 점이다.

이상이 몸에 물이 모자랐을 때, 왜 입안 말초부의 국부적인 원인으로 갈증 감각이 일어나는지에 대한 나의 이론이다.

그렇다면 갈증이 타액 부족에 의한 건조 때문이라는 증거를 조사해 보자.

아무 맛이 안 나는 껌을 5분간 씹다보면, 몇 번을 거듭해도, 대체로 일정량의 타액이 나온다. 내가 몸소 한 관찰에서는 평균적으로 14cm³였다.

저녁 7시 이후, 물을 마시지 않고 실험을 했는데, 이튿날 아침 11시 무렵까지 일정 시간 씹어서 나온 타액 양은 거의 변함이 없었다. 이후에 서서히 14cm³에서 8cm³ 이하로 떨어졌다. 그래서 나는 오후 3시에 1리터의 물을 마셨다. 그 뒤 4시간에 걸쳐 똑같이 타액을 모아본 결과, 곧바로 침샘에서 분비물이 원래의 수치로 회복하여, 그 수치를 쭉 유지하는 것을 알 수 있었다.

내 제자인 매그너스 그리거센은 최근, 일정 온도가 유지되는 따뜻한 방에 개를 들여보내자, 헐떡거리기 시작하고 동시에 혀 밑에 있는 침샘 가운데 하나(악하선 〈턱밑샘〉)에서 극히 일정량의 타액이 나오는 것을 발견했다. 이 악하선에서의 분비물은 적당한 방법에 의해 눈금이 그려진 용기에 모을 수 있었다.

〈그림 12〉에서 보듯이 개에게 물을 주지 않았더니, 타액 분비량이 뚜렷이 줄

었다가, 물을 주면 곧바로 정상치를 회복했다. 이것은 내가 앞서 언급한 결과를 입증하는 것으로, 나의 주관적인 상태에서 좌우된 무의미한 결과가 아님을 밝혀냈다.

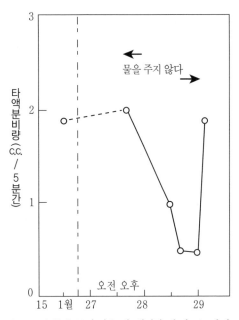

〈그림 12〉 물을 주지 않은 채, 헐떡일 때 나오는 타액 분비량을 측정한 결과. 개에게 물을 주자, 분비는 곧바로 정상치로 회복한다.

내가 직접 경험한 실험에서는 타액 분비량이 줄기 시작할 무렵에 갈증 감각이 분명히 나타났다. 물을 마시고 타액이 다시 분비되자, 갈증은 치유됐다. 몸속에 수분이 모자란 것, 타액 분비량이 줄어드는 것, 그리고 갈증 감각, 이 세 가지가 동시에 일어나는 것은 타액이 충분히 제 기능을 다하지 못해 불쾌감을 일으키고, 체내에 수분이 모자란다는 것을 강하게 표출하는 것이다.

또한 몸에 따뜻한 담요를 두르고, 뜨거운 물주머니를 대면 많은 땀을 흘릴 수 있다. 이렇게 몸에서 많은 양의 수분을 뺀 뒤, 일정시간 동안 음식을 씹어 나온 타액 양은 수분을 잃기 전의 절반수준으로 줄어든다. 타액 양이 줄면 현저하게 입이 건조해지고, 불쾌한 목마름이 생긴다. 이런 상태는 물을 마시면 바로 좋아진다.

나는 다른 실험에서, 약제인 아트로핀[1]을 피하에 주사하자, 평소 저작운동에 따라 나오는 타액 양이 13.5㎤에서 1㎤로 줄어드는 것을 관찰했다.

이때, 체내의 수분은 거의 잃지 않았다. 그런데도 평소 갈증이 날 때와 비슷한 감각이 생겨난다. 불쾌한 입 안의 건조, 끈적이는 느낌, 말을 하거나 음식을 삼키는 것이 힘들어지는―이 모두가 갈증의 특징―목마를 때 생기는 독특한

1) 식물 알칼로이드. 부교감신경 말초를 마비시킴.

느낌이 함께 일어난다.

이 실험에서는 잘 알려진 대로 아트로핀이 말초부분에 작용하여 타액의 유출을 막은 것이다. 그 결과 입이 국부적으로 마르고, 그로 인해 평소에 겪은 현상이 나타난 것이다.

이것 외에 뜻깊은 사실은, 입이 살짝 마르기 시작할 때, 타액 분비를 일으키는 확립된 반사가 있다는 것이다.

간단히 실험을 해 보자. 몸에 아무런 영향을 주지 않는 것을 씹어 나오는 타액 양과 5분간 입으로만 호흡하여 나온 타액 양을 비교해 보라. 입 내면이 건조해짐에 따라 타액이 흘러나오는데, 내 경험으로는 이것을 모은 양이 뭔가를 씹어 나온 타액 양보다 훨씬 많았다. 이런 반사가 있다는 것은, 침샘 작용의 하나가 입을 습하게 하는 것임을 나타내고 있다.

극심한 공포 후에 목이 타고, 동시에 타액 분비가 멎는다는 것은 잘 알려진 현상이다. H.J. 하워드 박사 자신이 강도에게 살해될 거라 느낀 날의 경험을 생생히 글로 남겼다.

'그래, 난 총에 맞아 개죽음을 당할 것이다! 혀는 굳고 입은 바싹 말라버렸다. 갈증은 점점 심해지고, 혓바닥은 위턱에 찰싹 달라붙어, 숨조차 제대로 쉴 수 없었다. 나는 갈증으로 숨이 막히는 듯했다……. 나는 공포의 절정에 있었다.'

그는 서서히 다가오는 운명에 견딜 수 있는 힘을 신께 빌었다. 그리고 남자답게 죽으려 맘먹자, 두려움은 순식간에 사라졌다. '순간, 목의 갈증은 편해졌다'고 그는 뚜렷하게 기록했다.

'1분이 채 안 돼, 갈증은 완전히 사라지고, 두 사람이 대문으로 다가간 순간 나는 완전한 평정심으로 조금도 두렵지 않았다.'

실제로 극심하고 불쾌한 갈증이 몸에 수분이 모자라서가 아니라, 입 안의 국소적인 조건 때문에 생긴 것임을 명심하길 바란다.

이상의 관찰을 정리해 보면, 갈증이 일어나는 것은 보통, 타액이 입과 목의 점막을 촉촉이 적신 상태로 유지하지 못하고 건조되었기 때문이라는 결론을 뒷받침한다. 신장이나 호흡기관, 또는 피부에서 물이 계속 사라져도, 한동안 혈액 속 수분에 뚜렷한 변화는 일어나지 않는다.

프랑스 생리학자 안드레 마이어의 관찰에서는 3일 동안 개에게 전혀 물을 주지 않아도 혈액에 특이한 변화는 없었다.

적극적인 기능을 하는 액성환경으로서의 혈액은 몸의 조직이나 세포 속에 비축된 물을 소비하여 늘 일정 상태를 유지한다. 그렇게 동원되는 조직 가운데에는 침샘도 포함된다. 그러나 앞서 다루었던 것처럼, 침샘이 몸 안에서 정상적인 기능을 이어가기 위해서는 물이 필요하다. 쓸 수 있는 물이 없어지면 침샘은 기능을 다하지 못하게 되고, 결국에 입은 불결하게 건조해진다. 물을 마시면 다른 기관과 마찬가지로 침샘도 곧바로 물을 써서 다시 그 특별한 활동, 즉, 입안을 적셔 부드럽게 하는 작용을 하게 된다.

요컨대 이런 샘은 몸에 수분이 모자란다는 것을 알리는 작용을 하는 것이다.

공복

이어서 음식 공급을 확보하는 수단으로서의 공복감에 주의를 기울여 보자. 공복감은 상복부에 일어나는 매우 불쾌한 통증, 쿡쿡 쑤시는 듯한 느낌, 또는 고통, 압박감으로 표현된다.

공복감에 대한 오래된 이론에서는 생체 내에서 일반적으로 음식물이 모자란 것에서 기인한 것이라 여겼다. 순환하는 혈액 속에 음식물이 모자라면 특히 뇌세포를 자극하고, 이것이 공복감의 원인이라 설명했다. 이 설명에 의하면, 공복감이 보통 위 주위에서 생기는 것은 위에 음식이 들어가면 공복의 고통이 사라지는 것에서 생긴 연상 때문이라는 것이다.

그러나 이미 다른 기회에 충분히 고찰한대로, 이 설명에는 커다란 난점이 있다. 공복감은 자주 주기적으로 되풀이되고, 동시에 위 부분에서 공기가 이동하는 소리가 들리는 것에서 나는 1911년에 공복감은 위벽에 존재하는 근육의 강하고 주기적인 수축에 의한 것이 아닐까라는 의견을 나타냈다. 그 뒤 얼마 안 돼, 나의 제자 가운데 한 명인 워슈번은 이 생각이 옳다는 것을 시험하도록 기회를 주었다.

그는 자신의 위에 고무풍선을 넣고 식도에 가는 관을 넣는 연습을 했다. 그 관은 위 속 풍선에서 〈그림 13〉에 나타난 것처럼 기록 장치에 이어져 있다. 신축성이 있고 속이 빈 관을 배에 휘감아(호흡 묘사기) 호흡운동을 기록했다. 이리

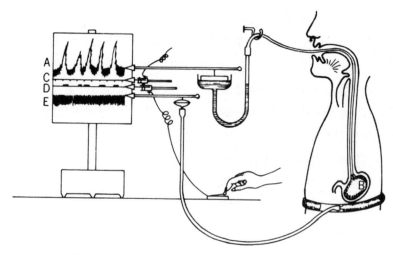

〈그림 13〉 공복에 의한 위의 수축을 기록하기 위해 쓴 방법을 그린 그림. A는 위속에 풍선의 부피의 증감 기록. B와 C는 분단위로 한 시간 기록. D는 피험자가 공복의 고통을 느낄 때의 기록. E는 허리 주위의 호흡계의 기록. 이 기록은 굶주림에 의한 수축이 복벽 근육의 수축 작용에 의한 것이 아니라는 걸 나타내고 있다(캐넌 《허기와 갈증》, 《실험심리학의 기초》에서. 클락 대학 출판국 호의에 의함).

하여 우리는 위에서 생기는 압력 변화가 복부에 있는 근육의 수축 결과가 아니라고 결론지을 수 있었다.

실험을 받는 사람 오른손에 있는 스위치는 그가 공복의 고통을 느낄 때 누른다. 위 속의 풍선의 부피 변화, 1분 단위로 구분된 시간, 실험중인 사람이 느낀 공복의 고통, 복부의 호흡묘사기로 기록된 호흡 변화, 이 모두 세로로 그려진 선으로 기록되었다. 〈그림 14〉는 1911년 5월에 이 방법을 이용하여 얻은 첫 기록의 대표적인 것이다.

〈그림 14〉에서 나타난 것처럼 비어 있는 위는 힘차고 주기적으로 약 30초간 계속 수축을 하고, 이 수축은 30초 내지 90초, 평균적으로 60초 간격으로 되풀이된다. 그림을 보고 알 수 있는 것처럼, 실험중인 사람이 공복의 고통을 느꼈을 때가 수축이 거의 정점에 이르렀을 때라는 것이 기록되었다. 따라서 공복감이 수축의 원인이 된 것은 아니다―수축이 공복감의 원인인 것이다.

우리의 관찰은 얼마 후 칼슨에 의해 확인되었다. 그는 공복 현상을 위장에 누공(瘻孔)이 있는 사람을 대상으로 연구하면서, 그 자신도 워슈번처럼 위속에 풍선을 넣어두는 훈련을 하며 연구했다. 사람과 이따금 하등동물에게 이용한

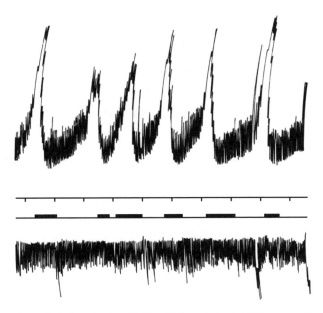

〈그림 14〉 공복의 고통에 따른 위수축의 첫 실험기록을 그린 것. 이 실험은 1911년 5월 17일에 이뤄졌다(원그림의 1/2로 축소. 상단의 기록은 위벽의 수축을 나타낸다. 그래프가 아래쪽으로 왔을 때, 수축하고 있음을 나타낸다).

일련의 흥미로운 실험으로 칼슨과 그 협력자들은 위장 수축과 공복감에 대해 여러 새로운 문제를 밝혀냈다.

그들이 보여준 사실에 따르면, 공복감은 보통 비어 있는 위에 가끔 일어나는 약한 수축으로 시작하며, 이 수축은 점차 심해지고 간격도 점점 짧아진다. 그리고 아주 심해지면 결국엔 경련상태에 빠져 버린다. 일단 수축이 일어나 경련이 일어나면 오랫동안 공복감으로 알려진 특유의 고통, 쿡쿡 쑤시는 듯한 아픈 감각이 나타난다. 수축이 가장 심하게 일어난 뒤에 위는 잠시나마 휴식을 취하며 움직이지 않는 것이 보통이다. 그 뒤 이따금 일어나는 약한 수축이 다시 일어나고, 지금 말한 일들이 주기적으로 되풀이된다.

음식을 소화할 때 규칙적으로 되풀이되는, 보편적으로 널리 알려진 이동성 수축(연동)보다 훨씬 강력한 수축을 위장에서 일으키는 것은 무엇인가라는 난해한 문제가 생긴다. 근육을 수축시키는 에너지원으로 특히 쓰이는 것은 탄수화물—글리코겐이나 당분—이라고 알려져 있다. 이 에너지의 근원이 되는 물질이 부족하면, 위의 평활근은 심하게 수축하여 부족을 알리는 것인지도 모른다.

브라타오와 칼슨은 인슐린을 이용하여 혈중 당 농도를 약 25% 떨어뜨리자, 공복에 따른 수축은 더욱 심해지는—인슐린을 과잉 투여한 사람에 대한 관찰이다—것을 발견했다. 혈류에 당분을 주사하자, 이 기아성(饑餓性) 수축은 멈췄다.

퀴글리와 칼슨은 인슐린이 위(및 십이지장)에서 이러한 운동과 그에 따라 생긴 공복감을 강화하는 작용을 맡는다는 관찰을 확인하고, 더욱이 포도당을 흡수하는 십이지장에 포도당을 보내자 이 현상이 바로 억제되는 것을 알아냈다. 또한 피하에 아트로핀을 주사해도 이 수축 현상은 일어나지 않는다는 점에서 기아성 수축은 미주신경을 통해서, 저혈당이 원인으로 일어나는 것이라고 생각할 수 있다.

간장을 제거, 혈당량을 점차 낮추면, 그 백분율이 약 75mg%가 되었을 때, 위는 수축하기 시작하고 그 강도와 도수는 혈당량의 백분율이 떨어짐에 따라서 바로 증가한다. 이것은 라발과 데토레의 관찰이다. 그러나 혈당량의 영향에는 한계가 있다. 45mg%에서 경련이 일어났을 때의 위는 돌발적인 경련의 틈틈이 이완한다.

이러한 관찰을 정리해 보면, 인슐린 작용은 차치하고, 혈당량 저하만으로 미주신경 작용을 통해서 위장 수축이 활발하게 일어날 수 있다는 걸 나타낸다. 평상시에 일어나는 기아성 수축 원인은 이것이라 짐작된다.

*

음식이나 음료에 대한 요구, 다시 말해 공복감과 갈증이 몸에 필요한 영양분과 수분 공급을 유지하는 방법은 개체와 종족의 이익을 위해 작용하는 다른 생물 본래 구조의 한 전형이라 하겠다. 동물의 행동은 불편하고 끔찍한 자극은 멀리하고, 바람직하고 좋은 자극을 늘이거나 또는 새로이 일어날만한 운동으로 이끈다.

허기와 갈증은 전자 부류에 속한다. 이들 모두 충동적인 요소를 가지며, 많든 적든 간에 모두가 심한 행동으로 몰고 간다. 둘 다 매우 불쾌하고, 불쾌함을 느끼는 사람은 참기 힘든 고통에서 벗어나기 위해 발버둥 친다. 또 한편, 어떤 음식이나 음료가 예상 밖의 기쁨의 원인이 된다는 걸 깨닫게 해준 경험이 행동조건을 달지 모른다. 그런 경험을 되풀이하려는 욕망이 이렇게 해서 구축된다.

욕망에 사로잡힌 사람은 행동에 충동적이라는 뜻이 아니라 그리하고픈 마음에 사로잡힌다—만족을 찾고, 구원을 바라는 것이 아니다. 이제까지 해석한 목적으로 두 개의 행동 동기—고통과 쾌감—가 별개인 것처럼 여겼지만, 꼭 그래야 한다는 건 아니다. 이 둘은 서로 혼연일체인 것이다.

즉, 허기나 갈증을 달래줄 것을 찾아내면 바로 그 요구가 충족될 것이다. 음식과 물 공급을 확보하는 일에 관한 한 욕망, 다시 말해 습관적으로 음식을 먹고 물을 마시는 것은 가장 효과적인 수단이다. 그러나 만약에 몸이 필요로 하는 것이 이렇게 간단하고 우연한 방법으로 채워지지 못하면 허기와 갈증이 시작되고, 끊임없이 힘들게 사람을 괴롭히는 자극이 되어 안정될 때까지, 음식이나 물을 섭취하도록 몰아세운다. 이 자동적인 구조로 인해, 음식과 물 비축에 필요한 보급이 보증된다.

어떠한 방식으로 작용하는지 아직 뚜렷하지 않지만, 허기나 갈증과 동시에 작용하는 것으로서, 이제 충분하다고 느끼게 하는 만족감이 있다. 생물이 음식이나 물을 과잉으로 섭취하지 않도록 지켜주는 수단은 이렇게 공급된다. 만족감에 대해서는 잘 알지 못하지만, 이는 매우 중요한 것이며, 이후에 당연히 더 주목받아야 한다.

4 혈액 속에 들어 있는 수량(水量)의 항상성

귀중한 물

생물에게 물이 중요하다는 말은 이미 앞에서 언급했다. 어림잡아 우리 몸의 3분의 2가 물이다. 다시 말해, 평균 체중의 사람은 약 100파운드(약 45킬로그램)의 물이 성분으로 존재한다.

물론 곳에 따라서는, 예컨대 뼈에 함유된 물은 다른 부분보다 적다. 놀랄지도 모르지만 대뇌 회백질의 85%, 혈장은 90%가 물이라는 것이다. 더욱이 타액은 알다시피 줄어들면, 몸에 물이 모자란다는 증거가 되는데, 사실 98% 이상의 물을 함유한다.

물은 소화관에 흡수된 양분을 나르는 역할을 한다. 더욱이 우리 눈에 띄는 활동 원인인 화학변화는 물속에서 일어나고, 나중에 알게 될 체온조절에서도 물은 꼭 필요하다. 또한 운동하는 부분―꾸불꾸불 휘어 있는 창자가 서로 꿈틀거리거나, 관절 표면이 앞뒤로 미끄러지듯 움직이는 것―의 윤활제로서 그 역할을 다하고 있다.

우리 몸속에서 물이 소중히 조심스럽게 쓰인다는 것은 틀림없이 물의 중요성을 뜻하는 것이다.

몸 밖으로 나가, 다시 원래대로 돌아오는 액체 순환이 몇 가지가 있다. 이를테면 타액은 몸에서 벗어나 입안(입속은 당연히 몸의 일부가 아님)에 배출되는데, 그 양은 하루에 1쿼트에서 1쿼트 반(약 1리터에서 1리터 반) 사이로, 이 모두 사실상 장에서 다시 흡수된다.

위액은 위벽에서 하루에 1~2쿼트 분비되고, 간장에서 나오는 담즙이나 췌장 또는 창자벽에서의 분비물은 필시 2쿼트에 이를 것이다―각각 모두 물로 이루어져 있음―이들 모두, 소화 과정에서 필요한 효소를 나르므로 몸 밖으로 방출된다. 이들 액체는 창자 내벽을 통해 다시 몸속으로 돌아오는 동시에 소화된 음식을 몸속으로 나른다.

이와 다소 비슷한 액체 순환은 신장에서도 확인된다. 신장의 주요한 부분은 무수히 가는 관으로 되어 있는데, 용액으로 된 물질과 물은 저마다 관 앞쪽 끝에 있는 작은 주머니 모양의 모세혈관에서 자유롭게 나간다. 그러나 이 작은 관을 지나는 사이, 물의 일부나 필요한 염류 및 용해된 당분은 몸속으로 회수되고, 불필요한 노폐물은 그대로 흘려보내 밖으로 나간다.

잘 알다시피 이러한 여러 순환현상에서의 물은 운반역할자로 아주 중요한 소임을 다하는데, 이런 물은 몸에서 영원히 나가지 않는다.

생물에게 물이 얼마나 중요한지는 물이 없을 때 나타나는 영향과 다른 물질이 없을 때 나타나는 영향을 비교해 보는 것으로, 간접적으로 판명된다.

독일 생리학자 루브너가 말하길, 단식을 하면 우리 몸속에 비축된 동물전분, 다시 말해 글리코겐은 사실상 거의 대부분이 사라지는데, 그로 인해 특별히 주목할 만한 일은 생기지 않는다. 마찬가지로 저장된 지방 전부를 잃거나 또는 저장되어 몸의 조직을 만드는 단백질의 약 2분의 1을 잃어도, 큰 위험에 처하지는 않는다. 반면, 몸속의 수분을 10% 잃으면 위험해지고, 20~22%를 잃게 되면 죽음에 이르게 된다.

수분 부족과 과잉

물 손실이 중대한 영향을 일으키는 원인은 당연히 예의 운송자, 다시 말해 혈액 조성이 변화하는 것에 있다. 혈액 속에 포함된 물의 양이 크게 변화되면 반드시 눈에 띄는 장애가 나타난다. 예를 들면 콜레라나 적리(赤痢)에 걸리면 몸에서 서서히 물이 밖으로 빠져나가 버리고, 물을 마셔 채우려 해도 흡수되지 않는다. 그 결과, 혈액의 물 일부는 잃게 되고, 혈액양이 줄어든다. 또한 혈중 성분의 농도는 높아지고, 적혈구나 혈장농도의 증가, 또는 일정량의 혈액 중량 증가로 나타난다.

이러한 변화에 따라, 혈액은 점차 점성이 높은 액체가 되는 동시에 내부의 마찰이 늘어 순환을 잇기 힘들어진다. 혈구는 모세혈관에 딱 달라붙어, 심장에 적당량의 혈액이 돌아오지 않는다. 심장은 정상적인 분량의 혈액을 보낼 수 없게 된다. 그리되면 당연히 혈압은 떨어지고, 쇼크를 받았을 때와 비슷한 상태가 계속 일어난다. 그러나 이 불행한 상태에 빠지기 전에 우드워드 실험에서처럼, 단순히 혈액 수분함량이 줄어든 것만으로 발열상태가 일어난다.

반면, 혈액 속에 있는 물의 양이 너무 많아도 장해가 생긴다. 피튜이트린[1]이라는 약을 복용하면 신장에서 배출되는 물의 양을 줄일 수 있는데, 이 상태에서 많은 양의 물을 마시면 두통, 구역질, 현기증, 쇠약, 운동부전의 특징인 '수분중독' 상태가 된다. 이 상태는 오히려 인위적으로 생기는 것이고, 물을 잃어 혈액이 농축되는 것만큼 장해로 자주 나타나진 않는다.

몸에서 나가는 물

우리는 늘 불가피하게 몸에서 물을 잃는다. 앞에서 언급한대로 우리는 호흡으로 산소를 들이쉬고, 이산화탄소를 내쉰다. 이런 기체는 폐에 있는 작은 공기 주머니 벽을 곧바로 빠져나가는데, 그것은 주머니 벽이 축축하게 젖어 있을 때에 한한다.

호흡기는 단순히 지금 말한 부분만이 아니라, 더 위쪽, 코, 목, 기관이나 기관지 모두 그 표면이 액체 막으로 덮여 있다. 흡입하는 공기에 포함된 습도가 포화되지 않는 한, 입에서 내뱉는 숨은 내뱉을 때마다 몸에서 물을 반출한다. 아이때 누구나 차가운 유리창에 입김을 불어 그 사실을 확인하여 알고 있는 대로다. 건조한 날에는 이렇게 몸 밖으로 반출되는 물의 양이 거의 1파인트(약 0.5리터)나 될 걸로 예상된다.

물은 또 땀으로 몸에서 사라진다. 이것은 '무의식' 즉, 여느 방법으로 조사해서는 알 수 없을 정도의 땀으로 나오기도 하고, 눈에 보이는 땀인 경우도 있다. 휴식을 취하는 사람이나 가벼운 일을 하는 사람이 무의식중에 흘리는 땀으로 잃게 되는 물의 평균량은 베네딕트 박사 부부에 의해 측정되었으나, 대체로 호흡으로 인해 잃게 되는 양과 맞먹을 정도—약 1파인트(약 0.5리터)—라 한다. 몸을 가볍게 풀 때 주위의 공기도 습기를 그다지 포함하지 않는다면, 땀은 눈에 보일 만큼 나지 않는다. 적은 양의 땀은 바로 증발해 버려 알아차리지 못한다.

---

1) 뇌하수체 후엽이라 불리는 부분에서 나오는 호르몬 물질. 현재 항이뇨 호르몬으로 불린다.

날이 덥거나 또는 옷을 너무 따뜻하게 입거나 혹은 근육을 많이 움직여 여분의 열이 생기면, 땀 분비는 늘어난다. 경우에 따라 흘리는 땀의 양이 많이 늘어난다. 축구 시합이나 치열한 경주에서는 4~5파운드(1.8~2.3킬로그램)의 체중이 주는데 그 대부분이 물이다. 사라진 물은 거의 피부에서 나간다.

끊임없이 몸에서 물이 나오는 세 번째 방법, 신장을 거치는 것이다. 이 경로를 통해 몸 밖으로 배출되는 것이 불휘발성 노폐물이라는 것을 상기해야 할 것이다. 활동 결과로 그러한 노폐물은 꾸준히 나오고 있다. 혈액 조성을 균등하게 유지하기 위해서는 이들 노폐물을 혈액에서 없애야 한다. 이 노폐물은 물에 녹아든 용액이 아니고선 제거가 불가능하다. 45그램의 노폐물, 요소를 버리기 위해서는 약 1쿼터(약 1리터)의 물이 필요하다.

마리오트는 음식이나 물을 섭취하지 않고도 살아 있는 환자에 대해 기록했는데 그 환자의 불휘발성 노폐물은 매일 신장에서 약 1파인트의 물이 나오는 것을 필요로 했다. 채워지지 않은 채로 그 환자는 신장의 경로만으로 그만큼의 물을 잃은 것이다.

이 모든 관찰에서 분명한 것은 혈액이 물을 잃음으로써 생기는 위험을 눈앞에 두고도, 몸에서는 부득이하게 다량의 물을 하염없이 흘려 보내는 것이다.

혈액의 물

나는 앞서 물을 며칠 마시지 않아도 혈액에는 아무런 변화도 일어나지 않는다는 놀라운 사실에 대해 독자의 주의를 환기시켰다.

브뤼셀(벨기에 수도)의 웨튼돌프는, 3일간 물을 마시지 않은 개의 혈액을 조사했는데, 엄밀한 방법으로도 혈액의 항상성에는 아무런 변화를 인지하지 못했다. 인지할 수 있는 약간의 변화가 생긴 것은 4일 뒤였다. 개는 땀샘이 없지만, 많은 물을 사람과 마찬가지로 폐와 신장에서 잃는다. 그러나 그렇게 내보내기만 하고 들어가지 않는 상태임에도 불구하고 웨튼돌프의 실험이나 안드레 마이어의 실험에서는 혈액 속의 물은 일정하게 유지되고 있었다.

많은 양의 액체를 몸속에 넣었을 때에도 마찬가지로 안정된 상태가 유지된다. 이 사실을 홀데인과 프리스틀리가 몸소 한 실험에서도 뚜렷이 드러났다.

그들은 6시간에 5.5리터(약 6쿼트)의 물 마시기라는 어이없지만 대담한 실험을 했다고 한다. 신장에서 나오는 물의 양은 한때 시간당 1200㎤(약 1.25쿼트)나 올라갔다. 물이 흡수되는 장에서 배출이 일어나는 신장에 순환하는 혈액으로, 옮겨진 물의 양은 추정되는 전혈량의 3분의 1을 웃돌았다. 그럼에도 불구하고 그 사이 혈액 색상을 검사해 봤지만 눈의 띄게 묽어지거나 하지는 않았다.

이러한 이유로 몸 안에 들어온 물의 양이 대폭 증감하여도 액성 환경에서 빠르게 흐르는 부분은 아주 고른 상태로 유지된다. 다음으로 이 안정된 상태를 만들어내는 구조를 조사해 보자.

과잉의 물과 신장

현재 우리의 지식에 따르면 생물에서 불필요한 물을 없애는 조절은 직접 신장에서 이루어지고 있다. 그러나 커슈니의 언급대로 이것은 '초과된 물에 대한 조절작용이지 결핍에 대한 것이 아니다.'

예컨대 사람이 물 부족으로 몸부림쳐도 이미 언급했다시피, 불휘발성의 노폐물을 배출하기 위해 약간의 물이 신장에서 사라지는 것은 부득이하다. 물이나 물을 함유한 액체의 섭취가 지나칠 때 신장은 조절적인 작용을 보인다. 그런 상태에서도 신장은 시간 내에 다량의 물을 없애려는 놀라운 능력을 발휘할 뿐만 아니라, 혈액의 조성의 아주 작은 변화에 대해서도 매우 민감한 감수성을 보인다.

홀데인과 프리스틀리의 실험에서, 혈액의 색조를 검사해 봐도 묽어질 기미는 보이지 않았지만, 후에 프리스틀리가 전기적인 방법을 쓴 실험에서는 많은 양의 물을 마시면, 혈액의 전기전도율이 몹시 떨어진다는 것을 밝혀냈다. 게다가 약간의 삼투압 감소가 인지되었다.

신장의 구조는 이와 같이 자칫 무시할 수 있는 변화에 예민하게 반응하고, 그 변화가 커지는 것을 실로 놀랄 만큼 효과적으로 막아내고 있음에 틀림없다.

신장의 대부분을 이루는 미세한 관 앞쪽 끝에 있는 현미경으로나 관찰 가능한 몇 백만의 작은 컵과 같은 구조 속 모세혈관 주머니에 대해서는 이미 언급했다. 물은 (요소, 염류 및 당과 함께) 이 컵(사구체)의 부근 혈관에서부터 세뇨관으로 걸러진다. 그러나 혈장의 단백성 물질(단백질이라 해도 무방한데)의 함량과 사구체를 지난 액체의 차이점은 삼투압의 차이로 나타난다. 이 차이는 여과

하는 압력을 약하게 하는 쪽으로 작용
한다.

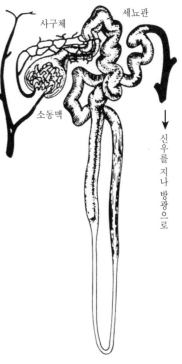

그런데 여기서는 몸을 채우는 액질 속
에 일정량 들어 있는 성분의 상호관계
가 실제의 예에서 나타나 있다는 뜻이다.
다시 말해 혈장 속에 단백질이 고르게
포함되기 시작하면, 여과 과정, 다름 아
닌 혈액에서 물이 통과해 가는 과정에
균일한 제한이 가해진다고 생각된다.

현재 생각하기에, 물과 그 속에 녹아
있는 물질은 사구체에서 여과된 뒤에 세
뇨관 속을 지나 내려가고, 그때 받는 작
용에서 뚜렷하게 영향을 받는다.

작은 관의 벽을 싸고 있는 세포는 어
떻게든 어느 정도의 작용을 영위하는 모
양새를 하는데, 사실이 그렇다는 것을
나타내는 증거가 있다. 널리 평가되는 설
에 따르면 그 세포들은 사구체에서 걸러

신장의 미세구조는 대체로 그림처럼 되어 있
다(《조직학 교과서 Histology》, 햄(Arthur Worth
Ham), 1950에서)

진 액체에 포함된 것 가운데 정상적인 혈액에 존재하는 물과 염류, 당을 함께
조합하여 몸속에서 다시 한 번 재흡수하는 작용을 하는 것이다.

그러한 재흡수가 일어난 뒤에는 밖으로 배출되어야 할 노폐물인 요소, 요산
따위의 많은 물질이 재흡수되지 않고 운반되도록 필요한 물에 녹은 상태로 남
는다. 만약 과잉된 당이나 염류가 음식을 통해 들어오면, 세뇨관의 액체에서도
당과 염류가 무수히 많이 나오고, 삼투압으로 인해 세뇨관 벽에서 일어나는 물
의 재흡수를 가로막는다.

이와 같이 우리는 혈액 속에 염분량과 당분량의 항상성과 혈장 속 단백질의
항상성을 조절하는 작용이 몸의 물 함량을 대부분 결정하고 있다는 것을 알
수 있다.

물의 저장

지금까지 우리는 몸이 지나치게 많은 물을 흡수했을 때, 혈액의 항상성이 어떻게 한결같이 유지되는가에 대해 살펴보았다. 그렇다면 오랫동안 물을 마시지 못했을 때는 어떻게 항상성이 유지되는가? 물이 몸속에 저장되고, 필요할 때마다 물이 방출되는 것을 보여주는 확실한 증거가 있다.

엥겔스가 한 실험에서 생리식염수(0.9%의 식염수)를 1시간 동안 천천히 정맥에 주입하자, 식염수의 약 6%가 몸속에 그대로 머문다는 것이 증명됐다. 이렇게 주사를 놓고 난 뒤에 몸의 여러 곳을 조사해 보면, 액체 대부분이 근육과 피부에 있는 것을 알 수 있었다. 1쿼트(1,200cm^3) 이상의 소금용액이 들어왔음에도 불구하고, 혈액에는 아주 조금의 변화가 일어날 뿐이라는 사실이 흥미롭다.

물이 주로 근육과 피부에 비축된다는 증거는 출혈 뒤에 여러 기관을 조사해 보면 더욱 확실하다. 출혈이 생기면 물이 림프액에서 혈액으로 옮겨 간다는 것은 이미 학습했다. 이 과정에서 모든 조직이 물을 잃는다.

많은 양의 출혈을 일으키기 전후에 한 마리의 동물(고양이) 한쪽 기관과 다른 쪽에 있는 같은 기관을 비교해 보고, 스켈턴은 출혈 뒤에 조직에서 나오는 물 대부분은 근육과 피부에서 가져온 것임—충분히 물을 섭취하는 동물에게서는 약 14.5%가 근육에서 11%가 피부에서 나왔고, 물을 주지 않은 동물에서는 각각 16%와 43%의 물이 나옴—을 밝혀냈다.

이러한 관찰은 근육이 물을 비축해 두는 주요한 장소임을 나타내는데, 근육이 몸의 체적 거의 대부분을 차지한다는 점을 고려해 본다면, 실제로 근육 단위 중량당 잃는 물의 양은 다른 조직이 잃는 양보다도 적다.

이처럼 물이 저장소에 들어가는 과정은, 하나의 홍수처럼 보인다. 앞에서 내가 림프액이 쌓인 조직 틈을 물이 고인 습지에 비유했다. '홍수'라는 말에는 이러한 비유의 말도 암시한다.

조직 틈은 물이 충분히 보급될 때에는 물로 촉촉이 젖고, 보급이 적어지면 수로(혈관) 속에 조금씩 되돌아가는 하나의 늪지라고 생각해 볼 수 있다. 이러한 관계를 만드는 구조는 틀림없이 가는 그물코처럼 된 부드러운 결합조직, 특히 피부 밑이나 근육과 근육 다발 사이에 있는 결합조직 안에 있는 듯한데, 몸의 다른 부분에도 있을 것이다.

결합조직이 다른 조직과 다른 점은 무척 많은 콜로이드성의 물질이 세포의 바깥쪽에 포함되어 있어, 혈관과 긴밀한 연락을 취하며,—실제로 혈관은 이러한 결합조직으로 지탱되고 있다—팽대한 표면적으로 혈관에 접한다는 점이다.

주로 이러한 조직에 이동하기 쉬운 물 뿐만 아니라, 물에 녹아 있는 염류나 당분(포도당) 등의 물질이 유지되고 있다. 이 조직에서 세포는 거의 없고, 그 대신 적은 양의 '접착제'를 함유한 '미세한 섬유상태의 물질이 해면(海綿)처럼 촘촘한 그물코를 만든 것'이 발견됐다.

이 콜라겐 섬유[2]로 만들어진, 아주 미세한 크기의 그물코의 작은 틈에는 단백질 물질(뮤코이드,[3] 적은 양의 알부민, 글로불린)이 발견됐다.

물이나 물속에 녹아 있는 물질은, 이 그물코 속에 어떠한 방법으로든 그물코와 결합되어 비축된다고 할 수 있다. 또한 심장이나 신장 기능이 완전하지 못할 때 액체가 모이는 곳도 이 그물코다. 복사뼈가 부풀거나, 여기저기의 피하가 붓거나 부풀어 오르는 수종이나 '부종'은, 결합조직에 쌓인 물의 양이 더 이상 정상적이지 않아서 생기는 것이다.

여기서 예시한 사실은, 촘촘한 그물코를 가진 결합조직이 생물체에 물을 공급하는 저수지임을 나타내지만, 우려할 만큼 물이 모자란 경우에는 어떤 세포 속에 포함되어 있는 물이나 세포액이 다른 세포를 위해 나오는 경우도 생길 수 있다.

출혈 결과 혈압이 내려가면, 말초기관으로의 유혈량은 줄어들고, 살기 위해 꼭 필요한 기관의 이익을 지킨다는 것은 이미 아는 사실이다. 마찬가지로 기아상태가 되었을 때 어떤 종의 조직이 서서히 소모하는, 이른바 희생을 하게 되는데 심장이나 뇌 조직에서는 절대 그런 일이 일어나지 않는다.

심장이나 뇌는 특별대우를 받아 오랜 기간에 걸친 단식에도 변함없이 정상적인 상태를 유지한다. 갈증의 비참한 말기상태에서조차 심장과 뇌는 다른 기관의 희생하에, 충분한 물을 공급받는 것이다.

---

2) 결합조직 성분으로, 뼈, 연골, 인대에도 있음. 물에 끓이면 젤라틴이 됨.
3) 일반적으로 동물이 분비하는 점액 중에 보이는 탄수화물과 단백질이 결합한 당단백질의 하나.

혈액에서의 물 이동

피를 흘리거나 땀을 심하게 흘린 뒤에는 물이 저장소에서 갑자기 나오게 되는데, 결정적으로 필요할 때에는 아주 재빠르게 이런 일이 일어난다.

그러나 이런 저장소에서 늘 조금씩 물을 흘려보내고 폐나 땀샘, 신장에서는 늘 잃는 동시에 혈액의 항상성을 유지하기에 필요한 물 보급이 일어나는 것은 분명하다. 필요한 때에 저수지에서 물을 내보내는 구조를 생각하다 비로소, 마이어와 웨튼돌프가 물을 주지 않은 개에게 한 놀라운 관찰—며칠간 물을 주지 않아도, 혈액 상태는 변화가 없다—을 설명할 수 있었다.

혈액 상태를 일정하게 유지하기 위해서 필요한 때에, 대체 어떻게 물이 비축된 곳에서 방출 되는가라는 점은, 아직까지 충분한 설명이 이루어지지 않고 있다.—물이 어떤 식으로 비축되고, 유지되고 있는가에 대한 것도 사실 잘 모른다.

세포 속에 포함되어 있는 액체는 알다시피 혈장이나 림프액과 마찬가지로 염류, 당분 및 단백성 물질의 수용액이다. 이 세포 안의 액체와 림프액과의 사이에는 어디든 세포벽을 이루는 막이 있고, 이 막을 통해 물과 물에 녹아있는 어떤 종의 물질이 쉽게 출입할 수 있다.

평소에 혈장의 수분은 림프액 속의 수분과 조화를 이루고, 림프액의 수분은 세포 속의 수분과 균형을 유지하고 있다. 만약에 혈장의 물이 불어 이 균형이 깨지면 물은 림프액 쪽으로 옮겨 갈 것이다. 한편, 혈장의 수분이 감소하여 혈액이 진해지면 물이 림프액에서 혈액으로 들어갈 거라고 여기는 것은 당연하다.

이러한 구조가 있다는 것을 염두에 두고, 앞서 난 물을 많이 섭취했을 때 조직 틈에 '홍수'가 일어나—물론, 이 현상은 방금 언급한 균형상태가 있다는 것, 신장에서 여분의 물이 흘러나가는 것으로 제한됨—몸에서 물이 나오고, 혈액의 항상성이 변화하게 될 것 같으면, 혈액 속으로 다시 조금씩 되돌아간다고 언급했다. 그러나 이것이 이야기의 전부는 아니다.

아돌프와 베어드, 홀데인이 발견한 것처럼 보통 소금(염화나트륨)을 물에 타 마시면, 몸속에 유지되는 물의 양이 뚜렷이 늘어난다는 것을 보여 주는 증거가 있다. 더욱이 근소하게 산이나 알칼리 쪽으로 기우는 변화가 생겨도, 수분 저장에 영향을 미친다는 사실도 존재한다. 쉐이드의 관찰에 따르면, 알칼리 쪽으로의 변화는 결합조직에서 물의 유지를 가져오고, 반대 방향의 변화, 다시 말해 중성보다도 산성으로 변하면 물이 방출된다.

또한 목에 있는 갑상선이 내분비작용을 통한 역할을 할 수 있다. 이 샘이 병들거나, 없어지면 단백성 물질이나 물이 피하의 결합조직에 가득 쌓이게 된다—점액부종으로 알려진 상태. 이 증상은 갑상선의 추출이나 추출물의 유효성분인 티록신을 공급하여, 쉽게 고칠 수 있다. 이렇게 점액부종이 사라지면 동시에 많은 물과 염분이 방출되어, 신장에서 몸 밖으로 내보낸다.

앞에서 이야기한 대로 예컨대 불시에 출혈이 생겨 순환하던 혈액에 물이나 염분이 부족해졌을 때, 대체 어떻게 이러한 여러 원인들이 서로 작용하는지는 분명치 않다.

그러나 지금까지 정리, 기록한 사실은 물의 저장이나 방출이 기본적으로 생물에게 중요하다는 것을 증명하고 있다. 이런 현상에 여러 요인이 하는 역할에 대해 우리가 잘 모른다는 것 자체가 다음 연구의 필요성을 알려주는 것이다.

*

혈액과 조직의 틈(그리고, 어쩌면 세포) 사이에서 일어나는 물 이동의 작은 부분까지 우리가 충분한 지식을 갖추지 못한 것은 사실이다. 하지만 물이 저장된다는 것은 잘 알고 있다. 또한 혈액은 늘 물을 잃고 있으며, 게다가 일정 상태로 유지되어야 할 양의 물이 저장 장소에서 나온다는 것도 알고 있다. 바꿔 말하면, 유동하는 액상환경에서는 그 항상성이 보증되지만, 이 상태를 변화시키는 생물에게 불리한 여러 상태가 늘 존재한다는 것을 생각하면 참으로 놀랄 만한 일이다.

많은 물을 마셔도, 혈액은 묽어지지 않고, 결합조직 속에 비축되거나 신장을 통해 밖으로 배출한다. 그리고 땀, 호흡, 소변 배출, 소화관 가운데 일시적으로 물을 내보내는 것으로 물이 몸에서 잃는대도, 무엇하나 혈액 조성을 눈에 띄게 변화시키는 것은 없다. 이러한 상태로 혈액 속의 수분이 일정하게 유지되는 것은 조직 틈에 비축되어 있는 물 덕분이다.

알다시피 피부와 근육에서 물이 가장 많이 나온다. 마찬가지로, 다른 조직도 비축되었던 수분을 제공하고, 더러는 불충분한 공급에 만족해 한다. 그러한 조직 가운데에는 침샘도 포함되어 있다.

이미 학습한 대로, 타액은 98% 이상이 물이다. 따라서 침샘에서의 물 공급이 줄면, 입이나 목을 상쾌하게 적시기에 충분한 묽은 타액을 만들 수 없게 된다. 이런 경우에 생기는 불쾌하게 건조한 끈적이는 느낌이 목의 갈증으로 느껴진다. 목의 갈증은 물이나 수분이 많은 액체를 마시게 하고, 그것으로 몸의 수분 비축을 올바른 상태로 되돌려—침샘은 평생토록 그 역할을 완수하게 된다.

5 혈액 속에 들어 있는 염분량의 항상성

염류의 조절

혼동되지 않도록, 앞장에서는 물에 녹아 있는 염류 가운데 어떤 종에 일어나는 조절에 대해서는 거의 언급하지 않은 채, 생물의 물 조절작용을 살펴보았다.

혈장이나 림프액에는 염화나트륨(NaCl), 염화칼륨(NCl) 및 염화칼슘(CaCl₂)이 이들 세 염기(Na, K 및 Ca)의 인산염이나 황산염이 함께 들어 있다. 혈중 무기성분으로, 특히 많이 포함되어 있는 것이 보통 소금, NaCl이다. 이들 염류 모두 몸이 바른 기능을 영위하는 데 중요한 것이지만 이 모든 조절기능에 대한 연구는 불가능해 보인다.

염화나트륨은 수분량의 조절과 근접한 관계에 있으므로, 혈액 속에 이것이 어떻게 일정하게 유지되는지 조사하고, 뒤이어 그와 전혀 다른 방법으로 이루어진 칼슘농도의 조정을 다뤄보기로 하자.

염화나트륨

혈장 속에 있는 NaCl의 나트륨 부분과, 클로린 부분(나트륨 이온과 클로린 이온)은 저마다 독립적으로 변화하고, 그중에서도 염기(Na+)는 훨씬 안정된 요소라는 걸 나타내는 충분한 증거가 있다. 따라서 몸을 채우는 액질의 안전성을 연구하려면, 염기성 이온에 중점을 두는 것이 적당할 것이다. 그러나 현재 알려진 대부분의 사실은 염화나트륨을 하나의 물질로서 그 행동을 조사한 실험에 유래하므로, 나도 이 물질을 소금으로 생각하기로 했다.

혈장과 림프액에는 제법 많은 나트륨이 포함되어 있으므로, 이들 액체의 삼투압 부분에서 염화나트륨은 중요한 물질이 된다. 혈장 속의 염화나트륨의 비율이 높아지면—예컨대 0.56%에서 1%로—삼투압은 심하게 변한다. 체액의 삼투압이 올라가면 그로 인해 세포에서 물이 빠져나온다. 따라서 혈액 속의 일정한 소금의 농도 유지가 중요한 것은 분명하다.

만약 동물에 염화나트륨이 들어가지 않은 사료를 오랜 기간 동안 꾸준히 먹이면 혈중 염분량은 크게 줄어든다. 신장은 매우 적은 양의 염분도 몸 밖으로 내보내지 않는다. 그러면 세뇨관에서 염분이 들어간 물을 한꺼번에 흘려보낼 이뇨제를 공급해, 이 보호 작용의 활동이 멎으면, 염분은 다시 몸 밖으로 배출된다.

이와 같이 많은 염분이 몸에서 빠져나가면 동물은 쉽게 흥분하게 되고 곧바로 쇠약과 몸의 떨림이 시작되며, 마지막에는 뒷다리가 마비되고 몇 시간 후에는 죽음에 이른다. 만일 염화나트륨 용액을 주사하면 부족 결과가 극단적으로 심하지 않는 한, 바로 정상적인 상태로 돌아간다.

그뤼네발트가 토끼에게 한 이러한 관찰은, 혈액 속 염분량을 어느 정도의 표준치로 유지해야 하는 중요성을 밝히고 있다.

한편, 테일러는 염분이 들어가지 않은 식사를 하고, 자신의 몸을 관찰한 증상에 대해 보고했다. 비 오듯 땀이 흐르고, 식욕은 이미 사라진지 오래다. 5일째 그는 눈에 띄게 몸의 나른함을 느꼈다. 8일째와 9일째에는 근육통과 경직으로 괴로워했고, 나중엔 잠을 이룰 수 없었으며, 근육경련으로 고통스러워했다. 더욱 증상이 심각해질 기미가 보이자 부득이하게 실험을 멈추게 되었다.

아이들이 염분을 과잉섭취하면, '염열'이라는 열이 난다. 이 현상은 하등 동물의 정맥에 진한 소금용액을 주사하면 비교적 간단히 일으킬 수 있다. 그러나 실제로 필요로 하는 양보다 많은 염분이라도, 별다른 장해를 일으키지 않고, 몸속에 흡수되는 것이 보통이다.

지금까지 예시한 데이터는 혈액에 NaCl의 함량이 줄어들면 장해가 일어난다는 것과 우리 몸은 제법 많은 양의 염분을 흡수하고, 처분할 능력을 갖추었다는 것을 명확히 했다. 이러한 상황은 생물 체내의 물과 아주 비슷하다. 물과 마찬가지로 염분은 몸에서 끊임없이 오줌이나 땀이 되어 사라진다. 혈중농도가 일정하다는 것은 물과 마찬가지로 염분이 몸 어딘가에 비축되었다가 필요에 따라 방출됨을 암시한다.

염분 저장

소금이 몸에 유지되고 있음은 베어드와 홀데인이 몸소 한 실험을 통해 알 수 있었다. 그들은 염화나트륨과 탄산수소나트륨($NaHCO_3$)의 진한 용액을 마시고, 소변으로 나오는 양이 마신 양의 일부분에 불과하다는 것을 발견했다. 대부분은 몸속에 그대로 머문 것이다.

그 말은 많은 양의 물(2쿼트(약 2.3리터) 이상)을 마셔도 조직 틈에 쌓인 염분은 씻기지 않는다는 재미난 사실로 밝혀졌다. 한 번에 조직에 비축된 소금은 아주 천천히 조직에서 나오는 듯싶다.

또한 저장이 일어나는 것을 가리키는 증거는 콘하임과 크레그링거에 의해서 알려졌다.

이 둘 가운데 한 사람이 몬테로사[1]에 오를 때, 6파운드(약 2.7킬로그램) 이상의 체중을 거의 땀으로 배출했다. 하루 섭취한 소금량은 거의 일정했다. 그럼에도 불구하고 등산한 날에 신장에서 배출된 양은 매우 적었다—땀으로 많은 소금을 잃게 된 것과 관련된 사실임에 분명하다. 그러나 이튿날, 실험한 사람이 휴식을 취해도, 신장에서 배출된 양은 변함없이 적었다.

섭취한 소금량과 배출된 소금량의 비교로 뚜렷해진 것은 등산을 한 날에 많은 양이 배출된 뒤, 몸은 10~14그램, 다시 말해 찻숟가락으로 약 4스푼쯤의 소금을 비축한다는 것이다. 이 관찰에서 알 수 있는 것은 몸의 NaCl의 저장이 땀을 흘려 다소 줄어도 그 뒤 휴식을 취하는 날에 섭취한 소금으로 다시 채워진다는 것이다.

염분 저장장소

만약, 소금이 몸에 비축되는 것이라면 저장장소는 어디일까? 패트베르히가 한 몇 가지 연구에서는 폐, 신장, 혈액, 그리고 피부에 가장 높은 비율로 염화나트륨이 포함되어 있음을 나타내고 있다. 소금이 충분히 들어간 사료를 먹일 경우, 몸의 염분 3분의 1은 피부에 있을 것으로 짐작된다. 소금 용액을 정맥에 주입한 뒤에 비축된 소금의 28~77%가 피하 결합조직에서 발견되었다.

---

1) 알프스산맥, 2번째로 높은 산봉우리. 4,638미터. 스위스에 위치함.

더욱이 패트베르히는 소금이 적은 사료를 얼마간 먹였더니, 몸의 염화나트륨의 함량은 11~21%로 줄었다. 또한 이렇게 감소한 양의 60~90%는 피부 층에서 잃었다는 것을 설명할 만한 근거를 찾았다. 다른 기관에서는 소금을 비축하는 역할이 매우 미약하다.

물론 피부에서의 소금은 물이나 다른 물질과 하나 되어, 피부에 해면과 같은 성질을 부여하는 결합조직섬유의 촘촘한 그물코 안에 비축된다. 그리고 물이 이 저장소에서 나갈 때에는 소금도 같이 나간다고 봐야 한다. 그렇지 않으면 혈장의 삼투압은 변해 버릴 것이다.

염분의 항상성 유지

의심할 여지없이, 혈액의 염분 함량을 일정하게 유지하고 조절하도록 세밀하게 조정하는 구조는 신장의 가느다란 관에 있다. 염기인 나트륨이 혈액 속에 일정하게 유지되는 수치는 0.3%다. 만약 이 비율이 0.3이상으로 오르면, 나트륨은 컵과 같은 형태를 한 사구체낭(349쪽 그림 참조)에서 물과 함께 나가는데, 현재 생각하기에는, 물과 염분이 함께 혈액에서 정상적인 비율과 같은 비율로, 세뇨관의 아래쪽에 있는 세포에서 재흡수된다.

이렇게 해서 여분의 나트륨은 버려진다. 이 부분에서 오줌 속 나트륨 농도는 2%나 올랐다. 반면, 만약에 혈액 나트륨 함량이 내려가면, 소금은 세뇨관에 남아 몸으로 되돌아온다.

물이나 소금은 사구체에서 똑같이 걸러지지만 정상적인 때와 마찬가지로 혈중 비율과 같은 비율로 물과 소금이 함께 재흡수되고, 소금은 여분이 없으므로 사실상 모든 소금이 재흡수되는 것이다.

테일러가 몸소 한 실험에서는 소금을 뺀 식사로 일주일이 지나자, 소금의 총 배출량은 하루에 0.2그램이라는 적은 수치를 보였다. 땀샘은 사구체와 약간 비슷하지만 흡수하는 가느다란 관이 달려 있지 않다. 따라서 땀과 함께 나오는 소금은 몸에서 영원히 잃게 된다.

현재 주위에 있는 사실을 토대로 생각해 보니, 한동안 소금을 전혀 입에 대지 않아도 피부에 비축되어 있던 소금이 나와, 혈액은 일정한 상태로 유지되는 한편, 가능한 한 잃지 않게 신장의 흡수작용으로 보호되는 것이라고 상상할 수 있다.

　예컨대, 몸이 필요로 하는 이상으로 칼륨이 들어간 음식을 먹는 초식동물에게서나 볼 수 있는 것으로, 소금이 몸에서 모자라면 '소금에 굶주린' 현상이 나타난다. 기록에 남아 있는 믿을만한 보고에서 보면, 염분이 모자란 동물은 '굶주림'을 가시게 하려고 멀리 '소금 맛보기' 여행길에 오른다. 이 같은 굶주림의 진정한 성질에 대해서는 전혀 알려진 바가 없다.

　혈액 속에, 소금의 함유량을 일정하게 보전하는 항상성 유지를 위한 구조는 물에 대한 구조와 유사하리라는 생각이 든다. 저장을 위한 결합조직의 늪처럼 그물코에 채워, 과잉으로 공급된 경우에는 신장에서 넘칠 것이다. 그리고 만약 소금 부족 현상이 생기면 저장 장소에서 흘러나오는 동시에 소변으로 버려지는 양이 줄어 채워질 것이다.

　'소금에 굶주린'은 몸의 전체적인 요소를 채우는 방법으로 갈증과 비슷하다. 사실상 모든 점에서 수분 조절과 염분 조절은 같은 것이고, 이러한 것들이 보통 함께 일어날 수 있는 일이다.

6 혈중 당의 항상성

포도당과 인슐린

전분이 들어간 음식은 몸속에서 쓰이기 쉬운 형태인 포도당, 또는 글루코오스로 바뀐다. 음식 형태로 들어와 에너지원이 되는 모든 물질 가운데에서 포도당은 가장 이용하기 쉬운 물질이다. 많은 양의 포도당이 제공될 때에는 이것이 선택적으로 쓰인다. 그때, 지방산화는 거의 완전히 멈춘다.

더욱이 현재 알려진 바에 의하면, 포도당이나 저장 형태인 글리코겐은 근육의 수축에도 없어서는 안 되는 물질이다. 때문에 포도당은 늘 쓰이고 있으며 잠들어 있을 때조차, 심장 근육이나 호흡근은 글리코겐을 소비하고 있다. 한편, 새로운 보급은 주기적으로 이뤄지고 있는 것에 불과하다.

순환하는 혈중 포도당은 $100cm^3$의 혈액 속에 100mg을 함유하는—일반적으로 '100mg%'라고 표현된다—것이 보통이다. 이 농도에서 크게 벗어나 진해지거나 묽어지면 안 된다. 당 함유가 높은 식사를 하거나 많은 양의 과자를 섭취한 뒤에는 농도가 '신장의 한계치'(약 180mg%)보다도 높아져, 당은 소변으로 빠져나가 몸에서 잃게 된다. 반대로 농도가 70mg% 이하로 떨어지면, '저혈당 반응'이 일어나게 된다.

당뇨병 치료에 쓰이는 췌장 호르몬, 인슐린을 주입하면 뚜렷하게 저혈당 반응이 일어난다. 당뇨병을 인슐린으로 치료하는 이론적인 근거에 대해서는 나중에 생각해 보기로 하자. 다만 여기서는 혈당 저하를 일으키는 인슐린 작용은 지나치게 강하게 나타날 수 있다는 것만 언급해 두기로 하자.

인슐린 작용하에 포도당(혈당)의 농도가 약 70mg%로 낮아지면, 환자는 보통 쇠약 또는 피로감을 호소하고, 심한 공복을 느낀다. 꼭 나타나는 현상이라 해도 될 만큼 몸이 떨리고, 작은 동작의 협조가 이뤄지지 않는다. 더욱이 당의 농도가 낮아지면, 객관적으로도 판단 가능한 징후가 나타나기 시작한다. 비 오듯 땀이 흐르고, 창백해지거나, 얼굴에 홍조를 띠는 경우가 빈번히 관찰된다. 동공은 열리고 맥박은 빨라진다(특히 아이들).

동시에 환자 자신의 자각적인 증상도 점차 심해진다. 초조함이나 불안감을 느끼다가 흥분상태에서 결국에는 감정을 폭발시킨다. 혈당 저하가 멎지 않으면 경고 증후는 정서적 불안정, 언어장애, 혼미한 의식, 정신착란 등으로 나타난다.

이 같은 현상은 하등동물에게 인슐린을 과잉 투여했을 때에도 나타나는데, 혈당치가 약 45mg%가 되었을 때에 최고조에 달해 경련이나 혼수상태에 빠진다.

이런 효과가 인슐린 자체로 인해 생기는 것이 아니라 혈중 당의 함량이 줄어든 결과에 따른 것임을 만과 마가스의 실험에서 증명된다. 그들은 간장을 제거하며 혈당이 떨어지고, 혈당치가 45~50mg%으로 내려가면, 특징적인 경련과 의식 상실이 일어나는 것을 발견했다. 즉, 여기서 얻은 결과는 인슐린에 의한 저혈당의 경우와 같았다는 것이다.

하등동물이나 사람 모두, 저혈당이 된 상태에서 포도당을 혈류에 주사하자, 상태는 놀랄 만큼 호전됐다. 경보 증후나 죽음이 임박했음을 알리는 뚜렷한 징조는 감쪽같이 사라지고, 곧 정상적인 상태로 회복했다.

그런데 몸속에서 당은 끊임없이 쓰이고, 주기적으로 채워지는 것에 불과하다. 혈액 속에는 오로지 지속적인 배출뿐만 아니라 지나치게 과잉 공급된 귀중한 에너지원이 몸에서 잃지 않도록 하고, 생물의 몸에 많든 적든 심각한 악영향을 끼치지 않는 요구에 적합하게 조정되어야만 한다.

당의 저장

혈중 당의 항상성은 저장에 따라, 과잉 상태와 부족 상태 중간에 있게끔 보증된다. 그러나 당의 저장은 2단계로 진행된다는 점에서 물과 소금의 저장과는 다르다.

우선 제1단계로, 과잉된 혈당의 일시적인 저장 장소는 과잉 염화나트륨의 경우와 마찬가지로 피부다. 식사의 주된 내용이 당이나 그 밖의 소화하기 쉬운 탄수화물 음식일 경우에, 혈당치는 보통 약 100~170mg% — 즉, 신장의 한계치 바로 아래를 밑도는 수치 — 로 오른다.

폴렝, 트럼블과 뉴먼은 혈중 당 백분율이 높은 이 시기에는 피부의 당 백분율 역시 높다는 것을 발견했다. 이 또한 과잉으로 저장되는 예인 듯싶다. 포도당에서 화학적 변화는 생기지 않으므로, 일시적으로 저장하고 거기서 꺼내는 데 그 어떤 특별한 구조도 필요 없다. 순환하는 당이 쓰이거나 곧 이다음에 살펴보게 될 더 영속적인 형태로 비축되거나 하면, 혈액 속의 양은 떨어진다.

그래서 피부 심부에 있는 해면상태의 결합조직 틈이나 어쩌면 이런 조직이 많은 다른 곳에 쌓인 진한 농도의 포도당이 차츰 혈액 속으로 배어 나와, 바로 쓰이거나 좀 더 안정적으로 비축되어, 혈중 포도당이 찾아가는 보통의 경로로 따라가는 것이다.

제2단계, 또는 저장 방법은 세포에 흡수하는 방법으로, 단순히 탄수화물을 헛되이 하지 않는 전형적인 방법일 뿐만 아니라, 다른 음식 성분에도 흔히 보이는 것이다. 나는 이 방식을 격리하여 저장하는 방법이라 할 것을 제안해 왔다.

매우 복잡한 조절작용하에 있다는 점에서 이것은 넘쳐나 저장되는 경우와는 다르다. 이미 배웠다시피 넘쳐서 저장되는 경우는 양의 많고 적음에 따라 혈류에서 흘러나오는 과정과 반대로 흘러 들어가는 과정—비교적 간단한 과정—으로 생각해 볼 수 있다.

반면, 격리해 저장되는 경우에는 일반적으로 물질의 물리학적 상태나 분자의 배위(配位)의 변화를 수반, 신경계나 신경계가 내분비선과의 협동작용으로 나타나는 조절작용의 지배하에 있다. 지금부터는 생각을 진행함에 따라 차츰 밝혀지겠지만, 우리 지식에는 커다란 공백이 자리하고 있으므로 이 설명은 말할 것도 없이 가설적이다.

탄수화물은 식물에서 전분으로 비축된다. 동물에서도 마찬가지로 '동물전분', 또는 글리코겐 형태로 저장된다. 식물에서도 동물에서도 몸속을 순환하는 것은 수분이 많은 액체에 녹아든 상태의 당이다. 설탕단풍나무에 흐르는 수액(樹液)에서 채취한 당밀을 보면 쉽게 이해된다.

흐르는 혈액 속의 당은 글리코겐으로 변해, 간장과 근육 세포 속에 저장된다. 쓸 일이 생겼을 때에는 간장 세포에 의해 다시 포도당으로 바뀌고, 혈액에 녹아 필요로 하는 곳으로 운반된다. 근세포의 글리코겐은 젖산으로 바뀐다. 젖산은 혈액에 들어가서 간장에 이르는데, 실로 재미난 사실은 거기서 다시 글리코겐으로 만들어진다.

　탄수화물의 저장과 방출 구조는 격리해서 비축하고, 항상성을 유지하는 방식의 아주 좋은 예다. 탄수화물이 들어간 음식이 많으면 간장의 글리코겐 저장량도 늘어난다. 그러나 오랫동안 근육을 쓰는 일을 한 뒤에 저장량은 대부분 방출된다. 방출이 진행될 때에도 조절작용이 확실히 작용하는지 주의를 기울이는 것이 중요하다.

　캠포스, 룬딩, 워커, 그리고 내가 개를 러닝머신(Tread-mill)[1] 위에서 심한 운동을 시키자, 혈당의 평균치가 약 90mg%에서 66mg%로 천천히 떨어지는 것을 최근에 밝혀냈다.

　바꿔 말하면, 포도당이 대량으로 쓰이는 시기(근육운동을 하는 시기)에 혈중 포도당 함량은 신장에서 잃을 만큼 높지 않고, 저혈당의 심각한 악영향이 생길만큼 낮지도 않은 농도로 유지되고 있다.

혈당의 증가와 생리적 변화

　그렇다면 내부 환경에서 혈당이 늘기 시작하면 어떤 일이 생길지에 대해 살펴보자. 늘어나는 현상을 없애는 작용 효과는 과잉 포도당을 섭취했을 때 확실히 나타난다.

　혈당치는 신장에서 배출되기 시작하는 농도에 근접하게 오르는데, 일반적으로 그 수치를 넘는 경우는 없다. 과잉의 당은 넘치게 비축되는 것 외에도 간장이나 근육에 저장되며 지방으로 바뀌기도 하고, 더러는 바로 쓰인다.

　간세포나 근세포 속에 격리되어 저장되는 과정이 과하게 인슐린의 영향을 받는다는 증거가 있다. 인슐린은 췌장에 있는 일군의 세포, 이른바 '랑게르한스 섬'의 세포로 인해 만들어지는 내분비물질이다. 인슐린이 저장과정에서 중요한 역할 수행을 하는 증거에 대한 개요를 간단히 짚고 넘어가 보도록 하자.

　첫째, 췌장이 병이 들어 제거되면 곧바로 당뇨병이 나타나고 혈액에서 과잉의 당이 나와(고혈당증), 간장의 글리코겐 저장량은 뚜렷이 준다.

　둘째, 당뇨병에 걸린 사람이나 당을 투여해 당뇨병 상태인 개에게 인슐린을

---

1) 옛날 옥사에서 죄수에게 형벌을 가할 때 밟게 한 것.

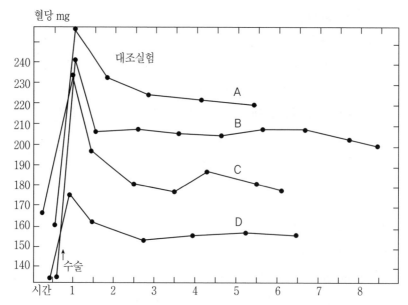

<그림 15> A, B, C, D 네 개의 대조실험은 아미탈 마취 시의 혈당 변화를 나타낸다. 전부 좌측 부신
은 완전히 묶어 혈류를 막았다. 우측의 미주신경은 자극할 수 있도록 준비해 둔다. 수술을 하면 틀
림없이 혈당은 확연히 오른다. 그 뒤, 일정치가 되어 몇 시간 이어진다. 이 유지되는 수치는 증가의
최대량에 관계한다.

투여하자 혈당은 정상치로 떨어지고, 동시에 간장에서 다시 많은 양의 글리코
겐이 쌓인다. 한마디로 말해, 주사된 인슐린은 췌장의 기능이 불충분하므로
모자란 부분을 채운 것이다.

셋째, 췌장을 제거한 동물에게 인슐린을 투여하자, 근육 안의 글리코겐의 저
장량이 확실히 늘어났다. 특히 여분의 당을 투여하자 뚜렷해졌다. 따라서 포도
당은 인슐린이 없으면 저장되지 않는다.

마지막으로 췌장이 정상적인 상태로 탄수화물 대사조절 참여를 나타내는
증명으로, 췌장 일부만을 남겨두고 제거한 개에게 탄수화물 음식을 과잉 섭취
시키자, 랑게르한스섬 세포에 특유의 변화가 생기며 과도한 분비활동이 인지된
것, 그러한 변화로 인해, 세포가 기능적으로 퇴화한다는 것을 호만즈가 관찰
했다.

대체 어떻게 췌장에서 인슐린을 분비시키는가는 아직 분명치 않다. 높아진
혈중 포도당 농도가 직접 랑게르한스섬의 세포를 자극할 수 있다는 것은 우선

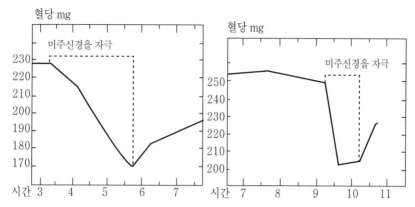

〈그림 16〉 혈당에 대한 미주신경 자극의 영향을 나타내는 두 가지 데이터. 각각 좌측 부신은 묶여 있다.

의심의 여지가 없다. 이것은 여러 실험에서도 나타나 있다.

민코프스키가 밝힌 것처럼 췌장 일부를 피하에 이식하는 것이 가능한데, 그 뒤 췌장의 남은 부분을 제거해 신경과의 연락이 끊겨도, 당뇨병은 생기지 않는다. 그러나 이식한 췌장조각을 제거하면 곧바로 당뇨병이 나타난다. 가이에와 교미의 실험에도 같은 결과가 나왔다. 그들은 하등동물을 실험적으로 당뇨병에 걸리게 해 생성한 혈당 과잉은 다른 동물에게서 떼어낸 췌장을 목 혈관에 인공적으로 잇자 바로 억제된다는 것을 알아냈다.

반면, 인슐린 분비가 신경에 지배되고 있음을 나타내는 사실도 있다. 드 고랄, 맥레오드와 그의 협력자들이 불충분한 실험을 거친 뒤에, 나의 동료 가운데 한 사람인 S.W. 브리튼은 교감신경-부신계, 다시 말해 나중에 보게 될 췌장 작용에 반대의 작용을 하는 계통을 제거, 우측의 미주신경을 자극하여 혈당을 떨어트릴 수 있었다.

〈그림 15〉에서는 아미탈로 마취하여 실험할 수 있게 준비된 수술을 마치고, 미주신경을 자극하지 않았을 때에 보통 혈당이 이르는 변화를 나타내고 있다.

〈그림 16〉은 우측 미주신경을 자극할 경우의 혈당 저하를 나타내고 있다. 이 변화는 췌장의 혈관을 미리 묶어 두면 일어나지 않는다.

춘츠와 라발에 의하면, 인슐린 분비가 신경 지배를 받는 것은 포도당을 주사하는 것으로 증명할 수 있었다. 그들은 한 마리의 개(A)의 췌장에서 나오는 정맥을 다른 개(B)의 경정맥에 이어 상호 혈액이 순환하도록 하고, 개A에게 포도당을 주사했더니 개B, 다시 말해 A의 췌장에서 혈액을 받는 개에게서 혈당저하가 일어나는 것을 발견했다.

물론 두 마리 다 마취된 상태이다. 그들이 기록한 부분에 따르면, 개A의 미주신경을 사전에 끊어 두던지, 아트로핀이란 약으로 미주신경의 흥분전달을 억제하면 개B의 혈당저하는 일어나지 않았다. 분명히 과잉 혈당이 미주신경을 통해 췌장의 내분비물을 늘려 증가한 분비물이 개A에서 개B로 옮겨져, 후자의 혈당량을 떨어트리는 것이다.

지금까지 언급해 온 실험적인 증명들을 종합해 보면, 인슐린 분비의 신경 지배가 존재하지만 불필요하다는 걸 보여준다. 필요하지 않다는 것은 꼭 그것이 쓸모 없다는 증명이 되진 못한다. 몸의 여러 기관은 신경계와의 관계를 끊더라도 어떤 종류의 기능을 이룰 수 있다.

이를테면, 정상적인 상태에서 아드레닌 분비를 지배하는 내장신경을 자르더라도, 질식시키면 아드레닌 분비가 일어난다. 그러나 이 상태에서 분비샘은 정상적으로 신경 분포를 받을수록 자극에 반응하지 않는다. 아마도 미주신경이 인슐린 분비의 세밀한 조정을 하는 것이리라.

저혈당 반응

인슐린 효과 연구로 인해 혈당이 위험수위 가까이 떨어지는 것을 막고 있는 요인의 본질적인 작용을 알 수 있을 것이다.

이미 지적한 대로 인슐린 작용으로 혈당을 약 70mg% 떨어뜨려, 소위 '저혈당 반응'을 일으킬 수 있다. 이때 반응의 특징인 창백한 얼굴, 빠른 맥박, 커지는 동공, 피죽땀 등은 교감신경이 활동하는 징후이다.

당연히 이런 현상이 교감신경계 작용의 일반적인 현상의 일부인가, 만약 그렇다면 부신의 분비작용이 저혈당 반응에 관계하는가라는 의문이 생긴다.

저혈당 상태에 교감신경-부신계 팀이 참가하는 것은 흥미로우면서도 아주 중요하다. 왜냐하면 이 팀은 간장에 저장되어 있는 당을 방출시킬 수 있다. 그러므로 혈중 당 농도가 낮아져 정상 농도를 유지하기 위해 보다 많은 양의 당이 필요해지면, 자동적으로 이 팀이 동원되는 것으로 보인다.

저혈당에 따라, 실제로 부신(수질)이 아드레닌을 분비하는지를 알아보기 위해, 브리스, 맥키버 그리고 내가 '신경을 제거한' 심장, 즉 모든 신경과의 연락을 끊은 심장을 이용해 앞서 기록한 것이 일어날 수 있는지를 확인해 보았다.

이미 우리는 교감신경계의 신경섬유에 따라, 자극을 전달하고 맥박을 빠르게 하는 한편, 미주신경은 반대쪽으로 작용하여 심장을 천천히 뛰게 한다는 것을 배웠다.

루이스, 브리튼과 나는 맥박을 촉진하는 신경섬유가 나와 있는 가슴 상부의 모든 교감신경줄기를 조심스레 외과적인 수술로 제거하고, 성대 근육을 지배하는 후두신경 아래 우측미주신경을 절

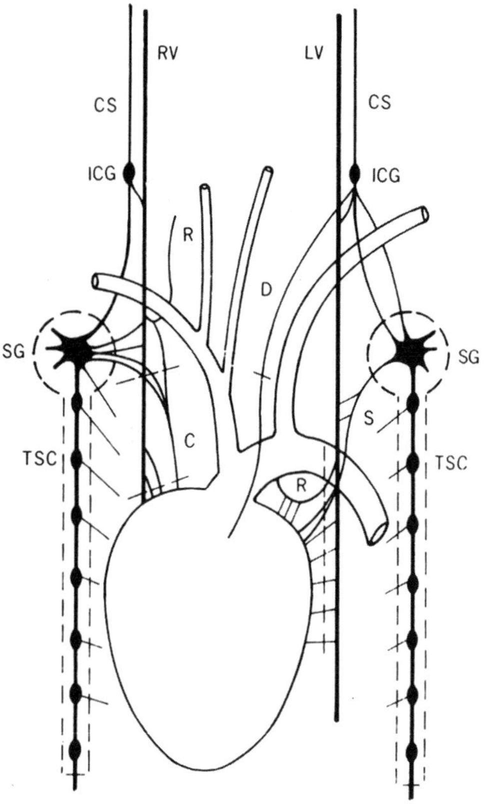

〈그림 17〉 정상적인 고양이 심장신경의 배치를 나타내는 모식도. RV–우측미주신경 ; LV–좌측미주신경 ; CS–경부 교감신경 ; ICG–후경 신경절 ; R–반회신경 ; D–혈압감소신경 ; SG–성상 신경절 ; C–심장신경 ; S–교감신경섬유 ; TSC–경부교감신경줄기. 짧은 파선은 자르거나 자른 곳을 나타낸다.

단, 좌측 미주신경의 심장에 이르는 분지(〈그림 17〉 참조)를 절단할 수 있었다. 심장은 이렇게 신경계에서 완전히 분리되었다.

가슴 속에서 심장의 위치는 변함없이 동맥, 모세관, 정맥을 통해 혈액을 보내고 있는데, 몸의 활동이 절박해졌을 때, 신경의 직접 작용으로 심장 활동을 조절하는 것은 더 이상 불가능하다. 심장은 순환하는 혈액에 의해 몸에 나머지 부분과 연락을 취할 뿐이다.

이제부터 우리가 하려고 하는 목적에 아주 부합하게도, 신경 지배가 끊긴 심

장이 뛰는 속도는 동맥의 혈압 변화에 따른 영향을 전혀 받지 않는다. 실제로 온도변화 이외에 속도에 영향을 끼치는 것은 화학물질뿐이다. 신경지배가 끊긴 심장은 그 혈관을 흐르는 혈액 속에 아드레닌이 아주 조금만 늘어나도 예민하게 반응한다.

안레프와 달리는 혈액에 14억분의 1의 비율의 아드레닌 존재만으로도 고양이의 잘라낸 심장을 빠르게 뛰게 한다는 사실을 발견했다. 또한 라포와 나는 혈류로 들어가 심장으로 운반되는 아드레닌의 양이 많으면 많을수록 박동의 촉진도 커진다는 것을 밝혀냈다. 심장 반응은 아주 빠르게―부신에서 아드레닌이 나오기 시작한 10초 이내에 맥박이 빨라진다.

우리는 '즉시 실험'(실험동물은 마취에서 깨어나지 않음)과 심장의 신경을 끊은 외과수술에서 회복한 동물을 이용한 실험 모두 신경을 자른 심장을 부신 분비작용의 지표로서 썼다. 수술받은 고양이는 곧 온전히 건강을 회복했고, 얼핏 보기에 모든 면에서 여느 고양이들과 구별이 불가능했다. 이들 동물은 실험실에서 아주 오래, 건강한 동물들과 다름없이 살아있다.

브리스, 맥키버와 나는 혈중 아드레닌이 증가하는 것을 알아보기 위해 신경을 제거한 심장을 이용했는데, 인슐린을 투여한 뒤에 혈당이 떨어지고, 마취하지 않은 동물은 약 70mg%가 한계라는 것을 알아냈다. 마취 동물은 다소 높았다.

〈그림 18〉에서 보듯이 이 한계점에 이를 때까지 당 농도가 계속 떨어져도, 심장의 맥이 뛰는 속도에는 변화가 없었다. 그러나 한계점에 이르자, 신경을 제거한 심장 고동은 빨라지기 시작하고, 당 농도가 떨어짐에 따라 더 빨라지고, 마침내 최고치에 달했다.

부신을 사전에 제거해 두던지, 아니면 제거하여 다른 쪽의 신경을 잘라 두면 〈그림 19〉에 나타난 것처럼 혈당치가 떨어져도 심장 고동 속도는 빨라지지 않는다. 따라서 〈그림 18〉에 기록된 것처럼 심박동수 증가는 인슐린이 심장이나 부신에 직접 작용해 생긴 것이 아니라, 교감신경이 자극된 결과 아드레닌 분비가 늘어났기 때문임에 틀림없다.

여기서 흥미로운 사실을 발견한다. 그것은 저혈당이 되어 신경을 제거한 심장 고동의 속도가 빨라질 때 포도당을 정맥에 주사하면 〈그림 18〉에서처럼 심

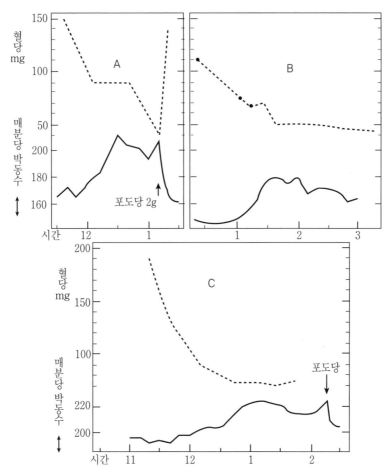

〈그림 18〉 혈당치(점선)가 떨어져 한계점을 지나면, 신경 지배를 끊은 심장 박동 수가 늘어남(실선)을 보여 준다. 실험동물은 클로랄로스로 마취되어 있다. A의 경우에는 인슐린을 경정맥에 11시 33분에 주사했다. B의 경우에는 11시 8분, C는 9시 30분에 저마다 비슷하게 주사했다. 각각 주사한 양은 체중 1kg당 4단위였다.

장 속도는 바로 떨어져 원상태가 된다.

　다시 말해 혈당 농도의 저하가 교감신경–부신계를 작용시키고, 그 작용은 간장 내에 저장되어 있는 글리코겐에서 당을 방출시켜 혈중 당을 늘리는 것이다. 주사로 혈중 당을 늘려 교감신경–부신계가 작용할 필요가 없어지면 활동은 거의 순식간에 멈춘다.

　교감신경–부신계가 실제로 확실히 혈당량을 올리도록 작용하고 있다는 증

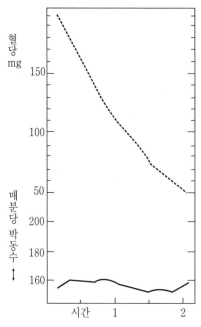

거는 〈그림 18〉에 나타나 있다. 주의해서 살펴보아야 할 것은 교감신경−부신계가 작용하기 시작하면 혈당량이 내려가는 속도가 떨어진다. 다시 말해, 혈당 곡선은 평평해지는 경향을 보인다. 빨라진 심장 박동, 혈액의 당 함량 저하의 정지, 이 모두 교감신경−부신계의 작용현상이다.

사실, 투여된 인슐린 양이 그리 많지 않으면 신경을 제거한 심장이 뛰는 속도가 증가하는 동시에(이것이 교감신경−부신계 작용을 나타내는 것임을 떠올리길 바람) 혈당량이 올라가고 그다음에 심장 박동이 느려지는 순이다.

혈당이 안 좋게 내려가는 것을 막고 지키는 수단으로의 교감신경−부신계의 의의는 〈그림 20〉에 잘 나타나 있다.

〈그림 19〉 혈당(점선)이 한계점을 넘어도, 신경 지배를 끊은 심장의 박동(실선)은 증가하지 않는다. 동물은 클로랄로스로 마취됐다. 좌측의 부신은 제거하고, 우측의 내장신경과 간장신경은 19일 전에 절단했다. 인슐린(4단위/kg)의 정맥주사는 12시 19분에 놓았다.

양측 부신 모두 신경으로 지배되는 한 조의 정상적인 고양이에게 인슐린을 1kg(약 2파운드)당 2내지 3단위(사료를 주지 않은 토끼에게 피하주사를 놓아, 저혈당에 의한 경련을 일으키는 양을 1단위로 함, 결정 인슐린 1mg은 22단위) 투여에 주목하길 바란다. 이때, 단 한 마리에게서만 경련이 일어났는데, 이는 주사 뒤 3시간 반이 지나서 나타났다.

정상적인 고양이 조와 부신을 제거하고 또 하나의 신경을 자른 다시 말해 부신작용을 멈춘 고양이 조와 비교해 보자. 한 마리만 예외이지만, 1kg당 2단위의 인슐린 투여에 불과하다는 걸 눈여겨보길 바란다. 그럼에도 불구하고, 세 마리를 제외한 고양이 전부 주사 뒤 약 1시간 반만에 경련을 일으켰다.

경련 발작이 일어날 때, 아드레닌 방출이 가장 왕성하다. 간장에 충분히 글리코겐이 공급되면 이 같은 교감신경−부신계의 작용 자체가 혈당을 정상으로 되돌려 경련 발작을 일으키는 상태를 완전히 제거할 수 있다. 〈그림 21〉은 맥레

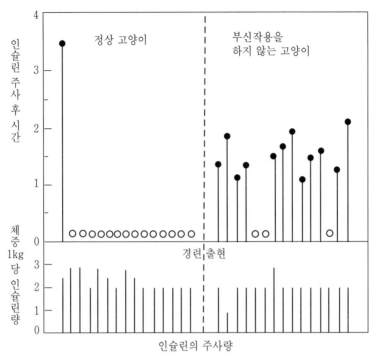

〈그림 20〉 인슐린을 피하에 주사해, 경련이 일어나는지 여부를 나타내고 있다. 정상적인 신경 지배를 받는 부신을 가진 고양이와, 한쪽의 부신을 제거하고 다른 쪽의 신경 지배를 끊은 고양이로 실험했다.

오드와 그의 동료들의 논문에서 발췌한 것인데, 이 작용을 아주 확실히 그려 냈다.

인슐린이 혈당을 낮출 때, 아드레닌이 넘쳐 다량으로 분비되는 것을 나타내는 특징으로 신경을 자른 홍채[2]를 이용한 아베(安倍幾次郎),[3] 마취된 저혈당 개의 부신 정맥 혈액을 마취된 또 다른 개 정맥에 흘려보내 생기는 전형적인 아드레닌 반응을 이용한 우세, 루이스와 몰리네리의 실험을 통해서도 저혈당이 교감신경−부신계 작용을 일으킨다는 우리의 결론이 확증되고 있다.

우리의 결론을 실제로 입증한 이러한 사실이 우리가 쓴 방법과 전혀 다른 방

2) 동공 주변의 막. 사진기 조리개에 상당하는 작용을 함. 동양인은 대체로 갈색임.
3) 1888~1974. 나가사키(長崎)의학 전문학교를 졸업하고, 게이오(慶應)대학에서 연구를 이어감. 인용되고 있는 논문은 독일 유학 중에 연구한 것. 귀국 후 후쿠오카(福岡)현에서 개업함.

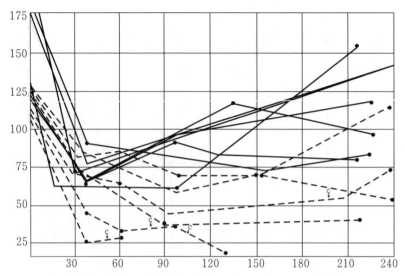

〈그림 21〉 같은 양의 인슐린이, 충분히 사료를 섭취한 토끼(실선)와, 사료를 주지 않은 것(점선)에 끼치는 영향을 나타낸 그림. 충분히 사료를 먹은 토끼는 혈당치가 저혈당 반응을 일으킬 한계까지 떨어진 뒤에 대체로 올라가는 것에 눈여겨보길 바란다(맥레오드 《생명의 연료》에서. 프린스턴 대학 출판국의 호의에 의함).

법으로 얻어졌다는 게 중요하다.

부신수질 작용이 결여된 동물이 소량의 인슐린에 민감하다는 사실에는 논의의 여지가 없다. 이미 우리는 고양이 실험기록으로 이를 증명했다. 루이스는 생쥐도 마찬가지라고 밝혀냈으며, 샌드버그는 토끼로도 성립된다는 것을 확인했다. 앨리언과 가이에는 같은 현상을 개에서 관찰했다.

반이 얻은 결과도 이제까지 언급한 결과와 거의 일치한다. 그는 특별히 교감신경–부신계만을 마비시키기 위해 에르고타민이라는 약을 썼다. 그리고 정상적인 동물이 얌전해질 만큼의 인슐린을 에르고타민으로 마비된 동물에게 투여하자, 경련이나 허탈상태를 동반한 심한 저혈당이 일어나는 것을 발견했다.

따라서 몸을 채우는 액질 속에 당 농도의 레벨이 떨어져, 심각한 악영향이 나타나지 않게 생물의 몸을 지키는 것이 교감신경–부신계의 역할임에 틀림없다.

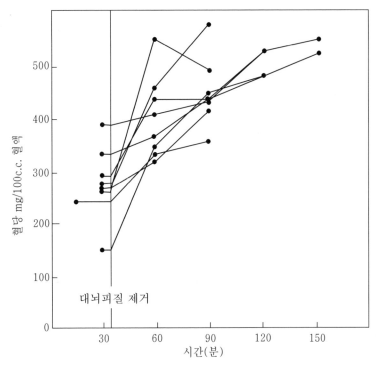

〈그림 22〉 대뇌피질을 제거, 거짓 분노 상태의 동물 혈당.

간장에서의 당 방출

간장에서 포도당을 방출시킬 때, 신경성 요인과 체액적인 요인을 비교해 어느 쪽이 더 중요한가라는 의문은 매우 흥미진진하다. 간세포로 신경의 흥분이 전달되는 것과 혈액 속에 아드레닌이 증가하는 것, 어느 것이 더 유력한 구조인 것일까.

2~3년 전에 브리튼과 나는 대뇌반구를 재빨리 제거하고 바로 마취를 풀자 생리학적인 분노 현상이 매우 격렬하다는 것을 발견했다―이 현상은 거짓 분노, 또는 외관상의 분노라 부른다. 왜냐하면 대뇌반구가 없으니, 동물은 당연히 이 현상을 충분히 감지하지 못하기 때문이다.

브라타오와 나는 외관상의 분노에 따른 곤두선 털, 크게 확장된 눈동자, 빠르게 뛰는 심장, 높은 혈압, 그 외의 교감신경의 지배를 받는 부분에 나타나는 징후를 확인한 동시에 혈당이 증가하는 것을 관찰했다. 〈그림 22〉에서 보이는

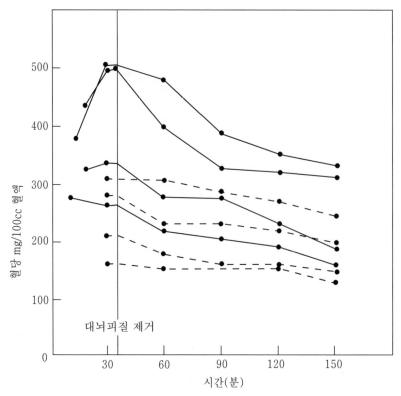

<그림 23> 대뇌피질을 제거하여 거짓 분노 상태에 있는 동물의 혈당. 부신이 없는 동물(직선)과 우측 부신을 제거, 좌측의 내장신경을 절단한 것(점선)

것처럼 정상 혈당치의 5배나 증가했다.

부신 작용을 멈추고 간장 신경은 그대로 두면, <그림 23>에서 나타난 것처럼 외관상의 분노가 생겨도 그에 따른 혈중 당은 증가하지 않는다.

한편, 간장에 붙어있는 신경을 절단하고 부신의 신경 지배를 그대로 남겨둔 경우에는, 흥분하면 바로 간장 신경이 있는 동물과 비슷한 고혈당이 나타난다. 이 사실은 <그림 24>에 나타나 있다.

따라서 간장에 저장되어 있는 당을 방출시키는 점에 관해서는 부신 분비가 늘어나는 쪽이 신경 흥분이 직접 미치는 작업보다도 중요한 요소인 것처럼 느껴진다. 이 결론은 브리튼에 의해 확인된다. 그는 고양이를 외과적으로 수술하고 회복시킨 뒤, 개를 짖게 해 그 소리로 위협하여 앞서 기록한 상태를 연구했

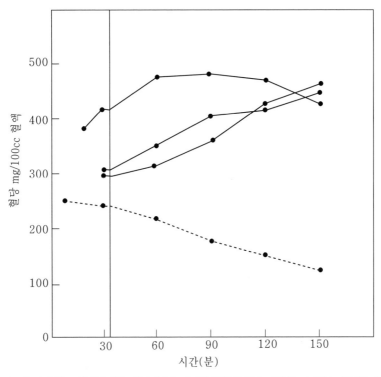

<그림 24> 거짓 분노 상태에 있는 대뇌피질을 제거한 동물의 혈당. 간장을 지배하는 신경을 끊고, 부신은 그대로인 동물(직선)과 부신을 제거한 동물(점선).

다. 부신 신경을 그대로 두고 간장 신경을 절단한 동물에서는 바로 고혈당이 생겼지만, 상태가 반대인 경우에는 생기지 않았다.

자연적인 상태에서는 분비된 아드레닌이 신경의 흥분보다도 중요한 작용을 하는 것이 확실하다고 해서, 글리코겐을 포도당으로 바꿀 때의 신경 흥분 작용을 완전히 무시하고 생각해서는 안 된다. 부신을 제거한 후에도 감각적인 자극을 주거나, 대량의 인슐린을 투여하면 다시 고혈당이 생긴다. 이 결과는 신경의 흥분이 직접 간세포에 작용했기 때문이거나 또는 질식 상태가 되기 때문이라고 설명할 수 있다.

*

내가 이번 장에서 언급한 기구를 정리해 보면, 혈당의 항상성을 유지하기 위

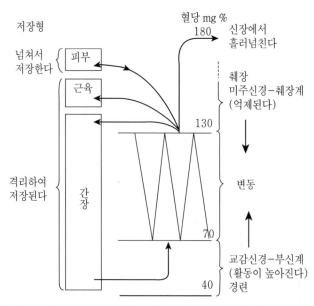

〈그림 25〉 혈당의 항상성을 유지하는 구조의 활동 방법을 나타낸 모식도.

해 빈틈없이 살피는 두 개의 역방향으로 활동하는 구조 작용의 존재를 암시한다. 〈그림 25〉는 이 구조를 도식으로 그려본 것이다.

한센의 지적대로 혈중 당 농도는 정상적인 상태에서 비교적 좁은 범위로 변동한다. 필시 이러한 상하 변동은 서로 반대로 작용하는 요인, 혈당치 억제 또는 상승 작용의 결과일 것이다. 만약 상승시키는 구조로 알려진 것(보통은 교감신경-부신계의 구조로 가장 중요한 것도 이것이다)이 간장에 저장된 곳에서 당을 꺼내지 못할 경우에는 혈당치가 약 70~45mg%로 떨어지고, 연이어 위험한 증상(경련이나 혼수상태)이 생길 것이다. 70~45mg%의 범위는 안전의 한계라고 여겨도 된다.

반면, 만일 혈당을 억제하는 구조, 췌장에 있는 구조(즉, 랑게르한스섬의 세포, 또는 미주신경의 지배하에 있는 그러한 세포)가 효과를 발휘하지 못하게 된 경우의 혈당치는 약 180mg%로 오르고, 당은 재흡수할 수 없을 만큼 높은 농도로 세뇨관 속에 들어가기 시작한다. 그 결과 일부의 당이 몸에서 잃게 된다.

100 또는 120에서 180mg%의 범위는 절약의 한계로 여겨도 될 것이다. 이 한

계를 넘으면 당이 갖는 에너지와 포도당으로써 혈액 속으로 내보내기 위해 몸이 소비한 것이 분명한 에너지를 허비하여 항상성이 유지된다.

내가 혈당치의 조절을 특히 강조한 것은 그것이 격리되어 저장되는 물질의 조절 중에서 가장 잘 알기 때문이고, 또한 생물이 안정된 상태로 쭉 살아갈 수 있게 몸에 갖추어진 놀라운 구조의 아주 좋은 예가 되기 때문이다.

한 방향 또는 다른 방향으로의 변동이 너무 크면 악영향이 생긴다. 혈당치의 조절이 잘 이루어질 때에는 변동이 너무 커지지 않게 감시하는 구조의 작용으로 이러한 악영향은 보통 피하게 된다. 틀림없이 격리되어 저장된 다른 물질도 마찬가지로 신중하게 조절될 것이다. 그러나 불행히도 그런 조절기능에 대한 우리의 지식은 탄수화물의 경우만큼 충분하지 않다.

7 혈중 단백질의 항상성

단백질과 단백질 저장

단백질이 들어간 음식은 탄수화물과 마찬가지로 아주 중요하다. 솔직히 단백질이 탄수화물보다 중요하다고 여길지 모른다. 왜냐하면 단백질은 그 속에 에너지를 비축할 뿐만 아니라, 몸의 구조에 없어서는 안 될 성분이 들어간 어떤 화학원소를—질소도 그중 하나인데—함유하고 있기 때문이다.

따라서 세포로 구축된 몸 조직을 새롭게 만들거나 오래 써서 낡고 서서히 소모된 곳을 수리해 원상태로 되돌릴 때, 또는 혈액이 정상적인 성분을 가진 콜로이드상의 물질 저장으로서 단백질은 필요하다.

몸은 매일 맡은 역할을 다하기에, 몸 기구에 가해지는 무리나 부담, 운동 때문에 끊임없이 마찰로 닳고, 작은 상처가 생긴다. 이러한 상처를 수복하여 생물의 몸을 올바르게 유지하기 위해서는 단백질이 필요하다.

오랫동안 심한 근육운동을 지속할 경우에는 많은 양의 탄수화물이 필요하지만, 그렇게 많은 양의 단백질이 급히 필요한 경우는 거의 없다. 그러나 몸의 여러 곳의 조직에서 아주 조금씩 일어나는 분해는 전체로 보면 제법 큰 것이고 피하기 힘든 것이기도 하다.

회복과 유지에 필요한 단백질 공급은 끊임없이 이루어지진 않는다. 문명사회 사람들 사이에서 세 번의 식사 이외에 그런 공급이 이루어지는 일은 별로 없다. 또한 야생에 사는 육식동물에게 도움이 될 단백질은 어쩌다 음식으로 새롭게 채워질 뿐이다. 단백질이 늘 필요하고 더욱이 섭취되는 것이 주기적이라면 모자랄 때 쓰도록 먼저 비축해 두면 될 일 아닌가.

단백질이 든 음식이 소화되어 흡수된 뒤, 단백 분자의 질소를 포함한 일부가 재빠르게 분리되어, 신장에서 바로 몸 밖으로 나가는 것을 본다면 단백질을 비축해 쌓아두는 양은 틀림없이 한정되어 있음에 틀림없다. 그러나 한정된다하더라도, 저장은 분명히 존재한다.

단백질이 실제로 생물의 몸에 저장되는 것을 나타내는 증거가 있다.

토마스는 일정 기간, 분량을 숙지한 많은 양의 단백질이 들어간 식사를 하다가 그 뒤에 단백질이 들어간 음식을 철저히 제한하고, 8일간 평소 활동에 필요한 에너지가 충분히 보급되도록 계산된 순수 탄수화물로만 식사를 했다. 이 기간을 통해 신장에서 배출된 질소는 점차 적어져 결국에는 하루 평균 2.2g으로 일정해졌다.

그는 이것이 부득이한 몸의 '소모', 다시 말해, 쓰임으로써 몸의 조직이 망가지는 것을 나타낸다고 믿었다. 같은 비율로 8일간 이어지면 배출되는 질소의 전량은 약 18g(8×2.2=17.6)이 될 것이다. 실제로 그가 잃은 전량은 66g이었으므로 그는 차이나는 48g(66-18)이 몸에 저장분으로 비축된 것으로 단정했다.

단백질은 약 6분의 1이 질소다. 따라서 저장된 단백질은 약 300g(6×48), 대략 3분의 2파운드에 이를 것이라 예상했다. 이러한 수지계산의 다른 방법은 부스비가 이용한 방법이다.

단백질 분자의 일부분에 크레아티닌이라 불리는 것이 있다. 이것은 꽤 일정양이 소변에 들어 있고, 그 양은 단백질 음식을 먹어도 그리 크게 변하지 않는다. 그런 까닭에 그저 살아 있는 것만으로 세포에 반드시 일어나는 분해를 나타내는 척도라 여기고 있다.

직업적인 단식가 레반딘은 31일간의 단식 중에 10.7g의 크레아티닌을 배출했다. 계산해 보니, 62g의 질소가 몸 조직에서 나왔음을 나타낸다. 그러나 레반딘은 단식 중에 277g의 질소를 잃었다. 그렇다면 215g(277-62)은 처음부터 몸에 쌓인 것이 아니라 틀림없이 저장 단백질 상태였으리라 짐작된다.

하지만 단백질이 몸속에 비축된다는 것을 가리키는 가장 직접적인 증명이 있다. 간장 세포를 현미경으로 연구한 결과와 그 성분을 화학적으로 분석한 결과에서는 간장이 탄수화물과 마찬가지로 단백질도 저장할 수 있다는 결론을 입증한다는 점에서 일치한다.

1883년에 아파나시프는 개에게 '알부미네이트'[1]가 풍부한 사료를 주자 간장

---

1) 천연 단백질에 산 또는 알칼리를 작용시킨 변성 단백질.

은 굳어지고, 간세포 크기는 커졌으며, 가는 띠 모양의 구조(간세포는 가느다란 띠 모양으로 나열된 간세포삭을 만들고, 이 속에 동양혈관이 들어가 있다) 사이에서 단백질의 작은 과립을 발견해 관찰했는데, 최근 많은 연구로 확인되고 있다.

이들 연구에서는 동물에게 다량의 단백질성 음식을 먹이자, 간세포 속에 작은 과립이나 덩어리가 나타난다는 것을 밝혀냈다. 그것들은 단백질에 대한 화학적인 시험(미론 시약)에서 양성으로 반응하고, 또한 실제로 단순 단백질로 이루어졌다는 증거도 얻어냈으며, 동물을 절식시키면 소실되고 단백질을 섭취시키면 다시 나타난다.

현미경으로 간세포를 조사한 결과는 자이츠와 치히메네프가 한 생화학적인 분석 결과와도 일치한다.

자이츠는 간장의 질소함량과 남은 신체 부분의 질소함량과의 비율을 절식시킨 동물과 똑같이 절식시킨 뒤 송아지 고기(지방이나 글리코겐이 들어있지 않음)를 먹인 동물에게서 확인했다. 그는 몸의 남은 부분의 질소와 비교했을 때, 간장 질소는 음식을 먹은 개가 절식한 개보다도 2~3배 많다는 것을 발견했다.

치히메네프도 비슷한 실험을 통해 비슷한 결과를 얻었다. 그는 생쥐 떼를 20일간 굶겨 그중 반을 죽이고, 남은 절반의 생쥐에게 익힌 고기를 충분히 먹여 소화와 흡수의 시간을 준 다음에 똑같이 죽였다. 그리고 이 두 그룹 동물의 간장을 비교했다. 체중에 대한 백분율로 나타내면 고기를 준 동물의 간장은 약 20% 커졌는데, 이들 동물 간장의 질소함량은 53~78%의 증가를 보였다.

이 모든 사실에서 간장에는 탄수화물 저장과 비슷하게 단백질의 준비와 저장이 되며, 이는 필시 간세포 속에 존재하는 것이 분명하다. 더욱이 저장된 탄수화물과 똑같이 단백질은 혈액을 타고 운반되는 형태보다 훨씬 복잡한 형태로 되어 있다. 왜냐하면 마치 순환하는 포도당이 글리코겐으로 비축되는 것처럼 순환하는 단백질 성분인 아미노산이 단백질로 비축되기 때문이다.

혈장 속 단백질

우리는 지금까지 단백질이 간장 세포 안에 격리되어 저장되는 사실에 대해 간략히 살펴보았다. 간장 속의 저장이 의미 있다는 것이 어떻게 증명될까.

몸에서 양을 재어 단백질을 제거하고, 회복 속도와 회복 정도를 결정할 수 있는 곳이 하나 있다. 다름 아닌 혈액이다. 혈장에는 확연히 구별 짓는 세 종류의 단백질이 있다―알부민, 글로불린 그리고 특수한 단백질인 피브리노겐이다.

피브리노겐은 구상단백질(단백질은 분자 형태로 섬유상 단백질과 구상단백질로 나뉨)에 속하고, 혈액응고에 관계한다. 알부민과 글로불린은 여러 면에서 서로 비슷하지만 알부민은 아무것도 들어가지 않은 물에 녹는 한편, 글로불린은 수용액으로 하려면 염분이 필요하다. 혈장 속 단백질의 전량은 약 6%로 그중에 피브리노겐은 아주 적은 양(0.2~0.4%)에 불과하다.

혈장 단백질은 혈액 구조의 일부로, 몸 구석구석에 있는 세포에 영양을 주기 위해 혈액순환으로 운반되는 양분이 아니다. 이러한 근거는 다음과 같은 사실 때문이다.

음식을 먹지 않았을 때를 조사해 보면, 많은 단백질을 섭취했을 때랑 비교해 보아도 혈장단백질의 백분율에 규칙적인 변화는 보이지 않는다. 게다가 인위적으로 이 수치를 떨어트리면 회복은 더디어지고, 설령 많은 양의 고기를 먹는대도 며칠은 걸린다. 그리고 단백질이 들어 있는 음식을 먹지 않아도 회복할 수 있다.

혈장 단백질 농도는 더없이 일정한 것이 보통이다. 이처럼 안정적인 것이 중요하다는 것은 주로 이러한 단백질이 콜로이드로 작용하는 것과 관계한다.

콜로이드상의 단백질은 삼투압을 일으키고, 게다가 모세혈관에서 쉽게 나오지 못하므로, 혈장 속 염분과 물이 혈관의 주변 조직 틈에서 자꾸 나오거나 신장의 사구체를 통해 몸 밖으로 빠져나가는 것을 막는다. 몸을 채우는 액질을 지키고 수분 공급을 지배한다. 이러한 혈장의 콜로이드 작용에 대해서는 이미 그 일부를 학습했다(331쪽, 351쪽 참조).

혈액의 물과 소금 함량을 지키는 데 혈장 단백질이 어떤 가치를 갖는가는 바크로프트와 슈트라웁이 한 실험에서 살짝 엿볼 수 있다.

그들은 많은 양의 혈액을 토끼에서 채혈, 뽑은 혈액을 원심기에 돌려 혈구와 혈장을 분리했다. 그런 다음 혈구에, 혈장과 같은 염류를 같은 비율로 함유하는 수용액(링거액, 로크액, 타이로드액 등으로 불리는 처방액이 자주 쓰임)을 분리한 혈장과 같은 양을 넣었다. 이렇게 만든 혈구의 부유(浮遊)액을 토끼 정맥에 주사하면, 바로 동물에 남아 있는 혈액과 섞인다. 이때 생기는 큰 차이점은 혈장의 콜로이드 함량이 줄어드는 것뿐이다. 얼마 후, 소변 배출량은 처음 양의 40 배나 늘어났다! 이처럼 증가의 일부는 사구체낭에서 걸러진 양이 증가, 세뇨관을 빠르게 흘러 재흡수가 거의 일어나지 않았기 때문이다.

이 실험은 혈장 단백질이 혈액의 수분과 염분 유지에 중요한 요소임을 똑똑히 보여주고 있다.

그러나 혈장단백질의 항상성은 혈액량을 일정하게 유지하기 위해 필요한 조건인 것만은 아니다. 단백질 가운데 하나인 피브리노겐은 혈액이 응고할 때 작용하므로, 출혈 시에 혈액을 지키기 위해 없어서는 안 되는 것이다. 따라서 몸을 채우는 액질의 존재가 혈장 단백질의 항상성에 달려 있다.

혈장 속 단백질 농도 조절

그렇다면 혈장 단백질 비율을 일정하게 유지하는 방법을 살펴보자. 이 문제에 대한 지식은 주로 G.H. 휘플과 그의 공동연구자들이 한 실험에서 얻을 수 있다.

그들은 계속 동물에게서 혈액을 채혈, 혈구를 분리해 생리식염수(0.9%의 식염수)에 부유시킨 다음, 앞서 말한 방법으로 혈액순환에 되돌렸다. 이렇게 해서 그들은 혈장 속 단백질은 6%에서 약 2%로 감소시켰다. 나중에 한 실험에서는 1.5~0.9%나 줄었다.

이 모든 경우에서 혈장 속 단백질의 백분율은 곧바로 올라간다. 회복 10~14%는 처음 15분에 일어나고 24시간이 지났을 때는 잃은 양의 40%가 회복됐다. 이 회복은 상당 부분이 상대적이라는 것은—다시 말해, 혈장 속의 콜로이드가 줄기 때문에 수분이나 염분이 림프액 속으로 달아나거나 때로는 신장에서 나가므로 나가지 못한 콜로이드가 쌓이게 된다—충분히 가능성이 있다. 그 때문에 채혈해 조사해 보면 단백질은 많든 적든 회복된 것처럼 착각을 일으키는 것인지 모른다.

휘플은 자신의 결과가 그렇게 해석되는 것이 아니라는 것을 증명했다. 그는 간장에 별도의 통로를 만들고('에크' 누공 〈샛길〉), 소화관에서 오는 혈액이 간장을 통하지 않고 하대정맥(312쪽, 〈그림 1〉 참조)에 들어가게 하자, 단백질 회복이 좀처럼 나아지지 않는다는 것을 발견했다.

게다가 그는 피브리노겐이 다른 단백질처럼 빠르게 회복되지 않는다는 것을 관찰했는데, 단지 혈액 농축이 원인이라면 말할 것도 없이 그런 일은 없어야 한다. 그런데도 분석한 결과에서의 혈액은 그리 진해지지 않았다.

그는 이상의 것에서 혈장 속 단백질 농도가 떨어진 직후에 뚜렷이 증가한 것은 저장되어 있는 단백질이 방출되었기 때문이지, 모세혈관 벽에서 염류용액이 빠져나갔기 때문이 아니라고 결론지었다.

혈장 속 알부민과 글로불린을 다른 콜로이드, 예컨대 아카시아 고무와 같은 것으로 바꾼 염류용액에 혈구를 부유시켜 몸속에 다시 넣어도 단백질 농도가 바로 올라가는 보다 결정적인 증거를 얻게 될 것이다.

그러나 그것이 어떤 것이든 단백질 비율이 일단 급격히 올라간 뒤에 아주 천천히 올라 정상치가 된다는 것은 무언가의 회복작용의 결과임에 틀림없다. 이미 언급한대로 첫 24시간의 증가는 회복의 40%나 오른다. 그 뒤, 회복 과정은 더디게 진행되고 2일에서 7일이 되어야만 정상 상태에 이른다.

이 회복작용에서 간장이 차지하는 역할은 앞서 말한 방법으로 간장 혈관에 샛길을 만들고, 문정맥에서 틀어 그 효과를 살펴보면 잘 알 수 있다.

에크 누공을 가진 동물은 혈장 단백질이 감소해도 감소하는 3일간 전혀 단백질 백분율은 올라가지 않는다. 게다가 클로로포름이나 인을 작용시켜 간장 기능을 망가트려 회복을 매우 더디게 할 수 있다.

피브리노겐의 행동은 다른 단백질과 다르다. 이미 언급한대로, 최초 15분에 특히 빠른 회복은 일어나지 않는다. 실제로 출혈로 인해, 피브리노겐은 저장된 곳에서 완전히 방출된다. 한편, 혈장의 피브리노겐의 백분율은 24시간이 다다를 무렵 혹은 그보다 조금 빨리 정상치로 돌아온다. 만약 간장을 활동하지 못하게 해두면, 빠른 회복은 일어나지 않는다.

혈장 속 단백질의 항상성

예컨대, 혈장 단백질의 항상성에 대한 실험에서 간장이 위급할 때 단백질의 중요한 원천임을 밝혀냈다고 해도 또 조금 전에 인용한 증거에서 간장이 단백질을 저장한다는 생각이 옳다하여도 그것이 얼마만큼 저장되고 방출되는지는 잘 알지 못한다.

슈튀벨은 실제로 아드레날린을 피하에 주사해 간세포 속 단백질의 작은 과립 또는 덩어리를 아주 작게 만들 수 있다는 것을 관찰했다.

피브리노겐이 간장에 밀접한 관계를 갖는다는 점에서 생각해 볼 때, 만약에 이러한 덩어리가 혈액응고에 꼭 필요한 단백질 성분 공급에 도움이 된다면, 아드레날린이나 교감신경–부신계를 흥분시키는 상태에서 그러한 단백질의 작은 과립 방출이 일어난다는 것은 혈액 응고가 빨라지는 어떤 현상의 설명이 될 것이다.

제2장에서 지적한 대로, 아드레날린을 주사한 뒤, 혹은 내장신경을 자극한 직후나 교감신경을 흥분시키는 대출혈 뒤에는 일단 응고가 빨라지는데 이것은 혈액이 간장이나 장을 흐르고 있을 때에 한한다. 게다가 저혈당 반응이 한창 진행 중이거나 교감신경–부신계의 활동이 최고조에 이르렀을 때에 뽑은 혈액이 재빨리 응고하는 것도 같은 종류의 현상이다.

최근 리에커와 윈터즈는 혈액 속 피브리노겐에 관한 아드레날린 주사의 영향에 대한 흥미로운 실험을 논문으로 발표했다.

응고 혈액의 피브린을 이용해 피브리노겐의 양을 추정한 그들은 개와 사람의 피하에 아드레날린을 주사하자, 몇 분 안에 혈액의 피브린 함량이 눈에 띄게 증가하는 것을 발견했다. 증가 최대치는 평균적으로 36.3%였다. 이 변화로 인한 응고시간은 평균 60% 짧아졌다.

포스터와 휘플, 믹은 피브리노겐이 간장에서 나오는 것을 명확히 했고, 또한 아드레닌은 간장 세포를 자극하여 저장된 글리코겐을 포도당으로 바꾸는 것으로 알려져 있으므로 아드레닌 또는 교감신경–부신계의 작용이 간장에 저장된 것에서 최소한 피브리노겐을 내보내는 것은 확실하다 할 수 있겠다.

간장 이외의 장소에 단백질이 저장되는 것은 충분히 있을 수 있는 일이고 갑상선이 저장과 방출 쌍방을 조절하는 데 중요한 구조라는 것도 충분히 가능하다.

부스비, 샌디포드와 스록스는 체내의 산화작용을 촉진하는 티록신을 투여하자 몸에 들어오는 질소의 양을 일정하게 하여도, 체내 대사의 높은 레벨이 새롭게 확립될 때까지는 음(–)의 질소 평형(즉, 질소가 몸에서 나가는)이 나타난다고 보고했다. 그러한 높은 레벨이 확립한 뒤에는 처음에 비해 질소 저장이 적어져 있다.

갑상선 호르몬 투여를 멈추면(질소를 얻는 양 역시 일정하다) 양(+)의 평형이 되어, 새롭게 낮은 대사 레벨에 이를 때까지 이어진다. 다시 말해, 비축되는 질소가 많아진다. 이러한 효과는 정상인보다 점액부종(353쪽 참조)을 앓는 사람에게 훨씬 뚜렷하게 나타난다.

실제로, 점액부종의 '부종'은 부스비가 생각했던 대로, 피부 속 또는 피부 밑에 단백질 이상으로 쌓이는 것이다. 점액부종 환자 조직의 알부민을 줄이는데 갑상선 요법이 잘 듣는 것은 갑상선이 어떤 형태로 단백질 조절과 대사에 관계하고 있다는 사고의 입증이 된다.

생물 혈관 안팎으로 몸을 채우는 액질의 양과 성질을 유지하고 액질의 중요한 부분, 요컨대 혈액이 없어지는 것에서 생물을 지키려면, 가장 먼저 혈장 단백질이 늘 유지되어야 한다는 것을 이제까지 살펴본 내용에서 뚜렷하게 드러나 있다. 그러나 동시에 앞으로 연구해야 할 것들이 얼마나 많은지에 대한 증명이기도 하다.

다른 유용한 물질이 그러하듯 단백질의 경우에서도 과잉과 결핍 사이를 잇는 저장으로 인해 항상성이 유지되고 이러한 의미에서 저장은 중요한 역할을 하며, 교감신경–부신계는 저장에서의 방출에 영향을 미칠 것으로 보인다. 각양각색으로 변하는 갑상선 작용 방식이 결정적인 역할을 완수하는 것인지 모른다. 능수능란하게 비축하도록 작용하는 특별한 구조가 필요한 것일까? 그건 아직 알 수 없다.

8 혈중 지방의 항상성

지방과 레시틴 및 콜레스테롤

혈액 속에는 아주 작은 입자로 유상(乳狀)화한 지방이나 지방과 비슷한 물질인 콜레스테롤, 레시틴이 반드시 들어 있다. 브루어 연구에 따르면, 지방 농도는 동물의 종류가 다르면 확연히 달라지지만 같은 종류의 동물에선 제법 일정하다. 지방은 탄수화물과 마찬가지로 탄소, 수소 및 산소로 만들어진다. 그러나 탄수화물만큼 산소를 많이 함유하지 않는다(즉, 상대적으로 탄소와 수소의 양이 많음). 레시틴은 이들 세 원소 외에 질소와 인을 함유한다.

지방이 많은 식사를 한 뒤에 혈액의 지방 함유량은 크게 늘어난다. 실제로 혈구를 채취해 응고하지 않게 방치해 두면 지방의 작은 방울이 떠올라 우유 표면에 크림이 생긴 것처럼 표면에 층이 생긴다. 기름진 식사를 하면 얼마 후에 레시틴 함량이 늘어나고, 더 많은 시간이 경과하면 콜레스테롤이 늘어날 것이다.

콜레스테롤과 레시틴이 구조적으로 지방과 아주 비슷하다는 것, 또한 지방을 많이 섭취하면, 그 뒤에 이 두 가지 물질이 나타난다는 점에서 브루어는 레시틴과 콜레스테롤은 지방이 소비되기 전에 통과해야만 하는 단계라고 추론했다. 그러나 콜레스테롤은 체내에서 일어나는 대사 작용의 결과로 생긴 노폐물이라 생각한다(현재 콜레스테롤은 여러 중요한 호르몬의 전구체이고 또한 세포막의 구성 성분으로 알려져 있어 이 표현은 옳지 않다).

레시틴은 지방산의 화합물 속에서 물과 섞이므로 물의 이동하는 경로를 자유롭게 다닐 수 있는 단 하나의 무독 물질이다. 그런 까닭에 브루어는 포도당이 탄수화물의 이동 형태인 것처럼 레시틴은 지방이 한 장소에서 다른 곳으로 운반될 때의 형태로 여겼다.

그렇다면 레시틴은 조직에 저장된 지방의 전 단계 형태일 것이고, 저장된 지방이 사방으로 분배되어 소비하기 위해 혈액에 들어갈 때는 당연히 레시틴으로 바뀌어야 하는 것이다.

이 생각에는 어느 정도 근거가 있다. 암소의 젖을 짤 때, 혈액이 젖샘을 통과하기 전후의 레시틴 양에서 나타난 차이는, 짠 우유에 들어있는 지방을 합산하면 꼭 들어맞는다는 것을 메이그스가 발견했다.

지방의 저장

지방은 몸속에서 젖을 만드는 데 도움이 될 뿐만 아니라, 에너지원으로도 유용하다. 구성요소인 탄소와 수소를 비교적 많이 함유한다는 점에서 지방의 에너지양은 같은 무게의 탄수화물에 비해 2배 이상이 된다(탄수화물 1g의 열량은 약 4Kcal인데 비해, 지방 1g은 약 9Kcal이다). 지방은 농축된 열의 근원으로 생물이 근육을 쓰는 일을 할 때 소비된다.

지방은 잘 알려진 대로 체내 지방조직으로 비축된다. 탄수화물이 지방으로 바뀌는 것, 또한 이러한 지방이 글리코겐보다도 밀도가 높은 에너지원으로서 지방조직에 저장된다고 이미 기록했다.

지방조직은 결합조직이 변해 생긴 것이다. 지방조직은 피하나 복강 등쪽에 있는 신장 주변, 대망(위에 부착된 앞치마처럼 포개진 막)과 근섬유 사이에서 찾아볼 수 있다. 지방조직에서 헤아릴 수 없을 정도로 수많은 낱개의 세포들은 저마다 미량의 지방으로 거의 꽉 차 있으며, 세포 본연의 구조는 바깥쪽에 부풀어 올라 있고, 지방이 쌓인 벽의 얇은 주머니가 되어 단단히 죄고 있다.

근세포나 간세포 속에도 약간의 지방을 찾아볼 수 있는데, 기름진 음식을 먹은 뒤에 특히 그렇다. 따라서 지방은 격리되어 저장되지, 흘러 넘쳐 저장되는 것이 아니다.

사람에 따라서는 지방이 대량으로—때로는 보기 흉할 만큼 많은 양으로—저장되기도 하고, 또 다른 이는 아주 조금만 비축되기도 하는데 왜 그런지는 알 수 없다.

갑상선 기능이 나빠지면 몸 전체에 심한 비만이 생기는 것은 잘 알려진 사실이다. 얼굴, 목, 어깨, 몸통, 팔다리 전체적으로 피하지방이 쌓여 부풀어 오른다. 게다가 뇌의 표층 아래에 있는 특정한 작은 부분(시상하부)에 작은 상처를 주어 실험적으로 지방성 비만을 일으킬 수 있는데, 이는 사람도 뇌에 종양이 생기거나 상처를 입으면 일어나는 일이다.

그라페는 몸 한쪽 지방조직만 너무 발달하거나, 반대로 발달하지 않는 사람의 예를 들어 지방의 축적과 방출은 교감신경의 지배를 받으며, 지배의 중추는 상처를 내면 비만증이 생기는 뇌의 부분이라고 여겼다.

뉴턴, 무어와 함께 난 새끼고양이의 한쪽 교감신경계를 제거하고 체중이 2배로 불어날 때까지 살려 두었는데, 몸의 양쪽에 지방량이나 분포에 별다른 차이점을 발견하지 못했다. 이 방법은 나중에 자세히 기술할 예정이다.

저장된 지방의 방출

지방 저장을 조절하는 작용을 확실히 해두지 않으면 방출 조절작용은 그보다 더 이해하기 힘들다. 몸 에너지를 유지하기 위해 지방이 필요한 경우—이를테면 기아 상태—에는 지방조직에서 지방이 나와, 지방세포는 사실상 빈껍질이 되어 버린다. 러스크가 언급한 대로 '기아 상태에서의 일반적인 수명은 처음 몸속에 축적된 지방량에 따라 결정'되는 것이다.

며칠 동안 음식을 거의 먹지 않아도 혈액 속 지방 비율이 변치 않는 것은 비축한 지방을 내보내 혈류로 나르는 어떠한 지배기구가 있음을 시사한다. 그러나 어떻게 그런 일이 일어나는지는 분명치 않다.

캐슬과 레펜하르트는 지방과 비슷한 화합물에 가역반응(A⇌B라는 반응이 있을 경우, 조건에 따라 A→B나 A←B도 쉽게 일어날 수 있는 반응)을 일으킬 수 있는 효소를 발견했다.

요컨대, 그 화합물의 양이 많으면 두 개의 성분으로 분해하고, 반대로 두 개의 성분이 양이 많으면 결합하여 하나의 화합물이 되는 것이다. 필시, 자동적으로 이러한 작용을 하는 구조가—혈액 속 지방량이 많아지면 저장이 되고, 적어지면 방출되도록 작용—지방대사를 원활히 이루어지게 작용하는 것이 아닐까라는 생각이 든다.

힘윗치와 스피어스가 최근에 한 연구는 다른 가능성이 있음을 보여준다. 그들은 적당량의 아드레날린을 주사하면 혈액의 지방함량이 비교적 단시간에 거의 2배가 되는 것을 알아냈다.

최근에 힘윗치와 풀턴은 이것이 생리적인 반응((약리적인 반응)이 아니라는 뜻)이라는 것을 발견했다. 고양이가 짖는 개 앞에서 겁을 먹어 아드레닌 분비를 일으키면 혈중 지방 농도는 반드시 증가한다. 일례로 흥분하고 15분이 경과하자 처음 양의 250%나 올랐다.

　또한 힘윗치와 스피어스는 인슐린을 주사하면 혈액 속 당뿐만 아니라, 지방의 함량도 줄어든다고 지적한다.

　이러한 흥미로운 관찰은 최근에 보고된 것인데, 혈액 속 지방의 항상성에 많고도 새로운 견해가 나오는 계기를 마련할 것이나. 현재 우리가 아는 것보다도 훨씬 많은 지식을 얻게 될 날이 오기를 기대한다.

9 혈중 칼슘의 항상성

칼슘농도

앞서 염화나트륨이 넘쳐 저장되는 현상을 살필 때, 난 혈액의 다른 무기성분인 칼슘은 전혀 다른 형태로 조절되므로 나중에 다루겠다고 언급한 바 있다.

사실 칼슘은 격리하여 비축되는 방법의 특별한 경우다. 게다가 칼슘은 생물 몸속에서 다양한 방법으로 사용되기—예를 들면 골격이나 치아의 성장에 쓰이며, 부러진 뼈를 붙이거나 신경이나 근육조직의 자극에 대한 반응성에 적당한 조건을 유지하기 위해 쓰이고, 혈액의 응고나 귀중한 젖을 만들 때도 쓰임—때문에 충분히 따로 다룰 만한 가치가 있다.

혈액 속 칼슘의 정상적인 함량은 약 10mg%다. 이 농도를 벗어나면 위험하다. 혈액 속 칼슘을 용액 상태에서 없애 농도를 낮추면 구연산 소다(칼슘과 반응하여 물에 잘 녹지 않는 화합물을 만듦)를 주사했을 때 생길 만한 효과가 나타나, 몸에 쥐가 나거나 경련이 일어난다.

하지만 칼슘의 수용성 염을 충분히 주사해, 혈중 칼슘 농도를 정상적으로 되돌리면, 그러한 증상은 바로 나아진다. 또한 목의 갑상선 부근에 있는 두 개의 작은 조직, 상피소체(예전에는 부갑상선이라 함)를 제거하면 혈액 속 칼슘을 7mg% 이하로 줄어들지만 나트륨이나 칼륨의 양에는 아무런 변화도 일어나지 않는다.

칼슘농도가 5mg%에 근접하면 경련이 일어난다. 칼슘을 정맥에 주사하거나 마시면 경직될 정도의 심한 경련은 사라지지만 혈액의 칼슘이 또다시 적어지면 재발한다. 상피소체를 제거하여 생기는 실제의 장애는, 혈액 속 칼슘과 인의 비율이 낮아지는 것으로, 칼슘을 늘려 적당한 비율로 되돌리면, 정상적인 상태로 되돌아간다고 한다.

혈액 속 칼슘함량이 정상치를 윗돌아 생기는 위험은, 혈액의 안정성이 심하게 변화하는 것에 관계가 있다.

콜립은 상피소체의 추출물을 반복해서 주사하면 칼슘 농도를 10~20mg%로 올릴 수 있다는 것을 발견했다. 그러나 그렇게 처리하자, 혈액 단백질 이외의 것에서 유래하는 질소와 요소(尿素)로 포함되는 질소의 양이 4배로 늘었다. 또한 혈액 속의 인은 2배가 되었다. 또한 삼투압이 매우 높아지고, 혈액의 점성 또한 강해져 거의 순환하지 못하게 되어 버렸다. 염화칼슘과 인산소다를 주사해도 비슷한 상태를 유발할 수 있지만, 이 둘 가운데 하나만 주사해서는 이런 반응이 생기지 않는다.

따라서 혈액의 칼슘함량이 늘어나 생기는 위험한 상태는 인의 농도증가와 밀접한 연관성을 가지는 것임에 틀림없다. 그러나 혈액 속 칼슘의 항상성이 가장 중요한 조건이라는 것은 분명히 나타나 있다.

뼈와 칼슘의 항상성

일생 동안 몸의 골격이 만들어지는 시기에 우리는 누구나 여분의 칼슘을 끊임없이 필요로 하는데, 특히 여성은 칼슘이 필요한 시기가 있다. 임신 중에 임부는 자라는 태아에게 칼슘을 주어야만 하고, 수유를 하는 동안에 쭉 아기의 성장에 필요한 칼슘을 모유를 통해 대량으로 공급해야 한다.

임산부가 하루에 섭취할 칼슘이 이런 필요를 채워 주지 못하면, 산모의 뼈에서 칼슘을 빼내간다. 이때 특히 치아가 약해진다. 다른 말로 하면 탈회(脫灰)되는 것이다. 이 같은 작용이 진행되는 동안에도 혈액 속 칼슘은 일정 수준으로 유지되는 점이 아주 흥미롭다.

다른 물질의 항상성이 유지될 때와 마찬가지로 칼슘의 항상성은 필시 저장에―이 경우에는 격리하여 비축됨―의해 유지되어, 풍부할 때는 비축되고, 모자랄 때는 꺼낼 것으로 짐작된다.

그러면 칼슘은 어디에 비축되는 것일까? 아웁과 그의 공동연구자들은 최근, 고양이와 토끼로 실험을 했다. 오랫동안 꾸준히 칼슘이 들어가지 않은 사료를 먹으면, 속이 빈 뼈의 해면소주(뼈는 보통 표면에 치밀질과 내부의 해면질이라는 칼슘이 함유된 소주(小柱)가 촘촘한 그물코를 만들고 해면상으로 된 부분에서 만들어짐. 소주는 해면소주라 부름)를 쉽게 없앨 수 있고, 또한 칼슘이 많이 들어간 사료를 주면 바로 회복시킬 수 있다는 것을 밝혀냈다.

그들은 토끼에게 한쪽에는 칼슘이 많은 사료를 주고, 다른 쪽에는 칼슘이 적은 사료를 주어 몇 개월 뒤에, 어깨에서 왼쪽 앞발을 자른 뒤에 사료를 바꿔 먹였다. 사료를 먹인 시기를 같게 한 다음, 동물을 죽여 남아 있는 앞발 윗부분의 긴뼈(상완골)를 각각 제거, 미리 절단한 다른 한쪽 앞발과 비교했다. 처음에 칼슘이 많은 사료를 준 동물이나 적은 사료로 키운 동물이나 결과는 늘 같았다.

즉 칼슘을 많이 준 뒤에 제거한 뼈에는, 공동(空洞) 속에 솟아 있는 촘촘하고 많은 침상의 돌기, 해면소주가 있었는데 반대쪽의 뼈, 다시 말해 칼슘을 적게 섭취한 동물은 이와 같은 소주가 거의 존재하지 않았다.

〈그림 26〉은 바우어, 아웁과 올브라이트의 논문에 있는 사진을 보고 베낀 것인데, 지금 나의 기록처럼 전형적인 차이가 나타나 있다.

이 그림은 고양이의 상완골인데 80일간 칼슘이 많은 사료를 준 다음(윗 그림), 369일 칼슘이 적은 사료로 키운 것이다(아랫그림). 두 상태를 비교해 보면, 소주의 수 차이가 아주 뚜렷하다. 이 같은 차이점은 다른 예에서도 인지된다.

이런 뛰어난 관찰에서 아주 넓은 면적을 가진 긴뼈의 해수소주가 칼슘의 침착과 용출을 위해, 적당하게 이용 가능한 저장장소가 된다는 것이 분명해졌다.

칼슘의 항상성이 어떻게 조절되고 있는지는 아직 확실치 않다. 앞서 예시한 몇 가지 사실은 상피소체가 조절작용에 관계가 있다는 것을 나타낸다(현재는 상피소체의 파라토르몬이라는 펩티드호르몬이 이런 작용을 한다고 알려짐).

이미 알다시피, 이 조직을 부분적으로 또는 완전히 없애면 혈액의 칼슘량이 줄고, 동시에 성장 중인 치아의 상아질(치아의 구조에서 치아의 가장 표면에 있는 층을 '에나멜질'—예전에는 법랑질이라 부름—그 아래층을 '상아질'이라 함)의 침착이 나빠지거나 뼈가 부러진 데서 성장하는 뼈의 생성 과정도 나빠진다.

게다가 칼슘분이 적은 음식을 먹으면—임신이나 모유수유를 할 때와 마찬가지로—상피소체가 비대해진다. 그러나 혈액 속 칼슘의 비율은 낮아지지 않는다. 또한 뼈의 석회화가 충분히 일어나지 않는 병, 이를테면 구루병이나 골연화증(뼈의 연화가 일어남)에서는 상피소체가 커져 있다. 하지만 이렇게 되는 원인과 영향은 실제로 아직 해결되지 않고 있다.

마지막으로 에드하임이 밝힌 것처럼 상피소체를 제거한 생쥐에 상피소체

를 이식하면 치아의 상아질의 침착은—상
피소체를 제거한 생쥐에서는 이 작용은 멈
춤—정상적으로 진행된다.

상피소체가 칼슘대사의 지배에 밀접한
관계를 가지는 것은 틀림없다. 그러나 어떻
게 그것을 지배하는지—직접적으로 작용
하는지, 그렇지 않으면 신경에서 자극이 되
는지 또는, 상피소체는 단독으로 작용하고
그 자신의 활동으로 칼슘의 많고 적음에
따라 저장과 방출을 일으키는지, 혹은 필
시 이와 반대로 작용하는 구조가 몸에 있
어, 그와 협력하여 작용하는지—이 모든
것은 아직 더 연구가 필요하다.

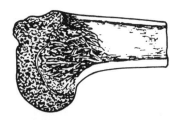

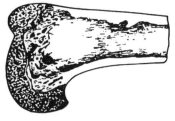

〈그림 26〉 사료가 고양이 상완골의 해면
소주에 미치는 영향을 나타낸다. 사진을
보고 그린 그림이다. 위에 것은 칼슘분이
많은 사료를 주고 나서 잘라낸 상완골이
다. 아래쪽은 칼슘분이 적은 사료를 준
뒤 자른 다른 한쪽의 상완골이다. 위쪽이
해면소주가 훨씬 많은 걸 볼 수 있다.

아마 갑상선도 칼슘의 항상성 유지에 관
계할 것이다. 티록신을 정상인과 점액부종
(353쪽 참조)인 사람에게 투여하면 둘 다 몸에서 잃는 칼슘의 양이 늘어난다. 게
다가 갑상선의 활동이 비정상적으로 높아진 환자에게서는 뼈에 침착하는 물질
이 많든 적든 소비되고, 몸에서 배출되는 칼슘의 양이 많아진다. 그러나 이러한
사실은 단순히 설명의 단초에 불과하니, 실험으로 증명되기까지 의문을 품고
생각해야 한다(현재는 칼시토닌이라는 호르몬이 갑상선에서 분비되어, 파라토르몬에
길항(拮抗)하는 작용이 있는 것으로 알려져 있다).

마치 단백질이나 지방 조절이 그러하듯 이 경우도 혈액 속 농도는 다행히도
일정하게 유지되는데 그것이 어떻게 유지되는지, 아쉽게도 현재 지식으로는 불
분명하다는 사실을 인정할 수밖에 없다.

지금까지 우리는 혈액 속 포도당, 염화나트륨, 단백질과 칼슘이 일정하게 유
지되는 사실에 대해 자세히 살펴보았다. 이들 가운데에는 삼투압을 결정짓는
활동을 하는 주된 원인도 포함되어 있다.

혈액의 삼투압 측정은 마게리아에 의해 20세에서 45세의 18명의 남자와 16명
의 여자를 통해 이루어졌다. 18명의 남자는 9개의 다른 국적을 가지고 있었다.

실험 대상이 된 사람들은 모두 채혈(팔 정맥에서)하기 전에 몇 분간 휴식을 취했는데, 식사나 채혈 시각, 채혈 전 운동에 대해서는 사전에 주의를 기울이지 않았다. 삼투압은 놀랄 만큼 고르다는 것을 알게 되었고, 사람에 따른 차이는 남자가 0.5%, 여자가 0.6%에 불과했다.

10 충분한 산소 공급을 유지하는 것

산소 공급

우리 몸의 세포는 외계에서 들어오는 많은 물질 중에서도 특히 산소에 크게 의존한다. 음식이 없어 굶주리면 몸에 비축된 글리코겐이나 지방, 단백질을 소비하고, 나중에는 우리 자신의 근육이나 샘을 실제로 만들어내는 것들의 도움을 빌려 몇 주 동안 버티는데, 훗날 특별히 눈에 띄는 장애를 남기지 않는다.

이것은 직업적인 단식을 하는 사람에게서 여실히 증명된다. 물 한 모금 마시지 않아도 며칠을 버틸 수 있다는 것 역시 몸소 겪은 사람에게서 나타난다. 당연히 이때도 몸에 비축된 물로 채워진다.

그러나 산소가 모자랄 때는 상황이 달라진다. 뇌에는 중요한 신경세포가 있는데 만약 8분 이상, 산소가 완전히 사라지면 근본적으로 파괴적인 변화가 일어나 더 이상 회복이 불능인 상태가 된다.

이 확연한 차이는 인간 몸의 경제현상에 산소 비축이 뜻대로 되지 않는다는 것과 당연히 결부지어 생각할 수 있다. 음식이나 물은 늘 손에 넣을 수 없기에 모자랄 때를 대비하여 쓰이도록 넉넉할 때 비축해 둔다. 한편, 산소는 우리를 둘러싼 헤아릴 수 없는 많은 공기의 약 21%를 차지하며 늘 곁에 있고 필요할 때 언제든 마실 수 있다. 따라서 저장해 둘 필요가 없다.

물론 산소 운반에 지장을 초래하는 경우가 생기기도 한다. 출혈 때 생기는 현상에 대해서는 이미 넌지시 학습했다. 비행기 탑승이나 등산할 때, 대기 중 산소 압이 크게 감소하는 표고가 높은 곳에 있을 때에도 그런 일이 생긴다. 등불에 쓰이는 가스나 자동차의 배기가스로 인한 중독도—순환하는 적혈구 속 산소가 닿아야 할 곳이 빼앗기고 대신에 일산화탄소가 단단히 이어진 상태—마찬가지로, 상대적으로 산소가 결핍된 상태를 만들어 낸다. 그러나 이는 많든 적든 부자연스러운 상태라는 생각이 든다.

심장 박동이나 규칙적인 호흡운동, 늘 일어나는 골격근의 가벼운 수축 등, 이렇듯 생물의 그칠 줄 모르는 활동은 활동 결과로 생긴 노폐물을 태우기 위해 언제나 산소를 필요로 한다.

근육을 활발히 움직이거나 활동이 격해지면, 휴식을 취할 때 충분한 산소의 최소한의 보급에서 새롭게 필요로 하는 양에 못미쳐 심한 운동을 오래 잇지 못할 것이다. 막힌 노폐물의 방해로 조직 활동은 바로 멈출 수밖에 없다. 이러한 상태에서는 늘 연속적으로 일어나는 작용의 속도를 높여 항상성이 유지된다.

산소 부채

표준 체격의 사람이 필요로 하는 산소의 양은 휴식하는 상태에서 1분간 0.25 또는 0.30l(쿼트)에 불과하다고 한다. 그런데 같은 사람이 아주 격한 근육노동을 하면 필요량은 1분 당 아마 15l 이상이 될 것이다. 하지만 아주 적합한 환경에서도 몸에 들어와 사용할 수 있는 최대양은 1분간 4l다.

즉, 심한 운동을 하고 있을 때에는 산소를 들이쉬는 양이 쉬고 있을 때의 10배에서 12배가 되는데, 그럼에도 이때 실제 필요로 하는 양에는 훨씬 못 미친다.

이런 상태가 되면 근육의 수축에 따라 생기는 젖산을 태워 이산화탄소를 만들거나, 본연의 형태인 글리코겐으로 돌아가는(현재 알려진 바로 젖산은 글리코겐으로 되돌아갈 수 없음) 것은 불가능하다. 그로 인해 근육에 젖산이 쌓인다. 수축은 이어지는데 젖산의 농도가 높아지면 수축은 방해받아 효율은 점점 나빠진다.

확실히 심한 운동은 당면의 산화로만으로 지탱되지 않는다. 심하게 몸을 움직일 때―이를테면 225yd(약 206m)를 달릴 때―에 생기는 젖산은 근육이나 몸을 채우는 액질 속에서 일시적으로 중화되어, 나중에야 비로소 산화되거나 본연의 형태로 바뀌게 된다. 이처럼 우리는 그때그때 받아들이는 산소의 양에서 추정되는 에너지의 공급량을 훨씬 뛰어넘는 일을 할 수 있는 것이다.

하지만 젖산은 쌓이므로 어떻게든 처분해야만 한다. 일부는 혈액 속에 젖산소다로 포함되어 신장에서 나온다. 그러나 거의 모든 젖산이 산화되거나 혹은 다시 글리코겐으로 바뀐다. 이 산화는 운동을 멈춘 뒤에 이루어진다.

이러한 이유로 우리는 쓸 수 있는 산소량으로 정해진 한도를 넘어 작업을 잇는 능력을 빌리는데, 단 쌓인 노폐물을 태우기에 충분한 산소를 나중에 넣어야 하는 것이 조건이다. 이리하여 우리는 힐이 '산소 부채(Oxygen debt)'라 이름 붙인 부채를 떠맡는다.

운동을 멈추고 30분쯤 심호흡하는 동안에 이 부채는 지불된다. 225yd(약 206m)를 23.4초로 달린 사람이 평소의 고른 호흡으로 돌아오는 데 걸리는 시간은 달리기를 끝내고 27분이 지난 뒤였다. 이 시간에 쓰인 산소 양에서 호흡이 안정된 상태에서 같은 시간에 사용된 산소의 양을 뺀 나머지가 부채의 양을 나타낸다.

이상, 살펴본 바와 같이 몸 구석구석 세포에 산소 보급이 늘 유지되는 것은 활동이 격하지 않을 때뿐이다. 아주 격한 일을 하거나 활발한 운동을 오랫동안 지속하면, 틀림없이 호흡과 순환의 조절에서 몸을 채우는 액질 속에 여분의 산이 생기는 것을 충분히 막지 못하게 된다. 그래서 혈액의 중성을 유지하는 구조를 작용시켜야만 하는 것이다.

따라서 산소의 보급에 관한 이번 장과 혈액의 중성에 대한 다음 장은 깊은 연관성을 가진다.

호흡 조절

근육을 쓰는 일을 하는 동안 여분으로 필요한 산소의 부족분을 채우기 위해서 폐, 심장과 혈관 작용은 여러 정교한 방식으로 조절된다. 이러한 조정 모두, 일을 하는 부분의 수요를 충족하고, 그럼에도 불구하고 모자라면 산소 부채를 지불하기에 충분한 산소가 보급될 만한 방식으로 실행된다.

그중에서도 호흡은 깊고 빨라진다. 이 변화는 근육을 움직이면 가장 먼저 나타난다. 아주 빠르게 나타나는 변화이기에 대뇌피질에서 온 근육 운동 그 자체를 일으키는 신경의 흥분 이외에 변화의 원인은 생각하기 어렵다—즉, 주된 작용(근육 운동을 가리킴)에 따라, 자동적으로 나오는 이른바 부작용이다. 그 뒤, 심한 작업 중일 때 누구나 알고 있는 대로 호흡량이 늘어나는—호흡운동이 깊고 빨라지는—것은 혈액 속의 이산화탄소가 늘어나기 때문이다.

일을 하는 근육에서 젖산이 만들어지고, 이것이 타 이산화탄소가 되며 근육에서 나오는 이산화탄소의 양이 늘어 호흡량 증가가 일어난다. 근세포 속 이산화탄소의 농도가 림프액 속의 농도보다 높아지면 확산압이 높아져(다시 말해 퍼져가는 경향이 깊어짐), 이산화탄소는 림프액 쪽으로 퍼져 간다. 더욱이 같은 이유로 모세혈관을 흐르는 혈액 속으로 퍼져 간다. 혈액은 그 이산화탄소를 폐로 나른다.

폐로 들어가면 혈액은 작은 공기 주머니 즉 폐포의 아주 얇은 벽의 자잘한 모세혈관의 그물코 속으로 퍼진다. 폐포는 나무처럼 가지가 갈라진 호흡기의 가장 작은 가지 끝단에 해당한다. 이 나무줄기는 기관이고 가지는 기관지다.

사람 폐의 폐포를 전부 펼쳐 평평하게 연결, 1장의 판자로 만들었다 치면, 약 $90m^2$ 또는 $1,100pt^2$가 되며, 그중 $800pt^2$ 이상이 모세혈관이라는 계산이 나온다. 아주 넓은 면적이 혈액과 폐포의 내부에서 생기는 가스교환을 위해 제공되는 것은 분명하다.

폐포 속 공기에 포함된 이산화탄소의 비율은 약 5.25%다. 정맥의 혈액에서 과잉의 이산화탄소가 폐로 운반되어 오면, 폐포 내부에 대한 확산압이 높으므로, 이산화탄소는 혈액에서 폐포 내부로 나간다. 그러나 이 현상은 가스가 혈액에서 폐로 들어가려는 경향과 그 반대의 경향이 균형을 이룰 때에만 이어진다.

이 방법으로는 당연히 폐포 속 이산화탄소의 비율이 오른다. 그 결과, 이산화탄소는 정상적이고 안정된 상태일 때만큼 다량으로 혈액에서 나가지 못한다. 그로 인해 혈액은 평소보다도 많은 양의 이산화탄소를 떠안고 폐로 들어가고 또 나간다.

이 이산화탄소 확산압이 높은 동맥혈이 특히 뇌의 하부에 있는 연수(延髓)의 '호흡중추'에 이르게 된다. 호흡중추에서는 혈액에서 중추세포로 이산화탄소가 퍼지거나, 또는 혈액의 높은 확산압 때문에 중추세포가 작용하여 생긴 이산화탄소가 퍼져 밖으로 나가는 것이 저해되거나, 이 가운데 하나가 원인이 되어, 세포가 갖는 이산화탄소량은 높아진다. 이것이 자극으로서 작용한다.

뒤이어 이들 세포는 호흡근에 신경 자극을 보내, 호흡근은 훨씬 심한 운동을 시작한다. 당연히 폐의 공기가 교체되면, 폐포 속 이산화탄소도 계속 밖으로 배출된다. 이 상태가 이어지면, 폐포 속 이산화탄소의 비율이 안정된 상태의 정상치까지 떨어져 호흡중추의 정상 이상의 흥분은 가라앉고, 다시 고른 호흡이 시작된다.

몸을 채우는 액질이 비교적 일정하게 유지되도록 지속적인 활동을 자동적으로 조절하는 작용의 예로, 뇌의 정교한 구조만큼 좋은 것은 없다. 이 구조는 자신의 상태를 일정하게 유지함으로써, 몸의 다른 모든 부분에 산성 노폐물이 쌓이는 걸 막는다.

이 중추가 얼마나 민감한 자극에 반응하는지는 홀데인과 프리스틀리가 밝혀낸 사실에서 알 수 있다. 즉, 폐포의 공기 속에 이산화탄소가 극히 0.22% 늘어나도 폐의 공기가 교체되는 양은 100% 늘어난다(다시 말해 2배가 됨).

근육을 마구 움직이는 일을 한 사람의 폐 환기량은 1분간 6l에서 60l 이상 늘어난다(396쪽의 숫자는 몸에 들어와 쓰이는 산소의 양이다). 이는 공기가 기관지를 아주 빠른 속도로 출입하고, 공기에 의한 마찰도 훨씬 높아지는 것을 뜻한다.

기관지 벽에는 관의 굵기를 조절하는 고리모양의 근육이 있다. 이들 근육은 소동맥의 고리모양과 마찬가지로, 교감신경계에 있는 신경에서 조절된다. 이미 기술한 방법 가운데 브리튼과 내가 신경을 제거한 심장을 이용해 아주 조금만 근육을 움직여도 교감신경—부신경이 작용하기 시작한다는 것을 설명한 바 있다.

〈그림 27〉에서는 신경을 제거한 동물을 그냥 마루 위를 걷게 한 것만으로도 심장이 뛰는 속도가 늘어나고 있음을 보여준다. 이 예시에서 맥박 수는 20회 많아졌다. 같은 운동을 시킨 뒤, 27마리의 예에서 나타난 맥박 증가는 평균적으로 1분 동안 17회였다.

지금과 같은 조건에서 이런 증가는 부신 분비가 원인이다. 왜냐하면 〈그림 27〉에서처럼 부신 작용을 멎게 하면, 비슷한 운동을 시켜도 맥박 수는 2회만 늘어날 뿐 별다른 차이가 없었다. 동물이 난폭할 때에 신경을 제거한 심장이 뛰는 속도는 더 빨라지므로 교감신경—부신계의 개입도 훨씬 커진다는 것을 주의해 살펴보길 바란다.

다수의 동물을 이용해 관찰해 보면 평균 증가 수는 1분 동안에 49회였다. 교

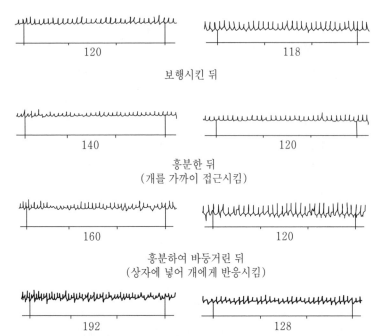

부신이 작용 중일 때
1926년 3월 18일

부신이 작용하지 않을 때
1926년 4월 16일

차분히 쉬고 있을 때

120

118

보행시킨 뒤

140

120

흥분한 뒤
(개를 가까이 접근시킴)

160

120

흥분하여 바둥거린 뒤
(상자에 넣어 개에게 반응시킴)

192

128

〈그림 27〉 27호 고양이의 신경 지배를 끊은 심장의 박동 수에 대한 실험기록. 아드레닌이 분비되지 않게 한(4월 6일)날 이전(3월 18일)과 이후(4월 16일)의 변화를 나타내고 있다. 시간은 5분 간격. 무릎 위에 앉아 안정을 취하는 고양이의 매분 박동 수를 보행시킨 뒤 개를 보고 흥분했을 때, 그리고 상자 안에 넣어 개 짖는 소리에 반응한 뒤의 박동 수와 각각 비교해 보길 바란다.

감신경―부신계는 기관지의 자잘한 가지(기관지는 폐에 들어가면 세기관지 → 호흡세기관지 → 폐포관 → 폐포로 점점 자잘하게 갈라져감. 근육―평평활근―은 호흡세기관지까지 있음)에 작용하여 그것들을 이완시킨다. 기관지 천식 환자에게 아드레날린을 투여해 치료할 때 겪는 극적인 효과는 이 작용을 보여주는 좋은 예다.

이러한 이유로 심하게 근육을 쓰는 일을 했을 때에는 아마 세기관지가 쉴 때보다 두꺼워질 거라고 예상된다. 두꺼워지면 심한 운동에 필요한 대량의 공기가 드나드는 통로가 넓어져, 필연적으로 마찰이 줄어든다.

또한 호흡작용이 헛되지 않게 영위된다는 것을 보여주는 뛰어난 사실을 들어보자. 깊어진 호흡이 폐의 이산화탄소를 내보내 폐에—결과적으로는 혈액에서도 마찬가지로—이산화탄소가 쌓이는 것을 막는 동시에 깊은 호흡은 과잉의 산소를 들여보낸다. 이런 감탄해 마지않는 자동작용이 활동한 결과, 예컨대, 몸을 심하게 움직여 산소의 소비가 5~10배 늘어나더라도 폐포의 공기 속 산소 비율, 고로 혈액의 확산압은 정상 또는 정상보다 조금 높은 수치로 유지된다.

혈액순환의 조절

이처럼 호흡작용의 이중 작용 덕분에 혈액은 폐의 모세혈관을 지나는 동안 휘발성 노폐물인 이산화탄소를 내리고, 곧바로 산소를 실을 수 있다. 폐에서 이루어지는 이런 가스교환 배후에 존재하는 순환계 조절을 이해하기 위해, 산소와 이산화탄소의 수송은 혈액 속 적혈구에서 이루어지고 또한 긴급할 때 적혈구의 수는 증가할 수 있지만, 그 역시 한정된다는 사실을 떠올려야 할 것이다.

심각한 출혈 뒤에 일어나는 보상작용에 대해 이미 대강 훑어보았지만, 그러한 상태에서 이러한 가스의 수송을 늘리는 단 하나의 방법은 적혈구를 사용하는 횟수를 늘리는 것이다. 바꿔 말하면 적혈구가 활동하는 부분과 폐 사이를 왕복하는 횟수를 늘리는 것이다. 실제로 이런 일이 실행되면 동시에 두 곳에서 생기는 가스의 싣고 내림이 원활히 이루어지게 된다. 그렇다면 이러한 조절작용을 낱낱이 살펴보도록 하자.

첫째, 심장에서 1분 동안 나가는 혈액을 늘리려면 정맥에서 심장으로 되돌아오는 혈액량이 늘어나야 한다. 우리가 근육작업을 할 때에는, 순환계통에서 여러 변화가 생겨 이러한 효과를 얻는다. 위나 장에 가득 분포하고 있는 혈관의 두께를 조절하는 혈관운동신경은 이들 혈관을 수축시킨다. 그 결과, 많은 혈액이 나와 근육 혈관으로 보내지는데 나중에 보겠지만 근육이 움직일 때 그 혈관의 크기는 매우 커져 있다.

한편, 근육이 움직일 때에는 많든 적든 규칙적으로 수축을 거듭하고 있으며 혈관, 특히 근속(筋束)(근육—횡문근—세포는 몇 가닥씩 다발로 된 결합조직의 막으로 에워싸여 있다. 근속이 모여 더 큰 묶음을 만든다. 전자를 제1차 근속, 후자를 제2차 근속이라 한다. 소위 '근육'은 이러한 근속이 많이 모여 만들어진다)의 내부나, 근속과 근속 사이에 있는 작은 정맥에 다소나마 규칙적으로 압력을 가한다.

정맥에는 판이 있으며, 혈액이 오직 한 방향, 곧 심장 방향으로만 흐르게 되어 있으므로 규칙적으로 가하는 압력은 필연적으로 이 흐름을 빠르게 한다. 이것은 쉽게 증명할 수 있다.

오른손으로 왼손 손목을 꽉 잡고, 왼손을 빠르게 쥐었다 폈다 하면 왼손 손등에 있는 정맥이 바로 부풀어 오르는 것을 확인하길 바란다. 정맥에서 작용하여 혈액을 밀어내는 다른 유형의 작용은 흉강과 복강을 나누는 커다란 돔 형태의 호흡근, 횡격막의 활동으로 보인다.

이 근육이 수축하면 돔은 낮게, 즉 주위가 다소 평평해져 복부 내용물을 아래로 밀어낸다. 이 때문에 다리에서 복부를 통해 혈액을 위쪽으로 이끄는 굵은 정맥, 하대정맥에 가해지는 압력은 늘어난다. 여기서도 하대정맥의 지맥에 있는 판이 다리 쪽으로 혈액이 거꾸로 흐르는 것을 막는다. 따라서 복부의 압력이 늘어나는 것은 심장 쪽으로 흐르기에 적합하다.

흉부에서도 이러한 목적에 유리한 조건이 마련되어 있다. 흉강에 있는 폐는 늘어진 모습을 하고 있고, 그 속에 들어 있는 공기를 안쪽으로 누르고 있다. 따라서 흉강에서 폐의 바깥쪽에 있는 기관, 예컨대 정맥에는 대기압보다도 낮은 압력이 가해진다는 뜻이다. 공기를 들이쉴 때마다 흉강은 커지고, 폐는 더 늘어나 혈관에 가하는 압력은 더 적어진다.

이렇게 복부 압력 증가와 흉부 압력 감소가 함께 일어나, 다리 쪽에서 오는 흐름뿐만 아니라, 팔이나 머리에서 오는 흐름 또한 더 촉진된다. 뒤이어 내쉴 때 돌아오는 정맥혈은 물론 가슴 바깥 정맥에—팔, 목 및 복부—모인다. 다시 숨을 들이쉬면 지금 언급한 상태가 거듭 일어나 고인 혈액은 심장 쪽으로 밀려간다.

이처럼 혈액을 보다 유효하게 쓰도록 작용하는 요소로서 손발 근육이 혈액을 밀어내는 작용 외에 횡격막의 같은 작용이 보태진다.

몸속에서 이러한 구조가 얼마나 능수능란하게 낭비 없이 작용하고 있는지를 주의해 살펴보길 바란다.

수축하는 근육은 수축하기 위해서 여분의 산소를 필요로 하지만, 자동적으로 산소를 나르는 혈액을 제자리로 돌려놓고, 필요로 하는 산소를 얻기에 알맞다. 횡격막은 이미 알다시피 운동을 하는 동안에는 보다 격렬히 공기가 출입하도록 활동하는데, 산소를 나르는 적혈구에 싣기 위해서 폐로 산소의 공급을 유지할 뿐만 아니라, 적혈구의 순환 촉진을 도와 필요로 하는 조직에 산소 운반을 늘린다.

심장 박동

심장은 받아들이는 것보다 많은 혈액을 밀어내지 못하므로 되돌아오는 혈액량에 보조를 맞추어야 한다. 그렇지 않으면 반대로 압력이 가해져, 정맥에 피가 머물게 된다. 다시 말해 심장이 보내는 혈액량은 그곳에 운반되는 정맥혈의 양으로 지배된다. 되돌아 온 정맥혈의 양은 근육을 쓰는 일을 시작하면, 크게 늘어난다는 점에서 심장은 어떻게 이 문제를 처리하는가라는 의문이 생긴다.

두 가지 방법이 가능하다. 한번 수축할 때마다 심장에서 밀려나오는 혈액량이 늘어나도 되고, 뛰는 속도가 증가해도 좋다. 실제로 이 두 방법이 쓰이고 있다.

1회 뛸 때마다 밀려나가는 양, 혹은 얀델 핸더슨이 '박출량'이라고 이름 붙인 것은, 간접적인 방법으로 결정할 수밖에 없다. 다른 연구자들이 여러 방법으로 비교적 소수의 사람을 관찰해 얻은 결과는 대체로 일치하는 숫자로 나타난다.

확실한 것은 실험 대상자가 쉴 때에도 천천히 뛰는 심장은 거의 비는 일이 없다는 것이다. 수축할 때마다 심실에 남는 혈액은 처음 있었던 양의 25% 이상일 것으로 짐작된다. 이완기에 들어서 심장이 쉴 때 근육 벽은 부드러워지고 늘어지는데, 정맥혈을 받아들인 오른쪽이 특히 그러하다. 그 때문에 대정맥에서 운반되어 온 혈액은 안으로 흘러들게 되고, 심장은 평소보다 부풀어 오른다.

영국의 생리학자 스탈링은 아주 흥미롭고 중요한 사실을 발견했는데 그 사실에 따르면, 정상적인 심장은 당연히 예상되는 한도 내에서 그 근육이 늘어나면 늘어날수록 강하게 수축한다!

이렇게 아주 자동적으로 심장에 흘러 들어가는 혈액량이 늘어나면 그 만큼 밀려나가는 기세도 강해진다. 그 때문에 심장이 힘차게 뛸 때는 안정적으로 뛸 때에 비해 수축 마지막에 심실에 남는 혈액량이 비교적 적다. 이러한 조절작용이 있으므로 격한 일을 하고 있을 때에 1번의 박동으로 밀려나가는 혈액량은 휴식을 취할 때의 대략 2배가 될 것으로 짐작된다.

1회 박동으로 밀려나가는 양, 즉 1분 동안 밀려나가는 양이 고작 2배가 되는 것만으로는 공급되어야 할 산소의 양이 10배 이상 늘어난 경우에 이 요구를 충족시킬 리 없다. 심장의 용적을 늘리기엔 한계가 있어 적혈구를 이용할 때처럼 빨리 움직이는 것으로 보충한다.

심장이 뛰는 속도는 안정적일 때 1분간 70회 전후로 분포하지만, 격한 운동을 할 때는 140회 이상으로 오른다. 박출량이 2배 늘어난 데다가 이 박동수의 증가가 보태지므로 근육을 쓰는 일에 필요한 과잉의 산소 요구를 채울 수 있는 가능성은 매우 높아진다.

여러 구조가 심장의 수축 횟수를 늘리고 그 상태로 유지되게 작용한다. 몸의 작업이 최고조에 이르러야 심장이 빠르게 뛰기 시작하는 것은 아니다. 호흡을 조절할 때는 운동을 일으키는 동작 자체가 호흡의 증가를 수반한다고 이미 기록했다. 즉, 그러한 동작에 따른 신경의 흥분이 뇌의 호흡중추를 자극하는 것이다. 마찬가지로 우리가 운동을 시작하면 심장이 뛰는 속도를 끊임없이 조심스레 조절하는 미주신경의 영향이 많든 적든 억제되어, 맥박은 빨라진다.

이러한 것들은 필요에 재빨리 응하기 위한 구조로, 두 개의 다른 기관계에서 보이지만, 협력하여 작용하는 데에 밀접한 관계를 가지는 것은 분명하다.

손발 근육이나 횡격막의 펌프와 같은 작용이 정맥 혈액을 오른쪽 심방과 심실로 밀고나간 결과, 정맥 내의 압력은 증가하는데, 이것은 작업 중일 때, 피부 바로 아래의 정맥이 부풀고 확연히 도드라져 보이는 점에서 명백하다.

이 압력의 증가는 지금 언급한 신경의 작용을 지속시키고 강하게 한다. 그 이유는, 심장 안쪽에 이러한 압력이 가해져 우심방과 그에 이어진 대정맥의 말단이 부풀면 이른바 '베인브리지 반사'가 일어나 심장이 뛰는 속도를 늦추는 미주신경의 활동을 더욱 억제해 박동은 한층 빨라지고 그러한 상태가 지속된다.

우심방에서 정맥혈의 압력이 높아지면, 심장에 분포하는 교감신경에도 흥분이 일어난다고 알려져 있다. 근육운동이 아주 심할 때나 특히 승패를 가르는 경기처럼, 감정적으로 흥분이 따르면 교감신경의 작용은 더 활발해진다. 이러한 신경 작용이 심장 박동을 촉진시킨다는 것은 앞서 배웠다.

맥박을 실제로 기록한 결과는 〈그림 27〉(400쪽)에 나와 있는데 가벼운 운동으로도 교감신경-부신계가 작용한다는 것을 밝혀냈다. 또한 운동이 격해지면, 그만큼 교감신경-부신계의 관여도 커진다. 게다가 교감신경지배의 중추는 호흡중추가 영향을 받을 때에 다소 영향을 받는 것 같다. 이산화탄소가 과잉이 되면 그들 중추는 산성이 되고, 가장 중요한 결과가 자극인 듯싶다.

이 의견은 마티슨의 실험에 의해 입증되는데, 그는 들숨의 공기 속에 포함된 이산화탄소량이 많으면, 즉 혈액 속의 이산화탄소량이 늘어나면 동맥 혈압이 오르는 것을 밝혀냈다.

린튼 형제와 내가 몸소 한 2, 3의 관찰 역시, 마찬가지로 근육을 움직여 나오는 노폐물이 교감신경−부신계를 작용시키는 것을 나타내고 있다. 몸의 다른 부분과 연락하는 신경을 모두 끊은 한 일군의 큰 근육 덩어리를 인위적으로 자극하면, 신경을 잘라낸 심장의 뛰는 속도가 늘어나는 것을 우리는 관찰했는데, 이것은 스웨덴의 생리학자 요한슨이 얻은 결과와 일치하고 있다.

이 현상의 원인은 필시 근육에서 순환하는 혈액 속에 나와 있는 화학물질 말고는 달리 생각할 수 없다. 왜냐하면 활동하는 근육과 몸의 다른 부분에는 그저 혈류로 인해 연락될 뿐이기 때문이다. 그러나 우리 실험에서 부신을 작용하지 못하게 하자, 같은 자극을 되풀이해도 그 효과는 보이지 않았고, 오히려 심장의 속도는 다소 늦춰졌다. 확실히 심장 박동이 빨라지는 것은 혈액의 변화가 직접 작용한 것이 아니라, 교감신경−부신계의 구조를 통해 이루어진 작용이다.

이러한 이유에서 근육을 많이 쓰는 일을 하고 있을 때, 몸의 필요에 따라 이루어지는 호흡계 조절과 순환계 조절계 사이의 밀접한 관계는 다음과 같이 설명된다.

이를테면 호흡계·순환계 모두 자발적인 운동에 따라 생기는 신경 흥분으로 자극받아 동작이 빨라지지만, 이렇게 항진된 동작이 유지되는 것은 동맥혈 속 이산화탄소의 농도가 증가하기 때문이다. 그 뒤, 이산화탄소 농도가 휴식을 취할 때의 수준으로 떨어지면, 호흡계나 순환계는 점차 안정된 평소의 작용으로 되돌아온다.

이 모든 작용은 협조하여 움직인다. 처음에 정맥을 통해 흘러들어오는 많은 양의 혈액을 심장이 충분히 받아들이게 하고, 뒤이어 혈액을 효과적으로 폐로 나른다. 폐에서는 환기량이 많아지고 호흡가스, 즉 산소나 이산화탄소가 순조롭게 교환되게끔 조절된다. 그리고 마지막에 산소를 충분히 가진 혈액을 거대한 '동맥수' 속으로 강력하게 밀어내는 것이다.

혈압의 조절

몸의 운동이 시작되면 동맥의 혈압이 높아진다. 우리는 동맥 혈압이 동맥에 흘러들어오는 혈액의 에너지와 동맥에서 유출되는 것을 막는 저항과의 균형이라는 것을 학습했다.

다른 조건은 그대로이고 심장에서 밀려나간 혈액 양이 많이 불어나면 그 만큼 혈압이 높아질 것이다. 하지만 동시에 말단부의 저항이 커진다. 특히 복부 장기에 많이 분포한 혈관이 교감신경계의 혈관운동신경 작용으로 수축하는 것이 밝혀졌다. 심장과 혈관에서 나타나는 이런 두 가지 변화가 함께 작용하여, 모세혈관을 통해 혈액을 흘러가게 하는 혈압의 압력차를 매우 높이는 것이다.

페달을 밟아도 나가지 않는 헬스자전거에 사람을 태워 실험해 보면, 운동을 시작했을 때에 동맥 혈압은 130~180mmHg로 오르고 운동을 지속하는 동안에 165~17mmHg 사이의 높은 상태가 유지된다. 즉 약 8피트(약 2.4미터)의 혈액기둥에 상당하는 압력인데, 쉴 때의 압력은 혈액기둥으로 하면 5.5피트(약 1.7미터)다.

실제로 운동이 진행되기 전에 동맥 혈압이 오르는 것은 주목할 만하다. 마치 운동이 시작되자마자 운동을 일으키는 신경흥분의 간접적인 부작용으로 호흡과 심장의 속도가 높아지는 것처럼, 운동을 시작하면 바로 혈압이 크게 오르는 것도 같은 작용이 원인이 된다. 사실 베버에 따르면 그냥 운동하려고 마음먹은 것만으로도 복부내장의 혈관이 수축하고, 손발 혈관이 넓어진다고 한다.

혈압이 오르는 의의는 활동하는 근육의 소동맥이나 모세혈관이 넓어지는 걸 생각하면 쉽게 이해될 것이다.

만약 동맥 혈압이 휴식을 취하는 상태의 몸에 충분한 속도로 혈액을 순환시키는 데 만족할 뿐이라면—이를테면 생명의 위험을 야기할 혈압보다도 조금 높은 상태—몸의 어느 한 곳에서 혈관이 넓어지면 혈액은 정맥에 흘려보내기 쉬워지고, 혈액은 순조롭게 넓어진 통로를 통과하여 다른 곳은 적당한 공급이 이루어지지 않은 채 방치될 것이다.

격한 작업을 할 때에는 동맥 혈압이 오르고, 운동을 하고 있지 않는 부분에 대한 혈액 운반이 유지되도록 작용할 뿐만 아니라, 산소를 가진 혈액을 가장 필요로 하는 운동이 진행 중인 곳의 불룩한 혈관을 통해 혈액이 빠르고 많이 흐를 수 있게 작용한다.

활동하는 근육의 소동맥이나 모세혈관이 넓어지는 것은, 세포에 필요한 것을 공급하고 노폐물을 날라서 버리는 비상상태에 따른 조절작용의 가장 뚜렷한 예 가운데 하나다.

신중히 연구한 결과, 근육이 쉴 때는 모세혈관의 대다수가 쓰이지 않고 교대로 혈액을 나르는 것으로 밝혀졌다. 즉 모세혈관의 어떤 것은 잠시 열었다가 닫아, 혈액은 그곳을 지나가지 못하게 된다. 한편, 가까이에 있는 다른 모세혈관이 열려 그 부근 일대에 혈액을 공급한다. 혈액이 있는 모세혈관만 현미경으로 볼 수 있다.

덴마크의 생리학자 크로그는 몸의 한쪽에만 운동하던 근육을 반대쪽의 운동하지 않은 같은 근육과 비교해 보니, 일한 근육에 열린 모세혈관의 수가 일하지 않는 근육보다도 40에서 100배나 많은 놀라운 사실을 발견했다.

무엇이 모세혈관을 열게 하는지는 아직 알 수 없다. 부분적으로 생기는 산소 결핍이나 이산화탄소가 혈관을 여는 원인이라고 여겨왔다―이와 같이 악조건 자체가 그것을 바로잡는 작용을 불러일으킨다. 또는 근육이 수축할 때에 소모하여 생기는 미량의 물질이 작용하여 혈관을 넓히는 것일지도 모른다.

모세혈관이 어떻게 열리는지 알 수 없지만, 열린다는 중요성을 간과해서는 안 된다. 혈액과 한 곳에 머물러 움직이지 않는 세포와의 사이에서 물질 교환이 이루어지는 곳이 모세혈관이라고 앞서 난 강조했었다. 몸의 운동에 따라 이루어지는 순환계의 조절작용은 모두 이 점에 의미를 갖는 것이다.

혈액은 활동 중인 근육이 필요로 하는 당이나 산소를 나르고, 수축에 따라 반드시 일어나는 산화작용의 결과로 생긴 이산화탄소나 물을 날라서 버릴 수 있다. 이런 혈액의 두 가지 작용을 필요로 하는 근세포에 혈액을 가까이 가게 할 수 있다면 그만큼 효율적으로 근육을 움직이게 할 수 있을 것이다.

근육이 운동을 시작하면 쓰이지 않던 모세혈관이 뚜렷이 열리는 것은, 세포와 혈류 사이에 밀접한 관계를 유지하는 역할을 맡고 있다.

자, 이것으로 우리는 순환계에서 일어나는 많은 적응적인 변화를 관련지을 수 있었다. 근육이 규칙적으로 올바르게 수축하고, 근육 안이나 근육과 근육 사이에 있는 혈관을 주무르면 수축하지 않을 때보다도 다량의 혈액이 밀려가는 것은 확실하다.

요컨대 활동하는 근육은 이른바 몸의 말단에 존재하는 심장이며 일을 하는 동안에는 다량의 혈액을 받아들이고, 그 혈액을 실제 심장과 폐로 보내 신선한 혈액으로 회복시켜, 다시 새롭게 쓰는 것이다.

가스 교환

그런데 우리는 이제까지 여분의 산소가 요구되면, 그 요구가 여러 방법으로 채워지는 것을 살펴보았다. 즉 1분에 대한 폐의 환기량은 확실히 6배나 늘고 심장 박출량은 2배가 된다. 또한 심장이 뛰는 속도도 배가 되며, 동맥 혈압이 오르고, 활동 결과 산소를 필요로 하는 곳에 확장된 모세혈관을 1분간 흐르는 혈액량이 많아진다.

이 밖에도 아직 언급하지 않은 뛰어난 구조가 두 개 남아 있다. 그 첫째는 항상성을 유지하기 위해 어떤 작용의 속도를 높이는 또 다른 예다. 바로 폐와 수축하는 근육의 모세혈관에서 하는 가스 교환이 쉬워지는 것이다.

이상, 정리 기록한 순환계에서 일어나는 조절은 적혈구가 일정 시간 내에 폐와 근육 사이를 이리저리 왕복하는 횟수를 늘리는 방향으로 실행되고 있다.

모세혈관을 흐르는 혈액은 순환경로의 다른 어떤 곳을 지날 때보다도 훨씬 느리지만—이것은 혈액과 조직 사이에서 일어나는 물질 교환에 필요한 시간을 만들기 위한 구조다—순환 속도가 올라가면 다른 곳과 마찬가지로 모세혈관을 흐르는 속도도 올라간다. 이것은 적혈구가 폐에서 갖고 있던 이산화탄소를 내린 뒤 산소를 싣고, 운동 중인 근육에서는 이와 반대의 일을 하므로 쓸 수 있는 시간이 적어진다는 것을 뜻하는 것이다.

이산화탄소가 늘어나거나, 온도가 높아지면 적혈구가 산소를 내리는 과정이 빨라진다는 놀라운 사실이 오이누마(生沼曹六)[1]에 의해 밝혀졌다. 따라서 근육이 반복하여 수축하고, 이산화탄소가 늘어날 뿐만 아니라, 열이 많이 생길 때,

---

1) 1875~1944. 구제제4고등학교(舊制第四高等學校) 의학부를 졸업 후, 동경대학의 생리학교실에 입학. 미국으로 유학. 귀국 후, 오카야마(岡山)대학에 부임, 호흡과 운동의 생리학 연구에 종사함.

적혈구는 이러한 새로운 조건 때문에 산소를 더 빠르고 안전하게 방출하는 것이다.

비교적 가벼운 운동을 할 때조차 산소를 방출하는 속도는 이산화탄소의 영향으로 2배가 된다고 한다. 또한 활동하는 근육 온도가 올라가서 생기는 영향도 덧붙여야 할 것이다.

동시에 세포는 산소를 순조롭게 소비하므로 세포에 직접 닿는 림프액에는 산소가 적어진다. 그 결과, 혈액에서 림프액으로 향하는 확산의 경사가 가팔라져 확산 속도는 올라간다. 근육을 쓰는 일이 심하면 심할수록, 적혈구가 산소를 유리(遊離)하는 속도와 산소가 세포 속에 들어가는 속도에 미치는 영향도 커지게끔, 이것들이 병행하여 변화하는 관계에 있다는 것은 특히 주의해 둘만한 가치가 있다.

이와 같이 대량의 혈액이 근육을 흐르고 그것들은 상황에 걸맞는 방법으로 충분히 이용되는 것이다.

산소가 적혈구에서 빠르게 분리되면 그만큼 혈장에서 산소의 확산압은 높아질 것이다. 이렇게 림프액에서 세포로, 순서대로 보다 빠르게 옮겨 간다. 이 일련의 현상이 일어난 결과, 세포는 저마다 필요로 하는 양에 따라 산소를 받아들인다.

이산화탄소와 산소는 폐포 속에서 서로 관련하고 있으며 혈액은 폐의 모세혈관에서 비교적 확산압이 높은 산소와 비교적 확산압이 낮은 이산화탄소에 노출되게 된다. 그 결과, 모세혈관과 이산화탄소의 벽을 만드는 아주 얇은 막을 통해, 이산화탄소는 폐포에서 나간다. 그러나 동시에 나가는 것을 돕는 작용이 일어난다.

산소가 폐포에서 적혈구로 들어가는 것이 이산화탄소를 내보내는 데 한몫 거들어, 이산화탄소가 그냥 나갈 때보다 훨씬 빠르게 혈액에서 방출된다. 요컨대 순환하는 혈액이 반환점에 이를 때마다, 하나의 가스가 다른 가스를 내보내 적혈구에 생긴 빈자리를 차지하고 그 뒤에도 마찬가지로 내보낼 때까지 그 자리에 붙어 있는 것이다.

몸의 어느 곳을 살펴보아도 이만한 흥밋거리를 자아내는 상호작용 현상은 찾아볼 수 없다.

혈액이 폐를 나올 때에는, 가령 근육을 심하게 움직여 혈류가 빨라지더라도 산소를 가득 실은 상태의 약 95%, 다시 말해 $100cm^3$의 혈액에 약 $18cm^3$의 산소를 싣고 운반한다. 편히 쉬는 상태에서 정맥혈이 심장으로 되돌아올 때에는, $100cm^3$의 혈액 속에 $14~15cm^3$의 산소가 포함되어 있다. 겨우 $3~4cm^3$의 산소가 말단의 모세혈관에서 방출된 것에 지나지 않는다.

이제까지 낱낱이 조사해 온 작용을 보이는 많은 요인이 작용하고, 활동하는 부분에서 더 많은 산소가 방출되어 심장으로 되돌아올 때에는, 설령 그리 쓰이지 않는 다른 부분에서 온 혈액과 섞여도, 산소 함유량은 $5cm^3$%(mg%와 같은 표현법. 혈액 $100cm^3$ 속에 산소 $5cm^3$)이하로 생각할 수 있다.

이처럼 폐와 결핍이 일어나고 있는 조직 사이를 왕복하는 적혈구 횟수의 증가는 적혈구가 나르는 산소의 이용이 높아지는 것으로, 몇 배나 유효한 것임에 틀림없다.

*

다급히 필요할 때, 산소 공급을 충분히 확보하기 위한 놀라운 구조가 또 하나 있다. 바로 근육이 운동 중에 적혈구 수가 급격히 늘어나는 것이다. 이 현상은 특히 바크로프트에 의해 밝혀진 것인데, 사람보다도 하등한 동물에서 더 뚜렷하다.

말에게 5분간 심한 운동을 시킨 결과, $1mm^3$ 속 적혈구 수는 20% 늘어났다. 이렇게 두드러진 현상은 산소 부족에 대해 생물의 적응현상 중에서, 앞서 내가 산소 이외의 물질 공급의 항상성에 대한 기록 중에서 나온, 저장에서 도움을 청하는 현상과 비슷한 유일한 것이다.

심한 근육 운동이 오래 이어지면, 이미 배운 바와 같이, 포도당이 간장 저장에서 나와 필요로 하는 모든 곳에 혈액을 통해 운반된다. 출혈에 대한 생물 반응을 생각할 때 적혈구가 많이 비축된 장소로서 비장이 특히 눈길을 끌었다. 교감신경–부신계의 작용이 일어날 때처럼 예컨대 산소가 모자랄 때 비장 근육이 수축하면 그 속에 들어 있는 적혈구는 반드시 밀려 나온다.

고양이를 운동시키면 비장의 무게는 26g에서 13g으로 줄어든다―요컨대, 적혈구를 특히 많이 포함한 액체가 13g 방출된 것이다. 물론, 이렇게 나온 적혈구는 필요하면 바로 산소와 이산화탄소를 운반한다.

한 곳에 머물러 움직이지 않는 신체 곳곳에 숨은 세포로의 산소 운반이 변함없이 이루어지도록 이런 수많은 구조가 실로 정교하게 만들어졌다는 것은, 다시 말해 늘 필요에 따른 산소 공급 유지의 중요성을 나타내는 척도인 것이다.

적당한 노동을 지속할 때에는 많은 요인이 부족을 채우기 위해 작용하며, 아주 효과적으로 산소의 충분한 공급이 유지되도록 되어 있다. 그러나 노동이 심하고 극단적일 경우에는 공급량이 요구량에 미치지 못하게 될 것이다.

세포에는 불휘발성 젖산이 쌓이고 림프액이나 혈액 쪽으로 퍼져 간다. 혈액이 산성과 알칼리성의 중간인 중성에 가까운 상태에서 벗어나는 것은 용납되지 않는다. 이 위험한 가능성으로부터 생물을 지키는 구조를 뒤이어 살펴보자.

11 혈액이 항상 중성으로 유지되는 것

혈액의 산성과 알칼리성

앞장에서 나는 근육이 움직이면 동시에 젖산과 이산화탄소(물에 녹아 탄산이 됨)가 반드시 생성된다는 것을 반복적으로 언급했다. 마찬가지로 단백질이 많은 식품에 들어 있는 인이나 황이 산화되어 인산이나 황산이 몸 안에서 만들어진다. 질환 상태에 따라서는 한층 더 성질이 다른 산성 물질이 나타난다.

한편, 특히 채소에 풍부하게 들어있는 나트륨, 칼륨 및 칼슘과 같은 염기는 식품을 통해 우리 몸에 흡수되고, 또한 산은 산성 위액으로 분비되어, 일시적으로 몸에서 나갈 것이다. 이렇게 혈액을 알칼리성으로 하려는 조건이 만들어진다.

혈액이 산성, 알칼리성 그 어느 쪽에서도 뚜렷한 변화를 보이지 않다는 점은 세포가 생존하여 올바른 작용을 영위하기 위해서도 매우 중요하다.

혈액이 '어떤 성(性)'인가는 혈장의 수소(H)이온 농도로 결정된다. 수소이온은 수소라는 원소의 원자가 전하를 띠는 것이다(원자가 전자를 잃거나 여분으로 얻으면 저마다 플러스 혹은 마이너스 '전기'를 띤다. 수소가 전자를 한 개 잃어, 플러스의 '전기'를 띠는 것이 수소이온이다).

염산(HCl)을 물에 섞으면 HCl이 분해, 혹은 다른 말로 해리(解離)하여, 성분 이온, 즉 수소이온과 염소이온이 된다.

산성의 정도는 용액 속에 존재하는 수소이온의 수로 결정된다. 마찬가지로 수용액의 알칼리성 정도는 수소(H)와 산소(O) 두 가지의 원소가 결합해 생긴 것이 전하를 띤, 이른바 '수소이온'(OH)의 농도로 결정된다.

순수한 증류수(H_2O)는 근소하게 H이온과 OH이온으로 해리하는데, 당연히 이들 이온 수는 서로 균등하다. 순수한 증류수는 중성이라고 보지만, 그것은 산성이나 알칼리성으로 작용하는 것이 존재하지 않아서가 아니라 양쪽이 똑같이 존재하므로 중성인 것이다.

섭씨 22도의 순수한 물 천만 리터 당 무게 1g의 수소이온이 포함되어 있다. 바꾸어 말하면 수소이온 농도는 천만분의 1, 또는 $1/10^7$ 또는 10^{-7}이다(물론 이 부분은 원문 그대로의 번역이라 조금은 불충분한 것 같다. 이온 농도는 보통 '몰농도', 즉 1리터의 용액 속에 녹아 있는 물질의 '몰수'로 나타낸다. 1몰의 수소이온은 약 1g이므로, 지금은 수소이온의 농도는 '10^{-7}'몰 농도가 됨).

순수한 물의 수산이온 농도 역시 10^{-7}(몰농도)이다. 실제로 음의 지수 곱은 어떠한 물의 용액에서나 항상 −14임을 알게 된다(원문 표현이 불충분하다. H+와 OH−의 이온 농도의 곱─이온곱이라고도 함─이 늘 10^{-14}가 되어 '곱의 지수'가 항상 −14가 됨).

현재는 이러한 음의 지수 사용을 피하고, 중성을 pH=7이라고 표시하는 버릇이 들었다. 만약에 수소이온 농도가 10^{-6}이면 수산이온의 농도는 $10^{-7.8}$로 이 액체는 산성이다. 반대의 관계가 되면, 말할 것도 없이 그 액체는 알칼리성이다. 즉 수소이온의 농도를 나타내는 지수가 pH7보다 적으면 H이온이 우세하여 그 용액은 산성이고, 예컨대 pH7보다 크면 OH이온이 초과해 알칼리성이 된다.

수소이온 농도

혈액은 H이온보다도 OH이온을 조금 더 함유해, 지수는 대략 pH7.4이다. 중성보다 약간 알칼리 쪽에 치우친 이런 상태가, 예컨대 조금만 변화해도 위험하다.

만약 수소이온 농도가 올라 지수가 pH6.95(약산성 쪽으로 기울어 짐)가 되면 그것만으로도 혼수상태가 일어나거나 사망에 이르는 결과를 낳는다. 만약 수소이온 농도가 내려가고 알칼리도가 조금 올라, 지수가 pH7.4에서 pH7.7이 되면 강직을 동반한 경련이 생긴다.

혈액이 pH7.4에서 pH7.0으로 변화하면 개의 심장 박동은 1분간 75회에서 50회로 줄어들지만, 변화가 알칼리 쪽인 경우에는 (pH7.0에서 pH7.8) 1분간 30회에서 약 85회로 늘어난다.

만약에 이 한계를 넘어서면 결과는 비참해진다. 산성액은 심장을 이완하고 박동을 멎게 한다. 마찬가지로 알칼리성이 강한 액체 역시 박동은 멈추지만 대체로 수축한 상태에서 멎는다.

혈액의 화학적인 성질 변화가 아주 중대한 위험을 초래하는 예를 수없이 들 수 있지만, 이것들은 그 2, 3개의 예에 불과하다.

좁은 범위의 변화 가운데에서 신경계는 온전히 활동하고 심장도 끊임없이 뛴다. 건강한 상태라면 좁은 정상치 범위에서 크게 벗어나 몸의 기능을 망가트리고, 생명을 위험에 빠지게 하는 일은 생기지 않는다. 그렇게 극단적인 상태가 되기 전에 흐트러진 상태를 올바른 위치에 돌려놓으려 작용하는 구조가 자동적으로 활동한다.

혈액의 화학적인 성질을 때로는 산성이나 알칼리 쪽으로 밀어내려는 수많은 조건에도 불구하고 혈액을 거의 중성으로 유지하도록 작용하는 구조를 완전히 설명하려면, 관련하는 물리—화학적인 과정을 면밀하고 자세히 생각해야 할 것이다.

그럼 이 기구의 비교적 간단한 측면만을 살펴보자.

탄산과 젖산

혈장에는 화학원소, 나트륨(Na), 수소(H), 탄소(C) 및 3개의 산소(O)가 화합한 것이 녹아 있다. 이 화합물($NaHCO_3$)은 평소 조리 중에 쓰는 중조로, 화학적으로는 중탄산나트륨으로 알려져 있다. 마찬가지로 혈장에는 탄산이 녹아 있다. 이산화탄소(CO_2)가 물(H_2O)에 녹아 생긴 탄산의 화학기호는 H_2CO_3이다.

혈액의 화학적인 성질은 혈장 속의 H_2CO_3와 $NaHCO_3$와의 관계로 결정된다.—탄산은 수소이온을 내보내고, 중탄산나트륨은 나트륨이온의 작용으로 수산이온을 내보낸다.

운동 중일 때처럼, 탄산이 늘어나면 혈장은 산성으로 기울지만, 이것은 탄산을 줄여 보다 알칼리 쪽으로 바꿀 수 있다. 예컨대, 1~2분 동안 일부러 심호흡을 격하게 되풀이하면 폐에 있는 폐포 속 이산화탄소의 농도를 줄여, 확산압을 떨어트릴 수 있다. 혈액 속 이산화탄소가 폐에서 퍼질 때에 받는 저항이 줄어듦에 따라 보다 많은 CO_2가 혈액에서 나오게 된다. 격한 심호흡으로 폐포 속 산소의 농도가 높아진 것도 이 과정에 유리하게 작용한다.

생리학자들이 몸소 한 실험에서 이렇게 혈액을 점차 알칼리화한 결과, 급기야 경련이 일어나는 지경에 이르렀다.

기체가 되어 몸에서 배출되지 않는 산, 이를테면 염산(HCl)이나 젖산(HL이라 적기로 함)이 혈액에 보태지면 이는 중소의 나트륨의 어느 부분과 결합하여 다음에 나타난 방정식에 따라 이산화탄소가 방출된다.

$$HCl+NaHCO_3=NaCl+H_2O+CO_2 \text{ 혹은 } HL+NaHCO_3=NaL+H_2O+CO_2$$

$NaCl$은 보통 먹는 소금이며 중성의 무해한 물질이다. H_2O와 CO_2는 누구에게나 친숙한 탄산을 만드는데, 이것은 기체로 발산하기 쉬운 산이다. 강한 산인 HCl이나 HL이 많아지면 탄산을 늘려 혈액이 일시적으로 산성이 되는 것은 자명하다.

그러나 이미 학습한 대로 CO_2가 늘어나면 호흡중추가 자극을 받고 그 결과, 폐의 환기량이 늘어나 순식간에 과잉의 탄산은 버려진다. 위에 기록한 방정식에서는 $NaHCO_3$의 치환으로 생긴 탄산과 $NaHCO_3$가 줄어 상대적으로 많아진 산의 양방이다. 과잉의 이산화탄소가 밖으로 배출되고 H_2CO_3와 $NaHCO_3$의 비율이 평소의 수치로 되돌아오면, 혈액의 화학적인 성질은 정상으로 회복하고 심호흡은 가라앉는다.

이미 알다시피, 심하게 근육을 움직일 때에는 젖산이 많이 생겨, 바로 그것을 태워 이산화탄소로 할 만큼의 산소를 나르지 못한다.

젖산이 근세포에서 혈액으로 나가면, 우선 지금 말한 방법으로 처리된다. 즉 중성의 젖산나트륨이 생긴다. 근세포 속에 남아 있는 젖산은 세포 내부에서 유리하는 알칼리로 마찬가지로 중화된다. 그러나 그러기에는 한계가 따라 젖산염이 탄산과 물에 산화되어야 비로소 정상 상태로 회복할 수 있다.

즉 지불해야 하는 '산소부채'가 있다는 뜻이다. 심하게 운동을 하고 난 뒤에 들어오는 과잉의 산소는 우선 근육에 몰린 이 젖산염을 태우기 위해 쓰인다. 타면서 농도는 떨어진다. 그래서 혈장 속 젖산염은 천천히 퍼져 근육 속으로 돌아가고, 거기서 줄지어 타게 된다.

태워서 생성된 CO_2는 산소부채를 지불하는 사이에 계속되는 심호흡의 원인이 된다. 이산화탄소는 호흡을 통해 배출되는 부분과, 혈액에 남아 있는 부분이 있다. 혈액 속 이산화탄소는 젖산나트륨이 타서 유리한 나트륨과 결합한다. 이처럼 심한 근육작업으로 줄어든 혈액의 중탄산나트륨 농도는 정상치로 돌아간다.

혈액의 완충작용

앞절에 기록한 상태에서는 혈장 속 중탄산나트륨이 산성 쪽으로 혈액이 변하지 않게 제 몫을 톡톡히 하고 있다. 이러한 작용이 있어서 $NaHCO_3$는 '완충제'라고 불린다.

혈액, 특히 적혈구 속에 있는 다른 완충제는 제이인산나트륨(Na_2HPO_4)(물에 녹이면 약알칼리성을 띔)이다. 혈액에 산이 보태지면 중탄산나트륨으로 '완충'될 뿐만 아니라, 제이인산나트륨으로도 다음 반응에서 '완충'이 일어난다.

$Na_2HPO_4 + HCl = NaH_2PO_4 + NaCl$

여기서도 소금($NaCl$)이 생기는 것에 주의하길 바란다. 그리고 제일인산나트륨(인산이수소나트륨)이 생긴다.

제일인산나트륨이나 제이인산나트륨도 물에 녹았을 때는 거의 중성에 가까운 물질이라고 짐작된다. 따라서 강산인 염산은 방정식에 나타난 것처럼 변화의 결과, 제이인산나트륨을 제일인산나트륨으로 바꾸고, 혈액의 화학적인 성질에 중요한 변화는 일어나지 않는다.

하지만 제일인산염은 물에 녹아 약 산성을 띠기 때문에, 몸을 채우는 액질에 이것이 모이게 두지 않는다. 탄산과 달리, 제일인산염을 기체로서 몸 밖으로 내보내는 것은 불가능하다. 그래서 신장이 혈액 속 산과 알칼리의 농도 변화를 제한하는 역할을 맡는 것이다.

혈장에서 NaH_2PO_4와 Na_2HPO_4의 비율은 1대 4다. 두 가지 염(鹽)은 이 비율을 유지하고 사구체에서 걸러진다. 이미 언급한대로 염의 염기 부분(예컨대 Na)은 그것과 결합하는 산보다 몸속에서 훨씬 일정한 농도로 유지된다. 염기의 농도가 일정하게 움직이지 않는 것은 생물에게 보다 중요한 조건인 듯싶다.

그런데 신장의 세뇨관을 지나는 동안에 제이인산염은 제일인산염의 형태로 바뀐다.

다시 말해

$Na_2HPO_4 + H_2O = Na + OH + NaH_2PO_4$

가 되는 것이다.

염기, Na는 어느 정도 중탄산염으로서 재흡수되어 제일인산나트륨이 배출된다. 신장의 세뇨관에서 이러한 변화로 인해, 처음 제이인산염과 제일인산염의 1 대 4였던 비율이 오줌에서 마침내 9대 1이 된다. 이 때문에 다량의 산이 혈액에서 사라져 버린다. 혈액이 산성이 될 경향을 띠면, 어김없이 배출되는 제이인산염의 양이 늘어나고 혈액의 화학적 성질은 알칼리 쪽으로 보정된다.

만약에 대량의 기체가 되기 힘든—따라서 호흡으로 내뱉을 수 없는—산이 혈액에 나타나면 일정치를 유지하는 혈액 속의 염의 염기, 특히 나트륨이 신장에서 밖으로 운반되어 몸에서 잃게 된다. 이 상태에서 흥미로운 것은 알칼리인 암모니아(NH_3)가 나트륨을 대신해 산을 중화하는 데 쓰인다.

암모니아는 생물 몸에서 일어나는 많은 작용으로 생기는 노폐물로 보통 중성의 물질, 요소(尿素)로 바뀌어 몸 밖으로 배출된다. 일정하게 유지되는 염기, 이를테면 나트륨, 칼슘 및 칼륨이 몸에서 잃게 될 상황에 이르면 늘 암모늄염이 만들어져 혈액 속으로 방출되어 사구체나 세뇨관에서 밖으로 걸러진다.

*

혈액이 알칼리성으로 기울었을 때에는 이제까지 기록한 작용이 다른 형태로 실행된다.

에이는 듯한 통증을 느끼거나 고온 상태에 빠져 호흡이 비정상적으로 깊고 가빠지는 경우를 생각해 볼 수 있다. 폐의 공기에 포함된 이산화탄소의 비율은 결과적으로 떨어지므로 혈액 속의 비율도 마찬가지로 떨어진다. 다시 말해 H_2CO_3와 $NaHCO_3$의 비율은 내려가고, 혈액의 성질은 더욱 알칼리 쪽으로 기운다. 호흡중추에서 탄산이 점점 혈액 속에 나가므로 횡격막이나 그 밖의 호흡에 쓰이는 근육에 운반되는 신경 흥분을 일으키는 자극이 사라진다.

이런 상태가 되면 호흡은 완전히 멈춰 버린다. 호흡이 멈추면 고동치는 심장이나 그 외에 꾸준히 활동하던 기관에서 늘 생기던 이산화탄소가 모여 H_2CO_3와 $NaHCO_3$의 비율은 정상치로 되돌아온다. 그래서 규칙적인 폐의 환기가 다시 시작되는 것이다.

혈액의 화학적 성질이 잠시나마 알칼리 쪽으로 기울어지면 제일인산염이나 다른 염기성 염이 배출되어 중성이 유지된다. 이때 암모늄염은 틀림없이 나가지 않을 것이다.

혈액의 화학적 성질이 변하면 어떤 위험이 있고, 얼마나 위험한지 이제까지 알아보았다. 이 경우에는 몸을 채우는 액질을 항상적으로 유지하는 것이 가장 급선무다.

수소이온 농도의 위험한 증가와 마찬가지로 위험한 감소 사이에서의 아주 미묘한 균형은 주로 뇌에 있는 호흡중추가 아주 민감하게 반응하여 유지되고 있다. 이 중추와의 협동 작용이 혈액 자체에 포함되어 있는 아주 효율적인 완충제이다. 완충제는 혈액에 산의 부담이 가해졌을 때 생기는 첫 쇼크를 흡수하는 것이다. 신장은 한층 더 천천히 상황에 맞게 기능을 적응시켜, 불휘발성 산이나 알칼리염이 쌓이는 것을 막는다.

이러한 여러 구조는 늘 유심히 망을 보는 파수꾼이라 할 수 있다. 변화의 기미가 보이면 즉각 작용하여, 중성부근에서 유지되는 혈액의 정상적이고 안정된 상태를 한쪽으로 밀어내 장해가 될 만한 변화가 생기는 것을 막는 것이다.

12 체온의 항상성

'온혈'과 '냉혈'

생물의 몸 내부 환경에서 일정하게 유지되고 있는 것 가운데에서 가장 쉽고 확실하게 관찰할 수 있는 것은 '온혈'동물 체온의 항상성이다.

정상적인 사람은 하루 중 오전 4시쯤에 체온이 낮아지는데, 체온계로 재보면 평균 섭씨 36.3도(화씨 97.3도)다. 오후 4시쯤이 가장 높은 평균 섭씨 37.3도(화씨 99.1도)로, 매일 체온은 이 사이를 오가는데, 이 범위에서 크게 벗어나진 않는다.

이러한 체온의 항상성은 크게 믿을 만하므로, 체온계 제조업자들은 체온계가 도처에 거주하는 건강한 사람의 평균체온에 아주 근접한 수치를 가리킨다는 확신을 가지고 화씨 눈금 '98.6도' 부근에 표시를 남겼다.

하지만 우리 체온은 늘 같게 유지된다고는 할 수 없다. 알코올이나 마취제는 체온 유지 조절작용을 소용없게 만들어, 한기에 노출되면 열은 점차 잃게 된다.

예컨대, 알코올 중독자의 체온은 섭씨 24도(화씨 75도)로 떨어졌지만 나중에 정상인 상태로 회복했다. 한편, 전염병에 걸려 열이 섭씨 40도(화씨 104도)이상 오르고도 몸 운동에는 큰 장해가 나타나지 않기도 한다. 하지만 이러한 변화는 위험하며 한계가 있다.

이를테면 일사병처럼 체온이 약 섭씨 42~43도(화씨 107~109도)로 오른 상태가 몇 시간이나 이어지면, 뇌의 신경세포에 심각한 악영향이 나타난다. 마찬가지로 섭씨 24도(화씨 75도)에서는 체온이 너무 낮아 활동이 잘 이루어지지 않는다.

브리튼의 관찰에 따르면, 심장은 아주 천천히 뛰며, 가쁜 호흡에 호흡수는 적어 혼수상태가 된다. 때문에 체온의 극심한 변화를 피하는 데에는 충분히 그만한 이유가 있는 것이다.

체온이 정상인 상태에서 안정적으로 유지되는 것도 나름의 이유가 있다. 한기가 우리 스스로에게 미칠 영향과 하등동물, 예를 들면 열을 조절하는 구조가 없는 양서류나 파충류에 미치는 영향을 비교해 보면, 체온을 일정하게 유지하는 것의 의의는 쉽게 이해할 것이다.

저온이 개구리에게 미치는 영향에 대해서는 이미 언급한 바 있다. 날씨가 쌀쌀해지면 개구리도 차가워지고, 동작은 점점 둔해진다. 심장은 가끔씩 뛸 뿐, 차가운 물웅덩이 깊숙이 잠수하여, 꼼짝 않고 누워있는 동안에 개구리는 숨을 전혀 쉬지 않는다. 다시 따뜻해질 때까지 한동안 이 상태로 있는다.

개구리가 이런 행동을 하는 주된 원인은 생물의 체내에서 이루어지는 중요한 작용이 화학작용이고 화학작용의 속도는 온도에 따라 바뀐다. 온도가 섭씨 10도 오르면, 사실상 속도가 배가 된다.

그러므로 주위 온도와 같은 체온을 가지는 '냉혈'동물은 날씨가 따뜻할 때에만 날쌔고 활발히 활동할 수 있는 것이다. 한편, 외계가 추워도 나름 일정하게 높은 체온을 유지하는 온혈동물은 언제든 민첩하게 행동을 할 수 있다. 내적환경을 항상적으로 유지함으로써 온혈동물은 외계의 변동의 영향을 비껴간다.

열량과 대사

우리 몸속에서 하는 체온조절작용을 잘 이해하려면, 우선 가장 먼저 우리 몸의 기관이 관계하는 여러 활동으로 인해, 끊임없이 열이 만들어진다는 점에 주목해야 한다.

강력히 수축하는 심장 에너지는 모두 마지막에 몸속에서 열이 된다. 이를테면, 동맥에 압력차를 만들기 위해서 심장이 한 생리적인 일은 혈관에서 마찰에 의한 저항을 이겨내기 위해 쓰인다. 우리가 근육을 움직일 때에 쓰는 에너지 4분의 3은 반드시 열로써 나타난다. 간장이나 그 밖의 샘에서 일어나는 작용 모두 열 발생을 수반하고 있다.

어떤 기관이 특히 활발해지면 그곳을 흐르는 혈액량이 늘어난다는 것은 이미 학습한 바 있다. 기관이 활동하여 생긴 열은 따뜻해진 세포에서 온도가 낮은 혈액에 퍼져 옮겨 간다. 이렇듯 세포는 과열하지 않게 막는 동시에 한 곳에서 생긴 열을 다른 곳에서 쓸 수도 있다.

서늘한 아침, 가벼운 운동으로 손발을 푸는 사람의 근육에는 열이 일어나는데, 순환하는 혈액은 몸의 차가운 부분에 열이 널리 쓰여질 수 있게 한다. 다시 말해, 몸을 채우는 액질의 이동하는 부분이 하는 중요한 일 가운데 하나는 몸 전체의 온도를 고르게 하는 것이다. 나중에 알게 되겠지만, 혈액은 피부에서 열이 빼앗길 때에도 그 조절에 중요 임무를 맡고 있다.

몸속에서 일어나는 열 발생은 조절되며, 어떤 정해진 조건하에서 정상인이 생성하는 열의 양은 일정하다는 것을 보여주는 뚜렷한 증거가 있다.

정해진 조건이란 다음과 같다. 즉, 영양이 골고루 들어간 식사를 하게 한 뒤(보통, 전날 밤에 먹게 함), 약 18시간 단식을 시키고 실험 시작 직전 약 20분 동안 편한 자세로 쉬게 한다. 실험을 받는 사람은 실온 약 섭씨 20도인 곳에서 앞을 보고 편히 누워 있었으나 잠들진 않았다.

이 상태에서 들이마신 산소의 양과 내쉰 이산화탄소의 양을 시간 간격을 짧게 두고 몇 회 측정한다. 쓰인 산소량과 방출된 이산화탄소량에서 연소 결과로 생긴 열량을 손쉽게 계산할 수 있다. 보통은 몸의 표면적 1m² 당 1시간, 또는 하루에 발생하는 열량, 칼로리로 나타내 흔히 '기초대사'를 재는 척도가 된다.

독일의 생리학자 춘츠는 그가 63세에 자신의 기초대사를 측정한 것을 45세에 잰 것과 비교해 보았다. 기초대사는 하루 체표면적 1m² 당 804cal에서 792cal로 감소해―1.5% 감소에 불과함―있었다.

보스턴의 카네기 연구소 베네딕트와 카펜터가 6년 동안 낱낱이 조사한 한 남자의 예에서 매년 불규칙한 기초대사의 분포 수치는 6년에 걸쳐 평균치의 3.7%뿐이었다.

러스크가 한 마리의 개를 대상으로 2년간 17번 조사해 얻은 기초대사율의 차이는 고작 2.9%였다. 이처럼 일정하다는 것은 놀랄 만하다.

내분비기관의 어느 부분에서 이상이 생기면 대사율이 영향을 받는 것은 익히 알려진 바다. 예컨대 뇌 하부에 있는 뇌하수체나 부신피질이 그러하다. 그러나 가장 눈에 띄게 영향을 끼치는 것은 목에 있는 갑상선이다.

갑상선종이 생겨 눈이 돌출된 환자처럼 갑상선 작용이 극심하면 기초대사율은 정상일 때보다 50 또는 75%나 오르는 것은 예사다. 기초대사율이 2배인 갑상선기능 항진증 환자의 실례는 잘 알려져 있다. 즉, 표준 상태에서는 열 발생 과정이 건강한 사람보다 실제로 2배나 빠르게 진행되는 것이다. 이 병을 치료하기 위해서는 외과의가 갑상선 대부분을 제거하면 대사율이 정상적으로 회복한다.

한편, 크레틴병(발육 초기부터 갑상선기증이 저하하고, 독특한 얼굴 생김새를 보임. 지능저하를 수반, 선천적인 산소 결손이 원인이지만 풍토병으로 나타나는 경우도 있다)이나 점액부종(갑상선호르몬 결핍으로 인해 일어나는 상태. 피부는 부종상태로 기초대사율은 저하된다. 갑상선 또는 뇌하수체의 이상으로 생김)일 때처럼, 갑상선에 결함이 생겨 기능이 불안전해지면 몸속에서 일어나는 연소 속도는 정상치보다도 30에서 40% 낮아진다. 그러한 환자에게 갑상선을 먹이거나 그 추출물을 공급하여 모자라는 갑상선 분비를 채우면 기초대사는 쉽게 정상치로 되돌아간다.

무엇이 갑상선을 늘 활동 상태로 유지하는지는 알려져 있지 않다. 하버드대학의 생리학연구실 연구자들이 조사한 고양이에게서는 교감신경을 여러 단계에 걸쳐 제거한 뒤에, 목에 있는 신경 다발을 자르니 대사율이 약간 떨어졌다. 그러나 이 효과는 매우 적어 외람되나 의미가 담겨 있어 보이지는 않는다.

이때, 갑상선이 부신에서의 아드레닌 분비로 활동이 유지되는 것은 불가능하다. 왜냐하면 일례에서, 부신신경을 제거했으나 뚜렷한 차이는 보이지 않았기 때문이다. 현재, 갑상선의 내분비 지배에 대해서는 앞으로의 연구를 지켜보아야 한다(이 책이 쓰인 것은 1932년이지만, 1945년에서 1950년에 걸쳐 뇌하수체에서 TSH—Thyroid Stimulating Hormone라는 갑상선을 자극하는 호르몬이 세상에 알려졌다. 또 현재는 TSH 방출을 제어하는 물질 TSH—Releasing Hormone의 존재도 밝혀졌다).

우리가 확실히 알고 있는 것은, 기초대사율이 생물의 몸속에서 항상적으로 유지되는 요소의 하나이며, 그 항상성은 갑상선의 올바른 기능에 직접 의존한다. 또한 기초대사의 안정성이 믿을 만하다는 점은 다른 항상성 유지 현상을 위한 하나의 조건이라는 것, 특히 체온의 항상성을 유지하기 위한 조건이라는 것이다.

체온조절
체온의 항상성은 조직에 대한 산소공급의 항상성과 마찬가지로 지속적인 작용 속도를 바꿈으로써 유지된다. 이미 알려진 것처럼 열은 기관이 작용함으로 인해 끊임없이 만들어지고 있다. 필요에 따라서 열을 앗아가는 속도를 가감하든지, 열이 만들어지는 속도를 가감하여 안정된 체온을 유지할 수 있다.

먼저 열 손실에 관여하는 작용을 살펴보자.

예컨대, 격한 근육운동으로 많은 열이 생겨 체온이 오른 경우를 생각해 보자. 이런 상태에서는 몸의 표층에 존재하며 소동맥의 굵기를 조절하는 혈관운동신경이 혈관을 완화해 두껍게 한다. 활동하는 근육에서 따뜻해진 혈액이 대량으로 두꺼워진 소동맥과 그에 이어진 모세혈관을 통해 흐른다. 그로 인해 피부는 불그스름해진다. 주위의 공기가 차가우면 피부에 운반된 여분의 열은 방사와 전도로 밖으로 나가 체온의 상승을 막는다.

그러나 주위의 공기가 매우 따뜻해 열이 거기서 빠져나가지 못할 때에는 다른 작용에 의지한다. 물이 증발할 때에는 증발시키는 데 필요한 열이 그 주위에 있는 물질에게 빼앗긴다. 이 현상은 덥고 건조한 기후에 사는 사람들에게 잘 알려진 방법으로, 그들은 음료수를 차게 할 때, 작은 구멍이 많이 난 질그릇 항아리나 거칠고 두꺼운 천 주머니를 이용한다.

따뜻한 혈액이 대량으로 피부에 운반되는 것과 피부 표면에 땀이 나는 것은 함께 일어나는 현상으로 볼 수 있다. 다공성 용기 바깥에서 습기가 증발해 안에 있는 물이 차가워지는 것처럼, 땀이 증발하면 피부의 온도가 내려가 그 모세혈관을 흐르던 혈액이 식는다. 공기가 건조하면 이렇게 대량의 열이 빼앗긴다. 열린 화구의 뜨거운 열에 노출된 화부나 주물공은 실제로 이렇게 외부 온도를 견디는 것이다.

하지만 땀샘이 완전하지 못한 사람이 가끔 있다. 이런 장해를 가진 사람이 여름날 정오에 잠깐 햇볕을 쬐자 체온은 곧바로 섭씨 41.5도(화씨 약 107도)나 됐다. 이런 사람이 더운 계절에 중노동을 해야 할 경우, 열이 오르는 걸 피할 유일한 길은 입고 있는 옷이 마르지 않도록 적셔, 물의 증발로 땀의 증발을 대신하는 것이다.

찜통더위에 우리가 겪는 아주 불쾌한 느낌은 공기의 증기압, 즉 습도가 높은 것에 기인한 것이다. 높은 습도는 땀이 수증기가 되는 것을 방해, 다시 말해 몸을 식히는 작용을 방해한다.

동시에 상당한 열이 호흡기관 표면에서 액체가 증발하여 잃는다. 겨울 아침에는 '입김이 보인다.' 이것은 차가운 바깥 공기에 숨을 내쉴 때, 내쉰 숨에 포함된 수분이 바로 응축하기 때문이다. 더운 날에도 마찬가지로 증발이 이어지며, 빠른 호흡을 통해 증발작용을 높일 수 있다.

우리 인간은 보통 냉각의 목적만으로 이런 작용을 이용하지 않지만, 피부 퇴화로 땀을 흘리지 못하는 한 남자의 예가 기록으로 남아 있다. 이 남자는 휴식을 취하는 상태에서 체온이 정상적일 때에는 매분 6.32ℓ의 공기로 호흡하고 있었으나, 체온이 섭씨 39.9도(화씨 103.8도)로 오르자 정상적일 때의 거의 3배의 양으로 호흡하고, 호흡 속도는 놀랍게도 1분 동안 무려 90회나 됐다.

어떤 하등동물은—이를테면 개—온도가 오르려 하면 헐떡거려 호흡기관 안의 공기를 앞뒤로 재빨리 움직이는데, 이것이 열을 잃는 중요한 방법이 된다. 사람도 격한 운동이 한창 진행 중이거나 끝난 뒤에 과잉으로 생긴 이산화탄소로 인해 숨을 빠르고 깊게 호흡하게 된다. 이런 호흡은 폐에 이산화탄소가 모이는 것을 막음과 동시에 폐에 다량의 산소가 있음을 약속하고, 정맥혈을 전방으로 밀고 나아가, 근육 활동으로 생긴 과잉의 열을 처분하는데 도움을 주는 엄청난 효과를 갖는다.

이미 본 것처럼, 생물은 생존하는 이상 피하기 힘든 부산물로서 많은 열을 낸다. 기초대사는 그 정의에 따라서 몸이 쉴 때의 화학적 산화작용의 최저 단계다. 꼼짝 않고 가만히 있어야 비로소 열 발생을 최저로 낮출 수 있다. 따라서 주위 온도가 높을 때에는 열 발생을 억제해도 별다른 도움이 되지 못한다. 주로 의지가 되는 것은 이제까지 다뤄왔던 열의 손출(損出)을 많게 하는 방법인 것만은 확실하다.

한랭에 대한 생리적 반응

체온이 떨어지기 시작하면 일련의 흥미로운 조절작용이 생기는데, 이 모두 안정된 상태가 유지되는 방향으로 향한다. 먼저 피부에서 잃고 있는 열이 보존된다. 이 목적을 위해서 발한(發汗)은 최저로 억제된다. 표층 혈관은 수축하고, 몸의 내부에서 온 따뜻한 혈액은 온도가 낮은 외계로 드러나지 않는다. 또한 털이나 깃털이 달린 동물은 피부 부속물을 세워, 촘촘한 그물코 속 열전도가 나쁜 공기층을 보다 두껍게 감싼다.

처음 예시한 방호반응은 우리 몸에서 별 도움이 안 되는 '소름'을 돋게 할 뿐이다. 좁쌀처럼 오톨도톨 돋은 소름 위로 곤두선 한 가닥의 털을 보면, 이 작용이 실제로 그다지 도움이 되지 않는 걸 알 수 있다. 인간은 동물 모피가 부여하는 효과적인 보호 작용을 대신해 여러 겹의 옷을 껴입어—때로는 하등동물의 모피를!—과도하게 열이 빼앗기지 않도록 막는 것이다.

몸의 표면 혈관이 수축하고 털이 서는 동시에 몸이 찬 경우에는 혈당치 상승 현상을 보인다는 점이 아주 흥미롭다. 꼿꼿이 선 털, 수축한 소동맥 및 고혈당은 자율신경계의 교감신경부분이 작용하는 징후다. 당연히 다음과 같은 의문이 용솟음칠 것이다.

추위가 교감신경계를 흥분시키고, 교감신경에 지배된다고 알려진 아드레닌 분비는 왜 높아지는 것일까.

이 질문에 대한 답은 중요한 의미를 갖는다. 왜냐하면 아드레닌은 교감신경계 작용과 협동하여 체표 혈관의 직경을 수축할 뿐만 아니라, 하버드대학 생리학연구실의 아웁과 맥이버 및 그의 협력자들이 밝혀낸 것처럼, 생물의 몸 모든 부분에서 산화작용을 촉진하는 힘을 가지기 때문이다.

아드레닌은 화로의 조절판을 여는 것과 비슷한 효과를 가진다. 즉, 연소를 왕성히 한다. 따라서 몸이 식어감에 따라 부신수질 분비기능이 작용되면, 과잉 배출된 아드레닌은 때마침 열이 필요한 때에 열이 급속도로 만들어지도록 작용한다.

크레이머와 다른 사람들이 실험한 부신의 현미경 연구에서 동물을 추위에 노출하면, 아드레닌 생성 원천이 되는 물질의 감소를 보여준다. 이는 추위가 부신 분비를 자극한 증거로 설명된다. 그러나 동물을 춥게 하면 그러한 물질 생산이 늦어지고 감소도 생각해 볼 수 있다—그 결과는 관찰된 것과 같아질 것이다. 이 현상을 확실히 하기 위해서는 더 직접적인 증명이 필요하다.

그러한 증명은 버팔로의 하트만과 그의 협력자들에 의해 입증되었다. 그들은 신경 지배를 완전히 자른 고양이의 홍채를 이용했다. 이러한 동물을 차가운 물에 적시거나, 따뜻한 물에 적신 뒤에 몸을 치게 하자 부신이 작용하는 경우에는 동공이 열리지만, 부신이 작용하지 않게 하면 열리지 않는다.

그러나 사실 고양이는 피부가 젖는 것을 끔찍이 싫어한다. 때문에 극도의 흥분상태에서 관찰된 결과를 흥분 자체의 결과와 확실히 구별하는 것은 불가능하다. 이러한 충분히 일어날 수 있는 착오나 다른 원인에 의한 오류를 피하기 위해 게리드, 브리튼, 미스 브라이트, 그리고 나는 더욱 연구를 진행해 보기로 했다.

우리의 실험은 혈액 속의 아드레닌의 증가를 측정하는 수단으로써 전과 같게 마취하지 않는 동물 신경을 자른 심장을 다시 이용하기로 했다.

또한 동물의 몸을 식히는 데 몇 가지의 방법을 시도했다. 우선 창문 가까이에 두었던 쿠션 위에 동물을 앉혀, 아늑하고 기분 좋은 상태로 두었다. 박동수를 세어 기록한 뒤에 우리는 차가운 바깥 공기가 들어오게 창문을 열었다. 이 방법의 가장 큰 이점은 동물의 주위 상황이 평소와 다름없어, 흥분이나 감정적인 움직임의 요소가 전적으로 생략된다는 점이다. 창문을 연다는 점만이 유일한 변화였다.

〈그림 28〉에는 이렇게 동물을 차가운 공기에 노출시켜, 신경 지배를 끊은 심장 박동수에 대한 영향을 기록한 원본 그림의 복사본이 실려 있다. 양쪽의 부신은 정상인 상태인 채로 아무런 처리도 하지 않았다. 방 온도는 섭씨 16도(화씨 60.8도), 바깥 온도는 섭씨 마이너스 4도(화씨 24.8도)였다. 기본 박동수가 매분 118회였던 것을 잘 살펴보길 바란다.

창문을 열고 4분 뒤에 박동수는 1분당 10회 많아졌다. 13분 동안에 처음보다 24회 늘어났다. 이때, 문을 열어 차가운 공기가 한꺼번에 세차게 들이쳤지만, 그 뒤 6분이 지나자 다시 말해 실험개시 19분째에 박동수는 매분 146회에 이르렀다—즉 기본 박동 수보다 28회 많은 24% 늘어난 것이다.

그런 다음 창문을 닫고 9분 뒤에 심장 박동수는 146에서 134로 떨어졌다. 박동수는 차츰 떨어져, 창문을 닫고 16분이 지나자 다시 이전의 기본 수치에 이르렀다.

강조해 두고 싶은 말은 실험 중에 동물은 가만히 휴식을 취하는 상태였고, 관찰된 반응이 흥분이나 몸 운동으로 자극받아 부신 분비로 복잡하게 얽힌 적이 단 한 번도 없었다는 것이다.

하지만 교감신경계가 작용하고 있었던 것은 창문을 열고 4분 뒤에 털이 곤

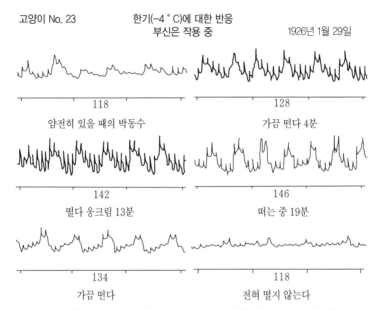

고양이 No. 23　　　　한기(−4 °C)에 대한 반응　　　　1926년 1월 29일
　　　　　　　　　　부신은 작용 중

| 118 | 128 |
| 얌전히 있을 때의 박동수 | 가끔 떤다 4분 |

| 142 | 146 |
| 떨다 웅크림 13분 | 떠는 중 19분 |

| 134 | 118 |
| 가끔 떤다 | 전혀 떨지 않는다 |

〈그림 28〉 23호 고양이를 −4℃의 공기에 노출시켰을 때 신경 지배를 끊은 심장 박동수의 증가를 나타내는 실험기록. 1926년 1월 29일의 기록이다. 창문을 열어놓았을 때 얻은 기록 아래에 쓴 숫자는 창문을 열어 둔 시간이다. 창문을 닫고 9분 뒤, 매분 박동수는 146에서 134로 떨어지고, 다시 7분 뒤에 118(기본 박동수)로 되돌아왔다. 시간은 5분 간격.

두선 것과 이 상태가 창문을 닫고 나서 약 4분 뒤에 동물에게 담요를 덮어줄 때까지 이어졌다는 점에서 분명하다.

　정상적으로 완전한 부신을 가진 동물을 지금 기록한 방법으로 차가운 공기에 닿았을 때, 심장의 박동수가 기본 수치를 넘어 늘어나는 것이 〈그림 29〉에 일련의 그래프로 나타나 있다. 톱날 같은 표시와 V자형의 기호는 동물이 떨고 있음을 나타낸다. 심장 박동수는 떨기 훨씬 전부터 늘어나고 있고, 떨림이 박동수 증가를 위한 필요조건이 아니라는 점을 특히 주의해 살펴보길 바란다.

　맥박이 빨라지는 것이 부신 분비 때문임은 확실히 증명되고 있다. 46호와 49호의 예에서 부신의 분비가 일어나지 않게 하고, 같은 조건에서 추위에 노출시켰을 때 생긴 박동수의 변화를 점선으로 보여주고 있다. 처음 나타난 영향이 박동수의 증가가 아니라 감소였다는 점을 주의하길 바란다.

　여기서 기록된 방법의 결점은 기후가 추운 시기에 한정한다는 점이다. 우리는 언제든지 사용 가능한 방법을 얻을 목적으로 위(胃)에 얼음으로 차가워진

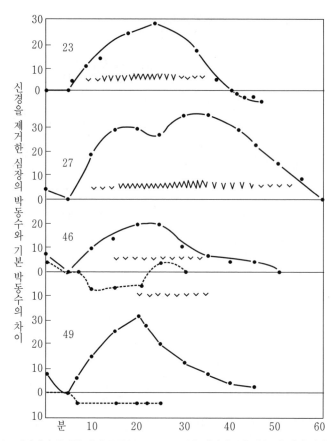

의 세로축 라벨: 신경을 제거한 심장의 박동수와 기본 박동수의 차이

〈그림 29〉 정상적인 부신을 가진 동물(23, 27, 46, 49호)을 한기에 노출했을 때, 신경 지배를 끊은 심장 박동수의 증가. 한기에 닿은 기간은 그림의 기선(基線)을 굵게 나타내고 있다. 고양이 23호의 경우에 두 배로 굵어진 부분은 열어 둔 창문에서 차가운 바람이 불어왔을 때를 나타낸다. 떨림이 단속적으로 일어날 때는 따로 떨어진 V표, 연속해서 일어나고 있을 때는 연속된 V표로 나타내고 있다. V표의 크기는 대략 떨림의 심한 정도를 나타낸다. 46호와 49호 경우의 점선은 수질(髓質)의 분비를 막고, 같은 조건에 놓인 경우의 박동수 변화를 나타내고 있다.

일정량의 물을 넣을 방법을 궁리했다. 물론, 빙수는 언제든지 자주 익숙한 환경에 공급할 수 있다. 이 방법으로는 박동수의 변화를 쉽게 기록할 수 있고 양적으로도 정확하다. 특히 마지막에 예시한 이점은 가장 중요하다.

동물의 체중, 체온과 비열(比熱), 위 속에 들어간 물의 양과 온도와 비열, 이 모든 것을 알 수 있는 것이다. 동물의 열은 위와 장의 차가운 물로 옮겨 간다. 실제로, 순환하는 혈액 작용을 위해서 차가운 물을 몸에 공급하는 것은, 생물 내부 순환을 이루는 다량의 액체에 얼음으로 차가운 물을 혼합하는 것과 거의 마찬가지다.

따라서 체내에서 열이 일어나지 않게 하면, 일정량의 차가운 물이 얼마나 체온을 떨어트리는지 계산할 수 있다. 또한 평소 체온을 유지하기 위해 몸이 여분으로 만들어야 하는 열량을 충분히 추정할 수 있다. 우리는 이 양을 '열 부채'라 부른다.

이 방법의 주된 결점은 물을 관을 통해 위 속에 넣어야 하므로, 처음에 동물이 약간 동요한다는 점이다. 하지만 이러한 동요는 일시적인 것에 불과하다.

우리가 고양이에게 짊어지운 열 부채는 체중 1kg(약 2파운드)당 1천 5백 또는 2000cal(cal는 순수한 물 1g을 1기압의 범위 아

고양이 No. 33 　　1926년 4월 16일

부신　작용 중
118
차분히 휴식을 취할 때의 기본박동수
0분에 차가운 물(1℃)을 줌. 열부채 1850cal

160　　　　152
털은 심하게 선다　4분　가끔 떤다　5분

148　　　　144
털은 심하게 선다　10분　자주 떤다　20분

144　　　　140
아주 편안히 선다　30분　약간 떤다　4분

136　　　　130
전혀 떨지 않는다　50분　전혀 떨지 않는다　60분

고양이 No. 33 　　1926년 5월 5일

부신　작용하지 않음
122
차분히 휴식을 취할 때의 기본박동수
0분에 차가운 물을 줌. 열부채 1950cal

128　　　　124
희미하게 떤다　5분　자주 떤다　10분

〈그림 30〉　부신이 있는 고양이 33호에, 1℃의 물을 120ml(열 부채, 1850cal)를 주었을 때, 신경 지배를 끊은 심장의 매분 박동수가 늘어나는 것을 나타내는 실험기록, 4월 16일. 또한 부신을 작용하지 못하게 한 5월 5일에 1℃의 물을 116ml(열 부채, 1950cal)주었다. 각각의 기록 밑에는 관찰된 주요 징후와 물을 주고 나서의 시간을 나타내고 있다. 시간은 5분 간격.

래 섭씨 14.5도에서 15.5도로 올리는데 필요한 열량. 그 밖에도 여러 정의가 있지만, 15도 칼로리라 불리는 이 정의가 표준적으로 이용되고 있다. 1천배를 킬로칼로리, 또는 Kcal라 하고, 그에 대응하여 cal라 불러 구별한다. 영양학에서 보통 사용되는 것은 Kcal임) 사이였다.

〈그림 30〉에는 33호 고양이에게 1,850cal의 열 부채를 발생할 양의 섭씨 1도(화씨33.8도)의 물을 주고, 신경 지배를 끊은 심장 박동을 기록한 결과가 그대로

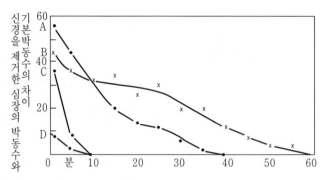

〈그림 31〉 여러 조건하에서 위에 물을 주입해, 열 부채에 반응하여 신경 지배를 끊은 심장의 박동수가 늘어나는 걸 나타내고 있다. 27호 고양이를 대상으로 실험했다. A, B 및 C의 부신은 작용하고 있다. A에서는 10℃의 물을 주어 2000cal의 열 부채가 생겼고, B에서는 1℃의 물로 1820cal, C에서는 33℃의 물로 250cal의 열 부채가 각각 생기고 있다. D(부신은 작용을 멎게 함)에서는 1℃의 물로 2000cal의 열 부채가 할당되고 있다.

나타나 있다.

처음 1분간 박동수가 42회 늘어난 것에 눈여겨보길 바란다. 이것은 물을 주어 생긴 동요 때문이라는 것은 의심의 여지가 없다. 바로 박동수는 8회 줄고, 그 뒤 30분 이상 박동수는 높은 수치를 보였다. 실제로 열 부채가 생기고 나서 총 1시간이 지나도, 박동수는 처음 수치보다 기껏해야 12회 많았다. 또한 부신을 작용하지 않게 한 뒤, 1950cal의 열 부채를 공급하면 독자의 예상대로 박동수는 10분 이내에 사실상 기본 수치로 회복했다.

비슷한 결과가 〈그림 31〉에 그래프로 나타나 있다.

선A는 섭씨 10도(화씨 50도)의 물을 주어 2000cal의 열 부채를 일으킨 것이고, 선B는 섭씨 1도의 물을 주어 1820cal의 열 부채를 생성한 것이다. 온도가 낮은 물이 비교적 효과가 오래갔다. 선 C는 섭씨 33도(화씨 91.4도)의 물을 공급하여, 250cal라는 소량의 열 부채를 만든다. 이때 주된 영향은 흥분에 따른 것으로 10분 이내에 영향은 완전히 억제되었다.

우리는 이러한 관찰이나 그 밖의 많은 유사 관찰에서 다음과 같은 결론을 끌어냈다. 다시 말해, 체온을 필연적으로 내릴 수 있는 조건은 혈류 속에 방출된 아드레닌 양의 증가를 일으킨다.

열 부채와 부신

여러 연구자들은 아드레닌이 열을 일으키는 효과를 갖고 있다는 것을 발견했다. 부스비와 샌디포드는 사람에게 주사한 13mg의 아드레닌이 정지(靜止)시의 열 발생량을 50Kcal 증가시켰음을 밝혀냈다.

생물이 열을 크게 잃을 위험에 처했을 때에 부신 분비는 늘어나고, 또한 이렇게 분비된 아드레닌은 그만큼의 양으로 산화작용을 촉진시킬 수 있으므로, 이 생리학적인 반응이 몸을 위해 완수하는 역할을 실험적으로 밝힐 수 있을 것이다.

우리는 두 가지 방법으로 이것을 조사해 보았다. 예컨대 부신이 작용하지 못하게 한다면 몸이 떨리고 자동적으로 근육수축으로 만들어진 열에 의지하는 비율이 틀림없이 높아질 것이다. 또한 떨지 않도록 하여 대사의 증가를 실험적으로 나타내는 것도 가능할 것이다.

우리는 열 부채가 떨림에 주는 영향을 부신이 작용할 때와 그렇지 않을 때에 대해서 연구하고, 또한 사람에게 열 부채가 떨림을 수반하지 않고 대사속도에 미치는 영향을 관찰했다.

우선 가장 먼저 열 부채가 떨림에 끼치는 영향을 부신이 있는 경우와 없는 경우로 생각해 보자.

열 부채가 클 경우, 즉 섭씨 1.0도의 물에서 1kg 당 1000cal 이상이 되고, 게다가 실온이 섭씨 약 20도라면 이 열 부채는 열 발생을 유발하는 두 개의 기구로 보충되는 것이 보통이다. 다시 말해 아드레닌 방출량의 증가와 떨림이다.

〈그림 29〉(428쪽)에는 떨림이 아드레닌 방출량이 최고조인 시기와 일치해 일어나고 있음을 보여준다. 하지만 나는 떨림이 아드레닌을 방출하기 위한 필요조건이 아니라는 점을 강조했었다. 실제로 심장 뛰는 속도가 충분히 빨라져도 전혀 떨림이 생기지 않는 경우가 있을 수 있다.

그런데 주위 온도가 섭씨 약 20도에서 불과 900cal의 열 부채를 메우려할 때, 우리가 발견한 것은 떨림이 거의 일어나지 않던가, 일어난다 해도 단시간이었다. 〈그림 32〉에서 보이듯이 이 조건으로 15마리를 조사했더니, 떨림이 일어난 것은 거우 2마리였고, 게다가 3분밖에 지속하지 못했다. 한편, 부신 하나를 제거하고 또 하나의 신경 지배를 단절한 경우에 어떤 일이 일어나는지 주의해 보길

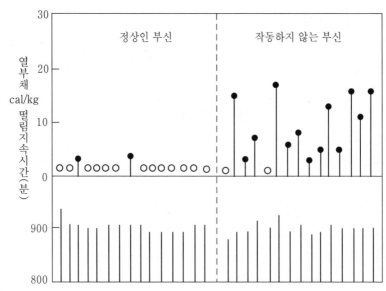

<그림 32> 정상적인 신경 지배를 받고 있는 부신이 있는 고양이와 한쪽의 부신을 제거하고 다른 쪽의 신경 재배를 끊은 고양이에게 900cal의 열 부채를 주어, 떨림이 일어나는지의 여부를 보여준다.

바란다. 같은 조건에서 생성시킨 같은 열 부채는 2마리의 예를 제외한 모든 경우에서 떨림을 일으켰고, 시간도 15분, 16분, 또는 17분 장시간에 이르렀다. 이러한 몸의 열 생산을 돕는 부신수질의 작용이 모자라면 떨림이라는 수단이 쓰이는 것이다.

또 하나의 관찰, 즉 떨림이 일어나지 않을 때, 대사속도에 미치는 영향을 조사한 관찰은 사람을 대상으로 실험했다.

체중 1kg에 대해 평균 449cal의 열 부채를 부담지은 대상자 11명에게 실시한 32번의 관찰에서 대사의 최대 증가율은 평균적으로 16%보다 약간 많았고, 이 평균치에서 벗어나 38%나 되는 예도 보였다. 이러한 대사속도의 증가는 떨림을 수반하지 않았다.

독자는 열 부채를 만드는 얼음이나 차가운 물을 마셔서 생긴 동요가 이러한 효과를 나타낸 것이라 생각할지 모른다. 그러나 최대 증가 점은 얼음이나 물을 먹고 나서 평균 23분이 지난 뒤라 물을 마시는 것 자체로 일어났다고 하기에는 시간이 너무 걸린다. 더욱이 차가운 물과 같은 양의 뜨거운 물을 마신 경우에는 대사의 평균 증가량이 기껏 3.1%에 불과한데도 최대 증가치는 늘 실험 시작

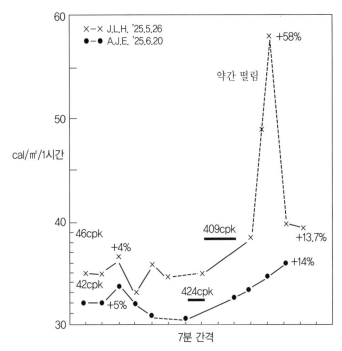

〈그림 33〉 끓인 물을 마시고 열 부채가 생긴 뒤에 찬물을 마시고 일어나는 대사의 변화. 30℃의 물을 520ml 마시고 46cal(1kg당)의 열 부채가 생기면, J.L.H에서 대사속도는 바로 470 증가했다. 게다가 1℃의 물과 130g의 얼음으로 409cal의 열 부채가 생긴 경우에는 13.7% 증가했다. 몸이 약간 떨리는 경우에는 돌연, 일시적으로 58% 증가했다. 30.2℃의 물 420ml로 42cal의 열 부채가 발생했다. A.J.E에서는 대사율은 곧바로 5% 증가했다. 더욱이 1℃의 물 260ml와 139g의 얼음으로 424cal의 열 부채를 생성시키면 서서히 14% 증가했으나, 떨림은 수반하지 않았다. 꺾은선의 각각의 점은 대사의 기록을 나타낸다.

7분 사이에 볼 수 있으므로, 이것이 주로 물을 마시는 것 자체가 유발한 영향의 결과임에 틀림없다.

이 사실은 〈그림 33〉에서 명확히 보여주고 있다. 섭씨 30도의 물을 520㎤ 마시고 생긴 1kg 당 46cal의 열 부채는 J.L.H.의 대사속도를 순식간에 4% 증가시켰다. 그 후에 354㎤의 섭씨 1도의 물과 130g의 얼음을 삼켜 생긴 1kg 당 409cal의 열 부채는 대사속도를 13.7% 증가시켰다. 떨고 있는 짧은 기간에는 동시에 대사속도가 일시적으로 급격히 58% 증가한 것을 잘 살펴보길 바란다.

떨림이 마지막 수치에 영향을 끼칠지도 모른다는 비판은 A.J.E.에 관한 관찰에 전혀 맞지 않는다.

이때 420㎤의 30.2℃(86.4°F)의 물을 공급하여 생긴 429cal의 열 부채는 대사 속도를 순식간에 5% 늘렸다. 그 뒤 1℃의 물을 260㎤와 139g의 얼음을 공급해 424cal의 열 부채를 만들었다. 그 결과 떨림은 전혀 생기지 않았고, 대사는 차츰 14% 증가했다.

이제까지 언급한 실험에서 분명한 것은 하등동물에서 부신의 분비를 늘리는 조건과 같은 조건이 사람에게도 대사를 증가시키는데, 사람의 경우에는 떨림을 수반하지 않고 일어날 수 있다는 것이다. 따라서 많은 열을 잃으면 사람이라도 하등동물과 마찬가지로 부신수질 작용이 촉진되어, 그 어떤 경우에도 다량의 아드레닌 방출이 연소 작용을 앞당기는 효과를 가진다고 결론지어도 지장이 없을 것으로 보인다.

부신과 마찬가지로 갑상선이 체온조절 작용에 한몫하고 있는 듯하다. 병에 걸려 갑상선 작용이 커지면 몸의 열 발생이 크게 증가하는 것은 이미 알고 있다. 아마 갑상선은 추위에 자극받아 작용을 시작하고 부신의 작용과 협동하여 산화를 촉진하겠지만, 그 반응은 부신만큼 빠르지 않을 것으로 본다.

적어도 그 가능성을 짐작케 하는 몇 가지 관찰이 있다. 초겨울, 서부 초원에 방목된 소가 한기에 노출되면 갑상선이 비대해지는데, 이것이 특징적인 변화로 잘 알려져 있다.

또한 러브는 갑상선의 일부를 수술하여 제거했을 때, 만약에 그 동물이 추운 환경에 있으면, 따뜻한 곳에 있을 때보다 남아 있는 부분이 더 빨리 자란다고 보고했다. 그러나 이것은 우회적으로 증거를 보여주는 것에 지나지 않는다. 이 문제에 대해서도 확실한 결론을 끌어내기 전에 더 많은 지식이 필요하다.

체온이 오르거나 내려가서 변화하는 것을 막는 구조를 대략 살펴보고, 그러한 변화에 대비하여 연속해서 일어나는 몇 가지 방어기구의 존재는 참으로 흥미로운 일이다.

피부의 혈관을 수축시켜 열을 빼앗기지 않게 해도, 체온이 떨어지는 것을 온전히 막지 못할 경우에는 분비된 아드레닌이 체내의 연소 작용을 화학적으로 촉진하고, 그럼에도 불구하고 계속 내부 환경의 온도가 떨어지는 것을 충분히 막지 못하면 떨림이 일어나 다시금 많은 양의 열이 일어나는 것이다. 떨림을 제외한 이러한 다른 모든 작용에 교감신경-부신계가 작용하는 점은 반드시 주의해야 한다.

하버드대학 생리학연구실의 드워킨이 최근 실시한 연구에서처럼 떨림 그 자체가 가장 완전한 형태로 생기는 것은 교감신경계를 협관(協關)시키는 중추인 간뇌가 늘 작용하고 있을 때다.

문명사회 사람들은 체온을 일정하게 유지하는 이 생리학적인 구조가 거의 작용할 기회가 없다는 점에 주의를 기울일 필요가 있다.

겨울철에는 난방이 잘 되는 집이나 회사에서 하루를 보내고, 난방이 되는 차를 타고 여행을 다닌다. 따뜻한 옷을 걸치고, 온화한 기후를 어디든 나른다. 이렇게 몸에서 늘 만들어지는 열을 빼앗기지 않으려고 몸을 움직여 많은 열을 내는 경우는 흔치 않다. 마찬가지로 여름에는 선풍기 또는 차가운 음료나 아이스크림, 냉방이 잘 되는 방 등이 온도를 낮추어 저절로 구비된 구조의 사용 기회를 더욱 줄이고 있다.

그다지 혜택을 받지 못한 우리 선조들로부터 수많은 세대를 거쳐 발달해 온 이러한 생리학적 기구를 활용하지 않고 방치하므로, 중요한 보호 작용이 갖는 이점을 잃을 수 있다. 매일 찬물에 들어가 땀이 날 때까지 움직이는 사람은 몸 기구의 매우 중요한 부분을 수시로 쓰므로 약해지거나 퇴화하지 않고 '튼튼'할 수 있는 것이다.

*

체온이 미묘하게 조절되는 것은 몸의 어딘가에서 감지하기 쉬운 서모스탯(자동온도조절기)이 있어, 이제까지 살펴본 조작을 조절하고 있음을 보여준다.

토끼를 대상으로 한 실험을 보면, 조절장치의 이러한 부분이 뇌저부(腦底部)에 있는 간뇌(460쪽, 〈그림 34〉 참조)에 국한된다는 것이 밝혀졌다.

이젠슈미트가 밝힌 것처럼, 대뇌반구와 그보다 전방에 있는 부분을 제거해 두고, 주위의 온도가 예컨대, 10℃(50°F)에서 28℃(82.4°F)로 바뀌더라도 동물의 정상 체온은 유지된다. 한편, 만일 간뇌와 몸의 다른 부분과의 연락을 끊으면, 열의 조절작용은 사라져 환경 온도변화에 대한 반응 방법은 냉혈동물의 반응 방식과 같아진다.

땀을 흘리거나 바들바들 떨거나 또는 숨이 차 헐떡이기 위한—간략하게 말해, 열의 손실과 생성을 지배하는 자동적인 반응을 위한—중앙 사령부가 간뇌에 있다는 것은 흥미롭다.

간뇌에 존재하는 서모스탯은 그곳에 이르는 혈액의 온도와 몸의 표면에서 전달되는 신경흥분 두 가지 방법으로 영향을 받는다.

목을 지나 뇌로 향하는 큰 동맥 가운데 하나의 혈관을 따뜻하게 하면, 피부의 혈관이 넓어져 땀이 난다. 한편, 같은 곳을 차게 하면 떨림이 일어난다. 더욱이 레오나드 힐은 더운 방에서 땀을 흘릴 때 차가운 물에 손을 담그면 땀이 나다 멈추는데, 팔의 혈액순환을 멎게 하면 땀이 나지 않는다는 것을 발견했다. 차가운 감각이 오래 이어지는 것에서 신경 연락에는 장해가 생기지 않는 것이 증명되었다. 따라서 흐르는 혈액이 직접, 조절작용 중추에 영향을 끼치는 것은 분명하다.

한편, 이 중추에 신경의 반사적인 작용이 미치는 것 역시 명백하다. 갑자기 차가운 물을 피부에 끼얹으면 체온이 떨어지기보단 오히려 높아지는데, 이것은 몸의 표면 혈관이 반사적으로 수축하여 정상 상태에서 실행되는 열 손실을 막기 때문이다.

또한 사람을 29℃(84.2°F)의 냉탕에 들어가게 하면 한기 때문에 몸을 바들바들 떠는데 그로 인해 체온은 일정하게 유지된다는 관찰도 보고된 바 있다. 그러나 같은 온도의 탄산수 목욕탕에 들어갔을 때에는 추위를 타지 않아 몸이 떨리는 반응이 없어 오히려 체온은 떨어진다.

뇌에 있는 서모스탯의 반응이 이중으로 지배를 받고 있음을 보여주는 이러한 증거가 있다고는 하지만, 실제로 지배하고 있는 방법은—더위, 추위를 느끼게 하는 신경이 지배기구에 미치는 영향—아직 충분히 이해되지 않는다.

문명사회의 사람들이 체온의 항상성을 유지하기 위해 생리적인 기구에 무신경한 간섭을 가함에도 불구하고, 그러한 기구는 존재하며 언제라도 작용할 수 있게 준비되어 있다.

생물을 한 방향으로 밀어내려는 경향이 있는 조건에는, 그러한 경향에 반발하는 일련의 작용이 바로 작용한다. 더욱이 반발하는 경향이 강하면 다른 한 조의 작용이 재빠르게 그에 맞선다. 이렇게 완전히 자동적으로 몸 안팎에 있는 불리한 조건에 맞서서 내부 환경 온도가 놀랍게도 고르게 유지되는 것이다.

13 생물에 저절로 구비되는 방어수단

몸을 채우는 액질에 항상성을 유지하는 것은 항상성이 유지되지 않는 경우에 일어나는 바람직하지 못한 조건에 대한 몸의 방어수단이라고 생각하는 게 어떤 면에선 적당하다 하겠다. 항상성을 유지하는 구조가 폭넓은 의미에서 몸의 방어기구의 하나임에는 분명하다. 하지만 몸 밖의 유해물질 습격으로 생긴 위험에 대해 교묘하게 작용하는 몸의 특별한 반응들이 있으므로, 적어도 이러한 방어기구의 몇 가지 대표적인 예에 대해서 간단히 살펴볼 필요가 있다.

먼저 몸을 지키는 반사운동에 대해 알아보자.

몸의 방어수단으로써의 반사

한쪽 콧구멍에 이물질이 들어가면 특유의 근질거림으로 인해 재채기가 난다. 코의 점막이 자극받아 구심성(求心性)의 흥분이 감각신경을 통해 뇌저부에 이르러 특별한 의지기능이 없이도 운동신경의 흥분이 호흡근에 전달된다. 처음에 입으로 숨이 깊이 빨려 들어가면, 들이마신 공기는 코와 입에서 거칠게 나간다. 공기가 돌풍처럼 코의 통로를 지나가므로 자극이 되는 물질을 없애기에 안성맞춤이다.

이렇게 강한 배제 반사가 호흡기의 입구 쪽 부분을 지켜, 자극물이 더욱 깊숙한 부분을 위협하지 못하게 막는다.

하지만 이러한 물체가 코의 방어작용을 살며시 빗겨가거나, 입에 빨려 들어가거나 혹은 물체를 삼키려 할 때에 '다른 길을 거쳐 간' 경우를 생각해 보자.

후두에는 거의 빠져나갈 수 없는 장벽이 있다. 상후두신경에 의해 뇌에 운반된 구심신경의 흥분은 호흡중추의 활동을 억제하고, 들어온 이물질을 폐로 운반할 우려가 있는 흡기운동은 바로 완전히 멎는다. 그러나 이 흡기운동의 멈춤은 반사의 가장 첫 단계에 불과하다. 곧바로 격렬한 공기의 배출—기침—이 일어난다. 그래서 이물질은 후두 위쪽으로 밀려간다.

상후두신경의 자극은 기침의 반사를 일으킬 뿐만 아니라, 물질을 삼키는 반사운동을 일으키고, 기관이나 후두에서 밀려나간 것이 무엇이든 재빨리 식도로 내려가 운반된다는 사실이 매우 흥미롭다. 물론, 이러한 반사작용은 후두 입구 쪽에서 들어온 물체나 입자로 발생되는 것과 마찬가지로 깊숙한 곳에서 나온 것으로도 발생된다. 예컨대 '감기'에 걸렸을 때 기관지에서 나온 분비물은 헛기침으로 인해 밖으로 나간다.

후두 신경을 절단하여 자극에 대한 감수성을 없애고, 기침을 유발하는 반사가 더 이상 몸을 지키는 활동을 하지 못하게 되면, 어김없이 폐렴이 생기므로 이러한 반사운동이 가지는 매우 근본적인 중요성은 분명하게 증명된다.

몸을 지키는 다른 일군의 반사작용이 음식을 섭취하는 것과 관련해 발견된다. 타액관 하나에 인공적으로 구멍을 뚫은 개를 이용한 파블로프의 실험에서 나타난 것처럼, 자극성이 있는 물질 혹은 입이 서로 맞물리는 것을 저해하는 물질을 입 안에 넣으면, 반드시 많은 양의 타액이 흘러나온다. 그로 인해 그러한 물질은 묽어져 자극은 적어지고, 입 운동을 방해하는 것은 씻겨 나가 버린다.

제법 큰 덩어리를 입속 깊숙이 밀어 넣어 삼키게 하면, 후두에 경련이 일어나면서 곧바로 구역질을 일으켜, 이런 거추장스럽고 불쾌한 것을 내보낸다.

게다가 자극이 강한 물질이나 생물에게 유해한 물질이 위 속에 억지로 들어가면 곧바로 뱉어낸다. 위를 비울 때 가정에서 흔히 쓰는 겨자를 물에 타 마시는 방법은 이 사실을 근거로 하고 있다.

만약에 그 물질이 바로 위험한 상태를 일으킬 만한 것이 아니라면 일련의 현상이 뚜렷이 일어난다. 우선 첫 번째로 구역질을 동반한 타액이 점점 나와 몇 번이고 반복해서 삼키게 된다. 동시에 그런 성가신 물질은 위 속에서 위벽에 존재하는 샘을 자극하여 묽은 점액의 분비를 촉진한다. 이러한 액체는 위의 내용물을 묽게 하고 자극성을 줄이는 동시에 토하기 쉽게 한다. 이러한 작용이 점차 진행되어 구역질이 심해지면 호흡은 점점 가빠진다.

X선으로 살펴보면 이와 같은 상태에서의 위는 완전히 이완되어 있음을 알 수 있다. 갑자기 횡격막과 복근이 동시에 수축하여, 배 속에 있는 것에 가해지

는 압력이 크게 증가한다. 동시에 성대 사이에 있는 좁은 틈(성문)이 닫히므로 횡격막이 내려가도 폐에는 공기가 들어가지 않고, 대신 흉강 압력이 크게 줄어든다. 압력이 줄어든 이 흉강 부분을 지나가는 식도가 부풀고, 식도 맨 끝에 있는 괄약근은 열린다. 그리고 묽어진 위 내용물은 좋든 싫든 밖으로 쏟아지는 것이다.

이렇게 위나 그 밖의 소화관, 또한 생물 전체가 삼킨 유해물질의 작용을 받지 않도록 보호되는 것이다.

상처를 입거나 이물질이 들어오지 않도록 특별히 보호 수단으로 강구되는 또 다른 곳은 안구다.

뼈로 된 안전한 구멍 속에 들어가 있을 뿐만 아니라, 안구 앞에는 빠르게 움직이는 덮개가 있어, 위험이 닥치면 언제든 눈을 감는다. 아무리 작은 티끌이라도 눈에 닿으면 바로 따끔거려, 눈물이 나오고 눈을 깜빡이기 시작한다. 아프기 때문에 바로 치료해 티끌을 제거해야 하며, 많은 눈물이 나와 티끌이 씻겨 나가도록 돕는다. 눈 깜빡임은 티끌을 제거하기 위해 유효하고 기계적인 힘을 준다.

이런 작용으로도 잘 없애지 못하면 점액이 나와 이 이물질을 감싸서 이물질로 인해 조직 표면이 손상되지 않도록 지킨다. 물에 녹는 자극성 물질이 눈에 닿아도 똑같은 반사가 일어나지만 그 경우에는 눈 깜빡임이나 눈물이 함께 작용하여, 물질을 묽게 하여 자극을 줄인다.

이와 같이 우리의 감각기관 중에서도 가장 넓은 범위에서 자극을 느끼는 눈은 돌출된 곳에 있음에도 불구하고, 해를 입지 않도록 감싸여 있다.

몸의 방어수단으로써의 적응

순식간에 반응하고 반사적인 성질을 가진 이러한 보호 작용과 비슷한 것으로, 더 천천히 일어나며, 생물을 완전한 상태로 유지하는 작용이 있다.

감촉이 거친 도구를 반복해서 쥐거나 문지른 피부에 딱딱한 굳은살이 박이는 것은 이런 종류의 보호 작용의 예다. 굳은살은 쿠션 역할을 하고, 몸을 지키는 방패 역할도 한다.

또한 피부가 찢겨 생긴 상처가 다행히 청결하면, 이 피부가 갈라진 곳을 채우는 핏덩어리 속에서 점점 모세혈관이 나타나, 얇은 혈관 주변을 지탱하는 결합조직 세포가 발달하고, 점점 자라는 피부층이 조직을 만든 곳을 감싸며 퍼져간다. 그리고 마지막에 상처를 입은 부분은 전과 다름없이 건강하고 튼튼하게 희끄무레한 흔적만이 남게 된다.

몸 내부에 있는 기관이 회복하는 작용은 눈부시다. 인류가 걸어온 역사 속에서 피부와 달리 내장은 반복해서 상처 입을 만한 일이 없었다.

예컨대, 실제로 장이 파열될 만한 상처는 회복되기보다 오히려 죽음을 불러왔다. 그러므로 내장이 회복하는 방법을 어떻게 '습득'했는지 혹은 그런 유리한 반응을 발달시킬 수 있는 생물을 선발(선택이라고도 함)하는 기초의 원리가 있었는지, 이해하기 쉽지 않다.

그럼에도 불구하고, 폐든 간장이든 뇌든 그곳이 어디든 외과의사의 손이 닿으면, 온전치 못한 조직은 즉시 회복과 더불어 새로운 조직을 이루는 작용의 장(場)이 되는 것이다.

몇 해 전의 일인데, 머피와 나는 소장의 시작부분(십이지장)을 절단하고, 다시 꿰맨 뒤에 일어나는 신기한 현상을 X선을 이용해 관찰했다.

연동파는 평소대로 위를 통과하지만, 위의 출구에 있는 괄약근(유문괄약근)은 굳게 닫혀 있었는데, 이것이 느슨해져 위의 내용물이 상처 난 장에 들어갈 수 있었던 것은 5시간쯤 지난 뒤였다.

여기서 재미있는 것은 이 지연과 회복작용과의 관계다. 외과의의 관찰에 따르면 장을 꿰맨 자리에서 액체가 배어 나와 단단한 이음매를 만들려면 4시간 걸린다고 한다. 따라서 이 수복작용이 끝나는 데 꽤 오랜 시간이 지나야 비로소 위에서 유미(乳糜)가 보내진다. 소화관을 따라 더 나아가 절단해 꿰매도, 같은 결과를 얻을 수 있다.

앞으로 더 많은 연구가 진행되어야만 파괴된 부분을 회복시키려고 기능하는 작용 효과를 충분히 이해할 수 있다.

상황 변화에 따라 천천히 일어나는 적응 작용 부류에 속하는 것 가운데에서, 몸의 외부 환경에 따라 항상성을 잘 유지하도록 작용하는 어떠한 종의 반응이 있다.

산소가 모자랄 때 곧바로 몸에 나타나는 복잡한 반응에 대해서는 이미 낯낱이 살펴보았다. 하지만 이외에도 천천히 일어나는 반응도 있는데, 며칠 또는 몇 주 동안 산소가 적은 공기에 노출된 사람에게서 인지된다.

어떤 사람이 표고가 높은 곳, 이를테면 1만 4천ft(약 4200m)인 곳에서 생활하기 시작하면 혈액 1mm³ 속에 들어있는 적혈구 수는 점점 늘어나, 정상치(약 5백만)에서 7백만 혹은 8백만이 된다.

물론 이렇게 순환하는 혈액 속 산소를 나르는 것의 비율이 마침 비장이 수축하여 늘어나는 것과 비슷하게 높아지면, 몸 구석의 조직이 쓰기 위해 이용할 수 있는 산소 공급은, 이 현상이 일어나지 않을 때보다 훨씬 늘어난다. 높은 곳에서는 폐포 속 산소의 확산압은 매우 낮아, 폐에서 나오는 각각의 혈구는 산소를 완전하게 가득 떠맡지는 않는다.

이렇게 불리한 상태를 채우기 위해서 바로 취할 수 있는 유일한 수단은, 혈액을 빨리 순환시켜 적혈구가 폐와 조직 사이를 왕복하는 횟수를 늘리는 동시에, 비장에 모아둔 것을 이용하여 앞서 기록한 방법으로 가능한 한 적혈구의 수를 늘리는 것이다.

하지만 이것은 응급처치다. 부족이 계속되면 긴뼈의 골수에 있는 조혈조직 활동이 늘어나고 영속적으로 혈액의 적혈구가 많아져, 모자란 만큼 채워진다. 이 상태는 그가 표고가 낮은 곳으로 돌아올 때까지 이어진다.

이렇게 천천히 일어나는 산소공급의 항상성을 유지하는 수단과 같은 것으로 생물의 추위에 대한 반응이 있다.

체온이 떨어질 위험이 생기면 언제든 재빠르게 동원할 수 있는 일련의 방어반응에 대해서는 이미 상세히 살펴보았다. 즉, 열이 빼앗기는 것을 막고자 피부에 있는 혈관은 수축하고, 털이나 깃털은 선다. 또한 아드레닌 분비가 늘어나고 마지막엔 열 발생을 늘리기 위해 떨기 시작한다. 그러나 이 역시 응급처치다.

추운 기후의 털 달린 동물은 털이 한창 풍성해진다. 털가죽 동물을 포획할 때도 겨울이고, 양털을 깎는 시기도 겨울의 끝자락이다.

유해한 외부 환경에서 몸을 지키고, 천천히 발생하는 생물 조절작용의 원인이 되는 자극에 대해서는 안타깝게도 거의 알려진 바가 없다.

감염과 염증

몸 외부에서 상처 입는 물리적인 조건 외에 위험한 생물—크기가 큰 것도 작은 것—이 있다. 구강이나 장 속, 코나 피부에—실제로 거의 모든 표면이나 움푹 팬 곳 안에—자리 잡은 무수한 세균이 있다. 이들 대다수는 무해하지만, 그중에는 심한 염증이나 병을 일으키는 것들도 있다.

이처럼 유해한 것에 대해서 가장 유효하고 직접적인 방어 효과를 발휘하는 것은 상처 없는 건강한 몸 표면이다. 피부가 찢기거나 상처를 입었을 때, 또는 점막이 약해 파괴되면, 비로소 이러한 외적이 우리 몸에 침입하기에 알맞은 조건이 생성된다.

병의 근원이 되는 세균이 토대를 마련했을 때에는 아래 예시한 세 가지 가운데 하나 이상의 방법으로 몸에 해를 끼친다. 즉, 국부적으로 해를 끼치거나 국부적으로 독을 만들어 그 독이 혈액에 들어가 생물을 아주 고통스럽게 하거나 혈액 자체 속에 들어가 넓은 범위에 걸친 장애를 일으키거나, 이 세 가지다.

우리 몸이 국부적인 세균 공격에 대응하는 방법은 여드름이나 종기 현상에서 볼 수 있다.

예컨대, 그 부분이 청결치 못하거나 가벼운 상처를 입거나, 또는 몸 상태가 전반적으로 약해짐에 따라 피부에 난 모근 부근에 자리한 고름의 원인이 되는 세균이 급속도로 불기 시작한다. 불어나는 동시에 그것이 만들어내는 어떤 종의 물질 작용이라 생각되는 것에 자극받는다. 이 자극 때문에 그 부분의 모세혈관이 손상을 입어 혈관벽의 투과성이 증가한다.

이렇게 혈장은 혈액에서 조직 틈으로 빠져나가고 거기서 응고하여 촘촘한 섬유상의 그물코를 만든다. 이 부분에 있는 림프관도 마찬가지로 상처를 입어, 림프액이 응고한 것으로 막히게 된다. 염증을 유발하는 부분은 섬유상의 그물코가 생기고 림프관이 막혀서 몸의 다른 곳으로부터 배제된다. 이 방벽이 만들어지면 백혈구가 곧바로 이 부분에 모여들어 꼼짝없이 갇힌 침입자, 세균을 잡아 먹는다.

이처럼 부분적인 상처를 입는 것만으로도 몸은 전체로서 보호된다. 모인 물질은 가려움이나 통증이 느껴지는 붓기를 유발한다. 살아 있는 세균이나 죽은 세균, 백혈구, 하나의 소화 작용으로 무르거나 상처 난 조직, 이러한 것들이 벽으로 구분된 울타리 안에서 희끄무레한 덩어리를 만든다.

소화 작용은 이어져 점차 피부 표면을 향해 나아간다. 피부 표면에 이르면 그 하얀 덩어리는 '고름'이 되어 몸 밖으로 배출된다. 이렇게 피부의 국소적인 반응이 몸 전체에서 해로운 생물의 침입으로부터 구하고 있다.

부주의한 사람은 가끔씩 염증을 일으킨 곳이 벽으로 구분되기 전에 그곳을 콕콕 찌른다. 그로 인해 위험한 패혈증을 일으키는데, 앞서 말한 대로 하지 말아야 할 위험이 어떤 것인지를 잘 보여준다.

세균이 어딘가의 표면에서 국소적으로 증식하여 유해한 물질을 만들고, 그곳 혈액 속에 침입하여 생기는 상해의 예는 질병인 디프테리아(법정전염병의 하나. 아이들이 걸리기 쉽다. 특히 인두(咽頭)의 점막이 심하고, 균에서 나오는 독소로 인해 심장·신장·신경계가 해를 입는다)의 경우에 잘 나타난다.

세균이 만드는 전형적인 디프테리아 막은 점막이면 어디에서나 생길 수 있지만 보통은 후미진 곳에 생긴다. 이 표면에 있는 세포는 심하게 파괴되지만, 염증반응이 세균의 침입을 막는다. 그러나 막에서 세균이 증식하고 있을 때에는 매우 독성이 강한 물질을 만들고, 이것이 확산하여 혈류에 들어가 몸의 여러 곳에 운반되어 몹시 해로운 영향을 끼친다. 마비를 일으키거나 끝내 죽음에 이르기도 한다.

이처럼 몸은 순환하는 독소에 대한 항독소를 만들고, 세균이 내뿜는 독물을 중화하여 몸을 지킨다. 재미있는 것은 이 작용의 어떤 단계를 몸 밖에서도 똑같이 모방할 수 있다는 것이다.

이를테면 디프테리아 세균을 배양액에 배양하면, 배양액에서 디프테리아 특유의 독소가 만들어진다. 이 액체를 하등 동물(예를 들면, 모르모트 〈기니피그〉)에 주사하면 디프테리아 독소의 전형적인 효과가 나타난다. 그러나 항독소를 만들어 놓은 동물의 혈장 혹은 혈청을 배양액 속 독소와 충분히 섞으면 배양액의 독성은 잃고, 동물에게 주사해도 아무런 유해한 영향을 끼치지 않는다.

디프테리아 독소의 양을 점차 늘려 반복적으로 주사하면 동물은 그 본연의 병 증상을 보이지 않고, 많은 양의 항독소를 만들게 된다. 이 방법은 인간의 디프테리아를 치료하기 위한 항독소를 만들 때 이용되고 있다.

생물학을 모르는 사람들이나 동료들의 행복에 무관심한 사람들은 위험한 병에 대한 이 방어법을 비웃었다. 그들은 말에서 채취한 항독소를 사람에게 주사하는 것은 '오물'을 주사하는 것이나 다름없다 말한다.

인간은 말을 통해 디프테리아 항독소를 만들어 생물계가 구비한 놀랍고도 아름다운 자연의 방어기구를 이용하는 것이며, 이 항독소를 디프테리아에 걸린 사람에게 주사하여 환자 자신이 구비한 자연의 방어기구를 보강하는 것에 불과하다는 것을 이들은 깨닫지 못하고 있다.

이처럼 현재 우리는 무서운 병, 디프테리아를 제압하게 되었는데 같은 성질을 가진 다른 병도 이와 비슷한 방법으로 억제할 수 있다(E. 폰 베링이 디프테리아의 혈청요법에 관한 업적으로 제1회 노벨상을 받은 것은 1901년이다).

세균 자체가 만드는 독소보다도 중요한 발병의 요인이 되는 경우에는 우리 몸 반응도 그에 따라서 독소보다도 침입한 세균 자체에 대응한다.

'항체'가 만들어지고 혈액에는 세균을 응집시켜 덩어리로 만드는 힘이 생긴다. 혈장 속에 자연 상태로 포함된 '보체(補體)'는 항체가 미리 작용하지 않으면 무력하지만, 응집을 일으키는 변화가 이루어지면 세균을 죽일 수 있게 된다.

게다가 세균을 거두어 파괴할 수 있는 백혈구나 그 밖의 세포의 방어작용도 항체로 세균 변화를 일으킨 전후와 비교하면, 변화된 뒤가 훨씬 효과적으로 이루어진다.

먹이를 찾아 헤매는 이러한 세포가 갖는 파괴적인 작용이 거두어들여 파괴하는 세균 수에 의존하는 것은 분명하다. 또한 세균이 덩어리나 다발로 되어 있다면 확률적으로 마주칠 세균 수가 많아지는 것도 명확하다. 따라서 혈액 속에 생겨 방어작용을 보이는 항체는 독이 있는 세균의 감수성을 높이고 화학적인 방법이나 식세포로 파괴하기 쉽게 할 뿐만 아니라, 파괴가 대규모로 이루어지도록 준비를 갖추는 것이다.

마치 독소를 인공적으로 몸속에 넣어 혈액 속에 항독소를 만들 수 있는 것처럼 몸에 침입해 특이한 병을 일으키는 세균을 주사하면, 그러한 세균에 대한 특별한 항체를 얻을 수 있다. 이 방법에 쓰이는 것은 죽거나 배양 과정에서 힘이 약해진 세균뿐이다. 이렇게 많은 사람들이—그리고 개개인이—장티푸스 등의 병으로부터 보호받는 것이다.

분노와 공포

인류의 기나긴 역사 속에서 세균만이 인간 생물계의 적이었던 것은 아니다. 어쩌면 중요한 적이 아닐 수도 있다. 눈을 부릅뜨고 숨죽이다 허를 찔러 공격하는 인간이나 인간과 비슷한 야만적인 생물이 있었다. 또한 복수나 안전, 식량을 얻기 위해 싸워야만 했다.

이런 가혹한 환경 속에서는 공포와 분노가 행동을 이끄는 것으로 그 역할을 다해 왔다. 공포는 달리거나 달아나는 본능과 직결되고, 분노나 공격하려는 감정은 공격 본능과 결부되었다. 이 모두 생존을 위한 혹독한 투쟁 속에서 몇 대에 걸친 경험에서 우러나온 본질적인 감정과 본능이며, 그러한 투쟁 속에서 참된 의미를 갖는다.

감정적으로 매우 흥분된 상태에서 일어나는 몸의 변화에 대해서는 따로 자세히 언급하기도 했다(1929년에 낸 캐넌의 저서 《통증, 허기, 공포, 분노 시 신체적 변화》를 가리키는 것). 그 개요를 여기에 기록하여 이제까지 우리가 살펴보았던 몸에 구비된 방어기구의 측면과는 다른 측면을 설명하는 예로 보기로 하자.

혈당, 산소 공급, 산성―알칼리성 및 체온의 항상성을 살펴볼 때, 분명히 커다란 악영향을 끼칠 것이라 본 조건이 있음에도 불구하고, 한결같이 고른 몸 상태로 유지하는 어떤 종의 적응적인 반응에 대해 언급했다.

이러한 반응 대부분이 심한 분노나 공포의 감정에 따라 일어나는 것은 주목할 만하다. 호흡은 깊어지고, 심장은 빨리 뛰며, 동맥 혈압은 오른다. 혈액은 위나 장에서 심장이나 중추신경계 혹은 근육으로 옮겨 가고, 소화관의 활동은 멎는다. 당이 저장된 간장에서 방출되고, 비장은 수축하여 안에 있던 많은 양의 적혈구를 밀어낸다. 아드레닌이 부신수질에서 분비된다.

이러한 놀라운 변화가 몸에서 일어나는 것을 설명하는 열쇠는 본디 분노나 공포에 따라 일어나는 현상―위험에서 벗어나기 위해 달아나고, 우위를 유지하려고 공격을 가함―과 그러한 변화를 결부해 보는 데 있다. 하지만 그 작용이 어떻든 간에 생사를 건 싸움은 이어진다.

지금 예시한 감정에 따라 일어나는 반응은 당연히 투쟁을 위한 준비라 생각할 만하다. 이러한 것들은 가능한 한 몸에 부가된 요구를 바로 채울 수 있는 상태로 있게 하는 조절작용인 것이다.

아드레닌은 교감신경의 흥분과 더불어 간장에 비축된 글리코겐을 끌어내 격한 운동을 하는 근육에 쓰기 위해서 혈액에 당을 채우는 것이다. 또한 아드레닌은 활동이 억제된 복부 기관에서 혈액을 꺼내 심장, 뇌, 손발(즉, 심한 몸 운동에 꼭 필요한 기관)에 풍부하게 배분하는 작용을 돕는다.

또한 아드레닌은 근육 피로로 생긴 영향을 재빨리 없앤다. 그렇기 때문에, 혈액에 아드레닌을 분비할 수 있는 생물은 지친 근육을 회복시켜, 건강하고 생기 넘칠 때와 마찬가지로 활발하게 운동할 수 있는 것이다. 한편, 아드레닌은 혈액이 보다 빨리 응고할 수 있게 작용한다.

호흡이 가빠지고, 높은 혈압에서 흐르는 혈액을 다시 배분하며, 비장에서 보다 많은 적혈구가 나와 꼭 필요한 산소 보급과 산성 노폐물 제거에 대비해, 단시간 안에 극도의 운동을 할 수 있게 채비가 마련된다.

간단히 말해 공포나 분노에 따라 막대한 에너지가 생기는데, 이러한 변화가 직접 그 역할을 맡아 보다 효과적으로 실행되도록 몸 상태가 만들어지는 것이다.

우리가 심한 근육운동을 할 때 쓰고, 또한 감정적으로 많이 흥분하면 필요를 미리 감지하고 있었다는 듯이 사전에 조절되는 이 놀라운 구조는 인류 역사를 살펴보면 그 의미를 잘 알 수 있다.

생물의 역사가 시작된 이래, 오랜 시간 동안 우리 선조들은 생존을 위협하는 위험에 죽을힘을 다해 체력으로 맞섰을 것임에 틀림없다. 이러한 생존을 위한 투쟁은 주로 신경과 근육에 의한 싸움이다.

조절작용이 가장 빠르고 완전한 생물은 조절작용이 그보다 떨어지는 적에 비해 유리했다. 작용 활동이 완전하다는 것은 살아남는 것을 뜻했다. 따라서 심한 근육운동이 필요해지거나 그것이 예측될 때 작용하는 정교한 구조는 자연 선발(자연선택이라고도 함)의 당연한 결과라 생각해도 이상할 것이 없다.

공포와 밀접한 관계를 갖는 것이 고통이다. 사실, 공포는 고통의 전조라 정의되었었다. 보통 고통은 생물에게 유해 작용을 수반하여 일어난다. 베인 상처나 화상, 찰과상이 이 사실을 잘 설명한다.

어떤 고통도 수반하지 않고도 매우 위험한 몸의 손상이 일어나기도―예를 들면 폐결핵처럼―한다. 또한 신경통의 경우처럼 심한 통증을 느껴도 그에 따른 생물의 전체성을 위협하는 위험이 인식되지 않는 경우도 있다. 하지만 이러한 것들은 예외적인 것이고, '고통은 상해의 징후'라는 원칙은 성립한다.

경험에 의하면 상해를 초래하는 원인과 고통을 낳는 원인이 결부되고, 그들 원인과 우리 몸과의 관계는 그 영향에 의해 지배된다. 결국, 이렇게 우리는 생명 그 자체에 파국을 초래할 만한 행동을 되풀이하지 않도록 고통에 의해 보호받는 것이다.

*

지금까지 몸에 마련된 방어수단의 몇 가지 측면에 대해 정리 기록했으나, 이것은 완전하다기보다는 오히려 설명적이며 시사적인 것이라고 여기길 바란다.

각각의 문제에 대해 더 많은 예를 들 수도 있을 것이다. 그러나 여기서 언급한 예는 얼마나 여러 방법으로 몸 본연의 기구가 작용하여 상해로부터 몸을 지키는가, 또는 실제로 상해를 입었을 때 상처를 수리하여 회복시키고 있는가를 밝히는 역할을 다했다고 본다.

안전을 지키고, 상처를 낫게 하는 이런 작용의 대다수는 아직 수수께끼로 남아 있다. 그런 작용이 어떻게 작용하기 시작하는지, 또한 몸이 다시금 안전해질 때까지 어떻게 그런 작용이 계속 되는지, 우리는 아무것도 모른다. 완전히 이해하게 된다면 우리는 이런 작용을 이용할 수 있을 것이다.

세균이나 세균 독소의 공격에 몸이 맞서고 있을 때에는 방어작용을 가진 물질이 몸을 채우는 액질 속에 나타나, 활발히 활동한다. 게다가 혈액의 항상성을 유지하는 작용을 한다는 점에도—대체 어떻게 한 것인지는 아직 충분히 알 수 없지만—눈길을 멈추게 한다. 독소를 중화하는 항독소가 만들어지고 침입한 세균을 파괴하는 작용을 가진 항체가 나타난다. 이렇게 내부 환경과 몸은 정상적인 상태로 유지된다.

감정적으로 혼란스러울 때 보이는 변화는 언뜻 항상성을 크게 교란할 것처럼 생각된다. 변화에 대해서만 말한다면 그럴 것이다. 그러나 그러한 변화는 심한 근육운동에 대한 준비라고밖에 설명할 길이 없다고 생각한다. 격하게 근육운동을 시작하면 몸을 채우는 액질에 일어난 변화는 바로 유용한 동시에, 운동 자체의 영향으로 곧바로 중화되어 사라지는 것이다.

14 신체 구조와 기능 안정성의 한계

몸의 안전계수

멜처는 1907년에 시사하는 바가 큰 중요 논문에서 우리 몸은 충분한 여유를 가지고 만들어졌는가, 그렇지 않으면 좁고 제한되게 설계되었는가라는 의문에 답하고자 그가 모은 일군의 사실에 대해 언급하여 주목을 끌었다.

그는 기사가 다리나 들보를 받치는 무게를 계산하거나, 보일러에 가해지는 압력을 계산할 때 정확히 그 무게와 압력에만 버티게 구조를 설계하지 않는다는 것을 지적했다. 기술자는 구조를 충분히 믿게끔 계산된 수치에서 3배, 6배 또는 20배까지 늘리기도 한다. 필요 이상으로 계산된 재료의 강도를 '안전계수'라 부른다.

그럼 우리 몸은 어떻게 만들어졌을까? 이것이 멜처의 의문이었다. 우리의 몸은 군더더기 없이 경제적으로 만들어졌는가? 그럭저럭 별 탈 없이 지내는 것뿐인가? 그렇지 않으면 뜻밖의 사태에 대비하고 있는가?—긴급한 상황이 벌어지면, 믿을 만한 안전계수는 예측되는가?

이러한 질문에 답할 수 있는 몇 가지 증거는 이미 학습을 통해 잘 알고 있다. 밖에서 보급되지 않을 때를 대비하여 쓰자, 몸속에서 탄수화물이나 단백질, 지방을 비축한다는 것을 이미 살펴보았다.

혈당은 평소 90에서 100mg%로 유지되지만 그 정도로 높지 않아도 된다고 앞서 배웠다. 65 내지 70, 경우에 따라서는 그 이하로 떨어져도 병적인 징후는 생기지 않으며, 원칙적으로 40~50이라는 낮은 수치가 되어야만 비로소 위험천만한 장애를 일으킨다.

예컨대 50mg%를 이른바 '충분한 공급의 한계', 또는 '부족의 한계'라 생각한다면 혈당 안정성의 폭은 약 100%가 될 것이다.

마찬가지로 혈액 속의 칼슘 농도의 조절에서도 인지된다. 이미 기록한 바와 같이 정상적인 농도는 약 10mg%다. 농도가 거의 반으로 줄면 경련이 일어난다. 그러나 6에서 7로 떨어진대도, 장애를 일으킬 위험은 없다. 칼슘의 농도에 대해서도 대체로 혈당과 비슷한 안정성의 폭이 파악된다.

순환기능의 안전계수

순환기와 그 기능에 안전계수가 크게 작용한다는 사실 역시 이미 잘 알고 있다. 수축기의 정상 혈압은 110~120mmHg이지만, 70~80(즉 약 3분의 1)로 떨어지지 않으면, 조직으로의 유혈량이 불충분해지는 한계치에 다다르진 않는다. 분명 여기서도 안전계수의 여유가 있다.

추측되는 전 혈량의 30~40%나 되는 양을 없애더라도, 거의 정상 혈압으로 바로 회복하는 것은 혈관 운동을 담당하는 구조가 작용하여, 안전이 유지되고 있음을 나타낸다.

몸속 다른 중요한 기구가 그러하듯, 수많은 일련의 구조가 작용하여 충분한 혈류를 확실하게 유지하고 있다. 혈관운동의 중추는 척수에 인접한 뇌 부분(연수)에 있다. 이 중추가 상처입거나 파괴되면, 곧바로 보조 중추가 작용하여 조절작용을 하게 된다. 이들 중추를 없애면 교감신경절이 지배 역할을 잇는다.

마지막으로 교감신경의 영향을 완전히 제외하더라도 B. 캐넌(W.B. 캐넌과는 다른 인물)이 최근 밝혀낸 것처럼, 여전히 혈관벽이 그 안에 들어 있는 혈액량에 따라 혈관의 용적을 적당히 조절하는 역할을 한다. 조절을 하고 있는 요소를 가능한 한 줄여서 이러한 최종적인 단계에 이르러도 다시 혈압은 거의 정상치로 유지되는 것이다.

게다가 우리는 심장이 과잉의 요구에도 응할 만한 큰 능력을 공급받고 있음을 관찰할 기회도 운 좋게 잡았다. 보통 심장은 적당한 속도로 뛰고, 적당량의 혈액을 밀어낸다. 하지만 언제든지 2배 속도로 뛰고, 한 번 뛸 때마다 2배의 혈액량을, 30에서 40% 올라가는 동맥 혈압에 맞서 배출할 준비가 되어 있다! 심장은 충분히 여력을 갖춘 진정 놀랍도록 유능한 적응성이 풍부한 기관이다.

호흡기능의 안전계수

순환작용과 마찬가지로 호흡작용에도 커다란 안정성의 여유가 인지된다.

폐 대부분이 병에 걸려도 생명이 이어지는 것은, 병이 들었을 때 잘 알 수 있다. 폐렴에 걸려 한쪽 폐가 간장과 유사하게 딱딱해져도 몸에 대한 산소 공급이나 이산화탄소 제거는 심하게 저해되지 않는 걸 가끔 볼 수 있다. 한쪽 폐가 쇠약하여 환기작용을 못하거나 또는 실제로 폐 절반을 잘라 내더라도 위험한 장해가 일어나지 않고 유지되는 관찰을 통해서 앞의 사실은 입증된다.

따라서 폐만 놓고 보아도 안전계수는 적어도 둘이다.

여기에 덧붙이면 평소 쓰이는 것보다도 훨씬 많은 양의 산소가 폐에서 조직으로 운반된다는 사실이다.

이미 기록한 대로, 혈액이 폐에서 나올 때는 용적으로 계산해 18%의 산소를 싣고 가지만 안정적일 때는 용적으로 기껏해야 14%의 산소를 갖고 되돌아온다. 혈액이 몸의 말초 부분에 있는 세포 덩어리 속을 과하게 흐를 때에는 실제로 쓰이는 양의 3배반의 산소가 혈액 속에 있는 것이다.

피를 흘리거나, 공기가 희박한 표고가 높은 장소에 오르거나, 일산화탄소 중독으로 적혈구가 산소를 옮기는 힘이 제한되었을 때 일어나는 복잡한 적응—맥박이 빨라지고, 혈압이 높고, 비장에서 여분의 적혈구가 방출됨—도 호흡작용을 하는 기구의 안전계수로 헤아려야 한다.

여분이 있는 기관

몸의 구조상에서 많은 기관이 짝을 이룬다는 것은 사실 주목할 만하다. 살아가면서 몸을 효율적으로 작용하기 위해서는 이들 짝을 이룬 기관이 둘 다 있어야 할까? 꼭 그렇지는 않다. 두 개의 신장 가운데 한쪽을 떼어내도—실제로 각각의 신장 3분의 2씩 제거해도 되지만—신장 기능에 심한 장해는 나타나지 않는다. 배출되는 소변량이나 성분비도 사실상 변화가 없다.

이 중요한 사실은 필라델피아의 리처즈에 의해 형성된 중요한 관찰과도 분명 관계가 있을 것이다. 그는 기능하지 않는 많은 사구체가 늘 신장에 있다는 것을—특히 위험이 닥쳤을 때를 대비하여, 넉넉하게 여분이 할당되고 있음을 명확히 나타낸 상태—관찰했다.

짝을 이루는 다른 기관에서도. 안전의 여유는 이와 비슷하거나 경우에 따라서는 그 이상이다.

부신 피질은 생명에 꼭 필요하다고 알려져 있다. 양쪽 부신을 제거하면 보통 36시간 이내에 죽는다. 하지만 부신조직의 10분의 1이 남아 있다면 몸의 존재는 위협받지 않는다.

또한 갑상선을 모두 잘라내면 점액부종이 일어나 대사는 낮아지고, 자극에 반응하는 시간도 늘어나 피부가 건조하고 두꺼워지는 등 여러 이상 현상을 보게 된다. 그러나 이러한 징후를 전혀 일으키지 않고 갑상선조직의 5분의 4를 제거할 수 있다.

이미 기록한 대로, 네 개의 상피소체는 혈액 속에 올바른 칼슘 농도를 유지하는 데 매우 중요하다. 상피소체를 제거하면 충분히 숙련되고 냉철한 처치를 하지 않는 한, 경련이나 혼수상태를 일으켜 죽는다. 그러나 최소 상피소체 두 개를 없애도 아무런 이상 증상을 일으키지 않는다.

신경계에 있는 아주 길게 뻗은 전달세포는 단순하게 둥그스름한 세포 본연의 형태와는 달리, 아주 특수한 변화를 이루고 있다. 세포가 변형하여 본연의 단순한 형태에서 벗어나면 벗어날수록, 그만큼 재생은 힘들어진다.

현재 알려진 증거에 따르면 이러한 긴 신경섬유가 파괴되더라도, 가까이에 있는 세포가 분열하여 성장해 파괴된 세포를 바꿔 놓을 수 없지만, 간장 세포를 부분적으로 파괴했을 때에는 그런 일이 일어날 수 있다고 한다.

예컨대, 코 쪽에 자리한 망막 신경세포가 상처 나면, 절대로 낫지 않는다. 영원히 물체를 볼 수 없는 곳이 상처 입은 곳으로 남을 것이다. 하지만 또 하나 눈이 상처 입은 곳에 상응하는 옆면, 혹은 관자놀이 측면 작용이 그것을 보충한다. 실제로 짝을 이룬 감각기관의 안전계수는 적어도 둘이다.

미주신경에 대해서도 같은 관계가 성립한다. 양쪽 미주신경을 자르면 소화 작용과 호흡 작용은 뚜렷이 떨어져 며칠 내에 폐렴으로 죽게 되지만, 한쪽 신경을 절단한 것만으로는 눈에 띄는 장해는 일어나지 않는다.

미주신경과 마찬가지로, 복부 내장의 넓은 범위에서 신경 흥분을 보내는 커다란 내장신경을 잘라도 그리 눈여겨볼 만한 손상은 일어나지 않는다. 관련된 복부기관의 중요한 작용은 모든 면에서 온전히 정상적으로 이어진다.

신경세포는 재생하지 않는다는 개념에서 보면—즉 우리는 보통 한 쌍을 가지나 어느 한쪽이 파괴되어 상처 입으면 대신해 만들거나 수복할 수 없다—뇌의 안전계수는 제로일 거라 추측된다.

그러나 댄디의 보고에 따르면 뇌에 종양이 생겨 수술이 필요할 때 우측 대뇌반구를 대뇌기저핵(대뇌 하부에 있는 신경핵의 총칭. 시상, 선조체, 사구체, 회백융기, 슬상체 등)의 위에서 전부를 제거해도 생명에 큰 지장이 없을 뿐만 아니라, 정신적인 특징이나 기능에도 눈에 띄는 변화는 생기지 않았다고 한다.

마찬가지로, 대뇌 전두엽(좌우대뇌반구는 큰 도랑으로 각각 네 부분으로 나뉘어 있는데, 그중에서도 전방, 다시 말해 이마 쪽에 있는 부분을 말함)을 양쪽 모두 제거해도 눈에 띄는 영향은 나타나지 않는다고 한다. 수술받은 환자는 시간이나 장소, 사람을 완전히 인식하고 기억도 손상되지 않았다. 그는 읽기, 쓰기, 계산 능력도 보유하며 대화를 나눌 때에도 여느 사람과 별 차이가 없었다.

똑같이 좌측 후두엽(대뇌반구의 후두부 부분)이나 좌측 측두엽의 하반부를 잘라내도 지성은 손상되지 않았다(현재 이러한 수술은 여러 장해를 남긴다고 알려져 있지만, 원래 종양이 생긴 자리므로 비교적 정상이라 설명된다).

사실 영원히 의식을 잃게 되는 것은 뇌의 좌전대뇌동맥이 있는 곳에 혈액 공급이 되지 않을 때뿐이다. 따라서 의식작용을 돕는 뇌 기능에 관한 한, 폭넓게 안전성의 여유가 주어지는 것은 명확하다.

한쪽 대뇌반구를 제거하면 몸 반대쪽 손발 운동이 여지없이 마비된다. 그러나 몸의 양쪽에서 동시에 수축하는 근육에는—이를테면, 생존을 이어가기 위해 꼭 필요한 호흡이나 음식물을 넘기는 근육—영향을 끼치지 않는다.

몸의 활동을 조화롭게 조절하는 기본적인 임무를 가지고, 더욱이 상처 입으면 구조 재생이 불가능한 특징적 성질을 띠는 뇌와 척수는 뼈라는 튼튼한 용기 안에서 보호받는다. 머리뼈는 얇지만 딱딱하게 이루어져 있다. 게다가 척수를 감싸는 척주는 여러 척추로 나뉘어져 어느 정도 휠 수 있지만, 인대와 주위를 에워싸는 근육으로 단단히 지탱되고 있다.

여분이 없는 기관의 안전도

짝을 이룬 기관의 안전도보다 더 놀랄 만한 것은 짝을 이루지 않는 기관의 안전도이다.

췌장은 몸이 당을 적절히 이용하기 위해 필요한 내분비물 인슐린을 만든다.

앞서 언급한 대로 췌장을 모두 잘라내면, 심한 당뇨병이 곧바로 나타난다. 그러나 췌장의 5분의 4를 잘라내도 당뇨병에 걸리지 않는다. 불과 5분의 1의 크기만으로도 몸에 필요한 인슐린을 공급한다.

또 하나의 좋은 예로는 간장이 있다. 멜처는 간장이 중요 활동을 많이 하는 기관임을 지적했다.

간장은 탄수화물, 지방, 단백질 대사에 아주 중요한 역할을 한다. 혈액 응고에 필요한 요소를 공급하여 내부 환경을 지킨다. 독성 암모니아 화합물을 비교적 덜 해로운 요소로 바꾼다. 적혈구가 파괴되어 생긴 색소를 분비한다. 금속을 함유한 유독한 화합물이 소화관에서 전신 순환에 들어가는 것을 살피다가 저지하여, 몸속에 독이 퍼지는 것을 막는다. 또한 간장은 적혈구 형성에서 중요한 관계를 갖는다.

간장은 몸속에서 가장 다각적으로 활동하는 다망한 기관이다. 더욱이 간장의 4분의 3은 제거가 가능하고, 완수하는 기능의 다양성과 가치에도 불구하고, 제거로 인해 생기는 중대한 장해의 징후는 보이지 않는다. 간장의 구조가 평소 필요로 하는 것보다 훨씬 여유를 가지고 만들어지는 것이 분명하다.

또한 소화관에서도 우리 몸의 규모가 불필요한 부분을 줄여 꼭 끼게 만들어지지 않았음을 나타내는 증거를 볼 수 있다.

병이나 사고 치료를 목적으로 한 수술에서 위 대부분을 잘라냈음에도 소화나 영양은 전체적으로 손상되지 않았다. 약 10ft(약 3m)의 소장을 잘라내도 환자에게 별다른 악영향을 끼치지 않는다. 대장 대부분을 잘라낸 많은 환자에게 수술 결과는 사실상 유익했다고 전해진다.

기능을 영위하는 데 필요 이상으로 여분의 소화관이 분명 존재한다.

위를 잘라냈는데 왜 소화 작용이 크게 영향을 받지 않았는가에 대한 이유 가운데 하나는, 췌액에도 위액에 있는 유사 효소가 함유되어 있어, 식품의 단백질을 분리할 수 있기 때문이다.

이처럼 어떤 기능들은 이중으로 작용하여 여유가 생기기 마련인데 이러한 예는 전분을 소화하는 구조에서도 볼 수 있다. 침샘과 췌장 모두 전분을 분해하는 효소를 만들기 때문에, 우리가 갖고 있는 6개의 침샘이 소화에 꼭 필요하진 않다. 모두 잘라내더라도 탄수화물을 영양분으로서 이용하는 작용에 어떠한 장해도 일어나지 않는다.

게다가 지방도 자잘하게 유화(乳化)되어 있으면(예를 들어 우유처럼), 비록 췌액의 지방분해효소가 없을지라도 소화되어 흡수된다. 위액에는 유화한 지방에 작용하는 힘을 가질 만한 효소가 있기 때문이다.

이렇게 소화관의 구조와 기능에서도 충분히 여유로운 만반의 준비가 이뤄져, 몸의 존속을 보증한다는 것을 알 수 있다.

안정성 보증

우리 몸 여러 곳이 폭넓은 안정성의 여유를 두고 만들어졌다는 예는 무수히 들 수 있다. 멜처는 이렇게 기록했다.

'몸에서 활동하는 조직 대부분은 그들 기관이 정상적으로 기능을 다하는 데 필요로 하는 것보다 훨씬 많은 여유를 갖고 있다. 어떤 기관에서는 이런 여유가 실제 필요한 양의 5배, 10배 혹은 15배에 이르기도 한다. 생식기관이 그 작업을 완수하기 위해 과잉의 조직을 가지며 이것을 낭비하는 것은 놀랄 만한 일이다. 또한 어떤 기관, 심장이나 횡격막에 할당되는 잠재적 에너지는 아주 풍부해 평소 생활에 활동하는 필요량을 훨씬 웃돈다. 많은 작용에 대한 기구는 이중, 삼중으로 되어 있고 언제든 기능을 완수하도록 보증된다. 대부분의 경우, 하나의 기관 작용은 다른 기관이 조력할 수 있게 보증된다. 더욱이 완전계수가 늘 유지되도록 생물특유의 자기수복기구로 보호되기도 한다. 이렇게 보면 생물 구조는 전적으로 절약을 준비하고, 형성된 것이 아니라 해도 무방하다. 오히려 반대로 조직이나 작용기구가 과잉인 점에서 안전성이 동물 몸의 최종적인 목표라는 것이 뚜렷이 드러나 있다.'

근대의학과 자연치유력

선대 의학자들은 '저절로 구비되는 치유력', 자연치유력이라는 표현을 썼다. 물론 이 말은 상처를 입거나 병이 들었을 때, 의사가 조치한 치료와는 무관하게 낫거나 회복시키는 작용이 진행되는 사실을 인정하는 것이다.

몸을 지키고 안정시키는 여러 구조에 대해서 이제까지 정리한 것 가운데 내가 이룩한 것은 모두 자연치유력에 근대적 해석을 보태는 것이었다.

이미 살펴보았듯이 몇 년에 걸쳐 몸을 정상 상태로 유지하고, 몸의 균형이 깨지면 자동적으로 작용하는 생리적인 반응으로 균형을 재정비하는 여러 방법이 있다.

인간의 역사를 통해서 병을 고치는 수많은 방법이 동원되었다. 그런 방법 가운데에는 북 치는 일에서부터 왕자가 손으로 쓰다듬거나 기도하기에 이르기까지 수없이 많은데, 이런 방법을 통해 병이 사라진다는 사실에서 전부 올바른 방법이라 믿어왔다. 꽤 많은 사람들이 이러한 자연 작용의 효과를 시험하고, 그것들이 건강을 위해 작용하는 유효한 요소라고 인지하게 된 것은 최근의 일이다.

하지만 몸이 충분히 스스로를 돌볼 수 있다면 의사는 어떤 도움이 될까.

우선, 먼저 잘 훈련된 의사는 몸의 자기조절작용과 자기수복작용의 가능성의 한계를 잘 알고 있다. 의사는 그러한 지식 습득으로 자신의 냉철한 행동에 도움될 뿐만 아니라, 그에게 조언을 구하는 환자를 격려하는 수단으로 쓴다.

예를 들어, 활동 중인 몸의 각 부분에서 생긴 열에 외부에서 많은 양의 열이 더해져 체온이 위험수위까지 오른다고 하자—요컨대 기민한 의사의 치료와 같은 적절한 외부의 도움이 없다면 적응 기구는 압도될지 모른다.

또 다른 예를 들어보면 극심한 공포로 인하여 몸속에 투쟁할 준비가 되고, 이것은 절박하게 체력을 요하는 원시적인 생활에 도움이 된다. 하지만 문명사회를 사는 현재 환경에서는 심한 공포가 오히려 몸의 기능을 교란하는 중요 원인이 될지 모른다. 지식을 갖춘 의사는 이러한 사실을 이해하고 설명하여 환자를 도와 병을 치료할 수 있다.

더욱이 자기조절작용을 하는 몸의 놀랄 만한 능력 대부분이—수복작용은 모두 속함—시간을 요하는 것, 즉 그러한 조절작용은 시간이 그 작용의 기능할 기회를 만들어야 비로소 본연의 몸 상태대로 효율적으로 작용하도록 회복시키는 데 중요한 역할을 맡을 수 있다는 것을 일반인보다 의사가 더 잘 알고 있다.

그러므로 현명한 의사는 살점이 떨어져 나가거나 상처 난 부위가 다시 형성되어 튼튼해지고 채워질 때까지는 필요 이외의 행동은 자제하라는 조건을 달아 집요하게 환자에게 요구하는 것이다.

또한 의사는 우리가 이제까지 살펴보았던 생리적인 자동복원작용이나 자기방어작용을 돕거나 치환하는 치료 방법을 이용할 줄 안다.

예컨대, 당뇨환자에게 인슐린을 투여했을 때, 의사는 그 치료가 망가진 자연기능의 작용을 아주 자연스러운 방식으로 돕는 것이며, 이 상황에서 접골술이나 정신요법이 아무런 도움이 되지 못한다는 것을 인식하고 있다.

혹은 의사가 점액부종이나 크레틴병(353쪽 참조) 환자에게 티록신을 투여할 때에도, 그는 생리적인 장해에 생리적인 요인을 이용해야 한다는 것을 알고 있다. 또한 의사는 항독소가 늘 몸의 자기방어작용의 일환으로서 작용하는 반응을 돕는 수단이라는 것도 충분히 이해하고 있다.

그리고 의사가 정상 상태로 회복시키기 위해 환자에게 한 치료 요법은 보통 건강한 사람에게 적용했을 때보다 훨씬 유효하게 작용한다는 사실도 충분히 인식한다.

예컨대, 병적인 고열은 식히면 내려가지만, 정상 체온은 똑같이 식혀도 내려가지 않는다. 갑상선의 기능이 불완전하므로 낮아진 대사를 확연히 상승시킬 양의 티록신이라도 정상적인 대사를 상승시키는 작용은 거의 혹은 전혀 나타나지 않았다. 일정량의 인슐린은 당뇨병이 경미한 환자보다도 심한 환자에게서 큰 효과를 보인다.

따라서 의사의 본분은 그가 하는 치료 수단에 따라 원칙적으로 저절로 나타나는 효과를 이해한 다음, 교란되어 보강할 필요가 있는 몸의 자동조절작용을 효과적으로 하는 데 있다.

마지막으로 의사의 가장 큰 임무는 환자에게 희망과 격려를 주는 것이다. 이것만으로도 의사의 존재는 정당화된다. 의사는 업무상 몸의 회복작용을 수많은 경우를 통해 본다. 이제까지 살펴본 사실을 통해 환자에게 희망과 격려를 주는 충분한 이유가 있음을 잘 알 것이다.

그러한 이유가 뒷받침되는 것은, 몸 안팎에서 미치는 유해한 영향에 맞서 안전성을 유지하기 위한 눈부신 구조이고, 또한 야생동물이나 현미경에서 확인할 수 있는 세균에 대해서 몸의 안전성을 지키는 훌륭한 준비이며, 구조의 강도나 작용 능력에는 평생 필요 이상으로 여유로운 안정성의 여분이 공급되는 것을 보여주는 많은 증거다. 고통으로 괴로워하고 체력이 약해졌다고 느낄 때에 몸을 좋은 상태로 유지하기 위해서 언제든 작동하기 시작하는 이들 방어와 치료의 힘에 대해 궁리해야 할 것이다.

15 신경계의 두 가지 큰 구분과 그 일반적인 기능

체외와 체내

이제까지 우리는 현재의 지식으로 그 나름대로 명확하게 정의된 항상성의 일면에 대한 고찰을 마무리 짓고, 몸이 구비한 본연의 방어작용이나 구조와 기능의 안정계수에 대한 지식을 습득했다. 환경이 주는 치명적인 타격에도, 그에 반발하여 오래 견디려는 생물의 참모습은 안정성이 어떤 방법으로 생기는지를 자세히 조사함으로써 보다 잘 이해할 수 있을 것이다.

몸을 채우는 액질에 안정적인 상태를 초래하는 요인의 이해를 시도하기 위한 기초로서, 신경계 기능의 대략적인 흐름을 파악해 두어야 한다.

신경계는 그 기능에 따라 크게 두 가지로 나눌 수 있다. 하나는 개체 주위를 둘러싼 환경에 관련하여 몸 외부로 향해 작용하는 것이고, 다른 하나는 몸의 내부로 향한 내장에 작용하여 주로 몸 내부 환경을 지배하는 것이다. 특히 우리의 흥미를 끄는 것은 후자인데 생물이 올바르게 생존하기 위해서는 이 두 가지 계통을 따로 떼어놓을 수 없다.

감각과 '운동신경'

뇌나 척수의 대략적인 형태와 그것들이 두개골과 등뼈에서 어떤 상태인지는 누구나 잘 알고 있다. 게다가 우리는 몸 표면의 모든 장소나 우리가 움직이는 모든 근육이 신경섬유로 뇌나 척수에 이어져 있다는 것도 안다.

몸 표면에서 안으로 향하는 이른바 '감각섬유'는 감각기관, 바꿔 말하면 '수용체', 혹은 '외부 수용체'(몸 내부에 있는 감각기관과 구별하기 위함)의 작용에 의해 자극된다. 이들 수용체는 원칙적으로 세포 또는 세포군, 혹은 세포층으로 이루어져 있어 외부에서 가해지는 여러 작용에 특유의 반응을 나타낸다.

이러한 반응을 보이는 것 가운데 하나로 촉각소체가 있는데, 이것은 접촉에 따라 반응한다. 온도감각 신경의 말단은 더위나 추위에 작용하고, 코 속 감각 부위는 공기 중 화학물질로 흥분한다. 혀에 있는 미뢰(맛봉오리)는 물에 녹아있는 어떤 화학물질 작용을 받고, 내이(內耳)는 뼈로 만들어진 지렛대로 전달되는 공기의 진동을 받기 위한 것이다. 또한 눈은 빛의 파동을 아주 미묘하게 감지한다.

이들 수용체 가운데 어떤 것은 자극이 직접 작용하는 것을 필요로 한다. 이를테면, 촉각이나 미각 수용체가 그렇다. 다른 수용체 이를테면, 후각, 청각, 시각의 수용체는 몸에서 많든 적든 간에 떨어진 변화에 반응하는 까닭에 '원격 자극 수용체'로 불린다.

몸 표면에 있는 이들 감각기관의 작용에 의해 우리는 그 주위에 있는 물체의 종류나 상태를, 옷감 하나에서부터 수백 광년 떨어진 별의 성질에 이르기까지 전부 다 알 수 있는 것이다.

이들 각각의 외부 수용체에서 안쪽으로 뻗어 있는 신경섬유가 뇌나 척수에—이것들이 '중추신경계'를 이루고 있음—감각의 근원이 되는 신경 흥분을 전달한다. 그것들은 외부 작용이 수용체를 자극한 시간을 전해, 자극 정도와 성질을 알려준다.

중추신경계에서는 다른 신경섬유가 근육 쪽으로 나와 있어, 지렛대가 된 골격을 움직이는 근육에 분포하고 또한 얼굴 근육처럼 뼈에는 부착하지 않는 근육에도 분포한다. 이들 '운동신경'의 신경 지배를 받고 있는 근육은 '작동체'나 '작동기관'으로 알려져 있다.

물론 '운동신경'은 근육을 움직이게 하지 못하면 의미가 없다. 마찬가지로 근육도 신경 흥분으로 움직이지 못하면 아무 소용없다. 중풍에 걸려 근육이 마비된 환자가 바로 그러하다. 따라서 신경계 중에서도 외부에서 작용하는 계통은 본디 신경—근기구라고 생각해야 한다.

뇌와 척수는 아주 복잡하게 뒤엉킨 신경섬유 다발로 만들어져, 외부 수용체에서 오는 구심성신경로의 모든 중계점을 작동체로 통하는 모든 원심성신경로의 중계점으로 이을 수 있다.

이와 같이 신제에 가해진 어떤 자극(예컨대, 왼쪽 어깨의 아린 통증)이나 복잡한 외계 상황을 나타내는 일련의 자극(예를 들면 말이 달아났다던가)은 올바르게 조정되며, 결과로서 발생한 행동은 필요에 잘 적응하게 하는 데 있다.

반사

가장 간단한 반응은 반사다. 즉, 수용체의 자극에 답하여 바로 운동신경이 흥분한 결과, 근육이 수축한다. 재채기, 기침, 깜박거림, 몸의 자세유지 등 이러한 것들은 반사의 예다. 통상 반사는 방어적인 성질을 가지고 있다. 반사는 전적으로 무의식 상태에서 일어나고 그 어떤 정신적인 활동을 수반하지 않는다.

이보다 더 복잡한 것은 웃음이나 슬픔, 전형적인 분노나 공포처럼 감각적, 감정적인 반응이다. 반사와 마찬가지로 이 모든 반응은 학습되지 않는다(반사에는 조건반사와 무조건반사가 있다. 조건반사는 '학습'되는 '획득반사'지만, 무조건반사는 태어날 때부터 존재하는 '선천적인 반사'다. 여기서 말하는 반사는 '무조건반사'이다). 이 모두 태어난 지 얼마 안 돼 볼 수 있는데, 모방이라 하기에는 빨리 나타난다.

반사는 주로 척수와 척수에 가장 가까운 뇌 하부(즉 연수와 간뇌. 〈그림 34〉 참조)에서 지배되고 있다. 반사와 비슷한 본능적인 반응의 중추조직은 뇌기저부에 있다. 예컨대, 버드가 보여주는 것처럼, 간뇌보다 위쪽의 뇌 부분을 다 제거하더라도 생리학적인 분노 현상은 여지없이 나타난다. 그리고 간뇌를 제거하면 이 현상은 순식간에 사라진다.

연합된 기억이나 외계에 따른 근육 반응의 복잡한 조정을 전부 하는 기관은 대뇌피질, 대뇌반구 바깥 쪽 부분이다(〈그림 34〉).

중추신경의 다른 부분에 관해서는 우리 역시 하등 동물과 두드러진 차이가 없다. 하지만 대뇌반구에 대해서는 하등 동물과는 비교가 안 될 만큼 다르다. 이 부분에서 이루어지는 수용체와 근육 작동체와의 연락은 그 어떤 하등 동물보다 훨씬 수가 많고 정밀하다. 또한 수용체와 작동체의 중추부분 상호 관계도 훨씬 복잡하게 얽혀 있다.

다른 포유동물에 비해 인간의 지성이 훨씬 뛰어나며, 외계를 비범한

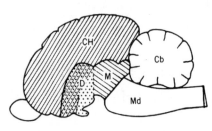

〈그림 34〉 포유동물의 뇌 중앙 단면도. CH-대뇌반구, D-간뇌(점으로 표시), M-중뇌, Md-연수 Cb-소뇌.

방법으로 변모시키는 능력의 기반은 이 정묘한 대뇌피질의 신경연락 기구에 있다.

'수의 신경계'와 '불수의 신경계'

생물이 따르지 않으면 안 되는 본질적인 문제, 생존과 종의 번영 문제에서 두 가지 기본적인 활동이 필요해진다. 즉 이동과 포착이다. 이러한 활동은 다양하고 노련한 방법으로 실행된다.

어류보다 고등한 척추동물의 이동은 원칙적으로 네 다리의 활동이다. 어류에서조차 사지에 해당하는 지느러미나 꼬리가 이런 목적으로 이용된다. 조류는 공중을 날아다닐 수 있도록 앞다리 한 쌍의 형태를 바꾸는 진화 실험이 시도되었다.

그러나 사지를 모두 운동에 쓰므로 포착 작업은, 대부분의 척추동물에서는 이빨, 새는 부리, 코끼리는 코가 하게 되었다. 물론 특수하게 이중으로 쓰이기도 한다. 예컨대 개구리는 짧은 다리로 달라붙어 감싸쥐고, 곰은 서서 끌어안는다. 다람쥐는 앞발로 호두를 움켜쥐며, 원숭이에게는 손과 비슷한 다리가 있어서 걸을 때 쓸 뿐만 아니라 물건도 집는다.

그러나 사람은 기능이 대체로 명확히 나뉘어 다리를 이동에 팔과 손을 포착에 할당하고 있다. 수많은 활동을 하는 놀라운 능력이 손에서 발달한 것은 팔과 대뇌피질의 복잡한 기구 발달과 뚜렷이 결부되어 있다. 손을 써서 도구나 기계를 만들고—곡괭이, 톱, 솔, 수술 칼, 선반, 증기망치, 기타 등등—이러한 물건은 손으로 하는 일을 월등히 강력하고 정교하게 한다.

더욱이 지속적으로 도구나 기계를 써서 우리의 수용체 활동범위를 뚜렷하게 넓히는 장치가 발명되었다—미세한 것을 살펴보기 위한 현미경, 먼 곳을 바라보기 위한 망원경, 저 멀리 공중에서 발신한 희미한 전기파를 청취하기 위한 수신기와 증폭기.

뇌척수신경계는 예민한 외부 수용체나 지렛대가 된 뼈를 거의 모든 방향으로 맘껏 움직이는 근육을 갖추어, 노동을 하거나 달리거나 싸워 주위 환경을 바꾸고, 더러는 환경 속에서의 몸 위치를 바꿀 만한 구조로 되어 있다.

이러한 것들이 몸 외부로 향하는 작용이 외작동성이라 불리는 것은 그 성질을 잘 나타내서다. 또한 흔히 '수의 신경계'는 신경계의 외작동성의 부분이라 부르는 것이 전적으로 옳다.

그렇지만 동시에 외작동적인 활동은 예컨대 혈당 이용이나 산성 노폐물의 방출을 바꾸고, 혈액에 많은 양의 열이 나오는 등, 내부 환경에도 변화를 가져온다는 것을 이미 알고 있다. 이러한 상황에서는 '불수의 신경계'가 작용하는 심장이나 다른 내장의 근육이며 샘에 영향을 미쳐, 외작동적인 활동을 잇기에 적합한 내적환경을 유지한다. 이러한 몸 안쪽으로 향하는 작용을 내작동성 계통이라 하기에 적당하다.

다음에 이 불수의 신경계의 구조를 살펴보자.

자율신경계

신경계의 내작동성 부분은 '불수의 신경'이라는 것 외에 '식물성' 또는 '자율성' 신경계로도 알려져 있다. '식물성'이라 하는 것은 그것이 주로 동물적인 이동이나 포착보다도 몸의 영양에 관계하기 때문이고, '자율성'이라 하는 것은 그것이 대뇌반구의 지시에 따르지 않고, 자동적으로 작용하기 때문이다.

자율신경계의 역할은 내장 작용을 조절하여 몸 전체의 이익을 꾀하는 데 있다(뒤에 나오겠지만, 자율신경계는 교감신경계와 부교감신경계로 나뉜다. 교감신경계와 달리 부교감신경계는 해부학적으로 독립되어 있지 않아, 예컨대 미주신경에 포함되어 분포하고 있다). 뒤에 기록할 어떤 종의 실험적 의미를 이해하기 위해서는 이 신경계가 갖는 수많은 특징에 대해 알아둘 필요가 있다.

첫 번째로 내장 자율신경계의 신경섬유의 지배를 받는 부분은 평활근('평활'이라는 것은 골격에 부착된 횡문근과 구별하는 말이다)과 샘이다.

평활근의 세포는 모근이나 혈관벽, 폐 기관지 주변, 위나 장 등 속이 텅 빈 조직의 벽, 방광, 자궁 등에서 찾아볼 수 있다. 샘이란 이를테면 침샘이나 위샘, 췌장이나 간장과 같은 것이다.

자율신경계의 신경섬유는 대부분 원심성이며, 중추신경계의 세 곳에서 나온다. 즉 뇌와 척수의 위아래 두 팔다리로 가는 신경이 나오는 곳의 중간, 다리로 가는 신경을 내보내는 곳 바로 밑에 있다. 이들 세 곳에서 나오는 자율신경계는 저마다 뇌신경, 흉요(胸腰)신경(또는 교감신경) 및 천골신경이라 한다(《그림 35》)

참조).

뇌나 척수에서 나와 있는 신경세포와 그것이 지배하는 내장과의 사이에는 다른 신경세포(신경단위 〈뉴런〉)가 있고, 그 섬유에서 자극을 바로 고스란히 중계하는 역할을 맡고 있다. 이들 신경세포의 본체가 모여 신경절이라고 하는 작은 덩어리를 만드는 것이 보통이다. 그러므로 신경절을 경계로 하여 중추신경계에 가까운 신경섬유는 '절전섬유, 말단부의 것은 '절후섬유'라 한다(〈그림 35〉 참조).

내장에 존재하는 평활근이나 샘의 특징은 몸의 양단부(뇌신경 및 천골신경) 가운데 어느 한쪽에서 오는 신경섬유와 몸 중앙부(교감심경)에서 오는 신경섬유, 양쪽의 지배를 받는다는 점이다. 이렇듯

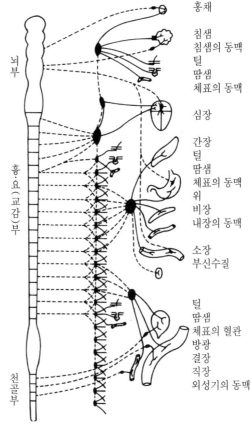

홍채
침샘
침샘의 동맥
털
땀샘
체표의 동맥
심장
간장
털
땀샘
체표의 동맥
위
비장
내장의 동맥
소장
부신수질
털
땀샘
체표의 혈관
방광
결장
직장
외성기의 동맥

뇌부
흉·요(교감)부
천골부

〈그림 35〉 자율신경계의 전체적인 배치를 보여주는 모식도. 뇌와 척수는 왼쪽에 그려져 있다. 체신경계는 나타나 있지 않다. 절전신경 섬유는 점선으로, 절후섬유는 실선으로 그려져 있다. 자세한 내용은 본문에(버드[캐넌에 따른 것],《실험심리학의 기초》에서. 클락 대학 인쇄국의 호의에 의함).

심장은 이전에 학습한 것처럼 뇌신경에 속하는 미주신경과 심장 박동을 촉진하는 교감신경에 지배된다.

두 부분에 이어져 하나의 내장을 지배하는 신경섬유는 원칙적으로 각각 반대의 작용을 갖는다. 미주신경은 심장 고동을 억제하고 교감신경은 촉진한다. 미주신경은 위 근육의 적당한 수축 또는 몹시 긴장시키는 효과가 있고, 교감신경은 약하게 한다. 그 외에도 비슷한 예를 여럿 들 수 있다.

뇌신경과 천골신경에서 나오는 자율신경계의 특징은 그 신경섬유들이 중추

신경계에서 떨어진 곳에 있는 중계소, 신경단위와 지배하는 내장의 내부 또는 근접한 장소에서 만난다는 점이다. 바꿔 말하면 이들 신경단위로 된 신경절이나 절후섬유는 작동기관의 내부 또는 그 부근이 있다는 것이다. 교감신경계에는 이러한 것이 없어, 완전히 다른 양상을 보인다.

교감신경계

복부 대동맥의 커다란 분지(分枝)가 나와 있는 부근은 예외로 하고(여기에는 복부내장을 위한 특별 신경절이 있다), 교감신경계의 신경절은 두 줄의 사슬로 되어, 위는 경부 위쪽에 있는 상경신경절에서, 아래는 골반 내 유합한 신경절에 이르기까지 척주의 양쪽으로 이어져 있다. 흉부와 복부에는 이들 신경절이 흉강, 복강의 등쪽, 척추골에 인접하여 존재한다. 또한 이러한 신경절은 서로 절전섬유로 이어져 있다.

절전섬유는 척수에서 규칙적으로 나와 척추골의 틈새를 통해 가장 가까운 신경절로 가 그곳에 있는 신경단위와 접합하고, 다시 거기서 위쪽 내지 아래쪽으로 사슬 속의 다른 신경절로 이르러 각각의 신경절 속 신경단위를 잇는다. 이러한 구조 때문에, 신경단위는 몇 겹으로 접촉하며, 신경이 분포하는 단위는 확대된다.

랑송과 빌링슬리는 고양이 경부교감신경줄기 하나(절전섬유로 이루어짐)에 들어있는 절전섬유의 수와 상경신경절 속 세포수를 세고 그 비율이 1대 32이라 전하고 있다. 비슷한 관계가 일반적이라면 절전섬유와 결합하여, 마지막에 내장에 자극을 전달하는 수는 몇 배나 되므로, 하나의 절전섬유에서 운반되는 흥분이 매우 큰 효과를 갖는 것은 당연하다.

또한 흉부와 복부에 존재하는 신경절은 몇 가닥씩 절전섬유로 묶여 있으며 이들 연락섬유는 저마다 신경절에 지배되는 곳 전부를 널리 지배하게 되어 있는 것이다.

지금 여기서 언급한 연락섬유나 결합섬유는 척추 양쪽에 있는 신경절 사슬을 따라 꽤 먼 거리를 오르내려, 서로 겹치는 부분을 갖는다. 이 때문에 교감신경계에 의해 일어나는 흥분은 산만하고 광범위하게 이르러, 뇌신경이나 천골신경 활동이 특정 기관 쪽으로 확실하게 한정되는 것과는 대조적이다.

교감신경계가 광범위한 작용을 끼치도록 만들어졌다는 견해의 뒷받침이 되는 것은 매우 흔한 관찰이다.

예를 들어 고양이를 겁주거나 추위에 떨게 하면—교감신경이 작용하는 상태—머리끝에서 꼬리끝까지 털이 곤두선다. 더 자세히 살펴보면 몸 전체 털이 곤두선다는 것은 더 넓게, 이를테면 소화관 작용이 전체적으로 억제되거나 몸속 혈관이 수축하는 것처럼, 전반적인 효과가 나타난다는 사실을 알 수 있다.

한편, 뇌신경의 여러 작용은 동시에 일어나도록 이어져 있지 않아, 따로 작용할 수 있다. 예컨대 눈에 닿는 빛이 너무 강하면, 자율신경인 뇌신경에 따라 신경흥분의 파동이 전해져 눈의 홍채를 수축시키지만, 그때 동시에 타액 분비를 늘리고 심장 박동을 늦춰 위장의 긴장을 늘릴만한 신경흥분은 일어나지 않는다.

절전섬유가 몇 개의 기관에 미치는 작용이 뚜렷하듯 뇌신경의 이런 작용은 확실하다.

교감신경계의 구조가 광범위하게 신경흥분 파동을 보내도록 만들어졌다라는 생각의 옳은 점은, 교감신경이 흥분하면 부신의 수질부에서 아드레닌이 분비되는 것에서도 확인된다.

아드레닌을 혈액에 투여하면 원칙적으로는 교감신경에서 지배되는 기관에 교감신경의 흥분이 유발하는 효과와 같은 효과를 초래한다. 분비된 아드레닌은 혈류에 들어가 몸 전체로 퍼지므로 예컨대 교감신경계 신경섬유의 배치 상황이 광범위한 효과를 만들지 못하더라도, 아드레닌 작용으로 그러한 효과가 생길 수 있다는 것이다.

하지만 두 가지 요인—신경 흥분과 그러한 흥분과 같은 결과를 일으켜 순환하는 화학물질—은 교감신경–부신계의 경우처럼 함께 작용하여 전신의 평활근과 샘에 광범한 변화를 낳는 것이 보통이다.

위급 상황에서 과잉 분비된 아드레닌이 정말 내장에 영향을 미칠 만한 정도의 양으로 혈액 속에 존재할까라는 의문이 생긴다. 이 의문은 수많은 관찰을 통해 존재한다고 답할 수 있다.

이미 우리는 부신을 저혈당이나 한랭으로 자극하고 부신이 저절로 분비한 아드레닌이 신경 지배를 끊은 심장에 미치는 영향에 대해 살펴보았다(369쪽 〈그

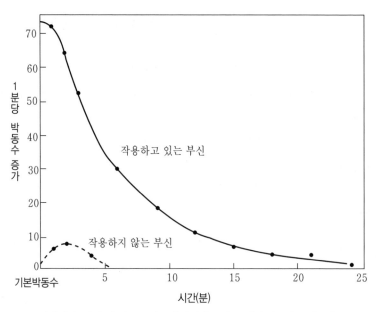

〈그림 36〉 고양이에게 1분간 개 짖는 소리로 흥분시켰을 때, 부신이 작용하고 있으면, 빠른 박동이 오랫동안 나타나는 걸 볼 수 있다. 부신 작용을 멈추게 하면, 2분간 위협을 했음에도 불구하고 심장 박동은 조금만 늘어날 뿐 그마저도 빠르게 원상 복귀한다. 두 경우 모두, 흥분시킨 뒤에는 동물을 바구니에서 바로 꺼내, 회복하도록 쿠션 위에서 편히 쉬게 했다.

림 18), 427쪽 〈그림 28〉 참조). 비슷한 증명은 신경 지배를 끊은 침샘, 홍채 및 신장에서도 얻을 수 있고, 한 마리 동물의 부신 정맥과 다른 한 마리 동물의 일반 순환을 이어, 혈액순환을 교차시키는 방법으로도 증명된다.

이러한 방법에 의한 실험에서 대체로 밝혀진 것은 혈액 속에 나온 아드레닌이 실험에 쓰인 말초적인 기관에 효과를 미치는 농도로 체내에 번져 있다는 사실이다.

아드레닌은 혈액을 타고 체내로 번져, 교감신경의 흥분을 협동하여 같은 효과를 내도록 작용하는데, 그렇게 협력하는 것이 유익하다는 걸 나타내는 증거는 무엇일까.

첫째로, 순환하는 아드레닌은 교감신경 작용의 효과를 연장시킨다.

브리튼과 나는 심장 신경 지배를 끊은 동물을 1분 동안만 흥분시킨 다음 쿠션 위에서 조용히 안정을 취하게 했음에도, 신경을 끊은 심장박동은 약 30분에 걸쳐 촉진된 상태 그대로였다고 보고했다(〈그림 36〉 참조). 따라서 작용이 길어질 필요가 있는 상태에서는 분비된 아드레닌 쪽이 유리하다.

게다가 어떤 현상에서는 교감신경의 흥분만으로 보이는 효과보다 아드레닌이 분비되어 나타나는 효과가 훨씬 높다는 관찰도 있다.

예를 들면 질식, 반사적인 자극, 보통의 감정적인 흥분, 대뇌반구의 피질을 없앴을 때 일어나는 생리학적인 분노는 모두 고혈당을 수반한다. 부신은 그대로 두고 간장 신경을 자른 동물이나 간장 신경을 자르지 않은 정상적인 동물이나 고혈당은 비슷하게 생긴다.

한편, 간장 신경은 정상인 상태에서 부신을 없애든지, 작용하지 못하게 한 동물에게서는 같은 실험 조건이라 하더라도, 생기는 고혈당 정도는 작아지고, 경우에 따라서는 전혀 일어나지 않는다(375쪽 참조).

아드레닌이 나타내는 작용 중에, 혈액응고를 촉진하여 대사속도를 올리는 작용은 근육의 피로를 없애는 특별한 작용과 더불어 교감신경의 흥분과는 아무런 관계가 없다고 생각한다.

내장의 신경지배

내장 신경지배가 이중으로 되어 있는 것과 하나의 내장에 연결된 두 개의 신경이 원칙적으로 반대의 작용을 한다는 흥미로운 사실은, 내장 활동을 조절할 수 있다는 중요한 사실에 결부된다. 교감신경계의 전반적이고도 광범위한 작용과 그와 반대의 작용을, 특정 기관에 미치는 뇌와 천골신경의 어떠한 작업의 조합으로, 모든 종류의 변화가 부분적이거나 일시적으로 가능해졌다.

교감신경의 적당한 긴장성의 흥분을 높이거나 낮춤으로써 모든 내장을 동시에 한쪽 또는 다른 쪽으로 그 상태를 바꿀 수 있다. 교감신경과 반대 작용을 가지며, 각각의 내장에 닿는 뇌신경이나 천골신경의 긴장성 흥분의 증감으로 인해, 어떤 특정 내장은 독립적으로 한쪽 또는 다른 쪽으로 바꾼다.

예컨대 감정적으로 흥분하면 교감신경이 흥분하여 다양하고 복잡한 영향이 내장에 미치는데, 일례로 심장이 빨리 뛰기도 하고, 근육운동을 시작했을 때처럼 미주신경에 의한 억제가 줄어 다른 내장에는 큰 영향을 미치지 않고도 고동이 빨라질 수 있다.

교감신경은 모든 건반 소리의 크기를 단번에 바꾸는 피아노 페달과 비슷하고, 뇌신경과 천골신경은 각각의 건반과 비슷하다. 위급할 때 교감신경계가 매우 광범위하게 작용하고 몸 전체를 위해 기능한다는 것을 생각해 본다면, 그것이 동시에 통일적으로 작용하는 구조로 되었다는 중요성이 뚜렷해질 것이다.

자율신경계의 작용

신경계 중에서 내작동성 계통을 '불수의'나 '자율'로 구별하는 것은, 이 계통이 골격근에 대해 이뤄질 만한 지배를 하지 않는다는 뜻을 내포한다.

우리는 우리의 의지대로 위나 장운동을 억제하고, 심장 고동을 느리게 하거나 간장에서 당을 내보낼 수는 없다. 하지만 필요할 때에는 자율신경계의 흥분으로 이 모든 변화와 이외의 많은 변화가 일어난다.

자율신경계의 반응은 즉각적이고, 선천적이며, 의지와는 상관없이 일어나고, 합목적이라는 점에서 간단한 반사와 밀접하게 관계하는 것은 분명하다. 따라서 자율신경계가 제각기 작용하는 특정 상황을 살펴봄으로써, 자율신경계의 기능과 그로 인해 생기는 독특한 효과의 본질을 이해할 수 있다.

이제부터 간단히 언급할 사항은 이미 내가 1914년에 언급한 내용과 같은 것이다.

천골신경계의 작용은 주로 주기적으로 속에 무언가 채워지는 중공 기관을 비우는 것에 있다. 예컨대 천골자율신경계의 흥분은 직장이나 결장 말단부를 수축시키고, 또 방광이나 어쩌면 다른 무언가 받아들이도록 만들어진 구조를 수축시킨다.

더 잘 알고 있는 예로, 긴장성으로 수축하는 내장이 쌓인 내용물로 펴지면, 반사적으로 자율신경계의 작용이 촉진된다. 확장에 대한 이러한 반사적인 반응은 아마도 천골신경계의 가장 흔한 작용이겠지만, 다른 방식으로 이 신경계가 작용되기도 한다.

감정적으로 심하게 흥분하여—이를테면 분노—교감신경이 자극을 받으면 동시에 천골신경계도 자극된다. 극도로 흥분하면, 방광이나 대장하부 내용물이 무의식 중에 배출되는 것은 사람이나 다른 동물에서도 잘 알려진 현상이다.

게다가 특별한 감정적인 상태는 생식기관에 뚜렷하게 영향을 끼친다. 경우에 따라서 골반부에 있는 중공 기관은 횡문근으로 된 괄약근을 통해 배출을 해야 하므로, 배출에는 어느 정도 대뇌피질에 의한, 바꿔 말해 의지적인 지배가 개재하고 있다.

또한 복근을 의식적으로 수축시켜 배출작용을 촉진할 수도 있다. 그러나 천골신경계의 작용은 본질적으로 자동적인 것이다. 사실, 제1차 세계대전에서 부상당한 사람들에게서 보았듯, 이들 중추가 한정된 곳에 존재하는 척수 부분이 뇌와 완전히 떨어지더라도 앞서 기술한 기능은 영위된다.

뇌신경의 작용은 천골신경계의 경우와 마찬가지로, 다음과 같이 정리할 수 있다. 즉, 그것들은 주로 일군의 반사작용이며, 몸을 보호하고 안전을 꾀해 몸이 보다 좋은 상태에 있게 하는 역할을 맡고 있다.

뇌신경은 눈의 동공을 좁혀 망막에 과잉의 빛을 쐬는 것을 막는다. 또한 타액이나 위액 분비를 촉진, 소화기벽의 근육이 주기적으로 수축할 때 필요한 긴장 상태를 유지하여, 모든 신체 활동에 꼭 필요한 에너지원의 소화와 흡수가 올바르게 이루어지도록 기초를 확립한다.

미주신경은 인슐린 분비를 조절하고, 간장의 글리코겐 저장에 관계한다. 또한 뇌의 자립신경이 몸의 안전을 유지하고 있음을 나타내는 근거는, 미주신경이 적당히 흥분하여 심장 고동을 억제하고 심장 근육에 휴식과 회복 시간을 주는 데서도 살펴볼 수 있다.

천골신경과 마찬가지로 뇌신경은 간단한 반사작용, 이를테면 동공을 좁히는 것뿐만 아니라, 감정적인 상태에 관련된 기능도 갖고 있다. 음식의 입맛을 당기는 맛이나 냄새는 소화액의 소위 '심리적'인 분비를 촉진하여, 위나 장을 적당히 수축시킨다.

게다가 두 개의 신경계—천골 및 뇌신경계—는 횡문근 운동에 크게 좌우된다는 점에서도 서로 비슷하다. 방광이나 직장의 수축이 대뇌피질에서 나오는 신경의 흥분으로 도움이나 방해를 받는 것처럼, 동공의 빛이나 거리에 대한 반응은 의식적으로 일어나거나 가감되기도 한다.

실제로 천골신경과 뇌신경의 작용 대부분은 횡문근에 둘러싸인 체외로의 개구(開口)에 관계하고 있어, 원칙적으로는 교감신경의 경우보다도 뇌—척수신경계의 작용이 개입할 여지가 훨씬 많다.

　내작동성 신경계는 내장 활동에 영향을 끼치므로, 이 자율신경계가 생물체 내의 질서의 안정성과 불변성, 우리가 이제까지 항상성이라 지칭해 왔던 것 유지에 꽤 밀접하게 관계하고 있다는 것은 당연하다. 사실, 세 개의 신경계 작용 대부분은 항상성을 유지하는 것에 있다고 해도 무방하다.

　주기적으로 가득 채워지는 중공 기관을 비우는 한 무리의 반사를 가지는 천골신경은 노폐물을 없애고, 개체의 자유로운 활동을 방해해 한정하는 퇴적물을 배출하여, 몸의 항상성을 유지한다. 또한 종족 존속이 보증된다.

　몸을 지키고 안전을 유지하는 일군의 반사작용을 하는 뇌신경은 더욱 확실하게 몸의 균일성을 유지하는 작용에 관련하고 있다. 그 주요 작용은—소화 작용이나 음식물의 흡수를 조절하는 작용—몸을 일정 상태로 유지하는 데 꼭 필요하다.

　하지만 내작동성 신경계 가운데 천골신경과 뇌신경이 항상성을 확보하는 작용은 간접적이라서 어느 정도 에둘러 작용한다. 내부 환경의 위험한 변화를 방지하기 위해, 재빠르게 직접적으로 작용하는 것은 척수 중앙 부분에서 나오는 흉요(胸腰)신경(교감신경을 가리킴)이다. 이 신경계가 항상성 유지에서 갖는 역할은 매우 중요하므로, 특히 눈여겨볼 만하다.

16 항상성 유지에 차지하는 교감신경–부신경계의 역할

몸에 가해지는 외부로부터의 자극

이 책의 앞장에서 나는 클로드 베르나르의 생각을 토대로, 우리가 주변을 감싸는 대기 속에서 생존하는 것이 아니라고 강조했다. 우리는 죽은 세포나 점액, 소금용액 층으로 대기에서 떨어져 있다. 이들 생명이 없는 물질의 표층 속에 살아 있는 모든 것은 액질, 혈액, 림프액으로 잠겨 있다. 즉, 이들 액질은 내부 환경을 만드는 것이다.

내부 환경 혹은 몸을 채우는 액질이 눈에 띄게 변화했을 때 생기는 심각한 위험을 살펴보면, 그것을 안정적으로 유지하는 것이 얼마나 중요한지 확실히 알 수 있을 것이다. 클로드 베르나르는 안정성 유지가 자유롭고 방해받지 않는 생활조건임을 명백하게 인식했다.

우리는 몸 내부에 환경을 갖추고 행동한다. 그로 인해, 우리 몸 주변에서 일어나는 이를테면 온도변화, 습도, 산소함유량의 변화도 극단적이지 않는 한, 우리 생명을 감싸고 있는 내부 환경에는 거의 영향을 미치지 않는다.

하지만 이런 쾌적한 안정성, 항상성도 평소에 항상 파국을 막도록 대기 중인 뛰어난 구조 작용이 없이는 보증되지 않는다. 그대로 두면, 바로 생물에 심각한 악영향을 끼칠 만한 조건이 몸 내부에 생성될 것이다.

가령, 몸 표면에 난 상처는 혈관을 벌려, 몸의 액성 환경을 흘러버릴 것이다. 그러나 안전을 도모하는 수단으로써 혈액 응고가 나타난다. 더욱이 교감신경–부신계의 작용이 응고작용을 촉진하고 출혈을 멎게 하는 응고의 효과는 늘어난다.

간혹 심각한 출혈로 많은 혈액이 빠져나가 버리면, 다시 교감신경–부신계가 작용하여 말초혈관을 수축시킨다. 이렇게 심한 출혈이 진행 중이라 판단되는 곳의 혈류를 줄이고 동시에 끊임없이 작용하여 생명에 꼭 필요한 기관, 심장이나 뇌로의 혈액 공급이 지속되게끔 보장한다.

더욱이 외부의 한기는 몸에서 열을 빼앗아, 내부 환경의 온도를 떨어트리려 할 것이다. 이때 교감신경-부신계가 즉시 작용하여, 이 위험을 회피시킨다. 말초혈관을 수축시켜, 따뜻한 혈액이 표면으로 오는 것을 방해한다. 한기로부터 몸을 지키는 수단으로, 털이나 깃털이 달린 동물은 털을 쭈뼛 세워 열전도가 낮은 공기층에서 몸을 감싼다. 혈액 속 아드레닌을 방출하고, 이런 물질은 체온이 떨어지는 것을 막기 위해 여분의 열이 필요할 때, 체내 산화작용의 속도를 높인다.

높은 곳에 오르거나, 일산화탄소와 같이 독성 물질 작용으로, 몸에 대한 산소 공급이 줄기도 한다. 이럴 때에도 교감신경-부신계가 항상성을 유지하기 위해서 작용하게 된다.

심장은 많은 양의 혈액을 밀어내게 되고, 내장 혈관은 수축한다. 따라서 생명 유지에 없어서는 안 될 기관의 혈류는 빨라진다. 게다가 비장을 수축시켜, 혈액 속에 무수의 적혈구를 추가하여 몸의 작용에 충당한다. 이러한 교감신경-부신계 작용으로 인해 위험을 유발하는 악영향은 현저하게 경감된다.

그러나 체외 조건만이 내부 환경에 영향을 미치는 유일한 요인은 아니다. 몸의 작용 자체가 항상성을 뒤엎어, 만일 그것에 저항하여 몸을 지키지 않는다면 심각한 영향이 결과로 발생한다. 이미 학습한대로, 내부의 악영향 중에서도 심한 근육운동이 대표적이다.

격렬한 몸 운동이 유발하는 변화를 살펴보고, 그것이 내부 환경을 바꾸지 않도록, 어떻게 방지되는지 살펴보자.

몸 내부에서 일어나는 변화

근육이 활동하면 당이 소비된다. 오래 달리기를 하면, 혈당이 현저히 떨어지고 간장의 글리코겐 저장분이 고갈된다는 사실을 떠올리길 바란다. 더욱이 간장을 절제하거나, 인슐린을 사용하여 혈당을 약 45밀리그램 퍼센트로 낮추면 경련이 일어나고, 가령 이 상태가 지속된다면 혼수상태에서 죽음에 이르게 된다는 사실을 돌이켜보라.

그러나 정상적인 상태에서는 경련 단계에 이르기 전에 교감신경-부신계가 작용하여, 간장에서 당이 방출된다. 이렇게 다량의 당이 방출되어 저혈당의 원인이 되는 작용이 압도적으로 강력하지 않는 한, 위험은 사라지고 교감신경-부신계는 활동을 멈춘다.

이렇게 활동하는 근육이 다량의 당을 씀에도 불구하고, 혈당치는 위험이 생기는 수치보다도 높은 곳에서 유지된다.

또한 근육을 심하게 움직이면 열이 생긴다. 이미 알고 있는 대로 몸의 큰 근육을 오랫동안 무리하게 움직이면 생기는 열량은 믿기 어려울 만큼 커질 수 있다. 이 과잉의 열을 없애지 않으면, 내부 환경의 온도는 심하게 오를 것이다.

격렬한 운동 뒤에 체온이 섭씨 40.5도(화씨 104.9도)로 오른 사람의 예가 보고된 바 있다. 만약에 2도가 더 오른 상태가 이어지면, 뇌의 감수성이 높은 신경세포는 손상을 입고 비극적인 결말을 맞을 것이다.

이런 위험을 막기 위해서, 교감신경계가 작용한다. 말초혈관은 벌어져 발한이 심해지고 열 발산은 크게 촉진된다. 이렇게 해서 체온의 상승은 곧바로 반대로 작용하는 반응을 일으켜, 고온의 유해한 영향을 미리 막게 된다.

또한 심한 근육운동을 통해, 혈액이 중성에 가까운 상태에서 산성화하는 경향이 있다. 이것은 이미 학습한 대로, 신경―근활동 결과로 생기는 탄산과 젖산이 늘어나기 때문이다.

산 생성은 위험이 따른다. 잘 알려진 대로 병약한 상태에서는 '산혈증'[1]이 심해져 신경계의 작용이 손상을 입고, 그 상태를 바로잡지 못하면 혼수상태나 죽음에 이른다.

근육운동 결과, 이러한 일이 벌어지지 않도록 악영향을 중화하고 몸을 지키는 작용이 바로 활동하여 활발한 작용을 지속한다. 이런 경우 작전의 요점은 다음과 같다.

첫째, 여분의 산을 혈액 속의 완충작용을 가진 물질로 흡수한다. 둘째, 산소를 재빨리 공급해, 불휘발성 젖산을 산화하여 배출하기 쉬운 휘발성 탄산으로 한다(그렇지 않으면, 젖산은 오랫동안 조직 내에 머물고 장해가 된다). 셋째, 호흡을 빠르게 하여 이산화탄소를 폐에서 내보내고 많은 양의 산소를 받아들인다.

---

1) 아시도시스. 본디 약알칼리성 조직이나 혈액이 산성화되는 현상.

한마디로 순환계와 호흡계는 최대한 활동한다. 여기서도 교감신경-부신계가 개입하여, 몸을 채우는 액질에 심각한 악영향이 미치지 않게 돕는다. 순환계의 조정—내장 혈관을 수축시키고 심장 박동을 빠르게 하여 비장에서 다량의 적혈구를 방출함—이들 모두, 교감신경-부신계의 작용으로 인해 이루어진다.

여기에 더해 교감신경-부신계는 반드시 호흡작용을 쉽게 하는 역할을 완수한다. 그 이유는 그 작용에 의해서 기관지가 곧바로 눈에 띄게 넓어져 호흡한 공기가 출입할 때 받는 마찰저항을 줄이기 때문이다. 이러한 여러 작용으로 인해 교감신경-부신계는 혈액 속의 산—알칼리 관계가 위험에 처했을 때 항상성을 유지하는 데다 가장 중요한 역할을 한다.

이미 살펴본 바로, 외부 환경의 상태 및 외부 환경에 대한 생물 자신의 반응이 내부 환경을 교란하는 요인임에는 분명하다. 우리가 언제나 효과적으로 생존을 이어가려 한다면, 개인에게 공급되고 늘 몸과 같이 있는 내부 환경은 크게 변화해선 안 된다.

따라서 내부 환경을 안정적으로 유지하기 위해서 외계의 모든 변화나 외계의 하찮은 변동 일체에 따라 몸의 내부에서 그 영향을 수정하는 작용이 존재해야 한다. 이 수정작용을 하는 주된 기능은 이미 많은 예를 통해 알고 있는 대로 자율신경계의 교감신경 부분인 것이다.

자율신경계의 제거

교감신경 또는 교감신경-부신계의 중요성을 이제까지 강조해 왔는데, 다음에는 나와 뉴턴, 무어가 자율신경계의 이 부분을 없앤 동물을 생리학적으로 조사한 결과를 기록하고자 한다.

이미 학습한 대로 진정한 교감신경계의 신경단위 특징 가운데 하나는, 그 세포 본체가 척주 양쪽에, 목 상부의 상경신경절에서 골반 속에 유합한 신경절에 이르기까지, 나란히 늘어진 신경절 사슬 속에 배치된다는 것이다. 이들 신경절은 척수 제1흉추부에서 제2, 제3요추 부분에 닿기까지 척수로 이어져 있다.

신경계 가운데에서 신경단위의 영양을 맡는 부분(세포 본체)이 모여 있는 곳, 특히 흉부와 복부에 있는 그것은 척수와 직접 연락하며, 그 부분의 교감신경

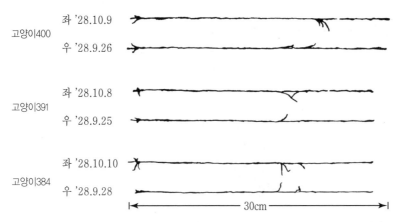

고양이400　좌 '28.10.9
　　　　　우 '28.9.26

고양이391　좌 '28.10.8
　　　　　우 '28.9.25

고양이384　좌 '28.10.10
　　　　　우 '28.9.28

|←——— 30cm ———→|

〈그림 37〉 상처 나지 않게 잘라낸 흉부, 복부 신경줄기의 예. 건조하여 콜로디온으로 카드 위에 고정하고, 사진을 찍었다.

계를 완전히 절제할 수 있다. 신경절을 제거하면 절후신경섬유는 퇴화할 수밖에 없다.

랭글리가 명확히 밝힌 것처럼, 중추신경계로부터 오는 절전신경섬유는 보통 절후신경섬유의 분포를 받는 기관과 유효한 결합을 하지 못한다. 따라서 이 부분 교감신경줄기를 제거한다는 것은 필연적으로 그 기관을 영구히 중추신경계의 지배에서 분리될 수밖에 없다.

교감신경줄기를 제거함에 있어, 우리는 두 가지 방법을 썼다.

맨 처음 우리는 경부, 흉부 및 복부에 있는 부분을 따로따로 제거했다. 그런 수술을 받고, 건강하게 살아남은 많은 동물 가운데 한 마리가 〈그림 39〉다. 이것은 반월형신경절과 교감신경줄기의 맨 끝 부분을 제거한 뒤의 고양이 사진이다. 제거한 부분은 카드에 올려놓고, 제거 수술을 받은 고양이와 같이 카드를 사진으로 찍었다. 각각의 부분 바로 밑에 제거한 날짜가 적혀 있다.

이 수술법의 결점은 흉강 하부 횡격막 부근에 있는 1, 2개의 신경절을 여러 차례 잘라낼 수 없다는 점이다. 우리는 그런 일이 생기지 않게 하려고 흉부와 복부의 교감신경줄기를 성상신경절에서 골반 내 신경절에 이르기까지 다치지 않게 제거했다. 〈그림 37〉은 그렇게 제거한 예다.

이와 같이 교감신경계 전체가 하나의 작용계로서 절제되었음은 의심의 여지가 없다. 나는 '하나의 작용계'로 말했지만, 이것은 경부의 교감신경계가 제거되

〈**그림 38**〉 우측 흉부 및 복부신경줄기를 제거한 고양이 사진. 동물을 춥게 하면, 아직 신경 지배를 받는 쪽의 털은 선다. 우측 경부신경절은 중추신경계와의 연락을 끊었지만, 두부 우측의 입모근과의 연락은 아직 유지되고 있다. 그 부분의 털이 서지 않는 것에 주목하길 바란다.

어 있지 않기 때문이다. 그러나 경부 교감신경의 절전섬유는 양쪽 성상신경절을 통과하여, 성상신경절을 제거하면, 당연히 경부신경절과 중추신경계와의 관계를 끊는 것이 된다. 이 상태에서 경부신경절이 작용하지 않는다는 것을 알아보려면, 〈그림 38〉을 보면 된다.

우측 흉부와 복부의 교감신경줄기는 전체로서 제거되었다. 이 동물의 체온을 떨어트리면, 신경 지배를 받는 좌측 털은 곤두선다. 우측 머리털은 아직 남아 있는 경부의 신경절에서의 신경 지배를 받고 있음에도 불구하고, 추위에 대한 반응에 가담하지 않는다는 점에 눈여겨보길 바란다. 따라서 흉부와 복부의 교감신경줄기를 제거하면 내장의 교감신경지배가 완전히 상실되는 것은 분명하다.

교감신경계 제거의 생리적 영향

우선 첫 번째로 관찰자를 놀라게 한 것은 교감신경을 제거한 동물이 눈에 띄는 장해를 일으키는 일 없이 살아간다는 사실이다.

우리는 1927년 10월 10일에 교감신경계를 완전히 제거한 동물(제107호 고양이)을 실험실에서 건강한 상태로 약 3년 반 동안 사육했다. 이 고양이는 1931년 4월에 조직을 조사하기 위해 도살했다. 이러한 사실은 이전 연구자들이 공개한 어떤 종(種)의 의견과는 완전히 대립한다.

예컨대, 멜처는 토끼나 고양이의 상경신경절을 제거하면 사망률이 매우 높아진다는 점에서 이들 신경절은 생명 유지에 없어서는 안 될 물질을 함유하고 있다고 결론지었다. 또한 훗날 스파돌리니는 고양이 장간막 신경을 넓은 범위에 걸쳐 완전히 절제하면, 그 생명은 오래 이어지지 않는다고 주장했다. 그는 전신적인 기능저하, 심각한 쇠약, 체온저하 및 심한 위장 장애를 관찰했다.

우리는 수많은 고양이에게서 내장신경을 포함한 복부교감신경줄기를 제거했고, 어떤 때에는 반월신경절을 제거했으며, 또한 신경섬유다발을 복대동맥의 굵은 지맥에서 잘라 떼어내 보기도 했지만, 그 결과 위험천만한 증상은 전혀 나타나지 않았다.

이러한 관찰에서 우리는 상경신경절, 교감신경절 및 위나 장에 분포하는 교감신경은 생명에 꼭 필요하지 않다는 결론에 이르렀다.

'식물성'신경계는—교감신경계 마저도—성장에 중요할지 모른다고 생각할 수도 있다. 그러나 우리는 새끼고양이의 한쪽 교감신경을 제거하고 다 자랄 때까지 키웠다. 그런 다음, 에테르로 깊이 마취한 상태에서 죽여, 몸 양쪽에 대칭적으로 존재하는 여러 기관이나 조직의 무게를 비교해 보았다. 그 기관 가운데에는 뼈도 포함되어 있다. 양쪽에서 뭔가 인지할 만한 차이는 없었다. 따라서 교감신경계는 골격이나 내장 성장과는 아무런 관련이 없을 것으로 생각된다.

우리는 수술 전에 기초대사와 세 가지로 구분되는 각각의 교감신경계—두부, 흉부 및 복부—를 제거한 다음, 주의 깊게 관찰했다. 보통 교감신경계를 제거하면 대사량은 다소 낮아진다. 우리 경험에 비추어보아도 경부의 교감신경을 절제했을 때의 대사량 저하는 더 오래 이어졌다. 그러나 원칙적으로 수술 뒤 기초대사는 10퍼센트 이상 줄지 않아, 이런 감소가 의미가 있는지 없는지 의심스럽다.

교감신경계가 골격근의 긴장을 조절할 수 있고, 또한 피로를 저지하는 작용이 가능하다는 점에서, 교감신경의 절제가 근육 작용에 미치는 영향이 의문으로 남는다.

한쪽 교감신경을 절제한 뒤에 몸 양쪽 무릎반사(무릎 바로 아래 부분을 세게 치면 넓적다리 근육이 수축하여 다리가 튀어 오르는 반사)를 비교해 보아도 눈이 띄는 차이는 없었다. 게다가 우리가 관찰한 것은 수차 위에서 운동하도록 훈련된 개의 하복부 교감신경계 한쪽을 잘라내도 개의 전체 작업량은 떨어지지 않았으며, 뒷다리 운동에도 주목할 만한 그 어떤 차이점도 발생하지 않았다.

임상적인 문헌에서는 자주 가설적인 '미주신경 긴장성' 및 '교감신경 긴장성' 질환이나 '자율신경의 불균등'이 인용되곤 한다. 이런 말을 쓰는 이면에는 정상적인 상태에서 자율신경계의 교감신경부분과 뇌신경부분은 늘 서로 작용, 반작용의 관계이며 그 결과, 두 가지 작용 사이에 평형이 유지되고 있다는 개념이다.

확실히 어떤 기관에서는 그러한 상호 반대 관계가 인지되지만, 어디에서나 그렇다는 뜻은 아니다. 그러한 작용—반작용의 관계가 없는 곳에 '자율신경계의 불균형'이 일어나진 않을 것이다. 하지만 그러한 상호관계가 존재할만한 곳에서도 교감신경계를 절제한 결과, 반작용이 사라진 길항(拮抗)적인 신경계의 작용이 우위를 나타내는 뚜렷한 변화는 일어나지 않는다.

처음 동공은 수축하지만, 차츰 수축도는 떨어진다. 신경 지배를 끊은 혈관은 처음에 퍼지지만, 그 뒤 다시 국소적으로 어느 정도 적당한 수축상태로 되돌아 간다는 것이 증명된다. 쉽게 말해, 영속적인 이상(異狀)이 눈에 띄게 모자라는 것이다.

교감신경 절제가 몸에 뚜렷한 변화를 가져오지 않는 것에 대해서는 이쯤 해 두자. 다음으로는 절제로 인해 생기는 몇 가지 장해들에 대해서 눈길을 돌려 보자.

교감신경계 제거의 장기적 영향

처음 출판한 보고에서 우리는 교감신경을 절제해도 암고양이의 생식이나 수유작용에는 지장이 없다고 언급했다. 이 보고의 초석이 된 관찰은 새끼가 태어 나기 직전에 교감 신경절을 절제한 동물을 통해서다.

〈그림 39〉는 이 고양이가 두 마리의 새끼 고양이와 함께 있는 사진이다. 고양이 사진 위에 것은 절제한 두 개의 교감신경섬유다발이다. 사실, 이 어미 고양이는 새끼 고양이가 스스로 먹이를 찾아 나설 때까지 젖을 물렸다.

이 실험이 있은 얼마 뒤, 새끼를 낳기 훨씬(몇 달) 전에 교감신경을 제거한 암 고양이가 새끼 고양이 세 마리를 낳았다. 그런데 놀라운 일이 벌어졌다. 고양이 젖샘이 수유에 맞게 발달하지 않은 것이다. 더욱 놀라웠던 것은 어미 고양이에 게서 모성본능이 전혀 보이지 않았다는 점이다. 어미 고양이는 제 새끼들을 전 혀 돌보지 않았다. 어미 고양이를 눕혀 새끼 고양이를 데려다 젖을 물려보려 했지만, 어미 고양이는 벌떡 일어나 새끼 고양이를 보살피지 않고 방치하는 게 예사였다.

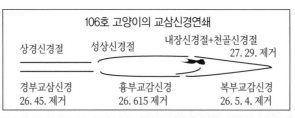

106호 고양이의 교삼신경연쇄

상경신경절	성상신경절	내장신경절+천골신경절 27. 29. 제거
경부교삼신경 26. 45. 제거	흉부교감신경 26. 615 제거	복부교감신경 26. 5. 4. 제거

〈그림 39〉 106호 고양이 사진 이 고양이의 교감신경 줄기─경부, 흉부 및 복부(반월상신경절을 포함)─는 위쪽 카드에 고정되어 있다. 이 고양이가 완전히 교감신경계를 제거하고 난 뒤에 낳은 고양이도 함께 있다. 새끼고양이 한 마리는 젖을 빨고 있고, 다른 한 마리는 어미 고양이 등에서 놀고 있다.

하지만 더 관찰해 보니, 어미 고양이의 그러한 행동이 꼭 새끼를 키울 능력이 모두 다 사라진 걸 뜻하지 않는다는 것을 알게 됐다.

교감신경을 전부 절제한 동물에게서는 일하는 능력이 급격히 떨어진다(앞 절에서 예시한 개는 한쪽 교감신경을 절제한 것이다).

우리는 지칠 때까지 수차에서 뛰게끔 훈련한 개의 교감신경을 완전히 절제했다. 수차를 표준 속도로 돌리면, 개는 약 2시간을 쭉 달리다가 끝날 무렵에 여러 번 단시간 동안 달리기를 멈췄다. 교감신경을 절제하자, 동물의 업무 능력은 약 35% 떨어졌다. 물론 미주신경은 아직 온전히 남아 있고, 미주신경의 긴장이 떨어져서 심장은 다소 빠르게 고동쳤다.

하지만 체내 혈액의 재배분이나 혈압 상승, 기관지의 확장 및 아드레닌 방출─이미 살펴보았듯이, 이러한 것들은 장시간 근육운동에 유익한 현상이다─은 모두 일어나지 않았다. 이러한 상태에서 동물이 수술 전과 같게 일할 수 없는 것은 당연하다.

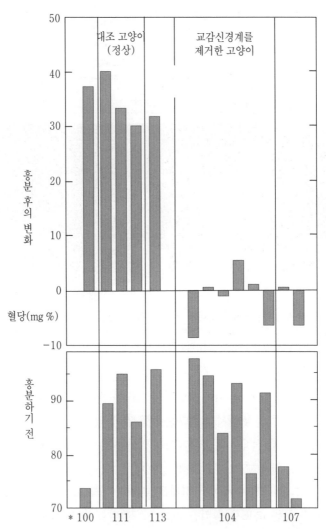

〈그림 40〉 감정적인 흥분 후, 정상적인 고양이의 혈당은 늘어나지만, 교감신경계를 제거한 동물은 똑같이 흥분을 시켜도 상당하는 변화는 일어나지 않는다. 고양이 번호는 아래 기록되어 있다.

순환기에 적응적인 변화가 생기지 않는 데다가 간장에서의 당 방출도 일어나지 않는다. 이 사실은 교감신경 절제 전후에 감정적인 흥분이 혈당에 미치는 영향을 조사해 보고 뚜렷이 드러났다.

〈그림 40〉에서처럼 3 내지 10분간 흥분시키면 정상적인 동물은 평균 34% 혈당이 올라간다. 한편, 교감신경을 절제한 동물은 같은 시간을 흥분시켜도 혈당

치가 그만큼 올라가지 않는다.

또한 교감신경을 절제한 동물을 흥분시켜도 털은 곤두서지 않는다. 교감신경계 작용이 모자란다는 것을 나타내는 이러한 증거와 더불어, 보통 흥분에 따라 생기는 적혈구의 증가도 보이지 않는다.

이 현상은 비장이 작용하지 않는 것에 원인이 있다. 그 이유는 나와 이스키에르도, 멘킨이 밝혔듯이, 비장으로 가는 신경을 절단하면, 필요할 때에 다량의 적혈구를 방출하는 매우 중요한 비장 작용이 일어나지 않기 때문이다.

이 모든 증후―순환계 장해, 혈당을 방출하는 기구와 다량의 적혈구를 방출하는 기구의 결손―가 동물의 근육활동 효과를 떨어뜨리는 역할을 한다는 것은 의심할 여지가 없다. 확실히 정량적인 것을 언급하기 전에, 이 현상의 세부적이고 많은 부분이 심도 있게 연구되어야 한다는 것은 인정하지만, 주안점은 지금 언급한 것이라 생각된다.

교감신경계 제거와 한랭에 대한 반응

교감신경을 절제한 동물에게는 근육작용을 하는 데 지장이 생길뿐만 아니라, 추위에 노출되었을 때에도 장해가 일어난다.

〈그림 38〉(476쪽)은 교감신경 절제 뒤, 추위에 노출되어도 털이 곤두서지 않는, 즉 한랭이 입모근(立毛筋)에 국소적인 영향을 끼쳐 수축을 일으키지 않는 것을 나타내고 있다. 마찬가지로 혈관의 평활근도 신경 지배를 받지 않고, 한랭에 따라 수축하지 않는다. 이 두 사실이 원인이 되어, 더는 열 손실이 조정되지 않는다. 더군다나 체온이 떨어지기 시작할 무렵에는 열 발생을 촉진하는 아드레닌 분비를 활발히 하는 작용도 사라진다.

이러한 여러 이유에서 교감신경을 절제한 동물이 정상적인 체온 유지라는 문제에 맞닥뜨리면 생리학적인 결함을 속속들이 드러낸다. 그 동물이 추운 날씨에 하는 행동들은 불충분한 상태에 아주 적합한 것이다. 이를테면 찬 공기나 외풍을 극도로 꺼리고, 추울 때에는 불 주변에서 가만히 웅크리다 먹이를 먹을 때만 자리를 뜬다.

우리는 교감신경을 절제한 동물의 추위에 대한 반응을 조사하기 위해, 섭씨 0.8도에서 6.0도의 냉장고에 들여보냈다. 그리고 동물의 체온과 떨림을 관찰했다. 전형적인 결과는 〈그림 41〉에 나타나 있다. 실선은 정상적인 동물을 온도가 낮은 환경에 약 2시간 방치했을 때의 체온 변화다. 점선은 같은 조건하에서 교감신경을 절제한 동물에게서 보이는 변화를 나타내고 있다.

393호와 396호 고양이는 교감신경을 절단하기 전후에 관찰이 이루어졌음을 주의하길 바란다. 393호의 실험기록에서 확연히 나타나듯, 두 가지 조건에서 보이는 차이는 매우 극명하다. 교감신경을 절제한 뒤의 체온 저하는 훨씬 심하다—실제로 체온은 순식간에 낮은 수치로 떨어지고 그 수치에서 가까스로 유지된다.

게다가 떨림의 도수도 늘고, 정도도 눈에 띈다. 떨림 반응은 지그재그 선으로 나타나 있는데, 교감신경을 절제하기 전의 393호 고양이에서 전혀 나타나지 않았음에도 불구하고 수술 뒤에는 단연 눈에 띈다. 이 현상은 교감신경계를 제거한 다른 동물에게서도 두드러졌다.

운동하는 것 이외에 급격히 떨어지는 체온을 지키는 유일한 방법은 떨림이므로, 예컨대 400호 고양이에게서 보이는 바와 같이 실제로 유지되는 낮은 체온은 분명, 추운 외부환경에서 잃어버린 열과 떨림으로 생기는 열과의 평형점을 나타내는 것이다.

특히 107호의 기록을 눈여겨보길 바란다. 이 고양이는 전에 1927년 10월 10일부터 교감신경을 가지지 않는 동물로 기록되어 있다. 그날 뒤로 1년이라는 시간동안 이 고양이는 체온저하를 막는 주요 수단으로써 떨림에 의지한 방법에 숙달된 듯싶다. 추운 방에 들여보내자 바로 몸을 심하게 떨어서 체온이 급격히 떨어지는 것을 막아, 사실상 체온은 어떻게든 정상적인 수치로 유지된다.

교감신경계가 없으면 체온이 떨어지는 경향을 막는 것만 곤란한 게 아니다. 체온이 오르려는 경향을 막는 데에도 장해가 생기는 것을 나타내는 증거가 있다.

직립 자세의 동물이 교감신경을 절제한 뒤에 정상으로 행동할 수 있는지 없는지에 대한 의문을 품은 우리는 원숭이의 교감신경줄기를 절제했다. 모든 원숭이가 햇빛과 신선한 공기를 쐬도록 따스한 6월 어느 날에 우리는 원숭이들을 실험실 가까이에 있는 안뜰에 풀어놓았다. 정상적인 원숭이는 좀처럼 더위에 영향을 받지 않았지만, 교감신경계가 없는 원숭이는 아주 짧은 시간 동안에

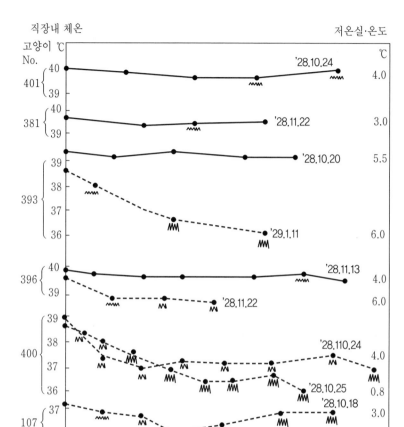

〈그림 41〉 저온실에 들여보낸 고양이 체온 기록. 실선은 정상적인 고양이에 대한 영향, 점선은 교감신경계를 제거한 고양이에 대한 영향. 떨림은 기록 밑에 지그재그로 나타나 있다. 지그재그의 크기는 대체로 떨림 반응의 강도를 나타내고 있다.

체온이 빠르게 오르는 것을 알 수 있었다. 사실 이 원숭이는 일사병에 걸려 죽고 말았다.

＊

이상 기록한 결과는 교감신경계를 제거하더라도 정상 활동에 별다른 영향을 주지 않는다는 점보다 오히려, 실제로 교감신경계가 없어서 일어나는 현상들이 더 인상적이다.

확실히 교감신경을 잘라낸 동물은 계속 살아간다. 하지만 이는 1년 동안 극심한 온도 변화도 없고, 먹이를 위해 싸울 걱정도 없고, 천적으로부터 달아날 필요도 출혈의 위험도 없는 안전한 실험실의 제한된 조건하에서의 이야기다. 이것은 아주 특수하고 제한된 생활이다. 이러한 관찰에서 판단하면 교감신경계는 몸이 바른 기능을 수행하는 데 그리 중요하지 않다는 추론에 쉽게 다다를 것이다. 그러나 그러한 추론은 오류라 할 수 있다.

예컨대, 이들 동물이 집 밖에 방치되면 먹이나 안전을 위해 싸워야 하는데, 당을 필요로 할 때에도 혈당은 오르지 않고, 적혈구는 늘어나지 않는다. 내장 혈관이 수축하여 혈압이 오르거나 혈류가 빨라지는 일도 없고, 심장은 그리 빨리 뛰지 못한다. 근육 수축에 적합한 혈액순환의 변화도 생기지 않으며, 아드레닌이 분비되어 응고가 빨라지거나 지친 근육에 적절한 변화가 일어나지도 않을 것이다.

교감신경을 절제한 동물의 결함은 더위나 추위에 노출되었을 때 뚜렷하게 나타난다. 위급한 사태가 일어나면 그러한 동물은 내부 환경의 안정성을 유지하지 못한다.

17 신체 안정성의 일반적인 특징

'내적환경'의 항상성

우리는 지금까지 각 장에서 항상적인 상태를 유지하기 위해 쓰이는 일련의 정연한 구조가 자극에 따라 펼쳐지는 상황을 규명해 왔다. 또한 항상적인 상태가 내작동성 자율신경계의 지배하에 있다는 증거도 면밀히 살펴보았다. 이 모든 사실이 구체적으로 예증하는 일반적인 원칙을 알아낼 목적으로, 또다시 돌이켜 검토하는 이유는 그것들을 새로운 견지에서 바라보고 몸 이외의 조직체의 안정성에 필시 빼놓을 수 없는 조건을 추구하는 데 유익할 것이기 때문이다.

우리 몸 구조와 화학적 조성의 가장 뚜렷하고 당연히 강조되어야 할 특징 가운데 하나는 뒤에서도 살펴보겠지만, 그것들이 본디 매우 불안정하다는 것이다. 순환계의 조화로운 작용이 아주 조금만 어긋나도 몸 구조의 일부는 완전히 파괴되어, 완벽하게 구성된 몸 전체가 위험에 처한다.

우리는 수많은 실례를 통해, 여러 차례 예상치 못한 사태가 일어날 것을 알게 되었고 동시에 뜻밖의 일이 벌어지더라도, 짐작했던 것만큼 비참한 결과로 치닫기 매우 희박하다는 것을 알았다.

원칙적으로 생물에 유해한 영향을 끼치는 조건이 있으면 늘 생물 자체적으로 유해한 영향을 방지하고, 흐트러져 깨진 균형을 회복하는 요인이 나타난다. 이러한 안정성을 초래하는 구조 형태가 현재 우리의 주된 관심사다.

어떤 종의 기관은 그 작용이 너무 빠르거나 느리지 않게 일종의 조절작용에 지배되는데—억제신경과 촉진신경을 갖는 심장이 일례다—이러한 예는 자기 조절작용의 2차적, 보조적인 형태라고 볼 수 있다.

몸 전체에 안정적인 상태를 불러오는 것은 주로 몸 본연의 환경, 내부 환경, 또는 몸을 채우는 액질을 일정하게 유지하는 것이다. 몸을 채우는 액질은 공통의 매체이며, 물질교환의 수단으로써, 또한 공급물이나 노폐물의 편리한 운반수단으로써, 혹은 온도를 고르게 유지하는 수단으로써 여러 곳에 가급적 안정적인 상태가 쉽게 일어나도록 기본적인 조건을 정비한다.

클로드 베르나르의 지적대로, 이 '내적환경'은 생물 스스로가 만들어낸 것이다. 이것이 꾸준히 유지되는 한, 몸의 여러 기능의 작용 안정성을 유지하는 특별한 구조는 불필요하다. 따라서 '내적환경'의 불변성은 경제적인 구조라 할 수 있다.

고등생물이 거쳐 온 진화 과정의 특징은 이 생명을 둘러싸고, 그것에 적당한 조건을 주는 요인으로서의 환경 작용을 서서히 보다 잘 지배하게 된 것이다. 이 지배가 완전한 동안에는 행동의 자유에 몸 안팎에서 가해지는 제한은 제거되고, 심한 장해나 죽음의 위험은 최소한에 그친다. 따라서 우리 몸의 현저한 안정성의 본질을 이해하는 데 중심이 되는 문제는, 몸을 채우는 액질의 한결같은 성질이 얼마나 유지되는지를 이해하는 것이다.

항상성을 유지하는 기구

몸 내부 환경의 상태가 급변하지 않게 보증하는 가장 중요하고 놀라운 구조는 자극을 느끼기 쉽게 자동적으로 표시하는 기구, 또는 감시하는 역할을 하는 기구다. 장해의 아주 초기단계에 이 기구의 기능으로 보정작용 활동이 시작된다.

예컨대 물이 모자라면, 혈액에 어떠한 변화가 일어나기도 전에 갈증 현상이 경고를 알리고, 그로 인해 우리는 물을 마신다. 혈압이 떨어져 필요한 산소 공급이 자칫 위태로워지면, 경동맥동의 정교한 신경말단은 혈관운동중추에 신호를 보내 혈압은 올라간다. 심한 근육운동으로 대량의 혈액이 심장으로 되돌아가고 심장 활동을 저해하여 순환이 멈출 우려가 생기면, 다시 예민한 신경말단이 자극받고 우심방에서 신호가 나와 심장 박동을 촉진, 혈류는 빨라진다.

혈액의 수소이온농도가 근소하게 산(酸)쪽으로 변하면, 호흡을 조정하는 특히 민감한 신경계의 일부가 곧바로 활동을 시작하고 폐의 환기를 촉진하여 정상적인 상태로 되돌아갈 때까지 탄산을 몸 밖으로 내보낸다.

이외에도 상황이 안 좋은 변화의 조짐이 보이면, 이를 바로잡고자 재빠르고 효과적인 처치가 이루어진다고 예시를 통해 이미 학습했지만, 그러한 조짐을 가장 먼저 파악하는 구조나 교정 작용이 어떤 식으로 작용하는가라는 점에 대한 뚜렷한 지식은 터득하지 못했다.

혈당이 한계치 이하로 떨어지기 시작할 때, 교감신경–부신계의 작용이 그야 말로 그 예라 할 수 있다. 어떻게 이 계통이 작용하기 시작하는지 난 아직 잘 모르겠다.

또한 체온 조절도 마땅히 이러한 예일 것이다. 간뇌가 서모스탯을 가지고 있을 것처럼 생각되지만, 이것은 조절 중추가 거기에 있고, 중추를 지배하는 것은 간뇌 이외 부분의 작용인 듯싶다—최근의 많은 생리학적 발견에서 뇌가 직접 작용하는 것이 아니라, 실제 작용 기구 모두스 오페란디(Modus Operandi)는 반사라는 것을 밝히고 있다. 경계 역할을 맡는 구조가 어디에 있는가를 충분히 납득하려면 더 많은 지식이 필요하다.

몸의 내부 환경은 늘 놀랄 만큼 안정적이고, 비록 변화가 일어나더라도 곧바로 본디의 상태로 되돌아가는데, 지금까지 다룬 이외의 내부 환경의 변화를 나타내는 구조에 대해서는 유감스럽게도 아직 아는 게 없다.

혈액단백질(정상 혈액량의 존재는 바로 여기에 좌우), 혈액칼슘(신경–근육계가 바르게 활동하기 위해서 반드시 필요) 및 혈액의 적혈구(조직으로의 산소공급에 필수) 전부 다 내부 환경의 요소지만, 이들 모두가 놀랍게도 늘 유지되고 있다.

이들 농도가 변화하면 몸은 위험에 처한다. 이제까지와 마찬가지로, 변화가 일어나는 작은 작용에도 경보가 발령되어, 변화의 경향은 곧바로 시정된다. 그러나 무엇이 경보를 보내는지, 또한 변화를 시정하는 기능을 갖는 기관에 경보가 어떻게 전해지는지, 이런 점은 더욱 연구가 진행되어 많은 사실이 밝혀지기 전까지는 수수께끼로 남을 수밖에 없다.

항상성 유지와 저장

항상 상태를 조절하는 기능은 그 안정된 상태가 물질에 관련한 것인지, 작용에 관련한 것인지에 따라 두 가지 일반적인 형태로 나눌 수 있다. 우선 물질 조절을 살펴보자.

물질 공급은 우발적이고 불안정하며 그 수요는 끊이지 않고, 때로는 높아진다. 수많은 예에서 나타나듯 물질의 항상성은 그러한 것들 사이를 조정하는 저장에 의해 유지된다. 이미 알고 있는 대로 저장에는 두 가지 종류가 있다—그 자리의 조절과 쓰임에 해당하는 일시적인 것과 오랫동안 쌓아 두었다가 지속적으로 이용하는 적립적인 것이다.

일시적인 저장은 명백히 조직 틈에서 그냥 차고 넘친 결과다.

물질이 풍부하면 피하나 근육 사이, 주위 결합조직의 대부분을 구성하는 촘촘한 그물코, '해면과도 같은 미세한 섬유의 그물코' 속으로 물질이 퍼져간다. 여기서 물이나 물에 녹아 있는 모든 혈액성분—특히 염분 및 당—이 쌓인다.

홍수를 일으킨 높은 수위가 떨어지면, 물질은 조금씩 흘러 (혈액) 속으로 되돌아가고, 모자랄 지도 모르는 다른 곳에 분배된다. 혹은 포도당처럼 곧바로 쓰지 않을 때에는 일시적인 저장을 영속적인 형태로 바꾼다.

물질을 저장하는 이 간단한 방법을 우리는 '범람에 의한 저장'이라 부른다. 문제가 되는 물질의 상대적인 농도 이외에, 특히 이를 위해 만들어진 지배기구는 혈액이나 작은 주머니와 같은 결합조직에도 없어 보인다.

많든 적든 영구적으로 적립적인 저장에서는 물질이 세포 내부, 또는 특정한 곳에 격리된다. 이러한 것은 격리로 인한 저장이라 할 수 있다.

어떤 종의 경우에는 이런 방법을 지배하는 작용에 대한 지식에서 보면, 이것이 범람에 의한 저장과 다른 점은 신경 또는 신경액(아드레날린—아드레닌—이나 아세틸콜린처럼 신경말단에서 분비되는 것으로 보이는 물질을 말함)에 의한 지배를 받는다는 점이다. 이러한 지배가 가장 잘 알려진 것은 혈액 속 포도당의 조절이다.

혈당이 100mg%보다 훨씬 높아지면 미주신경—췌장계가 자극받아, 인슐린이 췌장 랑게르한스섬의 세포에서 혈액 속으로 보내져, 당의 이용과 간장이나 근육 세포 속으로의 흡수를 촉진하여, 혈당 상승을 억제한다는 증거에 대해서는 이미 알고 있다.

한편, 혈당이 정상치보다 훨씬 밑돌아 한계치에 다다르면, 교감신경–부신계가 작용한다. 그 작용으로 간세포에 저장되어 있는 글리코겐은 포도당으로 바뀐다. 포도당은 세포벽에서 나와 순환혈로 들어간다. 이렇게 해서 저혈당이 될 만한 상황이나 해로운 결과는 피하게 된다.

다른 물질의 항상성의 조절작용에 대한 우리 지식이 크게 반향을 일으킬 만한 단계가 아님은 인정한다.

칼슘은 긴뼈 안쪽의 해면소주에 비축된다는 걸 이미 배웠다. 음식물에 칼슘이 많으면 이들 소주는 풍부하고, 칼슘 섭취가 불충분하면 소실한다. 이는 저장 사실을 확실히 증명하고 있다.

더욱이 현재 획득한 증거에 따르면 상피소체는 저장을 촉진하는 작용을 가지며, 갑상선은 방출을 촉진하는 작용을 가지고 있는데, 이것은 혈당 조절에 매우 비슷한 현상이 일어나고 있음을 보여준다.

하지만 이러한 샘과 칼슘의 축적이나 방출과의 관계는 현재 아주 막연히 아는 것에 불과해, 믿을 만한 결론을 이끌어내지 못한다. 또한 샘의 활동을 촉진하거나 막는 요인은 아직까지 의문에 싸인 상태이다.

마찬가지로 시사하는 바가 큰 사실을 다른 물질의 조절작용에서도 볼 수 있다. 지방이나 단백질은 칼슘과 마찬가지로 격리되어 저장된다. 지방은 지방조직의 세포내에 저장되고, 현재 증명된 사실에 의하면 단백질은 간세포 내에 비축된다. 혈액순환에 아드레닌을 주입하면 간세포 속 단백질 과립은 소실한다고 언급한 어느 관찰자의 보고를 기록했다. 만일 이 관찰이 확인되면, 교감신경–부신계가 혈액 단백질함량에 미치는 영향은 더욱 잘 알게 될 것이다.

한편, 갑상선 작용이 불충분하거나 뇌저부에 있는 뇌하수체 부근에 상처가 나면, 두꺼운 지방층이 피하를 비롯해 신체 모든 부분에서 발달한다. 또한 갑상선 기능이 떨어져 비축된 지방은 갑상선이나 그 추출물을 먹이면, 쉽게 제거된다는 것도 알았다.

이들 모든 지식에서 단백질 및 지방의 공급을 조절하는 흥미로운 가능성을 생각해 볼 수 있다. 본질적으로 중요한 이들 물질을 비축하고, 그 뒤 이용하기 위해 이동시키는 방법에 대한 보다 확실한 지식이 중요하다는 것은 두말할 나위 없다. 하지만 그러한 지식을 얻기 위해서는 인내를 가지고 몰두하는 연구의 진보 없이는 불가능하다.

저장의 배후에 있는 것, 또한 사실상 저장의 원인이 되는 것은 음식물이나 물을 섭취하도록 자극하는 작용이다. 주로 이러한 것들은 기아나 갈증, 불쾌한 체험이다. 음식을 먹으면 가라앉는 불쾌한 고통, 물이나 수분이 많은 음료를 마시면 사라지는 입 안의 불쾌한 건조함. 하지만 이러한 자동적으로 발생하는 '충동'은 때때로 산뜻한 미각이나 후각으로 우리를 이끈다.

이러한 감각은 그 원인이 될 만한 특별한 음식이나 음료 섭취로 이어진다. 이와 같이 식욕이 생겨 먹거나 마시게끔 이끌어 허기나 갈증으로 인한 고통은 어느 정도 사라진다. 그러나 식욕만으로 공급을 유지하는 것이 불가능하면, 보다 강제력이 강한 거역할 수 없는 작용이 활동하기 시작하여, 부득이하게 저장을 채우도록 한다.

항상성 유지와 '일출(溢出)'

몸을 채우는 액질의 항상성을 유지하는 다른 구조는 일출 현상이다. 이 구조는 액질 안의 물질이 변동하여 증가하지 않게 제한을 가한다.

이미 포도당의 항상성에 관련해서 이러한 일출 현상을 이용, 이 혈액성분이 지나치게 많아지지 않게 감시한다고 언급했다. 그러나 과잉의 당뿐만 아니라, 과잉의 물이나 거기에 녹아 있는 어떤 종의 물질—예컨대 나트륨이나 염소이온—도 신장에서 몸 밖으로 배출된다.

소변 형성에 관한 현재 이론에 따르면, 이 모두 '유역물질(어느 일정의 한계치, 즉 역치(閾値)를 넘어가면 넘쳐흐르게끔 조절을 받는 물질)'이며 혈액의 정상적 상태를 유지할 수 있게 서로 양적관계에서만, 세뇨관에서 재흡수된다. 이 양을 넘는 것은 모두 초과량으로 몸에서 배출된다.

이런 유역물질이 주로 조직의 틈에 넘치는 것, 달리 말하면 범람에 의해 저장된다는 것이 흥미롭다. 이들 물질이 충분하게 비축될 때 일출 구조는 항상성을 유지하기에 더없이 유효한 방법이다.

앞에서 나는 홀데인과 프리스틀리가 몸소 한 실험을 통해 독자의 주의를 환기시켰다. 그들이 실험한 6시간 동안에 추정되는 전혈량의 3분의 1이 넘는 물의 양이 신장에서 흘러나왔다. 그 기능은 몹시 뛰어나, 실험 중에 혈액이 묽어져 헤모글로빈의 농도가 아주 확실하게 떨어지지도 않았다.

이러한 실험은 신장이 배수구로서의 효과를 톡톡히 할 뿐만 아니라, 배수구의 원칙이 몸을 채우는 액질에 한결같은 상태를 유지하는 수단으로써 유효하다는 것을 뚜렷이 보여주고 있다.

일출 역할을 맡는 기관으로서의 신장은 혈액 속의 산과 알칼리의 평형을 유지하는 작용을 한다. 기체가 되기 힘든 산이 너무 많이 생기면, 그것은 둑을 넘고, 마찬가지로 혈중 알칼리가 아주 많으면 그 역시 넘쳐나서 몸 밖으로 버려진다.

신장뿐만 아니라 폐도 일출 역할을 한다. 이미 살펴보았듯 동맥혈 속 탄산이 조금만 늘어도 바로 호흡이 깊어진다. 폐의 환기가 늘어나면 폐포 속 이산화탄소는 눈에 띄게 빠르게 줄어들고, 많은 양의 탄산이 생겼음에도 불구하고, 폐포 공기의 이산화탄소는 거의 같은 비율로 유지된다.

이와 같이 여분의 이산화탄소는 일정한 높이로 설치된 둑을 넘어 혈액에서 흘러나온다는 뜻이다. 이 때문에 평상시에 혈액의 수소이온 농도는 평균으로 유지되고, 산(酸)성으로 기울어 발생하는 유해한 영향이 생기는 것을 막는다.

일출은 단순히 노폐물(이산화탄소)의 농도를 낮게 유지하기 위한 조절기구로 쓰일 뿐만 아니라, 필요한 물질(포도당)의 농도를 떨어트려 고르게 유지할 때에도 쓰인다. 이것으로 다시금 몸을 채우는 액질의 안정성이 생물의 기본적인 조건으로서 얼마나 중요한지 알 수 있을 것이다.

반응속도에 따른 항상성 유지

항상 상태를 유지하는 활동의 일반적인 형태의 두 번째는 물질보다 작용에 대한 것이다. 가장 중요한 예는 열을 조절하는 기구다. 이미 알고 있는 바와 같이 열 발생이나 열 손실은 끊임없이 이루어지고 있다. 체온이 떨어지기 시작하면 열 발생은 촉진되고, 열 손실은 억제된다. 거꾸로 체온이 오르기 시작하면 조절 효과도 반대로 나타난다. 이와 같이 몸의 필요에 따라 적합하고 지속적으로 진행하는 과정의 속도를 바꾸어, 체온은 꾸준히 균형 상태로 유지된다.

비슷한 현상은 조직에 대한 산소의 공급이나 혈액 속에 정상적인 산—알칼리의 균형을 유지할 때에도 인지된다. 호흡기 계통이나 순환기 계통의 적당한 작용에 따라 산소가 늘 조직에 공급되는데, 때에 따라서는 조직의 수요가 확연히 높아진다. 그렇게 되면, 호흡이나 순환은 그에 따라 활성화되고, 적혈구는 보다 빠르게 산소를 싣고 내리는 일을 한다. 그리고 산소를 필요로 하는 기관 주위 액질에는 대량의 수요가 있음에도 불구하고, 산소압은 높은 수치로 유지된다. 호흡기계나 순환기계에 과잉 작용을 일으키는 특별한 상황이 사라지면, 그것들은 '산소부채'를 지불한 뒤, 평소 알맞은 기능을 영위하는 속도로 진정된다.

혈액의 산농도가 올라가려는 조건일 때에도, 지금 언급한 것과 같은 원리에 의거한 다수의 유사 현상이 나타난다. 혈액이 알칼리 쪽으로 기울면 쉼 없이 이루어지던 호흡작용은 느려지고, 경우에 따라서는 완전히 멈춰 버린다. 이런 상태는 산이 끊임없이 만들어지고 쌓여서, 정상적인 산—알칼리 관계가 회복될 때까지 이어진다.

산소압을 고르게 유지하기 위해 작용하는 복잡한 기구 가운데에는 저장을 이용하는 것과 작용 속도의 변화를 이용하는 것이 짝을 이뤄 존재한다.

혈액이 보다 빠르게 심장으로 돌아와서 심장의 고동은 빨라지고, 동맥혈의 압력이 높아져 혈류가 빨라지는—지속적인 작용이 모두 가속된다—동시에 비장에 비축된 많은 양의 적혈구가 방출된다는 걸 독자는 떠올릴 것이다. 이들 적혈구는 이미 빠르게 흐르는 혈류 속 적혈구에 가세하여 활동하는 세포의 다급한 요구를 채우는 것이다.

교감신경-부신계

내부 환경을 늘 유지하는 저장과 방출 기능, 혹은 지속적인 작용의 가속과 감속은 원칙적으로 대뇌피질의 지배를 받지 않는다. 확실히 우리는 의식적으로 호흡을 빠르게 하거나 느리게 할 수 있지만, 평소의 호흡 속도는 자동적으로 조절되고 있다.

다른 항상 상태에 관련한 조절작용도 모두 마찬가지다. 내작동성 신경계인 뇌신경부분의 자연적인 작용으로 인해, 물질은 자동적으로 저장에 편입된다. 혈당이 떨어졌을 때, 과잉의 산소가 필요할 때, 산이 쌓일 만한 상황일 때, 체온이 떨어지기 시작할 때, 이 모두 자동적으로 저장이 유도되어 작용이 촉진된다.

이러한 역할을 맡고 있는 것은 의식의 지시를 전혀 받지 않는 자율신경계의 특정 부분—교감신경-부신계 부분—이며, 그 작용은 사실 정밀한 생리학적 연구를 통해 비로소 밝혀진 것이다.

교감신경—부신계를 자극하는 것이 고통이나 흥분, 혹은 질식이나 저혈압, 추위나 저혈당이라도, 어차피 당면 상태는 몸을 채운 액질을 위험에 노출시키거나 위험을 초래할 만한 것이다.

이와 같은 위험한 상태의 그 어떤 경우에도 교감신경—부신계의 작용은 내부 환경의 항상성을 유지하고 몸의 안전을 꾀하는 것이다. 근육을 움직이는 동안에 혈류를 바꾸고 그 속도를 빠르게 하여, 산소압은 한결같이 유지되고 산—알칼리의 균형도 고르게 유지된다. 또한 대량의 열이 빼앗기면 많은 양의 열을 일으키도록 대사속도는 오른다.

혈중 당 농도가 떨어지거나 특히 필요해질 때는 간장에서 당이 방출된다. 출혈 뒤에 순환하는 혈액의 운반효과가 나빠질 것 같으면, 혈관계의 용적은 줄어든 혈액량에 적응한다—한마디, 이 모든 예에서 나타나듯이 내부 환경이 교란될 것 같아지면 곧바로 교감신경—부신계가 자동적으로 작용하여, 살아 있는 조직에 대해 정상적인 내부 환경을 유지하기 위해서 필요한 조정을 한다.

교감신경—부신계가 맡은 역할의 놀랄 만한 특징은 지금까지 기록한 여러 장해에 대해 폭넓게 적용할 수 있다는 것이다. 앞서 언급한 대로, 일반적으로 이 계통은 하나의 단위로 작용한다. 이러한 통일된 작용이 저혈당, 저혈압, 저체온 등과 같은 여러 상황에서 이용할 수 있다는 건 실로 크게 놀랄 만한 일이다.

그러나 이 효과는 늘 세부적인 부분까지 완전하다고 말하긴 어렵다. 분명히 몸에서 거의 혹은 일절 무가치한 반응도 간혹 있다. 예를 들면 저혈당일 때의 발한이나, 질식 상태에서의 혈당 상승이 그것이다. 물론 다른 상황에서의 이들 반응은 유익하다.

이를테면 심한 근육활동이 지나치게 많은 열을 일으켰을 때의 발한이나 혈당이 지나치게 떨어졌을 때에 일어나는 간장에서의 당 방출이 그러하다. 교감신경—부신계의 복잡한 기능 전체 가운데에 부적당한 것이 출현하는 것은 다음과 같이 헤아려 보면 당연한 것이다.

즉 내가 1928년에 지적했다시피 우선 첫째로 교감신경—부신계는 전체로서 하나의 통일된 계통이고, 둘째로 이 계통은 수많은 다른 기관에 작용을 미칠 수 있으며, 셋째로 그들 작용 가운데에는 여러 조합이 있어 그에 따른 여러 위험한 상황 아래에서 더 유효하게 작용한다.

혈관 수축, 심장 박동 증가, 다량의 아드레닌 분비, 이 모두가 혈압이 떨어지거나 체온을 유지해야 할 때 유용한 일군의 교감신경—부신계의 반응이다. 그리고 불필요한 혈당 상승이 함께 일어난다고 해서, 앞서 예시한 두 가지 상황에서의 일군의 반응 효과가 줄어들진 않는다. 어떤 특정한 긴급사태에서 도움이 안 되는 반응은 부수적으로 생기는 것이라서 당면한 항상성을 유지하기 위해 작용하는 일군의 교감신경—부신계 작용에는 관여하지 않는다고 보아도 될 듯싶다.

몸의 항상성 유지에 관한 가설

1926년에 나는 몸의 안정성 및 유지에 관한 다수의 가설을 냈는데, 그 가설들은 몸의 항상 상태의 일반적인 특징을 헤아리는 데 관련이 있다. 여기에서는 그중 네 가지만 생각해 보자.

'우리 몸이 대표할 만한, 불안정한 물질로부터 이루어져 늘 그 상태를 교란시킬 수 있는 조건에 처해 있는 개방계가 안정적이라는 것은, 그 자체가 안정을 유지하기 위해 기능하는 혹은 기능할 채비를 하고 있는 작용 존재의 증명이다.'

이 추론은 어떤 종의 항상 상태(이를테면, 혈당, 체온 및 산—알칼리의 균형)를 조절하는 구조의 본질적인 이해에 근거해 이루어진 것이며, 아직 충분히 해명되지 않는 다른 항상 상태도 결국 비슷하게 조절될 것이라는 확실한 추측을 기반으로 이루어진 것이다. 혈장 속 단백질이나 지방, 칼슘의 안정성을 지배하는 요소가 점차 밝혀짐에 따라 보다 잘 알려진 항상 상태 유지의 작용 기구와 같이 뛰어난 구조로 그 모든 항성성이 유지된다는 것을 아마도 알 수 있을 것이다.

'어떤 상태가 안정적이면 그것은 자동적으로 변화에 맞서는 하나 또는 그 이상의 요소 효과가 늘어남에 따라서 변화를 야기할 만한 경향이 전부 사라지기 때문이다.'

갈증, 저혈당에 대한 반응, 혈액이 산성화되어 갈 때의 호흡기계나 순환기계의 반응, 열 유지 혹은 생성 작용의 증강, 이 모든 작용은 항상 상태의 교란이 뚜렷하면 그만큼 강력해지고, 교란이 비껴가면 작용도 빠르게 가라앉는다. 비숫한 조건은, 아마도 다른 안정적인 상태에도 널리 존재할 것으로 생각된다.

'항상적인 상태를 결정하는 조절계는 다수의 협조 아래 작용하는 요소로 이루어져 있고, 그것들은 동시에 혹은 차례로 지속하여 작용을 개시한다.'

혈장의 산—알칼리 관계를 상대적으로 보고 항상적으로 유지하는 작용을 하는, 혈액 그 자체에서 일어나는 미묘하고 복잡한 반응이나 동시에 순환기계나 호흡기계에서 일어나는 반응은 이 가설을 실제로 잘 증명하고 있다. 또한 방어적인 작용을 지속적으로 환기시켜, 체온이 떨어지는 것을 막는 구조도 비슷한 예다.

'항상 상태를 어떤 방향으로 움직일 수 있는 요소를 알았을 때에는 그것을 자동적으로 조절하는 작용을 찾고, 때로는 반대의 효과를 가진 하나 내지는 다수의 요소를 찾는 건 정당한 것이다.'

이 가정은 실제로 앞서 든 세 개의 가정 가운데에 암시된 것인데, 항상성이 우연히 얻어진 것이 아니라, 조직적인 자기조절작용의 결과이며, 그러한 조절작용은 탐구하면 반드시 찾아낼 수 있다는 확신을 강조하는 것이라고 여겨도 좋다.

항상성 유지와 진화

여러 동물에서 항상 상태의 조정이 충분히 이루어지고 있다고는 생각되지 않는다. 지금까지 내가 든 예는 포유류에 대한 실험과 관찰을 통해 얻은 것들이다. 다른 동물 가운데에서는 조류만이 포유류처럼 몸을 채우는 액질을 안정적으로 유지하는 복잡한 기구를 가진다고 할 수 있다—고는 하지만 조류의 이러한 기구에 대한 연구는 거의 이루어지지 않고 있다.

외계의 변동에서 동물을 해방하고 조절된 내부 환경을 가진다는 의미에서 파충류나 양서류의 구조는 훨씬 발달이 늦어지고 있다. 첫 장에서 지적한 대로, 양서류는 외계와는 관계없이 몸의 수분을 유지할 수 없고, 안정적인 체온 유지도 불가능하다. 조금 고등한 파충류는 양서류만큼 순식간에 주변 공기 중으로 물을 잃지는 않지만 양서류와 마찬가지로 파충류도 '냉혈동물'이기에 환경 온도가 낮아지면 그 활동은 제한된다.

포유류에서 볼 수 있는 항상성은 진화의 결과로 만들어진 것—내부 환경의 안정성은 척추동물이 진화하는 동안에, 그저 한 단계씩 얻어진 것—이라는 사실은 흥미롭게도 개체의 발견 시에 그대로 인지된다는 사실이다.

아기는 태어나서 꽤 오랫동안 항상성을 유지하는 조절작용이 결여되어 있거나 그 작용이 불충분한데, 나중에 아주 천천히 그러한 조절작용을 획득한다. 개체의 역사는 종의 역사를 요약하는, 다시 말해 개체 발생은 계통 발생의 반복이라는 생각의 뒷받침이 되는 일군의 사실에 덧붙일 만한 중요한 사실이 여기에 있다.

물론 태어나기 전의 아기는 엄마의 '내적환경'이라는 한결같은 성질의 은혜를 입는다. 하지만 세상에 나오면 곧바로 아주 다른, 몹시 변동하기 쉬운 환경에 처하는데, 그때 아기 자신의 '내적환경'이 있기는 해도 그것을 바꿀만한 스트레스(외부로부터의 영향)를 받는 일은 지금껏 없었다는 뜻이다.

오래전부터 알려진 것처럼, 갓난아기는 추위에 노출되었을 때 체온을 일정하게 유지하는 능력이 거의 없다. 체온이 떨어지는 것을 막기 위해 재빠르게 반응하는 대신에 아기의 체온은 마치 냉혈동물처럼 아무런 저항 없이 떨어지게 둔다. 성인의 특징인 정교하게 편성된 체온의 항상성을 조절하는 작용은 반드시 습득되고 훈련되어 서서히 발달해 간다.

혈당 조절도 마찬가지로 발생학적인 과정으로 생성된다. 슈레터와 네비니가 최근에 한 관찰에 의하면, 유아기 초기에는 혈중 포도당 농도가 성인에 비해 훨씬 많이 변동하고 그 폭도 크다. 다른 항상 상태를 조절하는 작용을 연구해 보면, 그것들 또한 초기에는 불안정하고 경험에 의해 비로소 성인처럼 효과를 얻게 된다는 것이 밝혀질 것이다.

생물의 활동 기반으로서의 내부 환경

우리 내부 환경이 안정적으로 유지되는 한, 우리 몸에 악영향을 끼치는 내외 작용이나 조건에 의한 제한에서 해방된다는 사실을 지금까지 몇 차례 지적해 왔다.

바크로프트는 그에 적절한 의문을 던지고 있다. 무엇을 위한 해방인가? 그것은 주로 신경계와 신경에 지배되는 근육이 보다 뛰어난 활동을 하기 위한 해방이다.

대뇌피질을 통해서 우리는 주위를 둘러싼 세계와 의식적인 관계를 가진다. 대뇌피질을 통해서 경험을 분석하고, 어떤 장소에서 다른 장소로 이동하며, 비행기를 만들고 사원을 짓고, 그림을 그리고 시를 쓰고, 또는 과학적인 연구를 통해 발명을 한다. 친구들을 만나 담소를 나누고, 젊은이들을 교육하고, 사랑을 이야기한다.—사실, 대뇌피질 기능으로 인해 우리는 인간다운 행동을 한다.

이처럼 해방되어 있지 않으면, 체외 추위나 체내의 열, 다른 내부 환경 요소의 혼란이 행동을 멈추게 하거나 방해하게 되고 우리는 그런 상황을 감수해야만 할 것이다. 혹은 다른 일을 할 여유가 없어질 만큼, 의식적으로 주의를 기울여 안정을 유지하도록 물질을 비축하고, 몸 안에서 진행되는 작용의 속도를 바꾸어야 한다. 그것은 마치 가정의 의무가 사회적인 활동에 제한을 가해, 내정 혼란 때문에 외교적인 관계를 줄이는 것과 같다.

이러한 상태에서는 생물이 충분히 발전하거나 능력을 남김없이 발휘하기란 불가능하다. 지식이나 상상력, 혹은 통찰이나 손끝에서 나오는 기술의 기반이 되는 뇌의 작용을 해방하고, 이러한 것들을 보다 고도의 용도로 쓸 수 있는 것은 한평생 필요를 충족하는 자동적인 조절작용이 있기 때문이다.

따라서 정리해 보면 생물이 보다 복잡하고 사회적으로 중요한 일을 할 수 있는 것은, 그것이 자동적으로 안정적인 상태로 유지된 액질 속에 살고 있기 때문이다. 변화가 일어나려고 하면, 변화를 바로잡는 작용이 곧바로 기능하여 부조화가 생기는 것을 막고, 부조화가 생겼을 때에는 정상적인 상태로 회복한다.

수정작용은 주로 조절기구로서 작용하는 신경의 특정 부분에 따라 이루어진다. 이 조절을 하기 위해서 가장 먼저, 비축된 물질로 수요와 공급 간격을 조정하고, 두 번째로 쉼 없이 진행되는 몸의 작용 속도를 바꾼다. 안정성을 유지하기 위한 이들 구조는 수많은 세대에 걸친 경험의 축복이며, 또한 그것들은 우리를 만들어 낸 매우 불안정한 물질에서 오랜 시간에 걸쳐 놀랄 만큼 안정성을 유지시키는 데 성공한다.

생물학적 항상성과 사회적 항상성

안정성 유지의 일반적인 원리

안정성의 일반적인 원리는 없는 것일까? 안정적인 상태를 유지하기 위해 동물의 몸에 발달한 구조는 그 밖에 쓰이는 혹은 쓸 수 있는 방법의 예가 되지는 않을까? 안정작용의 비교 연구는 뜻깊지 않을까? 다른 조직체—공업조직, 가정, 혹은 사회—를 몸의 구조라는 입장에서 조사하는 것이 유익하지 않을까?

이것은 매력적인 질문이다. 비슷한 의문을 통해 철학이나 사회학의 역사 속에서는 빈번히 생물의 몸과 사회조직 간의 유사성이 조사되었다. 생물학자도 철학자나 사회학자와 마찬가지로 이러한 유사 매력에 사로잡혔다!

생물학자는 철학자와 같은 광범위한 시야가 부족하며, 사회학자처럼 사회조직의 복잡하고 자세한 사실을 잘 알지 못한다. 하지만 생물학자는 그러한 조직을 만들고 있는 하나의 단위로서 흥미를 갖는다. 또한 그러한 유사성을 그는 생리학적인 견지에서 바라본다.

지금까지 우리가 조사한 인체를 안정시키는 구조의 새롭고 본질적인 이해는, 사회조직의 결함이나 그것을 처리할 수 있는 방법을 간파하는 데 새로운 힘을 부여할 수 있지 않을까? 그러한 것들이 사회조건의 연구에 어떠한 의미를 갖는지, 알고 싶어 하는 사람이라면 누구나 몸의 항상성에 대한 자세한 지식을 이용할 수 있음은 물론이다.

그러한 착상에 자극을 주는 것으로서 겉으로 비슷한 특징을 몇 가지 생각해 보는 것도 나쁘지 않을 듯싶다.

단세포 생물과 다세포생물

이 책 앞머리에서 나는 물의 흐름 속에 살고 있는 단세포 생물이 직접 그 환경에 의존하고 있음을 지적했다. 그러한 생물은 환경을 조절하는 수단이 전혀 없어, 환경이 주는 조건을 전적으로 따라야만 한다. 세포가 모여 집단으로 성장했을 때, 비로소 외계의 변동에 따른 영향을 갈라놓는 내부조직을 발달시킬 가능성이 생긴다.

세포가 집단이 되어 자라나도, 세포가 생명의 단위라는 것에는 변함이 없다는 걸 간과해서는 안 된다. 독립한 단일 세포와 마찬가지로, 복잡한 생물을 구성하는 세포는 모두 각각의 생명현상을 가진다.

항상성을 논할 때 우리는 이들 생명의 단위에 주어진 환경—내부 환경—에 대해서는 생각해 보았지만, 생명의 단위 속에서 일어나는 현상에는 주의를 기울이지 않았다.

각각의 세포는 인접한 액질에서 물이나 염류, 산소를 거둬들인다. 또한 필요한 양분을 흡수하여 세포 자신의 구조를 구축하거나 수복하고 또는 그것을 이용하여 특별하게 분비하는 새로운 물질을 뛰어난 방법으로 합성하거나, 그 밖에 몸이 전체로서 완수하는 일에 필요한 에너지를 확보하기도 한다. 그리고 마지막에 세포는 소모나 활동으로 생긴 찌꺼기를 노폐물로서 배출한다.

세포는 이 모든 복잡한 기능을 평소 능란하게 조정된 방식으로 작업하며 물질의 섭취나 배출은 너무 과하지도 적지도 않다. 그리고 이러한 많은 물질의 교환을 통해서 세포는 실로 멋지게 본질적인 구조와 정확한 작용을 유지하는 것이다.

단세포 생물에서 기본적인 생명현상은 모두—소화, 운동, 생식 등—하나의 세포에서 이루어진다. 세포가 집단으로 자라나게 되면, 분업 현상이 나타난다.

세포는 특정 기능을 영위하는 각각의 분리된 구조나 기관—수축하여 일을 하는 근육이나 흥분을 전달하는 신경이나 분비 작용을 영위하는 샘—에 배치된다. 물론 이러한 기관이 늘 작용한다고는 할 수 없다. 예컨대 깨어 있어도 많은 근육이나 근육을 지배하는 신경이 한동안 아무것도 하지 않을 때도 있다. 소화기는 해야 할 일이 주어지지 않으면, 쉼 없이 작용하지 않는다. 오로지, 호흡기관과 심장만이 끊임없이 작용할 뿐이다.

그런 심장도 10분간 70회의 표준속도로 뛸 때에는 사실상 24시간 동안 9시간 수축하는 것에 지나지 않는다—1회 수축할 때마다 그 뒤 휴식하는 시간은 하루에 15시간에 이른다. 기관 작용이 지속적이지 않은 곳에서도 오랫동안 근육이 수축할 때에는 근섬유가 교대로 작용하고, 혈액이 필요하지 않을 때에는 모세혈관이 닫히고, 신장의 사구체가 번갈아 기능을 한다.

체내의 기관(내장) 작용은 원칙적으로 생물 본연의 자동성으로 잘 조절되어 피로 현상이 나타나는 일은 거의 없다. 수축 물결은 위를 정해진 속도로 거쳐 가고, 꿈틀대는 장운동 속도를 평소보다 빠르게 할 수는 없다.

중추신경계만은 피로하거나 능률이 떨어질 때까지 무리하게 움직이게 할 수 있지만, 그러한 신경계는 뼈를 움직이는 근육을 지배하는 계통에 한정된다. 따라서 각각의 세포 내에서 진행되는 작용이 기관 작용과 마찬가지로, 국소적인 자기조절작용을 수반하는 것은 확실하다.

몸 전체의 통합

다수의 세포가 모여 어떤 특정 기관에 배치된다는 점에서 필연적으로 생기는 분업 현상에 따라 각각의 세포 대부분이 한 곳에 고정되어, 스스로 음식물을 찾아 나설 수 없게 된다는 사실은 본질적으로 중요하다.

생명 유지에 없어서는 안 될 물질 공급이 이루어지는 곳에서 멀리 떨어진, 독립적이고 전문화된 세포는 만일 공급을 보증하는 운반과 분배의 수단이 동시에 생산되지 않으면, 활동을 멈추고 머지않아 죽어 없어지게 된다. 이 운반과 분배를 하는 계통이 생물의 액성 환경—빠르게 흐르는 혈액과 천천히 움직이는 림프액—이다.

액성 환경의 존재는 특정한 일에 종사하고, 떨어진 곳에 위치하는 세포의 문제를 한 번에 해결한다. 이러한 구조가 갖추어져 있다면, 떨어져 있는 세포도 음식이나 물, 산소의 공급을 염려할 필요도 없어지고, 극심한 고온이나 저온에서 벗어나, 축적하는 노폐물로부터 회피할 근심도 사라질 것이다. 이 모든 조건을 충족시키게끔 작용하는 것은 이미 보아온 것처럼 액성 환경을 항상적으로 유지하는 특별한 구조다.

이러한 항상성이 유지되는 한, 다른 기관의 여러 종류의 세포에 충분히 특별

역할을 완수할 시간이 주어진다. 따라서 액성 환경은 보다 복잡한 조직을 구성하기 위해서 우선 필요한 조건이다.

액성 환경이 그러한 조직을 만드는 걸 가능케 하며, 또한 안정성을 불러온다. 항상성이 평균으로 유지되는 한, 액성 환경은 생물을 전체로서 그 안팎에서 가해지는 제한으로부터 해방하는 수단일 뿐만 아니라, 여러 기관을 독립적으로 지배하는 작용의 필요성을 크게 줄이는, 중요한 합리화의 조치도 되는 것이다.

또한 몸을 채우는 액질의 항상성을 조정하는 기관의 세포 그 자체도 몸 전체 조직의 일부라 할 수 있다. 그 세포들은 생물의 바깥쪽에서 어떤 조건을 공급하도록 작용하는 것이 아니다. 혈액이나 림프액의 항상성을 유지할 때, 그들 세포는 몸에 꼭 필요한 다른 기관의 세포 이익을 위해 작용하는 동시에, 자기 자신의 이익을 위해서도 작용한다. 쉽게 말해, 그러한 것들은 상호 의존하는 구조의 좋은 예다.

안전을 유지하는 많은 원인이 있다 하더라도, 개개의 요소가 통합되지 않으면, 몸 전체로서의 통합성은 성립하지 않으며, 또한 개개의 요소는 조직인 전체의 일부로서가 아니면, 무능하여 별 도움이 안 된다.

사회활동의 안전성

원시적인 상태에서의 소규모 인간집단은 사냥감을 쫓거나 간단한 농업으로 생활을 유지하며, 독립한 단독 세포의 생활 상태와 크게 다르지 않았다. 개개의 인간은 자유롭고, 멀리 원하는 곳으로 옮겨 가고, 자신의 힘으로 사냥감을 찾아 헤맸다. 하지만 그들은 때때로 주변 환경에 좌우되었다. 그들이 환경을 지배하는 것은 거의 불가능한 일이었다. 그들은 필연적으로 환경이 정한 조건에 따라야만 했다.

세포가 모여 몸을 만들 듯 많은 인간이 모여 집단을 이루었을 때, 비로소 서로 돕고 많은 사람들이 특정 개인의 창의나 기능의 혜택을 누릴 수 있게 내부 기구를 발달시킬 기회가 생기는 것이다.

생물이 진화하여 보다 크고 복잡한 생물로 태어나듯, 보다 크고 복잡한 사회적 공동체가 발달함에 따라 분업 현상은 더욱 뚜렷해진다. 문명사회의 노동자의 전문 종류에는 대부분 제한이 없다. 또한 생물의 몸의 분업과 마찬가지로, 복잡한 사회에서의 분업은 두 가지 두드러진 효과를 불러온다―즉 공동체의 개개인은 특정한 일을 하는 장소에 비교적 고정되어, 그들이 살아가기 위해 필요한 물질 공급원으로부터는 멀어진다.

예컨대, 큰 공업도시의 숙련된 기계공은 직접 먹을거리를 재배하거나 의복을 만들거나 연료를 직접 손에 넣을 수 없다. 이런 일들은 다른 집단의 사람들에게 의존해야만 한다. 다른 사람들이 자신의 역할을 다할 때 비로소, 그는 자신이 맡은 역할을 할 수 있다.

개개인은 전체적으로 협동 속에서 안전을 찾을 수 있다. 이 점에서도 생물의 몸과 마찬가지로 사회조직도, 그 전체와 개개의 부분은 서로 의존하고 있다. 큰 공동체의 이익과 그것을 구성하는 개인의 이익이란 서로 은혜를 베푸는 것이다.

현재로서는 아직 국가가 그 존재를 위해 필요한 평소 활동을 안정적으로 유지하고, 개개인의 꼭 필요한 요구가 늘 채워지도록 보증하는 수단을 충분히 완성하지 않은 건 분명하다.

경제의 큰 변동으로 인해 초래되는 불안이나 재난을 감소시킬 조건이 폭넓게 탐구되고 있다. 안정성은 인간을 수많은 고통에서 해방할 것이다. 그러한 안정성을 잘 완성하는 방법의 예는 우리 개개인의 몸 구조 속에서 발견된다.

공급해야 할 물질의 저장과 방출에 의해서 때로는 작용의 속도를 바꾸고, 또한 상해에 대한 자연의 방어작용에 따르거나, 또는 작용하는 구조의 넓은 안정성의 폭에 의해 정상적인 몸은 몇 년에 걸쳐서 불안의 원인에 맞서 자신을 지킨다. 우리 몸은 극도로 변화하기 쉬운 소재로 만들어졌음에도 불구하고, 생물 탄생 이후 끝없이 많은 경험을 통해 안정성을 유지하는 구조를 발달시켜 왔다. 그들 구조에서 우리가 생각해야 할 것은 과연 무엇일까.

사회적인 동요와 반작용

우선 먼저 주목해야 할 사항은 사회 그 자신이 조잡한 자동 안정스러운 작용을 나타낸다는 것이다.

앞장에서 나는 어떤 복잡한 계통이 나타내는 어느 정도의 안정성은 그 자체가 안전성을 유지하기 위해 기능하는 혹은 기능할 채비를 하고 있는 작용의 증명이라 언급했다. 또한 어떤 계통이 안정적으로 유지되고 있으면, 그것은 변화에 맞서는 하나 또는 그 이상의 작용 효과가 커짐으로써 변화를 야기할 만한 경향이 모두 사라지기 때문이다.

예컨대 현재 불안정한 상태라 할지라도, 우리 주변의 숱한 사실을 통해서 사회에서도 이러한 해석이 어느 정도 맞다는 것이 증명된다. 보수적인 경향이 나타나면 급진적인 반대의견이 자극을 받고, 그 뒤에는 다시 보수적인 경향이 회복된다. 방임주의 통치와 그 결과는 개혁자를 정권에 오르게 하지만, 그런 혹독한 통치는 머지않아 강력한 반항과 해방으로의 요구를 상기시킨다. 전시 중의 존엄한 열정과 희생 뒤에 오는 것은 도덕에 대한 무관심과 방자한 소란이다.

국내에 어떤 강한 특정 경향이 이어져 비참한 상황에 이르는 건 드문 일이다. 그러한 극단적인 상태가 되기 전에, 그것을 시정하는 힘이 생겨 그 경향을 막고 보다 강력해져서 그 자신이 다시 반대의 작용을 불러일으키는 것이 일반적이다.

이러한 사회적인 동요와 그 반동의 본질적인 연구는 귀중한 지식을 가져오고 틀림없이 변동의 폭을 좁히는 방법에 이르게 될 것이다. 그러나 우린 이 점에 대해서는 사회의 변동이 대략 제한되어 있으며, 그것은 틀림없이 사회적인 항상성이 초기의 단계에 있다는 것에만 주목하기로 하자.

서로 비슷한 사정에서, 척추동물의 진화와 생물개체 발생 시에 항상성을 유지하는 구조가 처음에는 잘 발달하지 않는 걸 떠올릴 것이다.

다른 점은 고도로 진화하고 있다고 여기는 동물한테서만 빠르고 효과적으로 작용하는 자동적인 안정작용이 발견된다. 비교적 간단한 양서류 동물보다 복잡한 포유류의 내부 환경이 훨씬 강력하게 제어되며, 그로 인해 보다 큰 자유와 독립이 나쁜 환경 아래에서 주어진다는 것을 다시 한 번 지적하고 싶다.

하등동물의 경우와 같이 현재 사회구조가 아직 극히 발생 초기 단계에 있다고 볼 수 없을까? 문명이 진보한 사회는, 항상성을 완성하는 요구 몇 가지를 채울 수 있다고 여기는 듯하지만, 그 외의 것은 아직 모자라 보이고 그 모자람 때문에 위험하고 피하려면 피할 수 있는 불행에 시달리는 것이다.

우선 생리적인 문제에 꽤 한정해서 생각해 보면(이를테면 음식물 공급이라든지, 거주지 문제) 개개의 인간의 항상성이 사회의 그것에 크게 기대고 있음을 인정할 수밖에 없을 것이다. 우리 개인의 건강이나 능률을 유지하기 위해 채워져야만 하는, 어떤 종이 기본적으로 필요한 것이 있다.

개중에는 공짜로 마음껏 얻는 것도 있다. 산소나 때로는 물도 공짜로 원하는 만큼 얻을 수 있다. 도시에서의 물 공급은 공동체의 일로서 공공요금을 통해서만 얻을 수 있다는 점이 주목할 만하다. 그러나 오랜 시간동안, 물이나 산소처럼 시급히 필요로 하지만, 때로는 사회적인 안정 결여로 충분히 얻지 못하는 다른 요구도 있다. 그것은 음식이나 거주지(의복이나 주거와 난방)에 대한 기본적인 요구이며, 의료 혜택에 대한 요구이다.

사회조직 속에서 전문화된 일을 하는 사람들은 전문화로 인해 한정되고 격리되어, 거의 완전히 사회의 안정성에 의존하므로 항상성이 교란되면, 심각한 피해를 입을지 모른다. 몸의 요구가 충분히 채워지지 않을 뿐더러, 안도감 결여로 고통스러울 것이다.

동물의 몸을 통해 이미 배운 대로, 조절된 액성 환경이 항상성을 유지하고, 몸 구석구석에 자리한 세포를 체내나 체외에 있는 불안의 씨앗으로부터 지키고 있다. 문명사회에서 우리 몸이 이 구조에 해당하는 작용을 하는 것은 무엇일까.

사회에서의 유통기구

기능하는 데 있어 동물의 몸을 채우는 액질에 가장 근접한 데다, 민족이나 국가에서 볼 수 있는 것은 온갖 종류의 유통 시스템이다—배, 트럭, 열차가 가로지르는 운하, 강, 도로, 철도는 혈액이나 림프액과 마찬가지로 공공의 운반 역할을 맡고 있다. 도매상, 소매상은 시스템 작용의 비교적 적은 부분에 해당한다.

이 거대하고 복잡한 흐름의 주류나 지류는 많든 적든 간에 모두 공동사회에 다다르며, 재화는 다른 지역으로 옮겨가므로 흐름 속에서 그 원천으로 들어간다. 그러한 지역은 또 비슷한 흐름 속에 들어가는 재화의 출발점이 되고 있다. 이리하여 농가나 공장, 광산이나 삼림 생산물은 곳곳에 운반된다.

그러나 이 흐름 속에서 재화를 추려낼 수 있는 것은 동등한 가치의 재화로 돌려줄 때로 제한된다. 물론, 일반적으로 이렇게 직접적인 재화의 교환은 이루어지지 않는다.

직접적인 교환은 너무 불편하다. 교환을 손쉽게 하기 위해서는, 폭넓은 가치로 평가된 화폐로 지불하거나, 신용이 일시적으로 화폐를 대신해 쓰이기도 한다. 화폐나 신용을 쓰면, 개개인 누구나가 흐름에서 필요하고 바라는 것을 고를 수 있다. 따라서 화폐와 신용이 사회를 채우는 액질에서 없어서는 안 되는 부분이 되고 있다.

동물의 몸에 구비된 것과 비슷한 안정성을 사회조직에 보증하려고 하면, 동물의 몸을 채우는 액질에 안정성을 유지하는 조절작용이 떠오를 것이다.

거기에는 맨 먼저 순환하는 흐름에 따라, 생명 유지에 꼭 필요한 물질이 끊임없이 운반되도록 보증된다. 음식, 의복, 주거, 난방, 상해나 병들었을 때 부여되는 원조가 당연히 그러한 불가결한 것 가운데에 들어 있다. 안정성 중에는 개인의 노동에 대한 대가를 끊임없이 얻는 일도 포함된다—노동은 교환 가능한 상품을 생산하고, 노동에 대해서는 노동자가 흐름에서 그의 가족들이 필요로 하는 것을 선택할 수 있게끔 충분한 임금이 공급될 것이다.

우선 나는 최저의 경우를 언급했다. 사회조직의 안정성이 이루어지려면, 적어도 이들 조건이 채워져야 한다. 생물학적인 경험에 비추어 보면, 사회적인 안정성은 고정되어 확고해진 사회조직 안에 있는 것이 아니라, 인간에게 근본적으로 필요한 것이 늘 공급되도록 보증하는 적응 가능한 산업적, 상업적인 활동 속에서 찾아야 할 것이다.

사회조직은 외부에서 가해지거나 자신의 활동 결과로 생긴 악영향을 동물의 몸처럼 피해갈 수 없다. 가뭄, 홍수, 지진, 화재, 전염병은 막대한 재화를 파괴하며—농작물이나 가축, 집이나 공장—남녀노소 누구 할 것 없이 생존에 필요한 물품 품귀 현상에 시달리게 할 뿐만 아니라, 그것을 직접 팔지도, 공통의 흐름에서 얻지도 못하게 된다.

새로 발명된 기계는 몇 천 명의 노동자 업무를 대신 처리하여 그에 해당하는 노동자들은 일터에서 쫓겨난다. 이리하여 그들은 한동안 흐름에서 필요한 것을 선택하기 위해 꼭 필요한 임금을 받을 기회를 잃는다.

또는 어떤 종의 재화가 과잉 생산되어, 흐름 속으로 이동하지 않고 축적해 버리기도 한다. 혹은 그러한 재화 가치가 크게 떨어져서 교환하더라도 아주 일부밖에 얻지 못한 결과, 다른 교환할 수 있는 재화 역시 축적하기도 한다.

혹은 장래의 안전을 걱정한 이들이 흐름에서 재화를 얻고자 화폐를 쓰지 않고 사장시켜서 화폐 흐름이 멈춰 버리거나, 더러는 신용이 움츠러들어 일반적인 교역과정이 얼어붙을 수 있다.

결국, 재화의 이동이 막히거나 저해되면 일어나는 결과는 똑같다. 공통의 흐름이 막히고 흐름 속도가 느려져서 생산은 위기에 맞닥뜨리고 노동자는 일자리를 잃어, 그들이 필요로 하는 것을 획득할 자금을 얻지 못하게 된다.

이러한 여러 재난 시에 벌어지는 상황이 그들에게 강요하는 곤란에 대해, 사회를 구성하는 개개인이 책임지진 않는다. 그들은 복잡한 작업 조직 속에서 특수한 일을 하고 있다. 많든 적든 간에 고정된 단위 속에 있으므로 느닷없이 새로 생긴 상황에 대응하여 조정하기란 불가능하다. 위기 시에 전체의 이익을 위해 조직을 바꿀 힘을 갖고 있지 않다. 그 어떤 형태의 치료라도—개인의 새로운 적응이나 조직 전반의 보수에도—시간과 세심한 계획이 필요하다.

몸의 구조에서 본 사회적 안정성의 요인

이 문제를 해결하는 방법에 대해서 몸의 안정성은 어떤 걸 암시하는가? 여기서 먼저 우리가 주의해야 할 것은 항상적인 질서의 원칙을 거창하게 다루기 힘든 행정영역에까지 확장하지 않는 것이다. 예컨대 범위가 좁은 자급자족적인 영역을 고려해 본다면, 몸이 암시하는 것은 대체로 다음과 같지 않을까 싶다.

몸은 안정성이 무엇보다 중요하다는 것을 보여주고 있다. 그것은 아끼는 것보다 중요하다.

몸은 물과 염류뿐만 아니라 당까지도, 이를테면 몸을 채우는 액질 속에 여분으로 남아 있으면 배출해 버린다. 이런 배출은 경제적이지 않다. 당 공급이 너무 적으면 몸은 경련 상태에 빠진다. 이러한 경련은 간장에서 당을 꺼내 올바른 혈당량을 유지하기 위한 작용이 한계에 이르렀음을 나타낸다. 체온의 저하를 막는 열을 생산하기 위해서는 몹시 떨게 된다.

이런 극단적인 작용은 다 에너지 낭비다. 평소에는 이용되지 않으며 더 차분한 방법으로도 충분하다. 그러나 필요하다면 언제든 내부 환경을 똑같이 유지하기 위해 작용하게끔 마련되어 있다.

위급할 때 안정성이 경제적으로 우선한다는 이 증거를 더욱 뒷받침하는 것은 충분한 여유를 예측하여 공급하는 몸의 안전계수다. 예컨대 혈액량, 폐의 용량, 혈압, 심장 능력 상태는 절약을 위주로 정해지는 것이 아니라, 없애지 않으면 액성 환경을 교란할 만한 이상(異常) 사태를 만날 위험에 근거하여 결정된다.

또한 몸은 항상성이 교란되기 시작하는 초기 징후를 잘 살펴보면 찾을 수 있다고 알려준다. 사회조직에서는 이와 같은 경보가 거의 알려져 있지 않다. 따라서 이런 것들을 발견하여 참된 가치를 밝힌다면, 사회과학에 아주 큰 공헌을 하게 될 것이다.

현대사회의 복잡한 상호관계 속에서 계획적인 조절은 산업과 생산에 있다기보다 오히려 재화의 분배 구조, 산업과 화폐 유통에 있는 듯하다. 상업적인 흐름의 변동 원인은 반드시 공업에 있겠지만 사회적, 경제적인 위험을 알리는 조기 경보는 어쩌면 감수성이 높은 상업적인 흐름 변동에서 찾아야 한다는 것을 우리 몸 구조가 보여주는 게 아닌가 싶다.

게다가 몸은 안정성의 중요성에서 볼 때, 액질, 즉 상업 과정의 안정성을 유지하는 힘을 사회 그 자체에 주어진, 특별하게 조직된 조절 기능을 갖는 것이 당연하다는 걸 나타낸다. 이것은 사회불안의 원인이 예지되었을 때, 재화의 생산을 억제하고, 수요에 대한 공급을 조절할 만한 힘이 당연히 있어야 한다는 뜻이 아닐까?

위기가 닥쳤을 때 방출할 수 있게끔 재화를 저장하는 힘, 일시적인 실직상태에서 쓸 임금의 예비금 축적을 요구하는 힘, 신속하게 취업시켜 새로운 종류의 기능을 몸에 익히는 힘, 또한 혼란을 일으킬 만한 내외 요인에 대해 필요한 적응을 하도록 평소에 일어나는 재화의 생산과 분배의 과정을 촉진하고, 더러는 늦추는 힘이 당연히 있어야 한다고 생각되지 않는가?

생물의 몸에 예비 물질을 저장하거나 방출하고, 끊임없이 활동하는 작용을 촉진하거나 저지하는 힘이 부여되는 것은, 냉정하게 생각하고 적응을 하는 대뇌피질이 아니라, 적당한 경보가 울리면 자동적으로 작용하는 뇌 하부의 중추라는 점이 주목할 만하다.

생물의 발생을 살펴보면 내부 환경을 안정적으로 유지하는 자동적인 구조가 틀림없이 실험적인 시도, 실수와 수정의 오랜 경험의 결과임을 알게 된다. 사회적인 안정을 보증하는 방법이 비슷한 진화의 결과로 얻어질 거라 기대하는 것도 무리가 아닐 것이다. 그러나 인간의 지성이나 이미 작용하는 안정작용의 성공 실례가 사회 진화를 비교적 앞당길지도 모른다.

생물의 몸속 세포가 상처를 입거나, 병원균의 공격을 받으면 몸을 채우는 액질은 정상적인 상태 회복에 유효한 작용을 바로 개시한다. 따라서 생물의 몸에 갖춰진 조건이 우리에게 일깨우는 것은, 집단을 구성하는 개개인의 능력이 손상되거나 건강하지 못할 때 집단이 약해지지 않도록, 보호하고 회복시키는 숙달된 치료 수단이 사회집단 속에 꼭 있어야 한다는 것이다.

성숙한 생물의 몸은 구성하고 있는 세포의 수가 비교적 일정한 몸이라는 점, 즉 인구가 조절되는 사회집단에 해당한다는 것을 염두에 두어야 한다.

지역 사회로의 이주에 해당할 만한 현상에 대한 준비는 그러한 몸에서 보이지 않는다. 또한 몸 전체나 그 일부가 무제한으로 자라나는 것에 대한 대비도 없다. 사실, 어떤 종의 세포가 멋대로 무제한 증식하면 악성 질환을 일으켜 몸 전체의 안정을 위협한다. 몸은 그러한 병상에 대해서 미처 대비를 하지 못한다.

따라서 인간의 몸이 사회조직에 일깨우는 지혜는 그 인구나 생존 수단이 적당히 보증되게끔 조절되어, 지역적인 혹은 외국으로부터의 이주가 늘어도 혼란이 생기지 않는다는 조건에 입각하고 있다.

사회조직과 생물의 몸 사이에서의 뚜렷한 차이는 바로 생물은 반드시 죽는다는 것이다. 생존을 이어가는 동안에 세포는 장해가 될 만한 물질을 내부에 축적하거나, 상처로 인해 회복하지 못하거나, 나이 들어 퇴화한다. 결국에 그런 세포로 만들어진 생명에 꼭 필요한 기관은 그 역할을 다하지 못하게 되고, 마침내 몸 전체 작용에 마침표를 찍는다.

죽음은 사회에서 나이든 사람들을 가려내 새로운 사람들에게 장소를 물려주기 위한 수단이다. 따라서 국가나 민족은 그런 종말에 대해 심사숙고할 필요는 없다. 그것을 만들어내는 단위는 끊임없이 경신되고 있는 것이다. 따라서 우선 국가를 안정시킬 구조를 찾아서 확립하면 그 작용이 적용되는 사회조직 자체의 성장이 비교적 안정적인 한, 그 구조도 계속 작용할 것이다.

사회조직의 진보

사회조직에 안정성 결여로 인해 생긴 인류의 고뇌가 개선으로의 노력을 더 기울이는 점은 매우 중요하다. 경제적인 파국을 피하기 위해 여러 계획이 유토피아를 꿈꾸는 이들뿐만 아니라, 사회학자, 경제학자, 정치가, 노동운동의 지도자, 혹은 경제에 정통한 경영자들에 의해서 제출되고 있다. 그런 제안은 모두 신용 대출, 통화, 생산, 분배, 임금이나 노동자의 복지를 예전의 개인 기업에 적당한가, 합리적인가라고 말하던 것보다 훨씬 큰 폭으로 조정하는 것이 고려되고 있다.

공산주의자는 이 문제를 해결하고 그 사상을 소비에트연방에서 대규모로 시도하고 있다. 사회주의자는 인류의 경제적인 병해를 완화하기 위한 다른 안을 가지고 있다.

또한 공산주의나 사회주의의 영향을 받지 않는 미국에서는 공업, 상업적인 조건을 안정시키기 위한 여러 제안이 이루어져 왔다.

이를테면 전국경제회의나 실업가회의, 산업위원회, 통상협의회 등 주요 산업이나 집중화가 진행된 산업을 대표하고, 임금생활자의 복리를 위해 생산과 소비를 협조시키는 힘을 위탁받은(어떤 안에서는) 기관 설립이 그것이다.

또한 국립 직업안정국의 도움을 빌려 실업보험을 안전판으로 삼고 계획적인 공공사업으로 노동 의욕이 없는 노동자를 흡수해 고용이 규칙적이고 지속적으로 이루어지도록 대비한다. 그리고 고정화된 조직에 으레 따라다니는 위험을 감안하여 개인의 독창성이나 창조력을 자극하고 노동시간 단축, 아동 노동 금지, 산업노동자의 평균임금을 끌어올린다.

또한 어떠한 조치가 취해져도 공공의 이익이 지켜질 수 있도록 정부가 규정하여 보증한다.

이러한 안이 복잡한 것은 말 그대로 하나만으로 충분한 안이 제기되지 않았다는 증명이다. 그러나 이러한 계획은 사려 깊고 책임감 있는 사람들의 마음속에서 사회 불안에 인간의 지성을 적용하면, 기술적인 진보나 무한 경쟁, 개인의 이익 추구가 비교적 자유로운 데에서 생기는 고난을 경감할 수 있다는 믿음을 확실히 나타내고 있다.

사회의료 문제에 인간의 지성을 적용하여 페스트나 천연두와 같은 끔찍한 전염병은 사라졌다. 디프테리아나 결핵처럼 치명적인 병원균도 크게 완화되어 매우 줄었다. 오래전에 지구상에서 사람의 발길이 닿지 않던 드넓은 지역도 말라리아나 황열병, 십이지장충을 정복하여 사람이 안전하고 위생적으로 살만한 곳이 됐다.

이러한 성과는 모두 조직화된 사회, 사회적 통제, 그리고 개인의 독립성을 줄이는 것 등을 원인으로 포함한다. 물질적인 이익이나 생산에 종사하는 사람의 복지에 중점을 둔 경제학적, 사회학적인 계획은 지금 언급한 의학적인 계획과 비슷한 목적을 가지고 있다. 그것을 구성하는 단위에 건강한 생활과 활동을 위해 없어서는 안 될 최저 조건이 보증되지 않으면 사회조직도 몸과 마찬가지로 활발하고 효과적인 작용을 영위할 수 없다는 것을 그들도 인정한다.

더욱이 인간은 마음을 가지고 있으므로 이러한 조건이 단순히 이전부터 고려되어 온 기본적인 요구를 채울 뿐만 아니라, 적당한 욕망 충족이 포함되도록 바랄 것이다.

자유 기반으로서의 항상성 유지

액성 환경의 조절된 안정성이 생물에게 끼친 영향을 연구할 때 우리는 안전성이 유지되는 한, 몸은 그 내외에서 가해진 악조건에 의한 제한에서 벗어난다는 것에 주목했다. 사회조직을 채우는 액질의 조절과 안정성에서 비슷한 결과가 일어난다고 생각되지 않는가.

생산과 분배를 신중히 계획하고 냉정하게 조절함으로써 재해로 인해 생기는 고통을 뚜렷이 줄이고, 크나큰 경제변동에 따른 필수품 부족으로 생기는 근심을 덜 수 있으리란 희망은 무리한 것이 아니다. 이러한 고통이나 근심이 떨쳐지면 오늘날 인간을 암담한 절망으로 가득한 생활에 대한 공포나 걱정, 불안에서 벗어날 것이다.

'가난한 사람들은 사실 자유로운 사람들이 아니다.'

영국 수상의 이러한 말에, 미국 대법원의 어떤 판사도 그것이 진실이라 인정했다. 일할 의욕이 넘치는 사람들의 자유를 보증하기 위해 경제 활동에 큰 통제를 가하는 것은 모순처럼 느낄지 모르지만, 이는 정당한 것이다. 보다 큰 가치를 위한 비교적 작은 희생이기 때문이다.

이미 배운 대로, 몸의 항상성은 자주 바뀌는 새로운 조건에 몸을 적응시키는 작용에서 신경계를 해방하여, 단순히 살아가기 위해 필히 요구되는 세세한 변통에 끊임없이 주의를 기울일 필요를 없앴다. 만약에 항상성을 유지하는 구조가 사라진다면, 보통은 자동적으로 수정하는 것을 의식적으로 계속 주의해야만 하고, 그렇지 않으면 끊임없이 비참해질 위험에 처할 것이다.

그러나 필요한 몸의 활동을 안전하게 유지, 항상성을 유지하는 구조 덕에 개인으로서의 우리는 그러한 고된 일에서 벗어난다―우리는 몸에 대한 불안에 지장 받지 않고, 자유롭게 친구들과 우정을 돈독히 하고, 아름다운 것을 즐긴다. 또한 우리 주변 세계의 경이를 탐구하고 알아가면서 새로운 사상이나 흥미를 발전시켜 작업하고 즐길 수 있다.

사회적인 항상성의 중요한 역할은 몸의 항상성을 유지하도록 돕는다는 점일 것이다. 그로 인해 신경계의 최고급 작용은 해방되고 모험이나 작업의 완성에 다가설 수 있다. 생명 유지에 없어서는 안 될 것이 보증되면, 무한한 가치를 지닌 불요불급의 사정은 자유로이 탐색할 수 있을 것이다.

사회가 안정되면 지루하고 단조로워지기 쉬워, 예측하지 못한 불안정한 일로부터 생기는 흥분이 사라질 거라 우려할지 모른다.

하지만 그리 되는 것은 생존을 위해 기본적인 요구에 관해서만 해당된다. 새로운 발명에 의한 사회의 변화는 아직 존재할 테고, 사회의 관심은 영예로운 위업이나 인간성의 알력, 새로운 사상 발표, 사랑과 미움의 갈등, 그 외 인생 변화에 많고 다채로운 사건에 쏠린다.

사회가 안정적이면 특히 개인의 자유로운 활동이 눈에 띄게 제약받지 않을까 하고 걱정할지 모른다. 하지만 여러 차례 강조한 대로 사회 전체로서의 안정 상태는 그것을 만드는 개개인들의 안정적인 상태와 밀접하게 결합되어 있다.

사회가 안정돼야 사회조직을 구성하는 사람들에게 육체적, 정신적인 안정을 자아내는 동시에 개인의 안정은 더한 고도의 자유, 마음의 안정과 여가를 만들어낼 것이다. 그러한 것들은 건전한 레크리에이션이나 만족으로 가는 상쾌한 사회적 환경을 찾아내고, 질서를 지키며, 개인의 재능을 만끽하기 위해 없어서는 안 될 조건이다.

캐넌과 그의 생리학

자연과학은 사실과 논리로 구성되어 있으므로, 과학자의 인격이나 인종, 국적은 하등의 관계가 없다. 이것은 일면의 사실이다.

한편, 과학에도 국적이 존재한다는 의견이 있는데, 그 또한 맞는 말이다. 유럽에서는 오히려 좋은 뜻으로 과학의 국적을 중시하는 전통이 있는 듯하다.

나는 과학자 나부랭이지만 과학에도 인격이 있다고 믿는다. 그러므로, 언제, 어디서, 누가, 무엇을 어떤 방법으로 발견했냐라는 사실뿐만 아니라, 어떤 사람이 어떠한 목적으로 어떤 과정을 거쳐 발견했는가에 몹시 구미가 당긴다. 그리고 그것은 때때로 의외의 것을 가르쳐준다.

머리말(《사람 몸의 지혜》의 매력)에서 언급한대로, 《사람 몸의 지혜》에는 묘한 매력이 있다. 원서뿐만 아니라 원고에서 교정, 재판과 본인이 번역한 이 책을 몇 번이고 다시 훑어보아도 변함없이 읽을 때마다 감탄을 금치 못한다.

그것은 분명 월터. B. 캐넌(Walter Bradford Cannon) 생리학의 매력이지, 생리학 자체의 매력은 아니다.

그가 다룬 주제는 출혈·쇼크·분노·한랭 등 모두 음울한 것들뿐이다. 목적과 수단에 따라서는 간단히 무시무시한 악마의 생리학으로 변모할 것이다.

'어차피 생명은 기계의 한 종류'라고 떠드는 기묘하고 오만한 생리학 교과서나 논문을 읽다 보면 같은 생명과학자지만 낯선 느낌을 받기도 한다.

그에 비해 《사람 몸의 지혜》에는 생명에 대한 경외의 마음과 낙관적인 믿음이 넘쳐나 신선한 감동으로 우리에게 다가온다.

예전에 어느 독자분이 요양 중에 이 책을 읽고 큰 용기를 얻었다는 감상문을 보내주신 적이 있다. 역자의 한 사람으로서 감개무량하지만, 생명과학이란 본디 그런 것이 아닐까라는 생각이 든다. 그러나 누구에게나 그러한 생리학이 가능하지 않다는 것이 흥미롭다. 내가 과학에도 인격이 있다고 믿는 것은 바로 이런 점에서다.

그러한 나의 신조에 따라, 캐넌의 생애를 살며시 더듬어 보기로 하자.

월터. B. 캐넌은 1871년 10월 19일 미국 위스콘신주 프레리 드 시안이라는 미시시피강 상류의 작은 마을에서 태어났다.

어머니의 이름은 사라, 프랑스계 캐나다 개척자 자크 드 누아용의 자손이다. 자크 드 누아용과 그의 아내는 매사추세츠주 디어필드라는 작은 개척마을에 살았는데, 결혼하고 얼마 지나지 않은 어느 날, 아메리카원주민에게 마을을 습격당해, 마을의 집들이 불타고 많은 주민이 살해당하는 끔찍한 일을 겪는다. 자크와 그의 가족은 포로로 붙잡혀, 혹한과 눈길을 헤치고 캐나다 몬트리올까지 약 5백㎞를 끌려갔지만, 머리가죽이 벗겨지는 일 없이 무사히 목적지에 닿아 풀려났다고 기록되어 있다.

이것은 마치 서부영화에서나 나올 법한 일화인데, 나는 이 이야기와 캐넌의 한랭에 대한 몸의 반응에 관한 연구 사이에 연관성이 있다고 사실과 무관하게 상상하길 좋아한다. 이야말로 미국이라는 생각이 든다.

캐넌뿐만 아니라 미국 과학자들 가운데에는 장대한 자연에서 배양된 강인함을 풍기는 이들이 가끔 있다. 내가 존경하는 어느 생물학자도 여름휴가 때 반드시 귀향해 생가의 몇 백 에이커나 되는 목장을 둘러본다고 한다. 지프차를 타고 한 손에 쥔 쌍안경으로 이곳저곳을 살피며, 가축을 돌보거나 야생동물을 관찰하며 몇 주 동안 시간을 보낸다고 했다. 나는 이 이야기를 듣고, 놀라움을 느낀 동시에 그에게서 지금까지와는 다른 친밀감을 느끼게 되었다.

그것이 뭔 상관이냐 치부해 버리면 그만이지만, 나는 논문의 배후가 살짝 엿보이는 연구자의 인간상을 접하는 것이 좋다. 쓸모없고 과학자로서 도리에 어긋난다지만 내게는 논문을 두 배로 즐길 수(또는 즐기지 못하는) 있는 이유인지라 버리기 힘든 '버릇'이다.

캐넌의 이야기로 돌아가자.

그의 아버지 콜버트는 아일랜드에서 보스턴으로 이주한 이민자로 철도 업무를 평생 업으로 삼은 사람이었는데, 독서 애호가로도 유명했다고 한다.

유년 시절 캐넌은 공부하기를 싫어해 열네 살에 아버지의 권유로 2년간 철도원으로 지냈다. 그러나 '자유로운 시간의 소중함을 통감하고' 고등학교에 진학

한다.

이 무렵 캐넌은 유럽의 자연과학자나 철학자의 책을 섭렵하고, 많은 영향을 받았다고 한다. 《사람 몸의 지혜》는 그의 유럽적인 교양의 배경이 곳곳에서 묻어난다.

캐넌은 스물한 살에 장학금을 받고 하버드 대학에 입학한다. 스스로 학비를 벌면서 학업을 이어가, 4년 뒤 졸업할 때에는 학비를 내고도 7백 달러가 수중에 남았다고 한다.

19세기부터 20세기 전반에 걸쳐, 주기적으로 일어나는 공황으로 미국을 포함한 세계 경제는 매우 불안정한 상태였다. 불황의 그림자가 드리워진 상황에서 아르바이트로 모자라는 학비를 보태고, 생활비를 쪼개 의학부를 졸업한다는 것은 결코 쉬운 일이 아니다.

《사람 몸의 지혜》 초판 발행이 1932년이니, 1929년부터 1931년까지 이어진 세계 역사상 최악의 대공황을 겪으며 이 책을 집필한 것이 된다. 물론 이때 캐넌 자신은 경제적으로 큰 근심걱정 없는 안정된 상태였지만, 은행 도산과 자살이 줄을 잇고, 실업자가 거리에 넘쳐나는 뒤숭숭한 세상에서 그는 남보다 더 무심하지 못했던 것은 아닐까.

혼란을 야기하여 수천만 명의 희망을 앗아간 무지한 사회기구의 안정을 가늠하기 위해, 《사람 몸의 지혜》를 본받아 항상성 유지의 기구를 받아들일 수 없는가라는 캐넌의 제안에는 진지하고 절실한 것이 있다.

제2차 대전 이후에는 정책이 고안되어, 공황 발생이 최소한으로 억제되었다. 그 정책의 근거가 된 경제학에 어느 만큼 캐넌의 제안이 영향을 끼쳤는가를 조사하기란 어려운 일이다. 그러나 항상성 유지, 즉 호메오스타시스의 개념이 받아들여진 것은 분명하다.

좀 더 캐넌이 걸어온 길을 돌이켜 보자.

캐넌의 긴 연구생활의 첫 걸음이 된 것은 그가 의학부 1년생일 때, 생리학교실의 보우디치 교수(H.P. Bowditch) 곁에서 시작된 소화관 운동에 관한 연구에서였다. 보우디치 교수는 캐넌에게 당시 아직 발견되지도 않은 X선을 이용하여 음식물이 식도를 지날 때의 식도 운동을 해석하길 권유했다. 연구는 식도에서 위와 장으로 점차 발전하여 그 뒤 몇 년 동안, 그가 대학을 졸업하고 난 뒤에도 이어졌다.

이 일은 전혀 다른 뜻으로 그의 일생에 크나큰 영향을 미치게 된다.

캐넌은 옥수수 가루와 염기성질산 비스무트 분말을 혼합한 반죽을 그릇에 담아, 거위에게 먹여 소화관을 거쳐 가는 모습을 X선으로 관찰했다.

그 무렵에는 아직 방사선 장해에 대한 인식이 낮아, 요즘 흔히 말하는 방호에는 거의 주의를 기울이지 않았던 듯싶다. 실험할 때, 그는 의자에 앉아 다리 부근에 X선의 선원(線源)을 두고, 거위의 목을 손으로 잡아 늘여가며 무릎 위에 둔 형광스크린으로 관찰했다고 적혀 있다. 나중에 그는 X선관에 금속 덮개를 씌워 방사능에 노출되지 않게 조심했지만, 이미 때는 늦었다. 대퇴부 안쪽과 등에 생긴 피부궤양과 백혈병 증상이 간혹 호전되기도 했지만 평생 고통을 겪어야 했다.

하지만 그의 밝고 정력적인 성격에서 도저히 그러한 병을 앓는다고는 꿈도 꾸지 못할 만큼 절친한 친구들조차도 전혀 눈치 채지 못했다고 한다.

캐넌의 소화관에 관한 연구는 1898년에 발표되어, 곧바로 많은 연구자의 주목을 받게 되었다. 그중에도 보스턴 시립병원의 F. 윌리엄스(Francis Williams) 박사는 캐넌의 방법을 임상적으로 진단법으로써 실험하고 캐넌과 협력하여 연구를 했다.

캐넌은 옥수수 분말을 탄 물에 많은 불용성 중금속염을 실험했지만 얄궂게도 바륨염을 쓰진 않았다. 몇 년 뒤 다른 그룹에서 바륨염이 진단용에 우수하다는 것을 밝혀냈고 현재 우리가 먹는 것이 이것이다. 그러나 결국, 캐넌과 윌리엄스가 소화기의 조영(造影)검사법의 창시자인 것 만큼은 부정할 수 없는 사실이다.

캐넌은 공동저술을 포함해 10권의 책과 2백편이 넘는 논문을 남겼다. 그중에서도 《생리학 실험법A Laboratory Course in physiology》(1910), 《소화의 기계적 요인(Mechanical Factors in Digestion)》(1911), 《통증, 허기, 공포, 분노 시 신체적 변화(Bodily Changes in Pain, Hunger, Fear and Rage)》(1915), 《외상성 쇼크(Traumatic-Shock)》(1923) 모두, 생리학 역사에 길이 남을 명저로 손꼽히는 것들이다.

그러나 그의 수많은 학문적인 공헌 중에서도 이 《사람 몸의 지혜》에서 알기 쉽게 정리하여 풀이한 '항상성 유지'(호메오스타시스, Homeostasis) 만큼 여러 분야에 지대한 영향을 끼친 것은 없을 것이다.

I.M. 러너(I.M. Lerner)는 그의 저서 《유전적 항상성(Genetic Homeostasis)》(1954)에서 다음과 같이 언급하고 있다.

'월터. B. 캐넌에 의해 이루어진 생리학에서의 가장 지대한 공헌은 생리학적 항상성이라는 개념을 만들어내고, 세련되게 가꾼 데 있다. 그는 항상성을 복잡한 생리학적 작용의 협조에 따라 몸속에서 유지되는 정상적인 상태의 전체성이라 정의했다. 이것을 확장하면 항상성이란, 생물이 변동하는 조건에 맞게 자신의 몸을 조정하는 생물의 자질, 또는 변동하는 내부, 외부환경 속에서 자신을 안정시키는 것을 가능케 하는 생물의 자기조절기능에 귀인(歸因)하는 것이라 할 수 있다.'

생리학적 항상성, 심리적 항상성 또는 분자레벨 조절기구의 항상성과 호메오스타시스의 개념은 생물의 여러 레벨에 대한 관계 현상 설명에서 위력을 발휘한다.

호메오스타시스의 개념 역시 더욱 복잡하고 보다 정교하고 세밀하게 발전했다. 한쪽에선 셀리에(H. Selye, 1946)의 '스트레스 학설'로 이어지고, 다른 한쪽에서는 버탈란피(L. von Bertalanffy)의 생체론, 위너(N. Wiener)에 의한 사이버네틱스의 계보를 잇는 자동제어 이론의 원류가 되었다 할 수 있다.

많은 요소가 유기적으로 관련하는 계통의 호메오스타시스 상태가 질적인 전환을 이루는 것을 카타스트로프라고 하며(거실에 테이블이 있고, 그 위에 꽃병이 있다. 그다지 좋은 예는 아니지만, 이것은 하나의 호메오스타시스의 상태이다. 갑자기 아이가 들어와 장난치다 꽃병을 깨뜨렸다. 이것이 카타스트로프로, 상태는 눈에 띄게 변화한다), R. 톰이 제창한 '카타스트로프의 이론'은 아직 우리에게 낯설다. 카타스트로프의 이론이 실제로 어떻게 생리학이나 응용적인 학문 분야에 영향을 끼치는가는 아직 뚜렷하지 않지만, 점차 그 의미도 뚜렷해질 것이라 믿는다.

《사람 몸의 지혜》에서 명백히 언급한 대로, 캐넌의 항상성 유지 개념의 시초가 된 것은 프랑스의 C. 베르나르(C. Bernard)의 생물 신체의 내적환경(milieu interieur)의 고정성(Fixité)인데, 캐넌의 공적은 이것을 기능으로 파악해, 실증적으로 동적(動的)인 조절계를 밝힌 것이다. 구태여 말하자면 베르나르의 사상은 내분비학자에게 그리고 캐넌은 생리학자에게 큰 영향을 끼쳤을 것으로 짐작된다.

캐넌이 저술한 최후의 저서 《연구자의 길(The Way of an Investigator)》(1945)은 자서전인 동시에 그가 후배들에게 남긴 연구자로서의 가이드북이다.

캐넌은 이 책을 병상에서 집필하고, 마지막은 그의 아내 코르넬리아가 대필했다.

코르넬리아 그녀 자신도 아동문학가로 알려져 있었다. 동부의 자유로운 지적 분위기 속에서 자란 그녀는 월터에게 정신적으로 매우 긍정적인 영향을 끼쳤다는 평을 받고 있다.

완고하고 보수적이며, 그리스도교의 영향력이 막강한 개척자 마을에서 자란 캐넌은 고교생 시절에 목사와 여러 차례 논쟁 끝에 그때까지 속해 있던 종파를 나와 버렸다고 한다. 그런 그에게 코르넬리아는 전혀 다른 미국, 완성해 가는 새로운 미국문화의 상징으로 비춰진 것은 아닐까. 이것은 나 혼자만의 추측이다.

코르넬리아를 사이에 둔 캐넌과 동부 미국의 문화인, 또는 그 무렵 미국에서 진행 중이던 노동운동과의 관계 등도 기회가 닿는다면 조사해 보고 싶다.

코르넬리아의 도움으로 완성된 이 《연구자의 길》은 1945년, 캐넌이 세상을 뜬 해에 출판되었다.

캐넌의 일과 일생의 흔적을 살피다 보면 아주 미국적인 것이 인상적이다. 캐넌의 연구는 유럽의 전통을 기반으로 한 미국적인 발상과 어프로치의 성과라 해도 무방하리라. 이는 그의 일의 대부분이 맨 먼저 유럽에서 인정받아 많은 영예를 안겨주었다는 점에서 극명하다.

그것은 매우 유럽적이면서 동시에 신세계의 독특한 요소를 갖춘 점에서 높이 평가되었을 것이라 생각된다.

방대한 양의 실험 데이터와 예리한 통찰을 뒷받침하는 캐넌의 《사람 몸의 지혜》는 배후의 노력이나 고뇌가 느껴지지 않을 만큼, 우리에게 기분 좋게 자연 기구를 해명해 준다. 그것은 그의 연구가 진지한 필연성과 진정 중요한 많은 발견에 입증되고 있기 때문이다.

기술된 사실 대부분이 이미 고전이 되었음에도 불구하고, 우리에게 신선한 감명을 주는 것도 바로 그 때문이다.

과학과 방법·생명이란 무엇인가·사람 몸의 지혜
해설

과학과 방법·생명이란 무엇인가·사람 몸의 지혜
해설

《과학과 방법》

푸앵카레(Jules Henri Poincaré, 1854~1912)의 《과학과 방법 *Science et Méthode*》 (1908)은 우주진화론, 상대성이론, 그리고 위상수학에 영향을 미쳤고 일반대중에게 과학을 해석해 주는 탁월한 저작이다.

푸앵카레는 정치 및 행정에 기여한 집안 출신으로, 맏사촌형은 제1차 세계대전 동안 프랑스 정부의 대통령이었던 레몽 푸앵카레가 그의 친사촌이다. 푸앵카레는 양손잡이이며 근시였다. 어릴 때 근육운동의 조정이 약했고 디프테리아를 심하게 앓은 적도 있었다. 재주가 많은 어머니로부터 특별한 지도를 받아 초등학교 시절에는 작문에 뛰어났다. 프랑코–독일 전쟁 동안 독일어를 배웠으며 의사였던 아버지에게 맡겨진 군인들과 서민들의 고통을 목격했다. 사춘기 때 수학에 깊이 흥미를 느껴 1872~75년 파리의 에콜 폴리테크니크에 들어가 수학에서 수석의 영예를 차지했으나 운동과 예술에서는 평범했다. 그는 자신이 읽은 모든 내용을 비상하게 오래 기억했고, 칠판의 수학 기호를 똑똑히 볼 수 없었던 그로서는 들은 것을 머리에 떠올릴 수 있는 유용한 능력을 가졌다. 일생 동안 복잡한 수학계산을 머리로 할 수 있었고 커다란 수정 없이 논문을 신속히 쓸 수 있었다. 1879년 미분방정식에 관한 논문으로 국립고등광산학교에서 박사학위를 받았다.

캉 대학교에서 잠시 동안 해석학을 가르친 뒤 1881년 파리 대학교에 들어가 여생을 강의와 역학, 실험물리, 순수 및 응용수학 분야와 이론천문학에 관한 500여 편의 논문을 쓰면서 지냈다. 해마다 강의내용을 바꾸어 광학, 전기, 유체의 평형, 전기수학, 천문학, 열역학, 빛과 확률을 재정리했다. 그중 많은 것은 대학강단에서 강의된 뒤 곧 인쇄되어 나왔다. 폭넓은 확률론에 관한 논문에서 푸앵카레는 통계역학의 기초가 되는 에르고드 개념을 도입했다. 푸앵카레는 통달한 해석학의 지식을 대수방정식 해의 존재 가능성에 적용해 30세 전에 자기동형(自己同型)함수(대수적으로 1차항들의 비율로 특성화되는 변환군에 대해 불변하는 함수) 개념을 발전시켰다. 그는 이 함수들이 어떻게 유리수로 된 대수계수의 선형미분방정식을 푸는 데 사용될 수 있으며, 대수곡선 위에 있는 한 점의 좌표를 어떻게 단일대수변수(매개변수)의 일가함수로 표현할 수 있는가를 보였다. 그는 이 자기동형 함수 중 어떤 것을 독일의 수학자 푸크스의 이름을 따서 푸크시안이라고 명명했다. 푸크는 미분방정식론 창시자의 한 사람이었다. 푸앵카레는 푸크시안이 비(非)유클리드 기하학에서 발생하는 변환과 관계가 있음을 알았다. 수학에의 중요한 기여로 그는 1887년 파리 과학 아카데미 회원이 되었다.

천체역학에서 푸앵카레는 궤도이론, 특히 삼체(三體)문제(태양·달·지구에 관한 문제 등)에 기여했다. 이것은 스웨덴의 오스카 2세가 상을 건 n체(혹성, 별 등) 문제의 하나로 n체에 현재 질량, 속도, 움직임, 상호거리가 주어질 때 이들은 현재의 공간관계에서 얼마나 오랫동안 안정성을 유지할 수 있는지 또는 궤적이 미래 어느날에 변경될 것인지 등이 있다. 푸앵카레는 그의 해에서 점근전개와 적분불변식 등 강력한 새로운 수학기술을 개발했고 특이점 주변에서 미분방정식 해의 성질에 대해 중요한 발견을 했다. 이 문제에 대한 푸앵카레의 해는 그 일부만 옳았으나 그는 1889년 상을 받았고 같은 해에 레지옹 도뇌르 훈장을 받았다.

푸앵카레는 《천체역학의 새로운 방법들 Les Méthodes nouvelles de la mécanique céleste》(3권, 1892, 1893, 1899)에서 천문학에 사용된 자신의 새로운 수학방법들을 요약했다. 그의 연구에 있어 또다른 결실은 위상수학의 초기 체계를 다룬 《위치해석 Analysis situs》(1895)으로 이는 거리변형에 대해 불변하는 계의 특성을 다루는 것이다. 즉 위상수학은 연속변환에서 변하지 않는 공간 배열의 질적 특성을 다룬다. 그는 정수론에도 기여해 독일의 수학자 C.F. 가우스가 발달시킨 2항 2차 형식 개념이 기하형태로 만들어지는 방법을 설명했으며, 1904년에는 성

루이 전시회에서 강의했다. 푸앵카레는 해석학에서 회전하는 유체질량의 균형론에 크게 기여했다. 특히 서양배 모양 도형의 안정성 조건을 설명했는데, 이것은 천체 진화와 관련된 우주진화론 연구에 중요한 몫을 차지했다. 그는 이 개념을 토성 고리의 안정성과 쌍성의 기원 연구에 적용했다. 1906년 전자동역학에 관한 논문에서 그는 아인슈타인과 별도로 특수상대론에 대한 많은 결과를 얻었다. 아인슈타인은 빛신호를 근원적으로 고찰하여 이론을 전개한 반면 푸앵카레는 전자기 이론에 기초해 빛 전달 도구로 작용하던 에테르 개념과 관련한 현상으로 다루었다.

푸앵카레는 수학자로 명성을 얻은 뒤 자신의 훌륭한 문학재능을 과학과 수학의 의미와 중대함을 일반대중에게 설명하는 데로 돌렸다. 항상 과학철학에 관심을 가졌던 그는 《과학과 가설 La Science et l'hypothése》(1903) 《과학의 가치 La Valeur de la science》(1905) 《과학과 방법》(1908)을 썼고, 이 책들은 비전문가들에게 폭넓게 읽혔다. 그의 저서는 영어·독일어·헝가리어·일본어·에스파냐어 및 스웨덴어로 번역되었다. 그는 수학적 발견, 창조의 심리상태를 탐구하는 한편 잠재의식을 중요시했다. 그는 어떤 수학적 결론은 선험적이며, 논리학과 무관하다고 주장했다는 점에서 근대 직관주의학파의 선구자이다. 그에 의하면 오랜 잠재적 연구 뒤에 따르는 갑작스러운 설명이 수학창조의 전조이다. 그러나 철학에 미친 가장 큰 공헌은 협정(개념을 임의로 택함)에 의한 과학적 방법의 역할을 강조한 것이었다. 푸앵카레는 프랑스 과학에서 명성과 영향력이 더해져 1906년 과학 아카데미 회장으로 뽑혔고, 1908년 프랑스 작가들의 가장 높은 명예인 아카데미 프랑세즈 회원이 되었다.

《생명이란 무엇인가?》

에르빈 슈뢰딩거(Erwin Schrodinger, 1887~1961)의 《What is life?-The Physical Aspect of the Living Cell, Cambridge University Press》는 1943년 2월, 더블린의 고급학술연구소 주최로 개최된 공개 연속강연을 바탕으로 1944년에 초판이 출판되었다. 이듬해에는 미국판도 나와서 크게 주목을 받아 찬부(贊否)의 논의를 불러일으켰다.

이 책의 과학적, 역사적 의의

분자생물학이라고 불리는 것은 1953년에 웟슨과 클릭이 유전물질 DNA의 분자구조 모형을 제출한 것을 결정적인 전기(轉機)로 해서 태어났다고 볼 수 있는데, 이보다 약 10년 전에 나온 이 책은 분자생물학적인 뼈대를 오늘날에도 여전히 시들지 않는 방식으로 제시하고 있다.

뒤에 나오는 슈뢰딩거의 약력에서 다시 살펴보게 되겠지만, 그는 1930년 전후로부터의 소립자 물리학의 발전에는 아인슈타인과 마찬가지로 직접적으로는 거의 기여도 참가도 하지 않았다. 그러나 그는 그와 같은 고전물리학적인 자연상(自然像)에 어디까지나 집착했기 때문에 오히려 생물물리학의 발전에는 매우 중요한 기여를 하게 되었다. 즉, 그는 이 책에서 양자역학의 탄생 이전에 주로 프랭크와 아인슈타인에 의해 명시된 자연계의 양자적 구조(양자론적 비연속성의 존재)에 입각한 원자나 분자 구조의 안정성이 생물 유전형질의 고도의 안정성을 가능하게 하고 있는 결정적인 요소라는 것을 지적함으로써, 이 책의 10년 뒤에 확립된 분자유전학의 기본 노선을 제시한 것이다.

그런데 슈뢰딩거가 분자생물학의 형성에 위와 같은 큰 공헌을 했다고는 하지만, 이 책에서 그가 생물을 일종의 시계장치로 보고 그 톱니바퀴를 비주기성 결정이라고 불렀을 때 그의 머릿속에 있었던 것은 단백질 분자였다고 여겨진다. 지금 생각하면 분자생물학의 탄생을 위해서는, 그가 비주기성 경정이라고 부른 고분자 중에서 가장 기본적인 것은 단백질이 아니라 핵산(특히 디옥시리보 핵산)이라고 하는 발견이 또 하나의 꼭 필요한 과정이었다고 보아야 할 것이다.

생물의 생명을 다스리는 가장 기본적인 물질은 단백질이라고 하는 견해는 19세기에 생겨나서 20세기 전반 전체에 걸쳐 생화학자나 그 밖의 과학자들 사이에서 지배적이었다. 엥겔스의 《자연의 변증법》—죽은 뒤에 유고에서 편집된 것으로 처음 출판은 1925년—안에 '생명이란 단백체(계란 흰자위 모양의 물체)의 존재양식이다'라는 말이 있었던 것도 이와 같은 단백질을 중시한 사상의 흐름에 상당히 기여한 것으로 여겨진다.

이상과 같은 일 외에, 지적해 두어야 할 일이 또 한 가지가 있다. 1948년 여름에 개최된 소련 농업과학 아카데미 총회에서 T.D. 루이센코가 회의 기조연설을 했는데 그 속에 다음과 같은 말이 있다.

'모르건 유전학의 이데올로기상의 참된 모습을 훌륭하게 폭로한 것은 슈뢰딩거였다. 그의 저서 《생명이란 무엇인가》 안에서 그는 바이스만의 염색체설을 근정하는 소개를 하면서 일련의 철학적 추론을 펼쳤다. 우리 소비에트적 미츄린주의 사상의 대표자들이 주장하는 바는, 동식물이 그 발달과정에서 획득하는 형질의 유전은 가능하며 또한 필요불가결한 조건이라는 것이다.'

루이센코는 다시 슈뢰딩거의 이 저서를 러시아로 번역한 A.A. 마리노프스키를 비난하면서 이렇게 말했다.

'……슈뢰딩거에 관해서 역자 후기의 필자(마리노프스키)가 눈물겨워하고 있는 것은 생물학에 있어서의 우리 (소련의) 모르건주의자들의 관념적인 견해와 입장을 여실히 말해주고 있다.'

이와 같이 이 책이 나온 뒤 약 10년 동안은, 루이센코에 의한 부르주아 유전학 비난을 둘러싼 논쟁이 세계적으로 퍼진 시대이기도 했다.

당시의 루이센코 논쟁의 가장 중심적인 쟁점은 획득형질의 유전 문제에 있었다. 즉, 생물이 자연계에서의 진화나 인간에 의한 품종개량 등에 의해서 환경에의 적응성을 증대시켜가는 현상에 대해서 정통파 유전학(루이센코가 자주 멘델 모르간 바이스만 유전학이라고 부른 것) 쪽 사람들은 다음과 같은 판단 또는 예상을 주장했다. 즉, 생물이 세대를 거듭함에 따라서 환경에의 적응성을 증대시켜가는 현상은, 적응성의 증감과는 관계없이 일어나는 여러 가지 유전적 변화를 받은 여러 개체가 환경 안에서 살아갈 때 보다 더 큰 적응성을 가진 개체 쪽이 보다 많은 자손을 남긴다고 하는 방식으로 일어나는 형상이라고. 이에 대해 루이센코 쪽 사람들은 생물의 개체는 자기의 유전형질을 환경에 대한 적응성을 증대해 가는 방향으로 변화시키는 능력을 갖는다—뒤집어서 말하자면 환경은 생물 각 개체의 유전형질을 그와 같이 변화시키는 능력을 갖는다—고 주장하여, 이런 뜻에서 각 개체가 환경과의 상호작용에 의해서 환경적응적인 새로운 유전형질을 획득하는 일이 생물의 진화나 품종개량을 가능하게 하는 기본적인 메커니즘이라고 하는 판단 또는 예상을 내놓았다.

위 대립의 핵심을 좀 더 간결하게 말하자면, 루이센코 쪽이 생물과 환경은 생물 각 개체의 유전성을 환경 적응적인 방향으로 필연적으로 변화시키는 것 같은 톱니바퀴로 짜여 있다고 주장한 데에 반해서, 정통파 쪽은 그와 같은 필연적인 톱니바퀴가 아니라 우연적인 여러 가지 유전적 변화가 환경이라고 하는 체에 의해 선별되어 적자가 살아남는다고 하는 장치를 주장한 것이다. 이 논쟁에서 다루어진 '획득형질의 유전'이라고 하는 말은 단지 개체가 모체로부터의 유전으로써가 아니라 새로 획득한 그 어떤 특성이 자손으로 유전한다는 것을 일반적으로 가리키는 것이 아니라, 생물의 개체와 환경 사이의 위와 같은 필연적인 톱니바퀴에 의해서 생긴 새로운 특성이 자손으로 유전되는 것을 가리킨다.

위와 같은 논쟁의 진행 속에서 이윽고 그때까지 루이센코 쪽이 발견했다고 주장해 온 획득형질의 유전처럼 보이는 여러 현상(춘화처리(春化處理)나 접목실험 등에 의한)이 실은 정통파 쪽에서 주장하는 방식으로 생긴 현상이라는 것이 판명되거나, 루이센코 쪽에 의한 전적인 조작이라는 것이 폭로되었다. 그뿐만 아니라 보다 더 중요한 일로는 정통파 쪽의 연구자들이 특히 곰팡이나 세균, 바이러스에 대해서 겉으로 보기에는 획득형질의 유전처럼 보이는 새로운 여러 가지 현상(세균의 약제 등에 의한 내성 획득이나 환경에 대한 영양요구의 변화 등)을 발견했고, 또한 그것들이 환경에 의해서 적응적인 방향으로 유발된 유전적 변화에 의한 것이 아니라 돌연변이개체가 환경에 의해서 분류되는 결과라는 것을 밝혀왔다. 참고로 이 책에서의 슈뢰딩거의 입론(立論)에 가장 큰 과학적 근거를 준 실험 물리학자 델브뤽은, 1940년대 초기부터 미생물학자 루리아와 공동으로 세균이나 바이러스의 유전적 변이의 연구에 착수했다. 그들은 1950년대가 되어 레프리카법(法)이라고 하는 교묘한 실험방법을 안출해서, 세균집단에 생기는 마치 획득형질의 유전처럼 보이는 환경적응현상이 정통파가 주장한 대로의 방식으로 일어난다는 것을 결정적으로 실증했다(델브뤽은 이 업적으로 1969년도 노벨 의학생리학상 수상자의 한 사람이 되었다).

이상으로 문제의 과학적 측면만을 말한 루이센코 논쟁의 전 과정은 마르크스주의자들이 오늘날까지 과학과 과학철학에 대해서 해왔던 활동 중에서 성공이 아니라 실패의, 그러나 실패보다는 좌절이라고 하는 편이 어울리는 가장 전형적인 한 예이다.

획득형질의 유전이라고 부를 수 있는 타입에 속하는 그 어떤 유전적 변화 존재의 가능성은 오늘날의 분자생물학에서도 아직 완전히 부정되고 있지는 않다. 그러나 그와 같은 타입에 속하는 그 어떤 환경유도적인 적응적 변화현상이 앞으로 발견된다 해도, 그 발견은 이미 이전에 루이센코 논쟁시대라면 가졌을 것이라고 여겨지는 큰 과학적 의의를 가질 수는 없을 것이다.

이 책의 독자가 이상과 같은 일(그리고 여기에서는 거의 언급하지 않았던 루이센코 논쟁의 사회사상사적 의의)을 적절하게 이해한 뒤에 연구나 사색을 진행한다면, 이제 루이센코 논쟁의 역사는 단지 마르크스주의자의 실패의 역사로서 교훈적으로 쓸모가 있는 것뿐만은 아닐 것이다. 왜냐하면 이전의 루이센코파들의 사상과 행동은 그 정치적 측면에서는 여하간에, 그 과학적 철학적인 측면에서는 생물과 환경을 일체 불가분의 통일체로서 다루려고 하는 사상과 행동의 역사의 일환으로서 지금도 중요한 보탬이 되는 시사를 포함하고 있다.

과거 과학사를 돌아보건대 매우 역설적이게도 슈뢰딩거는 양자역학을 탄생시킨 이후에는 본디의 물리학 중앙 최전선이 된 소립자 물리학의 영역에서는 아무런 직접적인 업적을 올릴 수 없었으나, 그로 인하여 오히려 앞으로 새롭게 재평가를 받을 입장에 있다. 그것과는 반대로 그는 근대 생물학의 중앙 최전선이 된 분자생물학의 영역에서는 종래 학계에서 평가되어온 이상으로 중요한 기본적 공헌을 했지만, 그로 말미암아 오히려 앞으로는 이전에 루이센코파가 받은 것보다도 더 깊고 참다운 과학적, 철학적인 비판의 대상이 될지도 모르는 입장에 있다고 여겨진다. 이 책에서 슈뢰딩거가 유전자의 돌연변이를 비주기성 결정의 '이성체적 변화'라고 부른 점에 대해서는 이 책이 나온 뒤 70여 년이 지난 오늘의 분자생물학에서도 아무런 본질적인 진보가 없는 것 같다. 그러기 때문에 이 책은 생물학 전반과 그 일환으로서의 유전학의 앞으로의 발전에 있어서 차기의 본질적 한 걸음을 위한 토대로서 이 책의 초판 당시에 못지않은 가치를 오늘날 다시 가지게 된다.

21세기 독자에 대한 의의
생물의 생명현상에는 생명을 가지지 않는 모든 물질이 따르는 물리학의 기본법칙에 의한 지배를 원리적으로 초월한 그 어떤 생명력이 관여하고 있을지도 모른다는 생각이 세계 유수 물리학자들에 의해서 막연하게 여겨지고 있었다. 그러나 그 뒤 20세기 후반의 근대적 생명과학의 탄생과 확립에 의해서 그와 같은 생각은 일단 과거의 유물이 되었다. 이 책은 이와 같은 근대적 생명과학(특히 그 중심적 기둥의 하나인 분자물리학)의 확립을 향해서 세계의 물리학자들과 생물학자들의 관심을 환기하는 데에 중요한 역할을 다한 책이다.

또 이 책은 이상에서 말한 과거의 과학사상의 사실(史實)을 나타내는 고전일 뿐만 아니라, 이미 확립된 분자생물학의 교과서 대부분에서는 이미 자명한 일로서 거의 언급되지 않는 미크로 세계(원자나 분자 스케일의 세계)와 매크로 세계(보통의 현미경으로 보이는 것과 같거나 그 이상의 스케일의 세계)와의 관계를 꼼꼼하게 설명하고 있는 점에서, 분자생물학을 지망하는 학생에게나 일반 독자에게도 지금도 유용하고 귀중한 현대과학의 해설서이기도 하다.

그러나 예를 들어 제1장 5절의 '주체와 객체의 밀접한 대응관계……'라는 대목과 그 전후의 논술의 뜻은 매우 난해하다. 더욱이 저자는 거기에서 '이 대응성은 내가 보는 바로는 자연과학의 영역 외에 속하며……'라고 적고 있다. 이 문장은 에필로그 모두의 '여기에서는 이 문제의 철학적인 내용에 대한 나 자신의 견해를 덧붙이고 싶은 생각이지만, 이것은 아무래도 주관적임을 면치 못하는 (견해다)'라는 문장으로 이어진다. 그리고 이 에필로그 전체는 일종의 산문시와 같은 것으로 도대체 무엇을 말하고 있는가를 한눈에 판독할 수 없는 대목이 많다. 아마도 독자의 눈에도 그럴 것이다. 최근에 이르러 마침내 이 에필로그 전체는 요컨대 데카르트의 '나는 생각한다, 고로 나는 존재한다'는 명구(名句)를 토대로 하는 세계관과 상당히 비슷한 일종의 유심론적 일원론에 가까운 세계관을 말하는 것이라고 판단하기에 이르렀다. 데카르트는 위에 적은 말 중의 '나'에 대해서 그것은 '존재하기 위해서는 아무런 장소도 필요 없고 그 어떤 물질적인 것에도 의존하지 않는다'고 말했다. 이 '장소'란 3차원의 물리적 공간 안의 그 어떤 영역(점이 아니라 부피를 갖는 부분 공간)을 의미하는 것 같은데 여하간 '나'는 물리적 공간 안에는 존재하지 않는 것으로 여겨졌다. 더욱이 그 '나'는 '데카르트에 대한 나'만이 아니라 '이성을 갖는 모든 개인에게 있어서의 나'를 가리키며, 그것은 바로 '이성적 정신'이라고 말하고 있다. 따라서 데카르트

철학의 이원론적 세계는 물리적 3차원 세계와 비물리적인 이성적 정신의 세계로 이루어지는데 후자의 세계에는 여러 이성인 각자에 대한 '나'가 존재하는가, 각자에게 있어서의 '나'는 실은 모두가 동일한 것인가는 묻고 있지 않다. 이에 대해서 슈뢰딩거는 각자의 '나'는 실은 전 우주에 일치하는, 또는 일치해야 하는 것이고 따라서 서로 일치하는 동일한 것이라고 말하고 있는 것 같다. 즉, 이 에필로그는 이 대목을 애매하게 다루어 고대 인도 바라문 계급의 신화적 시가와 그것에 유래하는 중세까지의 베단타 철학의 범아일여(梵我一如)(아트만이 곧 브라흐만)의 깨달음으로 전체의 논의를 꿰맞추어서 일종의 유심론적 일원론인 유아적, 무아적, 범아적인 세계관에의 그의 귀의(歸依)를 주창한 것 같다.

이 에필로그 전체는, 그리고 어떤 뜻에서의 그의 이 책 전체는 이러한 깨달음을 바탕으로 하고 있다고 이해가 되는데, 그러한 철학적인 총괄보다도 훨씬 중요하고 더욱이 많은 독자에게 알기 쉽고 흥미가 있을 문제점을 지적해 보기로 한다.

이 책 에필로그의 중간쯤에 '(쇼펜하우어 등과 같은 사상가가 아닌) 보통 사람의 경우에도 진짜 애인끼리 서로 상대방의 눈을 물끄러미 바라보고 있을 때 두 사람의 사상과 환희는 문자 그대로 하나가 되어……'라는 말이 있다. 이 책에는 슈뢰딩거가 1920년에 양자역학의 탄생과 확립을 수립한 중요한 역할이나 물리학 틀 안에서의 그 밖의 여러 연구 업적에 대해서 상당히 정확한 소개와 해설이 들어 있는데, 이 책에 의하면 그는 청년시절부터 환갑 무렵까지 여성과의 관계에서 꽤 바람둥이였다. 32세에 결혼했으나 그 이전 또는 환갑 때까지 얼마간이라도 동거한 연인이 적어도 9명, 그의 아들을 낳은 연인이 3명, 임신 중절한 연인이 한 명 나와 있다. 그러나 어느 여인과의 성애도 상당히 상호적인 것이어서, 위에 적은 '두 사람의 사상과 두 사람의 환희는 문자 그대로 하나가 되어'라는 말과 합치된다고 그가 진정으로 생각할 만한 성애였던 것 같다. 위의 전기에는 '슈뢰딩거는 여성을 좋아했고 여성의 진가를 인정했는데, 여성에 대한 태도는 남성지상주의 그 자체였다'고 되어 있다. 그와 아내 사이에는 아이는 태어나지 않았으나 그와 어떤 애인 사이에 생긴 아들은 그의 아내가 길렀고, 그와 또 다른 애인 사이의 아들은 그 애인과 애인의 남편이 맡아서 길렀다고 되어 있다. 또 그 아내도 가끔 남편 이외의 남성과 성관계를 가졌는데, 남편의 젊었을 때의 친구였던 훌륭한 수학자 헤라만 바일도 그중 한 사람이었다고 한다.

슈뢰딩거가 그와 같은 성애에 자주 빠진 것은 인간의 성행동과 성반응(그 절정은 오르가스무스)의 생리학적, 심리학적 특성에 깊이 뿌리를 박는 일이다. 인간에서나 많은 동물에서도 두 개의 배우자(정자와 난자)는 접합하면 문자 그대로 하나(수정란)가 되지만, 두 개의 개체(이성이건 동성이건)가 접합해서 하나의 개체가 되는 현상은 일어나지 않는다. 그러나 어떤 특수한 경우에 특수한 의미로는 두 사람이 문자 그대로 하나가 된다고 말할 수 있는 일이 일어난다. 그것에 대해서는 이야기가 약간 길어지지만 될 수 있는 대로 간결하게 설명해 보기로 한다.

'생식행동'이란 인간의 경우나 다른 동물의 경우에도 생식의 달성을 마지막 목적으로 하는 것으로 볼 수 있는 행동을 가리키는 말이지만, '성행동' 쪽은 적어도 인간의 경우에는 오르가스무스라고 불리는 심신반응의 달성을 마치 마지막 목적인 것처럼 생각하는 행동이라고 말할 수 있다. 그 오르가스무스의 반응이란 어떠한 현상인가를 과학적으로 관찰하고 기록한 최초의 책은 미국의 산부인과 의학자 W.H. 마스터즈와 그의 조수 V.E. 존슨이 함께 쓴 '인간의 성반응'이다. 이 심신반응은 예부터 많은 사람이 성적인 절정감이나 엑스터시, 황홀감이라고 불러왔던 종류의 망아감(忘我感)을 수반하는 심신반응이며 그 망아는 실신과는 달리 의식을 잃는 일이 없고(따라서 무의식적으로 소리를 내는 일 없이), 그 자체는 재채기와 마찬가지로 본인의 의지에 의하지 않는 반사반응이다. 그리고 마스터즈가 측정한 것처럼 그 반응지속시간은 여성의 특별한 경우 말고는 남성이나 여성이나 기껏해야 수 초 동안이다.

이 반응의 과학적인 연구는 학계에서는 그 뒤 오늘날까지 제대로 진행되지 않았으나, 이 반응의 정신과학적 특성에 대해서는 근대 과학이 이미 적어도 두 가지 빛을 던지고 있다.

하나는 마약이나 각성제나 환각제가 정신 상태에 가져오는 약리적인 연구에 의한 빛이다. 그에 의하면 오르가스무스의 황홀경은 환각제(사에케데릭스, 가장 유명한 것은 LSD. 각성제와는 다르다)가 가져오는 효과와 질적으로 같다고 한다. 단, 그러한 과학적 연구를 거치지 않아도 이미 상당히 많은 사람이 자신의 체험으로부터 알고 있는 것처럼 그 황홀감은 일이나 놀이에 몰두하고 있는 경우의 의식상태보다도 한층 몰아적(沒我的)이며, 예를 들어 제트코스터로 얻어지는 현기증과 표리관계를 이루는 엑스터시에 가까운 것 같다. 여하간 이상과 같은 일은 뇌과학 중에서는 신경전달물질이나 그 저해제나 조장제의 효과에 관한 연구에서 나온 빛이다.

또 하나는 이들 약물에 의한 연구보다도 후에 널리 실용화된 여러 가지 뇌내면상(腦內面像) 작성기구(화상 진단용 기기)를 이용한 연구로부터의 빛이다. 이들 중 오르가스무스 반응과의 관련에서 가장 주목할 만한 정보는 2001년에 출판된 '신은 왜 떠나지 않으려고 하는가?'라는 뜻의 미국 뇌과학자 A. 뉴버그 등의 저서에서 얻을 수 있었다. 단, 이 책에는 성과학에 관한 것은 별로 나오지 않는다. 저자는 명상 중의 티벳 불교승과 기도 중인 가톨릭 수녀의 뇌 여러 부위의 활동상태를 어떤 특수한 단면상 작성장치를 써서 관찰했다. 전자의 명상은 좌선이나 요가에 의해서 의식을 무아 상태로 하는 것이고, 후자의 기도는 십자가의 예수를 마음에 떠올리고 그것에 의식을 집중한다는 것이다. 전자는 승려가 명상이나 기도를 하고 있는 동안에 본인 대뇌의 두정엽(頭頂葉) 위쪽 후부 신경세포의 활동이 정지한다는 것을 발견하고 이것은 강한 의식적인 명상이나 기도에 의해서 뇌의 그 영역의 신경조직에의 신경입력이 단절되기 때문이라는 견해와, 그 결과 뇌의 그 영역의 활동이 정지함으로써 본인은 자기의 몸이 공간의 어떠한 장소에 어떠한 방향을 향해서 위치하고 있는가를 모르게 된다(즉, 자기 신체의 공간적 오리엔테이션을 알지 못하게 된다)는 견해를 말하고 있다. 뇌 안의 물리적 상태가 그렇게 되면 본인에게는 물리적 공간 안에 자기의 신체가 차지하는 영역의 안쪽과 바깥쪽의 경계가 흐려져서 자신의 신체가 우주공간으로 막연하게 희미해지면서 확대되어, 마침내는 자기의 신체가 전체 우주와 일치해버린다는 의식상태가 될 것이다. 고대 인도의 바라문 승려나 베단타 철학자가 말한 범아일여(梵我一如)의 깨달음이란 오늘날의 생리학적 심리학에서 보자면 이런 것이 아니었는가 하고 여겨지는 것이다.

그런데 대부분 사람들의 오르가스무스의 반응 때의 본인의 의식 상태와 뇌내 상태는, 위와 같은 깨달음의 경우의 그것과 상당히 공통된 것이다. 단, 이성애의 경우든 동성애의 경우든 오르가스무스의 지속시간은 짧고 두 사람의 그것이 동시에 발생한다는 것은 드물다. 만약에 고도의 오르가슴이 동시에 일어나면 그 단시간 내에서는 두 사람 모두 자아의식이 고도로 흐려져서 말하자면 전체 우주에 퍼지게 되므로 '두 사람의 사상이나 두 사람의 환희가 문자 그대로 하나가 된'고 말할 수 없는 것도 아니다. 그러나 그러한 일치는 극히 드물게밖에 일어나지 않고, 일어나도 기껏해야 수 초밖에 지속되지 않는다.

슈뢰딩거가 살아 있던 시대에는 근대적 뇌과학은 태아기였고 성과학의 기본지식도 제대로 보급되어 있지 않았기 (오늘날에도 그렇지만) 때문에 그가 이 에필로그와 같은 일을 매우 진지하게 쓴 것도 무리는 아니다. 더욱이 오늘날의 뇌과학이나 정신내과 의학적인 과학지식으로 보자면 이 에필로그는 반면교사적인 가치라고는 하지만 상당히 중요한 가치를 보여주고 있다. 이 책의 에필로그도 포함한 전체에는 또 하나의 중요한 반면교사적 가치가 있다. 그것은 놈 촘스키가 일반 독자를 위해 쓴 여러 언어학 논저 덕택으로 분명해진 다음과 같은 문제이다.

자연과학이 걸어온 길이나 현실의 정치경제 사회가 걸어온 오늘날의 단계에서 '생명이란 무엇인가?'라는 물음을 할 경우에는 '생명'이라는 명사는 도대체 무엇을 가리키는 말인가를 인간 언어의 특성으로 거슬러 올라가서 재검토할 필요가 있다. 본디 '생명'이라는 명사는 '살아 있다'라는 형용사 내지는 술어를 명사화한 말이다. 그리고 오늘날 우리는 생물 개체의 생명은 어디에 있는가 하고 묻는 경우에는 그것은 해당 개체의 신체 안에 있는 것이 아니라 신체와 그 환경으로 이루어지는 세계 전체 안에 있다고 하는 생각에 충분히 주목할 필요가 있다. 그렇지 않으면 환경문제에 적절하게 대처할 수가 없다. 또 에필로그에 여덟 번이나 나오는 '의식'이라는 명사에 대해서도 비슷한 말을 할 수가 있다. 본디 '의식'이라는 명사는 '의식적인' 또는 '……을 이식하고 있다'라고 하는 형용사 또는 술어(영어라면 conscious나 be aware of……)를 무리하게 명사화한 말이다. 그리고 이 에필로그에서는 그 여덟 번의 '의식'은 어느 것이나 그가 말하는 '자아의 의식'을 가리키고 있으며 더욱이 이들 앞에는 '가장 넓은 뜻에서의 나, 즉 이제까지 '나'라고 말했고 '나'라고 느낀 모든 의식적인 마음'이라는 말을 볼 수가 있다. 이들 말로써 그가 무엇을 말하려고 했는가를 생각하고 그의 말을 뛰어넘어 앞으로 나아가기 위해서는 인간 언어의 특성과 인간 신체(특히 뇌)의 언어기구의 특성에 대해서, 슈뢰딩거가 살아 있었던 시대에는 아직은 무리였던 과학적 추구에 착수해야만 한다. 이 에필로그는 그러한 문제의식을 그가 그렇다고는 의식하지 않고 암암리에 시사 또는 나타낸 작품이라는 것을 알 수가 있다.

슈뢰딩거에 대하여

슈뢰딩거는 1887년 오스트리아 빈에서 태어났다. 그곳에서 교육을 받고 빈 대학에서 공부를 했는데 그 무렵 빈대학에는 확고한 원자론의 입장에 선 통계역학의 지도자 볼츠만이 있었다. 볼츠만은 1906년에 자살했기 때문에 슈뢰딩거가 그를 접한 기간은 짧았으나 그 학풍으로부터 받은 영향은 적지 않았다.

슈뢰딩거는 연구 생활로 들어가고 나서 얼마 뒤인 1912년에 물질의 전기적, 자기적 성질을 전자론과 원자구조로부터 이론적으로 도출하는 연구 논문을 발표했다. 그 뒤의 연구는 다방면의 이론적 문제에 이르고 있는데, 그중에는 대기 중의 음파 전파(傳播)의 문제나 엷은 액체막(거품)의 진동 등의 연구가 있다. 또 결정격자와 X선의 간섭 등의 논문도 있다. 요컨대 진동(물질 중의 음파나 빛의 물결)과 그 원자적(입자적)인 구조와의 관계가 주요 관심사였다.

1920년에 빈을 떠나 슈투트가르트대학의 이론물리학 교수 자리를 얻었고 같은 해에 결혼, 이듬해에는 스위스 취리히대학 교수가 되었다. 그 무렵 전기양자론과 상대적 이론의 입장에서 종래의 역학에 적당한 제한을 부가하는 방법의 연구가 막다른 골목에 이르자 원자와 같은 세계에 걸맞는 새로운 역학체계가 필요하게 되었다. 그러한 가운데에 1925년에 하이젠베르크가 전혀 새로운 입장에서 원자역학을 제창했다. 보른과 요르단은 이것을 매트릭 역학의 모양으로 만들어 이것으로 종래의 뉴턴역학과 원자역학 사이에 어떤 형식적인 대응이 부여되었다. 이에 대해 슈뢰딩거는 보다 더 직관적인 모델을 생각하고 있었고, 종래의 물리학에서 역학과 광학과의 형식상의 상사관계(相似關係)를 추구하고 있었다. 1923년 프랑스의 드 브로이가 물질입자에 파동적인 성질이 따른다는 것을 상대성이론의 입장에서 제시한 데에서 힌트를 얻어, 원자 안의 전자의 파동이 간섭에 의해서 몇 가지 정상파(定常波)를 만들어 안정된 전자궤도를 낳는다는 아이디어에서 파동역학이란 이름의 새로운 역학을 제출했다. 38세 때인 1926년에 그는 3월에서 9월에 걸쳐 〈고유치문제로서의 양자화〉라는 제목의 논문 4편을 발표했다. 이것은 오늘날 슈뢰딩거의 파동방정식이라고 불리는 기본적인 형식을 도출하여 이 파동역학이 하이젠베르크 등의 매트릭역학과 수학적으로 대등한 것임을 증명했고 더 나아가 수소원자에의 응용 예를 제시한 논문이었다. 이렇게 해서 새로운 원자역학(이윽고 양자역학이라고 불리게 된 것)이 기본적으로 확립되었다.

이 논문에서 그는 행성천문학에서의 뉴턴의 운동방정식과 같이 양자역학에서 기본적인 방정식이라고 할 수 있는 원자의 역학에 대한 편미분 방정식을 기술했다. 슈뢰딩거 방정식의 해(解)는 뉴턴 방정식의 해와는 달리 물리적 사건들의 확률적 발생에만 관련된 파동함수들이다. 절대적이고 쉽게 가시화되는 뉴턴의 행성 궤도의 사건들의 결과가 양자역학에서는 훨씬 더 추상적인 관념인 확률로 대체되었다(양자이론의 이 측면은 슈뢰딩거를 비롯한 다른 몇몇 물리학자들을 매우 당황하게 만들었으며, 자신이 그렇게 힘들여 창조한 이론에 대해 일반적으로 받아들여지던 해석에 대한 반론들을 정식화하는 데 나머지 생의 대부분을 보냈다).

1927년 그는 양자 가설의 창안자인 막스 플랑크의 뒤를 이어달라는 베를린대학교의 요청을 받아들여 아인슈타인을 포함한 쟁쟁한 교수진의 일원이 되었다. 1933년 히틀러의 나치스가 정권을 잡고 국가 정책으로 유대인 박해가 시작되자 슈뢰딩거는 환멸을 느끼고, 자신은 유대인이 아니었음에도 독일을 떠나 영국으로 건너갔다. 같은 해 영국의 물리학자 P.A.M. 디랙과 공동으로 노벨 물리학상을 수상했다. 그 뒤 옥스퍼드대학과 아일랜드의 더블린고급학술연구소에서 자리를 얻었다. 그리고 1936년에 오스트리아의 그라츠대학으로 돌아왔는데, 제2차 세계대전이 일어나자 중립국 아일랜드의 더블린연구소에 정착했다. 슈뢰딩거는 그 뒤 15년간 아일랜드에 머물면서 물리학과 과학철학 및 과학의 역사에 대해 연구했다. 이 기간 동안 그는 《생명이란 무엇인가?》를 써서 양자역학이 유전구조의 안정성을 설명하는 데 어떻게 이용될 수 있는지 보여주었다. 슈뢰딩거가 이 책에서 말해야 했던 내용의 많은 부분이 나중에 분자생물학의 발전에 의해 수정되고 확대되었지만, 그의 책은 이 주제에 관해 가장 유용하고 심오한 개론서 중의 하나로 남아 있다.

그런데 슈뢰딩거의 파동역학은 하이젠베르크의 매트릭역학이나 디락의 비가환대수역학에 비해 직관적, 시공적(時空的)인 원자상을 머릿속에 그리기에 훨씬 편리하여, 그 때문에 화학결합의 이론이나 그 밖의 원자, 분자 수준의 여러 문제에 대해서 양자역학의 위력과 신용을 급속히 높이는 데 효과적이었다. 그러나 또 그가 머리에 그린 원자상(原子像), 자연상(自然像)은 아인슈타인의 그것과 비슷해서, 물질의 시공적 연속성에 대해서 고전물리학적 자연상에 집착한 것으로 그 때문에 이 연속성과 양자역학적 현상에서 문제가 되는 비연속성 (물질구조의 양자적 연속성이나 시간적 변화의 인과적 비연속성)과의 모순에 날카롭게 충돌했다. 그리고 이 모순에 대해서는 보른이 '양자역학적 확률'이라는 관념을 도입하여 하이젠베르크가 '불확정성 원리'를 제창하고 보어가 물질의 구조와 그 변화에 대해서 시공적 기술과 인과적 기술은 같은 사물의 두 측면상— 두 가지 측면을 동시에 직접 볼 수는 없으나 두 측면상은 서로 보완하는 것— 이라고 하는 '상보성(相補性) 원리'를 제안함으로써 학계의 대세는 철학적 불안으로부터 해방되었다. 그 뒤 이것이 양자역학의 정통적 해석(코펜하겐적 해석)으로서 학계의 주류가 되어, 이론물리학계의 중앙 최전선은 1920년대 말부터 이 선에 따른 양자역학에 의한 소립자 물리의 연구로 향했다. 그러나 아인슈타인이나 슈뢰딩거는 양자역학의 이 정통파적 해석에 평생에 걸쳐 강한 의심과 불신을 품었고, 이 때문에 슈뢰딩거는 아인슈타인과 마찬가지로 1920년대 이후는 이론물리학계의 주류에서 벗어나 정신적으로 고독한 생애를 걸었다. 개인이라는 것은 어떤 궁극적인 의미에서는 누구나 모두 고독하고 혼자서 죽어가는 것인데, 슈뢰딩거는 그 고독을 후기 반생에서 자각적으로 겪으면서 살아간 한 사람이었다. 그와 같은 고독의 자각은 고금동서 만인과의 일체적 연대감과 서로 보완적인 것으로, 이것이 이 책 에필로그의 철학적인 문장 안에 반영되어 있는 것이다.

1930년 무렵 이래 슈뢰딩거의 관심 중에서 가장 중심적인 초점은 아인슈타인의 경우와는 전적으로 같지는 않지만, 물질과 전자기와 중력을 통일적으로 다루는 단일장이론과 우주론 쪽으로 향했던 것이 아닌가 여겨진다. 그는 더블린에서 훌륭한 저서 세 권—《생명이란 무엇인가?》,《통계열역학》(1948),《시공 (時空)의 구조》(1950)—을 차례로 세상에 내놓았다. 어느 것이나 간결한 교과서적 책 속에 독자적인 날카로운 철학적 사색을 제시한 것들이다. 그 뒤 1956년에 모국으로 돌아가 빈대학 교수가 되었고, 1961년 1월 4일 73세의 나이로 세상을 떠났다.

슈뢰딩거는 그 세대의 모든 물리학자들 가운데에서도 뛰어나고 다재다능했다. 그는 서양의 언어들로 된 모든 문학과 철학에 능통했고, 그가 어릴 때 배웠던 영어로 쓴 그의 대중과학 저술들은 그런 종류들 가운데 최고였다. 그의 《자연과 그리스인》(1954)에 요약된 고대 그리스 과학과 철학에 대한 연구를 통해 그는 그리스인들이 만들어낸 과학적 세계관에 감탄했고 인간 존재의 궁극적 신비를 밝혀주는 유일한 도구로서 과학이 적합한지에 대해 의심했다. 그 자신의 형이상학적 입장은 마지막 책 《나의 세계관》(1961)에 표현된 것처럼 베단타의 신비주의에 필적하는 것이었다. 특출한 재능 덕분에 그는 일생을 통해 과학과 철학의 거의 모든 분야에서 중요한 공헌을 했고, 이는 이런 학문분야들의 전체 흐름이 점차 기술적으로 전문화되던 시기에 거의 독보적인 업적이었다.

《사람 몸의 지혜》

W.B. 캐넌(Walter Bradford Cannon, 1871~1945)은 미국의 신경학자·생리학자로, 처음으로 X선을 생리학 연구에 이용했다. 이 연구로 《소화의 기계적 요소》(1911)를 발행했고, 제1차 세계대전 동안 출혈성 쇼크과 외상성 쇼크에 관해 연구한 것을 그의 저서 《외상성 쇼크》(1923)에 기술했다. 또한 그는 혈액저장법에 관해 연구했고, 1931년 일부 신경세포 말단에서 생성되는 에피네프린과 비슷한 물질인 심파틴(sympathin)을 발견했다.

교감신경계의 응급기능과 항상성에 관한 캐넌의 연구는 《통증, 허기, 공포, 분노 시 신체적 변화》(1915) 《사람 몸의 지혜》(1932)에 보고되어 있다. 신경충격의 화학적 매개에 대한 그의 논문은 A. 로젠블루스와의 공동저서인 《자율신경 효과기관계》(1937) 《신경이 제거된 구조의 초민감증》(1949)에 발표되었다. 그는 하버드 대학교에서 의사자격을 받았고(1900), 1899~1942년에 하버드 대학교에서 강의했다.

캐넌의 《사람 몸의 지혜 Wisdom of the Body》는 1932년 미국에서 출판되었다. 그 사이에 이루어진 과학의 진보는 눈부시다. 기술의 세계를 예로 들자면 프로

펠러 비행기와 초음속 제트기의 차이이고 수동 계산기와 고성능 컴퓨터의 차이이다. 당연히 의학이나 생물학 분야에서도 이와 같은 차이에 상당하는 진보가 이루어지고 있다.

그럼에도 이 책에는 그동안의 세월을 느끼게 하지 않고 아직도 우리를 신선한 놀라움과 감동으로 끌어들이는 면이 있다.

저자인 캐넌은 미국이 낳은 위대한 생리학자의 한 사람으로 수많은 귀중한 발견을 했고, 생체의 '항상성 유지'(Homeostasis) 개념을 확립한 것으로 잘 알려져 있다.

오늘날 우리가 사용하고 있는 기계, 예를 들어 전기냉장고나 전기밥솥, TV 또는 자동차, 비행기, 더 나아가서는 이것들을 만들고 있는 크고 작은 여러 가지 산업 로봇은 어느 것이나 자동제어장치 없이는 움직이지 않는다. 그중에서도 산업 로봇은 말하자면 자동제어기구의 덩어리와 같은 존재이다.

캐넌에 의해 체계가 주어진 생체의 항상성 유지 개념은 N. 위너에 의한 사이버네틱스를 매개로 해서 자동제어이론의 체계화와 응용에 직간접으로 많은 영향을 미쳤다.

그러나 캐넌이 그의 협력자와 함께 발견한 생리학상의 사실의 놀라움이나 항상성 유지라고 하는 개념의 중요성만 가지고는 이 책이 갖는 독특한 매력을 설명하기에 부족할 것 같다.

《사람 몸의 지혜》가 그동안의 세월이 흘렀음에도 아직도 신선한 감동을 불러일으키는 것은, 그 자신이 가진 생명에 대한 애정과 생체의 구조에 대한 낙천적인 신뢰가 아닐까 한다. 그리고 그의 그와 같은 생명관이 결코 추상적인 것이 아니라는 것이 우리의 공감을 자아내고 있을 것이 아닌가 여겨진다.

예를 들어 이것은, 캐넌이 제1차 세계대전 중에 군의관으로서 참전하여 실제로 많은 부상병을 접한 경험과 연구의 성과를 정리한 《통증, 허기, 공포, 분노 시 신체적 변화》, 《외상성 쇼크》라는 두 저서에서도 나타나 있다.

또 그 자신이 젊었을 때 X선을 사용해서 소화관의 운동에 관한 선구적인 연구를 하고 있었을 때 대량의 X선을 쐬어 심한 피부궤양과 백혈병으로 평생 고통을 받으면서도 정력적으로 연구를 계속했고, 아동문학가 코르넬리아 제임스와의 사이에 1남 4녀의 행복한 가정을 이루어 74세까지 살았다는 사실은 기적에 가까운 느낌이 든다. 더욱이 아이를 몹시 사랑했던 그는 틈나는 대로 딸의 얼굴을 찰흙으로 조각하여, 의사를 위한 미술전에서 최고상을 받을 일도 있었다고 한다.

캐넌의 이와 같은 인품이 《사람 몸의 지혜》 이면에 담겨 있는 것이다. 그리고 독자들은 개개의 사실을 읽는 것보다는 그와 함께 놀라고 감동하고 그리고 그것을 과학적으로 입증하여 해석해 가는 과정을 좇는 데에 뜻이 있을 것이다.

조진남

연세대학교 응용통계학과 졸업. 연세대대학원 응용통계학 석사. 미국 버지니아공대 통계학박사. 전주대학교 교수 역임. 동덕여자대학교 정보대학 정보통계학과 교수. 논문에 〈인구 및 가구를 대상으로 한 표본조사 연구〉〈재해율 추정을 위한 사업체 표본추출 연구〉〈지방공업현황조사 자료집 : 서남권〉〈다공선성(多共線性) 문제의 시론적 실증 접근〉〈Construction and properties of Box—Behnken designs〉 등이 있다.

세계사상전집083
Jules Henri Poincaré/Erwin Schrödinger/Walter Bradford Cannon
SCIENCE ET MÉTHODE
WHAT IS LIFE?
THE WISDOM OF THE BODY
과학과 방법/생명이란 무엇인가?/사람 몸의 지혜
푸앵카레·슈뢰딩거·캐넌/조진남 옮김
동서문화창업60주년특별출판
1판 1쇄 발행/2016. 11. 30
1판 2쇄 발행/2024. 3. 1
발행인 고윤주
발행처 동서문화사
창업 1956. 12. 12. 등록 16-3799
서울 중구 마른내로 144(쌍림동)
☎ 546-0331~2 Fax. 545-0331
www.dongsuhbook.com
✳

사업자등록번호 211-87-75330
ISBN 978-89-497-1598-8 04080
ISBN 978-89-497-1514-8 (세트)